宣南会馆与清代进士

（上）

李金龙 主编

学苑出版社

图书在版编目(CIP)数据

宣南会馆与清代进士 / 李金龙主编. —北京：学苑出版社，2017.9
ISBN 978-7-5077-5339-4

Ⅰ.①宣… Ⅱ.①李… Ⅲ.①会馆公所－史料－北京 ②进士－列传－中国－清代 Ⅳ.①K928.71 ②K827=49

中国版本图书馆CIP数据核字(2017)第240604号

书　　　名：	宣南会馆与清代进士
著作责任者：	李金龙　主编
责 任 编 辑：	战葆红
出 版 发 行：	学苑出版社
社　　　址：	北京市丰台区南方庄2号院1号楼
邮 政 编 码：	100079
网　　　址：	www.book001.com
电 子 信 箱：	xueyuanpress@163.com
联 系 电 话：	010-67601101（销售部） 67603091（总编室）
经　　　销：	各地新华书店
印　　　刷：	三河弘翰印务有限公司
开　　　本：	787毫米×1092毫米　1/16
印　　　张：	47
字　　　数：	498千字
版　　　次：	2017年10月第1版　2017年10月第1次印刷

ISBN 978-7-5077-5339-4　　　　　　　　　　　定价：1200.00元

·版权所有　侵权必究·

编辑委员会

总 策 划：王　宁　王少峰　梁昌新　王都伟　许　伟
总 顾 问：许立仁　刘铁梁　邓菊英　王世仁
策　　划：孙劲松　吕　丹
编委会主任：董光和　陈建新
编　　委：于德祥　纪清远　赵大年　何贤景　肖佐刚
　　　　　姚振声　李新永　关仁杰　李金龙　林凤兰
　　　　　孙　程　黄国军　王　哲

课　题　组

课题负责人：许立仁
课题组成员：李金龙　林凤兰　董光和　王　哲　孙　程
主　　编：李金龙
副 主 编：林凤兰
特约编辑：王　哲

序

众所周知，进士是科举时代参加紫禁城殿试考取了功名的人。仅清代，殿试取士者便达26000多人，他们虽来自全国各地，却大多在北京宣南的会馆里居住和生活过。可以说，他们是由宣南会馆走进紫禁城的知识精英，是士人群体的杰出代表。

忆往昔，天子脚下，宣南会馆云集，名曰试馆。按照最新版本《现代汉语词典》的解释：会馆——旧时同省、同府、同县，或同业的人在京城、省城或大商埠设立的机构，主要以馆址的房屋供同乡、同业聚会或寄寓。通过资料的研究，可以看到会馆的发达是同科举制度和商业经济的繁盛密不可分的。

科举，是中国古代通过考试选拔官吏分科取士的一个创举。科举——从隋唐到清代，朝廷通过分科考试选拔官吏的制度。选拔官吏历朝虽均有不同，但科举作为制度沿袭千年不衰。到了明清两代，文科只设进士一科，考八股文，武科考骑射、举重等武艺，每三年举行一次。清朝末年，科举废除。但其历经隋唐至清末长达1300多年，显示出浓厚的文化底蕴与深刻的思想内涵。

会馆则兴办于科举之后，是为科举制度服务的保障设施。其最大作用，是为了让那些进京赶考的举子有一个学习、居住的地点。毫无疑问，北京宣南会馆的始生与发展是在科举考试制度的推动下。

我国古代选拔人才，两汉时期，主要靠推荐，隋唐以后改为科举，唐代重视明经、进士两科，明经考经学，进士考词赋，到了明代，成了八股取士。清代的科举，沿袭明代的做法，考生先要参加县一级的考试，及格者成为童生，然后再参加省一级的考试，及格者为生员，也就是秀才，这时才能参加乡试。乡试一般逢子、卯、午、酉年举行。因为是在秋天，又叫秋闱。考中者就是举人。乡试的第二年，由京师的礼部主持会试，考中了就是贡士。遇上有国家大事，皇帝高兴了，还要开恩科。贡士们要参加由皇帝亲自主持的殿试，考取了就是进士，状元便会被授予不同的官职。殿试录取考生分为三甲，一甲三人分别为状元、榜眼、探花。进京会考的人多，所以大量的会馆应运而生。何炳棣先生著述的《科学和社会流动的地域差异》，标明了清代进士的地理分布。

清代进士的地理分布

清代进士总人数为26748人，其中1644－1661年2965人、1662－1722年4088人、1723－1735年1498人、1736－1795年5384人、1796－1820年2820人、1821－1850年3269人、1851－1861年1046人、1862－1874年1588人、1875－1904年4090人。

江苏清代进士总人数为2931人，位列第1，其中1644－1661年439人、1662－1722年665人、1723－1735年167人、1736－1795年649人、1796－1820年235人、1821－1850年264人、1851－1861年69人、1862－1874年125人、1875－1904年318人。

浙江清代进士总人数为2802人，位列第2，其中1644－1661年300人、1662－1722年566人、1723－1735年183人、1736－1795年694人、1796－1820年262人、1821－1850年299人、1851－1861年87人、

1862—1874年108人、1875—1904年303人。

河北清代进士总人数为2705人，位列第3，其中1644—1661年432人、1662—1722年502人、1723—1735年161人、1736—1795年491人、1796—1820年275人、1821—1850年311人、1851—1861年91人、1862—1874年135人、1875—1904年307人。

山东清代进士总人数为2253人，位列第4，其中1644—1661年417人、1662—1722年427人、1723—1735年102人、1736—1795年359人、1796—1820年209人、1821—1850年268人、1851—1861年79人、1862—1874年122人、1875—1904年272人。

江西清代进士总人数为1885人，位列第5，其中1644—1661年81人、1662—1722年200人、1723—1735年111人、1736—1795年536人、1796—1820年223人、1821—1850年266人、1851—1861年74人、1862—1874年122人、1875—1904年272人。

河南清代进士总人数为1701人，位列第6，其中1644—1661年303人、1662—1722年309人、1723—1735年82人、1736—1795年283人、1796—1820年133人、1821—1850年169人、1851—1861年95人、1862—1874年108人、1875—1904年219人。

山西清代进士总人数为1434人，位列第7，其中1644—1661年251人、1662—1722年266人、1723—1735年81人、1736—1795年314人、1796—1820年141人、1821—1850年143人、1851—1861年47人、1862—1874年58人、1875—1904年133人。

福建清代进士总人数为1401人，位列第8，其中1644—1661年118人、1662—1722年178人、1723—1735年102人、1736—1795年300人、1796—1820年156人、1821—1850年150人、1851—1861年46人、1862—1874年82人、1875—1904年269人。

陕西和甘肃清代进士总人数为1382人，位列第9，其中1644—1661年169人、1662—1722年190人、1723—1735年61人、1736—1795年227人、1796—1820年121人、1821—1850年137人、1851—1861年94人、1862—1874年94人、1875—1904年289人。

旗籍清代进士总人数为1301人，位列第10，其中1644—1661年57人、1662—1722年121人、1723—1735年92人、1736—1795年179人、1796—1820年179人、1821—1850年275人、1851—1861年61人、1862—1874年97人、1875—1904年240人。

湖北清代进士总人数为1236人，位列第11，其中1644—1661年196人、1662—1722年195人、1723—1735年73人、1736—1795年213人、1796—1820年125人、1821—1850年136人、1851—1861年43人、1862—1874年72人、1875—1904年183人。

安徽清代进士总人数为1181人，位列第12，其中1644—1661年126人、1662—1722年143人、1723—1735年39人、1736—1795年213人、1796—1820年164人、1821—1850年166人、1851—1861年39人、1862—1874年76人、1875—1904年215人。

广东清代进士总人数为1017人，位列第13，其中1644—1661年34人、1662—1722年91人、1723—1735年69人、1736—1795年258人、1796—1820年106人、1821—1850年139人、1851—1861年36人、1862—1874年79人、1875—1904年205人。

四川清代进士总人数为763人，位列第14，其中1644—1661年15人、1662—1722年61人、1723—1735年31人、1736—1795年159人、1796—1820年88人、1821—1850年108人、1851—1861年49人、1862—1874年71人、1875—1904年181人。

湖南清代进士总人数为711人，位列第15，其中1644—1661年21

人、1662—1722年41人、1723—1735年40人、1736—1795年127人、1796—1820年101人、1821—1850年106人、1851—1861年31人、1862—1874年68人、1875—1904年176人。

云南清代进士总人数为694人，位列第16，其中1644—1661年0人、1662—1722年46人、1723—1735年48人、1736—1795年129人、1796—1820年117人、1821—1850年119人、1851—1861年36人、1862—1874年42人、1875—1904年157人。

贵州清代进士总人数为601人，位列第17，其中1644—1661年1人、1662—1722年31人、1723—1735年31人、1736—1795年129人、1796—1820年98人、1821—1850年95人、1851—1861年29人、1862—1874年44人、1875—1904年143人。

广西清代进士总人数为566人，位列第18，其中1644—1661年2人、1662—1722年28人、1723—1735年17人、1736—1795年96人、1796—1820年67人、1821—1850年91人、1851—1861年27人、1862—1874年72人、1875—1904年166人。

辽宁清代进士总人数为184人，位列第19，其中1644—1661年3人、1662—1722年28人、1723—1735年8人、1736—1795年28人、1796—1820年20人、1821—1850年27人、1851—1861年13人、1862—1874年17人、1875—1904年40人。

通过以上数据我们看到，江苏、浙江、河北、山东1644年至1904年，考中的进士最多。反映出经济、交通发达地区的举子多、进士多，这边推动了会馆的建设与发展。

到了清代，设在外城宣南地区的会馆有300多所，这些会馆绝大部分为士人会馆，只有极少数为商人会馆。

光绪三十二年（1906），北京外城巡警右厅，对分布在宣南的会馆进行了调查，108条胡同中建有会馆254家，最多的是宣武门大街，有11座会馆，米市胡同、潘家胡同、粉房琉璃街各有8座会馆，虎坊桥、骡马市大街、贾家胡同等处各有7座会馆。会馆集中的地区是文化最为活跃的地区，士人会馆建设的大小与当地文化经济发达的程度有关。

北京各省会馆及其房地产有这样一个数量统计。

北京各省会馆及其房地产数量

北京各省会馆共计345个，其中省级62个、府级112个、县级171个。

河北会馆12个，其中省级4个、府级4个、县级4个；拥有房产15处，共计576.5间；义园1处，占地22亩。

河南会馆18个，其中省级7个、府级9个、县级2个；拥有房产25处，共计870.5间；义园1处，占地9亩。

山东会馆6个，其中省级2个、府级1个、县级3个；拥有房产423.5间。

山西会馆38个，其中省级4个、府级13个、县级21个；拥有房产50处，共计2067.6间；义园14处，占地126.77亩。

陕西会馆24个，其中省级2个、府级7个、县级15个；拥有房产30处，共计935间。

甘肃会馆10个，其中省级5个、县级5个；拥有房产119间。

湖南会馆21个，其中省级1个、府级9个、县级11个；拥有房产46处，共计1213间；义园3处，占地14.8亩。

湖北会馆36个，其中省级1个、府级9个、县级26个；拥有房产40处，共计1071间；义园8处，占地5.34亩。

江苏会馆25个，其中省级1个、府级12个、县级12个；拥有房产54处，共计1829.5间；义园9处，占地120.84亩。

安徽会馆29个，其中省级1个、府级9个、县级19个；拥有房产89处，共计2278.5间；义园20处，占地209.07亩。

浙江会馆24个，其中省级3个、府级11个、县级10个；拥有房产77处，共计2468间；义园14处，占地132.89亩。

福建会馆22个，其中省级1个、府级9个、县级12个；拥有房产38处，共计1014间；义园3处，占地8亩。

四川会馆12个，其中省级7个、府级4个、县级1个；拥有房产25处，共计804间；义园2处。

广东会馆36个，其中省级2个、府级11个、县级23个；拥有房产74处，共计2479.5间；义园4处。

广西会馆14个，其中省级3个、府级4个、县级7个；拥有房产354.5间；义园1处，占地18.7亩。

云南会馆3个，其中省级3个；拥有房产13处，共计409.5间。

贵州会馆7个，其中省级7个；拥有房产2处；义园8处，占地177.5亩。

奉天会馆1个，其中省级1个；拥有房产6处，共计395.5间；义园1处，占地27亩。

吉林会馆2个，其中省级2个；拥有房产3处，共计171间。

绥远会馆2个，其中省级2个；拥有房产2处，共计68间。

台湾会馆1个，其中省级1个；拥有房产1处，共计23间。

新疆会馆1个，其中省级1个；拥有房产1处，共计27间。

湖广会馆1个，其中省级1个；拥有房产1处，共计134间。

通过以上统计，我们可以看到山西、广东和湖北以及安徽、江苏、浙江、陕西、福建、湖南等等，这些省份会馆较多，而且，绝大部分都是试馆，专门接待文人举子。有的省份，府馆和县馆也很多，反映了地方经济文化的发展。

数量庞大的会馆同时也表明，参加科举的在京士人的数量众多。如，乾隆年间的休宁会馆，号称京城第一会馆。晚清时期的湖广会馆、安徽会馆、南海会馆等等，都是房屋过百的大会馆。

会馆的建设经费来源有个人捐赠、同乡集资、会馆余资、借贷等多种途径。如清顺治八年中举，十八年简推官赵吉士"久住京师，以寄园捐作全浙会馆"。寄园有2个，一处在教子胡同法源寺旁边，一处在下斜街路西39号，称全浙会馆。如道光四年（1824）建成的米市胡同南海会馆，是由嘉庆四年进士吴荣光及其"在籍友人"捐资13000余两购得乾隆时工部尚书董邦达故居兴建而成。会馆有13个院子，其中康有为住的院子名为"七树堂"。

会馆筹资时，常由京中有名望的乡人出面号召，动员京师内外的同籍士人捐助，如同治十年（1871）建成的安徽会馆，由道光二十七年（1847）进士、时任直隶总督的李鸿章出面提倡，淮系将领、官员纷纷捐钱，"共糜白金二万八千有奇"，是筹集资金最多的会馆，其建筑规模也是清末新建会馆中最大的一座。

"叶文忠向高、李文贞光地、蔡文恭新三相国、陈望坡尚书……皆舍宅为馆"，乾隆初年在刑部任职的黄昆华"由刑部官至武汉黄德道，其京邸在宣武门外，改官时捐为歙县会馆"，等等。

1949年11月15日，《北京市人民政府民政局会馆调查工作报告》指出，本市会馆多分布于外二、外四两区，据统计全市共有会馆391处。"其中明代建33处，清代建341处，民国建17处。明清两代兴建的会馆占总数的95%以上。今人统计外城西部共有会馆406处，这些会馆中绝大多数是士人会馆，少数为商人会馆。

士人会馆遍布宣南街巷，也成为了士人文化的一部分。在入住条件上，士人会馆常有明确规定，拒绝接纳商人入住，即便是商人参与投资管理的士人会馆，也会对商人的入住做出限制。京师的士人会馆都把应试举子的居住问题放在首位，他人都要为此让路。会馆中的祭祀活动是会馆维系乡情所不可缺少的重要内容，会馆中多设有祠堂或神位，如关帝、文昌帝君等，也有地方神明和本籍出身的先贤。关帝是清代普遍祭祀的神，不论商用会馆还是士人会馆都可祭祀，同时被认为是负责科名的文昌帝君也是士人会馆或接待举子的会馆所不可少的。祭祀活动也是乡人联谊的机会，在京同乡不管是否住在会馆中一般都会参加。它不仅用以纪念先辈，缅怀其功德，更是为了勉励后进，为士人树立榜样，起到道德教育的作用。会馆为士人提供了多种联谊形式，除了上面所说的祭祀活动外，还有每年的团拜和各种庆典、祭奠活动，以及送往迎来的活动等。

不过，也有些士人常年住在会馆之中。马克思在《资本论》中提到的中国人，清道光十二年进士王茂荫，在道光、咸丰、同治三朝历任御史、侍郎等职。他一生大部分时间在宣武门外大街105号和107号的歙县会馆度过。

会馆是清代进士、学子们的集中地，也是透视清代北京历史文化的重要窗口。乾隆时期编纂《四库全书》。参与此事的进士共有3000多人，其中许多人就住在会馆里。如汉学大师戴震入京之初就住在歙县会馆，后应聘入四库馆任纂修，赐同进士第。戴震是我国18世纪杰出的学者和思想家，安徽屯溪人，著有《孟子字义疏正》。汉学的发展在清中叶达到高峰，这一时期以戴震为主要代表的乾嘉学派主导了文化学术潮流。戴震继承了清初思想家的唯物主义传统，对唯心主义的理学进行了激烈的批判，对后世产生了深远的影响。

作为戴震的传人，乾隆五十四年进士、大学士阮元，曾经居住在扬州会馆，阮元是扬州人，一生为官，历任户、礼、兵、工等部侍郎，太子太保、体仁阁大学士，是一个学者型官吏，著有《十三经注疏》等。他历任乾隆、嘉庆、道光三朝官吏。他还做了一件十分有意义的工作，编写了《畴人传》，记录了中国科学家243人，并附西洋科学家37人，共280人的传记，这是所见第一部中国的科学家列传专著。

吟诵唱酬，抒发情怀，在会馆士人中蔚然成风。叶圣陶先生曾说过："有清一代，文学大昌，诗人辈出，其作风兼有唐人之神韵，宋人之清新。"清代诗坛盟主神韵派大师王士禛曾说："予论当代诗人，曰'南施北宋'——施谓施愚山，宋谓荔裳。"（《带经堂诗话》卷九）施愚山即施闰章，清初进士，官至翰林院侍读，寓居宣城会馆。其诗风朴实，又能反映民生疾苦，并得唐诗之风采。

在晚清诗人中，最受人们推崇的是龚自珍，柳亚子称赞他是"三百年间第一流"，今广安胡同内的番禺会馆是龚自珍的故居。龚自珍仕途坎坷，屡试不第，于道光九年方考中进士。在清王朝表面上尚维持升平盛世之时，他就已经敏锐地预感到"日之将夕，悲风骤至"，他大胆指斥时弊，鼓吹变革。

中国近代史上一些重要历史事件和历史人物的活动，几乎都与会馆士人有关。这些会馆已构成相当完整的系列的爱国主义教育基地。

鸦片战争的爆发是中国历史上的重大转折。民族英雄林则徐被誉为"开眼看世界第一人"，他在北京宣南生活近十年，曾住在高家寨的莆阳会馆，他主持的虎门销烟及禁烟运动成为中国近代史的开端。林则徐在被遣戍去新疆时，把他过去收集整理的《四洲志》书稿交给好友魏源，由魏源加以充实，撰成《海国图志》100卷，成为我国第一部系统介绍西方国家情况的著作。

鸦片战争后，中国被迫打开国门，出现了学习西方先进科学技术的洋务运动，为中国近代工业化奠定了初步基础。洋务运动的领袖人物李鸿章发起修建了北京最大的会馆——安徽会馆，这成为淮系官员、将领在京活动的一个重要据点。不仅如此，维新派最早的政治团体强学会也在这里成立，并于光绪二十一年在此创办了最早的维新派报刊《中外纪闻》(原名：《万国公报》)。

中日甲午之战中国惨败，人们痛定思痛，开始认识到只是引进或制造洋枪洋炮并不能达到自强，必须从政治上进行改革才有出路，于是开展了轰轰烈烈的戊戌维新变法运动。运动的领袖人物康有为、梁启超、谭嗣同等分别住在南海会馆、新会会馆、浏阳会馆，维新志士几乎自始至终都在宣南各会馆进行政治活动，变法失败后，谭嗣同等六君子在宣南菜市口慷慨就义。

戊戌维新运动诸先驱在宣南各个会馆留下了"开中国近代改革之先河"的重要历史遗迹。

公元1905年，清光绪三十一年，慈禧太后下令"废除科举"，使长达1300多年的科举取士得到终结。维新运动失败后爆发了辛亥革命，推翻了清王朝的统治，建立了民国。民国元年孙中山先生抵京与袁世凯会谈，并到湖广会馆主持了国民党的成立大会。

民国初年，辛亥革命的成果被以袁世凯为代表的封建军阀势力篡夺，民国只剩下空壳，共和徒有虚名。以袁世凯为代表的北洋军阀推行的封建复辟向西方列强投降的活动，激发了更深刻的革命。伟大的五四运动开辟了中国新民主主义革命的新时代。

在新的历史时期，会馆为应试举子服务的功能已不复存在，但是它继续发挥聚集先进知识分子的积极作用。陈独秀、李大钊、胡适在米市胡同的泾县会馆创办了新文化运动中的重要期刊《每周评论》。

更应该指出的是，1912年鲁迅先生来到北京就住进绍兴会馆，一住就是7年半。在这里他第一次使用鲁迅这个笔名，创作了中国新文学史上第一部白话小说《狂人日记》，并写了《孔乙己》《药》等名作，还在《新青年》杂志上发表了大量杂文，猛烈抨击封建思想，成为中国新文化运动的先驱。

以上，只述及宣南会馆与清代进士之点滴，但足以说明宣南会馆在北京政治、文化中具有的重要地位。

但是，会馆的人文环境、与重大历史事件的发生和历史人物活动的内在联系及其深厚的文化内涵，仍有待进一步发掘研究。

进士虽已远去，然而会馆仍在眼前。

是为序。

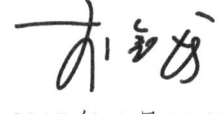

2017年5月22日

编 写 说 明

一、本书是集合了北京宣南地区各会馆、与会馆相关的清代进士及其相关的其他非进士人物的工具书，主要供广大读者、文史工作者阅读与研究之用。

二、本书收录科举试馆、商会会馆、名人故居等63所，相关人物1100余人。

三、本书所涉地点原则上以地方区划为排序依据，参照《中国古今地名大辞典·中华人民共和国县级以上行政区划简表》(2005)。

四、本书所列会馆资料包括：会馆曾用名、所属省籍、会馆性质、兴建时间、历史曾用地址名称、文献资料、碑文拓片、楹联和新旧照片等。

五、本书所列人物资料包括：人物姓名、生卒年代、籍贯（原籍、祖籍）、人物血缘关系、会试科次（部分乡试科次）、任职、生平事迹、著作和与会馆的关系等。

六、本书人物生卒年均依据《清代人物生卒年表》(2005)及地方志。

七、本书人物字号均依据清代及民国地方志。

八、本书进士籍贯、科次均依据《清朝进士题名录》(2007)。

九、为了便于分类排序，将包含湖南湖北两省之"湖广会馆"归属湖北省。

十、关于"婺源会馆"，本书依清代行政划分，归其为安徽省。

十一、本书正文人物按照对应文章出现先后以及殿试科次名次先后顺序排列。本书人物索引按照拼音顺序排列。

十二、本书各会馆内所列的本籍进士，皆曾于该会馆停留、聚会、谋事或住宿等，故于正文中不再赘述。

目　录

山西省

太原会馆 …………………………………………………………… 003
临汾会馆 …………………………………………………………… 009
襄陵会馆 …………………………………………………………… 013
河东会馆 …………………………………………………………… 020
浮山会馆 …………………………………………………………… 024

江苏省

锡金会馆 …………………………………………………………… 029
宜兴会馆 …………………………………………………………… 039

浙江省

萧山会馆 …………………………………………………………… 051
归安会馆 …………………………………………………………… 055
绍兴会馆 …………………………………………………………… 069

安徽省

安徽会馆 …………………………………………………………… 083
歙县会馆 …………………………………………………………… 094
黟县会馆 …………………………………………………………… 110

青阳会馆	113
宣城会馆	117
泾县会馆	123
旌德会馆	130
婺源会馆	135

福建省

福州新馆	145
莆阳会馆	165
晋江邑馆	182
惠安会馆	197
安溪会馆	203
同安会馆	216
漳州会馆（又名漳浦会馆）	232

山东省

山左会馆	239
济南会馆	247
登莱胶馆	251

河南省

| 河南会馆（中州乡祠） | 259 |
| 河南会馆（嵩云草堂） | 263 |

湖北省

| 湖广会馆 | 389 |
| 江夏会馆 | 455 |

郢中会馆 …………………………………………………………… 463

湖南省

湖南会馆 …………………………………………………………… 475
浏阳会馆 …………………………………………………………… 487

广东省

仙城会馆 …………………………………………………………… 495
番禺会馆 …………………………………………………………… 504
东莞会馆 …………………………………………………………… 521
中山会馆 …………………………………………………………… 534
新会会馆 …………………………………………………………… 542
南海会馆 …………………………………………………………… 550
顺德会馆（天景胡同）…………………………………………… 572
顺德会馆（海柏胡同）…………………………………………… 574
肇庆会馆 …………………………………………………………… 592

四川省

四川会馆（四川西馆）…………………………………………… 601
四川会馆（四川老馆）…………………………………………… 604

云南省

云南会馆 …………………………………………………………… 617

陕西省

朝邑会馆 …………………………………………………………… 629
蒲城会馆 …………………………………………………………… 634

商州会馆 …………………………………………………… 640

其 他

梨园公会 …………………………………………………… 647
梅兰芳出生地 ……………………………………………… 652
米面业公会 ………………………………………………… 655
谭鑫培故居 ………………………………………………… 659
谢枋得祠 …………………………………………………… 662
学业公会及当铺 …………………………………………… 665
杨椒山祠 …………………………………………………… 667
银号会馆 …………………………………………………… 671
钱业公会 …………………………………………………… 677
银钱业公会 ………………………………………………… 681

附录 ………………………………………………………… 683
后记 ………………………………………………………… 687
人物索引 …………………………………………………… 690
参考书目 …………………………………………………… 716
会馆分布图 ………………………………………………… 721

【山西省】

宣南会馆与清代进士

太原会馆

太原地处山西省中部。远古时属冀州，古称晋阳。殷商时为北唐古国，鲁昭公元年（前541）并入晋国。周威烈王二十三年（前403）三家分晋后为赵国都城。秦统一后置郡隋开皇九年（589）改总管府，遂废府改郡。唐封"北都"、"北京"。宋置太原府。元为太原路。明清复置太原府。今为山西省省会。

太原会馆原有两处。一处在西城区储库营15号（清时为皮库营4号，民国时改为储库营4号），清顺治年间设立。会馆为四进四合院，坐北朝南，原有房117间，有东西两路。东路为乡友居住，西路为乡贤祠。清初著名汉学家阎若璩曾居住在西路院中。清光绪时，阎若璩故居改为敬贤堂，内祀画像，列有雍正皇帝御制挽诗、祭文和名人诗碣。现为民居，基本格局尚存，是西城区文物保护单位。

另一处在西城区广安门内大街352号（清、民国时为广安门大街331号），又名"西晋会馆"，为太原会馆附馆，清初设立。清《光绪顺天府志》载："广宁门大街（今称广安门大街），俗称彰义门大街，有洪洞、西晋、河东、贵西、扬州诸会馆。"馆内原有两层殿关帝庙一座，奉祀观世音、十八罗汉。20世纪90年代因地区拆迁改造被拆除。

太原从唐代以来便是文化的发源地与人才的集中地,历经数百年,至清代,此地依然人才济济。其中有一甲探花一名如下:

温忠翰(1835—?),字味秋,山西省太原府太谷县敦坊村人。同治元年壬戌科(1862)一甲3名,探花。善文章,喜抚琴,与杜石竹为莫逆之交。历官翰林院编修、詹事府赞善、中允、司经局洗马、浙江温州处州道道台、湖南学政、陕西按察使、湖北按察使。光绪十二年(1886),因病休致归里。是清朝聘请、使用律师受理涉外官司第一人。著有《名翰赏心集》《古诗欣赏集》《红叶庵诗文集》若干卷。

除一甲外仍有不少进士,选列有传记者如下:

姜宗吕(生卒年无考),字琅玡,山西省太原府保德人。顺治十六年己亥科(1659)三甲71名进士。授潍县知县,不赴任,卒于家。父姜名武,明天启壬戌年(1622)武进士。明崇祯十五年(1642)镇压李自成起义,战死于朱仙镇,赠右都督。子姜橚,康熙二十四年(1685)进士。颇得康熙皇帝赏识。

姜橚(1647—1704),字仲端,号昆麓,山西省太原府保德人。祖父姜名武,父姜宗吕。橚少英敏,读书晓畅大义。康熙二十四年乙丑科(1685)三甲44名进士。授湖广麻城知县,后升户科给事中。三十八年,典试江南。后历官鸿胪寺少卿、浙江督学、佥都御史、副都御史、工部右侍郎、吏部左侍郎。患风湿病,卒于任所。康熙皇帝谕赐祭葬,颁赏御笔"廉静"匾额一块,及"表里常交正,动静自弗违"对联一副。

武承谟(?—1723),字邵孟,号逸溪,山西省太原府盂县西小坪村人。幼聪颖,遍读经史百家。康熙三十八年己卯科举人。三十九年庚辰科(1700)二甲55名进士。任大庾知县。后丁忧。补新安抚军。经保荐，受康熙皇帝召见并当面出题测试，其"随笔缮写，不假思索"，被钦定为"天下第一才子"，名噪一时。后补无锡缺，先后任职三县，卒于任。著有《尚志堂诗草》《逸溪堂稿》《客窗质语》等。

阎咏（生卒年无考），山西省太原府太原人。阎若璩之子。清朝书法家，经学家。康熙四十八年己丑科（1709）二甲44名进士。官中书舍人。亦能文。著有《朱子古文书疑》一卷、《左汾近稿》等。

孙嘉淦（1683—1753），字锡公，又字懿斋，号静轩，赐谥"文定"，山西省太原府兴县人。康熙五十二年癸巳恩科（1713）三甲14名进士。历仕康熙、雍正、乾隆三朝，受到

孙嘉淦

三朝皇帝的赏识与重用。历任学政、盐务、河工、左都御史兼吏部侍郎等要差，官至工部、刑部尚书，协办大学士。雍正朝，以上疏直谏"亲骨肉、停捐纳、罢西兵"而闻名朝野，尤以上承乾隆皇帝的谏论《三习一弊疏》最为有名。其著作有《春秋义》《南华通》《诗义折中》《周易述义》《司成课程》《近思录辑要》《成均讲义》《诗删》《孙文定公奏议》《南游记》《孙文定公文录》二卷等。

李徽（？—1736），字元纶，山西省太原府崞县人。康熙五十二年（1713）乡试

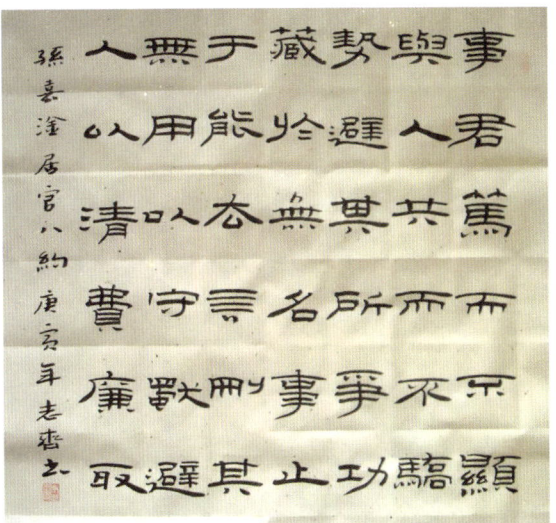

孙嘉淦与其《居官八约》

举第一。雍正元年癸卯恩科（1723）三甲96名进士。改庶吉士。散馆，刑部主事。寻复授检讨。考选浙江道御史。授佥都御史。充湖南观风整俗使。在官四年，察吏安民，能称其职。因坐事，降授仓监督。乾隆即位，命复官，遽卒。

乔邦宪（？－1854），字溶泉。山西省太原府徐沟人。乔人杰第四子。道光十三年癸巳科（1833）三甲32名进士。翰林院庶吉士。散馆，授检讨。历官湖广道、广东道监察御史，署兵科，刑科给事中。巡视南城，稽查崇文门税务，抽查通州漕粮。咸丰四年（1854），卒于职。著有《洗雪山房文诗》及《试体诗》二卷。

李徽

乔松年（1815－1875），字健侯，号鹤侪。山西省太原府徐沟县郝村人。养父乔邦宪。道光十四年甲午科举人。道光十五年乙未科（1835）三甲91名进士。授工部主事，后任湖南乡试副主考，再迁郎中。历官松江府知府、苏州府知府、江宁布政使、安徽巡抚、陕西巡抚、江苏两淮盐运使、河东河道总督等。一生转战疆场，镇压太平天国、捻军起义。光绪元年（1875）卒，赠太子少保，谥号"勤恪"。其著述颇丰，有《萝藦亭遗诗》《萝藦亭札记》《萝藦亭文钞》《论语浅解》《乔勤恪公奏议》等，编有《纬捃》《乔氏载记》等。

渠本翘（1862－1919），原名渠本桥，字楚南，号湘笙，山西省太原府祁县人。自幼聪颖、勤奋，在外祖父乔朗山家中私塾学习。光绪十一年中秀才，十四年中解元。十八年壬辰科（1892）三甲7名进士。任内阁中书。二十八年，与乔殿森等人合资，先后开办双福火柴公司、保晋矿务公司，为山西近代实业家。民国后隐居天津，致力于收藏和著述，后手稿散失，仅存《半可集》《爱微堂遗著》中若干篇。

会馆现状（一）

太原会馆 储库营15号

会馆现状（二）

会馆现状（三）

临汾会馆

临汾，位于山西省西南部，地处太原、郑州、西安三个省会城市连接中点。隋开皇三年（583）置临汾郡，临汾得名沿用至今。明清时属平阳府。民国三年（1914）废府设道，属河东道管辖。民国十六年（1927）废道直属山西省。

临汾会馆，曾用名临汾西馆，位于西城区大栅栏街11号（清、民国时为大栅栏街18号），原为临汾同乡试馆，是当时同乡联络乡谊之所，有房70间半。现为山西驻京办事处招待所。

会馆内藏有《重修临汾会馆碑记》。

《重修临汾会馆碑记》

　　国朝龙兴伊始，我邑之宦于京师者为最盛。即巨商大贾，我邑之牟利于京师者，亦视各属为最多。一时冠盖纵横，山川明媚。平阳之富甲于三晋，而临汾为附郭首邑，尤得其菁华焉。于是有开必先，或捐俸营体之地，或醵金构乐游之区，别业灵鹭，后之人犹历历可数也。未几风微人往，以渐改观，而好事者又复自矜开辟，不作仍旧之思，遂使香火凄凉，无人过问，上下数十年，而辗转易主，废为击球场者，岂堪枚举哉！如我大栅栏临汾邑馆，其殷鉴也。馆之设，创于有明，迄我朝嘉庆年间，其中忽兴忽替，具载旧石，兹不复赘。同治初，馆住持邵姓，禽夜潜毁，邑人发其奸于官，适张虎文孝廉以公车来京，具呈投案，始将邵姓驱逐。于时零砖断瓦，雕敝已甚，乃募金为营缮计，规模粗具。首推徐充之水部董其成，迂数年，啧有烦言，水部告退，而贾金福又居中用事矣，揽公租入私囊，如是者十越月。余与同年曹菊农农部，会以丙子通籍留京师，目睹其专且鄙，而无容贷也。遣丁呈有司，并上条规数事，案既定，给资遣去，而全局方归于正，时则戊寅秋七月也。自是官总其成，商司其册，计岁入神绘之，余尚有赢，可充缮修小费。历年建西南隅西房三间，修西北隅偏院一所，装饰列圣尊容，布置大厅格式，暨穿渗坑、发旅榇费已千金有奇，皆整顿后积蓄以有此也。窃幸绅商相得，和衷共济，踵而行之，可望持久。惟曹农部经营力多，撰记当更详尽。前以奉祀还乡，委序于予，予则无可诿也。爰举其概，而质言之，后有继者，其守成规，以垂禩世，是则斯馆之深幸也夫。

赐进士出身诰授奉政大夫武英殿协修国史馆纂修翰林院编修教习庶吉士加四级陈履亨撰并书。

赐进士出身诰授中宪大夫钦加四品衔记名御史前户部贵州司员外郎加三级曹榕总理。

六必居承办徐　筠　　永茂号承办陈王福

涌福坊承办许世荣　　中鼎和承办刘仁寿

万全堂承办韩树林　　信远号承办于天顺

玉益号承办翟　恭　　寿昌号承办李法协理

附记旧协理 源吉号 元华坊

大清光绪十八年岁次壬辰孟冬之月谷旦

陈履亨（1838—1906），山西省平阳府临汾人。光绪二年丙子恩科（1876）二甲48名进士。诰授奉政大夫，武英殿协修、国史馆纂修、翰林院编修教习，庶吉士加四级。撰并书《重修临汾会馆碑记》。

曹榕（1842—?），字晓春，号菊农，题名碑作曹荣，山西省平阳府临汾人。光绪二年丙子恩科（1876）二甲145名进士。诰授中宪大夫，钦加四品衔，记名御史，前户部贵州司员外郎加三级，前京畿道监察御史，山东武定府知府。光绪、宣统时任临汾会馆总理。

清代临汾县籍进士选列如下：

胡希圣（生卒年无考），山西省平阳府临汾人。顺治三年丙戌科（1646）三甲44名进士。户部江南清吏司主事、管理通昌刍粮饷运屯税、袁州府知府。

席教事（生卒年无考），山西省平阳府临汾人。顺治三年丙戌科（1646）三甲59名进士。曾任四川按察使司佥事。

朱佐汤（生卒年无考），山西省平阳府临汾人。雍正八年庚戌科（1730）三甲168名进士。曾任甘肃徽县县令、灵州知州、宁夏知府、陕西按察使、河东盐运使、山东兖沂漕道使。

会馆现状（一）

会馆现状（二）

会馆现状（三）

襄陵会馆

襄陵位于山西省南部,春秋时为晋大夫邑。战国时属魏,以晋襄公之襄陵得名。西汉置县,新朝改称干昌,东汉复之。三国时属平阳郡。明清属平阳府。1954年与汾城合并为襄汾县。1959年裁撤,划入临汾县。1969年复设襄汾县。

襄陵会馆,民国前在京有多处。一处位于西城区铁树斜街(旧称李铁锅斜街或李铁拐斜街)96号,清代设立。现为民居,建筑多破损。

《宸垣识略》载:

西城会馆之著者,李铁锅斜街曰襄陵、三原、延定、肇庆。

再有一处位于西城区潘家胡同9号(旧址为潘家河沿5号),建于清代。因地区改造,建筑多已拆除,留存部分现为民居。

另有一处位于南下洼子巷内(今址不详,有待考证),建于清代。

本处襄陵会馆又称襄陵南馆,位于五道街38号(清址为五道庙五十号,民国为五道庙二十四号)。乾隆五十年(1785)正式建成,嘉庆十七年(1882)再次修建,并有碑文。

《襄陵会馆碑记》

盖闻：万古不朽之事业，皆千古好事者之精神。创立襄陵会馆，坐落在虎坊桥北口内街东，内供三尊财神，以为客商云集之所，聚会之地。日久废弛，显乎失落，合邑人等，岂忍坐观而不顾。是以齐心努力，将前辈之德名，须当通众整顿可也。有李学忠等，谘访根源，查其底实，始知经先会首人等，于乾隆五十五年，向他人将馆取回，即同经办馆事。结至六十年，馆费不敷，亏空钱柒百肆拾千文，无项可抵。恐积累愈深，是以先会首人等，将馆推与武学庆、崔世庆二人经管。武、崔二人，又协同出钱人等攒办，交出钱捌百玖拾千文，将前亏项补讫外，余钱壹百伍拾千文，存贮张可立名下营利，日后仍归公用。所有馆内屋房，由武、崔二人租赁，钱文系二人用度，众等俱不得异说。迨后新会首李学忠等，意欲取馆，量力不足，公同商酌，聚集合邑好事之人，诚起三圣神会，余积以为赎馆之资。于嘉庆十七年三月间，新会首等，同向武崔二人相商。据云：自六十年至十七年，屡遭大雨，房屋倒塌，一切修理，共费讫钱贰千零贰拾肆千文。当时彼此相烦，太平王下禄说合，议定赎馆价值钱壹千贰百文，余欠钱□百贰拾肆千文。当时众出钱人等，布施在馆，以为修理之费，俱无异说。新会首李学忠等，当即极力筹化，向本邑善人君子募化，得布施钱伍□拾千文。收用三圣会中钱肆百柒拾柒千文。又同新旧会首等收回张可立营运钱肆百零叁千文。三宗共收讫钱壹千肆百陆拾千文。公同王下翁交清京满钱壹千贰百千文。渠始将会馆交出，附交置馆红契七张，根账二本，推约一张。新会首李学忠等，俱已接贷清楚，余钱贰百陆拾千文，本年修理全行使讫。今馆事已集，特将始末缘由缕细勒碑，以备后日好事者之共鉴耳。凡我会首同人，务须竭诚经理，勿致复为废弛，以期绵绵延延，继继□□，修葺于不坠耶。是以志之。

赐进士出身翰林院庶吉士现任刑部主事汾阳人任伯寅撰文

平阳府邑人张纂村李学忠丹书

经理会首

起意人

    郭恭宁 吴存立 李长清 孙依德

    贾文元 邓 富 段忠信 翟世椿

    李学忠 井玉纲 王悦忠 周良通

  _{天文生}翟凌云 孔宜家 刘成玉 刘 纲

    卢廷挂 王祥凤 王泰和 柴云鹤

    吴宗义 晋丰店 奎元坊 泰升号

    张宗祥 毛振京 周云霞

  _{天文生}韩荣锦 韩 辉 崔世泰 张正善

    辛 琳 武学庆 梁玉韫 郑蓝田

先布施人等

    贾耀奎 邓德荣 _{廪生}严 恺 _{乡饮}武学庆 崔世泰

  _{监生}武宗义 _{从九}张正善 辛 成 辛 琳 柴武科

    郭善林 李光禄 □□□ □□□（原缺）

      以上共布施钱捌百零廿千文

    大清嘉庆十八年新正月初一日吉立

任伯寅（生卒年无考），山西省汾州府汾阳人。嘉庆四年己未科（1799）二甲60名进士。翰林院庶吉士。曾任刑部主事。

清代襄陵县籍进士选列如下：

高曦（1623－?），字寅初，山西省平阳府襄陵人。忠节公（高邦佐）第三子。幼奉庭训，沉潜经史赋，性恬澹，与物无竞，且继美。顺治十二年乙未科（1655）三甲260名进士。丕振箕裘。任陕西宝鸡县知县，惜未竟厥。

高晬（1627－?），字苍岩，山西省平阳府襄陵人。忠节公（高邦佐）第六子。少与兄曦读书村墅，专一至忘寝食，才名远著。顺治十五年戊戌科（1658）三甲4名进士。初任云南曲靖府推官。转江南徽州同知。升苏州府知府。姑苏，三吴剧郡，素号难理，以精勤成疾，卒于任。

侯周臣（生卒年无考），山西省平阳府襄陵人。顺治十五年戊戌科（1658）三甲206名进士。由进士任广东石城县知县。

崔瀛（生卒年无考），字仙洲，山西省平阳府襄陵人。育梗之侄。康熙九年庚戌科（1670）三甲137名进士。任福建南安县知县，卒于任。秉性豪放，天才踔厉，诗文著作极富。

许克猷（1655－?），字壮其，号敬斋，山西省平阳府襄陵人。康熙十五年丙辰科（1676）三甲35名进士。性好理学，探索微奥，义旨贯彻。授内阁中书，纂修《一统志》，收掌官。升刑部主事，能平久大狱。调吏部文选司主事，铨政秉公，门无私谒，恭谨端方，都下推重。殁之日，囊橐萧然，至不能归里。

薛兆麒（1658－?），字圣野，山西省平阳府襄陵人。康熙十八年己未科（1679）三甲86名进士。任江南灵璧县知县。庚午同考试官，所荐多名士，如蒋公家驹、孙公维祺，皆属桃李。

张缵（生卒年无考），字禹服，号霍南，山西省平阳府襄陵人。康熙三十三年甲戌科（1694）三甲69名进士。授内阁中书。升礼部祠祭司主事。为文酷肖王守溪先生。性孝友，事堂叔，养生继绝。处乡里，开帐讲学，桑梓蒙德甚多，为伦纪完人。居官遇事谨密，中正不阿。乙酉典试，广西名隽搜罗无遗。以衡文跋涉之劳，卒于京邸，朝野惜之。祀乡贤。

卢秉纯（生卒年无考），字性香，山西省平阳府襄陵人。雍正八年庚戌科（1730）三甲58名进士。博学能文，由翰林，历侍御。风骨棱棱，谠正不阿。解组归，授生徒于汾沁泽潞间，门下士登甲第者，以百数。著有《龙泉堂稿》《折桂堂诗集》。

朱永年（1704－？），字资训，号损斋，山西省平阳府襄陵县赵曲镇人。乾隆元年丙辰科（1736）三甲40名进士。以进士授陕西兴平县知县。调河南汤阴县，汤俗不解纺绩，永年造织其勤，指示并令内子躬为之以示之法。寻升直隶祁州知州。后以老乞归。家居简朴，绝迹城市，性嗜学，设帐授徒，邑人士多所造就。年七十三而终。

刘峩（生卒年无考），字我山，号石溪，山西省平阳府襄陵人。乾隆十六年辛未科（1751）三甲100名进士。由进士任河南延津县令，延届汴卫之冲，简差徭以纾民力，筑堤坊以捍水患，民赖之，号为神君。

吴克元（生卒年无考），字敬甫，号亦山，山西省平阳府襄陵人。乾隆四十三年戊戌科（1778）三甲9名进士。由进士任陕西略阳县令，时多惠政，民德之。著有诗文行世。

孙成基（生卒年无考），字厚庵，山西省平阳府襄陵人。性颖异，弱岁工书法，人以神童，目之能文，有器识。道光三十年庚戌科（1850）二甲47名进士。通籍后，官刑部，治狱多平反，以明干称。后因亲老告归，历主思文、东雍、姑汾书院讲席，一时名士多出其门。子二：毓琇、毓琛，咸丰辛酉同科拔萃。著有《大小文萃诗赋集》行世。

柴友芝（生卒年无考），字鹿筵，山西省平阳府襄陵人。风度隽逸，善属文，书法尤一。道光己酉（1849）拔贡，咸丰乙卯举于乡。咸丰六年丙辰科（1856）二甲22名进士。选庶吉士，为座师李兰孙先生所器重。同治六年（1867）告假在籍，主讲姑汾书院，并督办团练。是年冬，"捻匪"窜入县境至京安镇，友芝率勇堵御，贼势猖獗，众惊溃，友芝被执不屈，遂遇害。事闻议恤如例，予袭云骑尉世职。

会馆现状（一）

襄陵会馆
五道街38号

会馆现状（二）

会馆现状（三）

河东会馆

河东位于山西西南，黄河以东，古称河东。秦汉时指河东郡地，在今山西运城、临汾一带。

河东会馆原有两处，一处位于西城区广安门内大街98－100号（民国时为广安门内大街449号），清《宸垣识略》载："西城会馆之著者，彰义门大街曰洪洞、河东、贵州、江甘仪。"广宁门大街（今称广安门大街），俗称彰义门大街，有洪洞、西晋、河东、贵西、扬州诸会馆（扬州会馆旧为江甘仪馆），所属部分后仍为民居，现大部分已拆除。另一处位于东城区小江胡同，清代设立。小江胡同旧称小蒋家胡同。清《光绪顺天府志》载："小蒋家胡同，有河东、平阳、晋翼、旌德诸会馆。"无具体地址，会馆现状不详。

范三纲（生卒年无考），山西省解州平陆人。乾隆四十三年戊戌科（1778）三甲61名进士。刑部江苏清吏司主事，加一级。撰有《河东会馆碑记》，原碑在广安门大街449号河东烟行会馆。

《河东会馆碑记》

河东会馆，为在京贸易诸君所建，立祠三圣帝君于其中。规模称壮丽,有住持应其馆。神前香火,以及庭院内外皆整洁。每公会,在京同人远近咸集,拜祷之余,继以燕会。能敬且和,居然吾乡醇朴之风,敦睦之义也。余心好之,故时或游历其间。岁己亥,其首事诸公告余曰:去年易州烟庄牙侩为奸,行中不通交易者几乎经年。辛赖三圣之灵,其人自来,恳请定为章程,永归平允。行中同人欣喜过望之无已也,愿出囊金,重新神宇。列名捐施,合计数千金。吾等以馆中廊屋尚自完固,而诸人之意不可没也。适隔壁有

荒宅一所,南北三十四干,东西九干,约价若干金出售。因于捐输原数中,酌取千分之三,以偿其值而购得之,为将来挪展之计。敢请为文,以昭示来许。余曰:善哉,天之所助者顺也,人之所助者信也。如诸公之同心和气,而不涉于私,神与人共助之也,宜矣。余不文,言不足以信,后即以其所言者,列之于石,是亦可以不朽云。

李发英(生卒年无考),山西省平阳府曲沃人。丙午科举人。嘉庆七年壬戌科(1802)三甲133名进士。文林郎吏部铨选知县。撰有《重修河东会馆碑记》,原碑在广安门大街449号河东烟行会馆。

盖运长(生卒年无考),山西省平阳府曲沃人。辛酉科拔贡生,联捷举人。嘉庆七年壬戌科(1802)二甲77名进士。翰林院庶吉士,加

一级。书有《重修河东会馆碑记》，原碑在广安门大街449号河东烟行会馆。

《重修河东会馆碑记》

河东古唐虞畿甸，在昭代为股肱郡。表里河山，土满是患，服贾用养，以是遍于天下，而辇下尤最，会馆所由昉也。馆始于雍正五年，屡经修葺，前人之述俱备。嘉庆辛酉夏秋之交，霪霏连月，官私庐廨多圮，河东会馆亦无复前此完美矣。首事总理公直等，谋诸同乡，敛金近千，庀材鸠工，不数日而顿还旧观。于戏，勤哉！余惟俗勤而俭，人恬以愉，河东之美，古也有志矣。忆自丁未始来京师，见士大夫多以风流相尚，而朴诚之气，吾乡未之或改。俗子或以西人陋之。至圣天子示敦朴为天下倡，而吾乡人若向风独先，霑化独厚者，岂非土厚水深，禀诸山川既异。而陶唐氏忧深思远，有虞氏薰解时阜，又司马子长所谓风教固殊者哉！余困公车屡矣，日往来长安陌上，谓卖成都之卜，饮新丰之酒，必真有其人，而仓卒未之见也。旅居多暇，每乐于吾乡人游处，盖风北枝南，人情尤甚。且将用养之义来告，不愿其依日月而忘望云也。幸吾乡人亦乐余之拙谬，以下望之相待者，余何敢！余行矣，诸君勉旃。数典不忘祖，守瓶不假器。是馆也修，有兴无废，有守无失，第一义也。至岁时聚会，以讲枌榆之谊，而遡蟋蟀之风者，在将勤俭恬愉，无愧昭代股肱之郡矣。抑余闻修馆之后，即以赢金置义田六亩整，是尤仁人君子之用心也，并足征吾乡风俗之厚云。

会馆现状（一）

会馆现状（二）

会馆现状（三）

浮山会馆

浮山县位于山西省南部。唐武德二年（619）置浮山县，今属临汾市。

浮山会馆位于西城区鹞儿胡同16号（民国时为鹞儿胡同37号）。清朝初年，由本邑商人出资兴建。雍正七年（1729）修。民国三年（1914）重修竣工。据《重修浮山会馆碑（1914）》所载："不设公所，则观光贸易者，行旅甫至，不免有宿栈假馆之繁。即仕宦坐商，欲会同而联乡谊，亦未免参商卯酉矣，此会馆之设所由来也。"因此会馆具有同乡试馆和商业会馆双重性质。会馆坐南朝北，馆内大小三院，前后两院原有房20余间。临街房屋现改为商铺，其余为民居，建筑多有破损。

清代浮山县籍进士选列如下：

张永鉴（生卒年无考），字右三，号霁园，山西省平阳府浮山人。当为诸生时，与兄永谐、弟永谔俱以能文称，有难兄难弟之目，而埍篪迭奏，玉石交攻，每试辄鼎峙前茅，片纸只字，无不脍炙人口。乾隆十七年壬申恩科（1752）三甲52名进士。授陕西商州山阳县尹，有政声。未几以告养归。所为文沉雄雅健，根极理要，领取神韵，和平渊永而无傲辟乔志之音，以兄及第并己之作同梓，名《三隅合稿》行世，陈莲宇先生、秦涧泉学士皆为之序而传之。

崔锡荣（生卒年无考），字笏床，号午庄，山西省平阳府浮山人。生而聪慧，未成童，淹通六籍。举茂才，每试夺冠，为莫宝斋学使所激赏。辛酉举于乡。嘉庆十六年辛未科（1811）三甲82名进士。入为内阁中书舍人。请外补，初令河南西平邑，隶汝南。土瘠民贫，俗剽悍称难治，以经术为治谱，宽猛相济，而仁心为质，未常罪一无辜，乃抚字心劳，而催科政拙，竟以盐策壅滞，罣吏议。去任之日，民皆攀辕卧辙，流涕追送不绝于道。当事者察其慈惠，慰留之，移调宝丰，矢厥公慎，设施一如治西平时。尝言："为政无他术，第公则明耳。"咸以为名言。三载考绩当报最，乃以亲老陈情乞养归退，居林泉，非公不至，其清介如此。

盖天佑（生卒年无考），字启臣，号柳堂邑人。山西省平阳府浮山人。光绪九年癸未科（1883）三甲167名进士。

会馆现状（一）

浮山会馆　鹞儿胡同16号

会馆现状（二）

会馆现状（三）

【江苏省】

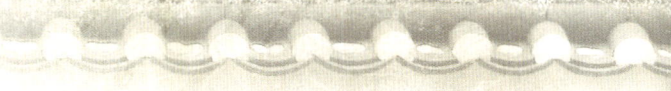

宣南会馆与清代进士

锡金会馆

锡金为无锡、金匮两地的合称。无锡位于江苏省南部,汉代置县,新莽改有锡,东汉复称无锡。雍正二年(1724)分置金匮县,1912年复并。今为地级市。

锡金会馆在今西城区前孙公园胡同11号,清同治年间设立。清《光绪顺天府志》载:"前孙公园,有锡金、泉郡会馆。"清和民国时地址为前孙公园7号。

纵观清代历史,无锡、金匮两县,曾经涌现过不少人才,其中有状元三人,榜眼一人,探花五人,其传如下:

邹忠倚(1623—1654),字于度,江苏省常州府无锡人。忠倚素孝友静默,淡于荣进。顺治九年壬辰科(1652)一甲第1名,状元,授修撰。登第后常翛然有出尘之思,故其所为诗,清远闲放不染垢氛,惜不永年而殁。

王云锦(1657—1727),字海文,号柳溪,又名顾云锦,江苏省常州府无锡人。康熙四十五年丙戌科(1706)一甲第1名,状元,授翰林院修撰。康熙四十八年,任会试同考官。后出任陕西学政。其间参与编纂《康熙字典》。雍正五年（1727）卒。

邹忠倚书法

王云锦

顾皋（1763—1832），字晴芬，号缄石，江苏省常州府金匮人。肄业于东林书院。嘉庆六年辛酉恩科（1801）一甲第1名，状元。授翰林院修撰，并掌修国史。奉诏提督贵州学政，革除积弊，士林称之。三年任满，升国子监司业。嘉庆二十一年，出任陕西乡试主考官。入值懋勤殿，参与编纂《秘殿珠林》《石渠宝笈》。后历任翰林院侍读、左右庶子、侍讲学士、侍读学士。二十四年，入值上书房，称"授读师傅"。次年，擢东宫詹事府长官詹事。道光元年（1821），迁升内阁学士，兼礼部侍郎。擢升工部侍郎。旋调户部侍郎，兼管国子监事务。五年，任顺天乡试主考官。升侍读学士。八年，以疾乞休归，闭门读书绘画。十二年，年七十病卒于家。皋为人端谨持重，洁身自好。任户部职时，秉公守法，恪尽职守。视学贵州，大开文风。皋诗文格调高雅。工书画，长于写生，赋色古雅，近宋人，尤妙丛兰修竹。所绘兰竹流传颇广。著有《墨竹诗斋古文》《井华词》等。

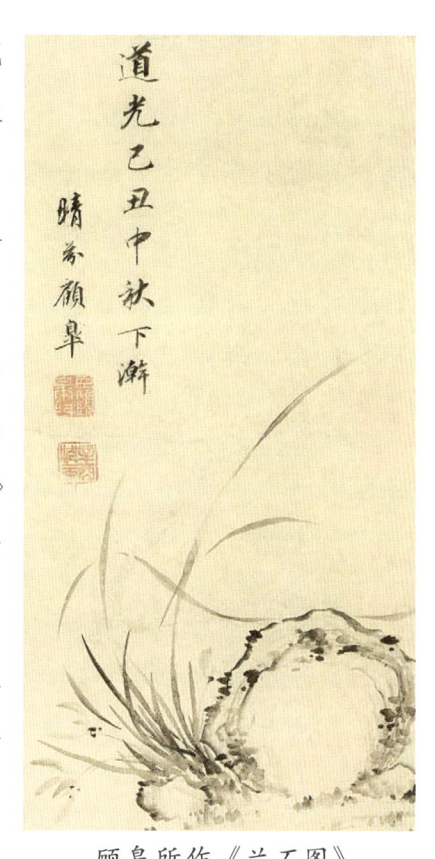

顾皋所作《兰石图》

华亦祥（1624—1665），字缵长，江苏省常州府无锡人。顺治十六年己亥科（1659）一甲第2名，榜眼。授编修。辛丑充会试分考官。寻迁侍读。未几卒。方江南以抗粮事逮诸士人至京，至委顿有道毙者，亦祥阴为左右而资之归。亦祥事亲至孝，内行淳备。殁时无以殓，其同年昆山徐元文、叶方蔼之经纪其丧。

秦鉽（1621—1687），字克绳，号补念，江苏省常州府无锡人。题名录作长洲籍。顺治十二年乙未科（1655）会试第一，廷对第三，探花。召见南海子赐袍服，比第一人。授国史院编修。充戊戌会试分考官，大学士合肥李天馥其所取士也。旋出为广东参议，分守雷州。迁杭严兵备副使。尝有告无为邪教者，鈫问知此曹戒食肉饮酒，遂集之堂下遍与酒肉饮食，讫散遣之。迁榆林参政。旋擢江西按察使。进贤县有叛人江德八者久未获，而所司得江国八锻炼诬服，鈫察其非，亟请上官奏释之，未几卒获德八，伏诛。又数人诈称旗兵取人财，例当与盗同罪，而操舟人徐昷者不得财，鈫当昷盗未得财律减死，部议坐失，出降调。久之，补长芦运使。迁湖广粮储参政。会裁缺归。

周宏（1637－1705），又名秦弘，字子重，江苏省常州府无锡人。康熙三年甲辰科（1664）一甲第3名，探花。授国史院编修。仕至侍讲学士。应制典册人推作手。己酉主试山西，一以先正法程为则。

秦蕙田（1702－1764），字树峰，江苏省常州府金匮人。蕙田少承家学，以经术笃行，为江阴杨名时所知。乾隆元年丙辰科（1736）一甲第3名，探花。官刑部尚书。本生父道然，以藩邸事久系县狱，蕙田既通籍，伏阙陈情乞以身赎父罪，道然竟得释。领西曹最久。遇事沉毅果断，退则闭户著书。其学以穷经为主，生平精力尤萃于《五礼通考》一书，盖本朱子遗意，而参诸昆山徐氏读礼通考，凡阅三十八年而后成，因并徐书刻之。又奏请刊正《韵书》。上命与

秦蕙田

武进刘纶共任其事,蕙田建议:"古韵二百六部,今并为一百七。韵如元与魂痕当析为二殷韵,宜入真韵,不当入文韵,上声拯韵,去声证韵,宜分出各自为韵。"又考定四声表,欲通古音于等韵。时已遘疾,犹往复辩论不辍。卒谥"文恭"。所著《味经窝集》亦多说经文字,有已入通考者,故学者称"味经先生"。乾隆年间秦蕙田曾住于丞相胡同。

秦勇均(1701—1771),均又作钧,字健资,号柱川,江苏省常州府金匮人。雍正二年(1724)举人。乾隆二年,授内阁中书。乾隆四年己未科(1739)一甲第3名,探花。授翰林院编修。十年,出任会试同考官。经礼部官员引见,上御批:"伶俐似有出息,明白人"。二十一年,外任道员。出知九江府。当地民俗好诉讼。勇钧遇事反复开导、警譬,不滥施笞刑、责罚,而案事大多寝息解决。二十六年,再次引见时,上再御批引见折:"非大器,妥当,道吏尚可,再上取与能。"迁广信,亲到鹅湖书院,为诸生讲学。同年,旱,尚未传檄周告,而先给灾民发粟、平粜米价。因而几遭谴责。旋丁忧归里。服阕,起为平阳知府。二十七年,外任陕西。特升迁西安按察使。在任九年,为政有声。三十五年,再经部引见,上以为:"老吏尚可任,再上之亦不能矣。"勇钧奏刑律,常得旨报可。执法以持公平。后,以病告归,卒于道。年七十有一。勇钧相貌清秀,身材挺直、修长,貌美而鬓长,飘飘若神。与人相交坦诚认真,始终如一。虽以文学受知于上,而未遇时,曾参预幕府、谙习刑名。故历外任二十余年,所张施条奏,无不受到朝廷赞许,百姓称颂。九江无坐商,零贩者必赴省衙,验收关税,税钱浮费无算,请大府咨拨,省商直接交付,仪征买运抵郡,销售盐价持平。玉山县奸民喻开士与监生有仇,伪造逆匪信札,投弃路旁,邑宰某被此迷惑,将兴大狱。勇钧星夜驰讯,为雪其冤。长武县民尚景福等，强借籽种，毁书役舍，勇钧审理后知皆为饥民，而非强盗，遂捕获首犯，余皆开释。贵溪有案相似，参将许承麟将以盗上报，勇钧前往止之，申辩良久，许参将不应，勇钧愤愤而归。须臾，许参将求见，长跪谢曰："顷公所言，老母在屏后悉闻之，责我不听仁人之言，怒而不食。今我受母命来承公教矣。"遂徒一人、杖三人，而案以定。律载杀死一家非死，罪三人者断给财产，杀二人者不在此例。勇钧上奏："一家中虽人数不一，然已杀二人，则其中岂无孤寡，倘尸主谖谖无告，而凶犯妻子仍拥厚资，与义何当？请今后，凡杀一家非死，罪二人者亦给与罪人财产一半。"上以为然，载入则例。勇钧虽用法宽大，然于奸猾无所纵容。其所到之处必葺桥梁、崇书院、禁溺女、恤灾藜，以故耆民髦士，皆迎拜车前，歌呼祝延。出任会试考官时，得李因培、张绍渠等仕至公卿。识拔灵石县武童何道深，官贵州游击，王师征缅时死锡箔之战，崇祀昭忠，人叹公知人之明。性不饮酒，在诸同年席上，仅勇钧与袁枚二人滴酒不沾。官至陕西按察使。

邹奕孝（1728—1793），字念乔，江苏省常州府金匮人。状元邹忠倚玄孙。乾隆二十二年丁丑科（1757）一甲第3名，探花。授翰林院编修。次年，经礼部引见，上御批见折："伶俐。"二十四年，充顺天乡试同考官。二十六年，充恩科会试同考官。三十三年，充陕西乡试副考官。次年，充会试同考官。再次年，充顺天恩科乡试同考官。迁右春坊右中允。三十六年，转左中允，升翰林院侍讲。三十七年，以侍讲充会试同考官。四十年，再任会试同考官，升翰林院侍读。四十二年，迁右春坊右庶子，充文渊阁校理。四十三年，四库馆书成，议叙加一级。四十四年，转左庶子，寻升国子监祭酒。奕孝不附权贵，以致仕途不畅。五十一年，充日讲起居注官。时记事经多人手，文法参差不一。奕孝撰《记注成规》一卷，以为规。同年，上临辟雍，奕孝以国子监祭酒讲《易天行健》一书，敷陈明快，上为之动容，命兼管乐部事。此间，编纂《律吕正义续编》，奉敕令定《诗经乐谱》。此书据文辨音，据义定调，一复三百篇本音，对于朱载堉《乐律全书》多所订正，制器尤其精确。并修正原《乐律全书》《律吕正义》，审诗定调，考古正音，条理集成，引俗入古。五十二年，充文渊阁直阁事。五十三年，授礼部右侍郎，迁内阁学士，出任顺天乡试副考官。次年，充殿试读卷官。后调工部转左侍郎。五十五年，再任会试同考官。充经筵讲官。五十六年，以工部侍郎先后任山东、福建提学道。奕孝生平掌文衡最久，同考、典试、视学达十三次之多。奕孝深通音律，郊祀大典、中和韶乐悉归所编定。

除上述人物，两县仍有不少知名进士，计会馆成立后（同治、光绪两朝）进士如下（以《进士题名录》籍贯为准）：

王绰（1833—1880），字德仔，号莘锄，江苏省常州府无锡人。同治二年（1863）顺天乡试亚元。同年癸亥恩科二甲60名进士。选庶吉士。散馆，授户部云南司主事。光绪二年（1876），充福建乡试副考官。历吏部考功司员外郎，文选司郎中。迁都察院左都御史，吏部右侍郎，加二品衔。清史稿《清稗类钞》载："无锡王莘锄，举南元北闱，连捷入翰林，典闽试，官吏部，得士称盛。"

朱福基（1834—？），江苏省常州府无锡人。同治四年乙丑科（1865）二甲74名进士。授翰林院编修。

朱鉴章（1846—？），字达夫，江苏省常州府无锡人。同治十年辛未科（1871）未经殿试，同治十三年甲戌科（1874）三甲179名进士。授兰溪知县。改浙江余姚知县。

涂廉锷（1843—?），字清士，号砚芗，江苏省常州府金匮人。光绪二年丙子恩科（1876）三甲11名进士。改庶吉士。散馆，授翰林院检讨。

荣光世（1845—1880），原名景熙，字咏叔，号樾堂，江苏省常州府无锡人。少时从师于族人作舟，为作舟及门四弟子之一。沉静少学，弱冠避乱于崇明，夜读恒至灯烬。同治九年（1870）举人。光绪二年丙子恩科（1876）三甲15名进士。授工部都水司主事。自云："生平志不在温饱，得志，愿京官，不欲外任。外任，贪官不可为，廉吏不易为也。"假归四年，以咯血疾卒于家。著有《兰言居遗稿》三卷。

顾绍成（1841—1890），字仲苏，号颂素，江苏省常州府无锡人。光绪六年庚辰科（1880）三甲104名进士。授山东知县。

孙鼎烈（1841—1910），字叔和，江苏省常州府无锡人。同治壬戌（1862）秀才。光绪戊子举人。光绪十五年己丑科（1889）二甲45名进士。改庶吉士。授内阁中书。历任浙江新昌、会稽、太平、临海等知县。办事干练，颇著循声。荐升观察，应征入京，任职礼学馆。宣统元年（1909），退职回乡，次年卒。早年在乡曾助办团练，镇压太平军。著有《四槐寄庐类稿》《扈从纪程》《酉斋决事》等。

杨楷（生卒年无考），江苏省常州府无锡人。光绪十八年壬辰科（1892）三甲64名进士。

陆士奎（?—1921），字耀星，号涤如，江苏省常州府无锡人。光绪二十年甲午恩科（1894）二甲17名进士。授翰林院庶吉士。

陶世凤（1852—?），字端一，又字端翼，江苏省常州府金匮人。光绪二十年甲午恩科（1894）会试会元，殿试三甲140名进士。选庶吉士。崇尚新学。曾任东林书院末任山长。

1901年，日本人中岛裁之在该馆开办了北京市最早的日本语学校——东文学社。会馆坐北朝南，为四进四合院，占地面积约700平方米，均有北房三间。现为民居，建筑多有破损。

老照片

会馆现状（一）

会馆现状（二）

会馆现状（三）

宜兴会馆

宜兴县，位于江苏省南部，太湖西岸。西城区校尉营44号的宜兴会馆，又称"宜兴新馆"。这里原是清代顺天府府尹周家楣故居。清和民国时地址为校尉营24号。现为民居，建筑格局基本完整，是西城区文物保护单位。

《宣南鸿雪图志》记载：

> 此馆建于清代末年（20世纪初）。原房屋基本保留，有城南典型的小型祠庙格局。会馆坐南朝北，临校尉营胡同为三间大门，进深五檩。一进院正房面阔三间，进深七檩带前后廊。两厢各三间，西厢房进深五檩，东厢房后加一步。二进院正房五间，七檩前出廊。两厢各三间五檩。会馆建筑布局规整，房间高大，估计是购买旧庙改建而成。光绪朝顺天府尹周家楣曾居此院，周在任时有"慷慨好施，实心任事"的政声，并主持编纂《光绪顺天府志》。

周家楣（1834－1886），字小棠，一作筱堂，江苏省常州府宜兴县宜城镇西门人。咸丰九年己未科（1859）二甲20名进士。入翰林。同治间任礼部郎中，总理各国事务衙门章京，记名御史。光绪二年（1876）任四川乡试正考官，十二月，任大理寺少卿。光绪四年，任顺天府尹，兼总理各国事务衙门大臣。后陆续任顺天乡试试监，及礼、兵、户三部左右侍郎，左副都御史，吏部左侍郎。光绪十三年五月，卒于任。顺天府民众敬其"慷慨好施、实心任事"，集资将其寓所扩建成为宜兴会馆新馆，以纪念周在治理顺天府时的清明政绩。

国史馆《周家楣传》记载：

周家楣，江苏宜兴人。咸丰九年进士。改翰林院庶吉士。同治元年，散馆，改礼部主事。荐擢员外郎郎中。充总理各国事务衙门章京，记名御史。十二年，奉旨注销御史，以五品京堂用。光绪元年，补太仆寺少卿。二年闰五月，命充四川乡试正考官。十二月，擢大理寺少卿。四年，授顺天府府尹，兼在总理各国事务衙门大臣上行走。五年夏，以母忧去官。七年十月，服阕，命仍在总理衙门大臣上行走。十二月，署都察院左副都御史。八年正月，复授顺天府府尹。六月，充本科乡试监临。八月，署礼部右侍郎。九月，署兵部左侍郎。十二月，署户部右侍郎。九年六月，署户部左侍郎，兼管三库事务。十年七月，奉旨毋庸在各国事务衙门行走。十一月，授通政使。十一年八月，署都察院左副都御史。十一月，署吏部左侍郎。十二年三月，病请开缺。五月，卒家。楣生平孝友，笃于伦谊，慷慨好施与，志存利济，不以境之丰约易其心。自为诸生以至卿二如一日。初家楣充总理衙门章京，故大学士文祥深器之，其办理四川教案，上书王大臣略言："中国地方官向来办理民教交涉事件，教民系中国人，但论曲直不论民教，川省遇有此等词讼，常多偏护教民，甚至抗粮忤逆诸案，一经该教缓颊，即予开释，或多反坐，每有首告忤逆之案，不治其子而咎其父，持平理狱之官不以为职而以为过者，不知激烈之病其患在目前，而为祸迫纵庇之病其患在日后，且目前亦难缓而为祸尤深，率此以往必至如云南甘肃之民回仇杀，祸结兵连，悔将何及？至该将军等咨称教民有犯，由司铎送官究办，是转以中国治民之柄畀之，该教决不可行。查川省教案向由将军主稿，今拟嗣后改归总督主政，似此则责任归于地方，知成败功罪之，难逭疾痛，皆其赤子知间阎性命之堪珍。"时论多韪之。丁忧，里居，值洋教士购建天主堂，绅民愤诉，知县问家楣方略，家楣告以："验契有无购为天主堂字样，如无即系蒙购，照章不准执业。"家楣盖揆其事之必无故，藉此以为断，果如其言，教士遂去。洎为户部侍郎军机大臣议，借洋款五百万，以四百万办铜矿，家楣谓："似此重息银两洋人非军事不借，宜亟造兵船以其余办铜争之。"力奏上，如家楣议行。其为府尹也，务饬吏治，通民隐，培本原，正风化。履任时首劾赃吏王堃官、方一肃。捕盗营，添练洋枪洋炮，以重缉捕。提审案件剖决如流。京师里谚有云："不怕空平县，止怕到后店。"后店者，胥役私禁处也。家楣廉得其实，严禁之。奏建候质公所于府东偏凡府局，大兴、宛平两人证咸入其中，委员经理备极矜恤。通州、良乡为京东西孔道，差徭繁重，车头奸利扰累良民，家楣奏设官车局二，会神机营调用大车五百辆，不烦民而事集。京城内外义冢盗掘，黄土多所侵损，家楣普加修葺，掩枯骸以万计，有盗掘者严治之。家楣并奏筹近畿教养常款，提芦台地方船捐粮捐用，充广仁堂义塾经费，户部给发孤贫放款改支，实数奏上，均如所请。并增设回民义塾六所，以化其好斗之俗。家楣为政，凡关系民事废弛已久者，皆不避怨谤，毅然规复。以功德林留养贫民僧徒，日久滋弊改归官办，内务府所管贫民棉衣银两，言官条奏亦请归府尹管理。顺天府无志书，家楣建议创修，不十年而书成，别辑《幽光录》一编，表扬节孝，刊布间阎，俾资观感。金台书院为顺天课士之地，家楣倡捐葺，治广征书籍，罗列讲堂，加给膏火，资为肄业之费。修府学宫墙、祭器、乐器以次备具。光绪八年，顺天府乡试，国子监暨学政咨送考生名数浮于号舍者三千余人，试期迫，官吏皆愕眙，家楣仓卒间奏，拨巨款展筑闱墙，鳞建席号，入闱后传语诸席号："生遇雨勿散走，府尹来同受。"从容蒇事。旋奏请增建号舍，已得旨，旋议格，逾三年卒如家楣议行。故明裔延恩侯诚端，因昌平陵户控案交家楣查办，既奏结，复附请照蒙古王公例发给十成俸银俾充祭需，奉谕旨允准。家楣先后去府尹任，皆手书事宜数十条以告新尹，家楣之办振也，以干济之略，行恻怛之心，募捐之数多于帑项，私函之告，密于公牍。光绪四年秋，永清、东安、武清、房山各县水灾，家楣遣员往赈，或请缓，恻然曰："固知例须勘报，然被灾以后勘报，以前小民何所依赖？"趣即行，仍照章会筹蠲赈，家楣办灾始此。八年，文安患总河堤溃，大城河亦决，蓟州雹灾。家楣闻报即遴员绅，携款分济严饬，捕除堵筑，民困渐苏。九年夏，淫雨河溢，顺天二十四州县相续被灾，家楣亟遣员绅赈抚，旋会疏陈灾请赈，上命直隶总督截漕备赈。家楣复专折历陈顺天被水情形，词甚迫切，奉旨迅速筹款妥为赈抚。家楣手定章程十条，札行州县，且谕之曰："各该州县需用之款，立禀本衙门以资筹划，如有灾不诉，所诉不实，及筹请之数不足赈济，或领银领米后不能尽心实惠及民，致有捏冒遗漏可救不救、救非所救，皆各该州县之咎。若各该州县灾实必诉，所诉必实，筹请之数足以拯济，而本衙门不能照数筹备，俾得尽心纾灾活人，则系本衙门之咎。窸寐各求所安，灾黎环集而视，天日鉴之，鬼神知之。"维时顺天库存赈余款项仅万余金，已拨助东赈三千外无专款，家楣遍告各疆吏海关及施赈绅士，先后得款逾百万。武清、宝坻灾较重，放款各以十余万计，会各直省屡告偏灾，复以其间协拨直隶、山东、江苏、浙江、江西、湖北等省。比去任，库储尚存十余万两，遂奏请发典生息以备凶荒。家楣又谓以工代赈为荒政要策，畿东水利以北运河、青龙湾及筐儿港两减河，并沿河各堤工为最。自怡贤亲王督理后，未议重修，因慨然以筹款自任，偕直隶总督李鸿章区分督办，费帑三十万有奇，他工程所费略称是。而平粜施粥，官医典牛给种，各局咸次第举行，灾民庆更生焉。先是山东水灾，流民纷至京师，谕家楣妥筹抚恤。家楣条理周密，因应咸宜并派员在直隶献县地方设局留养，勿令流离北徙或酿事端。十二年二月，奉上谕陈士杰奏："前因山东黄水为灾，民情困苦，经周家楣等代筹赈银分投散放，并广为劝募，多方筹措，实属勇于为善，历久不渝，深堪嘉尚，着传旨嘉奖。"家楣殁，其子体先志捐解县衣千件，山东巡抚张曜奏请建坊，犹称江浙闽粤官绅之好义皆周家楣人倡之，所谓存心利物必有所济，周家楣有焉。家楣既卒之八月，太仆寺少卿钟佩贤等联名呈列家楣政绩，恳请具奏，于是兼管顺天府府尹毕道远、顺天府府尹薛福辰奏曰："已故署吏部左侍郎、通政使司通政使、前顺天府府尹臣周家楣，心存利济，见义勇为，曾蒙恩旨嘉奖，生平志节，久在圣明洞鉴之中，原无待臣下赘陈，臣等所平能己于言者，该故署侍郎，于光绪四年补授顺天府府尹，讲求察吏安民之要，倡修顺天府志，整顿金台书院，如修府学、置乐器。加练捕盗营兵以捕剧盗。倡设候质所、官车局以恤牵连，而便行旅。至于育婴、义学、种桑、施粥给孤、义冢、功德林、普济堂等处善举不惮烦琐，百废俱兴。又举办近畿教养事宜。在任五年，厘然毕举。其最不可及者畿东水利，自怡贤亲王兴修以后屡议重修未果，该故署侍郎辄慨然以筹款自任，与臣李鸿章商定援以工代赈之义，及时兴办厥工告竣，臣李鸿章称其公忠体国，继美贤王似非溢美，而该故署侍郎犹欿然自视谓"仅能于平水之年聊资捍御"，及本年复遭水患，果如所言，其任事之勇，料事之明如此。光绪九年，顺属因雨水成灾，遍及二十四州县，仰荷恩施发帑截漕，并蒙皇太后节省。是年中秋，进奉银两发赈，该故署侍郎上体圣慈，下求民隐，以诚恳之意感动天下，官绅合力集捐以资，赈济得以无策不施，有施必速，灾后数十百万穷黎藉免流离失所，厥功甚伟。当工赈紧急之时，尚在总理各国事务衙门行走，并兼署户部侍郎，公事繁重而筹办工赈，巨细毕举。山东黄水为灾，倡议筹款协赈，年来江西、浙江、江苏、广东、广西等省屡见偏灾，绅民助赈，率赖其提倡以集事。本年三月，山左黄流复溢，该故署侍郎已在病中，犹汲汲以筹赈为己任，弥留之际以劝赈付托僚友，无一语及私，然则该故署侍郎之志在保全民命，培养国家元气，以仰副我皇太后、皇上视民如伤之意者，固天下所共见共闻而不忍湮没也。臣毕道远等与之同官共事有年，知之甚悉。臣薛福辰昔任通永道时，遇有要事胥赖裁成，见闻最确用，敢据情胪陈合无，仰恳天恩俯准，将该故署侍郎生平政绩宣付国史馆立传，俾垂不朽而励将来。"寻奉上谕："周家楣两任顺天府府尹，遇事整顿善政，颇多办理灾赈，复能多方筹措，不遗余力，实惠在民，所有周家楣生平政绩着准其宣付史馆立传。"旋奉旨在顺天府地方建立专祠。

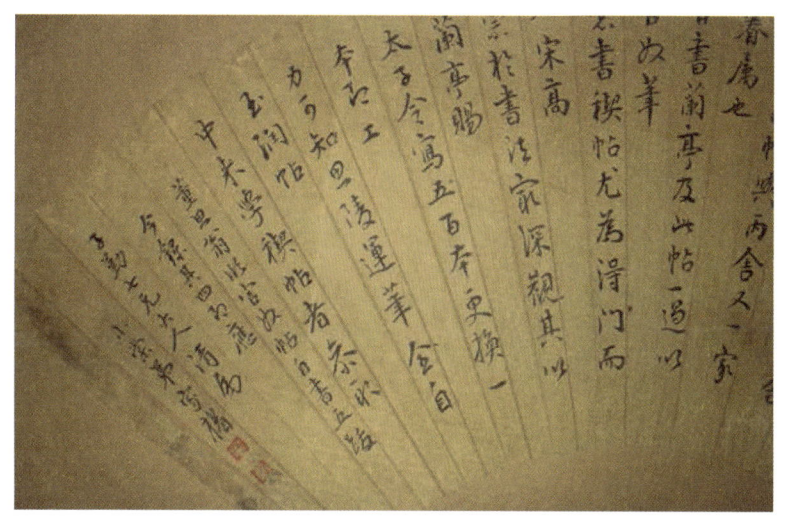

周家楣手迹

宜兴新馆成立时已为清朝末年，而这时期的本县进士，也仅载有三人：

任承沆（生卒年无考），原名传杰，江苏省常州府宜兴人。道镕孙。光绪二十九年癸卯科（1903）二甲53名进士。授兵部武库司主事。

潘浩（1868－?），江苏省常州府宜兴人。光绪三十年甲辰恩科（1904）二甲33名进士。授翰林院编修。

朱振瀛（1876－?），江苏省常州府宜兴人。铭镕子。光绪三十年甲辰恩科（1904）会试第91名。殿试二甲43名进士。授陆军部遴材科科长。据《清末北京外城巡警右厅会馆调查表》记载，朱振瀛曾任宜兴新馆长班，时任陆军部主事。

解放初期，宜兴新馆移交江苏会馆管理，1953年，又被收归房管局管理。现在的馆址还保留着三进大院的格局，但是院子里挤满了自建小房，当年的垂花门和抄手游廊，也被拆卸改建为民居，只有那硬山起脊青砖筒瓦的高大正房，依旧是顾盼自雄、风骨犹存。

老照片

会馆现状（一）

会馆现状（二）

会馆现状（三）

【浙江省】

宣南会馆与清代进士

萧山会馆

建于清中前期，位于西城区前门西河沿街192号（清朝为西河沿二〇三号，民国时为西河沿路南一九九至二〇〇号），共占地2.77亩，有房56.5间。光绪二十九年（1903）曾在馆内创立女子学堂，此为京师女学之首，但不久停办。1949年后该院办过托儿所和小工厂，现为民居。

据《清朝进士题名录》载，清代萧山县共有进士87名。其中，榜眼一人，探花两人。

朱凤标（1800－1873），字建霞，号桐轩，浙江省绍兴府萧山人。家世儒，素为诸生，有文名，著名文物专家、清史专家朱家溍的高祖。生于嘉庆五年（1800），道光八年乡试中举。道光十二年壬辰恩科（1832）一甲第2名，榜眼。授编修。旋丁母忧，服阕，典山东乡试。十八年，散馆，大考第一。十九年夏，命值上书房，旋督湖北学政。二十一年，授国子监司业，仍留学政任，迁侍讲庶子。二十四年还京，复直上书房，擢侍讲侍读学士。二十五年，奉命授七阿哥读。七阿哥者即醇贤亲王，时甫五龄，凤标讲习勤恳，阅十余年如一日，是年夏擢内阁学士兼礼部侍郎衔。二十六年，摄户部右侍郎。二十七年，授兵部右侍郎，旋调户部右侍郎。咸丰元年（1851），迁左都御史，旋摄工部尚书。二年，摄刑部尚书。三年，寇氛孔棘，上命各省举办团练，谕廷臣各举所知，凤标举前兵部右侍郎戴熙督办浙江团练事，熙御寇颇力，后杭城陷死难。是时淮上军事日亟，凤标请饬东抚亲扼淮安要冲，并饬直督力筹防剿为京师屏蔽。贼既陷归德，凤标以开封守备空虚，拟防剿事宜六条，上之皆嘉纳施行。六年冬，加太子少保衔，寻调兵部尚书。八年秋，充顺天乡试副考官，是冬科场案发，上命严鞫。明年二月，狱具考官诛谪有差，坐夺职，上夙知凤标清介有守，是秋赏给翰林院侍讲学士衔，仍值上书房授醇王读如故。未几授大理寺卿，荐擢通政使左副都御史，摄刑部右侍郎，迁兵部尚书。穆宗登极，转吏部尚书，旋充上书房总师傅，摄工部尚书，充经筵讲官。同治七年（1868）正月，命以吏部尚书协办大学士，体仁阁大学士，充文渊阁领阁事。十一年夏，以老病乞休，予告食全俸。十二年闰六月，卒于京师，年七十有四，追赠太子太保衔，予谥"文端"。凤标清规峻望，通达治本，再长台谏，周历五部尚书，屡掌文衡，得士称最。道光之季创行海运船户经纪，因缘侵盗事发，互诿莫肯承，凤标上分赔独赔章程，奉命偕大学士耆英查办山东盐务，疏陈积弊，请参官运减成本，俾商有余资，民沾实惠并允行，后皆以为法。子其煊工部郎中，山东布政使。孙有基钦赐举人。官至四川川东道。

张百揆（1808－?），字吟舫，浙江省绍兴府萧山人。道光二十年庚子科（1840）一甲第3名，探花。官至肇罗道，摄行广东学政。异数也，所得士南海潘衍桐最知名。

郁崑（生卒年无考），字漱山，浙江省绍兴府萧山人。姿禀环异,文藻隽逸,同里韩钦爱其才,以第四女妻之,既悼亡,复以第五女为之继室。同治十年辛未科(1871)一甲第3人及第,探花。官翰林院编修。光绪丙子典试,出任广东乡试副考官,时称得士。雅擅书法,以鼎甲自命,果如志。

会馆现状(一)

会馆现状（二）

会馆现状（三）

归安会馆

归安,今湖州。宋宝庆初改湖州为安吉州,分吴兴县西南部置归安县,同城而治。民国初,废湖州府为吴兴县,归安复并。1950年设市改称湖州,1962年撤市还县,1979年复设湖州市,1983年升格为浙江省地级市。

归安会馆,建于清代,位于西城区金井胡同1号,曾为沈家本故居,现为民居。清光绪二十七年(1901)湖州人沈家本到京任刑部右侍郎,买下归安会馆作为自家宅院,并在院中修建了一座中西合璧的藏书楼——枕碧楼,并在此一直居住到民国二年(1913)去世,其诸多著作均在此完成。

沈家本(1840—1913),字子淳,别号寄簃,浙江省湖州府归安人。新法家代表人物,清末官吏、法学家。清同治元年(1862)举人。光绪九年癸未科(1883)二甲100名进士。曾任直隶、陕西司主稿。受刑部尚书潘文勤赏识,任奉天司正主编,兼秋审处坐办、律例馆帮办。后又升为协理、管理等。后历任天津、保定知府。光绪二十七年十一月十四日,沈家本升任刑部右侍郎,二十日回京就职，不久即买下归安会馆作为自家宅院。光绪三十二年被任命为管理京师法律学堂事务大臣，修订法律大臣、大理院正卿。宣统二年（1910）兼任资政院副总裁。次年，任法部右侍郎等。曾参与晚清改革，其间主持修订了《大清现行刑律》《大清新刑律》《大清民律》《大清商律草案》《刑事诉讼律草案》《民事诉讼律草案》等一系列法典，建议废止凌迟、枭首、戮尸、刺字等酷刑，并坚持"法律面前人人平等"的民主主义思想，建议禁止买卖人口和蓄养奴婢，因此经常遭到守旧派的诋毁和非难，被迫辞去修订法律大臣和资政院副总裁两项职务，回任法部左侍郎，从而结束了他将近十年的修订法律生涯。宣统三年五月，沈家本被排斥在"皇族内阁"外，法部左侍郎一职也自行解去，之后他便致力于《刑统赋解》《粗解刑统赋》《刑统赋疏》三种古籍的整理，为后人研究宋代典章制度提供了考证、比较的依据。民国元年二月十二日，清帝退位，沈家本的仕途生涯与清王朝同日告终。中华民国成立后，沈家本引疾不出，专心著述，完成了他最后一部著作《汉律摭遗》，使汉律研究达到了前所未有的广度和深度。民国二年（1913）病榻上的沈家本依然念念不忘国家前途，民族命运，赋得《梦中作》："可怜破碎旧山河，对此茫茫百感多。漫说沐猴为项羽，竞夸功狗是萧何。相如白璧能完否？范蠡黄金铸几何？处仲壮心还未已，铁如意击唾壶歌。"以表壮志未酬之情。同年七月十二日他在京溘然逝世，享年73岁。

沈家本

枕碧楼，位于其故居院内的前排，小楼为二层，下有会客厅，是沈家本于光绪三十一年（1905）筹资建成，原为著述、藏书之所，藏书先后达5万余卷，其有诗曰："与世无争许自由，蠖居安稳阅春秋，小楼得书数千卷，闲里光阴相对酬。"宣统三年（1911）沈家本退出官场后，即在此专心著述，为后人留下了大量颇有价值的著述资料。曾先后写有《天一阁书目跋》《天一阁见存书目跋》《天禄琳琅书目跋》《书四库全书提要政书类后》等序跋多篇，并著有《历代刑官考》《历代刑法考》《明律目笺》《文字狱》《刑案汇览》《读律校勘记》《古今官名异同考》《律目考》《刑志总考》《古书目四种》《续汉书志注所引书目》《三国志注所引书目》《世说注所引书目》《文选李善注所引书目》等著作，《枕碧楼偶存稿》《枕碧楼丛书》均是由此得名，他的著作集《沈寄簃先生遗书》是现代研究我国古代法律的必读文献。

据《清朝进士题名录》载，清代归安县共有进士157名。其中，状元三人，榜眼两人，探花一人。

严我斯（1629－？），字就思，号存庵，浙江省湖州府归安人。严有谷之子。康熙三年甲辰科（1664）一甲第1名，状元。授翰林院修撰。历官礼部左侍郎。立朝端正，隔绝官场上相互朋党、趋炎附势的陋习。致仕后，于武林城居住十年，闭门谢客，依然清苦简朴，以著述自娱，文章操行，为时所重。年七十余卒，赐祭葬崇祀乡贤。"初家苕上，后筑室武林之城东，以著述为娱。文章品行郁然为乡邦之望。"严我斯的诗词，擅长华美富丽，多近体诗。有《尺五堂诗删》六卷、《四库总目》传于世。

王以衔（1761－1824），字署冰，号勿庵，浙江湖州府归安人。乾隆六十年乙卯恩科（1795）一甲第1名，状元。乾隆六十年与弟以铻同成进士。以铻第一，以衔第二，时左都御史窦光鼐为正考官，以衔兄弟故出光鼐门，和珅与光鼐隙，讦光鼐有私，人皆为以衔危，以衔处之恬然，及殿试，挥毫伸纸，洋洋数千言立就，纯庙亲定第一，授翰林院修撰，忌者始息。嘉庆十四年（1809），迁国子司业，升右庶子，入值南书房，擢翰林侍讲学士，入值上书房。明年丁内艰，服阕，补原官。历侍读学士，詹事府詹事，内阁学士，工部左右侍郎，改礼部左侍郎。道光四年（1824）卒于官，年六十三。以衔浑厚和易，与人处终日无戏言，平生口不言人过，亦未尝臧否人物，其视天下人无一非君子，故天下称为长者，未尝有芥蒂城府，天性然也，自修撰洊升卿贰，皆出特达之知，非由援引。典江西乡试者再，督学江苏者一，典顺天乡试者一，皆以得士称。性宽厚，由学士服阕入都，舟次淮，有漕艘与之争行，篙伤以衔手见血，其人惶恐甚，以衔慰而遣之，其厚德类如此。

姚文田（1758－1827），字秋农，浙江省湖州府归安人。乾隆五十四年（1789）举于乡。五十九年献赋天津行在，召试第一授内阁中书。嘉庆四年（1799）入值军机处，是科成进士。殿试以一甲第1人赐及第。授修撰。四迁至内阁学士。历户工兵三部侍郎，擢礼部尚书，三典乡试一，充会试总裁三，任学政。文田持己方严，莅官勤慎，屡典文衡，斥伪体，拔真才，士习蒸蒸丕变。尝疏言，自古图治之要惟以任人为

姚文田

本,近日科条过于烦密,如某州县得一循吏,忽有四参被议之案,不能不罢斥。又如地号难治,非得人不能胜任,然才优者或有处分,合例者才仅下中,亦不能不俾之受事,是为吏议所格,而吏治皆不得人,宜稍为变计。又言自数年来,开上控之端,于是刁民好逞其奸,彼见狱词,可以耸听,则多牵引其所不快者,以陷害胥吏,惟利是图,则又多方株连以困扰之,衣食粗足之家,一经官讼连染,虽立见昭雪,而资产已荡然矣,彼所控讦不过一人而牵涉常至十数,受丁胥之鱼肉往往道毙而瘐死,虽处原告之人以极刑,于被诬者何补,推国家慎刑之意,亦曰恐有冤抑耳,然一案未结而事外之被累者相踵,是一冤未雪而含冤者且数十人也。又疏陈漕务情形曰:乾隆三十年以前,无所谓浮收之事,是时无物不贱,官民皆裕其后,生齿愈繁,用度日绌,于是诸弊渐生。然在州县亦有不能不尔者,所得廉俸公项断不敷用,自开仓至兑运,其修理仓厂,苇席木板及幕友家人书役修饭工食费已不赀,加以运丁需索津贴日甚一日,至其署中大小公事动须出钱料理。又如办一拟徒之犯,自初详至结案约费百数十金,案愈巨则费愈多,复有递解人犯,运送饷鞘等事,所在需费为州县吏者,以为他弊一破其获咎且愈重,不若浮收,尚为上下皆知,其藉此以肥身家者,不能保其必无要之不得已而为此者,盖亦不少,臣见近日言事者,动称不肖州县,窃思州县亦人耳,何至一行作吏,便行同苟贱,此又州县不能上达之实情也。诸疏多蒙嘉纳。道光七年(1827)卒,年七十,赐祭葬谥"文僖"。文田博综群籍,未尝一日废书,究心汉儒之学,亦不敢非议宋儒,尤留意天文占验法。嘉庆十八年(1813)林清之变未起,彗横入紫微垣。道光初,彗星见南斗下,主外夷兵事,皆先事言之人,服其精识云。著有《邃雅堂文集》《易原》《春秋日月表》《说文声系》《说文考异》诸书。乾隆嘉庆年间姚文田曾住于铁门胡同。

姚文田自题联：

世上几百年旧家，无非积德；

天下第一件好事，还是读书。

——姚文田自题书房

姚文田撰题联：

碧云怀旧侣；

明月定前身。

——姚文田手书墨迹联

拳石书拔黄子久；

胆瓶花拯紫丁香。

——姚文田手书墨迹联

过如春草芟难尽；

学似秋云积不多。

——姚文田手书墨迹联

此联墨迹现刻于上海文庙庑殿内。

科场舞弊皆有常刑，告小人毋撄法网；

平生关节不通一字，诚诸生勿听浮言。

——姚文田题省试、乡试考场

题咏姚文田联：

姚文田号秋农，彭邦畴号春农，两个农夫，空想田畴之乐；

帅承瀛字仙舟，何凌汉字仙槎，一行仙吏，同登瀛汉之天。

——清·佚名题嵌姚文田等四人名字联

沈树本（1671—1743），字厚余，号操堂，晚号艚翁，浙江省湖州府归安人。沈三曾之子。擅长写诗，幼时以《白苹诗》得名，与杨守知、柯煜、陆奎勋合称"浙西四子",在京赋《洗象行》《踏灯词》一时传诵,咏《磨盘山》诗,写物象形逼真。康熙五十一年壬辰科(1712)一甲第2名,榜眼。授编修。沈树本曾分纂《大清会典》等书,官至赞善而后以老乞养归,主持安定书院。著有《竹溪诗略》《湖州诗摭》。

孙辰东(1736—1780),字枫培,号迟舟,浙江省湖州府归安人。辰东为文醇肆而及于古,当时声誉满天下,贵显用事者欲罗致之,辰东独不肯往。乾隆三十七年壬辰科(1772)一甲第2名,榜眼。官编修,纂修《四库全书》。纂修得举誊录,因受其赂遗,维辰东不可动以利,总裁有所私诡,言寒士且有才,属为牍荐之,及来谒,以厚币谢辰东,立摈去,欲返其牍,坐是几不得留翰林,不顾也。四十五年顺天乡试,充同考官,立矫通榜之习,卒于贡院。

吴光(生卒年无考),字廸前,号长庚,浙江省湖州府归安人。吴景旭之子。顺治十八年辛丑科(1661)一甲第3名,探花。授编修。康熙元年(1662)分校礼闱会试,所鉴拔者多名士。安南黎惟禔来归,未授封就去世了。康熙三年(1664),吴光被任命去往册封其子为安南王,当时海外刚刚平定,未识大体,吴光入境移书宣谕,安南之赠遗物品,其无一收受,被称赞"风节凛然"。后母丧,回乡丁忧,服阕,补原官。吴光还曾分纂《孝经衍义》,他阐扬本旨,引据百家之著述,凡是六经诸史,旁搜广辑,亲自编辑,后卒于任。吴光品德真诚,嗜好求学,喜好吟咏诗词,擅长于诗文,在诗歌上的功夫独到,其《登昭州地楼即事》诗中"舟向猿边下,人于鸟上行"一句被沈德潜感叹为"奇险之佳句"。著有《吴太史遗稿》《南山草堂集》《使交集》《历代诗话》八十卷等。

除一甲进士之外，其他进士有传者选列如下：

沈三曾（生卒年无考），字允斌，浙江省湖州府归安人。题名录作乌程人。康熙十五年丙辰科（1676）二甲2名进士。改庶吉士。授编修。分校礼闱。先后分纂《大清会典》《皇舆表》《通鉴辑览》《渊鉴类函》诸书，居官恭谨恬退，不妄交一人。擢赞善，丁艰归。康熙四十四年（1705）南巡时，命在籍词臣校勘《全唐诗》于扬州，沈三曾参与其中。奉旨在籍补原官，一体食俸诚异数也。他久居乡间，经岁不入城市，敦本睦族，课子姓以诗书，人称为"怀庭先生"，有《十梅书屋诗文集》。沈家此后家塾不断，湖州竹墩沈氏遂形成绵延数百年的书香门第。自康熙二十一年（1682）至光绪二十年（1894），其子、孙、族人及后辈，先后有25人中进士，多人入翰林，著述颇丰。

沈涵（1651—1719），字度汪，号心斋，晚年更号"彖余居士"，浙江省湖州府归安人。沈子来元孙，沈三曾之弟。康熙十五年丙辰科（1676）二甲3名进士。授编修。充会试同考官。历右中允，左谕德。充日讲起居注官。东宫讲官。升右庶子。四十一年，出为福建学政。时学臣多枉法，御制考试叹风示诸臣，沈涵始入仙霞关，誓曰："自兹以往有敢负此心者，不复过此关"，试之日，仆从及胥吏不得到场中巡察，封识甚严，试毕，帏帐服物下至纤悉器具，一一还归本州郡，不私毫末。终任未尝苟徇有司，褫革青衿一人，病学者鲜熟传注，颁教条，示以限年读书。武选一途，世久视为利薮，沈涵试策论后，躬自校射。两试所取文武士，凡二千九百九十六人，纤毫不杂以私，闽中人士以为数百年所未有，既去相与构祠于乌石山之阳，匾曰：清茗书院。康熙四十七年（1708），升少詹事。五十一年，升内阁学士兼礼部侍郎。明年充会试副总裁。五十三年，充湖广乡试正主考，寻免。归居一年，奉命修密云城，同事者十二人，费二十万有奇，沈涵任十之一，闽县人闻之设匦于祠，输金以助，贩夫菜佣亦以一钱纳之，曰："吾为清官助，工竣，放还。"卒年七十。康熙中，尝命廷臣举堪任郡守者，涵以陈鹏年名上，实未识面也，鹏年前知江宁，方以罪讼系未释，未几，上特擢为苏州守，鹏年走书，候起居，称门下士，涵却其书曰："吾以公举，岂以私耶，往来未尝通一刺。"涵读书精密，丹黄都遍，仕宦四十年，生平不名一钱，守先人恒产，无所增益。家居非好事问奇者不得见，当事概谢勿通。著有《赐砚斋诗存》及《左传注疏纂钞》《读史随笔》等。康熙年间沈涵曾住于长椿寺。

沈恺曾（1661—1709），字虞士，号乐存，浙江省湖州府归安人。清诗人、学者、书法家。沈庆曾兄。康熙十六年时年17岁中举。康熙二十一年壬戌科（1682）二甲19名进士。授翰林院庶吉士。改山东道监察御史。历掌山西、江南、浙江、河南道事官御史。在任七年，疏数十上，曾上疏劾督学李光地、陕西提督孙思克、北征大兵粮饷总督于成龙、广东抚臣高永爵等重臣，照常具题，忘哀恋职，其慷慨敢言多类此，时称"真御史"。其《请疏太湖淤滞疏》，详究于单氏、郏氏、苏氏以暨、夏氏原吉、归氏有光、海氏瑞、徐氏献忠之议，而分析条理穷竟源委以折其衷，当时虽部议格不行，然论者与所著《东南水利议》一书至今称硕书焉。康熙三十八年（1699），由掌河南道御史巡视两广盐课，设折旧完新法，清积饷五十余万两，积引百万余道，请免渔引盐耗，商民俱德之。留任一年，回京屡掌山西道事，旋以广东运使某罣误，连坐免官。卒年四十九。著有《东南水利议》《西台奏疏》《来雨吟稿》《四书议名》《苹洲偶存》等。

沈庆曾（1668—1721），字振始，号怡庭，浙江省湖州府归安人。沈恺曾弟,善楷书。康熙三十二年癸酉科举人。授内阁中书。康熙三十九年庚辰科（1700）三甲5名进士。四十四年，授山东商河知县，多善政。五十二年，授文林郎。五十四年，举卓异第一，次年御试第一，擢会理知州，洁己爱民，狱多平反。五十八年告归。康熙六十年十二月卒，祀商河名宦祠。

严民法（生卒年无考），字仪一，浙江省湖州府归安人。严我斯之子。康熙五十六年丁酉科（1717）举人。雍正元年癸卯恩科（1723）二甲33名进士。授编修。

沈荣仁（？—1693），浙江省湖州府归安人。沈三曾孙，沈树本长子，沈荣光、沈咸熙兄。清书法家。康熙五十六年（1717）举人。雍正元年癸卯恩科（1723）二甲38名进士。改庶吉士。次年钦点顺天乡试誊录。雍正十一年，授翰林院编修。乾隆元年（1736）纂修《大清一统志》。次年御试优等，赐笔砚墨等，授文林郎。三年，兼修《皇清文颖》。次年，纂修《三朝实录》，协修《世宗实录》《起居注》。六年五月，充广东乡试正考官。九月提督四川学政。二十二年，帝南巡时和诗称旨，赐缎二端。乾隆三十二年卒。雍正乾隆年间沈荣仁曾住于贾家胡同。

严源焘（生卒年无考），字桐峰，浙江省嘉兴府嘉善人。严民法之子，祖籍浙江湖州府归安县。雍正二年甲辰科举人。雍正二年甲辰科（1724）二甲18名进士。授编修。吏科掌印给事中。

严暻（生卒年无考），字山晖，浙江省湖州府乌程人。严民彝之子，祖籍浙江湖州府归安县。雍正七年己酉科举人。雍正八年庚戌科（1730）三甲86名进士。诸罗知县。

沈荣昌（？—1786），浙江省湖州府归安人。雍正十三年（1735）拔贡，乾隆十年乙丑科（1745）二甲3名进士。十二年任山西水文县令。移知霍州，开渠引汾河水至州西，民用水称便。二十四年升河南怀庆知府，值黄河决口，亲自修堤三天，又出仓谷赈济百姓。后历官朝议大夫、兰州知府、平凉知府、陕西督粮道、宪政大夫、云南驿盐道、江西盐法道、江西督粮道。乾隆五十一年卒于任。著有《戌志堂诗集》。

沈咸熙（？—1790），浙江省湖州府归安人。沈三曾孙。乾隆二十五年庚辰科（1760）二甲5名进士。改庶吉士。历任刑部江苏司主事、安徽司员外郎、湖广司郎中、江南道监察御史、奉政大夫。乾隆三十七年充会试监试，署山西道监察御史、吏科掌印给事中、礼科给事中。又历官巡视淮安漕务、转江南道监察御史、湖广道监察御史、内阁侍读学士、武会试同考官。乾隆五十五年卒。

严肇墉（生卒年无考），字丹升，浙江省湖州府乌程人。严炳元之子，祖籍浙江湖州府归安县。乾隆二十七年壬午科举人。乾隆三十四年己丑科（1769）三甲64名进士。任四川筠连知县。调甘肃安化知县，仕至敦煌知县。病归。

沈荣嘉（？—1796），字瑞之，浙江省湖州府归安人。乾隆三十五年庚寅科举人。乾隆三十六年辛卯恩科（1771）三甲36名进士。授户部江西司主事，奉直大夫。转陕西司主事。后为紫禁城工程监督。四十二年授奉政大夫，保举直隶知州记名。次年升广西司员外郎、山东司郎中。四十八年京察一等，授福建督粮道。次年兼署福建按察使。五十年授中宪大夫。五十九年升湖北按察使，改户部广西司郎中，钦差宝泉局钱法监督，兼充则例馆提调。嘉庆元年（1796）秋病归，十一月卒。

王以铻（生卒年无考），字宝华，号古嵘，浙江省湖州府归安人。乾隆六十年（1795）会试中式第一，为权贵所中，磨勘勒停殿试，或劝之自容于权贵，以铻夷然不屑。嘉庆六年（1801）补行殿试，中三甲第103名进士，改庶吉士。散馆，以知县用。谕曰："王以铻文理尚优，昨散馆试卷字画拙率，文义尚无大疵，加恩仍以庶吉士留馆教习三年，钦此。"寻卒。

沈丙莹（1810—1870），字菁士，浙江省湖州府归安人。沈镜源子，沈家本父。道光十二年壬辰科举人。道光二十五年乙巳恩科（1845）三甲15名进士。补刑部广东司主事。升广西司员外。转江苏司郎中。改山西道监察御史。擢贵州安顺知府。历署铜仁、贵阳府事。同治五至九年（1866—1870），屡主杭州诂经精舍、湖州爱山书院，为士林所服。同治九年卒于家，陆心源撰墓志铭。丙莹熟于律例，在刑部为上官所重，肃顺弄权，招之，谢不往其署。铜仁时，思州之路蹊贼来犯，设方略击却之，乘胜进克路蹊，歼其渠几尽，有功不赏，人颇惜之。著有《春星草堂集》。

沈秉成（1823—1895），原名秉辉，字仲复，浙江省湖州府归安人。沈功效次子，沈瑞麟父，沈迈士祖父，人称"沈中丞"。好金石书画，精鉴赏。咸丰六年丙辰科（1856）二甲7名进士。授编修。四川按察使。累官安徽巡抚，署两江总督。同治十二年（1873）创办上海诂经精舍，聘俞樾为客座教席。光绪十五年（1889）在安徽创办经诂书院，以课经史实学，皖人遂多通经之士。二十一年，派充安徽阅兵大臣。卒于苏州耦园。著有《蚕桑辑要》。

会馆现状（一）

归安会馆 金井胡同1号

会馆现状（二）

会馆现状（三）

会馆现状（四）

会馆现状（五）

绍兴会馆

绍兴会馆，位于北京市西城区南半截胡同7号，原名山阴会稽两邑会馆。建于道光六年（1826），原为章学诚及几位浙江在京官员筹建的"山阴会稽两邑会馆"，简称"山会邑馆"。主要招待山阴、会稽两县进京赶考的举人。民国初年，山阴县、会稽县合并为绍兴县，该馆更名为"绍兴县馆"，后为浙江绍兴人士在北京的会馆。《鲁迅日记》记载，民国元年（1912）八月六日上午，迁入该会馆的"藤花别馆"，之后由于不堪邻居喧闹及蚊虫叮咬，民国五年五月六日迁到该会馆的"补树书屋"居住。"补树书屋"独占一个院，有院门为月亮门，屋内墙上有一块石匾，上面有名叫"际尧"的人的题词："昔有美树，花夜合，或曰栋之别种莲敷，遂以名其轩，壬寅春树折，癸卯乃谋种而改题云。"意思是说，壬寅年（1842）院子里的树折断，在癸卯年（1843）补种了现存的槐树，所以将该房屋改名为"补树书屋"。鲁迅的朋友许寿裳及其兄许铭伯住在该会馆的嘉荫堂。当年，章学诚、钱德承、蔡元培、钱玄同等人都曾在该会馆出入。民国初年，会馆编有《越中先贤词目》。

绍兴会馆由多个院落组成。旧时，该会馆的敬贤堂内的墙上，嵌

有11块绍兴县清朝历年中举者芳名石匾，其中的名字包括赵之谦、李慈铭、蔡元培等等。这些石匾在"文化大革命"中被毁。

该会馆由南、中、北三组院落组成。会馆大门上方悬挂魏缄题写的"绍兴县馆"木匾。进入大门，绕过影壁，前面是仰蕺堂，供奉先贤的牌位，后面是晞贤阁，供奉文昌魁星。馆内还有涣文萃福之轩、绿竹舫、藤花别馆、嘉荫堂、补树书屋、怀旭斋、一枝巢等建筑。

据《清朝进士题名录》载，清代山阴县共有进士142名、会稽县共有进士138名。其中，状元三人，榜眼三人，探花两人。

梁国治(1723－1787)，字阶平，号瑶峰，一号丰山，又号梅塘，浙江省绍兴府会稽人。乾隆十三年戊戌科（1748）进士。殿试头名状元。授编修。后充日讲起居官、国子监司业。乾隆二十一年，接任广东道员，移署粮驿道。因政绩卓著，擢督察院左副都御史，吏部左侍郎。因广东总督杨廷璋追论其在署粮驿道时，失察家人舞弊，被夺职。后起授山西冀宁道，迁江苏学政、湖南布政使、湖北巡抚、湖广总督，兼荆州将军、湖南巡抚。从征金川，治军械，造弹药，筹军费，业绩卓著。三十八年召还，命在军机处行走。又历官户部侍郎，户部尚书，协办大学士，东阁大学士兼军机大臣，并先后任广东、江西、顺天乡试正考官，充任《四库全书》副总裁。乾隆曾称赞其"品学端醇，小心谨慎，扬历中外"。工书法。著有《敬思堂文集》。乾隆五十一年十二月十三日卒，赠太子太保，谥"文定"。

茹棻（1755－1821），字稺葵，号古香，浙江省绍兴府会稽人。父敦和，乾隆甲戌进士。官湖北德安县同知。棻幼而颖异，举止端凝。年二十三举乾隆四十二年丁酉科乡试。乾隆四十九年甲辰科（1784）一甲第1名，状元。官授翰林院修撰。旋授三通馆纂修兼提调，编辑

《六书略》《七音略》。戊申充山东正考官，乙酉视学山西，一以拔真才，端风俗为报称。辛亥丁父忧，归时倡议捐赈及监修三江应宿闸，皆有益于乡里。复丁母忧，服除，授赞善，充山西正考官。明年视学湖北，寻由少詹简任奉天府丞兼学政。奉天士子向鲜举忧行，茶疏请允行，其后，贡成均者皆彬彬有文之彦。任满晋内阁学士，工部侍郎，癸酉充江南正考官。是年冬，五城编查保甲，茶以分别造册更换稽查为请，俞允施行。甲戌擢左都御史。丙子迁吏部侍郎。擢工部尚书。己卯充顺天正考官。庚辰今上（道光皇帝）御极，转兵部尚书。道光元年（1821）辛巳八月卒于官，诏赐祭葬如例。子寿俞荫刑部员外郎，寿彭奎文阁典籍，任广东坎白场盐大使，寿昀任山西东场大使。

梁国治书法

史致光（？—1828），原名步云，字青路，号渔村、葆甫，浙江省绍兴府会稽人。题名录作山阴县。乾隆五十二年丁未科（1787）一甲第1名，状元。授翰林院修撰。五十四年任湖北正考官。后以京官出守大理。旋调云南知府。时滇省盐政腐败，流弊丛生，受苦民众围攻省城，声言惩办盐署官吏而后罢。致光妥善处理变患，谕告只办为首与从者数人，其余准除户口册档，听民自便，盐务自此肃清。嘉庆年间以清节受知仁庙，擢贵州按察使历贵州布政使，旋晋福建巡抚。其时沿海多盗，州县虽缉捕，百不获一，为捣盗穴，竟玉石不分，良莠不辨，烧掠焚巢，无辜民众深受其害。致光下令设法，搜缉真盗不准殃及平民，州县官吏如能切实奉行者，定逾格保荐，否则奏请朝廷褫革，恩威并举，政令畅行，陋习渐除，闽省沿海人民因而除此大患，众民敬仰。嘉庆二十四年（1819），调云南巡抚，再提云贵总督。正值沅江边境滋事，奉旨查治，平反前任总督所办逆案，裁汰冗员，吏治从此趋于正清。道光三年（1823），召还京师，授都察院左御史。未几，以病求假，辞官归乡。为官三十多年，清风两袖，萧然归第。虽官至高位，却平如诸生，乐为提掖晚辈，喜为后生评文，曾主讲宁波月湖书院、杭州敷文书院，普育后生，其弟子高才并出。逝后，诏以尚书例赐恤。

王增（生卒年无考），字方川，浙江省绍兴府会稽人。乾隆三十六年辛卯恩科（1771）一甲第2名，榜眼。授翰林院编修。历任祥符知县，怀庆府通判。乾隆六十年春，任南湖书院长。纂有《新蔡县志（乾隆）》《汝宁府志（嘉庆）》。

莫晋（1761－1826），字锡三，号裴舟，又号宝斋，浙江省绍兴府会稽人。父莫大邦。少时能文，被汪文端、法式善纳为门下。乾隆六十年乙卯恩科（1795）一甲第2名，榜眼。授翰林院编修。大考，擢升翰林院侍讲。嘉庆三年（1798），以侍读出任福建乡试主考官。提督山西学道，视学山西。嘉庆四年，转侍读，迁詹事府右春坊右庶子，升翰林院侍讲学士。嘉庆七年九月，以侍讲学士为武会试副考官。嘉庆八年三月，转侍读学士，充日讲起居注官，调通政使司副使。嘉庆九年七月，改太仆寺卿。八月，为顺天乡试副考官。九月，转太常寺卿。十二月，提督江苏学政，视学江苏。嘉庆十年五月，改任通政司使,擢副都御史。嘉庆十一年,授左副都御史。嘉庆十三年,莫晋疏言:"请敕令各省官员,清除诬告根源。"获嘉庆帝嘉奖。六月,为江西乡试正考官。嘉庆十四年,丁母忧,服满,以父病乞假,后丁继伯父忧。嘉庆二十一年,服阕,起原官。十二月,升任仓场侍郎。道光二年(1822)五月,左迁候补内阁学士,因病乞假回籍。道光六年卒于家,年六十六岁。著有《来雨轩存稿》四卷。

孙念祖(1826—?),字仲修,又字萃农,号心农,又号涤湖。浙江省绍兴府会稽人。咸丰九年己未科(1859)一甲第2名,榜眼。授翰林院编修。同治元年(1862)出任山西乡试副考官。提督湖北学政。累官贵州镇远府知府。

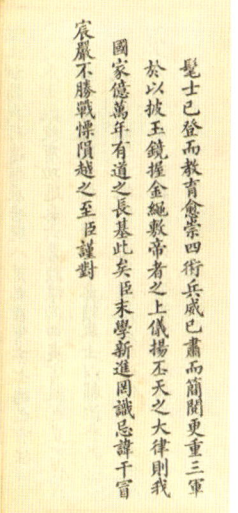
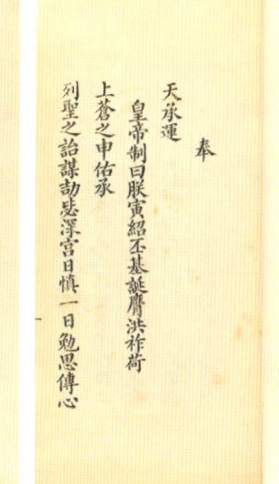

孙念祖与其殿试卷

傅王露(1678—?),字良木,浙江省绍兴府会稽人。康熙五十四年乙未科(1715)一甲第3名,探花。授编修。假归,居乡里几四十年,筑信天书屋,以卷轴自娱,年逾八旬尚能挥翰。上南巡,迎谒行在,晋秩中允。著有《玉笥山房集》。

俞大猷（生卒年无考），浙江省绍兴府会稽人。题名录作顺天府大兴县。乾隆三十七年壬辰科（1772）一甲第3名，探花。

吴杰（1783—1836），字卓士，号梅梁，浙江省绍兴府会稽人。幼颖悟，以神童称。年十四补诸生，时阮芸台相国抚浙，见而器之，命之诗，以登卧龙山望禹陵为题，杰有"卧龙不化梅梁飞"之句，相国击节称赏，遂以梅梁为之号。嘉庆六年（1801）膺选拔，十三年仁宗幸天津，应召试取二等，赏大缎二匹。十五年举顺天乡试。嘉庆十九年甲戌科（1814）二甲20名进士。改庶吉士。二十二年授编修。二十四年充江西副考官。道光二年（1822）擢御史，疏陈江西科场时弊，复请申滥押滥刑之禁。是年充陕甘正考官，留四川学政。杰至蜀，即先严滥保，裁陋规，昂诸生以廉隅。任满还京，以京察一等授湖南岳常澧道。调湖南粮道。调四川川北道。迁广东盐运使。升贵州按察使。旋授顺天府尹。转内阁学士。授工部侍郎。十五年顺天乡试副考官。十六年会试副总裁，寻卒于任。著有《还台日记》。

会馆内原有其书匾联：

仰蕺堂

采蕺启贤关，王道阐明，伯才销歇，三百载清风奋起，乡邦定有嗣音，聚兹堂，其挹余芬，真不啻对周模孔楷；

披榛创文馆，儒林份蔚，士习砥磨，十八科大雅日归，都邑长如州处，喜此日，从容高会，更无须夸赵邸燕台。

        道光丙申初春后学吴杰敬书。

何士祁(1793—?)，字仲景，号竹芗，浙江省绍兴府山阴人。道光二年壬午恩科(1822)三甲4名进士。道光十二年由元和县令擢任川沙厅事。二十九年升松江府。

会馆内原有其题写匾额：

青云枕

士之贤晞如附青云；得其枕梯可寻天根。

何士祁。

劳崇光（1802－1867），字辛陔，湖南省长沙府善化人。道光十二年壬辰恩科（1832）二甲32名进士。选庶吉士。授编修。典河南湖北乡试。授平阳府知府。调太原。擢冀宁道。权山西按察使。升广西按察使。命充册封越南国王使差。旋迁湖北布政使。调广西。会办楚粤军务。赏花翎。寻赏头品顶戴。咸丰二年（1851），巡抚广西，兼署提督，代治学政事。九年，调广东巡抚。升两广总督，兼盐政，并署粤海关监督。坐事降调，仍以头品顶戴奉使贵州查办事件。同治二年（1863），补云贵总督。六年，卒于官，年六十有六，赠太子太保，赐祭葬，谥"文毅"。祀乡贤祠，广西建专祠，云贵入祀名宦。

会馆内原有其题写匾额：

嘉荫堂　劳崇光

桑春荣（？－1882），字柏侪，浙江省绍兴府山阴县桑渎村人。寄籍顺天府宛平县。道光十二年壬辰恩科（1832）二甲44名进士。改翰林院庶吉士。历国史馆协修、纂修、总纂。后外补河南道监察御史，四川道监察御史，云南临安知府。升迁贵州按察使，云南布政使，云南巡抚，兵部右侍郎，都察院左都御史，刑部尚书等官职。掌刑部十余年，曾主审"杨乃武与小白菜"一案，平反大狱，执法公平。光绪八年（1882）卒，加太子少保衔，赐祭葬，谥"文恪"。

会馆内原有其题写匾额：

修禊堂　光绪戊寅桑春荣。

陈光绪（1788—1855），浙江省绍兴府会稽人。道光十三年癸巳科（1833）二甲36名进士。

会馆内原有其撰楹联：

偕来镜水稽山客；同抱瞻云就日心。

道光癸巳六月会稽陈光绪撰陈祖望书。

吴讲（1841—？），浙江省绍兴府山阴人。同治十三年甲戌科（1874）二甲78名进士。

会馆内原有其题写匾额：

鉴月山房　戊寅秋日吴讲。

王继香（1846—1905），字子献，号止轩、醉颠，浙江省绍兴府会稽人。光绪十五年己丑科（1889）二甲104名进士。官至河南开封知府。善金石、篆刻。著有《越中古刻九种》《醉庵砚铭》。

会馆内原有其书写楹联：

一、闻先贤风读书谈道；居首善地敬业乐群。

涤甫宗先生官给谏时，率两邑人士创建馆舍，越道光丙申复手题十六言于仰蕺堂两楹，岁久剥损，会喆嗣加弥大令以引见入都，慨念先芬，钧模复旧，爰记厓略，用告方来。

光绪癸巳夏五后学王继香子献谨识。

二、藤花馆：深紫浓香三百朵；露红凝艳数千枝。

李慈铭（1830—1894），初名模，字式侯，后改今名，字炁伯，号莼客，室名越缦堂，晚年自署"越缦老人"。浙江省绍兴府会稽人。少时受汉学大师、学正吴晴舫器重。咸丰九年（1859）北游京城，捐资户部郎中时为人欺哄，丧失携资，其母因此变卖田产，家道中落。同治九年（1870）41岁中举。光绪六年庚辰科（1880）二甲86名进士。补户部江南司资郎。官至山西道监察御史。数上封事，不避权要。光绪二十年（1894）中日甲午战争战败，闻讯忧惧，咯血而卒，时年六十六岁。日记三十余年不断，学识渊博，承乾嘉汉学之余

李慈铭

绪，被称为"旧文学的殿军"。编纂有《越缦堂书目》《会稽李氏越缦堂书目录》《越缦堂日记》。著有《湖塘林馆骈体文抄》《白桦绛树阁诗初集》《重订周易小义》《越缦堂词录》《越缦堂经说》《柯山漫录》《后汉书集解》《霞川花影词》《十三经古今文义汇正》等。同治光绪年间李慈铭曾住于保安寺街，并于同治十一年住于铁门。

蔡元培（1868—1940），字鹤卿，又字仲申、民友、孑民，乳名阿培，并曾化名蔡振、周子余。革命家、教育家、政治家，浙江省绍兴府山阴人。光绪十年17岁中秀才。光绪十五年22岁中举人。光绪十八年壬辰科（1892）二甲34名进士。授翰林院庶吉士。光绪二十年甲午散馆，授翰林院编修。后历任绍兴中西学堂监督，上海代理澄衷学堂（现上海市澄衷高级中学）校长，南洋公学经济特科班总教习，中国教育会会长，爱国学社总理，爱国女学总理，同盟会上海分会负责人。光绪三十三年五月赴德国柏林莱比锡大学研究心理学、美学、哲

学等，留德四年。1912年1月4日任南京临时政府教育总长，颁布《普通教育暂行办法》，主持制定中国近代高等教育的第一个法令《大学令》和《中学令》。1912年7月不与袁世凯政府合作而辞职。1913年赴法国，留欧三年，组织华法教育会。1916年至1927年任北京大学校长，支持新文化运动，提倡学术研究，主张"思想自由，兼容并包"，实行教授治校。1920年至1930年同时兼任中法大学校长。1924年1月国民党第一次全国代表大会上当选为候补中央监察委员。1926年参加苏浙皖三省联合会，配合北伐战争，策划三省自治运动，遭孙传芳通缉。1927年任南京国民政府大学院院长、司法部长、监察院长、中央研究院院长等职。1931年"九·一八"事变后主张抗日，拥护国共合作。1932年与宋庆龄、鲁迅等发起组织中国民权保障同盟，开展抗日爱国运动，援救爱国民主人士、共产党员多人。1940年3月5日在香港病逝。

蔡元培

附：山阴、会稽之武举状元五人、榜眼三人、探花两人，共十人。

金抱一（生卒年无考），浙江省绍兴府山阴人。顺治六年己丑科（1649）武科状元，授江南总督、中军副将。

王玉烟（生卒年无考），浙江省绍兴府会稽人。顺治九年壬辰科（1652）武科状元，授福建提督。

刘炎（生卒年无考），浙江省绍兴府山阴人。顺治十五年戊戌科（1658）武科状元，授总兵。

郎天祚（生卒年无考），浙江省绍兴府山阴人。康熙九年庚戌科（1670）武科状元，授副将。一作康熙十二年（1673）。

罗琪（生卒年无考），浙江省绍兴府会稽人。康熙十八年己未科（1679）武科状元，授湖州副将。

陈定国（生卒年无考），浙江省绍兴府山阴人。顺治九年壬辰科（1652）武科榜眼，授浦口城守备营参将。

何天培（生卒年无考），浙江省绍兴府山阴人。康熙十五年丙辰科（1676）武科榜眼，授正蓝旗汉军副都统、御前侍卫。

徐启瑞（生卒年无考），浙江省绍兴府会稽人。康熙二十一年壬戌科（1682）武科榜眼，授御前侍卫。

茹罴（生卒年无考），浙江省绍兴府山阴人。顺治六年己丑科（1649）武科探花，授参将。

郑继宽（生卒年无考），浙江省绍兴府会稽人。康熙二十一年壬戌科（1682）武科探花，授福州副都统。

老照片

会馆现状（一）

会馆现状（二）

会馆现状（三）

【安徽省】

宣 南 会 馆 与 清 代 进 士

安徽会馆

安徽会馆是安徽旅京乡贤创建的省级试馆，位于今西城区后孙公园胡同路北，17、19、21、25、27号。是北京最著名的会馆之一，其规模之大，堪称京城各省省馆之冠，素有"京城第一会馆"的美称。"北京安徽会馆占地宽广，馆舍众多，楼台杰阁，雕梁画栋，假山亭池，花木繁茂。其规模之大，堪称京城各省省馆之最。"（出自《北京安徽会馆志稿》）

安徽会馆的前身是明末清初的学者孙承泽（明末进士）所建的私人宅邸——退谷别墅，时称"孙公园"。内有研山堂、万卷楼、大戏台和花园等建筑。继孙承泽之后，清代曾有许多名人在此居住，如乾隆朝内阁大学士翁方纲、刑部员外郎孙星衍、道光年间以藏有甲戌本脂批《红楼梦》而闻名的藏书家和篆刻家刘位坦（拔贡生）等。

翁方纲（1733－1818），清代书法家、文学家、金石学家。字正三，一字忠叙，号覃溪，晚号苏斋，顺天府大兴人。乾隆十七年壬申恩科（1752）二甲23名进士。乾隆三十八年，开设四库全书馆，翁方纲被任命为《四库全书》纂修官，又担任编修一职。曾主持江西、湖北、江南、顺天乡试，历督广东、江西、山东三省学政，官至内阁学士。精通金石、谱录、书画、词章之学，书法与同时的刘墉、梁同书、王文治齐名。论诗创"肌理说"。著有《粤东金石略》《苏米斋兰亭考》《复初斋诗文集》等。

左图为翁方纲，右图为孙星衍

孙星衍（1753—1818），字渊如，号伯渊，别署芳茂山人、微隐，江苏省常州府阳湖人。清著名藏书家、目录学家、书法家、经学家。少时与杨芳灿、洪亮吉、黄景仁以文学见长，袁枚称他为"天下奇才"。于经史、文字、音训、诸子百家，皆通其义。乾隆五十二年丁未科（1787）一甲第2名，榜眼。历任翰林院编修、刑部主事、刑部郎中。后任道台、署理按察使等职。辑有《平津馆丛书》《岱南阁丛书》。著有《周易集解》《寰宇访碑录》《孙氏家藏书目录内外篇》《芳茂山人诗录》等。

在清咸丰以前，北京只有安徽各县的会馆，而无安徽全省的大型会馆。同治五年（1866）正月，安徽籍京官吴廷栋、鲍源深、吕锦文、江人镜、程祖诰等七十五人共同签署了《倡议书》，倡议兴建安徽会馆，得到了皖籍官绅和淮军将领们的支持与响应。同治七年，直隶总督、北洋大臣李鸿章为扩充淮军势力与其兄湖广总督李瀚章（拔贡）及淮军诸将集资购得孙公园的大部分，建安徽会馆，同治十年落成，耗银二万八千两，并由李鸿章撰写了碑记。安徽会馆的建立标志着晚清淮系政治势力的崛起，它成为淮系文武官僚在北京活动的大本营。与其他省籍会馆不同的是，安徽会馆只接待在职的州、县级官员和副参将以上的实权人物。会馆占地9000平方米，分为左、中、右三路庭院，每路有四进，各路间隔以夹道，附设花园，花园面积约有二亩，原有假山亭阁，池塘小桥，现仅存"碧玲珑馆"。中路主体建筑为文聚堂、戏楼。东路为乡贤祠，有思敬堂、奎光阁。西路为接待居住用房。该会馆的戏楼，与正乙祠、湖广会馆、阳平会馆的戏楼被合称为"四大戏楼"，名誉京城。

李鸿章（1823—1901），安徽省庐州府合肥人。世人称李中堂，亦称李合肥，晚年自号仪叟，别号省心，谥"文忠"。晚清洋务运动的主要领导人之一。道光二十七年丁未科（1847）二甲36名进士。淮军、北洋水师的创始人和统帅，洋务运动的领袖。晚清重臣，官至直隶总督兼北洋通商大臣。授文华殿大学士。曾经代表清政府签订了《越南条约》《马关条约》《中法简明条约》等。日本首相伊藤博文视其为"大清帝国中唯一有能耐可和世界列强一争长短之人",慈禧太后视其为"再造玄黄之人",与曾国藩、张之洞、左宗棠并称为"中兴四大名臣",与俾斯麦、格兰特并称为"19世纪世界三大伟人"。著有《李文忠公全集》。

安徽会馆内有李鸿章题楹联,句云:"依然平地楼台,往事无忘宣榭警;犹值来朝车马,清时喜赋柏梁篇。"(出自《档案史料》)安徽会馆自创建到修缮都得到了李鸿章的大力支持。他不仅多次捐款,

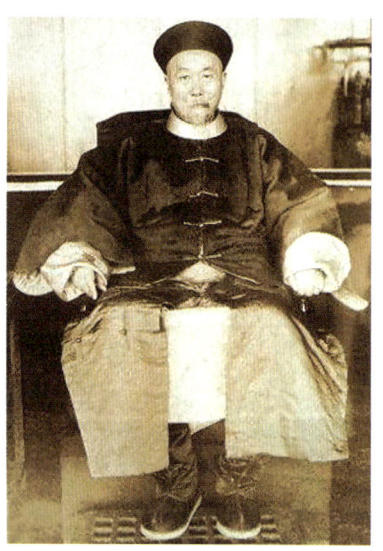

李鸿章

而且在会馆落成时写下《新建北京安徽会馆记》。光绪年间重修时又写有《重修北京安徽会馆碑记》。李鸿章等人曾在此频繁集会,并接待外国使臣。

戊戌变法期间,这里曾是康有为(见南海会馆)等维新党人的重要活动场所。光绪二十一年(1895),康有为、梁启超以"唤起国民之议论,振刷国民之精神,使厚蓄其力,以待他日之用"为宗旨,在北京创设《万国公报》(后改名《中外纪闻》),选登"阁抄",译录新闻,介绍西方国家情况以及自然科学知识,报社即设在安徽会馆内,此报对当时宣传改革、开通风气有着重要的作用。不久,康有为创立强学会(又名强学书局、强学局或译书局),具有学校性质,会员数十人,每十日集会一次,在思想启蒙方面起积极的宣传作用,这是中国近代史上第一个改革派的政治团体,其宗旨是:"联络人才,鼓吹和推动改革。"北京强学会的会址亦在安徽会馆内。因此安徽会馆自创建以来直至清代终结期间一直有着不可替代的重要地位,在历史上具有重要的政治和文化意义。

清末民初，安徽籍的达官贵人、文人雅士如李鸿章、孙家鼐、张树声（廪生）、吴长庆（优贡）、刘瑞芬（诸生）、周馥、胡燏芬、蒯光典、吴汝纶、江朝宗、姜桂题、段祺瑞、徐树铮（廪生）、倪嗣冲、孙毓筠（秀才）、柏文蔚（秀才）、胡适等都在会馆留下了活动的记录。

孙家鼐(1827－1909)，字燮臣，号蛰生、容卿、澹静老人。安徽省凤阳府寿州人。咸丰九年己未科（1859）一甲第1名，状元。与翁同龢同为光绪帝师。累迁内阁学士。历任工部侍郎，署工部，礼部、户部、吏部、刑部尚书。光绪二十四年（1898）七月三日，以吏部尚书、协办大学士受命为京师大学堂（今北京大学）首任管理学务大臣。光绪二十六年后，任文渊阁大学士、学务大臣等。谥"文正"。孙家鼐著作多毁于义和团起事期间，仅少量奏稿幸存。有《太傅孙文正公手书遗折稿》。

孙家鼐

胡燏芬（1841－1906），字芸楣，安徽省泗州人。祖籍浙江萧山。同治元年以泗州籍举江南试。同治十三年甲戌科（1874）中二甲89名进士。授翰林院庶吉士。后被李鸿章招为幕府，历任天津候补道，天津兵备道，广西按察使、布政使，顺天府尹，礼、刑、工部侍郎。光绪二十年（1894），胡燏芬在中日甲午战争受命办东征粮时，深感中国交通道路落后，严重影响战事，即上书倡议修筑铁路，得到采纳，并修建了津芦铁路，被任命为督办。

胡燏芬

光绪二十四年（1898），上书请命神机营兵士改习德操，也得到批准，即历史上有名的"小站练兵"。光绪二十六年，留京办理京畿善后事宜。八国联军撤走后，奉命收回关内外铁路，然后又奉命督筑京张铁路。其一生全力倡导维新，主张向西方国家学习，天津曾立其祠以纪念之。

蒯光典（1857—1911），字礼卿，号季述，又自号金粟道人、斤竹山民，安徽省庐州府合肥人。祖籍湖北襄阳，明中期一世祖应先等六兄弟始迁合肥，遂入籍。是晚清著名学者，教育家，政治思想家，是革新派、清流派重要人物。光绪八年中举。九年癸未科（1883）三甲29名进士。官至诰授资政大夫、二品衔候补四品京堂、学部丞参上行走、京师督学局局长。著有《金粟斋遗集》《说文蒙求广义》等作。

蒯光典

吴汝纶（1840—1903），字挚甫，一字挚父，安徽省安庆府桐城人。晚清文学家、教育家。同治四年乙丑科（1865）三甲1名进士。授内阁中书。曾先后任曾国藩、李鸿章幕僚及深州、冀州知州。长期主讲莲池书院。后被任命为京师大学堂总教习，并创办桐城学堂。与马其昶同为桐城派后期主要代表作家。其主要著作有《吴挚甫文集》《诗集》《吴挚甫尺牍》《深州风土记》《东游丛录》。

吴汝纶

楹联：

安徽会馆内除李鸿章所题楹联外，还有其余四副，为：

堂室生辉，恩光天赐；

山川拱秀，士气云兴。

安得广厦千万间，庇天下寒士；

愿与我党二三子，称乡里善人。

冠盖萃江淮，尽东南宾主之欢，芬社筵开，古谊犹存乡饮酒；

楼台演歌舞，极丝竹管弦之盛，梨园美具，世情且看戏登场。

安庐凤颍徽宁池太，滁和广六泗，八府五州，良士个个来日下；

金石丝竹匏土革木，宫商角徵羽，五音六律，新声袅袅入云中。

现今，后孙公园胡同25号的安徽会馆建筑格局基本完好，在多方人士的努力下，腾退、修缮、保护工作正在稳步进行。

老照片

会馆全景

会馆正门

文聚堂

西院东墙滴水

西院夹道

西院四合院

西院月亮门

戏楼外景

戏楼内景

修复中的碧玲珑馆

会馆现状（一）

安徽会馆
后孙公园

会馆现状（二）

会馆现状（三）

歙县会馆

歙县位于安徽省东南部，民国以前在北京的歙县会馆有3处，西城区椿树街道宣武门外大街103至107号的歙县会馆始建于明嘉靖年间（1522－1566），原为商业会馆，清乾隆五年（1740）重修，改为文人试馆。清时的地址为宣武门外大街47号。

清代当时徽州歙县人都以程朱故里为荣。在《歙县会馆志》中记载："吾歙为秦旧县，黄山练水，世毓名贤，程朱遗范，渐摩熏染，情谊深而风俗厚，虽侨居寄籍他郡邑者，类皆不忘其乡，依依水源木本，釦京师为冠盖所集，可无会聚之区，以讲乡谊而崇古道哉。"

歙县会馆在北京诸多会馆中，可谓历史悠久，相对文献记载也甚多，如《重续歙县会馆录》，将会馆自明朝创建以来至清道光十三年（1833）之间的历史沿革，记录甚详，而内容甚多，在此不一一赘述，仅将部分与清代进士有关之内容摘录如下：

《新建歙县会馆记》，乾隆七年秋，兵部左侍郎邑人凌如焕撰。

专输姓名：刑部江西司郎中议叙三品黄履吴

议建姓名：内阁学士前礼部侍郎李绂

兵部左侍郎凌如焕

大理寺少卿周炎

山东道监察御史吴炜

翰林院编修吴华孙

翰林院编修朱桓

刑部浙江司郎中胡宝琳

刑部浙江司员外郎黄元

户部湖广司员外郎程志仁

内阁中书舍人胡宝璪

兵部职方司主事张肇殷

候选主事洪本仁

贵州安顺府永宁州知州易学仁

候选通判汪淳修

候选州同程豫

候选州同方远

候选州同程德星

候选州判鲍思叙

候选经历范振芳

李绂（1673—1750），字巨来，江西省抚州府临川人。康熙四十八年己丑科（1709）二甲14名进士。内阁学士兼礼部侍郎。

凌如焕（1681—1748），字榆山，号新斋，江南松江府上海人。康熙五十四年乙未科（1713）二甲31名进士。入翰林。迁侍讲。居官以清慎勤自矢。视学湖北，旧例各给新进书籍一部，令缴银名书价，莅任即禁绝。科试拔前明杨忠烈涟之曾孙杨可镜，贡于朝，以廷试文不合格被议，奉特旨褒杨氏忠义，授部曹事，得释。除阁学。自楚复命，见归州水程险绝，商旅多复溺，奏请川广险阻处广设救生船以济商民。时直省方事开垦，或有不毛之地强民报垦者，疏陈利弊，部议准行。值直隶浑河水发，诏查民房灾塌者给帑安顿，即奏请嗣后被灾之处，督抚闻报，不待部文到日即许地方官动支库银仓谷，量给报销，着为令。承平日久，民或游惰失业，奏请行保甲法，令老疾得给养，强壮无旷业。升兵部侍郎。出典江西试。过北新关，关距钱塘江三十里，而纳税者照票出钱至五六次，奏请革除。已未典会试。转左侍郎。以亲老乞终养，特赐御书福字。有以为尔父寿考征之，俞旨云："归里日，翁年九十，偕其兄璿玉，皆年逾六旬，作孺子色，乡党羡为盛事。岁戊辰，以在制主教申江书院，著《礼记节萃》，辍简而卒，年六十八。平生孝友，少时割股以愈母，贵后财产与兄共之。与人交，谦和恺直，裁成后进，不訾口出。工草书，神似米漫仕，诗宗陶白苏陆。有《应制集》《燕都草》《读史小稿》《皇华集》《黄海纪游草》《向日槎杂咏》，门人沈德潜序而传之。"

吴炜（1685－?），字觐扬，安徽省徽州府歙县人。祖籍浙江仁和县。雍正八年庚戌科（1730）三甲90名进士。历官给事中，章疏数十。曾经弹劾河道总督完颜伟及九卿。荐举人才，放粮济民。

吴华孙（生卒年无考），字冠山，安徽省徽州府歙县人。雍正八年庚戌科（1730）二甲2名进士。选庶吉士。授编修。乾隆六年（1741）任福建学政。

朱桓（生卒年无考），安徽省徽州府歙县浯村人。江南常州府宜兴县籍。雍正十一年癸丑科（1733）二甲11名进士。翰林院编修。

洪本仁（生卒年无考），安徽省徽州府歙县洪坑人。江南扬州府江都县籍。乾隆二年丁巳恩科（1737）二甲76名进士。候选主事。以子蕙晋赠顺庆知府。

《会馆增南院书斋记》，己卯初夏，兵部右侍郎程景伊撰。以及《附记》，乾隆二十四年夏五月，翰林院编修，邑人徐光文书。

专输姓氏：**徐建勋，名士业，**号厚庵，上路口人。钦赐按察使司，晋奉宸苑卿。

原寄札姓氏：**吴南溪，名炜，**字觐阳，溪南人。雍正八年庚戌科（1730）三甲90名进士。兵科给事，后转古北口兵备道，上书房行走，官至光禄寺少卿。

公札姓氏：**程莘田，名景伊，**字聘三，云塘人。乾隆四年己未科（1739）二甲14名进士。时为兵部右侍郎。后历礼部尚书。转吏部尚书。今协办大学士。乾隆年间曾住于横街绿云书屋。

江越门，名权，字熙璿，郡城人。乾隆十年乙丑科（1745）二甲40名进士。礼部郎中。后出为四川保宁府太守。今现任夔州府。

吴淡人。名绥诏，字淡人。溪南人。乾隆十三年戊辰科（1748）二甲12名进士。由编修改侍御史。后提督陕西学政。调奉天学政。今升光禄寺正卿。

专札姓氏：**吴二匏，名宽，**上路口人。召试钦赐内阁中书。

徐左亭，名焕，徐村人。乾隆十九年甲戌科（1754）二甲67名进士。应选同知。改选江西石城县令。

董事姓名：方汉霖

徐光文（生卒年无考），字莛蓣，安徽省徽州府歙县徐村人。乾隆十年乙丑科（1745）二甲17名进士。编修。河南学政。著有《程朱阙里祠志》。

《重建兰心轩记》，程景伊记。

同输姓名：许荫采，许日辉，许日舒

董事姓名：**徐焕**，程步瀛

《乾隆三十二年捐资会馆生息记》，乾隆四十年秋月，杏池徐光文书。

《乾隆三十六年增置会馆房产记》，程景伊撰。

专输姓氏：许鹤洲

董事姓氏：**吴雨亭**，名恩诏，溪南人。户部员外郎。今转浙江金衢严道。

《重修歙县会馆记》，嘉庆甲戌孟陬，内阁学士里人鲍桂星撰，程恩泽书。

《会馆岁输经费记》，嘉庆十九年甲戌孟陬，内阁学士里人鲍桂星撰，程恩泽书。

鲍桂星

鲍桂星（1764－1826），字双五，一字觉生，安徽省徽州府歙县人。嘉庆四年己未科（1799）二甲10名进士。改庶吉士，授编修。迁中允。典试河南、江西，督湖北学政。累迁至内阁学士。擢工部侍郎。充武英殿总裁。因事革职，后复官编修。擢侍讲、通政司副使、詹事。著有《觉生古文》四卷、《觉生诗钞》十卷、《咏物诗钞》四卷、《咏史诗钞》三卷等。辑有《唐诗品》八十五卷。鲍桂星为歙县会馆题有楹联："清樽夜话黄山树；彩笔朝题紫陌花。"鲍桂星于清嘉庆道光年间住于下斜街。

程恩泽（1785－1837），字云芬，号春海，安徽省徽州府歙县人。对于金石书画、医算无不涉及。嘉庆九年甲子科举人。嘉庆十六年辛未科（1811）二甲52名进士。授翰林院编修。道光元年（1821）值南书房，奉敕校刻《养正书屋集》《御制诗文初集》。累迁侍讲学士、国子监祭酒、内阁学士、工部右侍郎、户部经筵讲官、贵州和湖南学政等职。曾任四川、广东主考官。程恩泽是近代徽派朴学阵营的代表人物之一，他提出治学应当依据"凡欲通义理者必自训诂始"的主张，并贯彻到其所精诸艺（以诗歌创作为主）之中。程恩泽生平著述大多未及成书，流传下来的著作仅有《国策地名考》《春海诗余》和《程侍郎遗集》等。程恩泽于清嘉庆道光年间住于下斜街。

程恩泽

《清史稿》记载：

> 恩泽博闻强识，于六艺九流皆深思心知其意，天象、地舆、壬遁、太乙、脉经莫不穷究。谓近人治算，由九章以通四元，可谓发明绝学，而仪器则罕传，欲修复古仪器而未果。诗古文辞皆深雅。时乾、嘉宿儒多徂谢，惟大学士阮元为士林尊仰，恩泽名位亚于元，为足继之。

其余，如捐输姓氏过多，在此不予记录。

《北京会馆基础信息研究》对歙县会馆内部格局有较详细的介绍：

会馆原有格局分两路：北路一进院正房坐西朝东，面阔三间，进深七檩带前廊。两厢房各面阔三间，进深五檩加前廊一步，倒座已被拆改。二进院正房面阔五间，进深七檩带前廊。两厢房各三间，进深五檩无前廊。北路之南布置三排坐西朝东的房屋，均面阔三间，主房进深五檩加前廊一步。次房五檩无廊。另有北房四间，应为加盖建筑。均为合瓦硬山顶，部分改为仰瓦灰梗。此两组东西向院子之南，为四组形式一样的坐北朝南的四合院。每组正房面阔三间，进深五檩加前廊一步。倒座面阔三间五檩，两厢各两间五檩。每两组四合院的厢房后墙相连为勾连搭形式。四组四合院均为硬山合瓦。

马克思在《资本论》中唯一提到过的一位中国人"王茂荫"，曾在此长期居住。

王茂荫

王茂荫（1798—1865），字子怀，一字椿年，安徽省徽州府歙县人。清朝货币理论家、财政学家。道光十二年壬辰恩科（1832）三甲40名进士。历任部曹、监察御史、户部右侍郎兼管钱法堂事务及兵、吏、工部侍郎等职。著有《王侍郎奏议》十一卷。咸丰元年（1851）为给清政府筹措军费，上《条议钞法折》，建议发行纸币，其目的在于用控制数量来防止通货膨胀。咸丰三年，针对肃顺等请添铸"当百、当五百、当千"大钱的建议，上《论行大钱折》，严加批驳，指出："官能定钱之值，而不能限物之值。钱当千，民不敢以为百。物值百，民不能以为千。"这一论点触及货币名目论混淆价格标准和价值尺度错误的要害，是对通货膨胀政策的有力驳斥。次年，他又对发行不兑现纸币上《再议钞法折》，力主将不兑现纸币变为兑换纸币，触怒了咸丰皇帝，被调离户部。在社会政治方面，在严厉镇压太平天国等农民起义的同时，为了争夺民心，王茂荫主张封建帝王注意"修省"，减轻一些民间的疾苦。认为"民心一去，天下将谁与守"？建议咸丰皇帝"严降谕旨饬带兵诸将，务必使兵与民秋毫无犯"。对于"厘捐"局设过多，他认为"局愈多而民愈困"、"商力因此而废，民食由此而匮"，主张将多设的局裁撤、禁止。王茂荫重视人才问题，反对不正确的用人取人标准。如以字体工拙取士，认为由于取士专重小楷，以致于"合天下之聪明材力尽日而握管濡毫"，根本不能"济实用"。主张改革科举考试的内容，"勿论字体工拙，笔画偶疏，专取学识过人之卷"等等（前文引号中内容皆出自于《王侍郎奏议》）。王茂荫任京官达三十年，不携眷属随任，一人独居歙县会馆，并以两袖清风，直言敢谏而闻名。

此外，清代徽籍进士及名人如汪由敦、曹文埴、曹振镛、纪晓岚、戴震等人都曾在会馆中出入。

汪由敦（1692—1758），原名汪良金，字师茗，号谨堂，又号松泉居士，安徽省徽州府休宁人。进士题名录载浙江杭州府钱塘县。雍正二年甲辰科（1724）二甲1名传胪，改庶吉士。乾隆年间，官至吏部尚书。卒后，加赠太子太师，谥"文端"。汪由敦不仅政绩和军功显赫，同时还擅长书法和诗词文章。他在翰林院和馆阁中参与、主持编纂了《大清一统志》等大量有价值的历史文献。担任过《平定金川方略》和《平定准噶尔方略》的副总裁、总裁。此外还创作了大量诗词文章，有《松泉文集》二十卷、《松泉诗集》二十六卷。汪由敦在乡试、会试和殿试中充当了非常重要的职务，从中拔取了数不胜数的栋梁之才。在日常交往中，提拔、奖掖后进。后辈由此将他奉为韩愈、欧阳修。雍正乾隆年间汪由敦曾住于椿树三条胡同。

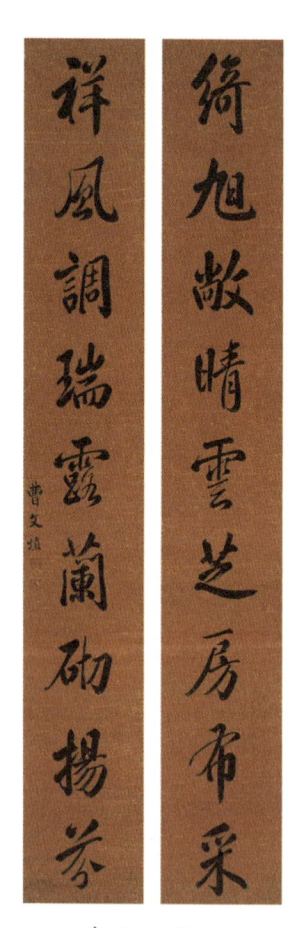

汪由敦书法　　曹文埴书法

曹文埴（1735－1798），字竹虚，号近薇。安徽省徽州府歙县人。为魏武帝曹操嫡脉后裔。同其子曹振镛世称"父子宰相"。从清乾隆二十五年到道光十五年（1835），历三代皇帝，把持朝政75年。乾隆二十五年庚辰科（1760）二甲1名传胪，改庶吉士。授编修，任职在懋勤殿。四次迁任翰林院侍读学士，命在南书房行走，教习皇子。两次迁任詹事府詹事。因父丧归。乾隆四十二年，诣京师，谒孝圣宪皇后梓宫。服丧完毕后，仍在南书房行走，授左都御史。历刑、兵、工、户诸部，兼管顺天府府尹。擢户部尚书。后以母老引退。以书法闻名于世，为乾隆时期书法大家。他的收藏也曾富甲一方，传世名作《兰亭序》及李白《上阳台帖》均曾为曹氏所有，另藏有石鼓名砚，斋号也因此称为石鼓砚斋。曹文埴更是京剧的鼻祖。卒后谥"文敏"。著有《石鼓砚斋文钞》二十卷、《诗钞》三十二卷、《直庐集》八卷、《石鼓砚斋试帖》二卷。

曹振镛（1755－1835），字俪生，号怿嘉，安徽省徽州府歙县人。乾隆朝户部尚书曹文埴之子，魏武帝曹操之后。乾隆四十六年辛丑科（1781）二甲5名进士。选庶吉士，任翰林院编修，后升为侍读学士。嘉庆初，升少詹事，授通政使，累官至体仁阁大学士兼工部尚书、首席军机大臣。道光初年，晋升为武英殿大学士、军机大臣兼上书房总师傅，又以平喀什噶尔功绩晋封太子太师，又晋升为太傅，并赐画像入紫光阁，列次功臣之首。振镛历事乾隆、嘉庆、道光三朝，三任省学政，四任省会试主考官。凡纂修《会典》、两朝《实录》《河工方略明鉴》《皇朝文颖》《全唐文》皆为总裁官。凡所综理，事必躬亲。承书谕旨及衙门奏章、翰苑进呈之文

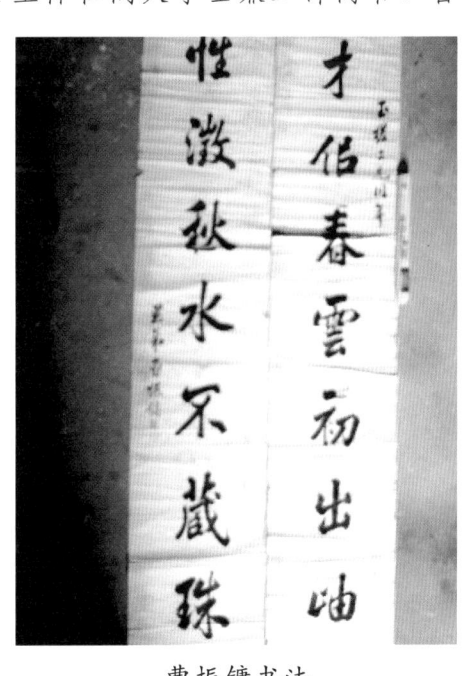

曹振镛书法

无不反复阅视，一字一句，反复斟酌，一点一画的错误，必予改正。可见其严谨至此。嘉庆十九年至二十五年间，嘉庆皇帝六次谒陵，五次秋弥木兰，都留曹振镛在京处理朝廷大事。两江总督陶澍整理两淮盐政，欲改行票法，先以私信请示曹振镛，得到了曹振镛的大力支持，使改革得以实行。道光十五年卒，道光皇帝亲临吊丧，并下诏褒恤，赐谥"文正"，入祀贤良祠。著有《纶阁廷辉集》《话云轩咏史诗》《望云楼集帖感应诗》等。

纪昀（1724－1805），字晓岚，一字春帆，晚号石云，道号观弈道人。直隶河间府献县人。清代政治家、文学家。乾隆十九年甲戌科（1754）二甲4名进士。历官左都御史，兵部、礼部尚书，协办大学士加太子太保，管国子监事，曾任《四库全书》总纂修官。纪昀学宗汉儒，博览群书，工诗及骈文，尤长于考证训诂。任官五十余年。他所著的《阅微草堂笔记》体现了其年轻时才华横溢、血气方刚，晚年的内心世界却日益封闭这一心境的变化。他的诗文，经后人搜集编为《纪文达公遗集》。他的书法书写流利、圆融，并有着雍容华贵的气质，书法大小相兼，收放结合，疏密得体，苍劲多姿，称得上是实用性和艺术性的完美结合。嘉庆十年（1805）二月，纪昀病逝，嘉庆帝御赐碑文："敏而好学可为文，授之以政无不达"，故卒后谥号"文达"，世称"文达公"。

纪昀

戴震（1724－1777），字东原，一字慎修，号杲溪，安徽省徽州府休宁人。清代著名语言文字学家、哲学家、思想家。乾隆二十七年壬午科举人。并前后六次会试不第。于乾隆三十四年（1769）第三次会试不第后，前往山西布政使朱珪处，被聘修《汾州府志》。曾为汾阳人王辑五做墓志铭，而在墓志中借题发挥，写出科举制度的流弊并表达自己的感慨，"其流弊，苟焉皮傅，剿说雷同。学不一二年，目

戴震

不睹全经，掇拾巍科高第，不必素所蓄积也。故不见师友之盛如古昔，岂非徒趋利禄，加以得之固易哉。……士之贵学，岂如是而已哉。"他指出科举之士，掇拾科名，争趋利禄，往往是没有真才实学的人。戴震从四十一岁到五十五岁，一再往来南北。四十一岁时，戴震在京，段玉裁相从讲学，后致函自称弟子。四十六岁，他应直隶总督方观承之聘，修《直隶河渠书》一百一十一卷，后未克竣事。四十七岁时，戴震会试落选，往山西修《汾州府志》。四十九岁又不第，在山西修《汾阳县志》。五十岁，自汾阳入京，会试再次落第，前往浙东主讲金华书院。《孟子字义疏证》的初稿《绪言》即作于是年。次年，继续在金华讲学。同年秋，四库全书馆正总裁于敏中以纪昀、裘日修之言，向乾隆帝推荐戴震，特召入京为四库馆纂修官。五十三岁，戴震第六次会试又不第，由于其声望及学术成就，奉乾隆帝命，

与其余录取的贡士一同参加殿试。乾隆四十年乙未科（1775）三甲43名进士。赐同进士出身，为翰林院庶吉士。戴震治学广博，文字、历算、音韵、地理无不精通，又进而阐明义理，对理学家"去人欲，存天理"之说有所抨击。批判程朱理学的思想，对晚清以来的学术思潮产生了深远影响。戴震为皖派的主要代表人物。终其一生先后著有《筹算》《勾股割圆记》《六书论》《尔雅文字考》及《考工记图注》《原善》《尚书今文古文考》《春秋改元即位考》《诗经补注》《声类表》《方言疏证》《声韵考》及《孟子字义疏证》等，并纂修《直隶河渠书》《汾州府志》《汾阳县志》。乾隆三十八年，开《四库全书》馆，在馆期间先后经手校订《水经注》《仪礼集释》《周髀算经》《孙子算经》《张丘建算经》《夏侯阳算经》《海岛算经》及《五曹算经》诸书。逝世前夕，写有著名的《答彭进士允初书》。后人将其著作编辑成《戴氏遗书》。梁启超称之为"前清学者第一人"，胡适等人称其为中国近代科学界的先驱者。

在整个清代，歙县曾出过两名状元、一名榜眼。

金榜（1735—1801），字蕊中，又字辅之，安徽省徽州府歙县人。乾隆二十九年，皇帝南巡时召试举人。授内阁中书、军机处行走。乾隆三十七年壬辰科（1772）一甲第1名，状元。授翰林院修撰。曾任山西乡试、京都会试副主考官。与戴震是同学。善书法，精篆籀。著有《礼笺》。

洪莹（生卒年无考），字宾华，号铃庵，安徽省徽州府歙县人。嘉庆十四年己巳恩科（1809）一甲第1名，状元。授翰林院修撰，掌修国史。嘉庆十八年，出任顺天乡试同考官。后累官至知府。其当初所做"国策"卷文，陈言时弊，深受嘉庆皇帝器重。然而洪莹在任官期间，却屡次被人弹劾污蔑，恶语中伤。幸好嘉庆皇帝明智果断，严惩了那些无中生有、无事生非者。洪莹从此之后也认清官场险恶，萌生退志，不久上疏辞官，潜心学术。洪莹擅长书法，尤以楷书著称。其著作多散佚，只有《元和姓纂》留存。

程昌期（1753—1795），字阶平，号阆翘，安徽省徽州府歙县人。程恩泽之父。乾隆四十五年庚子恩科（1780）一甲第2名，榜眼。授翰林院编修。出任顺天乡试同考官。浙江乡试副考官。任詹事府赞善，广西乡试主考官。任侍讲，会试同考官。升侍读学士。出任山东学政，提督学院。著有《周礼义疏约贯》《安玩堂诗文集》。

除上述名人之外，清朝历科进京赴考的同乡举人中，尚有中进士者并载于地方志中：

吴苑（1638—1700），字楞香，安徽省徽州府歙县人。康熙二十一年壬戌科（1682）三甲4名进士。选为庶吉士。授检讨。历中允侍讲。后迁国子监祭酒。曾建议八旗子弟参加科举考试。著有《北黟集》。

金云槐（生卒年无考），字莳庭，安徽省徽州府歙县人。乾隆二十六年辛巳恩科（1761）三甲8名进士。由中书授翰林，改御史。后知常州府。因政绩升浙江督理粮储漕务道。

洪朴（1746—?），字素人，安徽省徽州府歙县人。乾隆乙酉年，皇帝南巡召试，钦赐举人。授中书。三十六年辛卯恩科（1771）三甲7名进士。由主事升吏部郎中。甲午年，典湖南乡试。丁酉年，视学湖北。补刑部郎中。后为直隶顺德知府。

程祖洛（1776—1848），字问源，号梓庭，安徽省徽州府歙县人。嘉庆四年己未科（1799）三甲3名进士。授刑部主事。后历任湖南、山东布政使，陕西、河南巡抚。在任间剿匪、治水皆有功绩。后调湖南、江苏巡抚，总督闽浙共十二年。因剿匪台湾奉命经理后路粮饷军火，事平后授赏戴花翎。后又倡捐修闽省义仓。因父丧归养。卒后赐太子太保。谥"简敬"。

吴椿（1770—1845），字荫华，安徽省徽州府歙县人。嘉庆七年壬戌科（1802）二甲3名进士。授编修。历通政司副使，督学福建。道光九年（1829），以光禄卿充会试副考官。十一年，以兵部侍郎督学浙江。十四年，以户部侍郎充浙江乡试正考官，以左都御史留浙督办海塘。十六年，工竣嘉奖授礼部尚书，又调户部。道光二十五年卒。为消寒诗社创始人之一。

鲍珊（1779—1834），字沧碧，一字铁帆，安徽省徽州府歙县人。嘉庆十二年丁卯科举人。任咸安宫教习，期满后任知县。十四年己巳恩科（1809）三甲83名进士。选为陕西大荔知县。擢乾州知州。又擢兴安府知府。在任期间政绩突出，官民皆敬之。道光十四年（1834）春，卒于官。

许球（生卒年无考），字玉叔，安徽省徽州府歙县人。道光三年癸未科（1823）二甲38名进士。授部员军机章京。擢御史。后调京畿道。又为充沂曹济道。以忠直服于朝野。

徐上镛（？—1844），字莲舫，安徽省徽州府歙县人。道光六年丙戌科（1826）二甲30名进士。官兵部主事。迁员外郎。授湖北黄州府知府。在任期间，捐廉抚恤，安靖地方。卒于任，民于河东书院祀之。

胡正仁（生卒年无考），字让堂，安徽省徽州府歙县人。道光十三年癸巳科（1833）二甲68名进士。由编修授饶州知府。抚恤勤劳，倡修芝阳书院，培植人才。以疾归卒。

歙县会馆坐西朝东，为四进四合院，原占地面积约2500平方米。分北、中、南三院，其中大部分已改建。现为民居。

会馆现状（一）

会馆现状（二）

会馆现状（三）

黟县会馆

黟县位于安徽省南部，今属黄山市。北京的黟县会馆有三处，均建于清乾隆年间。此处会馆位于西城区南半截胡同21号。清《光绪顺天府志》载："南、北半截胡同，巷东隶北城，西隶西城，南胡同井一。有江宁、黟县、山会诸会馆。西小胡同曰七间楼。北有吴兴、潼川两会馆。"清末登记的地址为南半截胡同26号，民国时为南半截胡同10号。《档案史料》记载："该馆购于清乾隆五十八年（1793）六月"，会馆坐西朝东，占地2.49亩，有房40.5间。其中有蛮子门一间，倒座房四间。门内为两进院落。现为民居，建筑改动颇多。

黟县会馆作为试馆，同样是同乡举子们的活动场所。清代同乡进士中，载入地方志的有余毓祥、汪淦、孙鹏仪等人。

史士僎（生卒年无考），字公升，安徽省徽州府黟县人。顺治四年丁亥科（1647）三甲230名进士。曾任江山县知县。后因军功升任蒙阴县安抚使。

吴鹗（1653－?），字羽骞，安徽省徽州府黟县人。康熙乙丑科（1685）三甲46名进士。任历城县知县。

余毓祥（1773—1858），字梦岩，安徽省徽州府黟县人。嘉庆二十二年丁丑科（1817）二甲92名进士。刑部主事。迁员外郎。后迁礼部郎中。因病归。咸丰三年（1853），在黟县主管团练局，筑堡扼守西武岭。积劳卒。

汪淦（1764—1839），后改名日宣，字丽泉，安徽省徽州府黟县人。嘉庆二十四年己卯恩科（1819）三甲52名进士。授检讨。道光十五年（1834），授四川重庆府知府，修学宫，重建育婴堂，教植桑麻，整顿十四属社仓，建江北厅城。"黔匪"穆贤继作乱，汪日宣率兵驻守綦江七年，平定。道光十九年夏，遇旱灾，汪日宣因祈雨突然去世，当晚即降下大雨，人民感念他，祀之于名宦祠。

程式金（1782—1827），字友石，安徽省徽州府黟县人。祖籍顺天府大兴县。嘉庆二十五年庚辰科（1820）二甲46名进士。道光初年历署四川盐亭、遂宁知县，补高县知县。因政绩被举荐调至华阳，署宜宾、成都。所在期间，治灌河渠，兴建乡学。得总督陈若霖、戴三锡以廉洁勤能举荐，升为叙永厅同知。后又授兰州府知府。卒后赠中议大夫。著有《说文类求》五卷。

孙鹏仪（生卒年无考），安徽省徽州府黟县人。同治十三年甲戌科（1874）三甲115名进士。官至内阁中书。

会馆现状（一）

黟县会馆
南半截胡同21号

会馆现状（二）

会馆现状（三）

青阳会馆

青阳位于安徽省南部,今属池州市。北京的青阳会馆有两处。其中一处今址位于西城区施家胡同6号,于清康熙年间兴建。清末地址为施家胡同29号,民国时为施家胡同28号。会馆坐南朝北,占地面积约300平方米,据载有房33间。金柱大门,进深七檩,屋顶后改。有正房三间、倒座六间,东西配房已无存。现为民居,建筑多有破损。

与其他试馆相同,青阳会馆自建成以来,一直都是同乡举子们的居留活动之所,在清代同乡进士中,较有名的人物有王懿修、王宗诚父子:

王懿修(1736—1816),字仲美,榜名王懿濂,安徽省池州府青阳县十五都人。乾隆三十一年丙戌科(1766)二甲45名进士。改院庶吉士。授翰林院编修。充当日讲官。入值上书房。不久入值南书房。累升侍讲学士,奉命教授庆郡王永璘读书。迁詹事府少詹。此后,又充当陕西乡试副主考,广东、江西乡试正主考,广西学政。后补通政司副使。升内阁学士,兼礼部侍郎。累擢都察院左都御史。晋礼部尚书。充上书房总师傅。后加太子少保。卒谥"文僖",曾恩赐貂衣。

王宗诚（1764—1837），王懿修之子，字仲孚，又字廉甫、莲府，安徽省池州府青阳县十五都人。乾隆五十五年庚戌恩科（1790）一甲第2名，榜眼。授翰林院编修。历任云南、四川、陕西乡试主考官，会试同考官。授庶子。累迁为詹事。至礼部、工部侍郎。工部尚书兼顺天府尹。又任河南、山东、江西学政。两次出任礼部会试副考官。道光初年，官至兵部尚书，卒于任上。著有《红杏山庄集》四十卷。

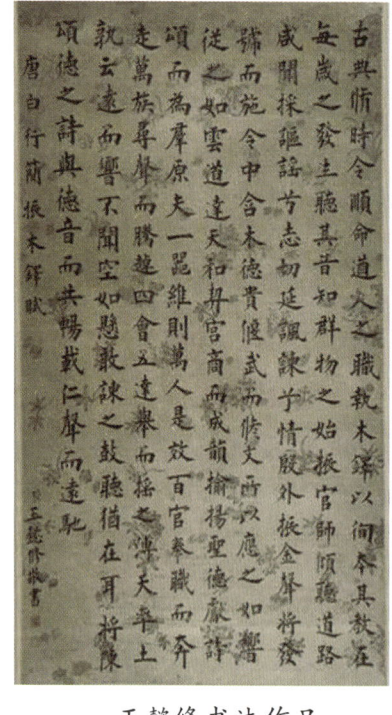
王懿修书法作品

王宗诚书法作品

在清代同乡举子中，中进士并有传者地方志中尚载有四人：

徐文烜（1619—？），字龙山，安徽省池州府青阳人。少能诵史记、杜诗全部。顺治十五年戊戌科（1658）三甲156名进士。任太原知县，有惠政。

吴襄（1661—1735），字七云，安徽省池州府青阳人。康熙乙酉，皇帝南巡，吴襄以诸生召试一等。康熙五十二年癸巳恩科（1713）二甲7名进士。改庶吉士。授编修。雍正时历侍讲。任顺天府学政。迁侍读学士，颇有政声。晋礼部右侍郎。擢本部尚书，兼管左都御史事务。谥"文简"。吴襄曾住于魏染胡同，室名兰藻。

吴兆雯（生卒年无考），字和叔，吴襄之子，安徽省池州府青阳人。雍正二年甲辰科（1724）二甲21名进士。改庶吉士。授编修。充《实录八旗志》《明史》纂修官。乾隆七年（1742），奉特旨为翰林科道。

叶桂芬（生卒年无考），字小山，安徽省池州府青阳人。道光二十四年甲辰科（1844）二甲81名进士。历任山西翼城、乡宁、曲沃、沁水、阳曲知县，洁己奉公。升解州知州。擢潞安府知府。积劳卒。

会馆现状（一）

青阳会馆
施家胡同6号

会馆现状（二）

会馆现状（三）

宣城会馆

宣城县为今安徽省宣城市宣州区，清代的宣城会馆，最早一处在西城区骡马市大街铁门胡同11号，此处原为清代初期著名诗人施闰章的故居。清乾隆时期，宣城人梅毂成在京城任御史，倡议捐赠修缮了宣城会馆，并于嘉庆年间开始扩建，直至光绪年间最为兴盛。原建筑为一座小型四合院，大门坐西朝东，为一小型如意门，门内通道北侧为两座东配房，主体建筑位于院子后半部，正房为北房两座，正房西侧建有西配房三间。据说施闰章曾在北房居住，后人刻石碣一块镶于墙上，以示纪念。

施闰章（1619—1683），字尚白，一字屺云，号愚山，又号蠖斋，晚号矩斋，安徽省宁国府宣城人。后人也称施侍读、施佛子。顺治三年丙戌科举人。顺治六年己丑科（1649）二甲26名进士。清初，施家在京宅邸被权豪所占。考取进士后，将房产重新收回。后施闰章回籍，将此宅改为会馆，留作同乡住宿之用。康熙初年举为博学鸿儒，历任刑部主事、员外郎、山东提学佥事、山东学政、江西布政司参议、分守湖西道等官。施闰章文章醇雅，尤工于诗，与同邑高咏等唱和，时号"宣城体"，有"燕台七子"之称，并与宋琬有"南施北

施闰章

宋"之名,位"清初六家"之列,处"海内八大家"之中,在清初文学史上享有盛名。著有《学余集》八十卷、拟明史五卷、《双溪诗文集》《学余堂文集》二十八卷、《愚山诗文集》五十卷、《试院冰渊》一卷、《观海集》《矩斋杂记》二卷、《蠖斋诗话》四卷、《青原山志略》十三卷等。康熙四十七年(1708),宣城施彦恪编辑《愚山全集》九十四卷。

《京师铁门宣城馆碑记》(节选):

吾宣施愚山先生,为清初名宿。一时诗人有南施北宋之称,而公尤以理学著,其故宅在宣武门外铁门北头广信馆之北,即今之宣城馆也。……光绪壬辰春,元因会试入都侨居是馆,……因读王渔洋过铁门宣城馆有感,诗云:'暮天黄叶落,一过西州门。无复高人迹,空余鸟雀喧。新阡思挂剑,旧馆忆开樽。南望澄江水,谁招屈宋魂。'此诗并载于戴菔塘藤阴杂记之第十卷中,……邑人吕志元谨识。

王士禛(1634—1711),又名士祯,字子真,号阮亭,别号渔洋山人,世称王渔洋。山东省济南府新城人。顺治十五年戊戌科(1658)二甲36名进士。在扬州为官五年,内迁礼部主事。康熙十四年(1675),转户部郎中,不久以翰林用,授侍讲学士。二十九年,改都察院左副都御史。三十八年,升为刑部尚书。四十三年,回归里第"闭门不出日事著述"。逝后谥"文简"。他一生著述甚多,后人"尊其为诗坛圭臬"、一代文宗，诗论创"神韵"说，于后世影响深远。有《池北偶谈》《古夫于亭杂录》《香祖笔记》等。因与朱彝尊齐名，时称"南朱北王"。康熙年间王士禛曾住于琉璃厂，并于康熙十九

王士禛

年、二十八年、二十九年分别住于下斜街、保安寺街、米市胡同。

吕志元（1855－?），安徽省宁国府宣城人。光绪二十年甲午科（1894）二甲111名进士。同年五月，以主事分部学习。著有《京师铁门宣城馆碑记》等。

自清以来，宣城会馆成为乡人举子们活跃的场所，其中不乏中进士者载于地方志中，现选录如下：

吴六一（生卒年无考），字圣水，安徽省宁国府宣城人。顺治四年丁亥科（1647）三甲29名进士。授青州司理。以荐迁刑部侍郎。后奉命守卫福州。

叶嘉征（生卒年无考），安徽省宁国府宣城人。顺治四年丁亥科（1647）三甲162名进士。任鳌屋知县。

唐稷（生卒年无考），安徽省宁国府宣城人。顺治四年丁亥科（1647）三甲30名进士。任户部主事。

侯振世（1622－1652），安徽省宁国府宣城人。顺治六年己丑科（1649）三甲177名进士。任蓝山知县。

李焕（生卒年无考），安徽省宁国府宣城人。顺治九年壬辰科

(1652)三甲31名进士。任湖州推官。

汪如龙（1609－1661），原名汪观，字容若，安徽省宁国府宣城人。顺治十二年乙未科（1655）三甲125名进士。任湘乡县知县，政绩突出。卒后民祀之。顺治康熙年间汪观曾住于铁门胡同。

黄云鹤（1625－？），安徽省宁国府宣城人。顺治十二年乙未科（1655）三甲187名进士。任鄢陵知县。

梅锏（生卒年无考），字而止，安徽省宁国府宣城人。康熙六年丁未科（1667）三甲49名进士。任大宁县知县。除监察御史。累迁副都御史、巡抚福建。官至左都御史。

茆荐馨（1629－1681），字楚畹，号一峰，安徽省宁国府宣城人。祖籍浙江长兴县。康熙十八年己未科（1679）一甲第3名，探花。官翰林院馆中。孝友廉洁，生平正直，恪守清贫。著有《应制诗赋》《燕游草》《梅溪文集》等。

阮尔询（？－1716），字子岳，安徽省宁国府宣城人。康熙二十一年壬戌科（1682）二甲34名进士。授庶吉士。改御史，为顺天府尹。累官工部左侍郎。

施云翔（生卒年无考），字介城，安徽省宁国府宣城人。奉天府铁岭籍。康熙三十六年丁丑科（1697）三甲85名进士。任德兴县知县。擢御史。历官十余年，剔弊蠲奸。

张仕骧（生卒年无考），仕也作士，字偶韩，安徽省宁国府宣城人。康熙四十二年癸未科（1703）三甲17名进士。任灵宝县知县。补泰顺县知县。后调台州知州。

梅谷成（1681－1763），字玉汝，安徽省宁国府宣城人。康熙壬辰年由诸生召入内廷，赐举人。康熙五十四年乙未科（1715）二甲10名进士。授庶吉士。改授编修。雍正中，以御史巡漕通州。乾隆初，擢顺天府丞。历光禄寺少卿，鸿胪寺卿，累官左都御史。谥"文穆"。精于历算。

刘方霭（1693—?），又作刘芳蔼，字济美，安徽省宁国府宣城人。雍正五年丁未科（1727）二甲34名进士。任福建省仙游知县。历礼户科给事中，至湖北按察使，御史。

杨廷栋（生卒年无考），安徽省宁国府宣城人。雍正八年庚戌科（1730）二甲15名进士。授编修。

骆大俊（生卒年无考），字何方，安徽省宁国府宣城人。乾隆二年丁巳恩科（1737）三甲33名进士。任沂水县知县，缉获盐枭五百。迁河南睢州知州，平"王抡之乱"株连数千人。后又奉调山东、云南宣威州，皆有政声。终迁山西盐运同知。卒于官。

梅予援（生卒年无考），字绳波，安徽省宁国府宣城人。乾隆七年壬戌科（1742）三甲156名进士。任徐州教授。

梅立本（?—1767），字秋埃，梅予援之子，安徽省宁国府宣城人。乾隆二十二年丁丑科（1757）一甲第2名，榜眼。任内阁中书。授编修。充国史馆总裁。二十七年，任江西乡试副考官。次年，任会试同考官。后出任广西学政。乾隆三十年，任广西提督学院，主持郁林乡试。梅立本作威作福，索收贿赂，并鞭笞差役，接待官吏不堪其辱自缢死。事后梅立本问罪被斩。

张焘（生卒年无考），安徽省宁国府宣城人。乾隆二十八年癸未科（1763）二甲23名进士。官至礼部员外郎。

孙元珆（1761—?），更名源潮，字达孚，安徽省宁国府宣城人。乾隆四十六年辛丑科（1781）二甲6名进士。初任宝应县知县。迁高邮州知州，立义学，赈恤水灾，民呼为"孙青天"。官至海州知州。卒年八十六。

宣城会馆已于2004年地区拆迁改造时被拆除。

会馆现状（一）

会馆现状（二）

会馆现状（三）

泾县会馆

安徽泾县历史悠久，赴京举子甚多，于北京共建有6处会馆，此会馆建于清乾隆年间，位于西城区米市胡同64号，占地南北23米，东西20米，一进小四合院共有房15间。道光年间改称"泾县新馆"。当初此馆建成时，在捐助人名中，最有名的当属胡承珙。

胡承珙（1776—1832），字景孟，号墨庄，安徽省宁国府泾县人。嘉庆十年乙丑科（1805）二甲81名进士。改庶吉士。散馆，授编修。曾任广东乡试副考官。累官补台湾兵备道。著有《求是堂诗文集》三十卷、《毛诗后笺》三十卷、《小尔雅义证》十三卷、《仪礼古今文疏义》十七卷、《尔雅古义》二卷等。胡承珙是清代徽派朴学中的知名人士，他潜心

胡承珙

于经学，尤其专于《毛诗》。辞官回乡后，与陈奂交往甚好，经常互相讨论切磋，将毕生精力都倾注于《毛诗后笺》中。

在清代同乡进京赴考的举子中，涌现出不少人才，其中不乏中进士者载于地方志中，现选录如下：

胡尚衡（1601—?），字辰玉，安徽省宁国府泾县人。顺治九年壬辰科（1652）二甲30名进士。授都水司主事。迁郎中。擢浙江提学佥事。补湖南参议道。后讲学于岳麓书院。

赵时可（生卒年无考），字考叔，安徽省宁国府泾县人。康熙六年丁未科（1667）三甲15名进士。任岳阳知县，涤弊除奸，以廉明著称。升应州知州。

胡承谋（生卒年无考），字贻仲，安徽省宁国府泾县人。康熙三十九年庚辰科（1700）二甲41名进士。任阳江知县。升福州知州。又升湖州府知府。有政绩，清正廉洁。

胡蛟龄（1682—?），字凌九，安徽省宁国府泾县人。雍正元年癸卯恩科（1723）二甲10名进士。授翰林。任兴平知县，有惠政。擢御史。迁户科掌印给事中。山东乡试主考官。

胡承璞（1693—?），字彬仲，安徽省宁国府泾县人。雍正元年癸卯恩科（1723）二甲22名进士。任龙门知县。调长垣知县。以卓异历升沅江知府，修城建学，劝耕平税，恩威甚著。后任云南道员。补驿盐副使。卒于官。

叶居仁（生卒年无考），字存叔，安徽省宁国府泾县人。雍正二年甲辰科（1724）二甲71名进士。任云梦知县，治水有功。升为武冈知州，能与苗猺共处，处事公正。卒于官，州人庙祀之。

赵青藜（生卒年无考），字然乙，安徽省宁国府泾县人。乾隆元年丙辰科（1736）二甲7名进士。改庶吉士。授编修。历山东道监察御史。又奉命查赈山东。著有《漱芳居文集》《读左管窥》。

胡承壑（生卒年无考），字廷扬，安徽省宁国府泾县人。乾隆二年丁巳恩科（1737）三甲203名进士。任襄陵知县，升平度州知州，皆有惠政。升重庆府知府。又为辰州府知府。长沙岳州护。辰沅永绥道。

胡世科（1721－1787），字希哲，安徽省宁国府泾县人。乾隆二年丁巳恩科（1737）未经殿试，乾隆四年己未科（1739）二甲27名进士。任始兴知县。介节不阿，以忤上官罢归。

翟槐（生卒年无考），字公树，安徽省宁国府泾县人。乾隆四十年乙未科（1775）二甲3名进士。授编修。充国史馆纂修。后主持云南乡试。擢御史。后出守楚雄府，祈雨并修书院，带兵剿匪。病卒于任。

吴芳培（1756－1822），字霁菲，安徽省宁国府泾县人。乾隆四十九年甲辰科（1784）二甲26名进士。选为庶吉士。授编修。嘉庆初，任侍读。主持四川乡试时，恰逢"教匪"蔓延秦蜀之地，于是驻扎在沔县协助守城，还京后受到皇帝褒奖。次年，督学河南。迁右庶子。累擢詹事。督顺天府学政。升内阁学士兼礼部侍郎。知贡举。二次任顺天府学政。擢兵部侍郎，署左都御史。充庚辰会试副总裁。又调兵部左侍郎。道光二年（1822）致仕，两月卒。

翟绳祖（生卒年无考），字昭甫，安徽省宁国府泾县人。乾隆四十九年甲辰科（1784）三甲2名进士。任池州教授，捐修明伦堂，改建试厅，重造城南通济桥，深得民心。

朱理（1761－1819），字燮臣，安徽省宁国府泾县人。乾隆五十二年丁未科（1787）二甲1名传胪，选庶吉士。授编修。嘉庆元年

(1796)为衢州府知府，革陋规，治豪猾。迁兴泉永道，治贼有功。升浙江按察使。又升山东布政使。为光禄寺卿，署左副都御史。擢刑部右侍郎。转左侍郎。屡次奉命为直隶河南各种参奏案件定案。授江苏巡抚。又以功召进京为内阁学士，授刑部右侍郎。调仓场侍郎。凡事皆据实参奏，皇帝嘉其公正，复为刑部右侍郎。授贵州巡抚。嘉庆二十四年卒于官。

朱珔（1769－1850），字玉存，一字兰坡，安徽省宁国府泾县人。嘉庆七年壬戌科（1802）二甲2名进士。授编修。擢侍读。道光元年（1821），值上书房。升右春坊右赞善。著有《文选集释》《说文假借义证》《小万卷斋集》等。

潘锡恩（？－1867），字芸阁，安徽省宁国府泾县人。嘉庆十六年辛未科（1811）二甲35名进士。授编修。道光初任侍讲学士，条陈河务事宜。以道员往南河，擢江苏淮阳道。道光六年（1826），以三品顶戴为南河副总。为光禄寺卿，历左副都御史，兵部、吏部侍郎。二十三年，再任南河河道总督，兼署漕运总督，在任十载而无河患。二十八年，以病回籍，募勇办团，捐助军饷，急公之诚，数十年如一日。同治丁卯年（1867）加太子少保，卒于家。谥"文慎"，祀于乡贤祠。嘉庆道光年间潘锡恩曾住于下斜街。

胡世庸（生卒年无考），字崇垣，安徽省宁国府泾县人。嘉庆十六年辛未科（1811）二甲53名进士。任江西吉水知县，肃清匪盗，洁己自持。著有《大学心得录》二卷。

胡世琦（1775－1829），字玉樵，安徽省宁国府泾县人。嘉庆十九年甲戌科（1814）二甲45名进士。改庶吉士。散馆，任费县知县。后历平原、即墨、沂水县知县。补曹县。卒年五十五。著有《小尔雅疏证》《三家诗辑》。

翟发宗（1780－?），字述庵，安徽省宁国府泾县人。嘉庆二十四年己卯恩科（1819）三甲78名进士。任主事。升郎中。调云南知府，署昭通，严守备，革陋规。补大理知府。卒于官。

查炳华（1793－?），字瑶圃，安徽省宁国府泾县人。道光二年壬午恩科（1822）二甲85名进士。任浙江知县，署安吉萧山。补平阳。疏水患，建考棚，修学宫。捐升湖北道，署安襄汉黄盐粮各道，又署按察使，督修堤工，捐置岁修田亩，捐建育婴堂，撰训俗格言刊行。

翟奎光（生卒年无考），字墨卿，安徽省宁国府泾县人。道光十二年壬辰恩科（1832）三甲6名进士。任广西知县，署永宁州。补雒容县知县。卒祀于永宁雒容名宦祠。

朱梦元（1813－1867），字贞起，安徽省宁国府泾县人。祖籍江西贵溪县。道光二十四年甲辰科（1844）二甲12名进士。选庶吉士。改刑部主事。由郎中擢御史，多次上疏皆获准。晋鸿胪寺少卿。迁通政使。卒于籍。

吴墉（生卒年无考），安徽省宁国府泾县人。咸丰十年庚申恩科（1860）二甲38名进士。任主事。

吴善宝（生卒年无考），安徽省宁国府泾县人。同治四年乙丑科（1865）三甲62名进士。任户部主事。

王鼐（1828－1891），安徽省宁国府泾县人。同治十三年甲戌科（1874）二甲132名进士。任兵部主事。

清代著名书法家包世臣（举人）在嘉庆、道光年间十次进京赶考均住在此馆，并在此著《艺舟双楫》一书。民国七年（1918）十二月二十二日，李大钊与陈独秀在新馆北屋创办了《每周评论》，使泾县新馆成为新文化运动的喉舌之地。五四时期这里是《每周评论》编辑部所在地。

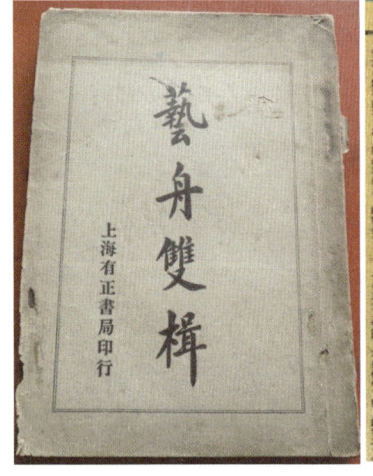
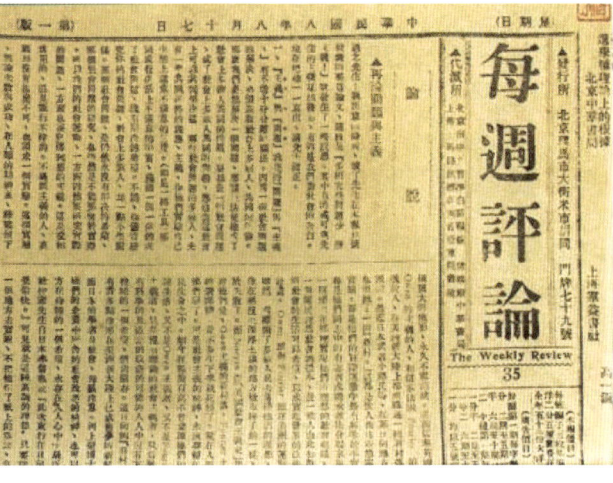

此馆于2011年因拓展道路迁于南横东街西口北角，原会馆现为民居，建筑多有破损。

老照片

会馆现状（一）

会馆现状（二）

会馆现状（三）

旌德会馆

旌德县隶属安徽省宣城市。旌德会馆在今西城区南大吉巷14号，清咸丰年间兴建，因东城区（原崇文区）境尚有一馆，于是称此馆为西馆，又称"旌德新馆"。南大吉巷旧称羊肉胡同。清《光绪顺天府志》载："羊肉胡同，有奉新、旌德会馆。"清末地址为羊肉胡同23号，民国时为羊肉胡同25号。会馆坐南朝北，为二进四合院，占地面积约300平方米。有正房三间、后房五间、倒座房四间加大门。

在清代同乡举子中，涌现过不少人才，其中不乏中进士者载于地方志中，现选录如下：

姚士勳（生卒年无考），安徽省宁国府旌德人。康熙四十八年己丑科（1709）三甲112名进士。任内阁中书。

吕云栋（生卒年无考），字孚远，号瑶浦，安徽省宁国府旌德人。乾隆三十七年壬辰科（1772）二甲12名进士。授内阁协理，兼侍读。乾隆四十一年，升宗人府主事。次年，任贵州乡试副主考官。五十五年，任会试同考官。后转户部山东司员外，陕西司郎中，兼理八旗，刚正不阿。嘉庆二年（1797），任户部宝泉局监督。次年，补河南道御史。四年，任贵州省贵西道，推保甲法，匪徒敛迹，吏畏民怀。九年，因病归养，次年卒于籍。著有《使黔存稿》一卷、《砚亭杂著》二卷。

刘大镛（1755—？），字省菴，安徽省宁国府旌德人。乾隆四十六年辛丑科（1781）二甲36名进士。署金堂知县。官至合州知州。

朱德芬（1783—？），安徽省宁国府旌德人。嘉庆十九年甲戌科（1814）二甲38名进士。选为庶吉士。

姚肇仁（1799—？），字求恕，号复斋，安徽省宁国府旌德人。道光二年壬午恩科（1822）三甲16名进士。任龙泉知县。

刘成万（生卒年无考），字元圃，安徽省宁国府旌德人。道光九年己丑科（1829）三甲9名进士。任吏部郎中。授金衢严道，政绩突出。积劳病故，赠太仆寺卿，祀名宦祠。

吕贤基（1803—1853），字羲音，号鹤田，安徽省宁国府旌德人。道光十五年乙未科（1835）二甲15名进士。授编修。改监察御史。为工部左侍郎。兼署刑部左侍郎。咸丰三年（1853），赴安徽督办团练，太平军攻破舒城，吕贤基投水而亡。

江泰来（1810—？），安徽省宁国府旌德人。道光十五年乙未科（1835）三甲82名进士。任检讨。

吕锦文（1819—？），字寿堂，号简卿，安徽省宁国府旌德人。吕贤基之子。咸丰二年壬子恩科（1852）二甲63名进士。选庶吉士。擢升翰林侍读。创办团练，募捐筹粮，继父志对抗太平军，但随后搜刮民财，草菅人命，百姓深受其害。著有《文选古字通补训》《拾遗》《筹笔闲吟》《怀研斋吟草》。

汪时渭（1828—？），字尚滨，安徽省宁国府旌德人。咸丰三年癸丑科（1853）三甲3名进士。任中书。改湖南同知。历署耒阳、武陵、沅陵知县，颇有政绩。后署武冈州。卒于官。

吕朝瑞（1817—？），字九霞，一字廷云，号辑侯，又号兰痴，安徽省宁国府旌德人。咸丰三年癸丑科（1853）一甲第3名，探花。授翰林院编修。八年，任山西会试副考官。十年，任上书房行走。次年，授侍读。同治元年（1862），出任河南乡试主考官，又署日讲起居注官。次年，任湖南学政，出任会试同考官。授奉政大夫。

汪鑑（生卒年无考），安徽省宁国府旌德人。同治七年戊辰科（1868）三甲40名进士。官至礼部主事。

刘敦纪（1837－?），安徽省宁国府旌德人。同治十年辛未科（1871）二甲100名进士。官至刑部主事。

民国间记载的《旌德旅京同乡会为报章程致社会局呈》中记载了旌德会馆同乡会理事人名单，其中有江朝宗、汪时璟、江绍杰、汪榘、吕吉甫、吕世芳、吕效川，以及监事吕祖翼。其中有清代进士两名：

江绍杰(1877－?)，安徽省宁国府旌德人。光绪三十年甲辰恩科（1904）三甲136名进士。曾留学于日本。历任吏部学治按教习，京师高等审判厅推事，江苏省高等检察厅检察长，苏州府知府，苏州民政长，江苏高等审判厅厅长，政治会议议员，参议院议员，民国安徽省省长。

吕祖翼(生卒年无考)，字仰南，安徽省徽州府婺源人。祖籍安徽省宁国府旌德县。光绪三十年甲辰恩科（1904）二甲30名进士。擅长诗文书法，尤其擅长楷书，曾书写《重修婺源县学记》。后成为北京辅仁大学监督，授经学。民国后曾为清室善后委员会委员，司法部参议员，教育部副部长。与余绍宋等共同成立"崇文诗社"，被推为社长。著有《孟子正义补注》《孝经集注》《仰南集》。

旌德会馆自民国二十一年（1932）开始馆内开办私立文化补习学校，民国三十六年改为私立文化小学。1956年成立了羊肉胡同小学，1966年更名为红宇小学，1974年改为大吉巷小学，至21世纪初学校已撤并。现今为社区办公活动场所。

会馆现状（一）

会馆现状（二）

会馆现状（三）

会馆现状（四）

婺源会馆

婺源，位于江西省东北部，唐代置县，宋属徽州，1934年由安徽省划入江西，今属上饶市。民国前，在北京建立的同乡试馆约有三处：一处位于西城区石猴街7号，又称"婺源老馆"。另一处位于西城区大耳胡同6号，称"婺源新馆"。还有一处位于西城区宣武门外大街179、181号，因地区改造已拆除。此外，婺源会馆还有多处附产，分别位于西城区石侯街6号（旧址为石侯街11号）、大耳胡同41号（旧址为五斗斋2号）、小沙土园胡同（旧址为小沙土园）、南新华街79号（旧址为大沙土园1号）、前门西河沿街155号（旧址为西河沿97号）、耀武胡同27号（旧址为羊肉胡同14号）、宣武门外大街1号（旧址为上斜街1号）等地。

婺源老馆，西城区石猴街7号（清、民国时为石侯街4号）。会馆现为民居，临街房后有拆改，建筑多有破损。

婺源新馆，西城区大耳胡同6号（清时为大耳胡同25号，民国时为大耳胡同36号）。嘉庆十九年（1814），由程纫兰、程众钊等人筹资兴建。馆内墙上嵌有嘉庆、道光年间石刻6块。会馆占地1.3亩，有房38间，坐南朝北，分为三路，中路为主要建筑，共二进。第一进正房面阔三间，进深七檩，前出廊。第二进正房面阔三间，进深五檩，东西配房均一间。东路一进院，南房面阔四间，进深五檩，中有隔墙分为二间，有边门。北房三间，进深五檩，前出廊。西路二进院，第一进南、北房均面阔三间，进深五檩，东西配房各二间。第二进有南房、东西配房。会馆建筑特征明显，基本形制仍在。后院嵌有刻石11块，记载会馆的建立、规则和捐资人名单。现为民居，西城区文物暂保单位。

现存《婺源新馆记》一篇：

乾隆庚辰岁，我婺汪汇川孝谦北上，始与计偕诸君倡建会馆于京城前门外之石猴街，以为公车下榻之所，其层只十数楹，初盖限于资，既而公车辐辏半寄寓他所，群以为病，欲稍增廓之，又苦其局于地也。岁在癸丑，王葑亭银台创议重建，邑士多愿捐资金以助，而中有沮之者，议遂辍。自是屡议屡辍，愿助者亦稍懈弛。嘉庆辛酉、壬戌间，程绂兰中翰、蓉舫农部昆弟官京师，以千金为众创，亦鲜有继者。辛未春公车诸君戾止，复议及之，李椿田水部、汪芗林侍御乃与桂敷以书，遍告同邑诸绅士，水部旋以居忧返里，复偕洪梅坪中翰、王竹屿通守、孙仲廷朝议、施益堂知事诸君，翕力劝输，输者咸踊跃，至甲戌岁，乃度地于旧馆附近之大耳胡同，买房三十余间。明年春，费寝集，撤其屋而更新之，夏五月工竣，以其余资修治旧馆，皆完善。其续收则增置房屋，赁取其入经供岁修公事之需。凡用金钱若干，汪侍御与李水部总其要，而张知事达泉佐之，工皆核实，财不虚费。盖二十余年间屡议屡辍者，至是幸臻厥成焉。虽然，天下事始则乐观其成，成则必图其久。今京师之会馆不可数计，或久而逾新，或成而浸坏。其逾新者必规条之整饬，出入之公明，经费之充裕者也。其浸坏者反是。是可以鉴矣。继自今凡我宦学，京师经理馆事者，其务共矢公正，协心保持。我邑绅士达识好义者，尚其念兹前功，随时续捐，以广所未逮，庶几想与善其成，而利赖久远也。

大清嘉庆二十二年岁在丁丑夏四月董桂敷记。

董桂敷（1772—1829），字宗邵，号筱槎，安徽省徽州府婺源县城东人。嘉庆十年乙丑科（1805）二甲13名进士。官翰林院编修。教习庶吉士。暨官翰林，总纂国史。两次充同考官，所荐多名士。己卯乞病假。主讲豫章士林。以病归，旋殁，时年五十八。著有《十三经管见》《书序蔡传后说》《周官辨非解》《夏小正笺注》《诸史蠡测》《诸子异同得失参断》《儒先语录汇参》诸卷、《自知室文集》《自知室诗集》业已梓行，《阙里虹井考》载县志。

董桂敷

本县清代进士选列如下：

李承端（生卒年无考），字方彦，号椿田，江南徽州府婺源县甲椿人。十九入邑庠，旋食饩，潜心理学，以朱子为宗，以江督斋、汪双池两大儒为鹄。丙午登贤书。乾隆五十二年丁未科（1787）二甲33名进士。改工部都水司主事。丁外艰。服阕，奉母命赴任水曹，清洁自箴，烛私剔蠹。旋丁母忧，闻讣回籍，读礼三年。复之京，授屯田司主事。迁都水司员外郎。升制造库郎中。后抱郁成疾，告假经旬，卒年六十九，授中宪大夫。平生耽书籍，公退稍暇，辄手一编考校。槟南旋，书籖之外无长物。著《读书摘记》《古今体诗》藏于家。

胡永焕（生卒年无考），字奎耀，号雪蕉，江南徽州府婺源县清华人。九岁能文，既冠府试第一，补郡弟子员。丁酉乡荐，丁未会魁。乾隆五十二年丁未科（1787）三甲85名进士。以工部用，即勤习部务，充四库全书，详校精勘，无少疏略。报满将补职，以亲老乞归终养。服阕，赴部补官，老吏见而相戒。先是在营缮司行走，兼料估所制造库事，算法精熟，是以吏惮其严明。其兼都水司，也留心水利。甲子秋，河决衡家楼，因日夜讲求治河之策，以所见陈于当事，咸器重之，时采其论用焉。好读书，遇古人文字有关经济者，必抄录之。著有《诗文集丛话》《古文抄》《历代诗选》若干卷。

汪桂（1756－1821），字艻林，安徽省徽州府婺源县城南人。乾隆己酉（1789）举于乡。庚戌试礼部，登中正榜，例授中书舍人，已而当事奏通榜，皆报罢。考补咸安宫教习，职满丁内艰。嘉庆四年己未科（1799）二甲4名进士。由翰林院庶吉士。散馆，改主事官户部。十六年，充会典馆纂修。丁卯顺天同考官。己巳春闱同考官。寻擢贵州司员外郎。乙亥补江西道监察御史。以疾归。

董桂新（1773－1804），字茂文，安徽省徽州府婺源人。嘉庆七年壬戌科（1802）二甲8名进士。入翰林。所著有《毛诗多识录》《读书偶笔》《读书续笔》《读书三笔》《尔雅古注合存》《埤雅物异记言》《孟子生卒年月考辨证》《易图驳议》。惜年仅三十二而卒。

施彰（生卒年无考），字胜卿，号细斋，安徽省徽州府婺源县诗春人。嘉庆七年壬戌科（1802）三甲92名进士。任内阁中书，坐办稽察房，旋充内廷方略馆分校官，加五级诰授奉政大夫。为汪、曹两学士所器重。丁卯、乙酉两次与修邑志。著有《存诚录》《礼耕书塾诗文杂著》存于家。

俞诵芬（1784－?），字郁兰，号茗溪，安徽省徽州府婺源县城东人。嘉庆癸酉拔贡，戊寅经魁。嘉庆二十四年己卯恩科（1819）二甲4名进士。选庶吉士。散馆，改户部主事。充军机处章京行走。适西路用兵军书旁午，芬直庐拟草，以敏捷称。由主事荐升郎中。调吏部稽勋司掌印郎中。旋充伴琉球国贡正使，得召见，赐袍一袭。回任护理兴泉兵备道。以劳瘁卒。著《亦爱堂诗文集》。

汪正元（1824－?），字少霞，安徽省徽州府婺源县对坞人。同治元年壬戌科（1862）三甲71名进士。翰林院庶吉士。改刑部主事。升郎中，浙江道监察御史。

余鉴（1828－?），字涵辉，号镜湖，安徽省徽州府婺源县沱川人。同治七年戊辰科（1868）二甲85名进士。翰林院庶吉士。散馆，授编修。

李昭炜（1836－?），字理臣，号蠡莼，安徽省徽州府婺源县理田人。同治十三年甲戌科（1874）三甲85名进士。翰林院庶吉士。授检讨。官至户部右侍郎。

婺源老馆会馆现状（一）

婺源老馆会馆现状（二）

婺源老馆会馆现状（三）

婺源新馆会馆现状（一）

婺源会馆
大耳胡同6号

婺源新馆会馆现状（二）

婺源新馆会馆现状（三）

【福建省】

宣 南 会 馆 与 清 代 进 士

福州新馆

福州地处福建省东北,唐设州制,因有福山遂改称福州,今为福建省会。北京的福州会馆约有3处。一处位于西城区虎坊路7号院内,又称"福州老馆"。随着来京闽县人日益增多,福州老馆逐渐不能满足需要。因此,清嘉庆二十三年(1818),于今西城区骡马市大街51号(清址为骡马市大街35号)另建新馆。新馆现为民居,原有建筑多数已经拆除,仅余最后一进院落。

《闽中会馆志》:

"福州新馆坐落虎坊桥西北,实为骡马市大街,三十五号,董事蒲志中任之,以与南下洼老馆别称新馆。"

新馆筹建之初得到林则徐等闽县人的大力支持。

林则徐(1785—1850),字元抚,又字少穆、石麟,晚号俟村老人、俟村退叟、七十二峰退叟、瓶泉居士、栎社散人等,福建省福州府侯官人。是清朝时期的政治家、思想家和诗人。嘉庆十六年辛未科(1811)二甲4名进士。官至一品,曾任湖广总督、陕甘总督和云贵总

林则徐

督,两次受命钦差大臣。因其主张严禁鸦片,在中国有"民族英雄"之誉。道光十九年(1839),林则徐于广东禁烟时,派人明察暗访,强迫外国鸦片商人交出鸦片,并将没收鸦片于同年六月三日在虎门销毁。虎门销烟使中英关系陷入极度紧张状态,成为第一次鸦片战争,英国入侵中国的借口。尽管林则徐一生力抗西方入侵,但对于西方的文化、科技和贸易则持开放态度,主张学其优而用之。根据文献记载,他至少略通英、葡两种外语,且着力翻译西方报刊和书籍。晚清思想家魏源将林则徐及幕僚翻译的文书合编为《海国图志》,此书对晚清的洋务运动乃至日本的明治维新都具有启发作用。道光三十年十一月二十二日,林则徐在普宁老县城病逝。林则徐生平爱好诗词、书法,著有《云左山房文钞》《云左山房诗钞》《使滇吟草》和《林文忠公政书》《荷戈纪程》等著作。所遗奏稿、日记、公牍、书札、诗文等,中华人民共和国成立后辑为《林则徐集》。林则徐著作包括奏折、公牍、文钞、诗词、信札、日记以及他主持翻译的《四洲志》等译作。这些著译散藏各地,长期没有经过系统整理。《林则徐全集》分奏折、文录、诗词、信札、日记、译编六卷,共十册。嘉庆年间林则徐曾居住于此会馆。

嘉庆十八年(1813),林则徐初入京师,官卑俸低,寄住贾家胡同莆阳会馆。待得知福建籍刑部尚书陈望坡辞官告归捐出私宅建立福州新馆时，将代人书折写文的笔润，全部捐出，用于新馆装修，后闽籍旅京人士踊跃效仿捐助，促新馆建成。道光三十年（1850），林则徐逝世的消息传至北京，闽籍旅京同乡闻知十分感伤。为纪念林则徐爱国、爱民、爱乡之举，乡亲们特在福州新馆内设"桂斋"（名源于林则徐福州故居），并塑像祭祀。

光绪末年，观察叶大遒、尚书陈璧建议重修新馆，叶大遒于大门匾额上书"福州新馆"。

陈璧（1852－1928），字玉苍、佩苍、雨苍，晚号苏斋，福建省福州府闽县南通镇苏坂村人。17岁中秀才。光绪元年赴考，以"经文策问冠场"，得中举人。光绪三年丁丑科（1877）三甲104名进士。授内阁中书。先后典试湖北、贵州。后选为礼部员外郎，改任御史。二十六年，曾任五城团练会办，镇压义和团运动。

陈璧

八国联军侵占北京期间，他留守北京，主持总理公所，因出示安民，被提为顺天府丞。翌年，迁太仆寺少卿。旋擢顺天府知府，任内裁减冗员，清扫蠹吏，整顿商场，创办学校，开设工艺、纺织诸局。二十九年，授商部侍郎，拟定官制商律，兴办商会。三十一年，改户部侍郎，整顿省属铜圆局，为造币定色，有"铜币大臣"之称。累官至邮传部尚书兼参预政务大臣。著有《望岩堂奏稿》等。

福州新馆重修后，同乡人集聚榕荫堂，举行"击钵吟"，一个月必定聚集三次。光绪二十一至二十二年间，侍御叶在琦再发起创作

《律集》，每年上元节，张灯会饮。当时入集者有十七人。姓名如下：

叶大道、曾宗彦、郭传昌、郭曾炘、蔡琛、黄曾源、郭曾準、魏秀琦、郑叔忱、林怡、林钺、郭曾程、叶在琦、叶在廷（举人）、陈懋鼎、叶在藻、郭则沄

叶在琦（1865—1906），字肖韩，又字稺愔，福建省福州府闽县人。生于"世翰林"之家。清光绪十二年丙戌科（1886）三甲75名进士。选授翰林院检讨，派充贵州学政。

叶在琦在《律集》中有诗：

井干矗立极崔嵬，杰构重新气象恢。
作势山连王墓起，登高客自剑池来。
苍茫南望谈防海，慷慨东征想渡台。
当世可无俞戚辈，地灵彪怒倘生才。

叶大道（1849—？），字敷恭，号铎人，福建省福州府闽县人。光绪六年庚辰科（1880）二甲24名进士。选翰林院庶吉士。散馆，授编修。

叶大道在《律集》中有诗：

两头旗鼓拱崔嵬，上指文星接斗魁。
海日射之见标准，天风吹不上尘埃。
三山景物收如尽，七座城垣脱此胎。
南望港门无际处，千枝似笔是船桅。

又有：

底事鲸鲵跋浪来，马江一劫费人猜。
补牢无计恢桑梓，触目斯楼感草莱。

沧海横流关大局，邦人重建仗群材。

而今挽得狂澜否，犹利行舟望眼抬。

曾宗彦（1850－1912），字君玉，号幼沧，福建省福州府闽县人。光绪九年癸未科（1883）二甲82名进士。选庶吉士。散馆，授翰林院编修。历官江南道监察御史，官至贵州思南府知府。曾宗彦之曾祖曾晖春、祖父曾元炳、父曾兆鳌皆为进士，为四代直系接连进士，是清代福州所仅见。其同乡何刚德在所著《话梦集》中提到挚友曾宗彦时这样评价："公气度秀逸，诗尤戛戛独造。"曾宗彦居京时，常与同乡在福州会馆新馆榕荫堂雅集赋诗。其诗文皆以"精"字取胜。曾宗彦说："我以不消说者不说胜，故以少许胜人多许也。"光绪二十四年八月，"戊戌变法"失败，谭嗣同、林旭等"六君子"惨遭杀害，曾宗彦怀着悲愤的心情，告假还乡，暂时离开了与维新派志士们共同奋斗过的北京城。光绪二十五年至二十七年间，他以在籍翰林出身的侍御身份，出任了福州一中前身"凤池书院"第十三任山长。在变法失败和八国联军侵略者退出北京后，光绪二十八年，曾宗彦入京被简任为贵州思南府知府（后调兴义府）。在政坛上，他虽因参与变法而遭受排挤，在

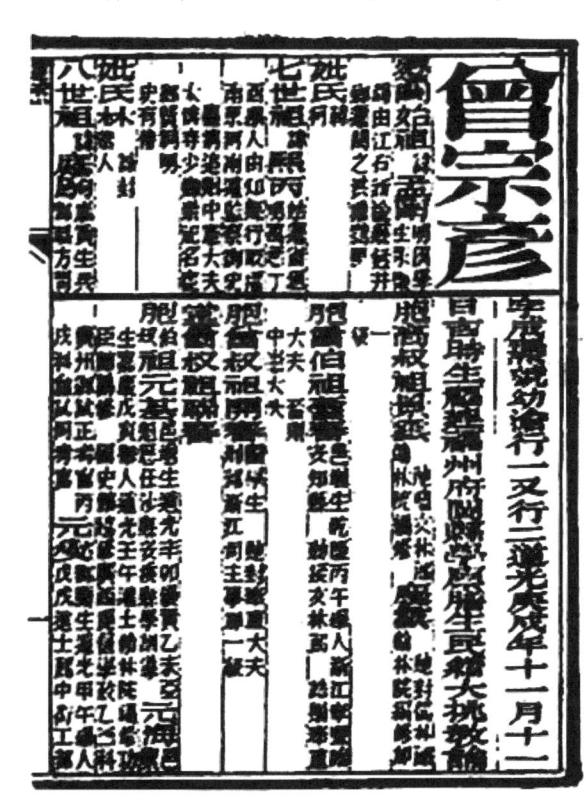

《硃卷》中曾宗彦履历

知府任内仍坚持潜心于新政，但在以慈禧为首的顽固派统治下，却已无能为力。后返故里，卒于民国元年（1912）。

郭传昌（1855－?），字子治，福建省福州府闽县人。光绪二十年甲午恩科（1894）二甲114名进士。

郭传昌在《律集》中有诗：

城闉百尺郁崔嵬，蜃气连天壮观开。
地脉四围通北岭，人烟万井瞰南台。
脚根云起山如底，眼底潮回海似杯。
栏槛斩新形势胜，近闻纪石待邹枚。

又有：

瀛洲方丈与蓬莱，第一神仙到此开。
楼橹七城依样造，梯枞百级上天来。
估船归港心先识，杰构排空首重回。
左右分明旗鼓似，凌霄平远又登台。

郭曾炘（1858－1928），谱名亲绳，原名曾炬，字春榆，号匏庵，晚号"福庐山人"，福建省福州府侯官人。郭柏荫之孙。光绪元年乙亥科举人。光绪六年庚辰科（1880）二甲10名进士。任仪制司主事。充军机章京。升员外郎、郎中，太常少卿、光禄寺卿、礼部右侍郎兼户部左、右侍郎。宣统元年（1909），充实录馆副总裁，修《德宗本纪》，为《清史稿》总纂。学通中西，与严复论中外学术，质疑辩难，称为挚友。

郭曾炘

爱士重才，人有一善，必盛誉扬。著有《饱庵诗存》《楼居茶记》《读杜札记》。

郭曾炘在《律集》中有诗：

> 绿榕城郭画圆开，都尉遗规亦壮哉。
> 宝气尚埋欧冶剑，雄观直跨越王台。
> 半空海气鲲溟接，万井人烟雉堞回。
> 千百年来谈福地，三山世界即蓬莱。

蔡琛（生卒年无考），字献臣，福建省福州府侯官人。光绪二十年甲午恩科（1894）二甲94名进士。同年五月，改翰林院庶吉士。次年四月，散馆，着以知县即用。

黄曾源（1858—1936），字石孙，汉军正黄旗。光绪十六年庚寅恩科（1890）二甲122名进士。授翰林院编修、五城监察御史。后由御史台出守徽、青、济南等郡。任职十余年，两袖清风，生活简朴，为寒士所不堪。为人耿直。林纾送其出守徽州，有句云："石孙不因人之曲而曲之，因人之直而直之。且其事人也，不以生死盛衰易其操，阿谀党顺变其言，诚君子也。"辛亥革命后居青州，拒绝袁世凯征聘，杜门不出，望门投刺者皆拒而不纳。著有《石孙诗稿》一卷。

郭曾准（1860—？），字亲纶，号少莱，为郭式昌次子，郭柏荫孙，家住福州仙塔街。光绪己卯科举人。光绪十八年壬辰科（1892）二甲80名进士。钦点翰林院庶吉士。历任江西泰和、萍乡、万载、万安等县知县。调补新建县、调署乐平县知县、候补知府等。曾任光绪丁酉科江西乡试同考官。去世前为上饶县知县，正拟赴义宁州就任知府。

魏秀琦（1862－?），字挺生，福建省福州府侯官人。光绪十五年己丑科（1889）三甲40名进士。同年五月，着主事，分部学习。

郑叔忱（1863－?），字宸舟，福建长乐人。光绪十六年庚寅恩科（1890）二甲117名进士。散馆，授编修。升侍讲学士。任京师大学堂提调、奉天府丞兼学政。光绪二十年，任顺天同考官。

林怡（生卒年无考），字仲沂，福建省福州府侯官人。光绪二十年甲午恩科（1894）三甲44名进士。五月，以主事分部学习。

林钺（生卒年无考），字述卿，福建省福州府闽县人。清光绪二十年甲午科（1894）二甲32名进士。同年五月，改翰林院庶吉士。次年四月，散馆，着以知县即用。

林钺在《律集》中有诗：

如屏山势劈空来，纵目登临亦快哉。
岳望鼓旗分两翼，星躔朱女摘三台。
波涛奠定无边燧，梁栋支撑有大材。
谁是斩鲸好身手，安澜我愿祝瀛垓。

魏秀琦行书

郭曾程（1866－?），字南云，福建省福州府侯官人。光绪十五年己丑科（1889）三甲13名进士。五月，授内阁中书。二十五年正月，接替薛星辉，担任江苏宜兴县知县。

陈懋鼎（1870－1940），字征宇，福建省福州府闽县螺洲人。光绪十六年庚寅恩科（1890）二甲127名。陈懋鼎和父亲陈宝璐、叔父陈宝璩中同榜进士。同年五月，授内阁中书。此后他历任外务部左参议、弼德院参议、俄文学堂监督、驻英国公使馆二等参赞，驻西班牙公使馆一等参赞、资政院议员。民国元年（1912）四月，他任北洋政府外交部参事兼秘书长，次年免职。民国三年七月，他任金陵税关监督兼江宁交涉员，十一月他任济南道尹兼外交部特派山东交涉员。四年八月，他任参政院参政。此后他任国务院秘书、外交部特派厦门交涉

陈懋鼎所著《槐楼诗钞》

员、外交部顾问。七年，他任参议院议员。他还著有《修三居士易稿》（《易经》研究心得）、《槐楼诗钞》等，并将世界名著《基督山伯爵》以文言文的形式第一次翻译到中国，名曰《岛雄记》。从光绪十六年至民国二十二年，他长期在清廷与民国政府担任要职。一生经历了中日甲午战争、戊戌变法、八国联军攻陷北京、辛亥革命、袁世凯当权等重大事件，并在诗中多有反映。因此，当时人们高度评价他的诗"有直笔，有隐衷，不愧一代诗史"。陈懋鼎清乾隆年间住于阎王庙街。

陈懋鼎在《律集》中有诗：

郡从郭璞相形开，城待王恭作样来。
后嶂列屏龙腹踞，前峰如几虎头回。
乡人例合修名迹，福地传能脱劫灰。
海水不枯楼不毁，万年俯瞰越王台。

又有：

马江滚滚虎门开，十载焚船劫未灰。

横海艨艟终不竞，度辽子弟去无回。

东来胥母涛声怒，北向梁妻野哭哀。

独上高楼望旗鼓，地灵应出济时才。

又有：

城楼郡北极崔嵬，东望茫茫世事哀。

歧海今非中国擅，重山古已大藩开。

蛇蟠诸涧添潮去，蚁渡千帆避地来。

落日凭高占鼓角，安边谁是出群才。

又有：

瀛峤秦年运已开，祖龙多事访蓬莱。

舟中男女遗噍类，门外鲸鲵起祸胎。

楼橹翼然仍旧贯，藩篱撤尽恃人才。

请看凿断金鸡后，犹赖泉山保越来。

叶在藻（生卒年无考），字乃彬，号肖文，福建省福州府闽县人。叶大遒之子。光绪二十四年戊戌科（1898）二甲9名进士。同年五月，改翰林院庶吉士。

叶在藻在《律集》中有诗：

城北重瞻旧址恢，全闽关键郁崔嵬。

平吞越墓余王气，高据屏山脱劫灰。

龙脉北随峰势转，虎门南逐海潮来。

建瓴此是真形胜，灵杰千秋福地开。

郭则沄（1882－1947），字啸麓，号蛰园，别号龙顾山人。福建省福州府侯官人。光绪二十九年癸卯科（1903）二甲31名进士。授庶吉士。武英殿协修。官至浙江温处道、署理浙江提学使。入民国，曾任国务院秘书长，交游至广，是清民政坛的活跃人物。主要著述有《十朝诗乘》《清词玉屑》《旧德述闻》《遁圃詹言》《竹轩摭录》《庚子诗鉴》《南屋述闻》等。平生所

郭则沄

作诗文，先后编辑成《龙顾山房诗集》《龙顾山房诗续集》《龙顾山房诗余》《龙顾山房诗余续集》《龙顾山房骈体文钞》《龙顾山房骈体文续钞》《龙顾山房诗赘集》等。此外，还写有《世媺堂日记》数十册（现存十一册），自编《龙顾山人年谱》一部。与老友们合编的主要有《知寒轩谈荟》。青年时代曾参与编著《各国政艺通考》。在浙江温处道任职时曾编有《瓯东尘牍》《瓯江去思录》（均不存）。我们还保存有《龙顾山房诗赘集拾遗》抄本一册、《龙顾山房文集》抄本一册。以外，还有《洞灵小志》《洞灵续志》《洞灵补志》《红楼真梦》等，这四种均属游戏之作。郭则沄所著的《竹轩摭录》中记载："近世乡人旅居会饮，及乡会试举子，寄居之所曰会馆，由乡人官京朝者共置之，或由先达舍宅，如全浙会馆，为赵恒夫给谏故宅。福州新馆，为陈望坡尚书故宅。其例甚夥。"

《邴庐日记》（郭曾炘著）记载：

> 馆之东偏，拓地添建，南北厅事，略规洋式，时平斋倡荔香吟社，每数日必集于此，初仅粗具盘餐，而庖人善烹调，乡人士亦时就此谳客，外省京僚，因亦假座，福州馆名厨，遂藉藉一时，宴会无虚日，至辛亥国变方止，此辛丑回銮后事。

当时部郎何刚德从建昌府居丧过后来到京城等待审查，经常与郭曾炘、叶大遒、郑叔璋等众人在一起作诗饮酒，当时馆丁在馆西辟室，设置酒宴，命名为福山堂，而宴请宾客的人，一直在使用此馆，此馆就是榕荫堂。后来由于侍郎徐琪拖欠酒债，最终导致歇业。

何刚德（1856—1936），字肖雅，号平斋，福建省福州府闽县人。光绪三年丁丑科（1877）二甲126名进士。历任吏部主事，江西吉安、建昌、南昌知府。光绪二十六年，任江苏苏州知府期间，组建警察队伍，维护社会治安，成为苏州警察创始人。辛亥革命后，以前清遗老退隐。民国三年（1914）三月，应北洋政府之请，出署江西内务司司长。同年六月，任江西省豫章道尹，曾护理江西省省长。民国十一年后，因受排挤，称病挂冠侨居上海，埋头著述。撰有《春明梦录》《郡斋影事》《江西赘语》《客座偶谈》《家园旧话》等，后结集为《平斋家言》刊行。所记宫廷掌故、名人轶事、清代与民初史事，多为其亲身经历，颇有史料价值。另著有《话梦集》等。

徐琪（1852—1918），字花农，号俞楼，浙江省杭州府仁和人。光绪六年庚辰科（1880）二甲62名进士。授编修。历任山西乡试副考官、广东学政，官至兵部侍郎。为俞樾弟子，工诗文、善书画。著有《粤东葺胜记》《日边酬唱集》《南斋日记》《苏海余波》《冬日百咏》《留云集》《墨池庚和》《名山福寿编》等。

光绪癸甲两科，是应试举子到京城最繁盛的时期，当时主管新馆的人是侍御张元奇。

张元奇（1860—1922），字贞午，一字君常，号姜斋，福建省福州府侯官县上街镇厚美村人。自幼饱读经书，曾赴台教书。光绪十二年丙戌科（1886）二甲122名进士。历任翰林院编修、监察御史、湖南岳州知府、奉天锦州知府。曾参与弹劾黑龙江巡抚段芝贵以重金购天津歌妓杨翠喜，献之贝子载振之案，颇负盛誉。民国元年（1912），任北京政府内务部次长。同年十一月至次年十一月，任福建民政长。民国三年五月，任政事堂铨叙局局长。同年九月，任奉天巡按使。民国四年九月，署内务部次长，兼参政院参政。民国五年二月，任肃政厅肃政使。民国九年五月，任经济调查局总裁。晚年告老还乡，被推为福州鳌峰书院山长。擅长诗词，与苏东坡诗词风格相近。著有《远东集》《兰台集》《知稼轩集》等。

光绪三十年（1904），福州新馆聘请侍郎张元奇、陈璧、府尹沈瑜庆（举人）等同乡京官，轮流到馆为来京参加会试的福州籍举子指点温书。

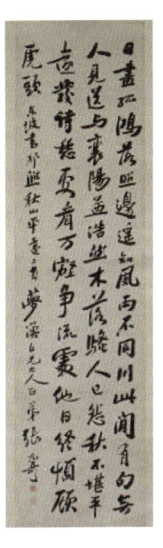 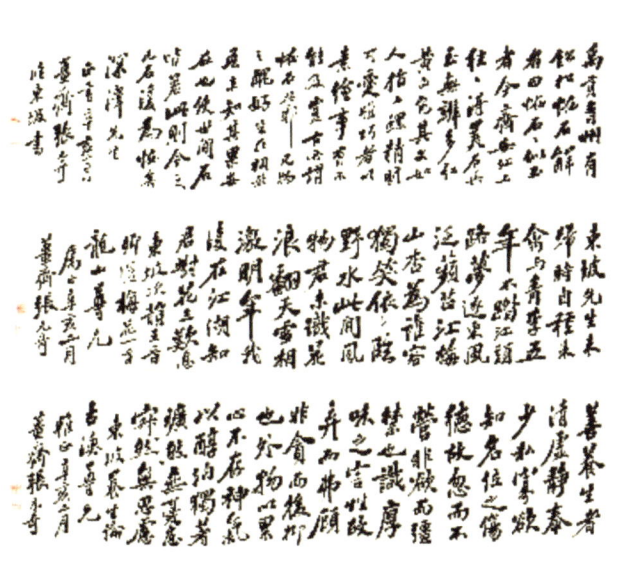

福州新馆中古物：（选自《闽中会馆志》）

一、铁鼎炉：炉供大殿前，镌阳文，右曰同治甲戌会试，左曰万年清轮船同人叩献谢，盖万年清，为福建马江船政工厂，初制轮船，第一次护送举子来津者也。炉尚存，甲戌为林文直绍年军机，春捷之科。

二、字画：新馆旧藏有林琴南纾孝廉所绘西溪图，其题跋有：余居西溪久，西溪渔人皆识我云云。林季武太史步随犹及见之，今闻为长班子斥以易米矣。相传又存有赵在田、林则徐两对联，今询诸蒲董事云，唯林则徐联尚在。

林绍年

林绍年（1849—1916），字赞虞，号健斋，福建省福州府闽县人。18岁丁卯科乡试中举。同治十三年甲戌科（1874）二甲16名进士。时年25岁，授翰林院编修。以编修历充乡会试同考官。光绪十四年（1888）改御史，以极谏慈禧动用海军经费修颐和园，名噪四海。历任云南昭通府知府、贵州按察使、云南布政使、巡抚兼署云贵总督。三十年，上奏朝廷，呼吁实行立宪改革。后移广西，以侍郎充军机大臣，兼署邮传部尚书，授度支部侍郎，支持改革。三十三年，因御史赵启霖劾段芝贵案，称病退出军机，外出任河南巡抚。宣统元年（1909），徙民政部侍郎。二年，充经筵讲官，署学部侍郎，改弼德院顾问大臣。以病请告。民国四年（1916）病逝于福州故里，卒年六十八，谥"文直"。著作有《林文直公奏稿》。

林步随（生卒年无考），字季武，号寄坞。福建省福州府侯官人。林则徐曾孙，林拱枢孙。光绪二十九年癸卯科（1903）三甲96名进士。散馆，授检讨。晚清最末一代翰林。曾被派往美国任留学生总监督，北洋政府时曾任国务院秘书长、铨叙局副局长、币制局副总裁、税务专科学校校长等职。北伐战争以后弃官从商走实业救国之路，后因军阀混战、政治动荡，不断被劫受骗，一生积蓄的十余万大洋化为乌有，最后穷困潦倒，在北平成为一名寓公。

赵在田（生卒年无考），字光中，号谷士，福建省福州府闽县人。嘉庆四年己未科（1799）二甲33名进士。散馆，授编修。历任广东主考官、顺天同考官、御史、刑部郎中。道光十三年（1833），迁福建布政使护理巡抚，调江西布政使。十八年，病免，以亲老假归。先后主持道南、擢英、南浦等书院。二十年，赴都城供职。翌年归福州。后主讲厦门玉屏书院，继主持省府凤池书院十四年。好蓄古砚及碑版文字，聚书万余卷。

楹联

梁章钜《楹联丛话》记载：

京师福州会馆之燕誉堂，有旧联云：

"万里海天臣子，一堂桑梓弟兄。"是前明福清叶文忠公（叶向高）所撰，余于嘉庆丙子与同郡诸君子又创构福州新馆，在虎坊桥之东，规制愈宽，人文愈盛，同郡诸君子合撰楹联，益蔚为巨观，今录其佳者如左云：

海峤星从天上聚，长安春占日南多。

又云

浴海烟开鳌背月；看花人步凤城霞。

又云

凤窟麟洲通御气；黄蕉丹荔忆乡风。

又云

冠盖仍循乡饮序；笙歌先醉社公觞。

又云

室因新拓来今雨；人比分躔聚德星。

又云

朱樱红杏开新宴；丹荔黄橙话故乡。

又云

三山佳气瞻鳌背；九陌香尘驻马蹄。

又云

看花却趁春三月；视草同依尺五天。

又云

家园鱼笋评乡味；人海莺花洽古春。

又云

珂里云开三岛丽；金壶花发九衢春。

又云

竹箭声华当代选；梅花消息故人来。

又云

佳日春秋来鹤盖；深宵吟诵似鳌峰。

又云

同人于门，群贤毕至；适子之馆，吉事有祥。

梁章钜（1775—1849），字闳中，又字茝林，号茝邻，晚号退庵，福建省福州府长乐人。嘉庆七年壬戌科（1802）二甲9名进士。曾任江苏布政使、甘肃布政使、广西巡抚、江苏巡抚等职。上疏主张重治鸦片囤贩之地，强调"行法必自官始"，并积极配合林则徐严禁鸦片，是坚定的抗英禁烟派人物。同时也是第一个向朝廷提出以"收香港为首务"的督抚。是一位政绩突出、深受百姓拥戴的官员。晚年从事诗文著作，一生共著诗文近70种。其在楹联创作、研究方面的贡献颇丰，乃楹联学开山之祖。梁章钜工诗，精鉴赏，富收藏，喜欢研究金石文字，考订史料。勤于读书，学识渊博，"自弱冠至老，手不释卷，盖勤勤于铅椠者五十余年矣"。博藏群书，闻见日广。喜作笔记小说，题材广泛，文笔畅达。精于书法，其小楷、行书，笔意劲秀。因居于

梁章钜

福州黄巷，建一藏书楼名"黄楼"，藏书数万卷。藏书印曰"芷林珍藏"。所藏书主要用于著述、创作。梁章钜著述繁富，刊者达70余种。主要有《制义丛话》《浪迹丛谈》《称谓录》《归田琐记》《文选旁证》《清书录》《经麈》《夏小正通释》《论语旁证》《孟子旁证》《三国志旁证》《退庵所藏金石书画题跋》《藤花吟馆诗钞》《三思堂丛书》《南省公余录》《退庵诗存》《退庵随笔》《枢垣记略》《楹联丛话》等。林则徐认为他在当时"仕宦中，著撰之富，无出其右"。梁章钜题北京福州新馆联："同人于门，群贤毕至。适子之馆，吉事有祥。"嘉庆年间梁章钜曾住于福州馆路。

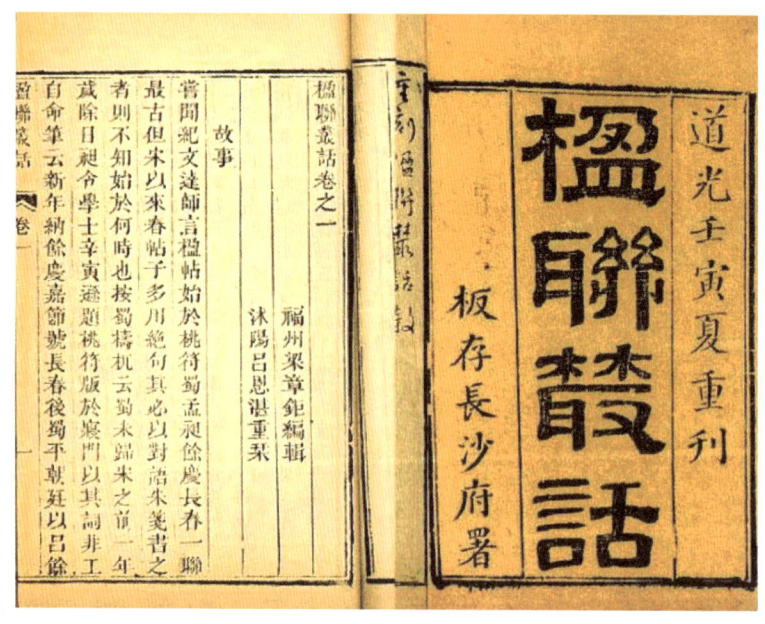

梁章钜所著之《楹联丛话》

福建新馆中的诗社：

荔香吟社，成立于道光三年（1823），为北京做官的闽籍诗人组成，郭柏荫曾主持。光绪中叶，何刚德与闽籍同人在福州新馆重倡吟社。月三四集，社课以击钵吟为主，后兼作诗钟。前后入社者包括林纾（举人）、陈衍（举人）、周景涛、陈懋鼎、周登皞（举人）、郭曾炘等。非闽籍诗人有易顺鼎、冒广生等。辛亥年国变告终。

榕荫堂诗社是光绪二十年至二十一年（1894—1895）间由郭曾炘、叶大遒集合在京闽籍诗人倡立于虎坊桥福州新馆。拈题分韵作诗。社友包括叶大遒、曾宗彦、郭传昌、蔡琛、黄曾源、郭曾炘、郭曾準、郭曾程、叶在琦、叶在廷、叶在藻、郭则沄等十七人。榕荫堂诗社结集为《蛰园律集前编》，刻行于世。光绪三十三年（1907）叶大遒、叶在琦相继去世，社友星散。民国时再兴，则地址改为车子营全闽会馆。1928年郭曾炘去世，诗社终止。

周景涛（1865－1912），晚清翰林，字松孙，号洵生，福建省福州府侯官人。清末名医。光绪十八年壬辰科（1892）二甲6名进士。散馆，改主事。又改江苏阜宁县知县。

会馆现状（一）

福州新馆
骡马市大街51号

会馆现状（二）

会馆现状（三）

莆阳会馆

莆阳，今为莆田市，是福建省下辖的一个地级市。莆田市史称兴安、兴化，又称莆阳、莆仙。自古是闽中的政治、经济、文化中心。历史悠久，源远流长，素有"海滨邹鲁"、"文献名邦"之誉。莆田市现辖仙游县、荔城区、城厢区、涵江区、秀屿区四个区和湄洲岛国家旅游度假区、湄洲湾北岸经济开发区两个管委会。湾口的湄洲岛是海内外闻名的和平女神妈祖庙所在地、妈祖文化的发祥地。

莆阳会馆有三个。

一、**莆阳旧馆**，地址在今福州馆前街3号，创建于明末清初。

该馆内所藏楹联有：

涂庆澜

城南室小邻韦杜；湖上人来泛木兰。

又

陈海坪

帝里莺花探月令；家园鳑荔话乡风。

又·天后龛

神力云帆济沧海；帝京香火似湄洲。

又

陈海坪

篝灯夜话西湖月；橐笔朝题北极云。

又

涂庆澜

荔子故乡来细雨；杏花及第报春风。

又·四乡贤龛

涂庆澜

学问即经猷，志通廿略，疏上十事；
儒林并文苑，道倡莆美，诗咏梅花。

涂庆澜（1837—1910），字海屏，号耐庵、莆阳遗叟，福建省兴化府莆田县常太镇人。后迁居城厢花园巷。咸丰辛酉（1861）拔贡，顺天乡试举人。左文襄帅闽招入幕以办匪。奖叙知县。充咸安官教习。同治十三年甲戌科（1874）二甲62名进士。改庶吉士。授翰林院编修。充国史馆协修。己卯典试贵州，所得皆名士，衔命典试黔中，黔离都七千余里，轺车经历诸名胜，三阅月，有《使黔日记》。寻丁母忧归。壬午，服阕，还朝。充国史馆纂修。功臣馆总纂。本衙门撰文。叙劳加侍讲衔。乙酉分校乡闱，刘培出其门下。丙戌培擢礼部试第一，廷试赵以纲对策第一，黔中所得士也。同科会状皆出其门，人服其藻鉴。辛卯、甲午两次京察一等，以不附权势未迁一官。晚以知府分发浙江，奉委阅校嘉湖八营水师，监江千厘局。二年，乞归。庆澜性傲岸，不屑奔竞。居乡掌教兴安书院，课士外喜搜罗乡里掌故，晨书暝勘，皆躬自校雠。卒年七十有六。庆澜居词垣不为章句学，每泛览本朝政治掌故及历代地理山川险要，风俗利弊，考究得失源委，求有用之学。与同人会课宴集，谈谐间作，其恂恂若不能言。庆澜益肆力经世之学，出入经史，泛滥百家，广见闻，观古今，探性理，验才猷，以期其学之有益于扶植后进，留意人才为汲汲。所著有《国史昭忠列传》及《大臣传》二十卷、《莆阳文辑》十卷、《莆阳诗辑》四卷、《荔隐山房集》五卷、《卫生集语》一卷皆梓行。

会馆现状（一）

莆阳会馆
福州馆前街3号

会馆现状（二）

会馆现状（三）

二、**莆阳新馆**，地址在今贾家胡同35号，创建于光绪十六年（1890）。

《宣南鸿雪图志》记载：

莆阳会馆即福建莆田会馆，原馆在高家寨，创于明代，光绪初年坍坏。光绪十六年（1890），京官江春霖等合力募捐创置此馆，名为新馆，或莆阳会馆，以与旧馆区别。

会馆坐西向东，只一进院落。大门位于庭院的东北角，面阔一间，旁与三间东房相连，均五檩进深。西房四间，进深五檩加前廊，中间有隔墙分为各两间，装修仍保留旧时的步步锦形制。南北房各三间五檩，均为一明两暗形式，门窗装修与西房相同。此院大门在东北隅，应是以西房为正房，但东西房均为四间，不合规制，仍是三间北房为正。这种按地形灵活布置的格局，正是城南四合院的一大特征。

涂庆澜《荔隐居楹联偶存·会馆》载：

（光绪）己丑年在贾家胡同建有莆阳新馆，前后三进，各四间排，后进为景贤堂、祀文昌、天后及四乡贤。神龛前，余各制有联及大门、屏门等处，岁悬桃符，焕然一新……

馆内无古迹，仅存"景贤堂"一匾，有涂庆澜题识：

壶兰山水之秀，代产名贤。而宋为盛。郑渔仲通志二十略，至今行世。林艾轩倡正学，为朱子所称。陈正献公，相业炳于史册，刘后村诗卓越成家，真西山以"学贯古今，文追骚雅"荐之。四公者，天下共识，岂一邑光哉？莆馆新建，宜先崇祀，以志景仰。爰以景贤颜斯堂。光绪十六年岁次，庚寅二月后学涂庆澜识并书。其中提及的郑樵、林光朝、陈俊卿、刘后村，皆为莆田宋代名贤。

据《清末北京外城巡警右厅会馆调查表》所载：江春霖曾任此馆管理员，时任都察院当差，住于闽学堂。

江春霖（1855—1918），字仲默，一字仲然，号杏村，晚号梅洋山人。福建省兴化府莆田人。光绪十七年辛卯科举人。光绪二十年甲午恩科（1894）三甲175名进士。历任翰林院检讨、武英殿纂修、国史馆协修、撰文处行走。官至新疆道，兼署辽沈、河南、四川、江南道监察御史，访察吏治，不避权贵。擢任御史后，以不畏权贵、直言敢谏闻名，被誉为"清御史第一人"。前后六年，封奏六十多起，与庆亲王、袁世凯、徐世昌、孙宝琦等权贵抗争，声震朝野。先后八次弹劾袁世凯，七次弹劾江西巡抚冯汝骙，又弹劾庆亲王奕劻卖官纳贿，甚至词涉尚书徐世昌，均言人所不敢言，有"直声震天下"之誉。宣统二年（1910）劾庆亲王"老奸误国，多引匪人"，疏中指出，"若皇上、摄政王复听奕劻引荐私人，大局之坏，何堪设想"。忠言逆耳，然而病入膏肓的清廷讳疾忌医，由于奏疏牵涉一大批亲贵重臣，清廷恼羞成怒，以"莠言乱政，有妨大局"、"信口雌黄，意在沽名"的罪名，宣统三年二月奉旨回原衙门行走，遂愤而辞职归里，不日旨下，准其回乡。从此厌谈政治，致力于公益事业，任修筑韩坝海堤、荻芦溪大桥等董事。其传世著有《江侍御奏议》《江春霖文集》等。民国七年一月二十八日因病在家乡梅洋村逝世，终年63岁。著有《梅阳江侍御奏议》《梅阳山人诗文集》行世。今人辑有《江春霖集》四卷，含奏议六十八篇、文一百二十九篇、诗一百首、书信二十三篇等。江春霖在京时，曾三次疏陈莆田官吏上下勾结、田赋不均，请饬限期清理。

附：《劾军机大臣袁世凯权势太重疏》

（光绪三十四年九月初九日）

奏为枢臣权势太重，列款上陈，恭祈圣鉴事。窃臣谨按《尚书·太甲篇》云："臣罔以宠利居成功。"《洪范篇》云："臣之有作福作威，其害于家，凶于而国。"《春秋传》云："保君之禄，是以聚党，有党而争命。"自古权奸窃弄，始未尝不以忠顺结主知，洎乎威名日盛，疑忌交乘，骑虎既已难下，跋扈遂至不臣。岂尽其本心然哉？利之所在，势之所趋，而一时衔恩进款之士，又相与翼佐而拥戴之。即欲终守臣节而不能耳。此雨雪之有取于见晛，而履霜坚冰，圣人所为，谨防其渐也。臣于军机大臣外务部尚书袁世凯权势太重，前在直督任内，已屡言之，均皆奉旨留中不发。上月世凯生日，又荷渥赏寿物，恩礼逾常，大小臣工献颂贡谀，以百千计。臣虽愚戆，亦知诵"鼎铛有耳"之言，而缄口结舌矣。顾念梅福以南昌故尉而上书，朱云以槐里故令而折槛，彼皆身无言责，犹且慷慨纳忠，矧臣备位谏垣，何能嘿尔而息？不避冒渎，谨就耳目所及，再为我皇太后、皇上列款陈之。

亲藩之重，冠绝百寮。向时亲王书款，皆称某王，无称名者。至结拜兄弟，则更未之前闻矣。乃世凯寿辰，庆亲王奕劻去爵署名为祝，贝子载振则称世凯为四哥，而自称四弟，对联两合，为众目所共瞻。熏灼一时，几炙手之可热。此交通亲贵权势之重一也。都察院纠察行政，非政府所得过

问。乃前闻中外条陈盈积累尺，都御史张英麟等已拟封进，徒因世凯一言而止。条奏有无违碍，外间故不得知。宪纲竟听指挥，下此又谁敢议，此把持台谏，权势之重二也。荐贤为国，非以为私。桃李公门，古人弗受。而世凯前后之所保举，莫不执贽而称门生。但举显者而言，内则有民政部侍郎赵秉钧，农工部侍郎杨士琦，外务部侍郎梁敦彦，右丞梁如浩，大理院正卿定成，顺天府府尹凌福彭之徒。外则有直隶总督杨士骧，出使大臣唐绍仪，吉林巡抚陈昭常，安徽巡抚朱家宝之属，荐跻通显，或有合于同升，认作师生，谓无私其孰信？此引进私属，权势之重三也。安徽巡抚冯煦之开缺，河南巡抚林绍年之调仓场，皆奉上谕，外议谓世凯以不附己挤之。初未敢执以为据，而代冯煦之朱家宝，为其门下，代林绍年之吴重熹，为其世交，则滋人疑窦。他如三省总督徐世昌，两江总督端方，江西巡抚冯汝骙，山东巡抚袁树勋，或谱兄，或契友，或亲家，或宗姓，综计直省大吏多半与之有连。同寅协恭，固属谊所应尔。联盟树党，不知意欲何为？此纠结疆臣，权势之重四也。北洋新军，为直省冠。世凯既入军机，又恐兵权削夺，于是引其门生杨士骧代为直督，诸事不得自专，悉皆受其节制，名曰开府，实则传法沙门护法善神而已。战功卓著之臣，投诸闲散，奉令维谨之辈，寄以干城。此遥执兵柄，权势之重五也。科举递减之奏，世凯本与张之洞同之。继而请裁科举，专办学堂，意在杜绝歧趋，建议未为不是。乃无何，而举贡之保送，优拨之加额，又请自世凯，倒之颠之，反之覆之，新学喜于速化，既群奉为祖师。旧学得乞末光，亦共推为恩主。此阴收士心，权势之重六也。善则归君，过则归己，伊古良弼，罔或不然。国会发自世凯，既而滋用不靖，意在缓开。谓宜以一身当众难之衡可也，乃世凯之阻都察院代奏，则以朝廷不欲为辞，己实党魁，而被四海以横流之祸。身为壅蔽，反诬九重以愎谏之名。此归过圣朝，权势之重七也。度德量力，外交固贵和平。仗义执言，公法尽堪理论。世凯自任外部以来，遇事多占失着，苏杭甬铁路借款，经三省绅商合力抗拒，英人闻已降心矣。卒以邮传部□□向借了之。假强敌之威以施压力，饰睦邻之说用盖奸谋。此潜市外国，权势之重八也。俄日战争，声明中立，乃国家万不得已之事，岂臣子所宜邀赏之时。世凯乃铺张扬厉，胪列多人，角逐坐视两雄。本无功之可纪，异常保至三百，犹谓赏不酬劳。卢未逐爰免，鼠能变虎，此僭滥军赏，权势之重九也。州县逃缺，虽由吏部，而饬赴与否，权则在于督抚。数载未到官，数月即撤任，黜陟只须四字考语耳，无所妨于吏治也，世凯既联督抚为党，又欲增重其权，遂请谕旨概归外补，公费有加，部臣诱于利而不能正。道府照旧，科道塞其口而不复言。此破坏选法，权势之重十也。为政不用子弟为卿，富贵且讥其垄断，世凯之子克定，年未三十，即以候补道营入农工商部，旋由右参议历署左右丞，是己方柄用，子弟已为卿矣。垄断为何如耶？用人正当破格，内举固不避亲，藉势而得美官，受爵究嫌不让，此骤贵骄子，权势之重十一也。鸦片之禁，诏令綦严，亲王不以废法，学士因而罢官，亦既风行雷厉矣。乃臣闻江苏一省嗜好者多被咨回。世凯族姓十余，稽查者不敢过问。副都御史陈名侃得人私书，当众言之凿凿。

办理未公,虽不由于嘱托,气焰可畏,亦略足以见端。此远庇同宗,权势之重十二也。夫王莽谦恭下士,周公恐惧流言,人固难知,知人亦良不易!臣何敢遽指袁世凯为奸邪,第就臣列款观之,其心即使无他,而其迹要难共谅。历考史策所载,权臣大者贻忧君国,小者祸及身家,窥窃神器之逆贼,且置勿论。即功在社稷,如汉之霍光,唐之李德裕,明之张居正等,其以权宠太盛,灭族破家者何可胜道!则不独为国家计,宜少裁抑,即欲使世凯子孙长守富贵,亦不可无善处之道也。臣起家寒素,既绝党援,并无恩怨,只以时间贴危,恐致焦头烂额之伤,不得不献曲突徙薪之策。敢恳圣明宣示臣章,俾自申辩。语如涉虚,请治臣罪,以为诬谤大臣者戒。倘以臣言尚近情理,亦当鉴古来权臣祸败,为世凯善全始终。昔东汉二袁四世三公,一败涂地,国既不振,家亦遂亡,以彼例此,尤为至近。缕缕血诚,无任激切。伏乞皇太后、皇上圣鉴训示。

江春霖诗:

因德国要挟有感

由来误国是和戎,割地输金履辙同。
剜肉目前谋未远,噬脐事后悔何穷。
强邻莫餍豺狼欲,大将谁为骠骑雄?
隐忍偷安今似昔,请缨惭愧汉终童!

会馆现状（一）

莆阳会馆(已拆)
贾家胡同35号

会馆现状（二）

会馆现状（三）

三、莆仙会馆，地址在今西河沿200号，创建于清代

会馆现状（一）

会馆现状（二）

会馆现状（三）

便览清代地方志，莆田籍进士尚有很多，其中不乏知名士，现选列如下：

张松龄（1636—？），字鹤生，福建省兴化府莆田人。顺治十二年乙未科（1655）三甲1名进士。改庶吉士。尝扈从游南苑，赋诗称旨，赏赉优渥。持擢礼刑二科给事中。疏选官者留京守候甚苦，悉听回籍候凭仕途使之。奉命清刑狱，多所平反。疏钱法利病，不挠于势。出为四川参议。四川经张献忠之乱，郡邑凋敝，士民失业，所存刁遗窜入四土府。松龄下车赎回难民七千有奇，归时给与牛种，极意抚循，流亡者渐获爰止。土官利接壤荒地，欲得以为畜牧，阴遣重宝赂左右，或有为之缓颊者，松龄曰："尺地为朝廷守，安得妄以与人？"重贵言者而止。京师三殿役兴，诏取楠木，民苦莫办。松龄详请，以为四川久经丧乱，梗梓、豫章为寇盗焚烧殆尽，词至恳切，乃获免。大计卓异，赐蟒服。因裁缺归。甲寅"耿逆"变乱，逼松龄起，弗应，被逮幽囚数阅月，屡遭敲拷，终不屈。卧幽湿地遂成疯疾，卒年五十八。事平，上轸念荩臣，赐恤世袭云骑尉罔替。

程甲化（生卒年无考），字季白，福建省兴化府莆田人。顺治十八年戊戌科（1661）三甲6名进士。授诸城知县。诸邑积逋二万余，前令坐殿羁滞者踵相接。甲化设法清核，兼并包揽之弊，一剔无遗。癸丑丁内外艰归。值耿藩之变，勒授伪职，甲化毁形赤身，示不堪用，拘至省囚禁，迫胁不从，子大章同系狱，历受惨刑，矢死成父志。大师光复，补旌德知县。益励冰操，吏不敢干以私。旌俗刁悍，每藉人命，劫掠邻里，叠案株连，久不决。甲化严禁饬，服毒死者官给瘗埋，迅谳决，民甚德之。甲化以治行擢吏部文选司主事。历验封考功员外郎，稽勋文选郎中。昼夜翻阅故牍，搜剔利弊，凡铨叙次第、进退可否、比例较勘、纤悉毕照，或谓其过劳。甲化曰："若尔则掌簿吏唱名足矣，何用吾辈？为必视弊窦所在，就中调剂，使贤否澄清，弊不得逞。"众服其确论。升通政司左右参议，太仆寺少卿。甲午典试四川。转大理寺少卿。卒年七十。著有《拂秋堂诗集》。

郭尚先（1785—1833），字元开，福建省兴化府莆田人。父捷南。少博学，家贫无书，邑先达黄某收藏甚富，尚先每从借读，更换频仍，黄怪其涉猎，试询之，悉对无遗，叹曰："吾家邺架尽在子胸中矣。"万虞臣掌教兴安书院，得尚先文，辄就见之，遇道左相与立谈，几忘日晷之移也。寻以拔萃贡。嘉庆丁卯乡荐第一人。嘉庆十四年己巳恩科（1809）二甲30名进士。改庶吉士。习国书。散馆，授翰林院编修。寻充国史馆总纂。明鉴纂修。文渊阁校理。与修《治河防》《大清一统志》诸书。两次教习庶吉士。十八年，充贵州乡试正考官。二十一年，充云南乡试正考官。二十四年，充广东乡试副考官。以丁艰归。时莆属大饥，尚先劝富民出粟平粜，手条章程，人以为便，至今犹仿行焉。服阕，赴京，辞京察，盖志在侍从。道光六年（1826），"台匪"滋事。大吏奏请大臣带索伦兵往剿，尚先以为乱不足平，不必劳师糜饷，旋告台平。始行海运，门生曹某谒尚先，问海艘抵津者几，某不能答，曰："岂有曹臣不谙部务者乎？海运仅八艘至耳。"其留心时务类此。道光八年，视学四川。蜀省枪替、传递、换卷诸弊素称难除。尚先立条约，稍置一二于法，士习肃然。有占别籍而歧考者，一以祖父籍贯及现居地为断，建昌廪生私立学户，凡初应试者勒令出钱俵份，不问身家籍贯概准与考，否则斥不画给，尚先饬地方官，并会大吏示禁，乃绝。毁五经删节与坊间一切希捷饾饤诸书，文人始知实学，书价为之骤昂，所至谢绝供给，并革菜仪门包一切陋规，士子跃然。后入祀四川名宦祠。每试期尽封胥隶家丁于别室，自坐堂皇收卷，随以国书志其后，幕友皆小心校阅，毫不敢欺，诸弊一清。总督鄂山密疏略曰："学臣操守廉洁，关防肃慎，积弊既除，人才奋出，本科中式者多出学士，上考遇有庸恭教官，随时甄汰，不稍姑容，舆论翕然。地方有当兴除事件，悉与臣等商榷，总期有裨吏治民生洵属品端学优，尽心称职。"奏入，除赞善，还都，五迁转光禄寺正卿。十二年，擢大理寺正卿，命稽查右翼觉罗官学。是秋，典山东乡试，闱中得病，力疾阅卷。十月，充武英殿试读卷官。充恩监考试官。十二月，赴刑部会审，沍寒不避，病益剧，以除夕卒，年四十八岁。病中语家人曰："吾以一编修，年余七迁至九列，不知若何始可报称。"临殁犹索观邸报，不问家事。尚先自蜀还朝日，须发尽白，上讶其老，劳问久之。至是遗折至，上深为悼叹，屡与尚书白镕言之。每学政升辞，上谕以尚先为法。而天不假其年，不竟其用，为可惜也。尚先与林则徐同馆，而后一科馆相国卢荫溥，家相国时，招则徐与尚先共集谈掌故，他朝士罕与焉。戊寅大考翰詹，相国辞阅卷大臣，上曰："汝西宾写作俱佳，必在前列，宜汝以远嫌辞也。"阅卷者因竞觅尚先卷，误以书法近似者当之，而尚先竟乙置焉，上虽未加特擢，而深信其无奔竞矣。所著有《进奉文》一卷、《经筵讲义》八卷、《增默庵文集》八卷、《诗集》二卷、《芳坚馆题跋》三卷、《使蜀日记》一卷。

林扬祖（？—1882），字孙诒，号岵瞻，福建省兴化府莆田人。七岁孤，母翁氏亲授以经史。长受业于郭大理尚先。道光乙酉拔贡，是年乡荐第一。道光九年己丑科（1829）二甲63名进士。签分刑部主事。升员外郎。记名御史。充方略馆纂修。庚子典试广西。己酉充顺天乡试同考官。庚戌入直军机处，总办秋审，稽查漕粮、普济堂饭厂、国子监事务。稽查京仓时，奏陈利弊，宣宗嘉纳焉。旋奉命巡视南城、北城。壬寅，乞归终养祖母。乙巳入都，补授湖广道监察御史。擢兵科给事中。转工科掌印给事。京察一等，记名。咸丰辛亥（1851）简放河南开归陈许兵备道。甫莅任，革除积弊，省河费五万余，全河帅慧某称为明体达用，奏请赏戴花翎。升河南按察使。癸丑"粤匪"扰汴省，巡抚李某托辞东巡，逗留归德，扬祖与提督谋固守以待援兵，捐俸二千余金购米六千石给粮饷，益募民兵固守。五月十三日，"粤寇"以数万众围汴城，是时城中兵仅五百、勇千余，扬祖令民老幼皆登城守御，大雨连昼夜，亲自免冠巡督，誓与城存亡。寇迫东门，兵勇争先杀敌，发大炮击散之。三日，贼遁，汴城围解。提督议与扬祖联衔报捷，扬祖不可曰："吾等不过升官耳，而抚台则有身家性命之危，仍请回汴领衔。"入告，赏戴花翎，加盐运使衔，特旨署河南布政使。旋授陕西按察使。升授陕西布政使。调甘肃布政使，吏畏民怀，四境又安，治行甲于诸省。己未入觐召对七次，多所指陈。特旨署陕甘总督。适值阅兵大典，廷旨命扬祖出巡，甫数属新督莅任，怒其越职，适大计考，语以年老力疲，难膺万面上之，奉旨原品休致。家居二十余年，历主本邑擢英书院、本郡兴安书院及仙游、永春、厦门各书院山长。居官廉洁，归田日贷山西汇局千金为川资，归数年斥卖衣物偿之。光绪八年（1882）卒，年八十重游泮水，享年八十有五。

林兆鲲（生卒年无考），字南池，福建省兴化府莆田人。豹之子。馆课试奇石蜜食赋、西域同文赋，羌无故实，探讨不穷，典丽斋煌，足以并驱王卢，追踪徐庾馆阁中咸传诵之故事。冰署头衔，禄米不给。兆鲲在都时，寄兰社同人诗，有"因怀三径菊，不恋五侯鲭"之句。乾隆壬午科乡荐。乾隆三十一年丙戌科（1766）二甲28名进士。改庶吉士。散馆，授翰林院编修。乞假养母归，遂不复出。仁和陈昌图送以诗云："秋风岂有莼鲈思，辛苦兰陔寸草心。"嘉兴陆费墀诗云："昨日城东路，安仁感兴归。朝来于林子，别我返庭闱。旅思云峰阻，乡心木叶飞。因君重自愧，手线在身衣。"弟兆麟，乳抱时随生母往四川，比至而父殁，皆兆鲲教养，补弟子员，卒。郡有兴安书院，郭太守聘兆鲲掌教，训迪有方，郭捷南黄鉴皆出其门下。乾隆辛卯二月，望莆田县学，文庙灾，姚邑宰与钟林二广文同兆鲲募修之，尽复旧制。未几卒。著有《林太史集》八卷、《诗余》一卷、《蜩笑草》一卷。李中丞殿图序其诗，谓："歌行古体，阖辟因心，雄放天成，近体多和平醇实之作。"

关陈謩（生卒年无考），字勋甫，别号佛心，福建省兴化府莆田人。光绪壬寅恩科举于乡。光绪二十九年癸卯科（1903）三甲22名进士。签分刑部主事。以亲老假归，不复北游。时科举停罢，大吏奏留办兴郡中学，任总教习，旋任校长。在职二十二年，成就学生千余人，两邑知名之士皆出门下，成绩为闽中冠。民国七年以后，迭次兵乱，与英国医士华实创办红十字会，治安赖以维持，人咸德之。少与林翰张琴读书东山，研实算数天元勾股之法，独有心得，自舆地、天文、东西洋历史及理化、博物之学无不贯通。时科举初罢，士狃制艺，于新学憎听，陈謩绝无承师承，而心通其意，所立定义皆与西哲暗合。教诒生地理，自绘暗射图，考问用测验法，皆教育家著述所未见，而陈謩先发明之。晚结壶社，与莆中文人吟咏，为风雅宗，亦偶作语体文，非其至也。年六十卒。著有诗文集若干卷，《莆中倭祸记》一卷、《莆闻录要》一卷。

晋江邑馆

晋江市，是福建省县级市，由泉州代管，位于海峡西岸福建省南部沿海，泉州市东南部，晋江下游南岸。东与石狮市接壤，东南濒临台湾海峡，南与金门岛隔海相望，西与南安市交界，北和鲤城区相邻，总面积721.7平方千米，辖6个街道、13个镇。有国家重点文物保护单位安平桥、摩尼教遗址草庵寺、隋代古刹龙山寺、南朝遗存的磁灶古窑址、深沪湾7000年前海底古森林等遗址。晋江山川毓秀，人文荟萃，素有"声华文物、雄称海内"、"泉南佛国"、"海滨邹鲁"之美誉。

晋江邑馆，位于西城区南柳巷40、42号，载籍未明言何时始创。然据《闽中会馆志》提及神龛中供奉宫保提督建馆中庵万老先生禄位，可以推断，清初万中庵提督即为创建者。

万正色（？—1691），字惟高，一字中庵，福建省泉州府晋江人。康熙三年（1664），招降海盗陈灿有功，提为陕西兴安游击将军，从西安将军瓦尔喀平吴三桂。十五年，加太子少保衔，调任福建水师总兵，继而提升水师提督。十八年，追叙克阳平关功，加左都督。从康亲王杰书征战福建，降服耿精忠，驱逐郑经，予世职拜他喇布勒哈番。康熙三十年（1691）卒，年五十五。著有《平岳疏议》《平海疏议》及《师中纪绩》等书。

永瑢《四库全书总目》卷五十六史部十二记载：

正色号中庵，晋江人。康熙十三年，正色以岳州水师总兵官征吴三桂，累立战功。《平岳疏议》作于是时。寻提督福建水师，同总督姚启盛平海坛及金厦两岛。《平海疏议》及咨文作于是时。小札亦是时师中作也。

会馆内供奉有一些神像牌位。第一层神像神牌为"诰授奉政大夫质庵曾老先生禄位。皇清赐进士出身，通议大夫、太常寺少卿加一级，修亭林老先生神位。""例封奉政大夫恂轩曾老先生禄位。""皇清诰授大中大夫两广盐法道布政使司参政朗斋万公神位"等三个。会馆内匾额，仅余吴鲁状元匾额一方。为光绪庚寅年所立。

神龛供奉诸人，大多是当地名宦，只是多不可循迹搜事。而其中，最有名的自然是状元吴鲁，是清代福建最后一位状元。

吴鲁（1845－1912），字肃堂，号且园，晚号老迟，又号白华庵主，福建省泉州府晋江县池店钱头村人。同治十二年（1873）登拔萃科，入国子监。次年授刑部七品京官。任满升刑部主事。充秋审处总办。光绪十二年考军机章京。光绪十四年戊子科顺天乡试举人。光绪十六年庚寅恩科（1890）一甲第1名，状元。为福建科举时代最后一个状元。初官授翰林院修撰。光绪十七年，出任陕西乡试副考官，

吴　鲁

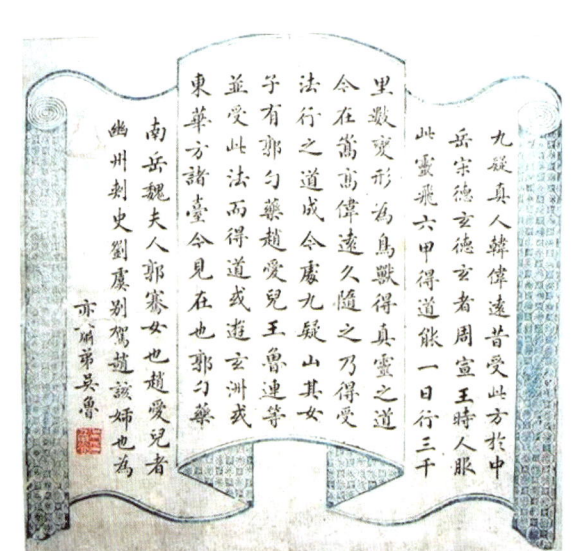

吴鲁及其书法

后转任提督安徽学政。二十年，代办江南乡试。二十二年，母丧回乡。三年服丧期满，旋即出任国史馆纂修，教习庶吉士。二十六年，充任军务总办。二十七年，出任云南乡试主考官。次年，任云南学政。三十一年，科举废除，各省学政专司考校学堂事务。三十二年，吴鲁同各省督学赴日本考察，返京后被任命为吉林提学使，督学安徽太平府时修复翠螺书院。任吉林提学使时，捐俸措办提督学政公署、改建文庙。光绪三十四年，在京学部丞参上行走供职。宣统元年（1909），仍在京供职学部。三年，充图书馆总校。此间，因兴学育才卓著成效，被诰封为资政大夫，官至正二品，有"六掌文衡"之誉。吴鲁是著名书法家，其书法在北京享有盛名。江春霖御史称其"书法精绝，名噪都下"，谓之"吴体"。弘一法师为其书卷跋后写道："吴肃堂（状元公）书法能名副其实，严肃端正可宝也。"甲午（1894）中日战争时，吴鲁上书《请迅调战将以临前敌书》。庚子之乱，吴鲁困居孤城，满怀悲愁忧愤，作《百哀诗》上下两卷。宣统三年（1911）闰六月，辞职返乡。民国元年（1912）病逝，葬于晋江磁灶镇马鞍山。著有《蒙学初编》《兵学经学史学讲义》《教育宗旨》《杂著》《国恤恭纪》《文集》《读王文成经济集书后》《使雍皖学滇学西征东游诸日记》《正气研斋类稿》《正气研斋遗诗》《百哀诗》《纸谈》等，其中后四部著作曾刊印行世。其《百哀诗》曰："危城未破降幡旗，大帅先奔众志违。无数衣冠争媚敌，翩翩裘马移轻肥。"

晋江除了出了一名状元，还出了一位探花黄贻楫。

黄贻楫（1833—1900），字远伯，号霁川，福建省泉州府晋江县承天巷内人。同治十三年甲戌科（1874）一甲第3名，探花。初授翰林院编修。后任馆阁校勘，笃志文法，励精图治，多谋善断，力为贤良伸张正义。转任刑部主事，严辞慎处。历官湖北候补道。复调礼部主事，精研古学，校注古籍。丁忧服除。光绪元年（1881），入值南书房。不久任广东学政，在任期间，整顿学院，奖掖人才。光绪二十六年十月义和团运动兴

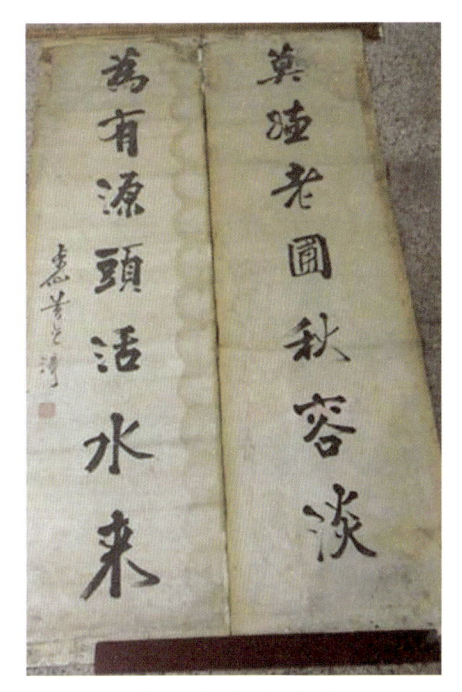

黄贻楫书法对联

起，慈禧太后垂帘听政，先是利用义和团杀洋人，后又利用洋人杀义和团，在这场斗争中，黄贻楫力劝朝廷对外宣战，但未被采纳。于光绪二十六年卒于任上。

其父黄宗汉也是一名进士，并且是清末重要的历史人物。

黄宗汉（1803—1864），字季云，号寿臣，福建省泉州府晋江人。17岁中秀才，18岁中乡试副榜，道光十四年甲午科举人。道光十五年乙未科（1835）二甲29名进士。选庶吉士。散馆，授兵部主事。充任军机章京。历员外郎、郎中，迁御史、给事中。任御史时，数上封事，多所弹劾。云贵总督桂良昏庸废事，因其女为皇弟恭亲王奕訢福

晋，声势显赫，无人敢劾，独黄宗汉劾之。道光二十五年，黄宗汉任广东督粮道，敢持异议，疏论该省大员。后调任雷琼道台。历山东、浙江按察使。咸丰元年（1851），黄宗汉经浙江巡抚吴文镕举荐，迁甘肃布政使。次年，擢云南巡抚，未到任，又调浙江巡抚。咸丰三年，太平军攻克南京，为加强浙江防务，黄宗汉分兵到江苏、安徽协防，以堵截太平军入浙要道。咸丰四年，皇帝特诏褒奖，称其"办理防务、海运及本境治匪、察吏，精详无瞻顾，深甚嘉尚"，又赐御书"忠勤正直"匾额，予以表彰，擢为四川总督。咸丰六年，调京补内阁学士，兼署刑部侍郎、顺天府尹。咸丰八年，广州失陷、叶名琛被俘，黄宗汉被授为钦差大臣、两广总督兼通商大臣，驻惠州。曾图联络民团反攻，但无所作为。后罢职回京。咸丰十年，调户部侍郎。在慈禧太后与恭亲王奕䜣发动的政变中以肃顺案牵连，革职永不叙用。黄宗汉在京闭门谢客两年，自号"望云老人"，日搜秘籍，潜心究学。同治二年（1863），泉州同乡陈庆镛邀其回乡主讲清源书院，于是携家眷及数万卷书籍南归，途经上海得病，寄寓泉漳会馆。同治三年正月，黄宗汉病逝。著有《筹防纪略》及《筹海纪略》。

黄谋烈（1840－?），字佑堂，福建省泉州府晋江县东街观口人。是两广总督黄宗汉侄孙。同治二年癸亥恩科（1863）三甲3名进士。授内阁中书。同治五年，转礼部，派署精膳司掌印，受命核勘官韵字划，因潜心韵学，三年完成《春部字韵校勘》，将字体讹俗、切音糅杂的摘录出来，后又总校官韵。不久派他襄办朝廷大婚典礼，题补主客司郎中，协修《学政全书》、则例馆帮纂。光绪二十一年（1895）告归。光绪二十八年冬，泉州知府金学献邀集陈榮仁、黄谋烈、黄抟扶及泉州巨绅商议筹办府中学堂。次年泉州府官立中学堂建立，延请黄谋烈为正总办。光绪年间，黄谋烈在泉州象峰巷开设晋记织布局。黄谋烈曾辑录泉州风俗编为《从先维俗》一书，送礼部礼学馆备考。宣统年间被选为福建省咨议。另撰有《广韵字源》一书。

晋江还出过一名武状元黄正元，为光绪三年（1877）进士。

黄正元（生卒年无考），字抡卿，号舜廷，福建省泉州府晋江县惠北鳌塘铺前黄人。同治十二年癸酉科（1873）武举人。光绪三年丁丑科（1877）武进士。授御前侍卫，赏顶戴蓝翎，武翼都尉，诰封修职郎。

其他可考的晋江籍进士事迹，简列如下：

林洪烈（生卒年无考），字孙肯，福建省泉州府晋江人。象祖子。康熙三十年辛未科（1691）三甲33名进士。除沔阳令。值岁祲，开仓赈济流亡，悉复文庙，倾圮重新修建。擢吏部文选司主事。首议铨法举人单月兼选，奏行，仕路疏通。升稽勋司员外。左迁大理评事。历寺副、寺正。执法如山，决狱平允，声名大著。迁鸿胪少卿。授太常寺少卿。丁酉与湖广乡试。使还，卒于官。

陈万策（1667－1734），字对初，一字谦季，福建省泉州府安溪人。徙居晋江县。少奇慧，九岁能属文。康熙五十七年戊戌科（1718）二甲4名进士。雍正四年（1726），任考官。雍正十年，任浙江考官詹事。雍正十一年，任侍讲学士。卒于官。万策受算学于梅文鼎，阮元的《畴人传》中，载有万策著的《中西算法异同论》一文。万策把算法传子冕世及侄陈亮世。陈冕世审核宜黄城的建筑工费，比原来的估算减半。陈亮世多次估算大工程，都精确无误，得到尚书魏廷珍的赞誉，由此可知万策的算法造诣。万策著作有《四书制义》二卷、《馆阁丝纶》二卷、《近道斋诗文集》八卷。

《四库总目》云陈万策：

> 以康熙癸酉举于乡，困公车者二十六年，久从李光地游，多得其指授。然平生诗文多散佚不收，此本乃乾隆癸亥其子冕世所辑。其中《西洋算法异同论》颇能究其所以然。李光地、施琅诸传轶闻旧事，亦多可考。

杨询朋（生卒年无考），字简园，福建省泉州府晋江人。康熙五十七年戊戌科（1718）三甲47名进士。雍正四年（1726），任临桂县知县。为广西巡抚韩良辅参奏其怠忽耕耤典礼，被革职查问。

张廷煌（生卒年无考），字坚卿，福建省泉州府晋江人。康熙五十七年戊戌科（1718）三甲96名进士。授丹徒令。邑为衡繁疲难要地，粮银漕米上有六万剔抉弊蠹，漕运抵通独早，折狱平情察理，数十年积案一清。雍正四年（1726），滨江水灾，捐柴薪煮粥亲给，民沾实惠。以承追积年亏案镌秩离任，抵家数月卒。

张对墀（生卒年无考），福建省泉州府晋江人。康熙六十年辛丑科（1721）三甲27名进士。雍正二年（1724）任太康县知县。

黄焕彰（1681—?），字愧渊，福建省泉州府晋江人。康熙丁酉科解元。康熙六十年辛丑科（1721）三甲91名进士。选庶吉士。散馆，授检讨。充玉牒馆纂修。迁礼部祠祭郎中，管理营田水利。出知澂江府。以官庄完粮，民免赔累之苦，又复除盗魁，安编户，越二年，内补刑部山东司员外。迁湖广司郎中。议刑决狱，轻重得宜，大司寇廉其仁明。丁艰，起补刑部贵州司郎中。以疾卒于京邸，年五十八。

黄岳牧（生卒年无考），字瑞伯，号认斋。福建省泉州府晋江人。雍正元年癸卯恩科（1723）三甲15名进士。景山教习授检讨。由翰林院检讨。考选云南道御史。雍正十年，为右江道。乾隆十一年（1746），任江西按察使。乾隆十五年，从江西按察使，转为贵州按察使，又任湖南沅州府知府。十六年，任衡州府知府。有女，黄淑庭，夫婿为涿州牧吴世臣，生子为香山令吴光祖。

张名时（1691—？），字履坦，福建省泉州府晋江人。雍正五年丁未科（1727）三甲68名进士。雍正五年任密县知县。

柯可栋（生卒年无考），字平若。福建省泉州府晋江人。雍正十一年癸丑科（1733）三甲142名进士。授繁昌知县。秋禾将登，飞蝗入境，可栋设法扑灭，又祷于神，忽雷雨大作，蝗尽坠水死。任事三载，卒于官。

张光宪（生卒年无考），字健堂，福建省泉州府晋江人。乾隆二十五年庚辰科（1760）二甲32名进士。由翰林院编修。考选江西道御史。兵科给事中。吏科掌印。转右江道。乾隆三十三年任御史。

张慎和（生卒年无考），福建省泉州府晋江人。乾隆四十年乙未科（1775）二甲4名进士。乾隆五十七年八月任盐道。

张祥云（生卒年无考），福建省泉州府晋江人。乾隆五十二年丁未科（1787）三甲46名进士。官至安徽庐州府知府。修《嘉庆庐州府志》五十四卷。

谢淑元（生卒年无考），字春洲，福建省泉州府晋江人。解元。乾隆五十八年癸丑科（1793）三甲38名进士。

许邦光（1780—1833），字汝韬，号策山，福建省泉州府晋江县三朝铺人。曾祖许世模，是雍正乙卯科（1735）举人。祖父许才高，为县学生，父亲许继元，是乾隆庚子科（1780）举人。许邦光于嘉庆十三年戊辰年举人。嘉庆十六年辛未科（1811）二甲7名进士。任翰林院庶吉士。散馆，授翰林院编修。嘉庆二十一年，任顺天府乡试同考官。嘉庆二十三年，朝廷考查稽察翰林院、詹事府官员政绩功过，钦定许邦光一等第五名，擢升詹事府右赞善，不久转左赞善，再晋升右中允。嘉庆二十四年，许邦光出任会试同考官。同年，奉旨视察湖南省学政，任内转左中允，严令禁绝请托求情，对下属管束更严。宣宗即位，许邦光晋升翰林院侍讲，回京后又迁侍读詹事府右春坊右庶子。道光四年（1824），升任翰林院侍讲学士，不久转侍读学士，担任日讲起居注官，参与编修《大清一统志》。道光十一年，出任大理寺少卿。许邦光长期在翰林院供职，历任文颖馆、武英殿、国史馆、治河方略馆编修、纂修、本衙撰文、文渊阁校理、咸安宫总裁、起居注总办。在此期间，他曾先后两次充任庶吉士教习，他的得意门生后来大多担任重要职务，如道光年间泉州进士龚维琳、陈庆镛均为其门生。许邦光学识渊博，书法挥洒自如，内廷绢帖多出其手。著作有《二思堂史论》四卷、《诗文稿》六卷、《使湘小草》三卷、《进奉文》一卷、《榕轩诗赋钞》四卷、《师鲁试艺》二卷、《湘南纪游志》五卷以及《国史拟稿》和《大清一统志拟稿》百数卷。

龚维琳（1792－1837），字承研，号春溪，福建省泉州府晋江人。道光六年丙戌科（1826）二甲69名进士。壬辰年任河南副考官。后任清秘堂办事。督学湖南，为湖南提督学政。归乡后，主讲清源书院。著有《芳草堂诗》《芳草堂赋抄》。

陈庆镛（1795－1858），字乾翔、笙叔，号颂南，福建省泉州府晋江县西门外塔后村人。道光十二年壬辰恩科（1832）二甲94名进士。选庶吉士。散馆，授户部主事。迁员外郎。二十二年，任监察御史。二月御试论策，著《功懋懋赏论》，提倡"功懋懋赏"，以"建不朽之殊勋，立非常之伟绩"。并针对当时东南战局，向道光帝上奏《认真修炼水师策》，提出"备战舰"、"选水兵"、"缮火器"三策。《南京条约》签订后，陈庆镛上疏呼吁整顿军营"积重难返"积弊，抨击军营"私为荫粮"、兵弁操练"通融顶替或老弱充数"、军械火器"朽烂不

堪",请求道光帝谕"各省督抚、提镇,凡军营积弊,悉令据实陈明,妥定章程",并实行"破格奖励,以劝将来",从而使整个军队"实能洗刷振兴,勤奋有为"。道光二十三年三月间,道光帝拟起用媚外辱国而获罪查办的琦善、奕经、文蔚诸臣。当时任江南道监察御史的陈庆镛,对重新起用这些人非常愤慨,上奏《申明弄赏疏》,道光嘉之,复革琦善等职,令闭门思过。于是,陈庆镛直声震海内,与朱琦、苏魁要并称为"天下三大鲠直御史"。道光二十五年,迁给事中,光禄寺署正。二十六年,乞归。道光三十年(1850)一月,咸丰帝即位后,陈庆镛受到大学士朱凤标的推荐,被咸丰帝召见起用,复授御史,补江西道监察御史,后调陕西道监察御史,他"蹶而再起,气不少挠,叠上疏多关大计"。太平军于咸丰三年(1853)三月定都南京后,各地会党纷起响应。陈庆镛疏陈利害,咸丰帝命其回籍团练,策划侦获惠安邱氏"煽乱",受赐花翎。不久,请病开缺。七年,永春人林俊纠莆阳、仙游、永春、南安红钱会起义军犯泉州,陈庆镛激励士民固守,起义军攻围数日而退。陈庆镛以固守泉州向咸丰帝"论功",被以道员候选。陈庆镛回乡后,创办清源书院,在安海倡办近代泉州最早的慈善机构"育婴院"。卒于泉州团练公所,赠光禄寺卿,钦赐祭葬,荫一子知县,祀乡贤祠。陈庆镛学问渊博,尤精研汉学和金石学。著有《籀经堂集》《三家诗考》《说文辞》《古籀考》等书。陈庆镛清道光年间住于宣武坊问经堂。

庄俊元(1808—?),字克明,号印潭,自号四休子,福建省泉州府晋江县西街甲第巷人。嘉庆十三年(1808)生。道光十六年丙申恩科(1836)二甲31名进士。入翰林。留京学满文,以散馆一等一名授编修。协助改造满洲文字。事毕,出任甘肃西宁府尹。后兼道严,在任六年。咸丰三年(1853),他引退回泉,寓居三十年。在泉尝兼书院山长，对地方文教事业多有建树。庄俊元性格外刚毅，内和婉，遇事开诚布公，亲朋同事都敬而惮之。然而，凡向他求字者，无不应允，所以他的墨迹流传甚多。尤善撰写对联，所撰楹联颇丰。其楹联书法通达工仗、蕴奥皙逮、劲遒隽逸，成为一些古建筑富有艺术价值的附属文物。亦留意泉州方言，著有《俚言征》一书。

陈棨仁（1837—1903），字铁香，又字戟门，福建省泉州府晋江人。道光十七年（1837）生于晋江二十都永宁观音亭霞源村，有神童之誉。15岁中秀才。弱冠与内弟龚显曾拜致仕御史陈庆镛为师。同治十三年甲戌科（1874）三甲30名进士。初授翰林院庶吉士。后改任刑部主事。奉命募赈直奉水灾有绩，又为朝廷治理台湾陈言献策，得到朝廷及同僚的好评。上司叙劳呈报，诰授中宪大夫并花翎知府衔。棨仁当京官几年后辞官回乡不复出，在泉、漳一带主持书院，如泉州清源书院，南安石井鹏南书院，同安双溪书院，厦门玉屏书院、紫阳书院，漳州丹霞书院，龙溪霞文书院等。棨仁治学师承陈庆镛，上溯诸子百家、汉儒经学，旁及文字训诂、金石考据，且工于籀篆。讲学授徒，前后20余年，"门下著籍累千，掇高科，举方闻"。其"绾绰堂"及"读我书斋"藏书之质量与数量居晚清泉州藏书家之冠，他并将所藏书籍分门别类，编成《绰绾堂书目》十二卷。棨仁诗文雅丽宏瞻，卓识独具，为时人称道。同治初，与同邑许祖涝、洪显曾、黄梧阳等人组织"桐阴吟社"，并将诗作结为《桐阴吟社甲乙编诗集》行世。其诗作丰富，早期倾向王渔洋，以神韵风致见长，晚期经历甲午中日海战、戊戌变法、义和团运动、八国联国入侵等重大历史事件，诗作感愤世变，苍凉激楚，有杜甫、陆游之余风。一生致力于著述，著有《闽中金石略》十五卷、《藤花吟馆诗录》六卷、《说文丛义》四卷、《闽诗纪事》十卷、《海纪辑要》二卷、《绾绰堂遗稿》《温陵诗纪·文纪》《铜鼓考》《岑嘉州诗注》《绾绰书目》等，其中《闽中金石略》为其倾注毕生心血之力作。

龚显曾（1841—?），字毓沂，号咏樵，曾号盥薇公子，祖籍福建省泉州府晋江县，世居泉州城内。出身书香世家，祖父龚维琳，号春溪。同治二年癸亥恩科（1863）二甲3名进士。授翰林编修。龚显曾重视对泉州乡邦文献的搜集与整理，他与陈棨仁合辑《温陵诗纪》，甄录泉州117家诗作。龚显曾收集的历代泉州人著述很多，有版本、抄本等。其著作至今传世的还有《温陵遗书》抄本、《薇花吟馆诗存》《龚显曾丛抄》《亦园胜胲》《葳斋金石目》《葳斋诗话》《金史艺文志补录》等。龚显曾擅长古近体诗和骈文，是泉州晚清著名的诗人之一。咸丰九年（1859）与许祖涝等文人雅士组织桐荫吟社，刊印《桐荫吟社甲乙编诗集》。他的诗典雅艳丽，风调冠绝一时。

黄抟扶（1851—?），字通材，号祝堂，祖籍福建省泉州府晋江县深沪镇，世居泉州后城。同治十二年中举人。次年中同治十三年甲戌科（1874）二甲40名进士。授刑部浙江司主事。不久任秋审处总办，平反多起冤案，加员外郎衔，记名军机章京。候补期间，因母病，请假急归，从此终生不仕。

杨廷玑（生卒年无考），字璞生，福建省泉州府晋江人。光绪二十四年戊戌科（1898）三甲86名进士。同年五月，授内阁中书、浙江补用道。善画花鸟。

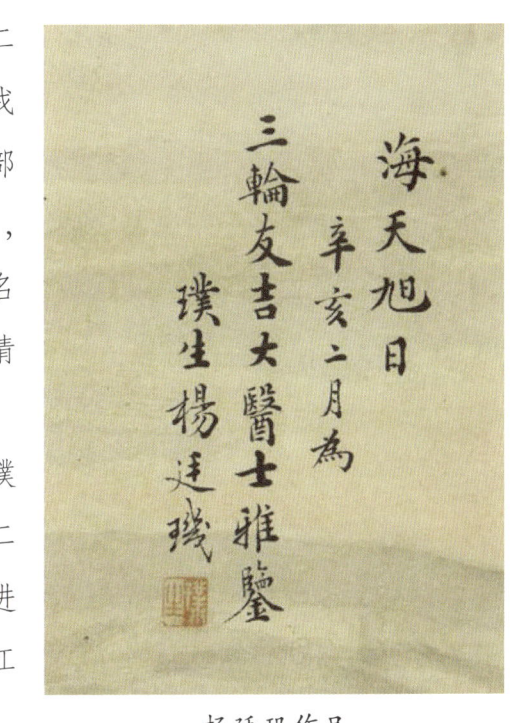

杨廷玑作品

吴钟善（1879—1935），字符甫，小字燕生，号"守砚庵主"，亦曰"桐南居士"，福建省泉州府晋江县钱头人。光绪庚寅恩科状元吴鲁之季子。受业于胡若霖，弱冠再受业于南海戴文诚。光绪二十八年壬寅科（1902），中福建乡试举人。当年冬入都受业于当时朝野声望很高的诸城徐堉。次年，光绪二十九年癸卯科，朝廷诏开经济特科，南海戴文诚举吴钟善应诏，中二等第五名，例授翰林检讨，由是声名大振，有清仅此一科，全国仅二十五人，而闽地也仅此一人。光绪三十二年，钟善随吴鲁考察日本，尽管其上书可试万言，射策能详百问，但在清朝摇摇欲坠的末日，根本没有让其施展才华的机会。直至宣统元年（1909）始受命任州判，分发广东。寻奉檄司榷石门。宣统三年，随父告归返原籍。民国元年（1912）吴鲁病卒，钟善及兄弟卜葬于马鞍山。民国三年，应南安华美学校之聘，并带其子普霖等随侍肄业。同年冬天，邑侯马振理倡办晋江县中，请钟善任教席。民国十年，其应台湾故宦林氏延课，赴台讲学，改朝换代和社会动乱使其没有发挥才能的余地，但时势却造就他成为一位诗、词、书、画、篆刻皆精的文学艺术家。遗著有《侍辒轩集》《石门草》《丰州集》《东宁诗草》《寄鸿吟社诗草》《海上集》《桐南集》《题画诗》《桐南后集》《弢社诗课》《荷华生词》《词比》《词约四卷》《东坡稼轩词钞》《守砚庵墨迹》《守砚庵文集》存世。

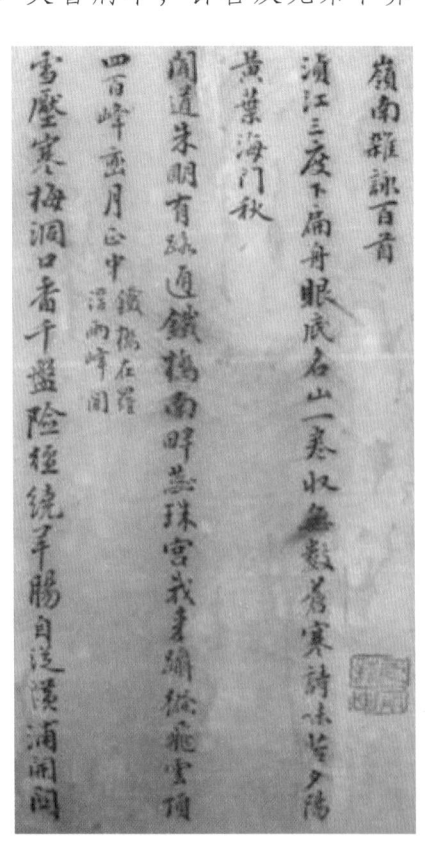

吴钟善《岭南杂咏》诗稿

会馆现状（一）

会馆现状（二）

会馆现状（三）

会馆现状（四）

惠安会馆

惠安县位于福建省东南沿海中部湄洲湾和泉州湾之间，东临台湾海峡，西接洛江区，南临泉州湾海域，北邻泉港区，是福建省著名侨乡和台湾汉族同胞主要祖籍地之一。至北宋太平兴国六年（981）置县，迄今已有1000余年历史。全县土地面积720平方公里，海域面积1200平方公里，辖15个乡镇。

惠安会馆，位于耀武胡同，羊肉胡同5号。始建于清代。

惠安历代进士为数不少，然在史籍中事迹寥寥。今搜罗爬剔，得零星资料，以资读者，亦可见一斑。

黄云蒸（生卒年无考），福建省泉州府惠安人。顺治九年壬辰科（1652）三甲18名进士。顺治十四年任陇州知县。《陇州志》卷四"官师"载其："整纲饬纪，百废具兴。启建衙署，筑葺城垣。残破流离之后，力为振兴。闾阎自此日有起色。"

卢易（1628—?），字敬忠，一字弗奇，号端峰，福建省泉州府惠安县察宅铺赤埕人。父仕耀，字俞廷，好行义举。崇祯乙亥（1635）乡染时疫，延医调治全活甚多，其殁者捐资助葬，有商人遗金百两，

福建省

仕耀拾之追寻还之，时高其义。易少颖异，试皆高等，乡先辈赤雉奇之选古墨授之曰："熟此可掇高魁。"顺治辛卯登贤书，乙未魁南宫第二名，与会元秦鉽有陶董李邹之目。顺治十二年乙未科（1655）三甲129名进士。授太平知县。擢礼部主事。升刑部员外郎中。时有商船被掠，讯者以贼论，械至京，易察甚枉，一讯得情，白堂官奏释之，活六十九人，能声震一时。丙午典试山右，得王宽等皆知名士。丁未督学广西，文风丕振。升参议。内艰归。甲寅郑氏据泉索饷千金。丁巳大师光复，易到会城谒藩司，出宿客舍一夕，卒。祀乡贤。

黄彦标（生卒年无考），字树之，号朴亭，福建省泉州府惠安人。康熙三十三年甲戌科（1694）三甲58名进士。

《泉州府志》记载：

> 黄彦标，字树之，惠安县志云号朴亭，惠安人。有文名，又精绘事，得宋元逸趣。康熙甲戌进士。士大夫入闽，争索其画，趾相错。其声与吾野山人同。

清代黄锡蕃《闽中书画录》卷十记载：

黄彦标

> 黄彦标，颖异绝伦，作文轨范。先正尝谓吾文学黄陶庵而谨严过之。文宗陆求可极赏识之，与刘和少张伯永为文会。晦明风雨，毋稍闲也。甲子登贤书，年已老矣，无意功名，于西溪筑朴亭，栽植花果自乐。其仆力劝公车。甲戌卷入黄翰林叔琳房，登第后，晋谒年庚，彦标进泮时，叔琳年生也，功名早晚不同如此。彦标工写山水花卉，人咸以衡山石田推之。其构朴亭也，工匠知之，往往不爱直而乞其一幅半笺以去。陆文宗付金三百，令画大幅山水及淡墨梅菊斗

方，回京赠诸寅友。由是以善画名天下，仕宦入闽者皆造门求焉。

彭蕴璨《历代画史汇传》卷三十一引道光《泉州府志》《惠安县志》：

> 黄彦标，字树之，号朴亭。惠安人。康熙甲戌进士。写山水花草，得宋元逸趣。人以文沈推之，故士大夫入闽每争索其画。作文轨范先正，亦有名。

黄彦标《山水四屏》

林之浚（生卒年无考），字巨川，号象湖，福建省泉州府惠安人。父可梁，字胜木，康熙壬戌进士。之浚生而隽颖，长通六籍，作文成一家言。弱冠受知于汪棣园，学使尝从其文。翁官燕癸酉分校京闱，得刘大山，岩卷荐中，高魁揭晓后晋谒告之曰："公卷尔吾婿击节。"遂与相见。乙酉大山分校北闱，之浚以太学生与试卷，入大山房，荐中迫，谒谢则曰："先生文品特高岩，暗中摸得，非以是相报。"丙戌捷南宫殿试。张京江相国见其对策详明，字画端楷，拟以鼎甲进呈，问安溪李文贞公，对曰："外宦多年，故乡后进鲜有相识。"康熙四十五年丙戌科（1706）二甲7名。入词林。历编修，春坊中允，贵州正考官，提督江南学政，彭尚书启丰、凌侍郎如焕其所取士也。

谢重灿（1669－？），福建省泉州府惠安人。雍正二年甲辰科（1724）三甲28名进士。据《江南通志》：雍正四年至六年，任灵璧县知县。

李科捷（生卒年无考），字联卿，慎斋孙，福建省泉州府惠安人。雍正八年庚戌科（1730）二甲38名进士。《光绪广州通志》载：乾隆元年至六年，任从化县知县。

出科联（生卒年无考），字乾甫，号淑渠，福建省泉州府惠安县樟市铺洪历坑人。在邑北四十里万山之中，外尘一毫不染，科联得以肆意力学。弱龄试督学，程公元章器取之，入邑泮。学政钟祥扬会元炳，以探花词林督闽学，独称巨眼，阅试文鲜有当意者，按泉，科联岁科制义针芥相投，遂试，皆第一，谒见日告科联曰："子文章矜贵，他日当于五花榜上冠侪曹，此特发轫耳。"戊午乡闱分考，陈公畴九得其卷，亟荐之。主司金殿元慕斋（德瑛）阅竟谓陈曰："第一人也。"明年己未捷南宫，得中乾隆四年己未科（1739）三甲26名进士。选翰林院庶吉士。改检讨。科联制义纯熟，气味湛深，人谓其闱墨得杨会元传钵。字学虞永兴。

王士鳌（生卒年无考），字宏戴，福建省泉州府惠安人。乾隆四年己未科（1739）三甲78名进士。乾隆十六年，任福州府教授。二十三年四月，任台湾府儒学教授。

王其华（生卒年无考），字文叔，号东溪，福建省泉州府惠安县在坊人。乾隆七年壬戌科（1742）三甲177名进士。知河南温县。县城南旧堤久圮，秋汛暴涨，水逼城，负郭居民禾稻尽淹，华叹曰："是余之责也。"遂捐俸倡筑，自东南隅先农坛坡头以东五十步起，绕城至西南隅菜园庄西坡头十余步止，长三百七十五丈，高一丈五尺，下广三丈，上广六尺，视前制加宽厚，河患以免。于是修卜子祠，建书院，课诸生，文教以兴。至于军需车马，河征杨柳，昔时苛派皆革除之，温县人德之，立庙以祭。擢部主事。归。撰《乾隆温县志》十二卷。

庄志谦（1805－？），福建省泉州府惠安人。道光十五年乙未科（1835）二甲99名进士。咸丰年间任兵部员外郎。

会馆现状（一）

惠安会馆
耀武胡同5号

会馆现状（二）

会馆现状（三）

安溪会馆

安溪县，古称清溪，位于福建省东南沿海，厦、漳、泉闽南金三角西北部，隶属泉州市。县府驻凤城镇。五代南唐置清溪县，宋改为安溪县。安溪县以茶业闻名全中国，号称中国茶都，是中国乌龙茶之乡、世界名茶——铁观音的发源地，位居中国重点产茶县第一位。安溪铁观音，名扬四海，已成为中国茶叶第一品牌。安溪还是中国藤铁工艺之乡。

安溪会馆，位于西城区板章胡同七号。据云建自康熙年间，为清代名臣李光地赐宅之一隅修建而成。此会馆建于康熙五十四年（1715）后。至光绪年间，会馆董事杨廷玑建议重修。

《闽中会馆志》记载：

> 该馆有楼房，风景颇佳，泉郡会馆志内，附有照片为念，且该馆收支均由泉馆统算，司馆陈天锡另有一眷，住在馆中，便于照料，而住馆者，尽同安安溪之乡人，并无凌乱嚣杂之弊。

李光地（1642—1718），字晋卿，福建省泉州府安溪人。年四岁，

李光地

能以炭摹地上灯字影。稍长,力学,有通才。尝举家陷贼,挟以邀金,欲杀者屡,终不惧,闲即取书读,贼大奇之,其伯父日爆募死士袭破贼岩,拔以归。父兆庆,笃嗜正学,以明季讲师蔑弃宋儒之书,乃购六经、性理蒙存诸书以课光地,讲诵数年,充然有得。敛衣冠,谨坐起,非程朱不敢言。丙午举于乡。康熙九年庚戌科(1670)二甲2名进士。殿试拟第一人,以制策一字错误置第五,试诏令第一。选庶吉士。时诏诸翰林各献所学,光地进河洛图说,复拔第一。壬子,除编修。癸丑,同考会试。以亲老乞归养。不数月,"耿逆"叛福州,郑氏踞泉州,光地遁匿深山,与叔日谋微服侦间道具疏封蜡丸中,遣仆夏泽走京师,陈贼可破状,内阁学士富鸿业以奏,圣祖削蜡出疏,动容称叹。王师入关,诸州皆复,升侍读学士,赴阙至三山。丁外艰归。有"白巾贼"万余人围安溪,光地与叔日设伏据险,绝其粮道,众遂溃散。戊午,郑氏复围泉州,诸县皆不守,南北道塞,俾叔父日走福州求援,从兄光斗等由西道迎将军喇公哈达之师于漳平,同母弟光垤、从弟光垠等由北道迎巡抚吴公兴祚之师于仙游,光垤路与贼遇,三战皆捷,遂夺白鸽岭,光斗导将军自大深经湖头援兵两道俱进,泉州围遂解,诸县皆复,以功升学士。服阕,入朝,召问机务,因言郑氏可灭,状荐施琅可用,后琅果破郑降之。壬戌,疏乞奉母还家。居三年,还朝,授掌院学士,充经筵日讲官。己巳,改通政使。

是冬，升兵部侍郎。甲戌，视学畿甸。以内艰解任守制。丙子，复起视学，凡试命题皆为讲解书义，勉以通经学古，多士奋兴。补工部侍郎。科试未竣，改兵部侍郎，兼右都御史，巡抚直隶。修军政，扦水患，正己率物，毫不容私。癸未，升吏部尚书，仍兼本任。乙酉，拜文渊阁大学士。扶掖善类，因事陈列，其人不知也。在政府十年，公诚懋著，平生邃于易学，奉旨纂《周易折中》，辑《朱子全书》，修《性理精义》，颁行学官。辛未、己丑两主会试，所得多名士。年逾七十，屡乞归。乙未，上疏力恳休退，许假二年归。一年有旨，敦促还朝，赐第南城。明年，卒，七十有七。时圣祖驻跸热河，遗疏至不胜震悼，遣尚书徐元梦赍银一千两经理丧事，给全祭葬，赐谥"文贞"，取遗书进览，遣行人护榇归。雍正元年（1723），加赠太子太傅。十年，追祀贤良祠。光地少无声色之好，衣食裁取粗给，经年不奏丝竹，门馆寂寥，无有私谒，自释褐至登宰辅不改。其素潜心探索性命之旨，至于图像之秘、声气之元、历法西算之微，无不精究。洞彻生平论学云："程朱所以直接邹孟之传，跨越汉唐者，以其阐发性理之功极大。自宋元来诸儒所见渐差大端，指气为性，则是以知觉运动当之，而人直无异于犬牛矣。岂知孟子性善之旨乃专指人性为说乎？盖物得形气之偏，人禀五行之秀。故曰：若犬马与我不同类者。天地之性，人为贵是也。又曰：所谓天地之性自超然于形气之表，朱子太极图注，不离不杂，二语最精。今即以人心论之，无喜怒哀乐，则仁义礼智不可得见，此即不离者也。仁发为喜，而谓喜为仁，不可义发为怒，而谓怒为义，不可此即不杂者也。近代诸儒谓理在气之转折处见，又云以太极为阴阳之本体，不如全体之为安。此如以喜怒哀乐中节为性，语非不是，恐未究其根耳。至于示人切实下手处，则曰立志，以端其本，居敬以持其志，穷理以致其知，反躬以践其实。"

尤为至语。晚年所学益进，无愧一时承学贤辅。著作主要有《周易通论》四卷、《周易观象》十二卷、《诗所》八卷、《大学古本说》一卷、《中庸章段》一卷、《中庸余论》一卷、《读论语札记》二卷、《读孟子杂记》二卷、《古乐经传》五卷、《阴符经注》一卷、《参同契章句》一卷、《注解正蒙》二卷、《朱子礼纂》五卷、《榕村语录》三十卷、《榕村文集》四十卷、《榕村别集》五卷。除此宅外，康熙年间李光地还曾住于西珠市口。

馆内古迹：

大门内壁龛嵌有小碑，为林辂存所撰《重葺记》一文，记载馆之始末颇详。馆中另供奉詹咫亭、李文贞以及官事安溪诸先生之牌位。

逸闻轶事：

《闽中会馆志》所载：

李文贞公舍馆为宅，事隔二百余年，乃有被人盗卖情事，幸赖林辂存与王经邦、李敬仲等，以安溪代表名义，向法院涉讼，方得收回，邑宰解利民、邑绅胡诸清均与有力。而文贞裔孙，名垂绅者，自请以赐第充安溪会馆，尤为亟义好公，能仰先人之遗意，尤为难得。

安溪籍进士甚夥，其中李氏家族，书香世家，兄弟儿孙数代，皆有中举入仕者。

李光墺（生卒年无考），字广卿，福建省泉州府安溪人。弱冠即负文章之誉。年三十，随父宦湖南，父刊刻朱子遗集数种，光墺偕弟校订精核。归里后，退入高会山中结茅力学。年四十一，领乡荐，越十年，康熙六十年辛丑科（1721）三甲1名进士。选庶吉士。充武英殿纂修。请终养告归。乙卯复充一统志馆，纂修《八旗人物志》，上深嘉之。出督山东学政，折奏两闱春秋合题大悖经旨，春秋四传并宜习不独宗胡文定，又以四氏学宜遍习，不得专以毛诗取中上陈，并蒙谕旨通行直省。甫竣事，即擢国子监司业。未几，纂修《三礼》，光墺翻阅疑难考订同异，常至夜分不辍。越五月，得病卒，年六十有九。所著有《考工发明》《二李经说》《沈余文集》《诗集》各若干卷。

李清植（1690—1744），字立侯，别号穆亭，福建省泉州府安溪县感化里人。大学士李光地之孙。清植幼失父母，长期在京随侍祖父，备受家教的熏陶。康熙五十一年（1712），他由京回乡，补弟子员。五十二年，闽南陈五显起义被剿平，地方官仍追究其余党及家属，老弱械系，约一千三百余人，都将流放关东。清植目击心伤，返京将所见实况向祖父面陈，李光地据情上奏。次年四月，奉旨陈五显余党全部开释。这年，李光地奉诏修《周易折中》《性理精义》等书，圣祖面谕可荐人协助纂修，李光地推荐一些名贤，清植尚为诸生，亦在其列。五十六年，清植中举人。雍正二年甲辰科（1724）二甲12名进士。钦点翰林院庶吉士。五年，授编修。七年，典江南乡试。事竣复命，以端方正直受嘉勉。八年，补右春坊中允。不久，迁翰林院侍讲。出督浙江学政。清植崇朴实，弃浮华，以经学育士，劝导学者要沿宋儒的道路研讨六经。每次命题考试后，便招集诸生环立案前，阐说试题的涵义，讲毕还问："听懂了吗？不懂可再问。"这阶段的讲稿，结集为《湔嗳存愚》一书，其中颇多精辟的见解。此后他因保举失实受降级处分，遂请假回乡。乾隆元年（1736）起用一些旧臣，清植被召，补翰林院侍读，充日讲起居注官，奉命负责浙江乡试，任务完成后因病假归。七年，进京，分纂《仪礼》。八年，补原官，不久升右庶子，擢詹事府詹事，授三礼馆副总裁。八月，升内阁学士兼礼部侍郎，充武英殿总裁兼理经史馆事，主持校刊《十三经》和《二十四史》。次年，升礼部左侍郎，不久病卒。清植学有渊源，少年时好《易经》，晚年专攻《仪礼》，曾协助高安朱轼撰名臣、循吏、名儒传。

李钟侨（生卒年无考），福建省泉州府安溪人。雍正五年丁未科（1727）三甲7名进士。著有《乾隆延庆州志》十二卷，有乾隆七年（1742）刊本。

李清载（1699—？），字有侯，福建省泉州府安溪人。少好学，以庠生举进士第。雍正八年庚戌科（1730）三甲60名进士。为滇南顺宁太守。顺宁地僻陋，文风衰废已六十余载。至兴文教，不数岁，登贤书者连得三人。其治廉平，所部吏民爱戴。初居郎署时，与僚友和易可亲，然值公事所不可者必力争，义形于色，虽部长官不能夺。其学问无所不窥，顾独以明理适用为宗。著有文集若干卷。

李玉鸣（生卒年无考），字延璜，号靖亭，福建省泉州府安溪县湖头人。乾隆元年丙辰科（1736）二甲6名进士。精书法，官至御史，为官清正忠直。后因那拉皇后举丧上疏，被谪伊犁。卒后旨封"忠臣御史"。纂有《大清通礼》五十四卷。

李清芳（？—1768），字同侯，福建省泉州府安溪县感化里人。大学士李光地从孙。雍正元年（1723）举人。乾隆元年丙辰科（1736）二甲72名进士。次年，授编修，参修《大清一统志》。寻授广东道监察御史。乾隆十二年，典试广东，复由詹事迁内阁学士。乾隆二十年，晋升兵部右侍郎，转左侍郎。乾隆二十四年，年届六十，乞养归家。乾隆三十三年（1768），病卒。

唐桂生（1697—1772），字子芳，号丹崖，福建省泉州府安溪县兴一里汤泉乡人。祖父唐昌黎岁贡生，父唐文献县廪生。桂生自幼受先辈熏陶，笃志于学，立下"意气元龙百尺，文章司马千秋"的志向。博览群书，对四书五经以至秦汉诸子百家，莫不融会贯通，且能取其精义。雍正二年（1724）考中举人。桂生中举后，应永安里同美乡陈修士聘请为塾师。他治学严谨，教育有方，所授学生陈宗达、陈元锡后来皆中进士，被传为佳话。乾隆二年丁巳恩科（1737）二甲20名进士。四年，受任陕西韩城县知县。在任九年，勤政爱民，廉洁公正，乐育人才，颇有政声。时韩城地瘠民穷，每于洪水泛滥后，龟鳖上岸，害虫滋生，交相蹂躏庄稼，致成灾害，百姓视为天意，不敢捕杀，循例耗费祈祷。桂生到任后，深入考察，知是愚昧所致，即出告示劝谕曰："龟鳖乃顽物也，其肉甘嫩，可滋补人身，奈何以神事之。"遂捕捉烹食，以作示范。百姓见桂生食后无异状，争相仿效，捕食殆尽，其害遂除。桂生于此有感，欲开民智，教育为先，乃大力倡办学馆，入学者日增，风气渐变。韩地属沙质土壤，一逢干旱，菽麦歉收。桂生研究该地土质，适宜种植蕃薯，乃遣侍从回安溪取薯苗。因路途遥远，两次取苗均在途中枯萎。第三次，桂生教侍从"取薯身，敷沙土，以布裹之，沿途渍水，保持湿度"。至韩地用薯育苗，再加以繁殖，终于取得成功，全县广为繁殖。桂生亲自介绍蕃薯属性，传授种植及管理方法，粮食产量剧增。县民因而"含哺鼓腹，争颂其德"，并称为"唐公薯"。此外，桂生还着意组织民众兴修水利，灌溉农田，改善耕作条件。十三年，桂生升迁广西新宁州知州。韩城士庶，攀辕挽留，赠"贤父良师"、"仁风夙洽，化雨均沾"匾额，并建生祠，题联曰："九载培人文髦士被春风化雨，百年垂惠泽蒸民睹化日光天"。韩城百姓夹道欢送，并推举县绅护送桂生至湖北樊城。桂生弥增感念，赋诗赠别，诗曰："冉冉旌旗杂鼓声，秋风送我出韩城。山横爽气生离恨，树拨飞埃起别情。九载河干渐泽润，今朝道左尽葵倾。私心去后无他祷，瘠上只祈年顺成。"桂生到广西后，转调任西隆州知州兼理泗城府事。西隆地处边陲，少数民族因不堪压迫，经常反抗。桂生筹办团练，设计绥服招抚，四境得安。表奏朝廷，高宗大悦，钦赐桂生黄龙伞、绿大旗代收贡礼。在任六年，以老乞归，宗师陈大缓有感于桂生为政清勤，政绩卓著，请旨准其全套仪仗荣归故里。三十七年，唐桂生病逝于家。

官献瑶（生卒年无考），字瑜卿，号石溪，福建省泉州府安溪县还二里福春乡人。生卒年均不详，约清高宗乾隆十年前后在世，年八十岁卒。少孤，以拔贡生授国子监学正。乾隆四年己未科（1739）二甲2名进士。改庶吉士。充《三礼》馆纂修官。散馆，授编修。历官提督陕甘学政。迁司经局洗马，乞养归。著有《石溪文集》十六卷、诗集二卷、《读易偶记》三卷、《尚书偶记》一卷、《读诗偶记》二卷、《周官偶记》三卷等书十余种，并传于世。《清史列传》《清史稿》儒林有传。

官献瑶书法

李清时（1706－1768），字授侯，号蕙圃，福建省泉州府安溪县感化里人。大学士李光地从孙。乾隆七年壬戌科（1742）二甲15名进士。选庶吉士。授翰林院编修。十四年，授浙江嘉兴知府。不久，调山东兖州知府。二十二年，清时升运河道。二十六年，孙家集河道决口，清时通晓治水之。二十九年，清时调江南淮徐道，次年擢河东河道总督。三十二年，授山东巡抚。三十三年，死于任上。著有《周易经义》十二卷、《朱子语类或问》二十二卷、《蚕书》一卷、《汛闸约言》一卷、《治河事宜》数册。

李宗文（？—1777），字延彬，福建省泉州府安溪县湖头人。光地曾孙，清植子。少承家学，读书强记而能通其要。乾隆十三年戊辰科（1748）二甲22名进士。选庶吉士，授编修。十七年，典试广东，旋升侍读。十八年，充《大清会典》纂修，转右庶子。二十一年，典试陕西，提督河南学政，因对学官失察被削职。二十六年，复充中允，旋擢侍读，累迁少詹事，内阁学士兼礼部侍郎，充《会典》总裁，转工部侍郎。三十年，典试江南，提督浙江学政。因母丧离职守制。服除，授兵部侍郎、提督顺天学政、礼部侍郎等职。未几卒于官。

陈科捷（生卒年无考），字瀛可。福建省泉州府安溪县籍晋江人。乾隆十三年戊辰科（1748）二甲33名进士。由翰林院编修，考选江南道御史。转吏科给事中。升鸿胪寺少卿。

潘思光（生卒年无考），又名道垦，字亚卿，号涵亭，别号梓亭，福建省泉州府安溪人。生于安溪县崇信里留山乡，幼便颖异，周岁，教以天地日月山川草木名称，皆能记忆。29岁入泮，37岁中举人。乾隆十三年戊辰科（1748）三甲51名进士。时年44。乾隆十四年冬，任汜水知县，下车伊始，即了解民间疾苦，兴利除弊，查询讼事，旬日而决，做到案无积牍，百姓称颂，邻县有疑难案件，都请他参与决断。十七年，调任杞县知县。他勤心政纪，治理纷乱，政绩斐然。江南岁饥，

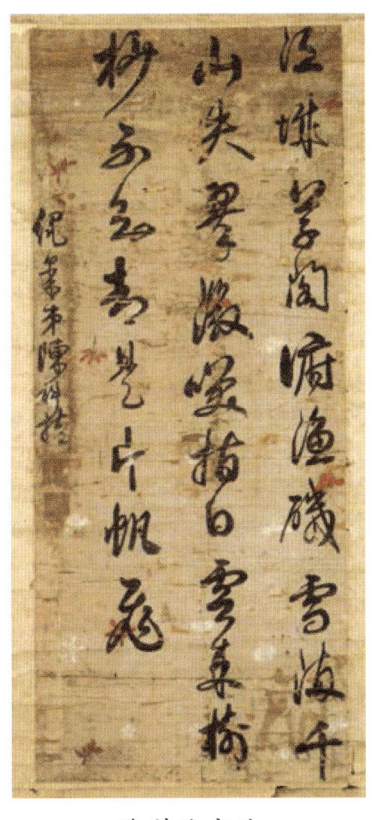

陈科捷书法

他奉命赈济，尽心尽力，上宪称赞其廉洁奉公。二十年，周边诸县并遭水灾，邻县皆匿报灾情，思光据实上报，为民请命，竟遭上司责备。二十三年，杞县水灾严重，民房多半被冲毁。思光日出勘察，拨款赈济，偏遇当事者搬弄是非，遂被调离。转任郏县，他到任仅三日即除去极恶大盗二人。翌年，邻县馑，饥民多流离转徙，聚于郏县，他边上报，边劝募，并拿出自己的俸薪以为首倡，收养饥民，自十一月至次年三月计上千人。

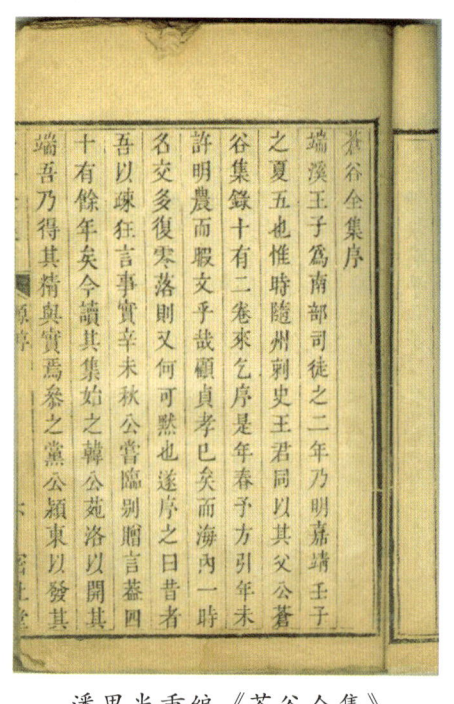

潘思光重编《苍谷全集》

当时办兵差者，借用民马，不给租金，马死途中，不给赔偿，民多匿马不出借。他知道后，一改旧例，解决租金赔偿问题，民众于是乐意急公成事。他重视振兴文教，在汜水县重建成阜书院，在郏县重建崇正书院，在杞县新建志学书院、文庙、八卦楼和东关迎春阁，又修建殉难刘状元祠，苏子由与愚庵之墓，还刻印《王苍谷集》。思光为官，清廉律己，谨慎奉公，兴文教，急民瘼，除弊病，历任县职，均得民众好评。二十八年，思光辞官回乡，居家三年病逝。所作诗文，凡千余篇，分订七卷，惜未付梓，历久散失。

陈宗达（生卒年无考），福建省泉州府安溪县永安里同美乡人。其父陈修仕，因赴邻乡宴会，被讥为村汉，愤而离席归家。即相地筑书房，礼聘唐桂生为师，课督诸子。宗达质不甚敏，但发愤攻读，文思大进，府试省试皆捷。乾隆十九年甲戌科（1754）三甲97名进士。历任延平、建宁两府教授。勤慎廉介，著有贤声。年老告归，一担书筐，两袖清风。

陈元锡（生卒年无考），福建省泉州府安溪县永安里同美乡人。陈宗达族亲。元锡自幼聪敏，读书过目成诵，甫弱冠，有文名。时宗达登进士第，捷报临门，人皆往视，独元锡闭门不出，父母问其故，无锡答曰："进士耳，儿亦能也。"乾隆二十六年（1761），元锡登进士第，中三甲49名进士。选任仪征县知县。

黄培松（1855—1925），又名尔琴，字贤礼，号菊三，祖籍福建省泉州府安溪县兴二里科名乡。其先祖移居南安县仁宅乡，至乃父黄嘉淑赴榕经商，后举家迁居福州。培松少时习文，因府

黄培松

试不第遂弃文习武，拜晋江大罗溪武举人黄纪堂为师，黄纪堂见其身材魁梧，膂力过人，是可造之才，遂精心传授，严格训练，武艺大进。光绪二年（1876）参加武科乡试得第二名。六年赴京会试获得第一名，殿试中一甲1名，钦点状元及第。衣锦荣归，到科名乡黄氏祖宇竖旗挂匾。培松抡元后，授花翎头品侍卫，出任广东参将、游击，旋升任琼州镇总兵，记名提督，以军功赏"卓卓勇巴图鲁"头品顶戴。辛亥（1911）三月二十九日，革命党人在广州发难，进攻督署，与清兵血战，阵亡之外，被擒者处死，培松受命为监斩官。民国二年（1913），培松任福建护军使，驻节福州，后移驻厦门。五年，任福建省清乡会办，不久辞职隐居。国民政府赠以"培威将军"称号。十一年，隐居厦门，倡建厦门"江夏祠"。十四年，病逝于福州府第。

陈浚芝（1865—1911），字瑞阶，号纫石，同治四年（1865）出生，祖籍安溪县长泰里经岭乡。其先世渡台经商，定居新竹县。清光绪间，浚芝举孝廉，授知县。因清理田赋及奏办全台团练有政绩，擢五品衔，候补同知，诰授奉政大夫。掌教台北明志书院时，曾与布政使唐景嵩、举人林鹤年倡设"台阳吟社"，著有《竹梅吟草》。光绪二十年，中日战起，遂协办台湾防务以备寇。二十一年《马关条约》签订，清廷割让台湾，浚芝与台湾名士邱逢甲等联名奏请增加赔款以易台湾，勿割地资敌，书上，不报。浚芝劝唐景嵩成立台湾民主国，领导军民抗日，并请召台南刘永福将军北上，部署抗敌机宜。后唐景嵩软弱无能，且不听黑旗将军刘永福意见，闻日本占领军悬赏六十万银两欲购其首级，大惊失色，不听军民挽留，立即辞卸总统职位，假扮商人，乘轮内逃。台北失陷后，台南亦告失守，浚芝见局势已无可挽回，义愤填膺，纵横泪下。二十一年秋，携眷内渡，归安溪，掌教考亭、崇文两书院。光绪二十四年戊戌科（1898）三甲184名进士。目睹清政日非，遂无意仕进，归隐经岭。宣统三年（1911），在经岭病逝。

会馆现状（一）

会馆现状（二）

会馆现状（三）

同安会馆

同安区是福建厦门市的六区之一，因县城呈束腰银锭状，故别称"银城"，于西晋太康三年（282）置县，后并入南安县，五代后唐复置。后晋天福四年（939），升大同场为同安县，属泉州府。1973年划归厦门市。地处厦、漳、泉金三角（闽南金三角）开放区的中心地带，是我国沿海较早的开放县之一。

同安会馆位于今西城区板章胡同3号（清址为4号，民国址为5号）。

《闽中会馆志》记载：

> 同安会馆，坐落板章胡同五号，司馆事者为委员制，由值年委员陈天锡任之。该馆创于乾隆二十五年，陈舍人胪声舍宅，以供邑人之用。先是馆在内城，久不可考，至清初总戎许公盛，始移建崇文门外，亦被人侵占。乾隆九年议建未果，至二十五年始有此馆。同治六年重修一次，保守至今，非易事也。

馆内古迹：

同安会馆大门内壁龛上有同安会馆记石刻，前院廊庑嵌有陈中翰记石刻，及陈中翰重记石刻，又范熙溥重修记石刻，可资稽讨。此外并有京师同安会馆题捐姓氏石刻。

馆内文词：

同安会馆之文词可考者如下：

陈浩碑文。陈中翰自撰同安会馆记文。同安会馆续记文。范熙溥重修京师同安会馆记文。御制李长庚碑文。谕祭李长庚文。

《陈浩碑文》

京师旧有同安会馆，为北京寓宿之地，前明之在内城者，不可考矣。我朝康熙间，总戎许公盛，尝创置于崇文门外，地稍僻，吾邑来者，多僦屋西城，守馆人遂私拆卖，虽讼清于官，随亦毁于风雨。乾隆九年，中翰鸿亭陈公之从父、淑斋兄耻园，捐三百金，与乡先生公置泉郡会馆与后孙公园。阖郡之公车，需次朝觐者，得于六千里外，聚处以联桑梓之欢，甚盛事也。惟是吾泉文物甲闽中，今岁计偕者众，又苦不能容，鸿亭乃与从弟丕亭中翰，复捐其自置所居之宅，为一邑之馆。去郡馆不远，而门堂房屋，尤坚致开明，自是而观光至止者，有即次之安，无问舍之劳，则二公之世笃乡谊，有造吾邑人者，何如哉？是不可以无记，因勒诸石，以垂永久。

乾隆二十二年，岁次丁丑夏四月，同邑公立石。昌平陈浩书。

《陈中翰自撰同安会馆记文》

吾闽去京师七千里，公车选人，络绎来集，府州县各有馆舍，以居乡人，同安旧有馆在内城，今不可考。国朝总戎许公盛，移建崇文门外，亦久为居民所侵。乾隆九年，吾泉人公建郡馆于孙公园，阖郡北来者，始有栖息之所。世际盛明，人文蔚起，每会试常多不能容。岁丙寅，余与从弟奇烈来谒补，于正阳门外大街西版章胡同，僦屋以居。屋凡三重，南面合三十二椽，颇宽敞，可下数十榻，因顾而思曰："吾侪为京官仆马所占有几，盍以公诸邑人乎？"爰加修葺，颜其门曰"同安会馆"。既又虑业非买者不可久，复于典价之外增其值，而易印券焉。于是邑人之至京师者，皆得欢然相聚于此，无虞乎旅次之湫隘矣！卖屋者顾氏，先后得价银六百四十两，皆余兄弟所捐，适公车诸君子齐集，共议规约，因书其缘起以记之。

乾隆二十五年秋七月，陈胪声重记，昌平陈浩书。

《同安会馆续记文》

事艰创始，尤贵谋诸久而有终。我同安会馆，前明在内城，国初在崇文门外，非无创始，要诸久之难也。余鉴于前，重新购置，既与诸同人立规定约，苟完苟美，凡观光日下者，有如归之乐。余自莅馆事，岁有修葺，特遇阴雨桑土，资用难继，保无飘摇之虞乎？农部紫堂李君，购屋在煤市街南头，坐西朝东，凡三进，计十间，费白金三百六十两。俱有契载。于其假归也，充为馆中收税，以备修理之资，吾党义之。夫义事共成，孚乎众志，而善终有赖，是可久之规也。凡我同人，接踵至止，倘皆有此志，相观而善。则馆中将富有日新，又岂特苟完苟美已哉？因勒诸石，以志不忘。

乾隆三十二年春二月，鸿亭陈胪声又记，钱塘陈兆仑书。

《重修京师同安会馆记文》

皇帝践祚之四年，寰海澄清，东南荡平，珥蝉冕而铺鸿藻之士，相庆中兴，辐辏京师，屋无隙宇，维时吾乡比部陈公莒塘，偕弟水部苣塘，以重修同安邑馆告成，嘱余为记。窃维莫为之前，虽美弗彰，莫为之后虽盛弗传。同安会馆，自明至今兴废数矣，乾隆二十二年中翰陈公鸿亭，与其从弟丕亭，舍宅于板章胡同，为同人公所，而馆之废者复兴，时则有农部李公紫堂，踵成义举，捐业十余间于煤市街，以为历年馆中祭祀修葺之用，相沿不辍。洎民部李春园司馆后，业契无存，春园亦归道山，嗣林晴皋太史前辈，查赎只得小屋二间，月租无几，仅给馆人之资，不足以供修馆之费。咸丰初年，粤逆蔓延，直北都人士，率多南旋，而馆亦以岁久，渐就倾圮。庚申恩科，礼闱，莒塘邀广文陈君良田、中翰陈公遇谷、陈公洞渔，目睹情形，佥谓及今不修，后将鞠为茂草，爰召工先理，其破损最甚者，共集腋捐纹银一百两，厥后莒塘乞假旋里，募捐，复得银二百余两，事甫创始，莒塘昆仲，以春闱期迫，计偕入都，赖苏少伊观察，极力赞成，复得银六百余两，兑京师，计前后共捐银九百六十八两，其时馆中第三层，久已坍塌，仅存瓦砾矣。莒塘以旧址抵湿，命匠培基五尺，令拆起盖，计鸠工一年，费银一千五十余两，美轮美奂，灿然一新，其规模之宏壮，远胜于鸿亭创设之年。信如古人云：厥土燥刚，厥位面阳，厥材孔良者，兼而有之。馆既成，适少伊良田，均以书来，欲推广馆规例，为善后计，凡应举及守选者，皆量资捐助，其贵盛者，则必重有所出，以付修治恢拓之用，公立条例，笔之书，而出入则士大夫共稽之。余既喜苴塘兄弟，以忠愍喆嗣，能读父书，力肩善事，而弥嘉少伊克绳祖武，谊笃梓桑。良田诸公，亦皆谋始图终，计垂久远。吾乡果能人同此心，则斯馆富有日新，将见有为之前，而美者彰，更有为之后，而盛者传也。是为记。

同治六年，岁次丁卯正月谷旦，侯官范熙溥记，连江蔡赓良书。

《御制李长庚碑文》与《谕祭李长庚文》略，见后李长庚传。

陈浩（1695—?），字紫澜，顺天府昌平人。生长京师，幼从舅氏张文枢学，授以孝经、小学。习幼仪，动止有法。年十五，从仁和诸生严自公，习举子业。次年夏，移居南乡借田里而耕，邻居无一知书者，所业将欲废矣。严自都门寄诗以勖之，其父览之抚膺长叹，因聘严于家。是年，以第一入州庠。后二年，家益贫，授徒穷乡，终日不满百钱，困于饥寒，父母又相继亡。雍正二年甲辰科（1724）二甲25名进士。改庶吉士。授编修，蜚声词馆，与赵副宪大鲸、李编修重华、诸赞善锦齐名。诗各体皆工，陶冶性灵清刚隽上，卓然名家。兼工书法，得苏文忠墨妙。雍正七年，典福建乡试。乾隆二年（1737），充日讲起居注官。升詹事府少詹事。七年，被议落职。次年，命捉调经史馆事。至十五年八月，与降革诸臣引见，补授侍读。充武英殿总裁。十八年，视学湖北。二十年，复拜詹事。越二年，原品休致，遂游于汴，主大梁书院讲席。辛卯逢皇太后八十万寿，蒙恩命为九老，赐游香山，时年已及八十矣。浩侍值武英殿书局最久，所交皆当代贤士大夫，与桐城方苞交尤深。晚年又主讲大梁、宛南书院，故其学亦因此益进。尝言："圣人之道，至程朱而大显，后之学者亦无可异同。"有《生香书屋诗》六卷、《思光集》一卷。所编录者有《明诗约存》行世。陈浩于清乾隆年间住于门楼胡同。

陈兆仑（1701－1771），字星斋，号句山，浙江省杭州府钱塘人。幼颖异，耽吟咏，与一时名宿梁启心、汪维宪、孙灏、任应烈、严在昌诸人切劘。复肆力于秦汉以下诸家著述。为文直臻上乘，世所传《句山一刻》，桐城方苞称为根源盛大，望之有深山大泽龙虎变化气象。中雍正甲辰乡试，雍正八年庚戌科（1730）二甲90名进士。是科进士分省学习试用，派往福建，大吏素闻文名，即令摄鳌峰书院讲席，总领志局，多所补辑。乙卯考授内阁中书。丙辰召试博学鸿词。授翰林充讲官。纂修会典及明史纲目，后为续文献通考副总裁。累官顺天府尹，通政副使，太仆寺卿，入值上书房。乞假葬亲，躬襄营筑庐于墓次。假期届满，仍在上书房行走。恩准食俸以资赡给，每下值则拥炉室中，手自订正生平著述。卒年七十有二。兆仑于学以心得为主，研究诸经折衷众说，二十二史丹黄并下，加以论断，靡不挈其要领。诗古今诸体，追踪汉魏盛唐，晚乃出入坡谷。凡所著述士林咸奉为圭臬。陈兆仑清乾隆十六年十二月住于铁老鹳庙，乾隆三十五年九月住于外廊营，除外还曾住于虎坊桥与贾家胡同。

李长庚（1750－1808），福建省泉州府同安人。乾隆三十六年辛卯科（1771）武进士。

《闽中会馆志》轶闻遗事中载：

> 相传李长庚善战，平林爽文之乱有功。乾隆六十年（1795）平安南艇盗，桑梓尤赖其保全，故乡人敬慕其忠烈，

勒碣同安会馆为志长庚功在国家清史有传。

传云：李长庚，福建同安人。乾隆三十六年武进士。授蓝翎侍卫。四十一年，补浙江衢州营都司。四十六年，升提标左营游击。四十九年，迁太平营参将。五十年，升乐清协副将。五十二年，署福州海坛镇总兵。五十三年六月，以所辖洋面盗案多未捕获，革职留缉，随于外洋各处，叠获洋盗林权等，及首伙各犯，并船只枪炮刀械等物。五十四年十一月，奉上谕，李长庚准其留于福建，遇有游击缺出，该督酌量奏补。五十九年二月，补海坛镇标，右营游击，署铜山营参将。叠年在洋捕获盗犯林瓢等。嘉庆元年（1796）二月，迁铜山营参将，会合浙省兵船，围捕"粤匪"，获吴兴信等三十七名。二年四月，升署澎湖水师副将，获盗犯郑翁、周叠等。三年二月，擢浙江定海镇总兵。六月，长庚带领兵船，于黑水洋面攻击苏柳等，斩贼二十名。八月，攻盗于普陀外洋获其船，歼毙无数。四年七月，于潭头外洋生擒盗首侯纳等。旋以土盗凤尾帮勾结夷艇百余人，踞浙界岛岙，长庚率舟师出击，追至温州三盘岙，沉其一艇，时守备许松年等三船皆为贼困，长庚返篷冲入夹攻，三船皆得出，贼遁，有旨嘉奖。旋谍知"艇匪"窜过泉州，而闽盗蔡牵船三十余只，泊海坛境内之沙埕、南盘一带，遂由南日洋面驶往，沉其船一，歼贼三，生擒三十余人，复追"艇匪"至闽粤交界之甲子洋，嗣闻蔡牵潜伏于白犬洋，长庚率兵往击，生擒许老等三十余人，奉旨赏戴花翎。五年闰四月，过温州凤凰洋，救护商船，获盗林青等，并铁炮二，巡抚阮元奏以长庚统率水师，得旨："三镇会剿，自应有一人统其号令，李长庚素有威望，应令温州黄岩两镇听其关会，协同策应。"六月,"艇匪"自温州北来,长庚率师会同黄岩镇、淀泊海门与松门盗隔港相持,适飓风起,盗船覆溺甚多,贼有泅水匿岛登岸者,官兵水陆并擒之,旬日间,献俘千数,获安南伪爵侯伦贵利。事闻,得旨褒嘉。又歼贼于调班洋,获李出等二十二人。于深水洋外洋沉其船一,擒丁郭等十九人。于潭头外洋,六年获林俊新等十五人。于六横洋获杨乌等十九人。于徐公洋至福建等塘外洋,获林俊兴等十人,烧其船一,至旗头。获蔡牵帮盗首,陈帖等二十二人,夺其船一。至东崔山获李广及女犯等二十一人。至尽山获盗首陈火烧等二十二人。至三盘获高英等七人。十月,擢福建水师提督,奉旨:"李长庚于缉盗事务,尚属奋勉,是以加恩简用。此时蔡牵等逃窜闽洋,李长庚即往新任,倘盗船折回浙洋,当不分畛域,以副委任。"寻以籍隶福建,例应回避,调任浙江。七年,至象山潭头,获张如茂等十四人。至闽南日东沪洋,获徐逆等三十五人。八年,蔡牵窜鱼山,长庚率舟师掩至,昼夜穷追,蔡牵仅以身免,复与黄岩镇总兵张成合兵击盗尤升等,生擒五十六人,获其船二,又获石塘钓艇盗二十余人。进击蔡牵于三沙,沉其船一,毙数十人,贼北窜,复追及南□外洋,夺其船一,烧其船一,生擒八十七人。九年六月,闽浙总督玉德等会奏,请以长庚总统闽浙两省水师,得旨俞允。先是,三月,蔡牵泊于闽浙之浮鹰,长庚率兵击之,擒其男女四十余人,歼毙十三名,烧其船一,夺其船二,并获红衣炮、刀械百余。八月,遇马迹盗船六十余,长庚督兵冲入,贼分两股东西窜,长庚分兵击之,沉其船二,歼毙无数,蔡牵所坐船篷索为官兵所断,及过尽山,风雨骤起,收兵入卫港,俘五十二,馘首五级,得旨嘉奖。十年四月,兼署福建水师提督,奉旨:"长庚调福建水师提督,镇将皆其统辖,着将擒捕蔡牵一事,责成专办,一切机宜,悉听调度。"闰六月,蔡牵闻长庚至,遂由台湾北窜入浙,长庚追击之青龙港,获其船一,沉其船二,擒彭求等二十八人,得旨:"李长庚自统舟师以来,具报剿贼,均无虚饰,俟闽浙洋面一律清平,必加懋赏。"又奉上谕:"李长庚总统水师温州、海坛,二镇总兵为左右翼,听李长庚调遣,俾事权归一。"八月,长庚追蔡牵于台州、大陈斗洋,攻击三昼夜,烧其船一,沉其船一,生擒七十三人。寻以浙江提督孙廷璧不谙水师,奉旨:"浙江提督,仍着李长庚调补。"十二月,蔡牵大小盗船百余肆扰台湾,长庚率师会剿,歼毙无数,亲驾舢板,往勘鹿耳门外港口,同护温州镇总兵李景曾分帮把守,长庚截守新港,于水深处凿沉同安船,以防窜逸。时东风甚急,同安船为巨浪所冲,蔡逆乘潮窜去,诏摘去翎顶立功。十一年四月,蔡牵与朱濆俱窜福宁外洋,长庚会兵往剿,贼东窜张坑洋,复追击之,沉其船一,夺其船三,生擒盗首李阿七等七十余人,毙百七十余人,获刀炮、伪印、旗帜,救出商船及被劫难民。蔡逆北窜又折回南,复追至台州之调班洋,生擒李按等五十一人,歼一百五十余人,获铜铁炮十七门。时新任闽浙总督阿林保密参李长庚,因循怠玩,并抄李长庚致署总督温承惠书,请旨革职治罪。上谕:"阿林保密参李长庚,因循怠玩一折,览奏均悉,但如折内所云,李长庚借燂洗船只为名,收船进港,恐其私回衙署,亦未可定等语,当系该督揣度之词。又称李长庚于七月初间在尽山等处洋面,追剿贼船,扼住上风,旋又探听无踪其跟剿,竟属空虚等语。但昨据李长庚奏称,七月二十一日,在大陈等处洋而击沉盗船一只，奸获盗犯一百五十余名，起获枪刀铁炮等件，并拿获其船盗首李按等语。阿林保发折时，尚未得其咨报，如果属实，是李长庚兵船七月初间在尽山外洋，一时未能瞭见贼踪，旋又追获得胜，尚非始终株守可比。又李长庚所称兵船缺乏口粮之处，是否实情，抑系借口引避，均须详查明确，方可治以应得之罪。该督远在闽省，仅据李长庚致温承惠信内之言，恐尚未确实，当剿贼吃紧之时，水师统领责任綦重，一时亦无可代之人，况临敌易将，亦不可草率，此时且毋庸革职逮问。"同日又谕清安泰："现在温台一带，所有李长庚追贼情形，知之必悉，着即详细密查，据实回奏。"八月，李长庚率各镇舟师，击贼渔山，身受多伤，事闻得旨："此次李长庚督兵围捕蔡逆，奸擒盗匪多名，身受多伤，实为勤勉，着加恩赏，还顶戴。"旋据浙江巡抚清安泰复奏："李长庚带领兵船经过海口，并未回署，至于海船若不勤加燂洗，则船底苔草虫胶黏缠结，辄至驾驶不前，其生擒盗犯李按，委系苏逆为船头目，余系李按同船伙犯，并无捏报，又兵船口粮，有暂时缺乏，应采购之处，亦无藉词耽延情弊。复遵旨，将李长庚在洋剿捕情形，密询黄飞鹏、何定江二人。据称黄飞鹏为守备时，即同李长庚在洋捕盗，无不勇往向前，自蔡逆滋扰台湾，倍加感奋，誓不与贼俱生，实无松玩情事。何定江居官闽省时，即知李长庚身先士卒，奋勇直前，兹与连帮出洋，总以克除首逆为急务，实无怠玩。"奏到，奉上谕："阿林保前此密奏李长庚因循怠玩，种种贻误，请将伊革职治罪，朕披览该督所奏，即觉惬不，阿林保到任不过旬日，地方公事一切未办，海洋情形素未熟悉，而于李长庚从未谋面，辄行连次奏参，殊属冒昧，是以降旨令清安泰秉公详查。本日据清安泰复奏，则称李长庚带领兵船经过海口，并未回署，又称海船若不勤加燂洗，辄致驾驶不前，又所获李按实系蔡牵伙党，并无捏报斩获情弊，又转询黄飞鹏、何定江二人，亦均称李长庚实在奋勇等语，是阿林保奏参同属子虚。今兵船正当剿捕吃紧之际，若阿林保尚不知以国事为重，犹复轻听人言，甚至因此次奏参李长庚，不能遂意，遇事掣肘，使其不能成功，则阿林保之罪甚大，阿林保着传旨严行申饬。"九月，长庚于竿塘外洋击毙蔡牵之侄蔡添来，沉其船二，计擒获及落海者约数百人，馘首五级，得旨："此次李长庚督兵攻剿，不遗余力，奋勇可嘉，俟拿获蔡牵再赏世职，酬勋。"十月，长庚全师击蔡牵于二盘，沉其船一，生擒盗首李添来等七十人，毙其股首周添秀等七十余人。十二年正月，追剿蔡牵入粤洋，沉其船一，获十一人。二月，追至大星屿，夺其船一，又击蔡牵坐船，时风浪大作，兵船不能联络，收军还抵肇庆，戢船澳。四月，会同广东提督钱梦虎，击匪郑一帮船，于佛堂外洋生擒盗首罗二十，及男妇四十八人。七月，由闽还浙，奏请办理军政，奉旨："李长庚统领水师剿捕蔡逆，正在吃紧之时，即因军政届期，亦当权其缓急，或请令清安泰代为考验，候旨遵行，乃并未具奏请旨，辄顺道往宁波，竟置海洋盗首于不问，实出意料之外，着传旨严行申饬。"八月，仍具奏出洋。十一月，与金门福宁两镇合追蔡逆于浮鹰洋面，获其船二，擒九十五人，馘首十五级，贼窜东南外洋。十二月二十四，长庚会同水师提督张见陞联合入粤。二十五日，至黑水外洋，蔡逆仅存三舟，长庚率师专取逆船，枪炮并发，逆船两旁并巾顶插花，皆被轰破，贼仓皇落水者不可胜数。长庚又别用火攻船，乘风挂其后艄，时烈风大作，波浪汹涌，火炮乱发互击，长庚猝被贼炮子中伤咽喉、额角，遂于是日未刻卒。事闻，上震悼，下部议恤，谕曰："浙江提督李长庚，宣力海洋，忠勤勇干，不辞劳瘁，懋著威声。数年以来，因闽浙一带洋盗滋事，经朕特命为总统大员，督率各镇弁舟师，在洋剿捕。李长庚身先士卒，锐意擒渠，统兵在闽浙、台湾及粤省洋面，往来跟剿，艰苦备尝，破浪冲风，实已历数寒暑，每次赶上贼船，无不痛加剿杀，前后歼毙无数，擒拿盗船多只，蔡逆亡魂丧胆，畏惧已极，闻李长庚兵船所至，四处奔逃。正在盼望大捷之际，乃昨据阿林保奏到，李长庚于上年十二月二十四日，由南粤洋面驶入粤洋追捕蔡逆，望见贼船只剩三只，穷蹙已甚，官兵专注蔡逆，穷其所向，追至黑水洋面，已将蔡逆本船击坏，李长庚又用火攻船，一只乘风驶进，挂住贼船后艄，正可上前擒获，乃暴风陡起，兵船上下颠播，李长庚奋勇攻捕，被贼炮中咽喉额角，竟于二十五日未时身故。览奏为之心摇手战，震悼之至。朕与李长庚素未识面，迭经降旨褒嘉，并许以奏报擒获巨魁之时，优予世职。李长庚感激朕恩，倍矢忠荩，不意其功届垂成之际，临阵捐躯。朕披览奏章，不禁为之堕泪。李长庚办贼有年，所向克捷，必能擒获巨憝。朕原欲俟捷音奏到，将伊封授伯爵。此时李长庚虽已身故，而贼匪经伊连年痛剿之后，残败已极，势不能再延残喘，指日舟师紧捕，自当缚致巨魁。况李长庚以提督大员，总统各路舟师今殁于王事，必当优加懋赏，用示酬庸。李长庚着加恩追封伯爵，赏银一千两，经理丧事，并着于伊原籍同安县地方官为建立祠宇，春秋祭祠。

其灵柩护送到日,着派巡抚张师诚亲往同安代朕赐奠并查明伊子,见有几人,其应袭伯爵,俟伊子服阕之日,交该督抚照例送部引见承袭。其李长庚任内各处分着悉予开复,所有应得恤典,仍着该部察例具奏,以示朕笃念劳臣,恩施无已至意。"十三年二月,奉上谕:"李长庚为国捐躯,凡水师大小将弁兵丁,皆当为李长庚复仇,方不愧同心敌忾之义。见在蔡逆不过剩船数只,闽粤两省大帮兵船,总先专注蔡逆,上紧擒拿,上以张国威,下以泄众忿,亦可慰忠魂于地下也。"是月,又奉上谕:"水师提督镇将弁等,如能将蔡逆擒获,即遵旨将该逆解京,如能擒获贼犯,必究出放炮中伤李长庚之人,解赴同安,于李长庚灵前脔祭,以慰忠魂。倘不能究出放炮之贼,亦当将贼众内,罪应凌迟者,解往一二人,脔割致祭,俾伊家附近居民,皆得同伸愤恨。"嗣部臣以伯爵等次请钦定,得旨:"李长庚,着封三等伯,承袭十六次,袭次完时,给予恩骑尉,世袭罔替,其恤赏银,着再赏给四百两,予专祠,赐谥'忠毅'。"子廷钰承袭封爵。

计乾隆二十五年,同安会馆成立后,同乡进士可查者选列如下:

苏廷玉(1783－1852),字韫山,号鳌石,福建省泉州府同安县马巷翔风里人。少孤力学。年二十一,补博士弟子员。嘉庆戊辰举于乡。嘉庆十九年甲戌科(1814)二甲72名进士。改庶吉士。散馆,改刑部主事。勤于讯鞫,有能声。道光丙戌(1826),擢员外郎。丁亥京察一等,升郎中。明年,记名以道府用。己丑补松江府知府,未抵省已奏署江宁府。先是安徽建德典史秦学健京控一案株连多人,皖省讯五年不能结,总督陶文毅公举以相属廷玉,穷百日夜独鞫之,学健服。任松江，甫三月，调署苏州府。吴赋重甲天下，漕征尤民重绅轻，廷玉饬所属绅户照纳民户减完，民称颂焉。次年，升陕西延榆绥道，奏署江苏粮道。壬辰，始受代行次丹阳，调苏松太道。又升山东按察使。平亭多要狱，高密李孟山杀奸一案，府县均以擅杀罪人拟绞，廷玉判曰："奸所杀奸，且在登时，于律应勿论。"破械释之。府县胥役私设押所，曰"老虎洞"，控案稍有牵涉，辄私禁勒索，久为民患。廷玉廉得之，亲往勘办，数百人皆发长被面无人色，立纵之去。癸巳，调四川按察使，署布政使。甲午，回本任。川省"啯匪"横肆，大邑李碑喜等带刀强抢妇女轮奸，捕治置重典，匪皆敛迹。乙未，峨边"夷匪"出巢焚掠，布政使李羲文督师往剿，廷玉兼理藩条，捐廉万金济饷，赏戴花翎。丙申，升布政使。其明年，马边屏山雷波猓夷又大出劫掠，总督鄂山调兵万余，两路进攻，廷玉进曰："师行逾万而总督不亲往，事权不一，恐偾事。"鄂山以老病谢，两路师卒无功而返。戊戌二月，成都米价骤翔，时当青黄不接，人情汹汹，有不可终日之势，廷玉以本省频年皆丰稔，且两湖江西亦有年藏谷既多又无转运，此必奸商囤积居奇所致，因饬各州县排日巡察，乡场囤户责令出粜。又倡同官捐廉买米入城，假为商贩，减价发售，民乃帖然。是秋，鄂山卒于任，朝命廷玉署总督，加兵部侍郎衔，而别简刘韵珂为布政使实授之，命盖克日可待矣。廷玉感激恩遇，因念四厅猓夷扰害蜀都，恒千百为群，恣意淫掠边民，水火已及十年，历任总督虽剿抚兼施，皆粉饰边功，傅会了案，非发兵剿捕不足以张国威而除民患，遂会同将军凯音布、提督张必禄具疏沥陈，并单衔附片，以蜀中赋则甚轻，请先发帑金三百万供饷，川赋则每一两加征五钱，匀十年摊还部款。疏入，成皇帝以摇人心伤元气切责之，降廷玉按察使，拔去花翎，凯音布、张必禄及臬司多欢皆交部严议。圣主慎言用兵，尤恶加赋，廷玉冒昧陈奏其获咎固宜然。当日廷玉方駸駸向用，使但委蛇保位可以躐致真除，而乃激于愚诚，勇往自奋，其谋虽疏要非俯仰随人者所能及，故上终怜其戆，但左迁焉。是年十月，廷玉在总督任内，值贵州怀仁奸民穆继贤等妖言惑众，啸聚五百人作乱，川属綦江实与接壤，知县毛辉凤、外委章泗明带兵勇三十名，与怀仁县王鼎彝会捕，泗明为所戕。是时怀仁文武思委过川省，转以川中匪徒越界滋事为词，巡抚贺长龄据以入告。廷玉不与辨，仍檄总兵张作功等入黔会剿，并济之军火。穆继贤就擒，论功不及川省，廷玉亦不与争。其遇事善持大体类如此。庚子，内用大理寺少卿。旋命休致回籍。三年，英吉利扰上海，命以四品京堂起用，办理苏州粮台，甫到抚局已成。次年，乃归居家，颇留心时事。英人窥厦门，廷玉招神枪教式于福州五虎门，训练土氓皆成劲旅，又捐资筑土堡于泉州海口，以防窜突。咸丰壬子（1852）卒，年七十岁。著有《亦佳室诗文钞》《从政杂录》《其时务说》《示儿书》，尤有关于安边御寇云。

林鹗腾（生卒年无考），字荐秋，号晴皋，福建省泉州府同安县局口人。道光十七年举人。道光二十年庚子科（1840）二甲69名进士。入词林，官编修。善书法。

叶大年（生卒年无考），字廉卿，号梅珊，福建省泉州府同安人。由优贡中光绪甲午举人。光绪二十年甲午恩科（1894）二甲126名进士。点翰林院庶吉士。幼聪颖，为诗文有清超拔俗之致。福建学政陈学棻最赏识之。

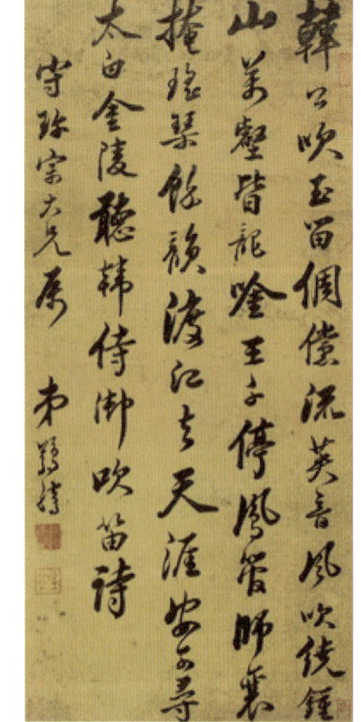

林鹗腾书法

会馆现状（一）

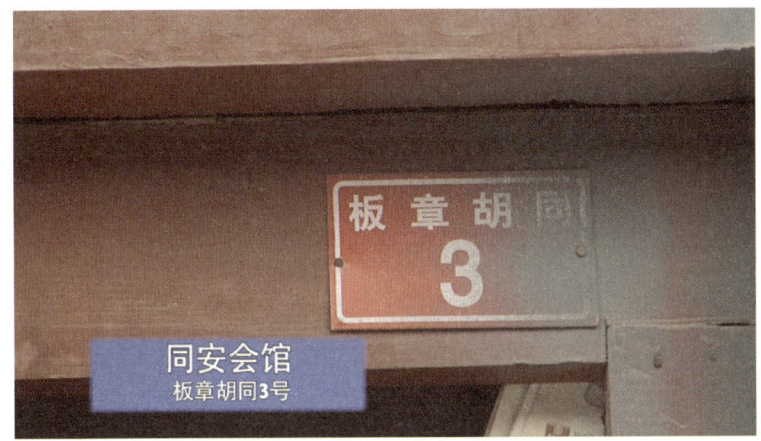

会馆现状（二）

会馆现状（三）

漳州会馆（又名漳浦会馆）

漳浦县，位于福建省漳州市南部沿海县，秦属闽中郡，南朝梁置县，隋并入龙溪县，唐垂拱二年（686）设漳州，并置漳浦、怀恩二县。天宝元年（742）至乾元二年（759）漳州曾改为漳浦郡。宋代属于福建路。元代改为路。明以后为府治，素有"金漳浦"美誉。清设汀漳龙道。民国前期隶属西路道（汀漳道）。1949年9月25日解放，历属龙溪专区（地区）、漳州市。1951年龙溪县析出，原县城设市，今为福建省地级市。

民国以前，北京的漳州会馆约有4处，均属试馆。漳州东馆，位于东城区冰窖斜街上（民国时为冰窖胡同24号），明崇祯年间设立。漳州西馆，位于西城区煤市街133号（民国时为煤市街46号），原为黄菊三私宅，清雍正四年（1726）捐为会馆，20世纪50年代被拆除。另两处位于西城区校场二条27号（旧址为校场二条16号）和西城区大外廊营胡同13号（旧址为大外廊营路西），清代设立。

其中，位于西城区校场二条27号（旧址为校场二条16号）的漳州会馆，又名"漳浦会馆"，清代设立，现为民居，建筑多有破损。"漳浦会馆"石雕匾额至今仍留存，极为珍贵。

本县清代进士选列如下：

李实蕡（生卒年无考），字桃仲，福建省漳州府漳浦人。弱冠登科，再赴礼部试。雍正五年丁未科（1727）三甲3名进士。馆选阁部大臣，得各举所知，有欲为之延誉者，实蕡唯唯辞谢。既而朝考，官庶吉士，是日在保和殿应试，诗题是赋得诗书至道，实蕡有句云："虞廷十六字，鲁颂一言诗。"及庚戌散馆，引见西暖阁，上问汝为"虞廷十六字，鲁颂一言诗"之李实蕡乎？历问良久，授职检讨。平素文章标望一时，用荐需次御史，闻亲疾，即假省，十余年后始入都，未久复告予致仕家居，杜门不出。同年单德谟观察汀漳匝岁，实蕡未尝投一刺，适行部漳浦造庐过访乃得见。辛酉岁歉，率族人平粜，天性敦厚，与人交谦恭善下，尤好接引后进，谈道论文，娓娓不倦，晚喜吟咏，耽古文辞，自谓得眉山之胜，年五十八卒于家。著有《松风堂诗草》。方实蕡之归也，邻右豪富出嫚语相诋，闻者为不平，实蕡曰："吾能堪之君，胡为忿哉？"豪富又在其第前盖筑高屋，人咸以障蔽不宜为言，其子侄更甚不平。实蕡示以诗曰："眼底微尘便不容，如何云梦在心胸。天空海阔谁能障，况乃藩墙隔几重。传家旧第愧穷窿，那复憎人与我同。世界乾坤原共有，较量户外费闲工。"及豪富卒之夕，适实蕡家喜庆演剧，实蕡出止之曰："邻有丧，不宜鼓乐"，人以此服其量。

张先跻（生卒年无考），字愧日，福建省漳州府漳浦人。雍正八年庚戌科（1730）三甲17名进士。选庶吉士。归侍养家，居二十年。性温和，有犯者辄不较，乡人称醇德焉。八岁失所怙，母寡孀苦特甚，故登第逾年即请急旋里，入都未散馆，又念母告归，同馆争贻书敦趣，先跻辄以母老辞，年近七十而殁，竟先太夫人终焉，以为恨。

蔡新（1707—1799），字次明，福建省漳州府漳浦人。幼孤，稍长知笃学，喜闻性命之说，从父世远以理学倡闽南，特爱之。雍正壬子

（1732）举于乡。乾隆元年丙辰科（1736）二甲1名传胪。改庶吉士，授编修。在词馆日进讲义，更殚心经济。乾隆九年，典江西乡试。旋值尚书房，再授侍讲。旋奉命督学河南。秩满再典试江西，又与顺天乡试。明年以母老乞养在籍，复

蔡 新

奉到谕旨，命为内廷总师傅，新疏辞乞仍留侍养。新继丁内艰，迨服阕，计十年家居，始还。供职途次接补刑部右侍郎，星驰叩谢，荷蒙格外优容慰问。旋命缺督直隶学政，再迭功升迁，历官枢要。因念自服阕进京已垂十六载，茔墓松楸废不修治，请假修墓一年，奉旨给假不必开缺。明年六月抵京，七月补授大学士，兼吏部尚书，充会试正考官。乾隆五十年，年七十九岁应千叟宴，内外臣工，新年第一。二月，上丁临雍讲学，以大学士统摄成均，坐讲"天行健，君子以自强不息"二句，众讲官以次讲，礼成，面恳乞休，允以原官致仕，加太子太师。五十五年，进京祝高宗八旬万寿。五十七年，重宴鹿鸣。嘉庆四年（1799）奉到高宗纯皇帝遗诏，即由家北上至省城，巡抚汪志伊见新颇委顿，奏俟秋凉护送进京，奉旨以新逾九旬，不必来京，赐新子本俊一体殿试以部属用。是岁十二月，卒于家，享九十三寿，着加恩晋赠太傅，赐祭葬，谥"文恭"，入祀乡贤。

蔡泩（1704－1767），字视侯，福建省漳州府漳浦人。六岁丧父，甫就学即知发愤，举动如成人，不妄言笑，读书之外劬劳作。弱冠为蒙馆师。乾隆十年乙丑科（1745）二甲45名进士。选翰林庶吉士。时弟入值上书房，谋迎养母，惮北方寒冽弗果行，乃请归侍奉，凡十八年未尝离左右，俾其弟一意供职，毋怀将母忧也，丁内艰尽，哀礼既免丧，再越月得疾，卒年六十四。

蓝应元（生卒年无考），字资仲，一字古萝，福建省漳州府漳浦县苌乡人。乾隆二十五年庚辰科（1760）三甲34名进士。改庶吉士，授编修。归葬父柩，躬自举土杂佣作经管备至。三十五年，入都供职，上知其廉介，欲大用之，由卿贰擢礼部侍郎。五十二年，会试知贡举，冬视通州仓储，回京疾作，遂乞休。方应元充史馆纂修时，僚友有告以承权要者，应元笑曰："吾不以快捷为荣也。"服官三十余年，囊空如洗，都门有蓝佛之称，卒时年七十一。

蔡善述（1744－?），字孝先，号慕溪。本樬长子也，福建省漳州府漳浦人。髫龄嗜学，偕仲弟泽源童试，互为雄长，一门父子祖孙兄弟名大噪，太守渤海张公赠以联曰："老苏事业能传子，小宋文章不让兄"，一时传诵称盛事。乾隆辛卯乡荐。乾隆四十六年辛丑科（1781）二甲39名进士。改翰林院庶吉士。即赴史局散馆，授职编修。充庚戌会试同考官。壬子擢湖广道监察御史，同巡仓监试散账粥厂诸事无不与者，遽以劳成疾，嘉庆某年卒于官。

会馆现状（一）

漳州会馆
校场二条16号

会馆现状（二）

会馆现状（三）

会馆现状（四）

【山东省】

宣南会馆与清代进士

山左会馆

山东省位于华东沿海、黄河下游、京杭大运河中北段，简称"齐"或"鲁"，与河北、河南、安徽、江苏等地接壤。夏禹时属青州。周武王灭商纣，封姜太公于齐。武王之弟周公封于鲁。明朝开始设立山东布政使司。清初设置山东省。因在太行山东边，又称"山左"。

山东会馆，也称"山左会馆"，位于西城区校场头条17号（清末为教场头条8号，民国时为校场头条7号）。建于清乾隆年间，据传由清代山东籍大学士刘墉倡建。"由京官同乡组织而成，以为来京考试同乡暂居之所，并由京官有资望者轮流值年"（《档案史料》第941页）。占地4.35亩，院落分为三进，共有房108.5间，现为民居，建筑多有破损。旧有楹联一副："圣贤桑梓，海岱文章。"（作者不详）。

刘墉（1720－1805），字崇如，号石庵，山东省青州府诸城人。乾隆十六年辛未科（1751）二甲2名进士。由编修迁侍讲。二十年，以父统勋查勘巴里坤哈密驻兵事奉旨革职，交刑部，寻释放，赏给编修。二十一年，充广西乡试正考官，督安徽学政。二十四年，调江苏学政，疏陈江苏士习官方之弊，上嘉其留心政体。二十七年，授太原府知府。三十年，擢冀宁道坐知府任内，失察属吏，侵蚀库帑，谪戍军

台。三十二年，释还，仍授编修。三十四年，授江宁府知府，迁江西盐驿道，擢陕西按察使。三十八年，丁父忧，服阕，授内阁学士，入值南书房。四十二年，充江南乡试正考官，留督江苏学政，迁户部右侍郎，调吏部。四十五年，授湖南巡抚，首革坐省家人陋习，诸政次第举行，终其任无废事。迁都察院左都御史仍值南书房，赐紫禁城骑马。御史钱沣劾山东巡抚国泰贪纵营私，命墉偕尚书和珅往按既抵省即盘查司库，无缺额，而银色多掺杂，知有伪，讯系国泰闻信后挪移弥补，以图掩饰并兼得国泰婪

刘 墉

索奸状，及布政使于易简、知府吕尔昌、冯埏扶同执法，拟罪如律，谳定回京，署吏部尚书兼管国子监事务，授工部尚书，充上书房总师傅。四十八年，署直隶总督，调吏部尚书。四十九年，协办大学士。五十四年，以上书房七日不入值，降侍郎，补礼部左侍郎，督顺天学政。五十六年，迁左都御史，晋礼部尚书。五十七年，充顺天乡试正考官，调吏部尚书。五十八年，充会试正考官。嘉庆二年（1797），授体仁阁大学士，加太子少保衔。六年，充会典馆总裁。九年卒，赠太子太保，入祀贤良祠，赐祭葬，谥"文清"。墉自为学政、知府，谢绝贿赂，遇事敢为无所顾忌，所至官吏皆望风畏之，御史祝德麟劾司业黄寿龄，疏内称国子监考试唯刘墉、邹炳泰二人诸生不敢馈送营求，其清介为同朝所推服如此，工书法，海内推为第一，诗宗汉魏，以书名

掩。著有《文清公遗集》。墉殁后尝奉中旨，命墉弟子环之集墉生平书、摹、刻以进曰《清爱堂石刻》。

清代山东籍进士中，有状元两人，榜眼两人，探花两人（不含济南府、登州府、莱州府、胶州、平度州，此五处进士参看济南会馆、登莱胶馆）。

孙毓溎（生卒年无考），字梧江，山东省济宁直隶州济宁人。玉庭孙，父仁荣。道光二十四年甲辰科（1844）一甲第1名，状元。授修撰。出督云南学政。咸丰元年（1851）出守江西吉安府，未之任，超擢按察使，调浙江按察使。二年，赏戴花翎。积劳至疾，乞归杜门养疴，就医京邸，卒于寓所。

孙如仅（1826－?），字亦何，号松坪，山东省济宁直隶州济宁人。咸丰三年癸丑科（1853）一甲第1名，状元。授修撰。历督陕甘、江苏学政，衡文校士，以拔取真才为宗旨，士谕翕服。累擢至内阁学士。卒于官。

苏兆登（生卒年无考），字晏林，号朴园，山东省武定府沾化人。嘉庆四年己未科（1799）一甲第2名，榜眼。授编修。五年，充云南乡试正考官。九年，补浙江道御史，督理街道巡视通州漕务，持躬以正，请托无由入。十三年，授江西南安府知府，因公罣误降一级调用。十五年，补户部员外郎。十九年，充军机章京，逾岁迁户部郎中，其秋扈从木兰，旋出督陕甘学政，祛宿弊，精校阅，士风丕振。差竣还京。二十五年，扈从木兰校射连中的，赐花翎。是年冬，授永平府知府。未阅月，擢江南淮阳道。寻升福建按察使。以疾未及行，丁父忧，遂归，奉母以终。

孙毓汶（1833－1899），字莱山，山东省济宁直隶州人。父瑞珍。

咸丰六年丙辰科（1856）一甲第2名，榜眼。授编修。十年，在籍办团，以忤钦差大臣亲王僧格林沁，奏参革职，遣戍新疆。同治元年（1862）因捐助军饷开复原官。五年，御试翰詹，钦定一等一名升侍讲学士。六年，充四川乡试正考官。九年，任福建学政，屏绝苞苴，严禁枪冒，杜闽县侯官兼考之弊，士风大振。光绪五年（1879），任安徽学政，授内阁学士。七年，补工部右侍郎，转左侍郎，充军机大臣，兼充总理各国事务衙门大臣，赐紫禁城骑马。十年，奉谕偕侍郎乌拉布赴安徽、江西、河南、湖北等省查办事件，察查认真，毫无徇庇，屡奏，上皆嘉纳。十二年，赏穿黄马褂。十四年，赏戴花翎，调补吏部右侍郎。十五年，擢刑部尚书，赏加太子少保衔。十九年，调兵部尚书。二十年，赏戴双眼花翎，并用紫缰。是时中日战起，毓汶虑伤国体，与某枢臣反复辩论，意见终多未合，逮逾年，和议成，遂引疾乞休。二十五年，卒，奉谕照尚书例，赐恤，谥"文恪"。孙毓汶曾住于丞相胡同。

苏敬衡（生卒年无考），字心舆，号蕉林，山东省武定府沾化人。苏兆登之子。道光十六年丙申恩科（1836）一甲第3名，探花。历官翰林院编修、国史馆协修，甘肃、四川按察使。

管廷献（1846－?）字士修，山东省沂州府莒州五莲小窑村人。同治六年（1867）举于乡。光绪九年会元，殿试以一甲第3人进士及第，探花。授翰林院编修。光绪十五年，充顺天乡试同考官。十六年，充会试同考官。十九年，复充顺天乡试同考官。历官补江南道监察御史，署兵、刑、工科给事中。

除一甲进士外，其余同省进士选列如下（不含济南府、登州府、莱州府、胶州、平度州，此五处进士参看济南会馆、登莱胶馆）：

刘镮之（？—1821），字信芳，山东省青州府诸城人。父堪早卒，伯父墉抚教之。乾隆五十四年己酉科（1789）三甲23名进士。改庶吉士。授检讨。历迁侍读学士。嘉庆五年（1800），擢内阁学士。七年，迁兵部右侍郎，转左侍郎。九年，调吏部右侍郎。十年，调户部右侍郎。十六年，擢兵部尚书。十八年，兼管顺天府府尹，赐紫禁城骑马，加太子少保衔。十九年，调户部尚书。二十二年，上秋猎回銮奏对失旨贬秩。二十三年，署兵部左侍郎，兼署刑部左侍郎，迁都察院左都御史。二十四年，仍兼府尹。二十五年，晋兵部尚书，调吏部尚书。道光元年（1821）卒。镮之席累世勋旧之泽，四督学政，再典乡试，历顺天、浙江、江苏三省，前后兼尹近十年，廉静自饬，门客罗雀，无赫赫之名。赐祭葬，谥"文恭"。

杜堮（1764—1858），号石樵，山东省武定府滨州人。明江西左布政使诗裔孙。嘉庆六年辛酉恩科（1801）二甲63名进士。改庶吉士。官至吏部左侍郎。迭掌文衡，得人极盛。晚年引疾，颐养京寓，耄而勤学，重复鹿鸣筵宴，赏头品顶戴，加太子太保。文宗即位，晋加太傅、吏部尚书、顶戴花翎。年九十五卒，赐祭葬，赠大学士，谥"文端"，祀贤良祠。

王玮庆（1788—1842），字藕塘，山东省青州府诸城人。嘉庆十九年甲戌科（1814）二甲48名进士。改庶吉士。散馆，授吏部主事。升员外郎。转福建道御史。道光十二年（1832），迁内阁侍读学士。历升顺天府府丞，大理寺少卿，光禄寺卿，都察院左都御史。十九年，擢礼部右侍郎，署刑部右侍郎，调户部右侍郎。二十年，充会试副考官。二十二年，卒。

杜受田（1787—1852），字芝农，山东省武定府滨州人。杜堮之子。道光三年癸未科（1823）二甲1名传胪，改庶吉士，授编修，上书房行走，荐擢户部左侍郎。揽择当世人才若林则徐、周天爵为最著称。仕至刑部尚书，协办大学士。咸丰二年（1852），奉命查办丰工及江南、山东赈务。卒于清江浦行馆，赠太师、大学士，祀贤良祠，谥"文正"。

孙瑞珍（生卒年无考），字符卿，山东省济宁直隶州人。道光三年癸未科（1823）二甲25名进士。改庶吉士，授编修。八年，充湖北乡试副考官。十六年，命入值上书房，出督陕甘学政。历擢至太仆寺卿，复督学江西，荐升兵部左侍郎，都察院左都御史，赐紫禁城骑马。二十八年，署兵部尚书，升礼部尚书。文宗御极，应诏保举人才，首以林则徐荐。调工部尚书充翰林院掌院学士，旋调户部。咸丰元年（1851），管理三库。二年，命赴天津验收海运米石。三年，赏戴花翎。九月，奉派办理巡防事宜，遂以疾奏请开缺。六年，卒于京邸，赠太子太保，赐祭葬，谥"文定"。

车克慎（生卒年无考），字意园，山东省济宁直隶州济宁人。道光十三年癸巳科（1833）二甲45名进士。改庶吉士，授编修。十七年，典河南乡试，称得人。大考升赞善，督安徽学政，严场规，奖实学，士风一变。历迁内阁学士。文宗显皇帝御极，应诏陈言，上十愿之疏，升工部左侍郎。咸丰元年（1851），丁父忧，回籍办理济宁赈务及团练捐输。五年，回京署兵部右侍郎，授礼部右侍郎，转左侍郎。以疾卒于位。

吴式芬（1796－1856），字子苾，山东省武定府海丰人。道光十五年乙未科（1835）二甲37名进士。由翰林院编修，简放江南南昌府，补南安。擢广东右江道，署按察使，案必亲鞫，务核其实。未几，升河南臬司，晋直隶藩司。调贵州，后调陕西。旋奉旨来京，授鸿胪寺卿。放浙江学政。迁内阁学士兼礼部侍郎。以病归里，数月卒，年六十一。

马新贻（1821－1870），字谷山，山东省曹州府菏泽人。道光二十七年丁未科（1847）三甲6名进士。以知县分发安徽，补建平，署合肥。咸丰五年（1855），以直隶州知州补用庐州，赏戴花翎，超擢安庆府知府。七年，调庐州府，以道员用。八年，署安徽按察使，军溃遗失印信，革职留任，寻开复。同治元年（1862），加按察使衔，寻署安徽布政使。二年，授安徽按察使，旋迁安徽布政使。三年，升浙江巡抚。四年，擢浙闽总督。七年，调两江总督，充办理通商事务大臣。九年七月，新贻赴箭道阅兵，回署突遇人刺伤胁肋，旋卒。谕加太子太保衔，入祀贤良祠，并于安徽立功地方建祠，事迹宣付史馆，予谥"端敏"，赏骑都尉兼一云骑尉世职。

冯尔昌（生卒年无考），字友文，山东省青州府安邱人。同治二年癸亥恩科（1863）二甲56名进士。由编修转御史。迁给事中。擢鸿胪寺少卿。出督广东学政。光绪十一年（1885），典江南乡试，得人最盛。历官大理寺卿，署都察院副都御史。卒于官。

李端遇（1832—?），字筱研，山东省青州府安邱人。于培曾孙。同治二年癸亥恩科（1863）二甲68名进士。由吏部主事累迁内阁侍读学士。历鸿胪寺卿、太常寺卿、通政使，至工部左侍郎。光绪二十五年（1899），历充江南、浙江乡试正考官、会试知贡，举督安徽学政，得人最盛。二十六年五月，派充京师团练大臣，时方以病乞假，闻命即力疾起视事，迨两宫西狩，端遇病不及从，诏留京办事。二十七年，卒。

徐会沣（1837—1905），字东甫，山东省青州府诸城人。同治七年戊辰科（1868）二甲107名进士。改庶吉士。授编修。荐升翰林院侍讲学士。光绪十四年（1888），充山西乡试正考官，入值上书房。历詹事府詹事，升内阁学士，授工部侍郎，督顺天学政，调补礼部右侍郎，转左。二十四年，以驳斥礼部主事王照条陈革职，旋起补吏部右侍郎，赐紫禁城骑马，授都察院左都御史，兼管顺天府府尹，擢兵部尚书。二十九年，充会试副考官。三十一年，卒。谕照尚书例，赐恤。

会馆现状（一）

会馆现状（二）

会馆现状（三）

济南会馆

济南位于山东省中部偏西。战国为齐历下邑,西汉初置齐郡,后改为国,宋政和六年(1116)升齐州府,元改为路,明复为府,改称济南。下辖历城、长清、章丘、济阳、德平、德县(今称德州)、平原、临邑、禹城、陵县、齐河、淄川(今称淄博)、桓台、齐东(今称邹平)十五邑。

济南会馆又称"济南十六邑馆",位于西城区烂漫胡同97号。清乾隆末年,由窦光鼐等人集资,于清朝大臣嵇璜的故宅扩建成为会馆。原有4个院落,附有莲花寺湾八号、十号两个小院,总面积6.53亩,有房114间。现为民居,有三进院落,坐西朝东,有正房五间,后房十二间,建筑多破损。另有一处义园,位于今西城区广安门外手帕口南街,现原址已拆迁,为"朗琴国际"高级住宅区。

清代济南籍进士选列如下:

嵇璜(1711—1794),字黼廷,号尚佐,晚年自号拙修,江苏省常州府无锡人。清代著名水利专家。雍正八年庚戌科(1730)二甲66名进士。乾隆三十二年(1767),转任礼部尚书、东河河道总督。三十八年,又转工部、兵部、吏部等职。卒年八十有四,赠太子太师,谥

"文恭"。有《治河年谱》传世。雍正乾隆年间嵇璜曾住于此会馆。

窦光鼐（1720－1795），字元调，号东皋，山东省青州府诸城人。乾隆七年壬戌科（1742）二甲22名进士。改庶吉士，授编修。历迁内阁学士兼礼部侍郎。母忧，服阕，授都察院左都御史。改正律例之未协者百余事。守兵部左侍郎。奉命祭南海，却馈不受，授顺天府尹。左迁通政司副使。历宗人府丞。充四库全书总阅，同修《日下旧闻考》。迁吏部右侍郎。历礼部右侍郎。晋左都御史。为上书房总师傅。六十年，为会试大总裁，坐覆试贡生磨勘免官。旋卒，年七十六。光鼐学问精瞻，文词清古，值国家承平，天子雅重经术文章之士。

汪镛（生卒年无考），字东序，号芝田，山东省济南府历城人。乾隆四十年乙未科（1775）一甲第3名，探花。授编修。充广东乡试副考官。两任陕甘学政，校士公勤，尤恤寒畯。转御史历兵科给事中，平反大狱，弹劾无避，直声震一时。擢顺天府丞。年老告归。

卢荫溥（1760－1839），字霖生，号南石，山东省济南府德州人。乾隆四十六年辛丑科（1781）二甲17名进士。改庶吉士，授编修，与修《三通》及《河源纪略》。充翰林院办事官，拟进文字多出其手。由鸿胪寺少卿擢至兵部左侍郎。是时豫东及南山匪徒相继蠢动，荫溥赞画得宜，事平。擢礼部尚书。晋协办大学士。授体仁阁大学士。继理刑部，多平反。以疾致仕，重赴鹿鸣宴，卒于京邸。谕祭再三，赠太子太师，谥"文肃"，入祀贤良祠。

张翯（生卒年无考），字叔举，山东省济南府平原人。乾隆四十九年甲辰科（1784）三甲31名进士。改庶吉士，授检讨。十年中分校乡闱者一，礼闱者二，典试陕甘云贵者三。嘉庆元年（1796），入值上书房。历迁至右中允，出守怀庆。署按察使。道光元年（1821），内迁光禄寺少卿。以老乞归卒。

毛式郁（？—1844），字伯雨，山东省济南府历城人。嘉庆四年己未科（1799）三甲52名进士。改庶吉士。散馆，授吏部主事。荐升宗人府丞。道光二年（1822），督顺天学政。十年，迁左副都御史。十一年，充江西乡试正考官。十九年，升礼部右侍郎，督江苏学政。二十年，调吏部右侍郎。二十四年，卒。

毕道远（1810—1889），字东河，山东省济南府淄川人。道光二十一年辛丑恩科（1841）三甲47名进士。改庶吉士，授检讨。历迁司经局洗马，翰林院侍读侍讲学士，国子监祭酒，内阁学士，兵部右侍郎。咸丰十年（1860），偕大学士贾桢奏陈山东团练事宜得允行。同治元年（1862），调仓场侍郎。三年，调兵部左侍郎。七年，再授仓场侍郎。光绪八年（1882），迁左都御史，兼管顺天府府尹。擢礼部尚书。转兵部尚书。历典山西广西乡试，再典顺天乡试，再典顺天武乡试。充经筵讲官，赐紫禁城骑马。十三年，以病乞休，卒。赐祭葬。

会馆现状（一）

济南会馆　烂缦胡同97号

会馆现状（二）

会馆现状（三）

登莱胶馆

登州，今称蓬莱，位于山东省东部，汉为莱郡，唐武周如意二年（692）置登州，明洪武九年（1376）升为府，今为烟台市下辖县级市。莱州，位于山东省东部，后魏置光州，隋开皇五年（585）改为莱州，明洪武九年（1376）升为府。今为烟台市下辖县级市。胶州，位于山东省东部，隋为胶西，明改胶州，今为青岛市下辖县级市。

登莱胶馆，馆产较多，据统计约有分馆5所、义馆6所、附产9处和义地28片。土地共计约200亩，房舍1350余间。多集中在西城区广内街道、牛街街道、白纸坊街道、大栅栏街道等区域内。由登州（今称蓬莱）、莱州、胶州、平度四州及下属各县联合创建。登莱胶义园最初附属于宝应寺。位于登莱胡同29号的登莱会馆附产，1949年初改为登莱胶小学，今为西城区登莱小学（原宣武区师范学校附属第二小学），宝应寺四重大殿仍在。现为西城区文物保护单位。

清代登莱地区进士中，有状元两人，榜眼一人，并其他进士选列如下：

曹鸿勋（？—1910），字仲铭，山东省莱州府潍县人。光绪二年丙子恩科（1876）一甲第1名，状元。授翰林院修撰。充己卯科湖南乡

试副考官。逾年督湖南学政，得人之盛为历来之最。任满旋京，派上书房行走，授贝勒载润读。充己丑科江南乡试副考官，植品端方，砥砺风节，遇朝廷大政事如戊子郑州水灾、甲午中东和议，凡十余疏皆侃侃直言，不避权贵，遂为忌者所中。旋出为云南遗缺府补永昌，调云南府，晋迤东道。升贵州按察使，擢布政使，署巡抚。未几，巡抚陕西。丁未冬，奉旨开缺回京，召对时痛陈新法蠹国之由，两官为之动容，派充协理资政大臣。蒿目时艰，愤懑抑郁，

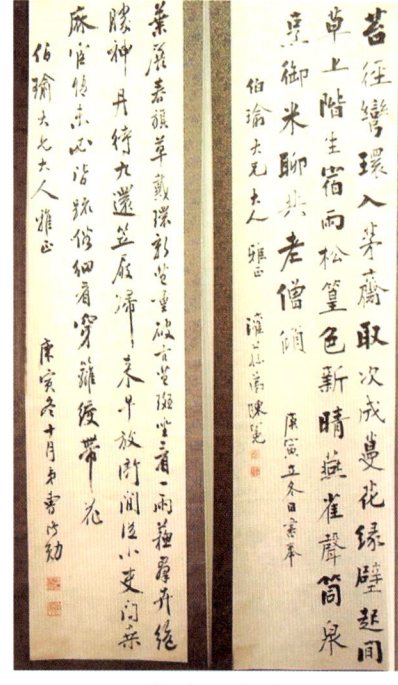

曹鸿勋书法

公暇惟假饮酒临池以自遣，生平言寡行，恧不讲学而动与古会，书法得晋唐各大家三昧，故名震一时，居京邸日，四方求书者踵相接，零缣片纸咸宝贵之。于庚戌秋卒于京寓。

曹鸿勋与王寿彭

王寿彭（1875—1929），字次篯，山东省莱州府潍县人。光绪二十七年（1901）举于乡。光绪二十九年癸卯科（1903）一甲第1名，状元。授翰林院修撰。入进士馆习法政。三十一年，赴日本考察，回国后著《考察录》。宣统二年（1910），调湖北省提学使，兼署藩篆，创设预算制度。辛亥后回京。民国初年任山东都督府、巡按使署秘书。1916年任北京总统府秘书。1925年任山东省教育厅长，兼山东大学校长。1927年6月离职，后寄居京津。病逝于天津。

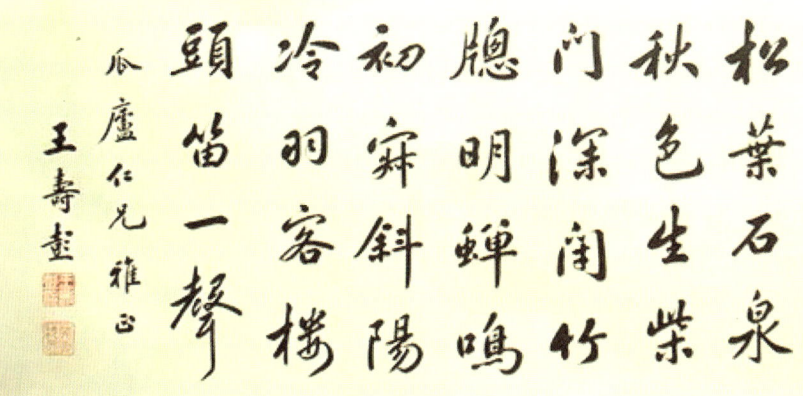

王寿彭书法

贾桢（1798—1874），字筠堂，山东省登州府黄县人。允升子。道光六年丙戌科（1826）一甲第2名，榜眼。授编修。大考一等，擢侍讲，入值上书房。充湖北乡试正考官，转侍读。擢侍讲学士。迁詹事府少詹事。擢内阁学士。充顺天乡试正考官。升工部右侍郎。充江南乡试正考官。调户部右侍郎。转左侍郎。充会试副考官，经筵讲官。擢都察院左都御史。迁礼部尚书。赐紫禁城骑马。调吏部尚书。充会试副考官。咸丰二年（1852），以吏部尚书协办大学士。三年，请命山东在籍绅士，筹办团练，从之。以恭题孝和睿皇后神主，礼成，赏太子太保衔。寻充上书房总师傅，兼管顺天府府尹。充翰林院掌院学士。授体仁阁大学士。充顺天乡试正考官。晋武英殿大学士，兼管工部事务。六年，丁母忧，服阕，以大学士衔补吏部尚书，充上书房总师傅。九年，充会试正考官。寻授体仁阁大学士。管理兵部事务，兼翰林院掌院学士。晋武英殿大学士。旋充实录馆总裁。同治元年（1862），充顺天乡试正考官。四年，充会试正考官。以文宗显皇帝实录告成，赏戴花翎。六年，充顺天乡试正考官。九月，桢七十寿辰，特赐福寿字及御书联额、珍玩、文绮等物。七年，因病请开缺，命以大学士致仕，赏食全俸。十三年，卒，赐祭葬，予谥"文端"。

林钟岱（？—1815），山东省登州府文登人。嘉庆四年己未科（1799）三甲96名进士。授兵部主事。十八年，擢江南道御史，巡查通仓。转掌湖广道。祀乡贤。著有《花屿草堂集》。

陈官俊（1782—1849），字伟堂，山东省莱州府潍县人。嘉庆十三年戊辰科（1808）二甲2名进士。改庶吉士。授编修。入值上书房。二十四年，充陕甘乡试正考官。旋督山西学政。荐升侍讲学士。道光元年（1821），谕着退出上书房，以编修降补。十七年，充顺天乡试副考官。荐升礼部左侍郎，工部尚书。赐紫禁城骑马。二十年，授通政司。旋擢吏部尚书、协办大学士、上书房总师傅。卒于官，赠太子太保，祀贤良祠，谥"文悫"。

王兆琛（1786—1853），字西坡，山东省登州府福山人。嘉庆二十二年丁丑科（1817）二甲90名进士。改庶吉士，授编修。迁江南道监察御史。转掌湖广道。道光三年（1823），授四川重庆府知府。历任江西督粮道、安徽宁池太广道、甘肃按察使、四川布政使。以捐输河工经费，赏戴花翎。二十六年，擢山西巡抚。二十九年，为御史杨泭如奏参褫职，遣戍籍没。咸丰二年（1852），卒。

匡源（？—1881），字本如，号鹤泉，山东省莱州府胶州人。道光二十年庚子科（1840）二甲36名进士。改庶吉士，授编修。累擢至吏部左侍郎，署礼部尚书。充经筵讲官。咸丰八年（1858），奉旨在军机大臣上行走，赐紫禁城骑马。十年秋，扈从文宗显皇帝北狩，赏戴花翎。十一年，以诖误免归，主讲泺源书院兼主尚志书院。同治三年（1864），入都祝皇太后万寿，赏给三品衔。光绪七年（1881），卒于书院。

任兆坚（1823－?），字蕢台，山东省莱州府高密县人。咸丰二年壬子恩科（1852）三甲16名进士。改庶吉士，授检讨。转江西道御史。历工科给事中。擢顺天府丞。晋鸿胪寺卿。以病告归。卒于家。

王培佑（1843－?），字保之，山东省莱州府平度州人。光绪九年癸未科（1883）二甲16名进士。改庶吉士。散馆，授编修。戊子顺天乡试、己丑会试皆与分校，号称得士。二十三年，转御史。二十五年，巡视西城。升顺天府丞。旋又超迁府尹。官终宗人府丞。

柯劭忞（1850－1933），字仲勉，号凤孙，山东省莱州府胶州人。光绪十二年丙戌科（1886）二甲45名进士。授翰林院编修。迁侍讲。调湖北提学使。卒于北平。柯劭忞初葬右安门外草桥山东登莱胶义地。1953年移至石景山区苹果园街道福田寺村东福田公墓。

会馆现状（一）

会馆现状（二）

会馆现状（三）

【河南省】

宣 南 会 馆 与 清 代 进 士

河南会馆（中州乡祠）

河南又称"中州"，因此河南省级的会馆又多称为"中州会馆"。西城区宣武门外大街1号的是河南老馆，始于明万历年间，由明代大学士高拱在此处购买的荒地两亩，用以建中州乡祠以备在京豫人集会之用。是河南省在京创建最早、历时最长的试馆。清康熙十年（1671），工部尚书汤斌进行了扩建，定名为"中州乡祠"。

高拱（1513－1578），字肃卿，号中玄，河南省开封府新郑人。明嘉靖二十年辛丑科（1541）进士。授翰林院编修。升翰林院侍读。嘉靖三十一年，时明穆宗朱载垕为裕王，高拱被选为侍讲学士。嘉靖四十五年，受当时内阁首辅徐阶推荐，拜文渊阁大学士。朱载垕继位后，封为少保兼太子少保，与徐阶反目，相互攻讦，为胡应嘉等人逼退。隆庆三年（1569），徐阶致仕

高拱

后一年，张居正与太监李芳合谋，重新起用高拱，授大学士兼掌吏部。此后，高拱逐渐养成气候，最终取代首辅李春芳，而高坐内阁首辅的位子。自此，越发趾高气扬，专擅国柄。万历元年（1573）明神宗即位后，高拱以主幼，欲收司礼监之权，还之于内阁。与张居正谋，然张居正与司礼监冯保交好，冯保进谗太后责高拱专恣，被勒令致仕。万历六年死于家中。万历七年赠复原官。著作有《高文襄公集》。

汤斌（1627—1687），字孔伯，号荆岘，晚号潜庵。河南省归德府睢州人。清朝政治家、理学家暨书法家。明崇祯十四年（1641）应童子试，十五岁前已通读《左传》《战国策》《公羊》《史记》《汉书》等。顺治九年壬辰科（1652）三甲167名进士。选为宏文院庶吉士。授国史馆检讨。十二年，出任陕西潼关道员。康熙三年，丁父忧归。五年，开始研读宋明理学。十八年，应博学宏词，授翰林院侍讲。

汤斌

二十一年，充《明史》总裁。二十三年，迁内阁学士，任江宁巡抚。二十四年，多次上疏关于赋税、人员调动，皆得到采纳。受推荐为太子辅导，离开苏州时，百姓停市三天，拦路烧香哭泣为其送行。后任工部尚书。汤斌刚正不阿，不趋权贵，多次得罪明珠、余国柱等当权重臣。后遭到诽谤，受到皇帝责问。康熙二十六年（1687），病卒于任。为官一生，卒后身上仅有俸银八两，其友徐乾学赙以二十金，乃能成殓。雍正十年（1732），汤斌受到平反，次年入贤良祠。乾隆元年（1736），皇帝钦赐谥号"文正"。道光三年（1821），得以从祀孔庙。汤斌一生以学问治天下、以学问辨是非、以学问教后辈。从1660年归家丁忧起，近二十年间无闻于宦海，而沉心于做学问。他著有《潜庵语录》《潜庵文钞》《春秋增注》等十几部书。此外，他还善画山水，工笔、写意皆长。

据《清末北京外城巡警右厅会馆调查表》（1906年）记载，进士杨捷三曾为中州乡祠的管理人。

杨捷三（1862—1941），字少泉，河南省开封府祥符人。光绪十六年庚寅恩科（1890）二甲94名进士。选庶吉士，授翰林院编修。升侍讲学士。国史馆总纂修。日讲起居注总办。宣统三年（1911），升侍读学士。随之武昌起义爆发，捷三眼看清廷腐败，失望之极，于是决定挂冠归里。而后集资创办、联办洛阳照临，开封普临，郑州明远电器股份有限公司（即燃煤火力发电厂）。后受聘为河南省通志局总纂修、河南省政府顾问等。抗日战争时期，捷三赞成联合抗日。民国二十七年（1938）春，捷三携家西上抗日，到密县时因病重不能再西行。开封沦陷后，财产被日军没收。民国三十年病卒。撰有《许文敏公易名恩荣录》。

清代地址为上斜街10号，民国时为上斜街13号。原有建筑已无存，现为"环球财讯中心"所在地。

老照片

会馆现状（一）

会馆现状（二）

会馆现状（三）

河南会馆（嵩云草堂）

西城区达智桥胡同55号的河南会馆又称"嵩云草堂"。康熙十年（1671），汤斌在扩建中州乡祠的同时，在街对面原招提寺的基础上，兴建了"洛社"、"海棠院"、"听涛山馆"、"池北精舍"、"月牙池"、"嵩云亭"、"听雨楼"等建筑。咸丰十一年（1861），户部侍郎毛树棠将月牙池南边的土地购下，将路南的"乡祠"与路北的建筑连成一片。其中包括原接待寺旧寺，建成河南在京最大的省级会馆，别名嵩云草堂。同治十二年（1873），兵部尚书毛昶熙、漕运总督袁保恒（袁世凯的从叔）等人又筹资在会馆内修建了"精忠祠"和"报国堂"，祠内奉岳飞像，供乡人缅怀祭祀。至此，会馆北到北河沿，南至达智桥，共有大小厅堂亭舍150余间，成为当时最大的河南省馆。时人习惯称之为"嵩云草堂"。清《光绪顺天府志》载："炸子桥，松筠庵在南，杨忠愍继盛故宅也。西偏为谏草堂。有河南会馆，颜曰嵩云草堂。"炸子桥由"鞋子桥"转音而来，民国时更名为达智桥。

李慈铭的《闰秋饮集嵩云草堂池北精舍》，对嵩云草堂描述如下：

> 胜地招邀萃习舫，丽楼栏槛带虚堂。
> 清池水影先浮磴，高柳秋声欲满廊。

云物略存嵩少意，钟鱼犹按梵奁香。

双藤宰相风流歌，尚有寒松翠过墙。

毛树棠（1779—1845），字荫南，号荐村，河南省怀庆府武陟人。嘉庆二十二年丁丑科（1817）二甲43名进士。选庶吉士。散馆，授翰林院编修。内阁学士。礼部右侍郎。后官户部仓场，尽心经营，革除弊端。工书。著有《瓯钵罗室书画过目考》。

毛昶煦（1817—1882），进士题名录作毛昶熙，字旭初，河南省怀庆府武陟人。道光二十五年乙巳恩科（1845）三甲8名进士。选庶吉士，授翰林院检讨。咸丰五年（1855），迁御史。转给事中。八年，授顺天府丞。十年，加左副都御史衔，命督办河南团练。十一年，因用人失误，降三级调用，暂免开缺。连擢顺天府尹、太仆寺卿、内阁学士，留军。同治元年，

毛昶煦

授礼部侍郎，仍督团剿贼。四年，战败革职留任，奉召回京。六年，调户部。七年，擢左都御史，兼署工部尚书。八年，授工部尚书，总理各国事务衙门行走。九年，奉命偕直隶总督曾国藩按治，暂署三口通商大臣。十一年，调吏部。十二年，上谒东陵，奉命留京办事。十三年，兼翰林院掌院学士。光绪四年（1878），丁母忧，服阕，仍任总理各国事务衙门行走，兼翰林院掌院学士。八年，授兵部尚书，寻卒，优诏赐恤，赠太子少保，谥"文达"。毛昶煦以謇谔著声，其"三

不留原则"，即"一不留下墨迹，二不留下文稿，三不留下钱财"，使得其书不过两个时辰，文不过一季，皆焚之与炉。毛昶煕卒后，其后世极其贫困，当真是不留一点钱财。

袁甲三（1806－1863），字午桥，河南省陈州府项城人。自幼聪慧，读书刻苦。道光十五年乙未科（1835）三甲32名进士。以主事用，分礼部。二十年，补官。二十三年，充军机章京。二十七年八月，升员外郎。九月，以捐备本籍赈需下部议叙。二十九年，迁郎中。三十年五月，擢江南道监察御史，寻稽查丰益仓。七月，擢兵科给事中。九月，疏劾广西巡抚郑祖琛慈柔酿患，致贼充斥，及粉饰

袁甲三

弥缝状，诏褫祖琛职。又疏劾江西巡抚陈阡兴属吏狎妓饮酒贿赂交通，命下江西学政张芾按之得实，褫陈阡职。十一月，转兵科掌印给事中，时户部请开捐例。咸丰元年（1851）正月，诏免各省钱粮积久。上以祈谷礼成，加恩太常寺执事，各员悉予议叙。二年五月，加三品卿衔，授兵科给事中，剿办安徽"捻匪"。四年五月，超擢都察院左副都御史。五年，奏请调改全皖军务，受弹劾，寻议革职。六年二月，因"捻匪"肆虐，江苏巡抚吉尔杭阿、浙江巡抚何桂清联名举荐，命甲三随同英桂剿办河南"捻匪"。七年五月，授太仆寺卿。六月，赏戴花翎。九年正月，谕命赴京供职，遂请假省亲。四月，至京以三品顶戴署漕运总督。十月，实授漕运总督。十年正月，赏穿黄马褂。六月，赐甲三母郭氏"懿桀颐龄"匾额，及福寿字、如意、绸缎

等。十二月，以甲三调度有方，下部优叙。同治元年（1862）正月，复下部优叙。六月，因病请假。七月，以病势增剧，疏请开缺回籍调理。在籍期间，依旧会筹防剿。至二年六月，再次击退攻陈州之"捻匪"，时甲三病已亟，犹日召将士议战事，是月卒。袁甲三多年与太平军作战，经验丰富，战果显著，深得军心民心，也深得皇帝器重信任。同治皇帝钦赐谥号"端敏"。有《端敏公遗著》。

袁保恒（1826－1878），字小午，号筱坞。河南省陈州府项城人。袁甲三长子。道光三十年庚戌科（1850）二甲16名进士。改翰林院庶吉士。咸丰二年（1852），散馆，授编修。三年，请假送亲回籍，寻赴安徽随父甲三行营剿贼。五年，上允甲三请留保恒于军。七年，随父四处征战，始终奋勇，得旨赏侍讲衔，花翎。九年正月，随甲三奉召回京。七月，充文渊阁校理。八月，充顺天乡试同考官。十年三月，仍赴军营。同治元年（1862）五月，擢翰林院侍讲。八月，转侍读。闰八月，迁詹事府右春坊右庶子，时甲三病笃解职，保恒仍留营，寻丁继母忧归。二年四月，调赴汝宁军。六月，甲三卒，上悼惜赐恤有加，诏保恒服阕后以翰林院侍讲学士即补。三年。力言兴屯不可缓，未被采纳，并下部议处。四年正月，部议降一级，以鸿胪寺少卿候补。寻服阕。上追念甲三功，并以保恒能勉承父志，开复降调处分，仍以翰林院侍讲学士补用，并予以三品衔。八月，命赴陕甘总督左宗棠军营听候委用。九月，补官。八年，命笕西征粮台

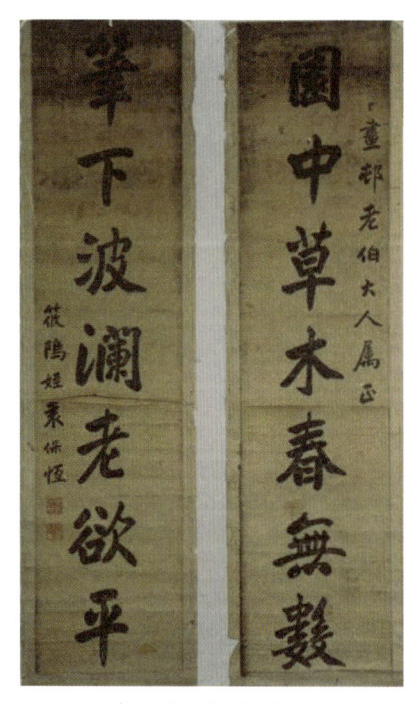

袁保恒书法作品

得专折事。十一年五月，擢詹事府少詹事。十月，迁詹事。十二年，请假省亲，旋因肃州克复，赏头品顶戴。十三年二月，升内阁学士，兼礼部侍郎衔。九月，擢户部左侍郎，兼管三库事务。十月，慈禧端佑康颐皇太后四旬万寿，赐保恒祖母郭氏匾额、如意、文绮。光绪元年（1875）三月，奉召回京。八月，兼署吏部右侍郎。二年四月，调刑部左侍郎。九月，充顺天武乡试正考官。十二月，上疏建议以福建巡抚转为台湾巡抚而驻台湾，又以总督办福建全省事，疏入，下部议行。三年五月，请假归葬祖母郭氏。八月，回京，是岁河南旱饥，以赈荒迟延褫巡抚职。十月，遣保恒帮办赈务。四年四月，将傤装周历灾区，疾作，三日卒，谥"文诚"，列其事于临淮、陈州袁甲三祠内配享。

光绪二十年（1894）以后，嵩云草堂逐渐成为近代维新人士聚会、议事的场所。1895年公车上书时，河南籍举子曾在这里集会、签名。1898年保国会成立后，康有为、梁启超等均曾在草堂开会议事，还将《保国会叙》"榜于会所"。

《宣南鸿雪图志》记载：

> 光绪三十年（1904），会馆改为河南公立豫学堂，民国后仍为学校使用。1915年失火，原有建筑焚毁殆尽。次年重修，仍为学校，但建筑已基本改观。1975年后又建起了新楼。现状除临街大门和一座三开间厅堂外，其他房屋杂乱无章，已看不出当时的格局。厅堂为硬山清水脊，合瓦屋面，面阔三间，进深五檩，南北及东侧被增建房屋所遮挡，西侧装修大致保留。大门为广亮大门，尺度较大，门内原悬匾"嵩云草堂"。

嵩云草堂最重要的历史价值是在这里发生的"公车上书"事件。1895年清朝与日本签订了丧权辱国的《马关条约》，举国愤怒，广东举人康有为发动在京应试举人1300余人在此聚会，起草了一份"万言书"，由此徒步游行至都察院，上书朝廷。由于"嵩云草堂"与它斜对面的"松筠庵"同音，松筠庵又是明代忠臣杨继盛（椒山）之祠，名声显著，所以后人误传集会上书处为松筠庵。其实杨祠庭院局促，不可能容纳1300余人，而河南会馆主人暗中支持变法维新，所以开放集会。因汉代曾用公家车马接送应举的人,后便以"公车"泛指入京应试的举人。康有为等人都是外地进京应试的举子，时人借用古名，称为"公车"。这是中国近代历史上一次规模较大的爱国运动，嵩云草堂是这一活动的历史纪念地。

清代史上，河南省共有1701名进士。其中包含一名状元（吴其濬），两名榜眼（李元振、祝庆蕃），两名探花（王露、程元章）。其资料整理如下：

李元振（1636－1719），字贞孟，号惕园，河南省归德府柘城人。康熙三年甲辰科（1664）一甲第2名，榜眼。选庶吉士，授翰林院编修。升左春坊赞善。充经筵讲官。累迁都察院副都御史，疏请考察督抚以肃大权言极剀切。升工部侍郎，慎出入，清浮冒，监修大同右卫廨舍营房一万八千余区省帑费银三十万，寻管宝源局，严勒指迟留收兑等弊，廉能大著。两任顺天乡试正主考，先后隽礼闱者凡七十人，名公巨卿多出其门。历侍内廷蒙恩赐金币珍果无算。转侍郎，时赐御书诗扇各一柄、渊鉴斋古文、皇舆图表等书。丁丑缮疏陈请省母。乙卯丁母丧，蒙恩谕祭。壬午抵都，命查天津河道，回奏蒙赐御书、诚孚堂匾额，任工部。六年，以老乞归，同时公卿咸歌诗送之，刻有金台赠言一集，时丁亥十月也。平日谊笃，桑梓遇利害，维持拯救，如恐不及。归郡，九属柘居其末为小邑，童子入庠额仅录八人，而好学者每以额隘见遗，当壬午赴都时力请于中丞徐浩轩具广额疏，奉旨升为中学，文武各取十二人，而豫之嵩温考城亦附题广额如柘。己丑邑被水灾，不惜百金之资与令先行平粜，全活甚众。优游林下者十三年。终寿八十三，祀乡贤。著有《畅春园纪恩诗》《恭守堂存稿》《诚孚堂存稿》。

王露（？—1727），字天波，号戒三，河南省归德府柘城人。天资过人，寓目辄不忘，下笔千言可立就。登丁卯贤书，风流洒脱，每于读书之余，捐施药饵，周恤族党，即典当一空坦然若无事焉，至其孝友睦姻，乡里尤师法之。康熙三十九年庚辰科（1700）会元，殿试一甲第3名，探花。选庶吉士。授翰林院编修。癸未会试同考官，海宁相国陈世倌、葛斗南诸名士悉出其门。因病回籍，逍遥林壑者二十余年。雍正五年（1727）卒于家，年七十二，妾李氏自缢殉之。著有《诗文全集》。

程元章（1684—1767），字冠文，号坦斋，河南省汝宁府上蔡人。祖籍登封。幼时聪慧好学。康熙五十六年举人。康熙六十年辛丑科（1721）一甲第3名，探花。选庶吉士，授翰林院编修。雍正元年（1723），主四川乡试。二年，出任顺天府，为乡试同考官。四年，任福建学政。升翰林院侍读学士，詹事府少詹事。七年，任浙江布政使，时浙江大荒，百姓流离，适逢浙江总督因事回乡，元章勇于担责，一边呈皇帝，一边开仓赈济。十年，升浙江总督，兼管巡抚并两浙盐政事务。乾隆元年（1736），奉诏回京，补授漕运总督，代礼部侍郎。调补吏部左侍郎，兵部侍郎。充丙辰科武殿试读卷官。二年，充丁巳科文殿试读卷官。回乡后，从事书法及著作，其书法集苏、黄、米、蔡各家之长，独创一体。乾隆十五年，上南巡中州，元章躬迎，钦赐侍郎衔，并赐内廷筵席。十六年，皇太后七旬寿，元章赴京贺寿，途感风寒，上数次垂询，并御书"颐和洛社"赐之。乾隆三十二年，病卒于家，年八十四。元章生性恬淡，平易近人，不慕荣利。历官三朝，居官二十余载，两袖清风，田地房产一无所增。著有《溯落堂诗文集》，参与纂修《西湖志》四十八卷。

祝庆蕃（1777－1853），字晋甫，号薇畦，河南省光州固始人。嘉庆十六年辛未科举人。嘉庆十九年甲戌科（1814）一甲第2名，榜眼。选庶吉士，授翰林院编修。二十一年，出任顺天乡试同考官。二十四年，出任贵州乡试主考官。道光二年，充会试同考官。出任广西学政，江西乡试副考官。七年十一月，授詹事府右春坊右赞善，署日讲起居注。十一年二月，因忽，降三级留任。十七年十月，充顺天武乡试副考官。十八年，累迁光禄寺卿。任礼部会试同考官。二十年二月，迁都察院左副都御史。十月，再任顺天武乡试正考官。二十二年八月，署任刑部左侍郎。十一月，迁兵部右侍郎，又转升左侍郎。二十四年正月，署任经筵讲官。二月，改户部左侍郎。十二月，授都察院左都御史。二十五年四月，受兵部堂官违例派署掌印等罪牵连，革职留任。十月，调礼部尚书。二十七年，因回避士子加行考试事被斥，受议处。二十八年十月，补内阁学士，兼礼部侍郎衔。二十九年，以年老致仕。咸丰三年（1853），卒于家。

吴其濬（1789－1847），字瀹斋，又字季深，号吉兰，别号"雩娄农"，河南省光州固始人。幼好学，嘉庆十五年举人。嘉庆二十二年丁丑科（1817）一甲第1名，状元。选庶吉士。授翰林院修撰。任礼部尚书。改兵部侍郎。后历任江西、湖北学政，兵部侍郎，湖南、湖北、云

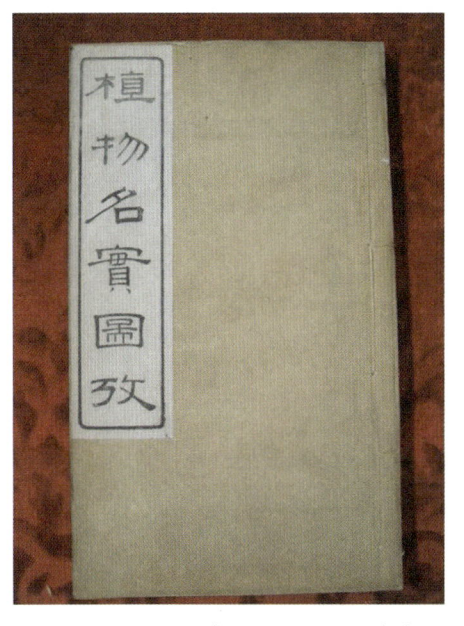

吴其濬所著《植物名实图考》

南、贵州、福建、山西等省总督或巡抚。其濬宦游各地，酷爱植物，每至一处，必搜集标本，绘制图形，并于庭院中培植野生植物，历时七年，将其实地考察及经历所得之真知，写成《植物名实图考》一书，计三十八卷，其中所收之植物共一千七百一十四种，并有附图一千八百多幅。另著有《植物名实图考长篇》《滇南矿厂图略》和《滇行纪程集》等。其在植物学与矿产学均有深厚造诣。

科举废除后，袁世凯、张仁黼等人利用嵩云草堂设立河南公立旅京豫学堂，民国初改为京兆私立河南中学。

张仁黼（1848－1908），黼又作黻，又名张世恩，字少玉，劭予，号孟藻，河南省光州固始人。光绪二年丙子恩科（1876）二甲26名进士。选庶吉士。散馆，授翰林院编修。入值上书房。督湖北学政，以朱子小学，近思录训士。累迁洗马。充日讲起居注官。补侍讲。迁鸿胪寺卿。典试四川。除奉天府府丞，丁父忧，未赴。二十六年，奉命在籍团练。服阕，赴行在，时财匮，议加丁口税。还京，擢顺天府尹。迁兵部侍郎。典试江西。历学部，法部。三十三年，补大理寺卿，奏请敕部院大臣会订法律，多议行。授吏部侍郎。充经筵讲官。三十四年，丁母忧。未几，卒。

除上述之外，清进士中，仍有不少河南籍名士记录于地方志当中，计"中州乡祠"建立后（康熙十年），本省进京赴考的举子得中进士者选列如下：

王鸣球（生卒年无考），字伊璜，河南省开封府尉氏人。题名录载为鄢陵籍。明青郡司马芝童公之仲子也。世居尉之三亭冈，生数月而司马见背，母孙太夫人抚之。幼时，器于同里，大司寇靳公谓王氏："孤儿必能大振家声者。"长以气节自许，慷慨好义，四方硕士过其里者咸造访之。明季"闯贼"变起，举家避难汴中，贼引河灌水，太夫人守志沉没，伯兄伊白公浮木往求弗获，家口俱陷洪波，公幸不陷于难，循城号泣，旬有余日，得母及伯兄之尸以殡焉，承平后始迁归营葬。公脱汴流寓河朔诸难备历，迨国朝鼎定，渡河南，旋假居安陵，毅然泣曰："家业之散失天也，若学业则人耳，岂敢以祖宗数百年书香自我而绝？"苦志下帷并教其长君太常公成立，所可异者，公之领解也，在顺治庚子，既与前司马公成立，所可异者，公后先耀映，公之捷南宫也，在康熙甲辰，而其传胪乃在丁未。又与长君同对大廷，承先启后，若取左券。康熙六年丁未科（1667）三甲59名进士。公登第后痛念太夫人之没，每值祭扫必躬襄其事而蓄哀数日，恒不能释，观其祭太夫人诸文伊白公碑记，字字血泪，言言至性，令人不忍卒读。诸姊中有贫乏者，生死周恤不遗余力，论者以为内行克敦，仿佛杨亢宗云长君。擢庶吉士。公以待铨里居，虽父子同日而贵，愈自谦退，其后长君在谏垣，公时以手书诫勉。以故历言路十余载，侃侃奏议，载在史册，要皆人所不能言与不敢言者。自长君由掌科历任太常，遇覃恩，诏封公如其官，公自负康济，不欲因子显义，不受。除内阁中书，未补。以目疾故，优游林壑日，与二三知己以诗酒自适，放歌浮白，慨然有超世之概。公府事毫不预也，然喜排难解纷周人急。逢岁凶疫，煮粥施药，全活甚众，乡里至今颂之。他若建义塾，施义浆，修治断桥，及陷道又其余事。雅好读书，至老不倦，尝论断全史，编为歌行若干卷以示来学。晚年以嗜酒成疾不起。所著诗文自出机轴，不拘一格，颇峭拔有奇致，惜多散失不存。

王贯三（？－1720），字配公，号蘧庵，又号念庵，河南省归德府考城人。代有隐德，少凝重不与群儿侪伍，父鼎器之，曰："昌吾门者，其是子乎？"稍长，勤学不息，为文英奇磊落。知县程梦筒得其文称赏之，且荐于府，值督学史逸裘遂拔置第一，入庠，延入署中与子侄讲读论。中康熙己酉举人。再上春官，中康熙十二年癸丑科（1673）三甲49名进士。考授中书舍人，需次待补。辛酉分校顺天乡试，拔取皆一时名俊。既补中翰，迎养其父于京邸。俄遭内外艰，哀毁逾礼，经营葬事竭尽心力。服阕，复官。癸酉典试四川，取收皆巴蜀之杰。旋补户部清吏司主事。壬午又同考顺天乡试，愈加精汰，得云中官、高维新十余人，皆名宿也。是科复同考顺天武乡试，得二十九人，而解元王道智则其房首也。宦京师三十余年，冷然淡泊，始终一节，甘贫如诒。会监督宝泉局，或谓可以稍润囊橐矣，而贯三则剔奸除蠹，一钱不入私人，始知其廉洁之操得于性成，非矫饰也。贯三早岁艰于子，晚乃生子，喜曰："吾愿足矣。"即治装还里，尚书韩菼送之，有登仙之羡。是岁上颁赐御书，以临董其昌五言诗赐贯三，贯三宦囊惟此物耳。家居芋茨萧然，土垣颓址，无改于旧，其高风如明鹿邑轩輗、临漳石璞，近今殆难其偶也。康熙五十九年（1720）十月卒，年七十有三。

王化鹤（1648－？），字六翰，河南省怀庆府武陟人。康熙己酉登贤书，房师洛阳令吴公源起秀水人，浙之名宿也，极赏誉其文。康熙十五年丙辰科（1676）二甲40名进士。授翰林院编修。甲子典试云南，有得人之誉，门墙衣钵能不负吴公所期许。性至孝，母张氏病，汤药必亲尝，衣不解带者常累月，居丧哀毁骨立，三年不入内室。又好行其德，岁饥倾资捐赈，全活数百家。大虹桥渡口北通山西，往来病涉，设义船，捐地三十亩养给榜人，不索钱，至今皆便之。祀乡贤。

王可大（1638－?），字易从，号洺川，河南省彰德府武安人。登康熙癸卯乡荐。康熙十五年丙辰科（1676）三甲113名进士。授中翰。旋补司经局正字。历升户部郎中。癸酉校士西江。首拔高安朱公轼为辅弼名臣，其余登卿二，多以学问才望著显，制科得人之盛，当首推焉。卒年五十有九，祀乡贤祠。著有《四书解》《燕台诗艺》《南游诗集》。

靳让（1643－1710），字伯逊，河南省开封府尉氏人。康熙十八年己未科（1679）二甲16名进士。授宜平知县。丁艰，起补汾西知县。时军需孔亟让办理有法，不劳民而功集。行取山西道御史，渐以言事改通州知州。通号繁剧，疑狱累案牍，让剖决如流，殚心教养，朞年，州大治。擢广西提学佥事，宏奖后进，殷殷不倦。调浙江学使，振兴文教，所拔皆一时名士，浙人至今犹思之，报满后以母老告归。著《天麻堂集》藏于家。

李孚青（1664－1715），字丹壑，号盘隐，河南省归德府永城人。李天馥之子。少有神童之目，聪敏好学。十六岁得中康熙十八年己未科（1679）二甲31名进士。入翰林，官编修。充会试同考官。不乐仕进，告居林下。工诗书，著有《野香亭诗稿》《盘隐山樵草》，惟学步放翁，多寒瘦

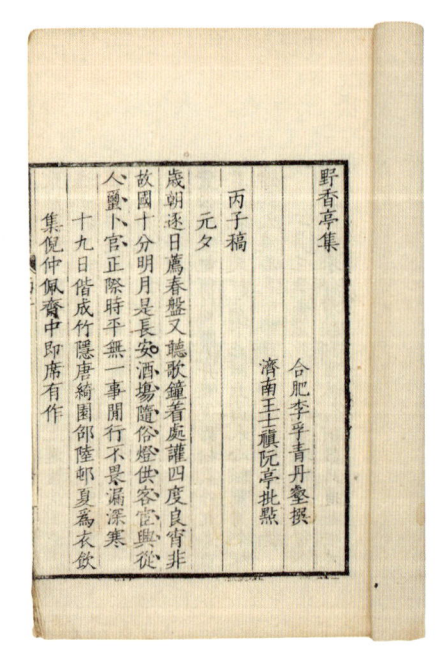

李孚青所著《野香亭诗稿》

语,为时所称。

王旦(1657—?),字子复,号琴江,河南省开封府兰阳人。鼎之长子。生而颖异,目诵数千言,下笔成章。壬子登贤书。康熙十八年己未科(1679)二甲37名进士。初任江西石城县。邑民素号顽梗,公下车教以礼义,不数月民风丕变。宁都与石城邻,田赋为害,督抚以公才干优长使摄宁篆,公至多方讨平,安堵如故,两邑至今称之。旋丁忧,服阕,补江南赣榆县。滨海土瘠,公加意抚恤,屡遭灾伤,泣请蠲赈,民得存活。癸酉分房南闱,得六人皆名士,督抚交章举荐将行取,公以母孺人年高,告终养归,赣人皆攀辕洒泣而别。赞曰:"少宴曲江,温饱不忘,锄顽化梗,学道之事,双绶陆离,三异堪嗣,孺慕终身,寝问膳视。"

侯宝三(1633—?),字康侯,河南省卫辉府汲县人。大节之侄孙也。状貌端伟,慷慨磊落,担荷不凡。幼读书日数千言,年十七游庠,旋食饩。顺治戊子(1648)举于乡。遇地方有大徭役大利弊,辄怃直白,当事皆霁颜从之。如明季投议王中丞,除荒征熟,得定例抛荒,一时称便。岁甲午沁水大决,卫城不没者三版,立议疏濬下流,水泄而危城获全。康熙十八年己未科(1679)三甲29名进士。归里后,指南时髦,邑中掇科第者多出其门。性孝友,尤尚气谊。

耿惇(1645—1717),字子厚,号木庵,河南省归德府虞城人。幼岐嶷,俨若成人,为文宗先正,不事浮靡。戊午举于乡。康熙十八年己未科(1679)三甲36名进士。授汝宁府教授。丁赠公忧,哀毁尽礼。服阕,补开封府教授。以卓异升广东平远知县。丁太安人忧,一如赠公时。服阕,补广东龙川知县。中丞彭公荐清官第一,引见赐袍服,授吏部考功司主事。升本司员外郎。乙酉典试湖广。丙戌授稽勋司郎中。丁亥改刑科给事中,转户科掌印给事中。甲午补太常寺少卿。乙未忧，告假归里。越二年，丁酉九月卒。

刘士聪（1653－?），河南省开封府祥符人。康熙十八年己未科（1679）三甲39名进士。官工科掌印给事中。最著风节，疏言州县官行取卓异武官回避本省之法，俱见嘉纳。又剡荐故相国朱轼及力争河南卫辉水次输漕为便，人尤服其明断。

刘世煃（1650－?），字叔子，河南省汝宁府新蔡人。周南孙。以拔贡入都，中壬子顺天乡试。康熙十八年己未科（1679）三甲66名进士。谒选知当涂县，兴利剔弊，俱中民隐。以议论与上官不合署下考归。寻循例复职，补东阳知县，砥砺廉隅，政务平易，屡断疑狱。丙子分校入闱得士六人，如陆师、万经辈皆名士。丁内艰，服阕，补呈贡县，疏盐引，劝开垦，革诸供应，浚昆明池，一切利民事殚力为之。乙酉秋闱校士，文武领解皆出世煃门下。内升户部主事，未任殁于呈，同官赙赠归榇，人服其清操。著《爱日堂集》。

畅泰兆（1637－1711），字子交，河南省卫辉府新乡人。策之子。器宇魁岸，年十三补弟子员，试辄冠诸生，巍然儒行为学者师。父殁，友弟弥笃，事继母以孝闻。康熙十八年己未科（1679）三甲78名进士。初任祁门令，祁俗刁悍，土豪胥蠹纠结为民害，泰兆悉绳以法，无敢犯者，旧有陋规悉革之。庚午分校南闱，所得如蒋家驹、杨艮辈皆一时名彦。再任稷山，力除积弊十六条，勒石永禁。会大师征噶尔旦，前令按地征饷，及凯旋议给散少需，民大哄，泰兆出谕以充正赋，乃安堵。辨死狱，既成者二。值岁饥，招徕流亡给以牛种。乡镇市集为他邑夺者，尽复之，廉明大著，两邑并祠焉。行取礼部仪制司主事。丙戌例提调场屋，恐弟泰征引避不得与试，白堂官辞之。旋擢工科给事中。孤清不渝，天下仰其望采。引疾归里，课子训孙。年七十四卒，祀乡贤。

郭遇熙（1644—?），字骏臣，河南省卫辉府新乡人。士栋子。康熙十八年己未科（1679）三甲84名进士。恪承先训，折节读书，兄弟同居数十年无间言，及析箸田宅多推予之。谒选授从化令，适邑遭洪水，兼程赴任，至则亟请发仓赈济，全活数万人，凡死者皆棺之，孤寡者倍给之。催科不轻棰楚，邑中百废振兴，尤大者：创建文塔，增修孔庙，新立书院，而邑士始登贤书。初从邑青衿多冒滥，遇熙详请严禁，单寒乃得吐气，从邑之设起自大夏刘公，至是为立祠宇示民知所报焉。任五载，而风移俗易，邑人争立生祠祀之。擢刑部主事。卒于京邸，祀乡贤。

丁易（1650—?），字双丸，号学田，河南省归德府永城人。母刘氏苦节自誓，遗腹生公，日月正长取名为易。家素贫，太夫人自力衣食，上事下教不遗余力，又命易与王给谏交故，学日进。康熙乙卯举于乡。康熙十八年己未科（1679）三甲88名进士。授内阁中书舍人。出仕江宁府同知，勤慎供职。充同考官，取中多名士。内升工部屯田司郎中。擢广东高廉道副使，正己率物，恺悌宜民。

任璿（1650—?），字政七，号具茨，河南省卫辉府新乡人。文晔子。弱冠举于乡，康熙十八年己未科（1679）三甲91名进士。授翰林院庶吉士。散馆，改户部主事。清浮冒，权会计。历刑部郎中，平反悉当。出守登州，下车后庶务毕举，谒庙见殿庑颓圮，祭器不备，辄捐俸葺补。值辽左告饥，有旨以登州仓谷四万石海运至三垒河赈贫，小艇约用千余艘，舟子闻风逃避，牧令束手，璿亟请舂米运致，可省半费，未数月而竣，上下咸利，谓有干才。以艰归卒。博学攻诗，著作甚富。祀乡贤。

褚有声（1649—?），字逾骏，河南省归德府睢州人。题名录上载为祥符籍。有声当明季时，奉亲避难，颠沛中不废定省礼，昆弟八人

河南省

至老无闲言，君子以为难也。康熙十八年己未科（1679）三甲92名进士。授福建顺天令。政尚严肃，吏民畏服。耿逆余党杨起者为邑人患，谕以大义不听，因率兵剿灭之，邑赖以安。康熙五十七年祀乡贤。

袁拱（生卒年无考），字紫辰，河南省河南府洛阳人。康熙二十一年壬戌科（1682）三甲39名进士。选庶吉士。历官广西右江佥事，时逆藩甫平，各省犹苦征饷，拱悉协机宜，凡所指陈枢省皆取决焉。洛阳贮谷旧议极多，拱洞悉其难，陈于当事减十之九，至今出陈有节而买不病民。

赵士骥（生卒年无考），字冀北，号瞿庵，河南省归德府永城人。郿城司训秉谦子也。康熙二十一年壬戌科（1682）三甲111名进士。授江南临淮知县，勤政爱民。以卓异荐为吏部员外郎。升郎中。癸酉充北直同考官。擢江西吉安府知府。修白鹭书院，教以文法，士多入词林。濒江多盗，薮行保甲法，严惩之，商民以安。以老归所。存有《瞿庵治谱》。

刘坤（？－1709），字资生，河南省归德府睢州人。康熙二十四年乙丑科（1685）三甲40名进士。改庶吉士，授检讨。朝廷有大著作坤多与焉，尝与耿逸庵、窦静庵讲身心性命之学。癸未假还，辟小园，小园息游其中，赒恤穷困，辄焚券弗取偿，每谓所知曰："人苟存心利物，视力所至，皆可有济，必待有事权而后为，是终不能为也。"所著《性理辑略》《中庸心解》若干卷藏于家。己丑（1709）卒，康熙五十年从祀乡贤。

关琇（1660－？），字琨山，号柴亭，河南省河南府新安人。性颖异，好读书，穷而益坚，虽隆冬盛暑不辍。康熙甲子举于乡。康熙二十四年乙丑科（1685）三甲70名进士。官山西蒲城县知县。会凶荒殍殣相望，琇躬煮粥振之，全活甚众。时民闻有鬻子女者，辄捐资赎回之。革除旧有积弊十三款，并条规立石以纪之。以前任事诖累及琇，民为申白，代输帑金二千七百有奇，以脱其累。解组归，士民焚香祖道不忍其去。归后十年，凡蒲民之过新安者，多踵其门，问公安否。既而徙居渑池，所有祖产尽让于弟侄辈，蒲民犹有绕道而候安者，至今言及琇政者，蒲人士犹津津焉道之。

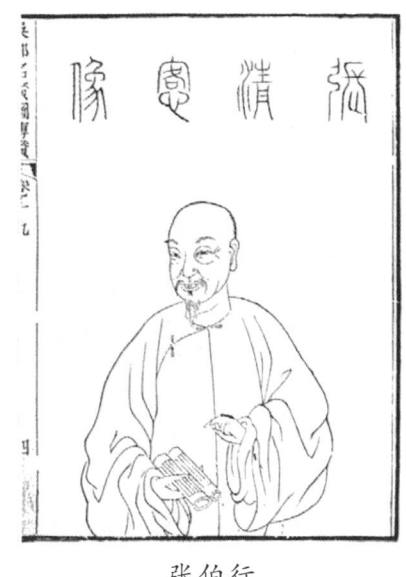

张伯行

张伯行（1651－1725），字孝先，河南省开封府仪封人。邑诸生，读书不事章句，毅然以理学自任。康熙辛酉举于乡。康熙二十四年乙丑科（1685）三甲80名进士。补中书舍人。甲戌以父忧归。己卯淫雨决护城堤，邑人大恐，伯行募民囊沙塞堤，擘画周至，总河张公阅堤至仪，异之，题赴河工效力，上治河议十条。随补山东济宁道。岁荒饥民载路不惶，申请动用仓谷累万分赈，当事将以专擅题参，乃引汉汲黯持节发仓故事具详，获免，寻迁江苏司臬。甫两月，升福建巡抚。褒廉纠墨，风化大行，建鳌峰书院造士，人称道南嗣音。庚寅移节江苏。时总督噶礼坏法营私，辛卯科场弊发，核实具题，督臣互劾并落职，使者屡谳皆袒，督臣疏再上，圣祖知伯行为天下第一清官，留抚江苏，督臣斥职，自是直声益振。丙申总督仓场。丁酉典试顺天辛丑总裁会试，得人极盛。世宗登极，迁礼部尚书，晋秩一品，追赠三代，赐额礼乐名臣。雍正三年（1725），春秋七十有五，卒于官。预检生平著述，授子师载口授遗疏，劝崇正学，励直臣，一语不及其私，疏入世宗宪皇帝震悼，遣亲王奠茶酒，赐祭葬，有加谥"清恪"，祀乡贤。所著有文集《困学录》《濂洛关闽书集解》《小学集解》《近思录集解》《续近思录集解》刊刻行世。

何朝宗（1648—？），字景韩，河南省光州息人。少年颖慧，体素弱，奋志读书闭户不出者十余年。由康熙壬子选拔入乡荐。康熙二十四年乙丑科（1685）三甲93名进士。任山西浮山县令。勤政爱民，为其邑兴利除害。卒于任所。

杨笃生（1651—？），字子培，河南省开封府洧川人。十六采芹，丙午登贤书。康熙二十四年乙丑科（1685）三甲94名进士。筮仕湘潭。湘南楚岩邑冲繁难治，有豪绅武断乡曲，巨盗邀劫。行舟甫下车，即奋力祛之，邑中晏然。时有"自从玉镜照潇湘，江上回澜尽绝狂"之谣，居四载，督抚交荐，内召有日，忽部中有意外之核，湘人榜曰："闭城留慈母，罢市待天恩。"呼吁中丞之门者数千人，事白方释去。己卯授户部江南司主政。晋四川司副郎，浙江司正郎，皆称职。寻升陕西道协理山西道事，风纪帙然。丙戌校士八闽，屏除夙弊，矢公矢慎，捷两闱者，多甄拔士。闽县人向囿于解额，因请广数，疏入，报可，士人咸戴。建洧阳书院，祀生位，其中刊《闽海风谣》二集、《八闽留谈》，镌之石。入掌山西道，巡视南城，恩敷满汉。复佐银台左参。辛卯充顺天内监试官。寻迁冏卿副。未几晋少银台。揆席虚左，苍生之望有攸归矣，而公以年老力求解组归里。八十有四以寿终。

王斑（1644—1699），河南省开封府祥符人。父基新。黄流灌城，负父母出逃，及父母没，哀毁逾礼。斑性纯孝，年八岁侍祖疾，母氏刲股疗翁，斑十指忽痛，趋问知故，卒饮泣不言，以成母孝。康熙甲子（1684）举于乡。康熙二十四年乙丑科（1685）三甲120名进士。部檄促除官，以亲老不忍行，父母督之不已乃入都。一夕忽感噩梦，如见母氏刲股时状，急驰归，母疾已剧，得视含殓，人以为诚孝所感。

服阕,授新贵令。会裁缺,即归养,绝意仕进。生平学宗程朱,淹贯经史,尤邃于易。卒祀乡贤祠。

窦克勤（1653—1708）,字敏修,号艮斋,又号静庵,河南省归德府柘城人。祖筠峰以理学鸣当时,父道康绍先启后,学行卓然。克勤生而颖异,十岁为文,能出惊人语。弱冠入庠,旋与乡荐。不自满假,益肆力于学,一日读大学章句序,跃然有得,曰:"学求为己非为人也,格物致知后吃紧处在诚意关头,过此则圣,昧此则狂。"大学一书熟读潜玩五阅月,不释手。闻耿逸庵先生讲学嵩阳,因赴就正,投契甚深,留书院者数月,益复洞然于洛闽正传,六年五至嵩阳不厌也。既而晤汤潜庵先生,接待如逸庵。任泌阳教谕,泌地荒残弦诵绝响,至即集诸生诲以正学,分五社,付以劝善规过簿,各纠其登籍行劝惩。又立童子社,少者读《孝经》《小学》,稍长读《五经》《性理》,士风蒸然丕变。会捷南宫,得中康熙二十七年戊辰科（1688）三甲6名进士。读书中秘,名勤长安,益闭户澄怀,砥砺身心性命之业不少息。以内艰归。家居读礼,执经者踵接,无所容念。尝与逸庵先生言:"宋四大书院中州居二,西曰'嵩阳',东曰'应天',应天废已久,无可问。"遂于东门外,创朱阳书院,以配嵩阳,其规制条科一仿嵩阳。服阕,补原职。散馆,授检讨。时封公在任,请假侍亲归,生徒云集,日讲学课艺,无再出之意。封公督之北上,值会闱分校,公慎自矢,所得多知名

窦克勤所著《理学正宗》

士。屡经御试，蒙嘉赏。又上谕词臣各书一幅，随书治法尧舜学尊孔孟，其要在主敬谨独数语以进。以疾假归，决意不出矣。殚力书院为经久之计，四方慕书院者竞相馈遗规，恢益广，乃于侍亲寝膳之优游讲席。未几病终。生平著述甚富，著有《寻乐堂诗文集》《晋游草》《嵩阳酬和集》等，另有杂著《家规》《学规》《游燕日录》《游嵩杂记》《日录》《札记》《同志谱》。

王式谷（生卒年无考），字诲存，河南省归德府睢州人。康熙二十七年戊辰科（1688）三甲44名进士。授中书。迁礼部主事。擢员外郎，釐剔学政积弊，著有声闻。升兵部车驾司郎中，时朔漠军兴，议者以马少欲远调诸路驿马充之，式谷谓，此议一出，诸路骚动，因极陈其弊事，遂寝。寻视学江右，知名之士，尽入搜罗。事竣，会父绅督修高家堰，工请于朝，以式谷同往三年，著有劳绩。补福建延建邵道。所著有《今雨堂稿》。

景日昣（1661—1733），字东旸，河南省河南府登封人。康熙三十年辛未科（1691）三甲36名进士。始令高要，邑旧有水怪，每乘风雨作洪涛为民害，尝夜坐，吏以水患惊告，日昣服朝服奔立岸上，誓以身殉，水辄退，高要民即于立处建生祠。行取为侍御，以忧归。服阕，补原官，多所建白。累迁少宗伯，加尚书，凡典制多所更定。寻致仕。

景日昣

高玢（1664—1744），字荆襄，号芸轩，河南省归德府柘城人。性颖异，就外傅，一切陈腐时艺即知鄙弃。自取左国公谷唐宋八家文成诵。应童子试，冠其曹，补弟子员。于是年丁卯魁于乡，戊辰捷礼闱，康熙三十年辛未科（1691）三甲90名进士。循例就中书，入直。则丝纶档簿，料检精详，既毕，出袖中书观之忘归，为京江相公所器重。乙酉分校北闱，入彀者十四卷，先后捷南宫者十人，得士之盛无逾之者。迁刑部山东司主事，兼理江南山西两司事。其时司属每事辄轻用三木，玢至矢曰："张释之言廷尉天下之平也，则不得因一时之喜怒生杀之，若不推情按律难言平允，况又别有揣合乎？"有旗人告山西民郭兴活杀其子，同事亟请刑，曰："此枉也，姑缓之。"同事诘之，曰："吾阅其状而知其诬矣。"同事白尚书，翌日又来争，而京县申文至，言告者之子同众陷西山煤坑死，盖窥郭姓愿者故架虚而控也，事遂白。又有江南民李才以命案株连田七，俱拟偿，玢曰："一命两抵可乎？罪分首从。"力辩之，田得末减其用法，平恕类如此。戊子御试畅春园，纳卷蒙恩特赏，以第一记名。寻典试山东，榜发多知名士。迁本部贵州司副郎。未几，有通州大西仓监督之差。抵任，见三白有廒可贮，而漕粮则皆露积，积愈多苦盖无术，计两仓有二百万石之数，而无数万石之用，此名存实亡者也。查旗丁，旧有茶果之奉，亟言之上官，愿以此项雇夫簸扬，再制芦席苫盖，则穷黎可活而天储可保矣。上官允其请，一时颂声不绝。差满迁礼部仪制司正郎。一切典礼考据详明，以勤慎,膺少宗伯景公之荐，授广东道御史，协理江南山东陕西三道，稽察户刑三部通政司等七衙事务。首条陈仓务四款，蒙召问，奏对称旨，赐克食。复命巡视东城，东城为大商巨贾会聚之处，到任后恣肆者悉敛迹去。辛丑奉旨西藏运粮，居塞上六年。雍正丙午（1726）始召还。以本职归田，闭门却扫，教子课孙外，日惟读书为事。后应郡守王公聘，主文正书院，从游之士云集。时柘邑旧城自前明嘉靖二十年黄河水决，官署民舍悉为巨泽而岁输如例，民困已久，玢力言于郡守，事始得寝，复立石以纪圣恩。时中丞举行乡饮，采舆谕延为正宾。甲子冬感痰疾终，寿八十一，遗命不得作谀墓文以违志。著有《出塞集》。

张步瀛（生卒年无考），字翰仙，号漪园，河南省河南府新安县仓头人。康熙己酉举人。康熙三十年辛未科（1691）三甲105名进士。官潜山知县，多惠政；张玉书、熊伯龙为之颂。潜心道学，尤沉酣周易，标举其大旨，敷陈其正义，曲畅其辞中之趣，默悟其言外之神。所著《周易浅解》一书登封耿介序之，行于世。

熊维祝（生卒年无考），字仲龙，号占庵，河南省开封府仪封人。贫而好学，弱冠入庠，旋食饩。康熙乙卯科登贤书。康熙三十年辛未科（1691）三甲110名进士。闭户传经，非公不见。邑宰尝以报国济民为念，迫谒铨吏曹，得陕西长武县。前任绳公钰与公同乡，亏缺累累，公至慨然任之，其不吝财而克敦古道如此。莅任三月，力请讼谳，弊绝风清，邑之士民咸颂为仁父母焉。方谋立义学，培植人才，而命与数违，顿以疾逝，至今长武人道及公，犹郗歔不置云。

吕履恒（1650－1719），字元素，号坦庵，河南省河南府新安人。祖维祺，明南京兵部尚书，谥"忠敬"，学者称明德先生。父兆琳，福建道监察御史，在名臣传。履恒与弟谦恒，承维祺家学用文学知名，一家四世各有集传世，海内称新安吕氏。履恒博极群书，为文立成千言，尤善诗。未第时，薄游南北，所至交其贤豪，考其风土，诗文淹雅宏博，每变益上不落唐宋，以下笃辞文，辞每废时失事至作物役论自克。康熙三十三年甲戌科（1694）二甲29名进士。官军乡县知县。其荒后储偫悉阙，或言不便，履恒曰："事事求便于己，则不便于民者多矣。"请于府，免差提下县，缓征减耗，招徕流亡，鬻子女者设法捐俸赎之，严治豪猾武断，舞文者敛迹。葺学宫，修邑志，暇与诸生论文导以学古，士风大振，用讲约直解义，仿宋儒邵雍孝弟诗体演为歌谣十六首。授乡校期渐化报最。行取广西道监察御史，巡视中城。四十七年，典试云南。擢奉天府丞，兼学政。五十

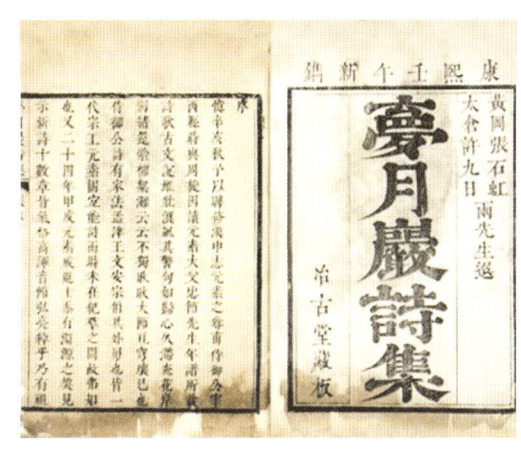

吕履恒所著《梦月岩诗集》

二年，典试江南，所取士石屏张汉，溧阳任兰枝，桐城张廷璐、张廷瑑，江宁吴启昆，宜兴储大文，长白尹继善皆时名人。迁都察院左佥都御史。莠民宗四因奸杀许民母子五命，尸亲得贿，狱将解，履恒驳曰："许民即自杀不必杀其子女，且左肘已断，左肘断不能自杀，先自杀孰断其肘乎？"卒置之法。累升宗人府府丞，都察院左副都御史，总督仓场户部侍郎，转户部右侍郎。为人忠厚无城府，不计得失毁誉。初官御史，李光地巡抚直隶，履恒以秋审事意忤劾光地，光地当国益重履恒。为副都御史，御史徐树庸建言指及履恒，及二户部，廷荐树庸，时论嘉之。履恒治古文简练有法，最契王原左、孟、庄、骚、国策、史记六宗之说，谓："圣人吐辞为经，经则大矣，文亦非小技，善学者由六宗而上，溯六经以求圣人，以意可以修辞，可以立识技也进予道矣。"康熙五十八年卒，年七十。著《冶古堂文集》五卷、《梦月岩诗集》二十卷诗余一卷、《洛神庙传奇》。

雒伦（生卒年无考），字艺极，河南省怀庆府武陟人。少有志向，尝掩卷叹曰："吾乡许文正、何文定独何人哉？为学者当如是矣。"中康熙戊午科乡试。为新乡教谕，士经其讲授者，为文悉有法度。康熙三十三年甲戌科（1694）三甲101名进士。授山西繁峙县知县。时有凶

徒杀人未得主名，伦讯之，忽有尘灰落其衣上，伦因曰："此间有陈辉其人乎？"唤之至，一讯而服，咸以为神。居职五年，遂归。澹泊自安，终日纂辑，暇则与文士剧谈。所著有《周易晰义详解及等韵》《晰义日月食表》《永定长历》诸书皆可传。

王耿言（生卒年无考），字纯如，河南省陈州府项城人。幼聪敏，性宽和谨慎，家贫，呫哔不间寒暑，为文光明磊落，饶有正笏垂绅之概。及补弟子员，犹扃户伏读，足迹不履城市。康熙壬子魁于乡。康熙三十三年甲戌科（1694）三甲112名进士。中丞阁公器重之，尝云："他日调燮国是，辅弼皇猷专有赖也。"未及见用而卒。

殷元福（1662－1725），字梦五，河南省卫辉府新乡人。祚蕃之子。诞时父梦神语云："当赐君五福儿。"因命名字梦五。丰姿秀爽，读书十行俱下。七岁通《小学》《近思录》。十一岁撷拾《五经》大旨。父卒，家徒壁立，尝借故书依母纺车前，假余烛光，终夜朗诵。为文力追先正，不逐时趋，同辈诧之，为大市卖平天冠耳。年二十，补弟子员，偶读吕与叔"学如元凯方成癖，文似相如殆类俳"一句，因叹记诵。词章无益而沿流溯源，有近里着己思，舌耕阳武，就业踵至，缩馆金为母甘旨奉，母方鞭然，而元福惨惨不乐，转伤父不及见。康熙癸酉乡举。康熙三十三年甲戌科（1694）三甲123名进士。选翰林。戊寅圣祖择词臣，膺民社，得广西之柳城，仿云岩为治，重农课士于蛮烟蜑，而中行乡饮及宾兴礼，猺獞聚观慨慕，各遣子弟就义塾肄业，而邑诸生不满百，僻滞无文字，缘元福为创纂邑志，疏通简易，自成一家。四载，以艰归。补江南武进，吏胥慢易书生，捧牍尝试，元福咄嗟裁决，咸股栗焉。邑之财赋甲东南，丛弊悉厘剔之。常熟某饶于资，威逼酿命，所司锻炼成大狱，巡抚张伯行委元福复讯，豪宗胆慑，馈二万金求免，元福峻拒置于法，两江有神明之颂。摄无锡篆，谒东林讲堂，拔识名宿邹升恒，董其后，解组。高安相国朱轼方抚浙，延主敷文书院，明体达用，一时呼小白鹿洞。生平气节自命，居无广厦，出无文轩，一介不取，以端其掺，直道而行，以遂其志。凡所设施本诸实践，精研大易，诠发图书太极之旨，垂老不忍释手，时发为文章，以疏瀹奥义，积至盈尺，有问讲家孰愈，答曰："周程张朱之书，发明经旨可谓曲畅旁通，无复余蕴，自讲章出而人趋苟简，世无真儒矣。"群以为深造有得之言。又与人论学曰："陆象山云此道与溺于意见之人，却然鹅湖之会，辩论不下数百言，无虚心听受之意，是溺于意见者莫子静若也。"故朱子闻其殁曰："可惜死了个告子。阳明标良知之旨，只是将致知格物看，差渠以格致为诚意，工夫遂生出知行合之说，其实有知无行而所谓知者亦皆佛氏名心见性之唾，余与圣道何啻千里？"其标举类如此，古文学韩愈。所著有《寓理集附史断》数十则。诗出入唐宋大家自选得千余首。有《侯鸣集》《知非草》《读易草》。远道悬金以购之，先达名流诗文问世者，得其一言弁首，声价十倍焉。年六十四卒于家，学者私谥曰"文介先生"。元福艰于似续，初产外孙畅俊，口占曰："慧业应知是国华，东床有子握灵蛇。半生怀抱凭谁说，可似渊明纪孟嘉。"及俊长，才敏多学元福，状铭手纪成帙。

李嫩（生卒年无考），字履素，号紫岚，河南省彰德府武安人。有慧质，才识过人，淹贯书史。举康熙甲子乡魁。康熙三十六年丁丑科（1697）三甲93名进士。嫩善属文，嗜吟咏。所著《竹间啸诗集》，脍炙人口。学士家熏其教者多所成就。其为人乐善好施，遇事有干略。未及筮仕而卒，人多惜之。

段舒（生卒年无考），字仁九，河南省陈州府太康人。少力学盛者，严寒中夜不辍。康熙庚午举于乡。康熙三十六年丁丑科（1697）

三甲105名进士。授安庆潜山令。前任有盗案诬陷王小等七人，舒访获真凶金四等，冤狱以白。设义学，识拔寒畯，棘围校阅，所取多知名士。潜山数被灾，请赈请加复借项煮粥，全活无算，士民有《悦来集》颂之。寻行取离任，卒。

郭晋熙（生卒年无考），字介臣，河南省卫辉府新乡人。士标子。性聪睿，能绍先业，兼工镌篆。康熙三十九年庚辰科（1700）三甲83名进士。癸未圣祖西巡，驻跸憩其第，命赋"竹里泉声百道飞"诗，天颜咫尺，援笔立就，帝褒之。授广东恩平令，邑故荒残，晋熙恩勤尽瘁，实惠及民。擢主爵郎官。由稽勋历文选司，澄叙流品，清望雅符。癸巳恩科典粤西试，厘正文体，多士欢服。知江南徽州府，董率有方，俗信阴阳家言，坟山构讼，蚁聚蜣团，前官每受嘱而难之，晋熙踏念惩处，吏民重足，讼庭为之一变。六载乞休，以属吏亏帑诖累，侨寓钱塘，因与山水为缘，未几以病卒，槥归里门。

李薛（1660—1736），字谐孟，河南省归德府夏邑人。读书不出户者二十年。康熙三十九年庚辰科（1700）三甲135名进士。授翰林院庶吉士。天性孝友，父殁三年不辍泣，抚季弟俾克成立，田产悉让与之，其在都闻母病也，恻然曰："父不及养，母不能事，何以官为？"仓皇归里，惊郁成疾，竟先母卒。事闻，言者请治私归之罪，掌院韩菼力救，得以孝思情急免议。所著《古今文》藏于家。薛受生时，父梦郡守薛公谐孟诣其家，遂命名薛，见《王阮亭先生居易录》。

王永祚（生卒年无考），号锡谷，河南省开封府阳武人。上世自上蔡徙居阳武，青箱世业，科第不绝。先生少孤，然为人磊落忼爽。初就外傅时即能背诵十三经。弱冠补弟子员。康熙戊午登贤书，益潜心性理之学。孙夏峰中州理学宗也，先生与其孙静子游，凡夏峰遗书皆参考焉，阅二十余年。康熙三十九年庚辰科（1700）三甲139名进士。时宛平相国王文靖公熙一见即器重之，未及荐用，而先生卒。所著有

《四书典要》剞劂行世,尚有讲义诸书遗稿俱存。

张衷恪(生卒年无考),字惕若,河南省许州长葛人。康熙三十九年庚辰科(1700)三甲176名进士。授竹山令,惠政良多,尤重文教,造人才,邑居山险,素难征输,感以至诚,如期完纳。俗尚潭神,民事之谨,衷恪恶其淫祀,集木主投于河。丁外艰后,起令云梦,操守益廉,值岁饥,殚心经画,民免枵腹,建堤疏河,修学育士,教养备至。以疾卒于官。

林竹(生卒年无考),字筠生,河南省归德府睢州人。康熙三十九年庚辰科(1700)三甲186名进士。授知浙江丽水县。单骑就道,一子一役从行,甫至任,召父老问民疾苦,革除弊政,讼狱立讯禁私索。分试浙闱,所取皆名士。治丽水数年,图圄空虚,共称清官第一。后卒于官,士民哭声遍野。郡守知竹惟一子在署,遣属吏助之殓殡,官帑无所亏笥,存钱数百衣数袭而已。

张素履(生卒年无考),字西园,河南省开封府阳武人。上世江南凤翔府五河人。始祖彦礼为阳武令,秩满,贫不能归,遂家焉。九世至尔韬,领顺治戊子乡荐,素履父也。素履承父业,好学不倦。康熙三十九年庚辰科(1700)三甲200名进士。补江南建德令。为辛卯同考官。治民讼,平赋均,旧例正供外率派四千余金作公项,详请裁革,中丞戴以清官第一荐引见。补吏部主事。因病归里,卒于家。

王澄慧(1678-?),字勇循,河南省归德府睢州人。康熙四十二年癸未科(1703)二甲24名进士。授户部主事。擢员外郎。戊子科典试江西,拔李绂等数十人。迁刑部郎中。以父

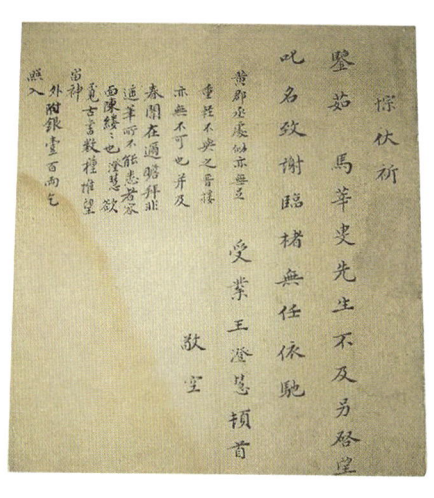

王澄慧手迹

病归。服阕，补刑曹。出知肇庆府。擢苏松道，缺系复设胥吏，皆新置无成案可稽，慧极力釐剔，立为章程。巡盐务营兵获私贩多诬以拒捕，瘐死者各属月报数十人，慧请于大府，奏加兵备衔，提讯盐犯，营卒乃不敢妄诬，凡牵连者尽释之。崇明两次民哄，奉檄安抚，即时宁帖。壬子岁，海水滥，濒海被灾者数六万户，慧立义冢，瘗暴骨，设厂赈济，置药局疗病者，全活甚众。以母老终养归。著有《待耕堂草》。

柯乔年（生卒年无考），字彊龄，河南省光州固始人。康熙四十二年癸未科（1703）三甲35名进士。授检讨。转湖广道监察御史。典试福建，道经山左，值岁荒，百姓皆鹄面鸠形丐食于路，事竣复命，泣陈其状，由是发帑赈济，赖以存活者数十万口。历户兵二科给事中，稽察钱局旧有常规，约以万计，俱置不取。外迁天津道，以廉惠著称。时津门遭水灾，民皆罢酺，乔年请济赈之，又自捐银三千两，并劝商民出资建立房屋，施粥与衣，以赡流者。内升鸿胪寺少卿。寻历奉天府丞。并提督学政。前后数掌文衡，所甄拔者，皆一时知名之士。以病乞归。卒年七十有七。

石拱极（1668－?），字天一，河南省光州人。幼嗜学，卓荦不群。康熙庚午举乡试第一。康熙四十二年癸未科（1703）三甲70名进士。授静海令，邑近海，芦苇中多蝗子，又滨运河，冬月粮艘，时患冻阻，极皆先事预防，经理有法。适江南邑需员，调知苏州吴江，奉檄将行，值岁歉，念积逋终遗民累，遂代完银二千余两。抵都，于汤泉召见，奏对移时，因身受旷典，益图报称。莅任后减火耗，宽征比，力行保甲，严惩刁健，宽猛相济，治化大行。丙申岁歉，以查办赈务，积劳致疾而殁。

耿绣彝（1659－?），字用中，河南省陈州府太康人。耿耀子。康熙四十二年癸未科（1703）三甲107名进士。品端学邃，初授湖广临湘县知县。政尚宽平，崇重礼教，士习为之丕变。以卓荐补礼部仪制司主事。寻以疾告归，充本邑书院掌教，勤讲习、精训课，多所成就。后家居不废吟咏。所著有《四书遵注》《性理解》《孝经集要》行世。

汤之旭（生卒年无考），字孟升，河南省归德府睢州人。文正公之孙也。康熙四十五年丙戌科（1706）二甲45名进士。改庶吉士。以母病乞归。母丧，服阕。授编修。甲午典试江南，鉴衡精核。庚子复典试浙江，甄拔多博洽士。初其祖文正公以康熙辛酉主浙江试，遇疠发力疾，校高下、定去取，不爽铢，两浙人叹服。之旭乃克绳其武。壬寅授陕西道监察御史，巡视东城以廉正著。雍正癸卯（1723）选列各道御史，之旭居一等，召见，天语褒嘉，勖以法祖。授直隶霸昌道。寻以挂累去官，仍授福建道监察御史，巡视北城如视东城时。累迁吏科给事中。擢太仆少卿。晋左通政。皆能恪勤供职。之旭言笑不苟，不专事威猛而人不敢犯，讲学以求诚为本，曰："吾祖吾父之教也。"生平无一事欺罔，出入台垣，奏议颇伟，退即焚之，故世不甚传。丁父丧，以哀毁卒于家。

刘青藜（1664－1709），字太乙，河南省开封府襄城人。貌魁硕，双目炯然，积学渊博，能诗文。康熙丙子以春秋第一人举于乡，名达京师，一时名公巨乡，无不以中州得人为快。如王尚书士禛、宋尚书荦、顾翰编图河皆倾服其奇才远迈前人，致书订交。康熙四十五年丙戌科（1706）三甲20名进士。授庶吉士。留都下未半载，数梦倚闾，题其寓曰"梦环斋"，盖母子相依，至性天生，本于家传，纯孝也。遂得请养归，寻卒。所著《高阳山人诗文集》《金石录》若干卷行世。

窦容恂（1678－1757），字介子，号葵林，河南省归德府柘城人。理学如珠曾孙，封翰林大任孙孝子克恭子也。少孤，随其世父静庵太史讲学朱阳书院，潜心力学，早闻大道。十八补邑庠。康熙壬午举于乡。康熙四十五年丙戌科（1706）三甲53名进士。授中书。升工部主事。迁员外郎。督理街道，监督京仓及钱法，屏绝苞苴，出知山西汾州府。平心听狱，不事鞭扑，而真情自得。调江南徽州，修紫阳书院，增筑斋舍，集诸生讲学，仿白鹿洞规为条约，士风大振。邑绅监司某倚势夺江姓坟，大吏直某，容恂亲勘还江用，是忤大吏落职。后起补四川嘉定府。值大兵出征，容恂经画调遣凯旋，而民不知。筑石坝河渠，卫三台、射洪等邑。潴乐山石门场湮废沟渠，引水达夹江界，灌田数百顷，俾成沃壤。后引年归，士民泣送者，沿锦江数十里不绝。扬历中外垂四十年，屡荷圣知，恩赐御书墨刻四幅貂皮二张以及药物，士林荣之。分校顺天文武两闱，首拔顾沈士、魏枢、留保、李倓、宋爱、谭五格诸人，或以经术名，或以韬略显，咸称为知人。生平孝友，抚同怀弟，恩意殷笃，分遗田产悉以让之。举乡饮大宾。年八十终。少司农留保作墓志，大宗伯沈德潜作墓表。著有《仿洛堂诗文集》。

吕耀曾（1679-1743），字宗华，号朴岩，河南省河南府新安人。曾祖维祺，以尚书致仕，殉难，谥"忠节"。祖兆琳，官侍御，有直声。光禄寺卿谦恒，其父也。耀曾生有至性，遇甘脆必奉二人。幼嬉戏为官司，听断辄有伦要，日者言不利举幼弟，宜拔睫毛以禳，遂拔之殆尽。长诵群言，惟意义所归。康熙四十五年丙戌科（1706）三甲116名进士。历官总督仓场，户部右侍郎外任，展府

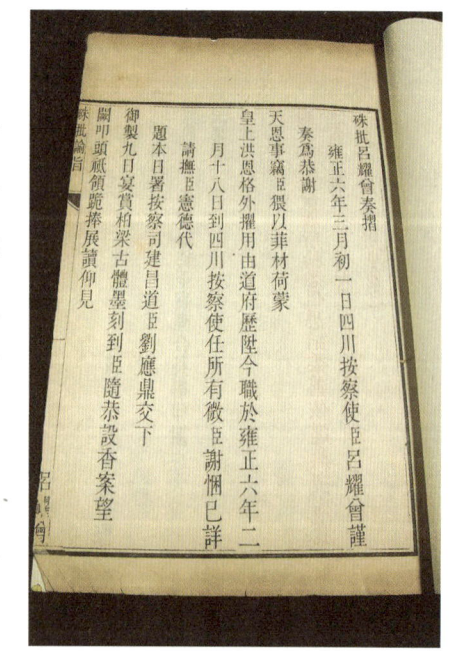

吕耀曾奏折

道至藩臬，每事不徇人亦不拘独继，不临深以为高，虚公殚力，祸福听之。奏疏流播，政绩岿然，天下识与不识咸服其诚勇。室无姬媵，座无古玩，纸屏布席不名一钱，不敢一夕甘寝食，以忝国常，以坠先业，以贻误后进。常曰：毋驰事乃息事，毋纵人乃宁人。又曰：忠孝之外无品行，诚敬之外无工夫。吉安郡守名肃高者其长子也，政绩为江西第一。耀曾以乾隆八年（1743）七月卒于官廨。

吕谦恒（1653—1728），字天益，号涧樵，河南省河南府新安人。御史兆琳第三子。幼聪慧，初学诗，与兄履恒秋夕分韵，有"月迟肇宿动，尺回一峰孤"句，履恒目为畏友。十五补诸生，履恒治古文，旁及于诗。谦恒以诗名，兼治古文。读书青要山凡数十年，居室临窗设几，当足迹寸许，砖几穿。康熙四十八年己丑科（1709）二甲48名进士。改庶吉士。授编修。纂《一统志》《万姓通谱》。五十六年，与试山东。五十九年，典试湖广。雍正元年（1723），授河南道御史，典试浙江。二年，授户科给事中。二月，充补顺天乡试同考官。子耀曾亦以主客为同考官，父子同闱分校，士论荣之。转刑科掌印给事中。八月，充补会试同考官，五持文衡，所拔皆得人，三科省元先后入翰林，门墙之盛，夙未有也。时两湖未分闱，湖南阻洞庭应试者少，赵申、乔潘、宋洛、李发甲先后以分闱题请，咸格部议。谦恒典湖广试，密奏湖南文风日盛，亟宜分闱，旨报可为。御史秋审平允，温旨褒赐。累迁光

吕谦恒

禄寺卿。五年，诏与贤才，谦恒具札不合仪式，命原官休致。明年归里。卒年七十六。谦恒浑厚方直，为众推及，卒，皆曰："搢绅典型又丧其一矣。"有至性，自少至老未尝与履恒久离，履恒罢归，次年谦恒忽搏膺呼曰："与兄别矣！"数日讣果至。履恒之归也，思谦恒为乐府一章，谦恒使孙肃高、相和而歌，歌竟而哭，复展视辄掩涕吞声。子耀曾窃藏之诗，以汉魏三唐为宗，不屑宋元以降，与履恒宗尚同，履恒诗古朴，谦恒以烹炼胜，虽极环丽娟秀，而一归于倾写性情。官翰林，与履恒酬唱无虚日，每诗成必互质，甫缮入集，或更改一字亦必面较始定。治古文与方苞最密，苞以古文倡天下，特严义法，持绳班史柳文，多可瑕疵，世士骇诧，虽李光地不能无疑，谦恒笃信以为知言。著《青要山房文集》一卷、诗集十二卷。

王作梅（1679－?），字伯鼎，河南省怀庆府河内人。康熙己卯举人。康熙四十八年己丑科（1709）二甲26名进士。授合肥县知县，以治行内。擢吏部主事。旋授台湾同知，加知府衔。以亲老请养归。康熙丁酉宜阳民变，当事剿捕已越二载，作梅以谒选入都，适韩城张大司寇奉命视师，得便宜行事，司寇作梅座主也，因往谒曰："河南安有乱民，皆有司过听胥役驱之耳，闻用兵以来，百姓怨其郡守，及河镇将兵者次骨，若先易置二人，而谕以顺逆自当帖然矣。"司寇如其言，不两月而乱定，不戮一人，首恶遣戍而已。雍正甲辰漕议起，将尽取丹水入运，仪封张清恪公主其说，以前怀守方愿瑛董其事，作梅将赴台湾，途遇愿瑛咨以漕事，作梅曰："丹水平时一线耳，夏秋之交汹涌泐漫辄里许，公所知也。今筑石堤障其南，此里许者安归乎？丹距运几百里，所济能几何？水一发则沿河上下数十村皆为鱼矣。"愿瑛以为然，偕至张公所言之，寝其事。家居三十年，凡闾阎疾苦悉为有司言之，而未尝干以私，尝自撰圹记，谓"生平不作一欺人语，亦不受非义之财。"又谓"文章之坏，坏于雅俗共赏，一言吏治之坏，坏于名寔双收，一言治生之道，惟农事为最，善尽其利不为贪，穷其术不为巧，其他弃信害义，无一可者。"世以为名言。年八十五卒。

宋筠（1681—1760），字兰挥，河南省归德府商丘人。康熙四十八年己丑科（1709）三甲12名进士。授编修。改兵科给事中。转户科掌印给事，巡察山西，多所条陈。旋授山西按察使，决狱无漏网，亦无冤滞。升通政司右通政，督理江南高家堰石工，疏浚修筑，尝于暑雨泥淖中政，大庾、信丰、崇仁、永丰等县被灾，具折入告，得加赈恤，全活者无算。寻升奉天府尹，地处富饶，谷贱妨农，因奏请变通粜卖，并拨养廉，以专职守，清驿站，以免垫累，具见施行后，以疾请假归。

侯瑜（生卒年无考），字潍生，河南省开封府襄城人。抒愫次子。四岁而孤，旋失母。少长出继乃伯抒恽，恽早殁，所及事者承继母氏。以孝闻，胞兄瑞教之严，瑜亦谨率教，勤诵读。康熙壬午以第四人举于乡。康熙四十八年己丑科（1709）三甲43名进士。授石城县令。平盐厫收发之高下，汰水脚帮运之浮，资购学舍而诲士子，创启八十年未开之科名，祷隍庙而息虎灾，媲美千百载潮阳之政治。因病已乞休而遽殁于官，石民念遗爱而建祠以祀。

汤豫诚（1674—1747），字素一，河南省开封府仪封人。幼失怙恃，与兄曰琏、弟作枚俱在童穉，伶仃无依。年十四始习句读，性敏渐造邃深。康熙壬午登贤书。康熙四十八年己丑科（1709）三甲136名进士。授海丰县令。政尚严肃，吏惕民怀。境内有异教，以活佛惑众，豫诚曳其像焚之，谕民各务正业，勿纳于邪。雍正元年（1723），以治绩升东昌郡守。寻擢山东督粮道。会岁饥查赈，经海丰，父老郊迎，相对泣下。逾年转山西冀宁道。督理粮屯驿传事务。为雁平道谢王宠诬讦落职,按问事白,随补雁平道,三任监司,洁己率属,所至有声。乙卯改直隶口北道。以承办运车,持正不阿,为同事所忌,蜚语中伤,解任,驰驿赴京,留任户部员外郎。今上(乾隆皇帝)嗣服,遂以衰老告归,闭户拥书,研究经学。卒年七十有四。所著有《四子书困学编》《周易毛诗说略》《春秋经传集注》。

苏澎(生卒年无考),字碧存,河南省卫辉府汲县人。幼颖异,笃志读书。康熙四十八年己丑科(1709)三甲150名进士。任广东阳春知县,发奸摘伏,出人意表。先是邑奸民,每以假命诬人,动至倾家。岁偶荒旱,辄倡乱且素多盗,澎悉治以法,良善获安,奉檄丈田,仍报如旧额,不希上以累民,民立生祠祀之。旋里后,孝事父,友待诸弟,亲族有匮乏,咸赖其周恤。

李汝霖(1669—?),字雨苍,号敛庵,晚号"山骨老人",河南省归德府永城人。十岁失怙,兄文学汝寅爱而教之,与季弟汝懋同学攻苦,兄弟自相师友。康熙丙子以易经中亚魁,与季平同榜,号为李氏二难。康熙四十八年己丑科(1709)三甲192名进士。家居十年。选拔鄱阳令。时年已六十余矣,而精力甚强,勇于任事,爱民如子,代为完逋赋者二千人,设社仓百余所,号为李公仓。丙午以卓异入朝,上异其能,以知府发福建补用,初任兴化,再调延平,又徙建宁。以廉勤督僚属,以德行化士庶。委赴苏州办铜。入觐特旨授刑部郎中。公身长八尺,饮酒数斛,性刚直无所唯阿,友人方灵皋屡规之。年近古稀引疾归,益发箧书,手自编录合前后十年,所集文甄定之名曰《古文统》,以名过大更曰《求是斋文衡》,别著《经正堂求是说》十卷,《制义》若干卷藏于家。公博极群书,善古文,与方灵皋互相商榷,词义亦深诣精妙,虽徐思旷、熊钟陵不过是也。为人坦易磊落,笃于孝友,张清恪公亟称之《清恪集》多其校订。卒年九十五。钱塘陈太史兆仑为之传。

徐诚身（生卒年无考），字豫庵，河南省彰德府武安人。质性聪敏，而嗜学精专，宵旦无辍，当构思搦笔，绝不省户外事。中康熙己卯科举人。康熙四十八年己丑科（1709）三甲214名进士。授蒙城令。重士爱民，建山桑书院以勤训课，又浚渠灌田，邑人号为徐公渠。癸卯甲辰两校乡闱，所得多名宿。解组归里。卒年六十九。

胡煦（1655—1736），字沧晓，河南省光州光山人。幼贫苦，事亲以孝称。经学淹通，尤深于易。方八岁，始见太极图而喜之，无日不画。弱冠以后，举古人解易之书，纵观密览，择其理解精粹与经文相发明者，手自抄辑垂五十年，成书九十九卷，名曰《函书》。康熙甲子举于乡，任安阳县教谕。康熙五十一年壬辰科（1712）三甲25名进士。年已五十八岁矣。是年圣祖于澹宁居引见进士，次及煦，煦以所著《函书》奏，圣祖曰："尔知周易乎？"煦对曰："圣人之道，尽在周易，臣学之四十余年，每以易理深奥不能殚究精微，但于伏羲先天八卦圆图似微有体会，因本立图之意为循环太极图。"圣祖乃举河洛之数及作易之理反复条问，煦一一奏对，如出夙构，命翰林臣掖入右班，时选馆者居右也。有间，复召问连山归藏及杨子之书，奏对讫。复问六十四卦三百八十四爻分配一年之三百六十日应去那四卦，奏对略云："古人之说，有去坎离震兑者，有去乾坤离坎者，盖以坎离震

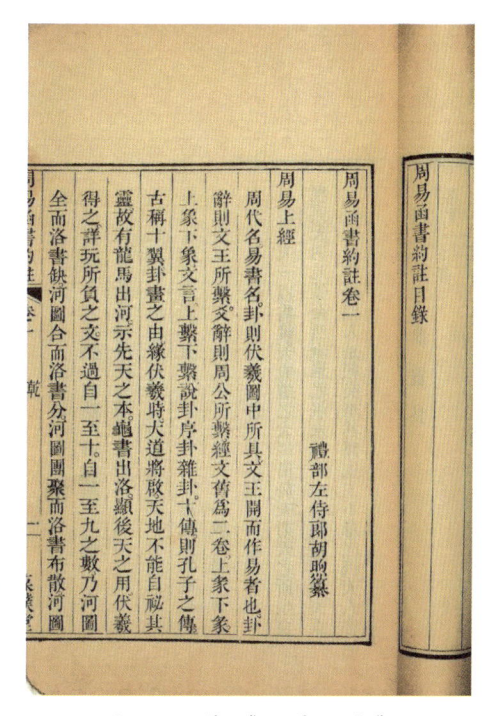

胡煦所著《周易函书》

兑分主四时，故不与分配日月之数，然按先天圆图震离兑俱在东，其卦在冬至之后，坎独在西，其卦在夏至之后，如以六十卦分配一年则多少不均，若乾父坤母定位于上下镇静无为，故不与六子分配日月，今观上经始于水火之拨换，故坎离虽不分配而其用已自行于六十卦之中，所以除去乾坤坎离为当。"奏讫暗契，圣心天颜有喜，圣祖曰："真苦心读书人也。"仕至侍郎，故后入祀乡贤词。曾奉谕旨著有《农田要务》十卷、《葆朴堂诗文集》八卷、《韵玉函书》五卷与《周易函书》并行云。

千耀（生卒年无考），字含辉，河南省怀庆府武陟人。郡庠生。事亲至孝，父病笃，尝粪甘苦，以验差剧，父殁哀毁尽礼。且博学多识，长于诗赋，能遵礼名师，严课子弟，由是后嗣多擢科第，累世获读书之报。其子名大千，郡庠生，克承家学。生子九人：长子颖，以廪生膺岁荐。其次兆、殊兄弟同登甲第。名超者登已卯贤书。名翀者登壬午贤书，任鄢陵教谕。镛由岁贡任新蔡训导。璇、璿、策皆补弟子员。

千兆（1679－？），康熙五十一年壬辰科（1712）三甲26名进士。任陕西凤翔县知县。

千殊（1680－？），康熙五十二年癸巳恩科（1713）三甲136名进士。任四川江津县知县。

侯廷琳（1672－？），字瑶长，河南省开封府兰阳人。康熙五十一年壬辰科（1712）三甲42名进士。初授广东花县知县。理梁朝第哈喜之狱，释牵累百有余人。后补直隶无极兼篆曲阳、晋州，其在曲也，雪和斯育之冤。其在晋也，明游监生之诬，故一时有日脸包公之谣。两地饥荒，连年赈济，逐户清查。积劳成病，殁于任所，士民哀之，榇回之日，白衣冠而送者，填塞道路数十里不绝。赞曰："自南自北，数宰花封，正直廉洁，关节奚通，弼教明刑，卓鲁之风，载之旗常，百世其宗。"

耿之昌（1684－?），字约斋，河南省归德府虞城人。康熙五十一年壬辰科（1712）三甲47名进士。任中书。迁宗人府主政。雍正丙午（1726）陕西典试，号称得人。督抚所馈，分毫不受，单骑率老仆回京复命。转户部员外。以才能调盛京。再还旧部。转郎中。皆有政绩。授贵州石阡府知府，洁己爱民。时逆苗肆孽，黄平等州县失陷，逼近石阡，镇守官皆束手无策，公胸藏甲兵，义激乡勇石守印等授以指画，一鼓而追亡逐北，恢复故疆，安抚逃亡。制府重其才，令兼摄思南篆。已登荐章，将不次大用，乃以积劳成疾而卒，黔人无不惜之，及扶榇乡里，乡党皆为悲悼。

景考祥（生卒年无考），字履斋，河南省卫辉府汲县人。康熙五十二年癸巳恩科（1713）二甲13名进士。由翰林改御史。出巡台湾。转吏科给事，奏革盐引官运官卖之弊。旋管福建，都转盐运司事，以屯积羡余数十万缗，悉散新商，创立章程，垂为定制。罢官后，生计萧然晏如也。著有《台湾纪略》《蘧村学韵偶存》《楚游草》等集。

傅尔杰（生卒年无考），字岂凡，河南省开封府兰阳人。康熙五十二年癸巳恩科（1713）二甲33名进士。授彰德府教授。课士惟勤，有苏湖遗风。公字学得钟、王笔法，人有获其字纸者必钦而宝之。本学有生员史义，赋性刚方，以直语忤太守，守怒甚，欲行褫革，公不肯曲附，史生得以保全。又有进磁州首卷秦泓，众以冒籍讦之，公明其籍贯，得拨府学。后以年老致仕，学中人爱而留之，如杨少尹之归云。赞曰："励志学问，力追圣贤，才优养粹，矩方规圆，金阶对策，仲舒克肩，铁画银钩，居然公权。"

毛汝诜（生卒年无考），字云贻，河南省开封府郑州人。康熙五十二年癸巳恩科（1713）三甲40名进士。好读书，以宋儒为宗，事继母孝，善抚幼弟。仕宜君令，署郿州，皆有循声。告归后，敝衣羸马，益力于学，虽饔飧不继浩如也。著有《畏天斋稿》。

王桴（生卒年无考），字圣舟，号云渡，河南省归德府柘城人。贞吉子。幼嗜学不倦，为人恂谨，兄弟同居，终身无戾色。年二十补邑庠，旋食饩。乙丑拔贡。丙寅赴都，补教习。时翁叔元为大司成，见桴文尝嗟赏。期满，考职州同知。丙子中副车，乙酉登贤书。康熙五十二年癸巳恩科（1713）三甲58名进士。选河南府教授。时太守刘天爵设天中书院，使桴任其事，乃立学斋，定规条，日讲月课，一时肄业者百余人，三年文风振起，会学使考，河洛新入庠者三十六书院中得二十一人。中丞杨宗义嘉之，遂以卓异荐，授莆田令。初下车，值编审，旧例有缴官常规四百八十两，革除之。邑滨海，喜读书而贫，设立义学，延名孝廉为之师，遇考课亲为甲乙以示鼓励。莆有南北二洋曰"木兰"、"绥溪"，皆通海汇流，可灌田万顷，岁输军储三万七千余斛，年久沟渠多淤塞，涵洞陡门亦多圮，桴捐资挑濬，使水顺流蓄泄，各有法度。遭台变，修理城墉不以劳瘁辞，阅两月告成。协办军需战船俱动官库，不足则以官俸佐之，未尝动民间草粒，百姓皆安堵焉。丁艰回籍，琴书外无一长物，以年老不仕，布衣粗食，逍遥陇亩间者二十余年。寿九十六终。

贾𦭜（生卒年无考），河南省南阳府叶人。天才超异，淹贯群经，濡笔为文，独辟蚕丛，傲岸有奇气。戊子举乡试第一，推天下名元闱作，脍炙人口。康熙五十二年癸巳恩科（1713）三甲87名进士。入词林，读中秘书，造诣益进，力追先正，不逐时趋，每有著述，名公巨卿无不叹服。

任中柱（生卒年无考），字迥澜，号东皋，河南省彰德府涉人。学问该洽，工制艺兼善古文辞，尤长有韵之文，吐属隽雅，遣辞应律，每一篇出，人争诵之。康熙五十四年乙未科（1715）二甲4名进士。改庶吉士。假归养亲，绝不干外事，母丧哀毁瘠立，人称其孝。服阕，入都补馆职，未几卒。著有《镜晦堂集》若干卷。礼部侍郎方苞志其墓。

蒋蔚（1690—1754），字永年，河南省归德府睢州人。康熙五十四年乙未科（1715）三甲24名进士。授吏部主事，铨选称公允。晋户部员外郎，清廉自励，由台垣保奏，召见便殿，询以吏户两部利弊，奏对剀切，上嘉纳之，由此受特知。时山东学政以失职黜，诏蔚接任，有以学臣非词林不授之例阻者，即日授翰林院检讨，召见时问如何称职，蔚以公正取士，廉隅励己对。莅任悉如所言，两任五载深得士心，其行也建去思碑，志不忘。旋受命视学湖北，又两任四川学政，选上答主知一如山左时。俸满补礼部郎中，记名御史。充庚子顺天乡试同考官，辛未会试同考官，所得皆名士。卒于京师。归榇日旅资无所出，友徒协力助之，仅以羸舆肩榇归，一敝车载眷属及图书数卷而已。道光中，山东学政冯誉骥奏请崇祀山东名宦祠，诏可。其惠政载山东四川省志。著有《輶轩示语》二卷、《宦蜀诗存》与《秀水张征士庚西川唱和诗》各一卷。

任元勋（生卒年无考），字康侯，河南省河南府嵩县人。天性醇谨，行谊称于乡间。笃学饶文，教授河阳，后先从游百余人，多成就。康熙五十七年戊戌科（1718）三甲42名进士。谒选未仕卒。著有《易经集解》二卷。

杨兆崟（1673—?），字位南，河南省怀庆府温县人。颖悟绝人，笃嗜经籍，尝日不举火，不以为意，与人交胸无城府，亦不修边幅，帖括恬洁，成如翻水。康熙戊子以五经举于乡。康熙五十七年戊戌科

河南省

(1718)三甲114名进士。释褐兵部车驾司主事。旋进礼部仪制司员外郎。本司郎中。以疾卒于官。贫无以殓，部长率属捐助，榇始旋里。

杨锦（生卒年无考），字问斋，河南省开封府洧川人。颖异方正，弱冠食饩。癸巳以五经荐贤书。康熙六十年辛丑科（1721）三甲7名进士。授涞水令。涞邑民不务耕，士不知学，积逋累年，盗贼充斥，淫邪之祠男女奔走若狂。下车即问风俗，不惜劳苦，勤劝课，植桑麻于野。立学校，延明师，赏善惩恶，奸宄远徙，邪风顿息，旗地逋欠，条奏蠲免，又相度河形，营水田数十余顷，涞民德之。

彭家屏（生卒年无考），字乐君，号青原，河南省归德府夏邑人。少勉学，务实修，慷慨有大节。康熙六十年辛丑科（1721）三甲47名进士。历郎曹。擢御史。伉直敢言，出守保定观察，清河都，转长芦，升楚南按察，所至有声。简江西藩司任最久，政绩略后。巡抚江苏云南，懋绩如前。致仕，家居，建祠修谱，瞻族恤邻，善行缕缕。生平著作有《栗山世祀世系考》《左传经世钞》等书。惟忠爱，性成，老而弥笃，遇事关蒙蔽，终思上达。乾隆二十二年（1757），乡邦大饥，值帝南巡，因迎跸陈诉，当蒙嘉纳，有御制五古诗一章。然时忌忤触祸机伏矣，越岁仇者以他人抄录吴三桂檄文罗织案内，没家逮问，冤沉三字，时人莫敢吊。项城王抚官广文刚正士也，谒选京邸，奋往哭

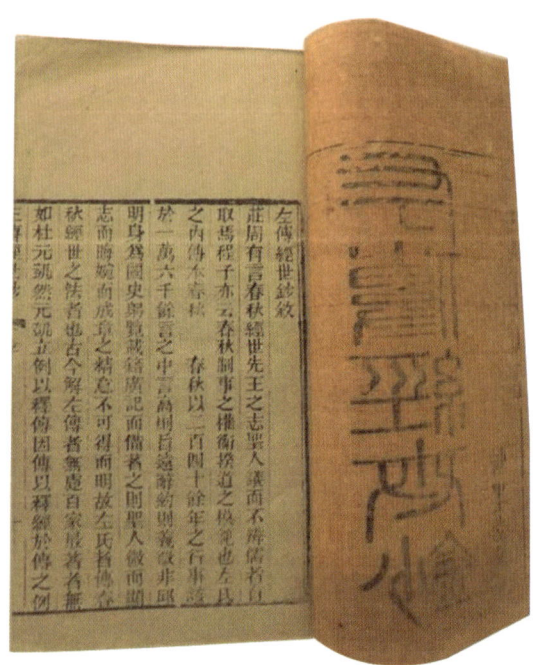

彭家屏所著《左传经世钞》

之，且戟手午门斥谗奸不绝口，渠族侄闻之，惧窃负而逃，得免捕拘，天下义之。洎民国肇造，家屏裔孙彭麟昌等以因赈蒙冤，禀请昭雪，蒙财政部批，节录批云："查彭家屏被祸始末，初因陈述本地灾情即经谴官辨振蠲赋非不深纳其言，其后夏邑人民一再申诉，官吏已发谴而请易县官灾案，已查勘而复控灾案，遂至激动生反动，官吏挟嫌媒孽，借抄檄藏书及私家谱牒，坐以重罪卒至身死圜扉，家被籍没。当时办理此等案件，殊属过于严厉，迄今百数十年后，代易时移而彭家屏犹有裔孙彭麟昌等得分遗产以办公益，先畤俱在，往事难诬，盖有佇复平陂之理存焉？"后屡请昭雪，始获俞允黎县长撰楹联云："血泪洒，哀鸿呈，郑侠图赐邓骘缣，三字狱成，河带恨声流万里；肉袒呼，张凤讼，皇甫冤颁越石祭，一家哭罢，天隆庙食报千秋。"并跋云："彭公家屏方伯开藩赣省十八年矣，退休时适夏商永惨遘沉灾，有司不以闻，公迎跸陈诉，上官衔之讽，县以藏逆檄事陷之，逮问赐死。"民国四年（1915）德芬复任，上书请昭雪，奉令俞允宣付国史馆立传，建立专祠，祠成爰撰联语，以志其事，时八年己未秋莫也。

张荫圻（生卒年无考），字采臣，河南省河南府嵩县人。雍正元年癸卯恩科（1723）三甲17名进士。授户部主事。出为奉贤令。复署郯城益都诸县，所至著积而益都民尤尸祝之。补高苑县令，小清河水为民患，筑堤捍卫，奉派旱工八十里，水工三十里，期年告竣而民不扰。邪教事发，檄提高苑民七十余家，荫圻悉其冤，力为由理，全活甚众。寻致仕。

吕鼎祚（生卒年无考），字元臣，河南省河南府偃师人。雍正元年癸卯恩科（1723）三甲107名进士。知山东阳信县。子谅易直，民戴之。罢官归，主嵩阳书院，后学多所成就。所著有《左络》，取左传之脉络相通者联络之也。又有《恕庵诗文集》。

汪开铨（1690—？），字书升，河南省河南府嵩县人。辛卯副贡，正蓝旗教习。中雍正元年癸卯恩科（1723）三甲142名进士。授高明令。故事讼者持金附状末曰请批，铨曰："令为民判曲直，职也。"革之。前令某任数月罢官，亏帑金八百，铨怜其廉捐俸助之。厚于造士簿书，暇集诸生，立程式，课优劣，讲析经义，竟日忘倦。坐狱囚逸免官。改郏县教谕。

周大律（1679—？），字叶六，河南省怀庆府温县人。束发爱书即知寻思义理，为文章恪遵传注，贯穿有明诸大家，略貌取神。雍正二年甲辰科（1724）三甲76名进士。谒选江宁之溧水，抵任匝四月，以催科无术罢黜，礼闱房师王国栋抚吴欲为洗涤，大律以母老固辞。其后同年生有以书招之者，终不出。大律自为诸生时，教授生徒蕾畲经训，归田时益探讨伊洛诸编，户外质确问难，相属经其指授，下笔辄有条理可观，四方名士多出其门下。著有《晦拙集》藏于家。

周相（1681—？），字元辅，河南省开封府密县人。家贫励学。雍正二年甲辰科（1724）三甲172名进士。以进士补湖南湘阴令，力请蠲免被水悬粮地银两，民困以苏。调龙山，地系苗疆新辟，为编保甲，课农桑，兴文教，禁溺女，又捐置育婴堂。再调泸溪，平反多案，民歌颂之。

王辙（生卒年无考），字子由，河南省陈州府项城人。性颖异，经史过目辄不忘，为文简洁精悍，日可数十纸。康熙庚子（1720）领乡荐，雍正二年甲辰科（1724）三甲186名进士。尝设教于蔡，游其门者多知名士。晚罹诬讼，毫不介意，赋诗作文怡如也，尤工诗。著《浮生老人诗集》，脍炙人口。晚年家更窘，多托诸咏歌，可谓贫而乐矣。其思亲诗尤恺恻动人。寿八十余岁，临终口占一绝，云："一梦醒来富贵无，卢生梦醒悔长途。今人不醒卢生梦，日向卢生梦里图。"

张孚至（生卒年无考），字子惠，河南省归德府夏邑人。雍正二年甲辰科（1724）三甲197名进士。授建德令。邑山多荒芜无着，银地数千亩。又有九姓船隶建，旧征丁钞五百余两，力请减二项额粮七百有奇，建民德之，有豪右强占乡民山场，抑而复之。解组归，邑人镌石以志。

傅百揆（1679—?），字时叙，河南省河南府嵩县人。聪敏多才艺，为文章卓荦不辟。雍正二年甲辰科（1724）三甲199名进士。知云梦县。邑濒江汉，苦泛滥，揆奉檄修堤，相度形势作《汉水说》《修堤总论》《疏濬废堤议》《桁杵碱石记》十余篇。期年堤成，作《堤工赋》。揆治云梦政简刑清，民颂之。性豪傲，不受羁勒。告病归。日以诗文自娱。

畅于熊（1706—1735），字光群，原名佸，河南省卫辉府新乡人。泰兆之孙。沉敏好学，文思清劲，力追正嘉。其师蒋家驹谓："有相国熊赐履风。"为更今名。雍正甲辰乡会并行，得中三甲212名进士。时年甫十九，礼部尚书仪封张伯行荐其才品兼优，授黄冈令。黄冈水陆错壤，广袤八百里，几于大都之三，上温语训勉，兼程赴任，以实心行实事，兴除利弊，洞中机宜，案牍少暇，不忘结习，纂邑乘，复书院，诸生资其膏火。乙卯丙辰获隽士二十有五，称盛一时。邑俗健讼，舞刀笔院吏连袪千，有司习以为常，至是峻绳以法，衔勒不少驰焉。两代黄州郡篆，矜疑之狱，多所平反。有麻城徐杨氏私逃，其父诬婿如松，以为拷死灭迹，罗织无辜，七载不结，于熊犀照其情，微服廉访，护杨氏而释如松，人诵神明。民间幼聘婚为外家，嫉贫多至寒盟，乃当厅谕以大义，舆送完聚之。其他丈洲地以清官租，严江巡以防暴客，善政莫纪。是时豫省设普济堂，乃捐金负粟，勷德意制府旌曰："惠我嘉师"，复檄下为河东两辖励。于熊性至孝，迎养父于官舍，父性严厉，每于治事堂后闻听，讼善则喜，稍不当即谯让弗恕，于熊跪受教，以是临政益慎。兄俊为诸生时，于熊质疑请业俨若师。弟居官则辇之偕至，不忍离析焉。乙卯以劳勚患疽殁于任，年仅三十，时论惜之，冈人士设主于问津书院，岁时俎豆云。

李学裕（1691—1745），字余三，河南省河南府洛阳人。雍正五年丁未科（1727）三甲15名进士。由翰林改御史，巡察直隶广顺大三府，官吏凛凛，虽大府亦严惮焉。转兵科给事，策封安南。授刑科掌印给事中。转四川建昌道，自打箭炉至西藏，民獠威怀，治行甲两川。金川诸土司相仇杀，学裕会诸将巡视开谕，皆骈首革心。调江苏粮道，会淮场水灾，制抚委学裕拯济，起瘠苏困数百万人。迁按察使，明允无留狱。擢安徽藩司。卒于官。

刘青芝（1675—1756），字芳草，河南省许州襄城人。髫龄通经，有神童之目，绩学晚遇公乡属目将大用。雍正五年丁未科（1727）三甲34名进士。授翰林院庶吉士。会兄莲，踏雪走二千里相寻，入门相向哭，赋诗曰："今朝不尽团圆乐，那有来生未了因。"芝即日请假与兄策骞归。故交官豫者，造庐谘地方利弊，芝语不及私，惟襄城旧例运漕河北往返千里，间阎苦之，芝言于大吏，得三百里内照运本色，余俱折银，大河以南解输挽之困。青芝至性过人，笃于伦类，既与兄俱归，兄旋病疽，卧床二年，药物起居周旋左右，无倦容。姊嫁夫死，贫无所依，青芝应养于家，姊死合葬于其夫之墓，时人以为难，而青芝以为固然。

张延福（？—1761），字尔介，号芝庭，河南省陈州府项城人。明司徒遇裔孙。性清静，寡言语，稍长举止若老成人，好读书，敦孝义。年十七入邑庠，越岁食饩。雍正癸卯贡成均，丙午登乡荐。雍正五年丁未科（1727）三甲36名进士。乾隆甲子在籍修邑乘，甫脱稿，旋补四川之冕宁。辛未选江西广信府贵溪县,政尚宽仁,务以诚信动物民,有强梗难治者以蒲鞭示辱,人皆感化。遇盗贼责以大义,亦无不洗心向善。政简刑清四境帖然,有夜不闭户之风。值大疫,捐廉五千缗,分给贫民为药饵资。岁复大饥,饿殍载道,时宦橐萧然,又不忍视民死不救,遂慨捐两万金以赈之,家产数百亩典鬻殆尽,或诘之曰:"公仕宦数年而家业一空,于心安乎?"曰:"我瘦而民肥,何不安之有?读书数十年正为此时用耳。"上宪嘉异,升泾州知州。临去合邑人民攀辕泣留,如失慈父母。治泾一如贵溪,泾旧无志乘,延福为创修之,数年政成。因母老决计归里,晨昏娱亲以为乐。乾隆二十六年(1761)卒。

王者栋(1690—?),字觐光,河南省陈州府太康人。少孤,事母至孝,学有根柢,数主邑书院,多所成就,尝事以经学仪型旌其庐。康熙甲午举人。雍正五年丁未科(1727)三甲115名进士。初授广东东安县知县。以养告归后,补浙江庆元县知县。所至称贤,卒于官。著有文集行世。

屈宽(生卒年无考),字仲容,河南省河南府嵩县人。劼曾孙,父必昌。宽少秉父训。雍正五年丁未科(1727)三甲158名进士。任彰德府教授。究心理学,教生徒,期以有体有用。自远从游者常四五十人。晚年家居尤敦任恤,戚族不能婚葬者赒之。尝置王姓田二十余亩,后王益贫,辄毁其券。为戈令所器重,邑有大事必咨访。如开荒顶补水刮赔粮及房屋坟墓报粮等议,洞彻源委皆宽发之,嵩人隐受其福。卒之日邺士有远来会葬者。

河南省

张溎(1682—?),字余波,河南省开封府仪封人。邑隐贤乡人广济令孚先子也。天姿豪迈,遇事有担荷。康熙丁酉(1717)登贤书。雍正五年丁未科(1727)三甲165名进士。授开平令。开平壤接新会,有村曰大官田、小官田，地势漫衍，为百峰山草寇出没之所，为患数十年，卒难扑灭，督臣忧之，遣浹往戡，谕以见几行事，浹率壮士数人，深入百峰贼窟，婉转开导示以圣朝宽大仁慈不杀之意，宵小俯首，随带贼渠赴省复命，上官咸加褒奖。浹复上条议，请于大小官田等处设立县城以塞群盗门户，绘图贴说以进上官，如议题准，特设鹤山县于大小官田之间，开平、新会、新兴、恩平诸邑永息寇警，地方宁谧，浹实有以造之。居恒刚直，不屑屑伺人意旨，卒被吏议去官，不克大展抱负。卒年七十有三。

祝元仁（1677－?），字资万，河南省光州固始人。曾祖昌，官辰沅道，死难中。仁生三岁而孤，即解号痛，长事母吴孺慕色养。雍正五年丁未科（1727）三甲167名进士。除知高安。时前令被议，漕供稽延，符檄雨下，仁指画臂使克期而办，又案牍山积以狱词，拘者已累月，仁日坐堂上，耳听目览，剖决如流，积案咸立结，大吏才之，有疑狱辄以相属。某县民争墓地被殴，伤微，族之黠者与民弟谋药杀民，使其妻重伤致死，诉验，令不能决，郡属仁同令再验，知其尸乃毒死，令恚甚，先讯其同谋者楚毒备至，至晕绝固不承，仁曰："此不能得其情也。"乃独退，转至署门，谓民妻若弟曰："某讯死矣，尔辈移时皆死，若吐实纵罪重望恩赦可活，死于刑何为乎？"咸即吐实，仁还坐谓令曰："得之矣。"四至，供承案辞乃定。仁明于折狱，而意主德化，不事刑威。邑有争水道者，经数令不休，仁曰："吾为若买此田。"又孝廉某某者乃亲伯侄，争一产，屡控不决。一日持刺延至厅，面数之曰："君等既为孝廉，何不顾名思义，况在诸父犹子间耶？令我何难剖断，顾不欲使是非明白者，期为君等全骨肉也。谕之不可，是我德化未孚，行将自劾矣！"两孝廉流涕请罪，遂为伯侄如初。仁当夜讯囚，妻于后堂秉烛待之，漏四下，仁始退。妻问何迟乃尔，曰："案者，盗也。黠捕惧比多有拘，他盗抵案者，三木之下何求不得，是以细加究诘。"其尽心类皆如此。莅任五岁，政声为江右第一，尝与他令谒抚军，抚军顾谓他令曰："尔辈居官，当以祝令为法。"出问所以。仁曰："一钱不要，勤慎办事而已。"抚军欲以瑞州守保题，会以患腰疽力辞，归之日，民走送数百里。仁为人坦白直方，遇人有过即面折不少假，故人皆悍其直而谅其诚。

张文龄（生卒年无考），字可庭，河南省陈州府西华县城东前张楼人。父生文龄，又置妾，生三子，移爱庶孽，逐文龄，文龄呼天号泣，自惩艾，谓不复比于人。既被放，远近悯之，并慕其行，遣子弟从学。得束脩，易甘旨，潜介三弟献父，时不得通，则循墙走泣，见者揾涕，枕旁泪渍久盈尺皆殷。雍正五年丁未科（1727）三甲169名进士。县令以下士大夫候门称贺，时问太公起居，父荣之，稍稍子文龄。文龄性抗爽，不拘琐细，平居凝尘未尝不满榻，琴书颠倒狼藉，鼠喷喷舞其中，见之弗挥也。或邀之酒未尝辞，饮亦醉，发蓬如经月不梳栉，衣无美恶敝不补，垢腻常满。然为人白皙眉目如画，人未见其读书，叩之淹贯渊博，莫能测也。雍正八年，就吏部选，京师地震死者甚众，文龄遂不免，丧归，其父哭之痛绝，复苏曰："呜呼！奈何吾有孝子而早不悟也。"所著诗文多遗佚。

李敏第（1701－1766），字瀛少，河南省归德府夏邑人。家世清白，为人有器，履不苟。雍正己酉领乡荐，雍正八年庚戌科（1730）二甲71名进士。改庶吉士。散馆，授陕西道御史。多疏奏，其一言旗下开户几二万余人，岁仍食俸居屯中，当令出旗听自谋生，从之，余多见采纳。转兵科给谏，连次奉命巡视通州、山东、天津漕务，为言湖广满号船当如江西例许就通州变卖以恤屯丁，又疏请山东南旺湖为运河下流淤地千余顷，无水时许民稞种，岁可得麦无算，俱报可。出授江南淮徐道。转山东按察司，山西布政司。所至恤民察吏，理财明法，多所建白。任晋藩时，旧有库纳添秤滴珠等色目，岁皆巨万，裁革无余。寻护巡抚内调光禄寺卿，借补少卿。再迁太常少卿，清勤刻励，有阳城质被之风。上鉴其清苦，思有以调剂之命，按查江南吏治，差竣，复命称旨，而清贫如故，上问之，敏第以沿途所却馈遗折呈，上只注明受一馈砚者，大蒙嘉慰，赏赐优加并馈砚者，记录存之。以寿终于官。贫无以殓，赖赙金得济恩蒙驰驿归葬。以子奕畴贵赠官保。

乔履信（1709—1746），字实夫，号敦峰，河南省陈州府商水人。幼聪颖，善读书，恪承庭训。未弱冠，补博士弟子员，年二十一，领雍正己酉乡荐。雍正八年庚戌科（1730）三甲54名进士。虽少登第而谦谨自持，粥粥若无能者。居平温厚和易，临事则明敏决断，与人交开诚布公，然诺不欺。奉旨发陕西学习，到省即委署郿县篆。下车兴利除害，政声卓卓。未几调富平，富俗故多浇漓，履信以醇朴化之，尤以培养人材为己任。捐俸建南湖书院，置田百余亩，俾士子肄业其中，暇则为讲学论文，一时文风翕然丕变。又详豁孙姜里冲决田悬

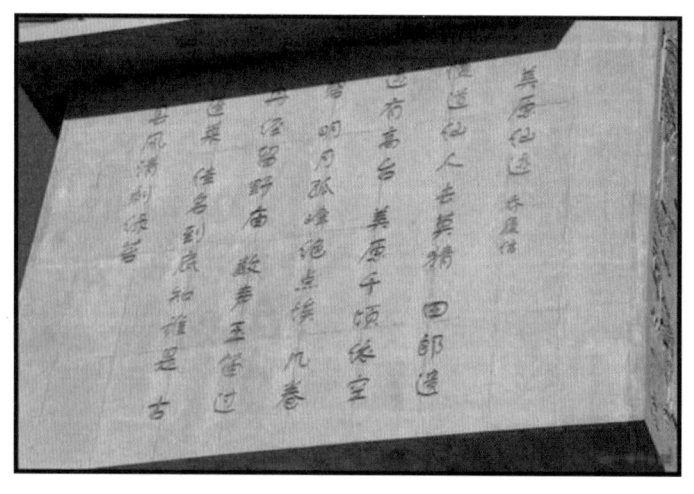

乔履信的《富平八景诗》之《美原仙迹》

额,革大里长承办科敛金,邑民戴之。以能声迁咸宁令。咸宁出借向皆铺户领纳,里民贴赔,自履信办理后奸弊一清。寻以荐候考御史。会丁内艰。服阕,补礼部主事候补御史。一时都下想望丰采并以觇其才猷。丙寅春卒,年三十八,朝士多为扼腕。所著有《乡甲条约》一册、《陕西通志》三卷、《富平志》八卷、《宁远堂诗草》一卷。

马上襄(1611—1689),字宛来,河南省开封府仪封人。北流县令从龙孙也。幼颖悟,年十五补弟子员,屡厄乡荐,抑郁不得志。内从闇斋周子探讨儒先语录,潜心理学,杜门却扫,垂四十年。康熙辛卯(1711)登贤书。雍正八年庚戌科(1730)三甲173名进士。时年已六十矣。发山西试用。旋授长子县。深自韬晦,人或疑其迂阔,疏于吏治,上襄应之曰:"吾惟清以律己,慎以处事,勤以恤民,期无负吾学而已,上官喜怒黜陟非所计也。"莅任七载,其所设施,措置悉法。薛文清公宰治之条爰著为《学徒政录》一书,遂以年老乞休归里。襄为诸生时,讲学西园多所造就,罢官仍理旧业,后辈争相传习,奉若龟蔡。所撰有《带经浅言》《牧吟诗稿》。卒年七十有九,伏忱诏门弟子曰:"学问之道无穷,吾恨限于岁年,此生不能毕吾素志,兹当盖棺论定,每自维谫陋,滋愧古人。"

张素志(生卒年无考),字道援,号豫州,河南省开封府鄢陵人。弱冠补诸生。雍正己酉膺乡荐。雍正八年庚戌科(1730)三甲215名进士。试用直隶,摄篆平乡。雪冤抑,释株累,惩奸胥,民大悦,每公出,多焚香戴祝者。题授阜城令。未几丁内艰归。服阕,补无极县。讼至即决,案无留牍,遇有当验夺者必亲历,不以劳瘁辞,尝曰:"令原以亲民,倘深居简出,则下情壅于上闻,或委僚吏又恐是非混淆,于心终不安也。"邑多陋规,悉除去。境有木道沟数十里,皆流沙,堤不能立,制府听浮言,檄令疏筑,志恐劳民罔效,且贻后累,具禀陈情七上，乃寝。尝奉檄办火硝铜筋，志即捐俸办缴，民不与知。三年奏最，调繁获鹿邑，当孔道，多疑狱，有累年未决者，志至立剖释之。又严抑豪强，设义学以兴文教。邑居山中，狼常为患，悬重赏扑去之。龙石山下隅阪地百余顷，山水渟注，废弃已久，志相度形势，躬率挑浚，不逾月，渠通，水达金河，成良田，人呼为张公渠。以卓异荐，寻调清苑首邑。会通省大兴水利，清邑工独夥成梁建闸，三河并修，逾岁报竣，劳瘁成疾，告归养亲。逾二载，遭父丧，躃踊泣血，疾转剧，竟以是年卒，年五十二。著有《杂艺略序》藏于家。

纪晫（生卒年无考），字丽苍，河南省河南府嵩县人。凌云长子。性醇厚，伟仪表，博学能文。雍正己酉与弟昉同领乡荐。雍正八年庚戌科（1730）三甲251名进士。乡会试俱以经义进呈。授成安令，慈惠爱民。罢归，杜门谢客，不妄交游，延主乐道召南书院，一时知名士半出门下，邑令徐玑、河陕道张学林咸加礼焉。

王锡璋（？—1739），河南省怀庆府河内人。内阁中书兆鳌之子也。性醇谨，谙大义。方七岁时，父因事为其祖谴责，父匍匐阶下，叩头请罪，锡璋亦随父后拜跪，祖以孩提即知大义转怒为喜。雍正己酉选拔贡生，本年乡试，以母感微疾不赴。次年赴京朝考，以知县用。以父教习内廷感疾未愈辞不就。壬子中式顺天举人。雍正十一年癸丑科（1733）二甲48名进士。选入庶吉士。是年告假省亲。明年春母有疾未愈，父督令赴京，不得已行至卫辉，见寓壁书忠孝二字，抚膺叹曰："为子即尽孝，为臣即当尽忠。今日不能尽孝，异日如何尽忠？安有母疾未愈而远离膝下者乎？"还侍疾，数月而母卒。服阕。散馆，授翰林院编修，武英殿校对。乾隆四年（1739），以失血病卒，年三十九。

张宗说（生卒年无考），字蓬宰，河南省归德府夏邑人。生而颖异，少孤，母夫人吕氏授以经书，逾年遍读。十五岁游庠，旋拔贡。雍正十一年癸丑科（1733）三甲17名进士。入翰林。先是朝廷慎重馆选，历癸甲丁庚，河南词臣生卒年无考取异等者，宗说名列第三，引见时都下传为中州破天荒云。在中秘肆力于古，思振兴诗学，上继北地，信阳掌院方苞叹为中州之隽馆课。积劳卒，年才三十七。性最孝，母病目，晨夕舐以舌，得愈，卒时犹呼母不绝口。著有《怡云草堂诗集》。

吴士功（1699－1765），字惟亮，河南省光州人。父用烈淇县训导，有阴德。士功未冠，以博赡称，为文耻诡遇，困场屋者二十年。雍正壬子举人。雍正十一年癸丑科（1733）三甲58名联捷进士。选庶吉士。乾隆丙辰（1736）散馆，改吏部。累迁至郎中，遇事能立堂上与大宰争是非。己未迁湖广道御史。寻掌京畿道，数上章言事，有直声。壬戌出为济东道，未几以母丧去官。丙寅起为大名道。明年移兖沂曹道，赈属郡饥。是年上幸山左，召见行在，面询灾黎情形，奏对称旨。再截漕米六十万石以赈，即命士功董其事，周行六十余州县无漏无滥，民以不饥。先是士功旨调湖南粮储道，巡抚阿公里衮奏留办赈，秋七月事竣，岁且稔有旨，改山东粮储道。寻迁山东盐运使。壬申夏，东昌泰安沂州蝗，巡抚鄂公宝委士功督令捕之，令不力，士以告，鄂公怒欲尽劾罢，士功从容解曰："劾一令去，委一令来，中间更代延搁，是予蝗以时日滋食民膏耳。矧尽劾耶？请展限蝗不尽，倍其罪。"许之，蝗立尽。甲戌升西安按察司使，士功虑秦民戆愚，择科条中易犯者，令州县刊木榜示之，俾知所趋避。时用兵西陲，士功署布政司事，饬所过军马，次于郊，毋入城，听百姓具刍粮于军，交易而退，军民晏然。丙子调湖北按察司使，楚故狡黠多讼，遇疑狱辄坐灯下反复求之，必得其情，乃就寝。某县有黄某者私人妇，妇别有私，黄贿人刺所私者，死，复贿人以应其罪，案已定，士功疑之，复讯得实，卒正其罪。寻奉命护巡抚印，时广济民苦私征，士功立缚群吏至，悉置之法，诸官吏闻风皆敛，手不敢为非。丁丑秋迁西安布政司使，兼护理巡抚，值延榆鄜三郡灾，议拨宁夏府及绥德米脂清涧吴堡四州县米麦充赈，以路险赈粟不时达，民旦暮且死，士功奏请添雇驴骡挽运，复奏毗连州县勘不成灾者请缓征，上从之。是年冬，调直隶布政司使。戊寅三月再还西安，寻于途中奉旨巡抚福建，仍留署西安巡抚，兼管布政司事。是年延榆仍灾，奏蠲积年逋悬，又购骡三千头供西师，凡地不产骡，及产骡而地瘠者令勿与。延安府兵粮向兵由府领粮，由县运奏，改就近征支。陇州汧阳额征屯豆，民不支贷，岁积红朽，奏改折色，陕多麦少谷，奏仓谷用麦抵，以从民便。秦民数郡旱，种不入土，民大饥，士功力请发粟、缓租贷、种食各事宜，行之，遂完聚无流亡。南洲者，闽之盗薮也，在江心四面阻水，初薛能太聚党盘踞，经前抚捕斩之，党略尽，有刘良福者，曾事能太，太诛福，称盗首，仍踞为巢，与副魁游艳艳等放贼四劫，刺人眼，灰漆人面，沉官兵哨船，又有巨盗林成功亦聚党数十人，托渔户为业行劫洋面，且及江浙。士功至以兵捕之，不数月次第就缚，诛其魁，余皆待以不死，闽盗悉平。又台湾向禁私渡，而土地肥美，闽粤人往垦其地，既立业终不得来迎室家，大吏往往奏宽其禁，旋停罢。士功乃疏其情，以闻略曰："凡渡台人民，禁绝往来，不能搬移，现在垦地民已逾数十万，其父母妻子皆居内地，若弃之而归，则失谋生之路，若置父母妻子于不顾，又非人情所安，故其系念家人实有不能自已之心，以致急不择音，冒险偷渡，百弊丛生。伏查。乾隆十七年，原任台湾县知县鲁鼎梅纂修《台湾志》云：'内地穷民在台者数十万，其父母妻子急欲赴台就养，格于例禁，群贿船户，顶冒水手姓名挂验，妇女则用渔船夜载出口，私上大船抵台，复有渔船接载，名曰灌水，经汛口，觉察奸稍，照律问遣，固刑当其罪，而杖逐回籍之民，室庐抛弃器物一空矣。更有客头串通习水积匪，湿漏船只，收载数百人，入舱盖封钉，不使上下，乘夜出洋，偶值风涛，尽入鱼腹，比到岸，恐人知觉。遇有沙汕，辄赶骗离船，名曰放生。沙汕断头，距岸尚远，行至深处，陷没泥淖中，名曰种芋。或潮涨漂溺，名曰饵鱼。穷民迫于饥寒，相率入陷阱，言之痛心，志言如此，臣思愚民之被害，奸稍之肆恶。'鲁鼎梅身莅台湾，见闻自确，抵任以来，留心察访，事属非虚，然卒未有因陷溺而告发者，缘在人迹罕到之地，被害者既已溺于波臣，幸免者亦缘自干禁令，宁忍其奸，莫敢控告，臣计自乾隆二十三年十二月至二十四年十月一载之中，共盘获偷渡民人二十五案，老幼男妇九百九十九名口，内溺毙三十名口，其已经盘出者如此，其未经发觉者犹不知凡几，伏念内外民人均属朝廷，赤子向之在外为匪者，悉出只身无赖，若安分良民既已报垦立业，有父母妻子之系恋，自必顾惜身家，各思保聚，此从前督抚诸臣所以叠有给照搬眷之请也。及奉准行以后，亦未有滋衅生事者，乃因奸民偷渡，致令良民在台者身同羁旅，常怀内顾之忧，在家者怅望天涯，不免向隅之泣，以故茕独无依之人迫欲就养，铤而走险，毙命汹涛，非所以仰体我皇上如天之覆，一视之仁也，合无仰恳。"敕部定议："嗣后除内地只身无业之民，及并无嫡属在台者，仍遵例不许过台，有犯即行查拿递回外，若在台有业良民果欲迎其父母妻子及同胞兄弟者，许赴台地，该管官报明籍贯及眷属姓氏年岁，册移原籍，核覆给照搬，接其在内地眷属欲过台完聚，报明该管官，移台核覆，申明督抚给照，过台时验照放行，如人照不符而放行，及滥给路照，各当该官司，均分别议处，其余偷渡人仍如旧历严禁疏入。"下部议行，自是人得完其室家，台民德之，每感激泣下也。士功为政，刚而不残，仁而不弛，为外吏二十年，持是道不变，在闽四载，被上眷益厚。辛巳以承问提督马龙图侵饷事，坐失，出发往北路军营效力，明年恩旨予归。又五年乙酉以老疾卒，年六十有七。

宋锦（生卒年无考），字在中，河南省怀庆府武陟人。先世顺天大兴人。始祖友以前明开国功封武略将军，后随藩封由陕西至怀庆。高祖芳郡庠生，始迁武陟锦中。雍正十一年癸丑科（1733）三甲70名进士。授四川犍为知县。政简刑清，惠声大著。邑有盐井久涸，力请之上官，捐除额赋。俗故不知种棉，锦督令以时栽植，民享其利。徙知合州。值金川用兵，例供转输，时议由陆运，锦委曲陈状得改水道，川东诸府县便之。再补广东德庆州。调崖州。升琼州府同知。保荐知府。以病归，卒于家。所著有《西川》《岭南》二集。

何达善（1704—1769），字子兼，河南省怀庆府济源人。幼聪敏，有至性。雍正丙午（1726）举人。乾隆元年丙辰科（1736）二甲12名进士。方试礼部，出闱时，心动，榜未发，驰归省母。至卫辉，果闻母亡，哀号疾走，日夜徒行三百里，足血出，弗知也。继入词馆，改授广东恩平令。恩平田赋多积弊，富户狡狯，通猾胥，移赋于贫，贫者赋重害切骨。为稽核更定之，万口衔恩，悉泣下。听讼廉察，案无凤牒。以卓异入觐，奏亲老乞恩补近地，改陕西澄城令。同郡郃阳县有疑狱，奉委确讯，同审官徇情瞻顾，久不决，携骨至省，面争之，超雪死罪三人。以先在恩平卓荐铨部，推四川剑州，未赴任，遭父丧。服阕，补山东莒州。州频年荒歉，申请赈济，买牛五百头，假民耕作。又为灾黎赎所卖子女千余，还其父母。因念州民无御灾之策，设树长，督民种树。开河渠，令得水利。乾隆十四年，升授徽州府知府，州民闻之皆失色，赴省乞留，格于例，不果。越两年，莒之父老制屏绘像，刊《治莒十二事》，走三千余里，祝寿新安。在新安数年，善政入民肝膈，以颂口碑者，不可枚举。属县绩溪，岁稍歉，呼聚多人，乞县令赈济。令张大其词，以民变达府，及往按，有参将带兵数百会于路，婉言谢去，民有食，不罹于法，皆安堵。二十一年，入觐，蒙温语褒嘉，赐墨刻、紫貂、绮服。旋授江西粮道。调淮徐海巡道。堤工物料积弊，累年弗能除，一旦除之，办灾无虚靡，有实惠。尝乘夜遣亲信家奴，访灾黎苦状，适一孤庙，有儿啼，视之，其母已饥死，儿抱母泣，不知母死，饬乳妇活之，又收养无依子女无算，岁既熟，一一遣归。二十四年，以捕蝗不力镌级。二十七年，制府尹继善奏留，补授凤阳府知府，政务殷繁劳不支。翌年，即以疾引退。家居六载，敦古谊，厚风俗，称"人伦模范"。年六十有六，无疾而逝。

彭树葵（1710－1775），字觐之，号水南，河南省归德府夏邑人。生而歧嶷，性敏笃。稍长务实学，敦力行，器识沈毅郁为伟器。十六入邑庠，雍正壬子（1732）举于乡。乾隆元年丙辰科（1736）二甲82名进士。改庶吉士，授编修。时纯庙冲龄践阼，圣聪方启，以为万几就业在于慎思，引魏征十思疏内语演为十箴以献，大蒙嘉赏。自是历擢显秩，荐至都察院副宪。次年授仓场侍郎。三年改任湖北巡抚。越二年仍调仓场。六年调礼部左侍郎。解组后，渥赐存问，恩遇有终。历任敷陈剀切，多见施行。任仓场最久，有奏停运河草坝之弊，免大通桥车户津贴京仓散役之费，请增剥价及浅夫工食以疏运道，请平粜及早放甲米以济民艰，又请为兴武浙绍等前后回船，酌借库帑以速新运，其余定琐费，以杜浮冒免杂征，以纾丁力，惠施尚多。抚鄂时禁民私截漫淤，不令与水争田，以息水患，并调剂常平籴粜储放各法，公私称便。十二年山东岁歉，盗起，民多流亡，奉命通州截留难民，设法招徕，全活无算，无流入匪类者。大兵征金川，调楚兵四千，为借帑治戎装备粮糗，士乐就道。尝摄督篆，政烦任重，勤敏有加，文书簿籍，多手自擘理，其详慎如此。计服官内外历有年，所大致惠以济民，廉以励节，省廉俸以裕公益。去时行李萧然，尝作遇雨诗曰："尽洗风尘双眼豁，生憎琴鹤一肩多。"盖纪实也。解官归养，侍晨昏者，十有余年。封翁既福寿兼隆子，舍亦欢洽备至，尝与兄弟谦乐友爱，不异童时。南巡迎跸天颜霁霁，赐"椿庭莱舞"匾额，当世荣之。卒年六十有二，葬城北双楼村。著有《水南诗稿》藏于家。

汪锴（生卒年无考），字器之，河南省河南府嵩县人。性恬澹，善为文。中乾隆元年丙辰科（1736）三甲60名进士。除孝义令。俗幼殇多弃野，锴曰："此亦人子，忍鸟兽食乎？"置隙地三十区令民葬之。以他事落职。教授伊汝间，士多成就。所读书皆手自抄录，详加笺注，隆冬龟裂不辍。

周作哲（生卒年无考），字远明，河南省光州商城人。明太常寺卿汝玑元孙。父封臣廪贡，积学力行，望重乡间。哲生而颖异，甫四岁，于母汪氏怀抱中授葩经，致通鉴总论，辄明朗成诵。家素贫，读书益不辍，尝自言曰："吾釜可十日不炊，手不欲一日释卷也。"乾隆二年丁巳恩科（1737）三甲159名进士。除星子县，星滨鄱阳湖，风涛中奸匪为患，哲增置救生船十余只，大小渔艇悉编号令，互相保结，匪患以平。会有建议由渚溪开河避湖道以利粮艘者，哲力陈劳民伤财，万难成功，事遂寝。时都昌县民有争草场者，每以械斗成案，哲廉得其实，请于上。置衔蠹侵民者于法，积案遂清。调知庐陵，多所整顿，取不法者绳之，四境肃清。委摄吉安府篆。随擢宁州牧。既去庐陵，士民以思乐仁候十余章歌之。宁僻处万山，棚民交错，奸匪易匿，为之纪户口，设店簿，居民行旅两便之。创建书院，簿书期会而外，辄聚诸生讲经课艺。会因庐陵失查案被议，引见仍以原职补宾州知州。抵任四月，复以公罪免。行李萧然，囊无长物，归无一椽，居蔽风雨，寄栖他人屋宇晏如也。年六十有六以疾卒。著有《醉古轩文集》《桐阴书屋诗集》数卷。

白士宏（生卒年无考），题名录作白士弘，字任重，河南省开封府新郑人。幼而颖悟，日诵数千言。九岁能属文。十四补博士弟子员。登雍正丙午（1726）贤书。主司见而称之曰："此嘉鱼复生也。"乾隆二年丁巳恩科（1737）三甲174名进士。授四川资州井研县知县。催科抚字，咸得其平。庚午癸酉两次同考，所得皆名士。旋以终养告归，行橐萧然，攀留载道。家居孝养益笃，杜门谢客，专以奖诱后进为务，弟子多有所成就。学者每谓："从先生游如入大匠之门，大以成大，小以成小，无弃材也。"生平方正和雅，风度蕴藉，名满中州。年七十三终。著有《衣德堂讲义制义》。

陈其润（生卒年无考），字元瑛，河南省南阳府叶人。少而好学，明经励行。乾隆二年丁巳恩科（1737）三甲190名进士。充丁卯科山东同考试官。后选江西宜春令。改彰德府教授。以亲老告养归，隐居授徒，志欲成就后贤。其润品学本为士林所重，又尽心训迪，以故远迩向风来学之士负笈如云，文教翕然丕振焉。所著有《静斋文稿》。

较孝（生卒年无考），字天经，河南省开封府中牟人。祖邃养，任济源训导。父传孝。甫十龄，父捐馆。家贫，朝夕常不给，恒以治生，余暇刻厉诗书，事母至孝，每自忍饥饿，留菽水资以奉母，人金谓以孝命名，克副其实。年逾三十，始游泮，窘迫如故，而进取之志日益奋。丙午乡荐，越十载。得中乾隆二年丁巳恩科（1737）三甲221名进士。任陈州府教授，课士尽职，尝协办赈济，颁发平允，咸受实惠，士人感之。上官保举才能，未及赴部，以疾卒。

郑志鲸（生卒年无考），字弦斋，号桐月，河南省陈州府太康人。

性恬淡。壬午登贤书。乾隆四年己未科（1739）三甲19名进士。殿试入词林，以检讨用。在翰院五载，改外用，授山西长子县，清慎自矢，恤士爱民。甲子丁卯壬申癸酉四科为同考官，所拔皆知名士。调曲沃，地当孔道，值金川军事，往来驿递供给无缺，民复不扰。升绛州知州。抚宪保举知府，送京引见，奉旨候升未半载，因公镌级，改调直隶内邱知县。志鲸知数奇甘心义命，以亲老告终养，解任归里。两袖清风，杜门不出，同年宿好莅任河南者率避嫌不见，惟与二三社友谈论往事，以敦旧好。

许元善（生卒年无考），字德先，河南省汝州鲁山县良里张家庄人。乾隆四年己未科（1739）三甲194名进士。奉母江氏曲折，得其欢心。谒选任归化县知县。丁母忧，服阕，署永定县。补实崇安县署。有宋赵清献公夜告阁，元善登阙谒神焚香自誓。武彝山产茶，奸贩甚伙，商人欲求立契税以杜彝，元善虑茶收丰歉无常，设有额数将滋扰病民，力寝莫事。后以他事忤上官意，休致归里。晚以寿终。

张师赤（生卒年无考），字松门，号豫川，河南省开封府仪封人。乾隆七年壬戌科（1742）三甲154名进士。为人沉敏有智略，明达世务。仕山左，初署博兴即委办郯城赈务，查聊城昌邑水灾，尽心尽力，民实被其泽。历署长清、泰安、东平诸篆，民以为万家生佛。理新泰六年，教民种植，比户殷富，剔弊扶衰，治绩辈载家乘。乾隆二十三年，以卓异陛见，旋调诸城令。政尚体要，不茹不吐，宽严得宜。暇日课士于苏子超然台，品题悉当。庚辰乡会两元俱出诸邑，中式之多不可枚举。是岁，邻境多蝗，灾及诸境，师赤为文祝之，辄赴东海死，侍御李公有"沧海曾驱五月蝗"之句，以咏其清政之盛焉。后以疾归里，卒年六十有三。

吕崇谧（生卒年无考），字静庵，河南省归德府宁陵人。乾隆七年壬戌科（1742）三甲159名进士。授山西太谷县知县。生而谨恂，笃行孝友，莅官非宴会不御珍羞，公服之外冬褐夏葛依然儒素，立文社建书院捐资课士，时进诸生而授经事，载《太谷邑乘》。致仕归，增修家祠，置祭田四十亩，家居十余年，孜孜以讲学为事，筑关厢隙地为书舍，启迪后进，贫不给者资之，多所成就，如张玉堂等拨科应选二十余人，平生得力，体认笃实，年逾古稀手不释卷。著有《四书》存十六卷。

张宾贤（生卒年无考），字方孟，号南溪，河南省归德府柘城人。拔贡惇孙。天资颖悟，喜读书。八岁父故，从兄象贤学，象贤字方曾，以文行著于乡。十六食廪饩，潜心程朱，善制义，一时名士多从之游。任孟津训导，克称厥职。宾贤亦刻意向学，年十五文已卓然，而志益笃。时村中有社会，斗鸡走马观者如堵，而吟诵之声不少辍，闻者佥曰："志士也。"乙卯登贤书。取明通，任新野教谕，即以兴学校成就人才为己任，课士一遵窦太史克勤泌阳学旧规，三年间宴鹿鸣，捷南宫者，较昔为特盛。乾隆十年乙丑科（1745）三甲161名进士。改任河南府教授。新邑绅士为立德政碑于学宫。历一年，丁母忧，服阕，补卫辉府教授。教士之勤一如前辙，于是大河之北，人文蔚起，亦与新邑洛水相辉映焉。二年，以疾卒于署，扶榇归里，士庶泣送者不绝于道。至今淇泉朝歌犹啧啧称道不衰。

孙巽章（生卒年无考），字健公，河南省开封府洧川人。钟英异姿。总角时口授小学，即了大义。十五补弟子员。文宗张称，为一代伟人。恬淡寡欲，博极群书。雍正乙卯（1735）选拔，乾隆甲子、乙丑联捷。得中三甲164名进士。后益深醇自养。惜年未强仕，赍志以没。著《隧东诗集》《四书植学》《南华辨疑》等书。

刘翙羽（生卒年无考），号桐庵，一号迂斋，河南省河南府卢氏人。绍汉之孙，顺天府府丞公蔚其高叔祖也。秉质淳厚，聪明内涵。自祖宦后家居，敦请名师课诸孙读书，公即克承厥志，键户讲学，恂谨端悫，勿尚浮华，勿矜才能，更与昆仲辈自相师友，悉友以乃祖之所，以教公者教之诸弟，皆联翩列胶庠焉。公为诸生数年，每试以冠，文章重于河洛，宗师于旌其门曰："行优文，卓太母。"闻氏素有寒疾，百方延医未效，时值选拔赴京试，虽囊箧萧然，必索换参桂诸药归遗疗母，己身之苦弗恤也。登贤书后设教，卢永两邑生徒济济，成就多人。母病故，哭泣哀痛，数绝而复苏。邑宰刘公闻其素行，雅重之，赠以诗曰："连珠九朵峰，特钟皎皎士。"乾隆十年乙丑科（1745）三甲219名进士。由进士仕为农部尚书郎。庶务勤慎，不事苛细，海梁二大司农特简贤能四人，办朝廷岁出入总数，公其一也，适遇盛暑，不阅月而报完，中宰刘公、大司农梁公赐简曰："勤慎无间，朝夕老成，可为典型。"独居京邸二载，顾念严亲在堂，久离膝下，子弟恐不能颐事，虽音问衣服食物时给，必钦躬亲色养。于三年报政期得外任听选，遂得属眷奉亲以归，而太公抵家复染时疫，公宛转调护，昼夜扶持，连旬，衣不解带，忽冒风寒而逝，里人闻之无不流涕，皆云古人有死孝，公其近之。

李敏行（生卒年无考），字蒨园，河南省归德府夏邑人。官保敏第胞弟。生而歧嶷，八岁受章句即通大义，稍长属文，矜贵有奇气。乾隆辛酉举于乡。考进士，榜未发闻祖母病遄归。乾隆十三年戊辰科（1748）三甲107名进士。改部曹。转山西道御史。晋给谏，以直声著。连擢贵州云南学使。先后条上学政不便数事，皆关体要。言教官升迁，署理宜知会学臣。言土司生员承袭，宜注明学册，免其应试。言古学经解空泛，宜添场考试，以示鼓舞作养之意。言各属生童拨府当凭文取进，不宜拘定旧额。言各省选拔生员判语空泛，宜改为五言八韵排律一首。所奏皆允行，著为例。官至光禄少卿。

赵湡（生卒年无考），字怀源，号颍南，河南省陈州府商水人。曾祖之魁、祖荣桂俱庠生，父廷球廪膳生，均好善多厚德。湡性鲁而好学，少承庭训。乾隆戊午（1738）举于乡。乾隆十三年戊辰科（1748）三甲139名进士。任滍县知县，政留遗爱。晚年致仕，家居教授乡里，多所成就。

郭乙山（生卒年无考），字峰长，河南省开封府仪封县仪宾村人。甫髫龄，辄好学，家贫膏火不继，则焚薪照读，每至月落，参横雒颂之声达于里巷。其为文才气纵横，不受羁束。邑宰袁珂于童子场中见而奇之，以为非池中物，取以冠首，旋入庠，食饩。雍正壬子以五经领乡荐。乾隆十六年辛未科（1751）三甲159名进士。授怀庆府教授。未及赴任以疾卒于家。生平性孤傲，与俗寡谐，自甘淡泊，不治家人产业，尝累日不举火。里人有惜之者曰："子何一贫至此？"乙山笑应之曰："贫者士之常，诗书俱在，犹堪果吾腹，复何忧？"乡里重其清操。

杨克缉（生卒年无考），字敬熙，河南省光州商城人。善事父母。兄早逝，事嫂如母。雍正乙卯（1735）举人。壬戌会试以明通授新蔡教谕。课士悉有法度，诸生王元介家贫积学，缉每岁以三十金助之。值岁饥，襄办赈务，邑人德之。乾隆十七年壬申恩科（1752）三甲76名进士。会汝河泛滥，观察曹询治河术，指画多中肯綮，早异引见。授广东普宁令。请假省墓，卒于家。

樊执中（1715—1790），字圣传，号敬亭，又号迁村，河南省陈州府项城人。幼颖异，好读书，不与群儿伍。稍长，动静语默，悉若老成。弱冠应童子试，以第一人受知邑侯滇南钱公，旋食饩。尹博陵中丞观风，得执中文，极推赏，命肄业。弦歌书院院长兆松岑先生、郡守长白金公皆器重之。时臬宪沈公提调书院，以昌明道学自任，由是究心濂洛关闽之旨，蒙沈公称许再四。乾隆辛酉列选贡。在省垣与汤大山定交，文正公曾孙也，叩其家学，因得读文正公与夏峰诸书，尝曰："自与汤君交，受其熏陶，而饮食梦寐，闲时若登夏峰、文正两先生之堂，亲聆告语。"癸酉举于乡。乾隆十九年甲戌科（1754）三甲75名进士。候选在籍，闭馆授徒，多所成就。居恒布衣蔬食，无异寒素，嚣然自得，不求闻达。主上蔡书院讲席，教人以践履笃实，忠惠廉节为主，又以慎独为切要工夫，作三约三戒以示诸生，在上蔡五载，多士景从。后主讲本邑莲溪书院，四方负笈者益众，因材造就如不及。乾隆庚戌九月十二日卒，年七十六。先是七月十七日，值生辰，自题云："数满洛书，犹欠五寿，追东鲁已余三。"至是无疾而逝，适符欠五余三之兆。执中退居林下近四十年，读书愈富，穷理愈深，养心愈纯，讲学愈笃，学者翕然宗之，而得其真谛者寥寥，盖其反躬自责已德。因年进独知独觉之地，实非旁观所能窥然，即其抱道自重，鄙迎合揣摩为不屑，亦足以励士气而厚风俗矣。所著有《古堂集》《日省录》《甲子年表》历藏于家。

石文秀（生卒年无考），字钟灵，号凤岗，河南省汝州伊阳人。乾隆甲子举人。乙丑明通，授偃师教谕。乾隆十九年甲戌科（1754）三甲138名进士。任山西阳高县知县，署大同府同知。其在阳高时，弊除风清，谕民开治荒田，仿井田法，缓征垫解，里差不扰。建立社学多处，士民感德。树有思政碑。

蒋曰纶（1729—1803），字金门，别号霁园，河南省归德府睢州人。性孝友，幼遭父丧，哀毁如成人，教弟曰京为名诸生，肄业成均，卒于京，曰纶抚孤侄如子。后宦山东泰安县知县，卒无子，曰纶为立后居卿多义举。岁饥同邑某将鬻其未婚妻，曰纶厚恤之，留侍其母，后某又欲鬻于富商，而以其半价来赎，日纶念某母老无孙归之不取值，某大悔悟，至今子孙繁衍称德弗衰。乾隆二十五年庚辰科（1760）三甲41名进士。改庶吉士。习国书，虽读书中秘，而垢衣敝履不改儒素风。辛巳授检讨，充国史馆纂修官，所撰列传为总裁刘文正公签商者，或从或驳无一字迁就。丙戌保送御史，初未及公，文正公曰："是尝与我断断争者，真御史才也。"独举公。戊子补山西道监察御史。巡视西城，某吏素横，奸未发，会兵马司吏目案呈有民人控妇悍求出一事，曰纶察妇无悍容而辞色悲苦，其夫又诡病不案，乃密询其幼子，得某吏平日利诱计得妇为妾状，一鞫而服，置诸法。三十三

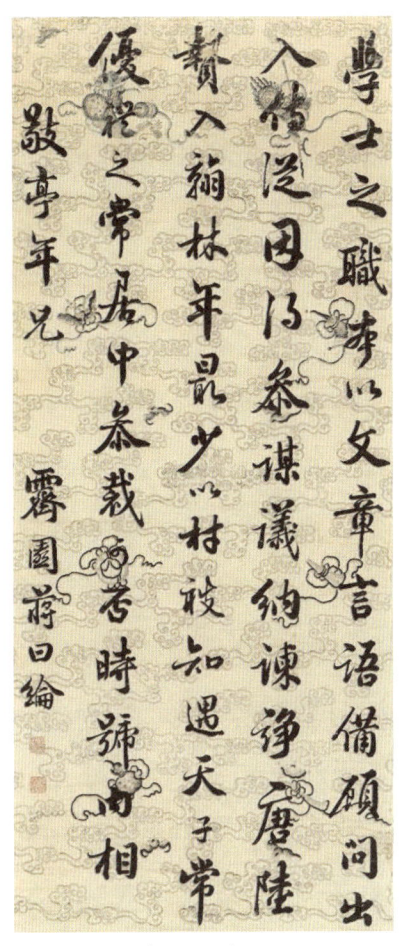

蒋曰纶书法

年，奏请定用内阁中书，例略云："中书考试向无定期，临时出示猝难周遍，且查内阁中书一官，外升同知内升内阁侍读及各部主事，其官阶在主事之下知县之上，而考试者以一论一诗得之，未免视为捷径，妄生幸心，及夤缘奔竞亦难保其必无合无，仰恳圣恩即于每科新进士引见时，除以庶吉士、主事、知县三项分用外，添用内阁中书一项，遇有缺出以次铨补，在各士子会试殿试之后，诗文字体历经校阅，既无烦另行考试，且因材器使一归圣明简录，则名器益昭慎重而侥幸躁之心无自而生矣。"奉硃批："所奏甚是。"旋交礼部议准，遂著为令。三十五年，奏请禁督抚指名拣发人员，略云："在部候选各官，于督抚

本非现任属员，何由知其在部候选而经破例保请，既乖体质复涉嫌疑，且恐该员得邀专奏，或不免依托声势滋生弊端，请嗣后拣发人员概不准督抚指名。"奏请，奉旨允行。晋户科给事中。转礼科掌印给事中。辛卯充顺天乡试同考官。壬辰充会试同考官。所得士称极盛。丁母忧，服阕，补工科给事中。转兵科掌印给事中。升顺天府丞。提督学政，管理金台书院，延师必慎，训迪必严，一时英隽多所成就。时文侍郎远皋年未弱冠，曰纶阅其文识为伟器，曾许之云："非惟才俊，亦卜厚福，不信九方相马之识，请观丰城射斗之光。"后果如所言。陈公预将应小试，适其父垩，吏议或欲阻其入场，曰纶深赏其文不为浮议惑，遂冠其军，卒成进士。其弟云亦曰纶门下士，成进士廷试第二人。仁庙召见时，尝以知文造士见许，固有由矣。丁未晋光禄寺卿。历太常大理寺卿。时和珅当国，慕其品，多方延致，力拒不就用，是滞迹科道丞寺者二十余年。嘉庆初，和珅败，始擢副都御史。视学山东，甫试青州一郡。旋擢礼部右侍郎。调工部左侍郎。奉旨回京。辛酉（1801）充会试总裁。壬戌调工部右侍郎，管理钱法堂事务。曰纶服官四十余年，矢公勤如一日，仁庙屡温语慰问，曰纶闻命感激，愈加奋勉，惜乎其已老矣，时有尚参同悟真之学者，心知其意不屑为也，曰："吾自不失吾真焉？可矣，奚必以异学鸣人。"皆以为至言。嘉庆八年卒于官。

张六行（生卒年无考），字孝先，号槐堂，河南省许州长葛人。乾隆庚辰科解元。乾隆二十六年辛巳恩科（1761）二甲55名联捷进士。为人凝重聪敏，性至孝，以父年老不肯赴铨部。服阕，赴京谒选，授广东惠来县令。惠处万山之中，民以逞讼为能，每放告时，呈词率五六百纸。六行于其情节支离者即加诘讯，且示惩警，复多方开导，半载讼狱渐稀，在任二载，尤加意于文教，公暇辄亲自诣书院，集生童训迪，文风日盛。七月调帘将入省，以丁继母忧去官。抚军以六行莅任未久，两办大差，问何以作归计，六行对以家世寒儒，素知节俭，及今早归，尚不甚形竭蹶，军称善者再，即日给咨回籍。邑名宿顾嵩门尝称之云："书院讲授但谈小学，谈忠孝，不谈文，是真所谓乡先生者矣。"

张璿（生卒年无考），字和淑，河南省归德府柘城人。总角能文，兄二堪、璞，璿与堪入邑庠，旋食饩。乾隆丁丑中副车。同族进士方孟以大器目之。壬午举于乡。乾隆二十八年癸未科（1763）三甲106名进士。授开封府教授。甫到任即立文社，定学规，三年士风丕振。会学使试，开封社中入庠者十二人，中式者五人，学使大奖异之。调河南府教授。不赴，引年归，士绅饯于郊者数百人。归囊无余贡，家居蔬食，迹不接长吏，闭户著书，都人士请业者望之若山斗。

李名扬（生卒年无考），号秋坪，河南省河南府卢氏人。年二十七成乾隆二十八年癸未科（1763）三甲118名进士。任安徽蒙城知县。裁陋规，立书院，修义仓，颂声载道。未几以不获上，解组归。主讲龙山书院十余年。所著有《周易正字》《诗经正字》《礼记正字》《尔雅音释》《史纲》《史奇》《史评》《史观》等。

吴延瑞（生卒年无考），字履丰，河南省光州固始人。梦岩子。早失怙，事母孝，常中夜焚祷祈增母寿。乾隆壬午举人。乾隆三十一年丙戌科（1766）三甲133名进士。任户部主政。旋擢郎中，掺廉守正，时有浑金璞玉之目。由京察授潼商道。纯庙有诚实之褒，抵任后厘关税，葺书院，设官渡，凡便民者以次修举。河决，朝邑上流多淹没，悬金拯救全活甚众。署广东臬篆，稽听有疑者，辄昼夜反复求之，案无留牍，民称神明。以疾告归，值邑中大旱，设粥厂，施医药，又置义田、祠田、学田，俾族之贫乏者食其租。生平不置侍妾，不履公门，布衣蔬食，晏如也。卒后入祀名宦乡贤。

张运暹（生卒年无考），字丽瀛，河南省开封府祥符人。乾隆三十四年己丑科（1769）三甲10名进士。以翰林院检讨供职内廷，诸亲郡王俱受经。荐升侍读学士。予告归，闭户读书，屡征不起。居濒惠济河，村人冬辄病涉，运暹捐修袁家桥，请免诸村徭役，至今感之。著有《四书讲义》《书经辨疑》《诗经逆志》《三订喻轮集》《荷薪堂文稿》等书行世。

吴惇（生卒年无考），字徽典，河南省光州商城人。笃于孝友，父宗陵早逝，率兄教维谨，好施乐善。乾隆癸酉领乡荐。辛巳以明通授武安学博，勤训课暇与县尹张诗酒唱酬。同年顾某以赴任卒于途，助资返其丧。与武安郭某友善，会某死，家贫子幼，伙助之子藉以立。乾隆三十四年己丑科（1769）三甲91名进士。授刑部主事。旋卒，年五十九。

仓圣脉（生卒年无考），号敞庵，河南省开封府中牟人。圣裔季弟。嗣叔父士斑。由乾隆乙酉选拔，戊子举于乡。乾隆三十六年辛卯恩科（1771）二甲35名进士。改庶吉士。时开四库馆，征天下遗书。充武英殿总校官。殚心校勘，不使一字滋讹，凡所厘订悉称上意。散馆，改部。旋召留，盖异数也。书竣，充热河文津阁详校侍从。垂二十年，恩荣无比。然性恬退，戊申引疾归。兄圣裔亦以两淮运使于次年

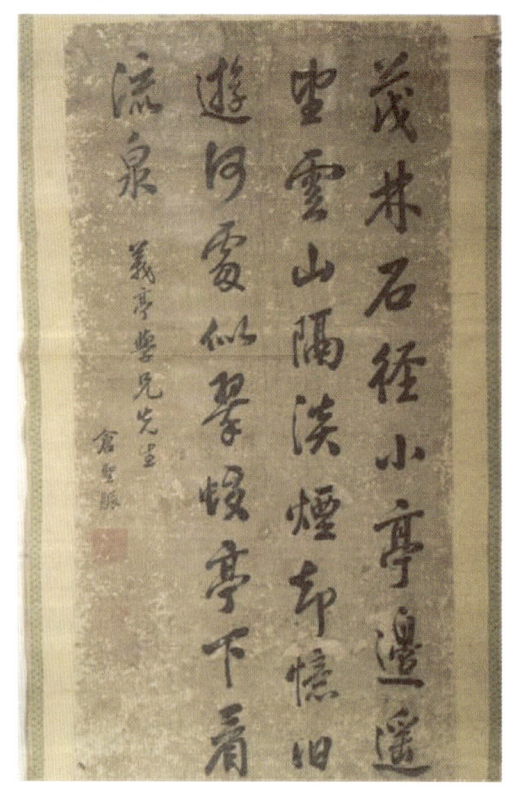

仓圣脉书法

告还。鄂韡敦怡，至老无间。抚仲兄圣潢遗孤如己子，教养以成。生平持论品流，虽权贵不稍假借，遇人急难必曲周之，寒畯赖举火者常数十百家。乙巳岁禓，发粟助赈，踵其大父野千之义。扶掖后进，尤多成立，迄今乡人尸祝。至工诗善书画，著有《揽云楼集》梓行，犹绪余焉。

何昱（生卒年无考），字子昭，一字质夫，河南省彰德府安阳人。幼有至性，六岁丧母，哀感吊者。事继母至孝，稍失意辄涕泣，母悦乃止。初从父受学，质钝，然勤甚，家故贫，且樵且读，历寒暑不辍，所凭几当，指画处泐入寸余，其坚如此。太守庄有信修宛南书院成，选郡中有学行者肄业其中，昱与焉。有信尝夜半微行，察诸生勤惰，独昱声琅琅，与更柝相应，笑而识之。举乡贤，王文庄公以相期。乾隆三十六年辛卯恩科（1771）成三甲58名进士。选嶍峨知县。县当孔道，地瘠民贫，昱为政廉静自持，减盐价，节夫马，命民弥山栽树，暇则集民堂下，躬自教以诗书。在嶍峨期年，会大吏某家奴过嶍峨，索赂势甚张，昱不与，奴以恶言喝之，昱怒坐堂皇，拘奴而叱之曰："汝倚乃主人为上宪耶？昱奉天子命出宰是邑，未尝取分外锱铢，何有钱给汝去？去告汝主人，官可罢，钱不可得也。"立备文解至省，大吏某恚甚，遂以事中伤之，落职。昱廉，所得俸又尝捐以修桥梁，既去官，贫不能归。学使者曹某闻昱名，聘入幕佐以资斧，始行。初昱举进士。归班，家居十年，辟寻乐堂以十约造士，士翕然从之，罢归后从游者益众。昱为人长身方面阔口，气象端严，每鸡鸣起端坐，终日无惰容，居平退让恂恂，是非可否之间，较然不淆，遇事循理直行，不知有机巧。学宗程朱，笃守经训，子史杂占古文辞下及佛老氏书皆为评驳："尝著不见可欲而心不乱说云，此老氏说庄周信而然之耳。然则见可欲而心即乱乎？则其为心可知，即所以治其心者更可知此，仍告子生之谓性之说何异犬牛？则必堕聪黜明，独居幽室而不见一物乃能不乱，一出门而纷至沓来杂然集矣。儒者则不然，曰：非礼勿视，非礼勿听，非礼勿言，非礼勿动。又曰：视思明，听思聪，言思忠，事思敬。如是则何乱之有？又曰：思则得之，不思则不得也。先立乎其大者，则其小者不能夺也。如是又何乱之有？又曰：见贤思齐，见不贤而内自省。又曰：见善如不及，见不善如探汤。夫人亦安得所见之，必皆不可欲，而凡天下可欲之数，必皆不入吾目，而皆不见乎？夫见不见适也，欲不欲心也。养心有道，见不见皆能为，功于人，老庄不达其本，而故为诐辞以惑世，岂知道者哉？"最后著《四书讲义》，于大学明德、中庸性道之旨尤深研究，多所发明。一时同里樊士俊、周轶几从昱游者，毕大典之伦渊源，所渐类多佳士。年八十一卒，门人私谥曰"文定先生"。

胡世铨（生卒年无考），字伯衡，号鉴泉，河南省归德府夏邑人。明经和子。幼勤敏，颖慧绝伦。乾隆庚寅举于乡。乾隆三十六年辛卯恩科（1771）三甲17名进士。授官刑曹。转司秩。讲求律令，案牍接目不忘。出知安徽太平府，委办山西积案，决断如神。奏调苏州署苏松粮道。威爱所至，人号白面包公。高庙南巡，召对称旨，谕称"心地光明，才具优长，可胜督抚之任"。升兴泉道先权臬篆，理滞狱。后赴兴泉任，泉俗犷

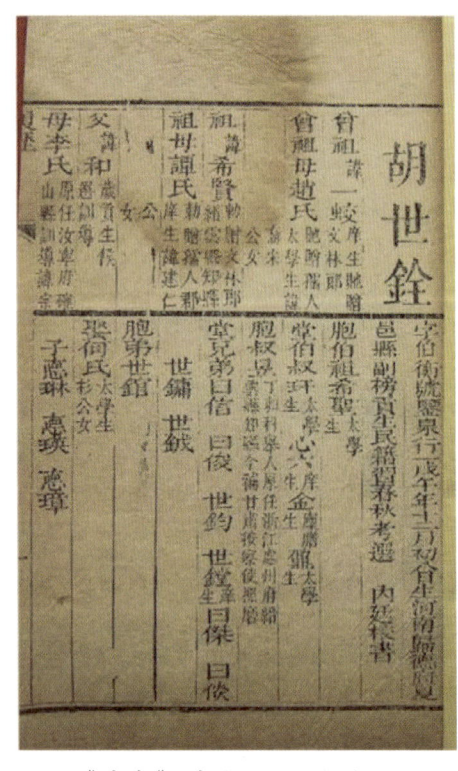

《硃卷》中胡世铨的履历

悍，号称难治，甫阅月，奸猾屏迹，吏畏民怀。厦门玉平书院久废，捐俸重修，延师授课，公余亲为训迪，文教大兴。以终养告归。卒年六十有四。

杨鼎（生卒年无考），字晋升，河南省归德府夏邑人。笃学能文，有才识。乾隆庚寅、辛卯乡会联捷，得中三甲103名进士。官江苏溧水知县。莅任时廉知某生有才无行，致之庭，跪责累日，生大愧服，卒以励行成伟器。值高庙南巡，一再过境，供张所需向由民派，吏以卷进，立斥之曰："人臣效国，奈何科及民庶？"吏固诤，鼎不听，取卷焚之，给应一以价购，帑亏甚钜。猝以丁忧去职。赖各宪体察弥补得无罪。性至孝而恬退，身系继嗣，甫居艰，即受官累，遂于仕进深有戒心，因告终养。历主山西河南各书院，育才称盛，以馆谷供奉养，丧葬竭情尽礼器器，无宦游意，以上寿终。生平治古文，善持正议，铭志杂体，无不于辅世，遒正人心，阐扬尽致，邑人乐为传诵。

杨续时（生卒年无考），字又山，号笠畬，河南省彰德府武安县屯枢村人。幼励志，尚力学不息。乾隆己卯领乡荐，主试大兴朱南崖器重之，后南崖任山西方伯，荐于潞安府知府，使掌龙山书院，以通经学古为教，士论翕然尊之。乾隆三十七年壬辰科（1772）二甲52名进士。授山东肥城知县，政声籍甚。丙午山东乡试同考官，荐拔多名宿。闱中奉檄调单县。累迁蓬莱、胶州等烦缺。所至治绩卓异，循声载道，鲁抚称为第一好官。以单县号称难治。奏调续时再临是邑，以慰抚之，既至，操守愈厉，案牍益勤，士民大悦。未几，积劳成疾，自陈解组归里。后因公赴单，以疾亟治归装。卒于途，年六十九。所著有《古文诗集制义》三卷、《家训》一卷。

彭钰（生卒年无考），字金门，河南省归德府夏邑人。仪表俊伟，博极群书，为文崇论闳议，有大家风规。乾隆戊子举人。乾隆四十年乙未科（1775）三甲37名进士。授浙江太平令，诘奸慝、平寇盗、讲水利，开堤塘三十里，蓄水灌田，民享其利，时称循吏。惟以官箴自守，不事苞苴，不善迎合，致与上意龃龉，遂弃官归里。后型家训子，风纪肃然，后嗣蔚起，一时称盛。

阎曾履（生卒年无考），字念廷，号柱峰，河南省河南府孟津人。乾隆四十三年戊戌科（1778）三甲50名进士。由进士留任部曹。出知平凉府，政尚宽惠，民称阎佛。增修柳湖书院，每三八辄亲诣讲课，平郡故慓悍少文，由此士风丕振，并有列榜首入翰院者，文士感激立有生祠。谢秩期年竟殁于平。诸生于柳湖书院设立木主。历官三十年，囊橐萧然，计归里，惟存书数百卷而已。

蒋予蒲（1755—1819），字元庭，河南省归德府睢州人。乾隆四十六年辛丑科（1781）二甲14名进士。改庶吉士。晋内阁侍读学士。调通政司副使。京畿患水，督理东坝饭厂，躬亲部署，散给以时，男女以序，公赈外，复捐给饼饵，俾嫠孤，咸得果腹，存活者万计。前后为民请命，疏凡六上，胪陈疾苦，娓娓动听，传颂一时。继诣清江勘河工，沿途却供亿。充乙丑顺天乡试正考官，戊辰读卷官，擢隽宣幽，得上称极盛。以户部侍郎总督仓场，以仓米石及时开放，以裕食其他，惩吏胥之奸，悯丁弁之瘵，宽严衷至当焉。

吴邦治（生卒年无考），又名湎，字济川，河南省光州固始人。延瑞长子。乾隆丁酉举人。乾隆四十六年辛丑科（1781）二甲56名进士。选山西武乡县知县，修广文庙，创建书院，造永济桥，惠政不可枚举。旋调汾阳，代偿前令官帑万金，邑东近文湖二十余村，地洼苦潦，为之筑堰，旱则潴以溉田，至今为利。时值旱饥，捐廉施粥，出仓谷五千石赈之。汾民健讼，邦治听断明决，狱无稽留，有民妇抱三儿身被数刃，指为人杀，诘之曰："尔子人抱乎？自抱乎？"曰："自抱耳。"谕之曰："母子天性，岂有儿被数刃而周身无一缕血，岂以儿为扦刃具乎？"再诘之，实儿病死，用斧划伤以陷他人者。其明决多如此。升解州牧，所属之夏县讹报民变，邦治晓示安众，杖其党魁数人，合邑帖然。后解组归，优游林下以终。

叶栎林（1754—？），字伯宁，河南省汝宁府正阳县固城店人。蕊长子。友爱诸弟，怡怡如也。乾隆四十六年辛丑科（1781）三甲62名进士。县当清初，乡榜寥寥。自栎林首捷春闱，一振文教，科名遂蝉联起。嘉庆丙辰县志，体格过严，要点未备，栎林同邑进士贺祥白诸县令，附编补遗二卷，稍较完备。百年来文化增进，栎林实为先河。历官米脂、榆林、吴堡等知县，均有政声。擢升绥德州知州。积劳，病卒于任。

王乙鳌（生卒年无考），字屏山，河南省怀庆府武陟人。少颖异能文，受知于康茂园先生。乾隆庚子举于乡。乾隆四十六年辛丑科（1781）三甲86名进士。官陈州府教授，教士有方。辞官归养，纯孝过人，居丧哀毁，事继母竭力承颜，数十年如一日。读书笃行，自励尤严，人称之曰"屏山先生"。一生未尝晏起昼寝，食不兼味，衣不华饰，诚可为苦志纯修之士矣。

赵三元（生卒年无考），字海峰，河南省怀庆府修武人。乾隆四十九年甲辰科（1784）三甲57名进士。授户部主事。擢郎中。用心平恕。以京察分发福建，署建宁府事，发奸摘伏，郡民大服。旋补粮道，恤水灾，清社谷，渡台清厘洋匪积案。四摄臬篆，善政尤多。改广西左工道，摄藩篆。擢广东盐运使。会办洋匪朱濆投诚各案，宽严得中。年六十八卒。

吴烜（1760—1821），字鉴庵，河南省光州固始人。济川仲弟也。乾隆五十二年丁未科（1787）二甲39名进士。翰林院编修。充贵州广东正副主考。督江西湖北顺天学政。官至礼部左侍郎。品端学粹，外则导扬文化，内则综摄曹务，所陟历皆清要，矢勤矢慎，学宗吕新吾、薛文清，以躬行实践为主。

任泽和（1752－1821），字介子，号惠堂，河南省光州息县人。世居东乡。年十八为诸生。乾隆五十四年己酉科（1789）三甲58名进士。选浙江新昌令。或言新昌官贫奈何，则笑曰："官宜求富乎？"为治一年，民乐其政。旋权嘉善令，移海盐令。至则减漕费以苏民困，兴蔚文书院以育才，浚城河及永安湖以利舟楫，且溉田，与民言必劝以孝弟敦睦，士民皆鼓舞。麦类岁双歧，民绘图刻石比之渑池五瑞。值旱蝗，步祷于秦驻山，其夜风蓬蓬自西北来，蝗蔽天悉入于海，风息雨大注，民欢贺之。是岁浙东西多告饥，独海盐上稔梁。学士同书记其事刻之石，即所谓《神风驱蝗记》也。累官至严州府知府。移守嘉兴俾属县多善政焉。未几归里。卒年七十。

王敬之（生卒年无考），字化亭，河南省归德府睢州人。嘉庆元年丙辰科（1796）三甲40名进士。观政刑部。与蒋曰纶居甚近，交亦最深，曰纶门下赴礼闱者均命聆敬之教，因是多捷南宫，亲友奔走燕赵间者，辄倾资助之。壬戌始膺提牢之命，勤劳终岁，未补职病卒。

程国仁（1764－1825），字济棠，河南省光州商城人。少孤，家贫力学。嘉庆甲寅领乡荐。嘉庆四年己未科（1799）二甲1名传胪，改庶吉士。散馆授职，以御史巡漕江淮，粮艘运转迅速，役竣，即奉督学广东之命，不由考试得差，真异数也。到任破除积习，文风丕变。差满即放山东按察使，时搜缉乱民，林清余党，多所株连，国仁抵任，别白而尽释之。擢甘肃布政使，公正廉明。升浙江巡抚，甫三月。调山东巡抚，时恩诏免天下民欠，而山东所奏不实，因其在浙所办实惠及民，故特诏调之。会考城河决，淫及曹单濮范，亲往履勘，兼施抚恤，往返河干，凡八阅月。以风疾乞去官，得旨俞允。旋因事左迁。成皇帝御极，擢广东布政使，理财用人各当，市舶无扰，民夷称便。任贵州巡抚，生苗、红苗相仇杀，或谓宜以兵剿之，国仁曰："绥靖边陲但使各相安耳，无事薙草罗禽也。"遂明示以义，不可私报，并严缉其为乱之渠魁，罪人既得，苗众悦服。嗣以劳心血衰致疾，陈请开缺。

白云龙（生卒年无考），字际五，号霁岩，河南省彰德府武安县黄栗山人。嘉庆六年辛酉恩科（1801）三甲166名进士。以知县用，分发直隶。历署怀柔、隆平等县，多惠政。寻除宣化府西宁县知县。廉明慈惠，士民爱戴。未几卒于官，年四十六。

汪汝弼（生卒年无考），字梦岩，河南省归德府夏邑人。早岁以名诸生见知当代。充戎幕，多伟略，保荐知县。旋中嘉庆甲子乡试。嘉庆十年乙丑科（1805）二甲48名进士。改庶吉士。散馆，授知县选山东泗水县，署德州，补济阳。下车为宿儒张嵩庵树墓表，并刊遗稿行世。以从征"教匪"功，擢临清直隶州。州境滨两河接直境，直有奸民，每值水涨借防堵肆掠扰，最难钳治。汝弼廉得首恶惩之，患乃已。治系冲途过境多，供给向由差派，汝弼独捐俸为之，待民多慈惠，催科不扰，政平讼理，尝作二语自警曰："我亦苍生，莫漫寻常称父母，民皆赤子，且留方寸与儿孙。"后以他事被遣戍远边，临民醵金请赎不能得，竟终戍，所闻者痛之。先世隶砀境多显达，入籍后簪缨不绝，丧

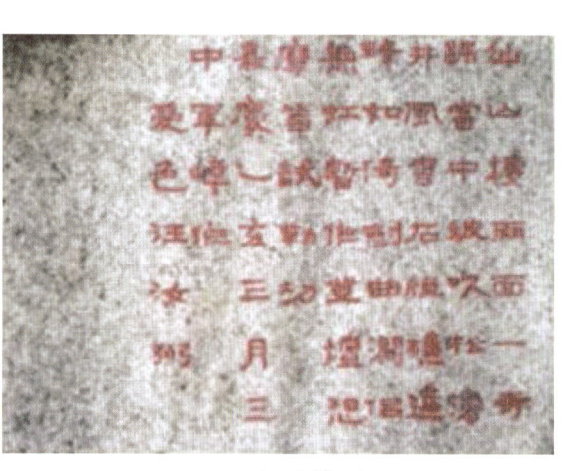

汪汝弼诗刻

归仍葬砀境。

冯春晖（1772—1836），号旭林，河南省光州人。世有厚德，生而颖悟，童时即以诗赋擅名，年十六，补博士弟子员，逾年食廪饩。时卢南石相国视学中州，甚器重之。嘉庆戊午举于乡。嘉庆十年乙丑科（1805）二甲72名进士。授知县分发山东。补济阳县时，邑无书院，春晖捐廉创建。后调掖县，将去，百姓攀卧遮留，文人献诗数百首，名"济北颂言"。任掖县时，岁大饥，春晖开常平仓以赈之，或曰："是当请于上台，委验确实而后可行。"春晖曰："展转行查必须一月，一月之中增数千百饿殍矣，达官即罪予不过镌级，以一人镌级易数千百生命，尚何惜焉？"遂先赈，一时当道颇以是重之。癸未题升临清直隶州知州，接篆未百日，有直隶清河县"教匪"马进忠，传习邪教，煽动两省。十二月初七日，由济河适山东馆陶县之辛集刘允中家，册立伪后刘氏，竟披黄袍，亲率多人张旗帜、渡运河，河上人无不愕然，堡头来禀春晖，会合都阃夤夜兴师，围辛集擒刘允中等十余人。时马逆已赴吊马桥，复追之，悉擒以归，搜获经卷神像旗帜，并从逆人犯名单，于是以谋逆论。中丞入奏，奉旨赏加四品衔。丙戌七月，引见，之后复召见于勤政殿，天颜温霁，训示周详。先是，四品以上方有召见例，春晖以直隶州召见，乃旷典也。丁亥升任曹州府知府。己丑补东昌府知府。未二年，以病告归。先是张船山守莱州，工诗，春晖每从之游，性耽吟咏，著有《椿影集》行世。

周之琦（1782—1862），字稚圭，河南省开封府祥符人。嘉庆十三年戊辰科（1808）二甲4名进士。官编修。大学士曹文正振镛器之，遇以国士。会京察拟荐外任，之琦力辞。典山西试，充会试同考官，所拔皆名宿，士论翕服。历司业庶子侍讲。授四川盐茶道，革代销积引。摄按察使，安良戢暴，风纪肃然。擢浙江按察使布政使。升江西巡抚。会岁歉，平粜济民。赣州各郡土匪起，承平日久，营务废弛，之琦简阅训练，剿抚兼施，事遂息。夏潦灾，请缓征赈济，复捐资助。移抚湖北，权两湖总督。丁内艰归。服阕，起太仆卿。改刑部侍郎。授广西巡抚。粤西边陲民猺杂错，匪徒啸聚岩峒，时出肆掠，前官屡缉不获，之琦请加等治罪，遣谍潜侦，多就捕，旋引疾归。闭户读书不与外事。年八十一卒。之琦工诗词，善绘事，援笔立就，词藻华赡。所著《金梁梦月词》《上掩宋人》，又有《珠巢存录》《心日斋词集》《心日斋词选》若干卷。

张绍衣（生卒年无考），字孟侯，河南省怀庆府孟县人。耿南之子。嘉庆二十二年丁丑科（1817）三甲33名进士。由户部主政历官御史。风节凛然，不避权贵。后值岁凶，收育婴孩，全活甚众。无子以侄为嗣，晚年举一子，人以为育婴之报。

周祖植（1791－1848），字芝生，河南省光州商城人。嘉庆丙子举人。嘉庆二十四年己卯恩科（1819）二甲33名进士。分刑部，升郎中。总办秋审处，有囚十八人应入缓，而上官持之严，欲争之不得，归而思之，辗转不寐，中夜忽奋然起，拊床曰："知人之可活而不救，非夫也！"家人惊觉，请其故，不言，坐以待旦，质明即命舆至署，手例牍与上官固争，侃侃数百言，神色凛然，上官不能屈，囚竟得减死。任江苏按察司，奖勤劳，立期限，清积案，革弊端，自输钜款以为捕费，数月之间，案无不破，犯无不获。苏省委靡积习，为之一振。每日五鼓即起，治文书，烛将烬而天始明，或劝少休，曰："案早结一日，被系者早脱一日桎梏，吾不忍自逸也！"

周祖培（1794－1867），字芝台，河南省光州商城人。大京兆钺第三子。幼而凝重，敏而好学。嘉庆戊寅举人。嘉庆二十四年己卯恩科（1819）二甲52名进士。由庶吉士散馆第一。时长兄祖荫已入翰林，与仲兄祖植同捷礼闱，大京兆适以府丞兼学政，胞叔锜又以是岁登词垣，科名之盛，海内荣之。数年间，扬历清秩，屡掌文衡。道光二十四年（1844），以少司空奏对，上曰："汝年力正富，无习气，可励志报国，以副朕望。"盖其受主知，登宰辅实基于此。文宗御极，升体仁阁大学士。时寇乱日甚，首请择朝中官为团练大臣与督抚联络办贼，于是曾文正、江忠烈、罗忠节、李忠武、赵忠节及今大学士李鸿章等皆以团练起桑梓之中，平夷大难。咸丰十年（1860），车驾幸木兰，诏留守京都。十一年正月，具疏请觐行在，将面呈回銮事宜，诏留京责重，止勿来，又屡致书与肃顺争行钱换票诸政，迨穆宗御宇，奉两宫皇太后至京首召见，命勘定端华肃顺罪，正法之日妇孺欢呼闻数里。祖培遂上垂帘故事，请更正建元祺祥年号，累诏褒美，以为关心典礼，慎重周详，晋太子太保。同治六年（1867），奉命相视万年吉地，偶感微疾，遂不起。卒谥"文勤"，饰终之典，罕与比隆。

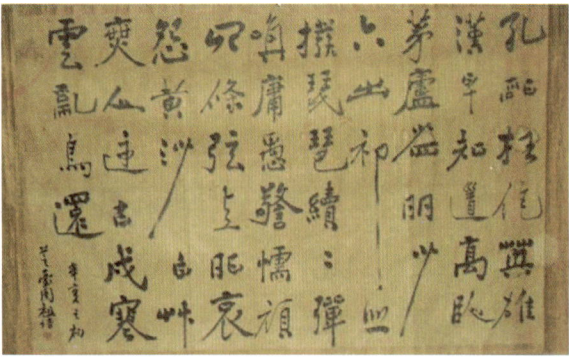
周祖培书法

吴其泰（？—1856），字希郭，河南省光州固始人。生有梦橘之兆，故号橘生。嘉庆二十五年庚辰科（1820）二甲15名进士。由编修改御史。直言尽职，受成庙知简。授浙江湖州府知府。旋移首郡，升江苏苏松太道，捐廉修上沟县城垣，立救生局，设育婴堂，浚白茆河以溉田亩，奏免商贩米船关税，善政不可番数。洎调江西粮道，值"粤匪"围城，防守周密，为中丞张公芾所倚重，誓与城存亡，家人皆预为死计，其公而忘私如此。后授江苏按察使司，谳疑狱，活死罪，多所平反。吴江民陆孝中以抗租滋事，捕获后分别录办，不枉一人。遭母丧归里后一年，以毁卒。生平尝语人曰："财乏宜心到，人乏宜身到，至哉言乎？"入祀江苏名宦祠。

周锜（生卒年无考），字慕刘，河南省光州商城人。生而歧嶷，言动不妄。嘉庆二十五年庚辰科（1820）三甲33名进士。由庶吉士改官县令。宦江左者十余年。其宰萧县也，民田滨河者数千顷，恒苦泛滥漂没，为之详审河势，淤者泻之，壅者通之，使水有所归，不淹庐亩，自后秋获有收。及调武进，有虎而冠者，邑之蠹绅也，侵轹乡曲，历任官不能制。锜曰："是宰之罪也，为民父母，使豺狼横行，安用有司为？"遂执而置诸法，豪猾股栗，士民以安甫数载。即赋遂初语云："知足不辱，知止不殆，其斯之谓欤？"寿终七十有四。

任树森（生卒年无考），字季兰，号芗圃，河南省光州息县白里人。父泽和，官浙江，随父任。读书聪颖过人。嘉庆二十五年庚辰科（1820）三甲52名进士。签分户部主事。为人慷慨，好善乐施。性极孝，居父母丧，皆哀毁庐墓。服阕后，仍官户部。时西边甲兵，委办军需局，以勤练持调办陕西司云南司正主稿。又派管捐纳房委查书吏造假印一案，不存私心，不妄牵引，罪八人，称明允焉。向谋得书吏一缺往往费万金，以故弊端百出，至是悉杜绝之。补福建司主事。历升员外郎中。蒙召见，询及家世，有读书人家之谕。简放贵州粮储道，平反冤狱甚多，凡教养有利于民者，务捐廉以成其事。仁怀县穆逆聚党破县，即率五百人扼贼去路，得扑灭焉。以军功加随带二级。又以边俸加按察使衔。凡三权泉篆一权藩篆，遇案务得情，不随人喜怒，每忤抚宪意，遂引病归。值荒乱，出家资以济乡闾，议团练以御贼匪，宜邑宰李公叹息之："东鄙独安，徒以有任君在耳。"后闻长子殉难，恒对吊者曰："以身许国，吾有子矣。"享年八十有二。娶宋氏，孝敬无亏，节俭识大体，夫将引退，曰："善知止不耻，知足不辱。"请先归居。长子官署三年，立命引退，曰："我死汝方可作官。食人之食者，终必死其事。"其先见盖有不可及者。享年六十有九。

高峡云（生卒年无考），字芝崖，号晓江，河南省陈州府项城人。嘉庆己卯科亚元。嘉庆二十五年庚辰科（1820）三甲138名进士。以知县归部铨用。旋得咸安宫教习，未授馆。归设帐授读，袁端敏公甲三幼即从游，登第后始离门下。谒选授浙江丽水县，为处夜分不得息，有缢笺案夜移尸城濠，凶逸不能得，密侦之，有刍荛童夜卧桥下语，窃听识之如其言，踪之案遂获。庚子充内帘差，未几洋人扰海疆，扬威靖夷两将军相继督师，邑当其冲，时戎事初兴，帅令尤严备，供帐峙糗粮运军装制刀械皆委诸县令，稍不给则军书，书插羽封刀至悉竭蹶应之。两年，大吏以其贤且劳调授永嘉任，濒行曰："永嘉滨海，轮船至顷刻耳，若有警不得顾妻子。"乃独往。次年始迎眷口至，时已积劳成疾，疾笃，子钦中问遗言，曰："守拙。"又曰："汝若得第，州县官不可做。"遂卒，甫五十。次子钊中方十岁，宦橐耗于供应，公私债积，不得归榇，以应解款册报军需局，局员以军务未清不能核，饬先归。六年，钦中以庚辰进士官吏部，而报销案至，仍着赔尾欠，时袁端敏公为给谏贻书浙吏，代白高某居官廉苦状，钦中乃假旋称贷以偿。呜呼！廉吏诚可为而不可为也。

熊传栗（1787－?），字民怀，河南省光州商城人。嘉庆戊辰（1808）举于乡。道光二年壬午恩科（1822）二甲43名进士。授六合，省刑缓征，爱民如子。署长州宝山等县，断奇案，全名节，惠政旁敷，颂声载道。其宰崇明也，莅任十有二年，崇孤悬海外，为夷艇通衢，宁波上海俱被夷扰，距崇不及百里，警报日至，更兼土匪蜂起，传栗加修外城，募勇防御，崇赖以安。以是升补苏州同知。又捐廉置产，为熊氏乡会义津，族姓乡党赖以举火者不下百余家。

梁巩（1780—?），字又曾，河南省光州人。家贫，无力延师，不克读书。十三岁时，恳请于母陈太夫人前，再三求读书。十四岁始诣塾受业，举止类成人，诵习不分昼夜，十年学成。补博士弟子员，旋即食饩，教授乡里十有八年，从游者甚众。谓及门曰："读书讲学，必学脚踏实地，岂徒寻章摘句已哉？"经其指授成就者多。嘉庆己卯（1819）举于乡。道光二年壬午恩科（1822）三甲63名进士。授知县分发湖南。补授徽浦。县南一百二十里有龙潭镇，与猺山犬牙相错，民猺杂处，往往出械斗巨案，巩以为凡事欲治其流，莫若先治其源，于是轻骑简从，携带民猺互控各案卷，往龙潭镇居住，就近传齐两造，质讯明白，须勘定者亲身往勘两月有余，数十年未结之案全行完结，民猺莫不感戴，共庆生佛。戊子科调同考官，代理者为某司马，九月初，通禀大隈溪内有数万人谋逆，拒住溪口，请兵剿灭，适巩出闱，上宪急询其事，巩曰："该溪在高山之内，履任后曾亲往踏勘两次，查有吃斋念经者，均系年老求保身家平安，实无别事。"上宪即速饬巩回任，巩先令人持一简明告示送至溪内，该处人看是梁县官告示，并见县主单人匹马亲到，均将器械投地，匍匐前来，感泣陈悃，巩即在溪内住宿，剀切晓谕，均各出具永不吃斋念经，甘结代为通禀销案。戊戌升桂阳直隶州。己亥年，六十余告归林下。优游者廿余年，卒年八十七。著有《安定堂文集》《行余诗草》行世。

刘遵海（1781—1853），字聿南，河南省开封府祥符人。世耕读，居城西南新城集。性孝友，授读城市，朝出暮归，往返几三十里。定省无间，遗产让伯兄庶弟，束脩自给，从游者多成就。道光二年壬午恩科（1822）三甲86名进士。历知直隶永清、博野、东明、饶阳、元城、丰润等县。擢蓟州知州。顺天府北路同知。摄霸昌道。所至有声。任博野时，民苦盗，乃捐资募壮丁训练之，有警即率往，擒获甚夥，四境以安。饶俗丧葬演剧，且招吞刀吐火之技名曰参灵，遵海严禁之，有犯必惩，俗遂化。义仓久废，建五所积谷。元城东有引河导漳入卫淤久，崔家庄等三十四村屡浸淹，督民疏浚，高其堤防亘长四十余里，土人号刘公堤。俗停丧不葬，禁之。丰润有三教堂，令彻二氏专祀孔子，尤在在关心民瘼，过天灾流行、雨泽愆期，必竭诚步祷：永清一祈一应，饶阳一祈一应，博野四祈四应，丰润六祈六应，民间传为美谈。蓟州署不戒于火，风烈将及仓库，昆连民舍，乃衣冠当火而立曰："某自谓无干天怒事，如有不检，当身受其殃，毋烬吾仓库民居！"语未终，风返火熄。蓟州地迩东陵，翠华巡幸，造舟为梁，水常冲，乃捐俸，赏役夫，桥以坚固，北路属邑有藩邸，田奴催租缚佃民，乃召奴曰："民欠租当鸣官，汝何敢私缚吾民？吾将执汝。"申之于尹，且揭诸王，奴叩头乃免。其摄霸昌道三次，正色率属，杜绝苞苴，不名一钱而悉心筹画，殷殷以察吏为急，显达者荐达大府，一二不肖谆谆诰戒，改而后已。他如饷税、驿马、屯田，罔不提纲挈领，逐务崇真，事以大治。年七十乞休，杜门课子不与外事，布衣蔬食，无改寒素，或谓何自苦，凄然曰："吾亲未之食未之衣也，是已过矣。"春秋祭时，每以祭隆养薄为憾。学宗洙泗诸经，各有心得，尝言汉主训诂，宋主义理，不可偏废。著有《四书存参》五卷、《经义存参》文诗集各一卷。光绪十五年（1889）奉旨祀乡贤。二十一年奉旨祀名宦。

胡德璜（生卒年无考），榜名胡意璜，字黼堂，号少泉，河南省归德府夏邑人。世铨观察第五子。嘉庆癸酉（1813）拔贡。道光三年癸未科（1823）举人。联捷中二甲82名进士。授庶吉士。散馆，授知县令直隶元城县。调大兴，升南路厅同知。在官多惠政。后以丁忧回籍不复出。主讲保定承德书院，年最久，得人最盛。工书法，尤精隶篆，醉后兴酣落笔，为常时所不能到，人谓之"醉黄庭"。寿七十有七，卒于家。

王懿德

王懿德（1798－1861），字绍甫，号春岩，河南省开封府祥符人。父应世武庠生，慷慨好义。懿德端朴坦直，胸无城府。幼好学，以经世自期，录张茂先励志诗自警。道光三年癸未科（1823）三甲76名进士。由礼部主事历员外郎郎中。授湖北襄阳府知府。洁己率属，吏畏民怀。丁内艰归。辛丑六月，河决张湾，围汴城，突入南门，懿德偕邑绅张光第等鸠市人塞之，城西北水亟，绅民麋集堵御，城得无危。中牟再决，先是张湾水聚堤内，中牟则漫堤外，合境田亩尽淤，人失攸居，岁大祲，道殣相属，懿德佐当事，赈灾黎，筑桥梁，修城垣，凿湮井，里闾德之。旋授山东兖沂曹济道。会江南灾，流民数千人，入东境将合"曹匪"为乱，懿德谓抚一饥民即少一盗贼，乃捕斩渠魁，捐廉济难，民众遂散。朝廷嘉其才，命权按察使。除浙江按察使。擢陕西布政使，查办甘肃事件。咸丰元年（1851），授福建巡抚。旋任闽浙总督。所至有声。在闽时，发逆倡乱，粤西湘湖江浙城屡陷，闽境毗连，日数惊"会匪"蠢动，外衅内讧，势几不支。懿德竭力撑挂剿抚兼施，先后平大寇三小寇数十，歼"粤匪"数万，抚八千余，复郡县四十七，事详国史本传。当八年，京察中外臣工，奉有攘外安内措置咸宜，交部议叙之旨，时称贤督抚者胡林翼、骆秉章与懿德三人耳。当懿德自东之浙道经汴，见地尽沙淤，农释未叹，疏请豁免钱漕，复捐赈三千金。咸丰乙卯河决兰仪，再捐钱万缗助赈，全闽肃清。引疾归，凡里中守城、浚渠、筹防、善后等事靡不与，大吏深倚之。尝曰："吾任按察当杀则杀，未尝姑息。任布政当黜未尝调停。"辛酉疾革，易箦时，犹惓惓于宗未回銮，天下尚多事，口述遗折百余，言甫竟大呼肩舆来谒中丞，连呼过江不得者，四目遂瞑，无一语及家事，年六十四。诏赐祭葬，谥"靖毅"。同治十一年（1872）祀乡贤。有奏疏诗文集若干卷。

白荣西（生卒年无考），字国华，号仁庵，河南省彰德府武安县黄粟山人。早年失怙，家贫拟废读，母贾氏责以寒士自有砚田，勿自弃，遂立志苦攻，博通经史。嘉庆癸酉（1813）登贤书。道光三年癸未科（1823）三甲99名进士。以知县分发湖北。丁亥摄蒲圻县篆，德政俱举，蒲人颂之。迁知竹溪县。擢湖北乡试同考官，多所荐拔。寻奏调直隶知房县事，所至兴利除弊，不遗余力。卒年五十八。

倭仁（1804－1871），号艮峰，姓乌齐格里氏，河南驻防蒙古正红旗人。道光九年己丑科（1829）二甲34名进士。改翰林院庶吉士。授编修。历右春坊右中允。翰林院侍讲。充日讲起居注官。转侍读。升右春坊右庶子。转左庶子。升翰林院侍讲学士。署文渊阁直阁事。旋擢詹事府詹事。升大理寺卿。三十年二月，上应诏陈言疏上，称其辨君子小人之分，言甚切。直谕嗣后大小臣工有所见闻剀切直陈，以倭

倭 仁

仁为法。咸丰二年（1852），上敬陈治本一折。六年，擢盛京礼部侍郎。调户部侍郎。十年，署盛京副都统。补镶白旗蒙古都统。寻升都察院左都御史。同治元年（1862），擢工部尚书。赐紫禁城骑马。奉两宫皇太后懿旨："前因皇帝冲龄亟宜典学，兹复特简工部尚书，倭仁老成端谨，学问优长，堪膺师傅之任，着授皇帝读。"寻充翰林院掌院学士。倭仁将前所辑古帝王事迹及古今臣工奏议有裨治道者，重加精择，附以按辞，为两帙进呈，得旨赐名"启心金鉴"，并陈设弘德殿以资讲肄。三月，充会试正考官。七月，以工部尚书协办大学士。旋授文渊阁大学士。充经筵讲官。二年七月，大军克复金陵，上以倭仁在弘德殿授读加一级纪录二次。六年，同文馆招考天文算学，由满汉正途出身之五品以下京外各官考试录取，延聘西人在馆教习，倭仁奏言："立国之道尚礼义不尚权谋，根本之图在人心不在技艺，今求诸一艺之末，复举聪明隽秀，国家所培养而储以有用者，使之奉西人为师，恐所习未必能精，而读书人已为其所惑，伏望宸衷独断，立罢前议，以维大局而弭隐患。"上以倭仁奏天文算学博采旁求必有精其术者，命酌保数员，另行择地设馆，由倭仁督饬讲求，寻奏意中并无其人不敢妄保。旋命在总理各国事务衙门行走，倭仁恳请收回成命，上不允，寻上疏固辞。因病请假一月，复请开缺调理，得旨再赏假一月。六月复请开缺，谕曰："倭仁不必给假，一俟气体可支，即以大学士在弘德殿行走，其余一切差使均着，无庸管理。"寻充文渊阁领阁事，国史馆总裁。八年三月，奏大婚典礼宜崇俭以光圣德疏。六月，武英殿不戒于火，倭仁偕翰林院侍读学士徐桐、国子监祭酒翁同龢，奏请勤修圣德以弭灾变，奏入，上嘉纳之。九年八月，充顺天府乡试正考官。九月，管理国子监事务。十年三月，授文华殿大学士。四月，以病久未愈奏请开缺，得旨赏假两个月，并赏给蘧枝以资调理。寻卒。谕曰："大学士倭仁，学术纯正，志虑忠诚，受先朝知遇之隆，由翰林院荐擢卿二特恩命直上书房，旋授盛京侍郎，均能恪恭尽职。朕御极之初，蒙两宫皇太后简用耆硕，擢任正卿，旋晋纶扉，并命在弘德殿授读，朝夕纳诲，于兹十年，深资启沃。前因患病屡请开缺，叠经赏假并赏人薓以资调摄，遽闻溘逝，悼惜殊深，披览遗章于修齐治平之道，敷陈凯切语不及私阅之，尤深悽怆，着赏给陀罗经，被派贝勒奕劻带领侍卫十员，即日前往奠醊，加恩晋赠太保，照大学士例，赐恤入祀贤良祠，寻赐祭葬予谥'文端'。"著有《倭文端公遗书》。

丁彦俦（1801-1851），字范亭，号用坨，河南省归德府永城人。少失怙，母氏郝苦节自誓，教之成立。性磊落聪颖，为文以大家为宗。道光戊子举于乡。道光九年己丑科（1829）二甲77名进士。选庶吉士。散馆，改工部主事。升员外郎。调户部员外郎。留心经济之学。在京十年与倭艮峰相国、李文园尚书、闵丹初相国相友善。平生抗爽尚气节，见义勇为。众方以大用期之，以病卒于京邸。

任为琦（生卒年无考），字云书，号小韩，河南省光州息人。祖、父皆名进士。琦幼聪，敏性至孝，见母爱其能读，每省食与之，辄涕泣不忍食。年十七以冠首入泮，旋举于乡。道光十二年壬辰恩科（1832）三甲33名进士。以主事用签分刑部。不求躁进，案件多不署名，惟当月则凤夜在公，无旷厥职。乙未发往南河学习，凡奉委查料，力绝苞苴，认真从事。期满奏留，命以南河同知补用。己亥署海阜同知，时黄流骤涨，险工叠出，董率巡防，尤为田力以积。加知府衔，旋授安徽太平府知府。以母多病不愿随任，行至中途引疾归。日侍双亲不复作出山计。甲辰夏，中牟决口，河帅专札调取道于父命赴工勷事，工竣，奉旨补缺。后以道员用，遂赴皖委署徽州府。丁未调凤阳府。丁母忧，哀毁骨立，庐墓三年。服阕后，历任宁国府、广东韶州府、肇庆府，拔真才，平冤狱，灭巨寇，所至皆以贤能称。咸丰五年（1855）二月，擢福建汀漳龙道。未赴任，值"粤匪"窜扰，广东省城西北两路，因奉檄赴省，招募船勇，回防肇庆，行至甘作滩，猝遇佛山贼匪大至，谕以顺逆之理，多方开导，贼众抗不受抚，横加逼胁，遂骂贼不屈遇害。经总督叶巡抚柏后先奏闻，谕曰："该员骂贼不屈致被戕害，殊为悯恻，着照道员例议恤。"寻赠太仆寺卿，赐给云骑尉世职。

刘凌汉（生卒年无考），字星槎，号椿园，河南省河南府巩县人。赋性诚笃，为学务实，事亲孺慕，终身不少替，居母丧尽哀，生前所用帷幕、几杖、茶鼎、酒卮之属三年中略不移动。服既阕，出入必禀命，有事必祭告，并严谨忌日有年，部檄下，捧而泣悲，禄养不逮也。有胞叔，久异居，复迎与合爨，事之如所生。教谕马时芳重其行，载入《芝田随笔》。凌汉少即嗜学，长益加挚。嘉庆戊寅（1818）登贤书。丙戌大挑二等，选陈留教谕，训士以器识为先，诸生受陶铸，渐知砥德砺行。值大河决绕陈留城，凌汉日夜逡巡督守，卒无恙。道光十二年壬辰恩科（1832）三甲95名进士。初补湖南桑植县知县，县中政窳俗敝，贿赂公行，莅任数月，舆情翕洽，文教振兴，上官题之。调署安仁县，安仁政务殷繁，胥吏勾结为奸，夙号难治。下车后严施裁惩，群小敛迹，治理蒸蒸日上。卒因直言谠论，见嫉僚友，兼之慎重刑狱，常觉歉然，乃请改教职。选南阳教授，启迪后学，一如官陈留时统，计服官二十余年，自奉俭约，操廪一介，及致仕，惟图书数箧而已。其学以忠信为主，以礼法为宗，以济人利物为己任，而道积厥躬，尤得力于孟子之自反。易箦前一夕，病俗情诔墓，自撰墓志，口授长孙，嘱勿参入他语。生平不喜著作，门徒亲炙久录其素日教言，名为《检身辑语》，又辑与故旧所作记、序、表、铭,名为《椿园文钞》若干卷。

何裕承(1790-1851),字福将,号小笠,河南省开封府祥符人。祖籍浙江。性孝友,三岁丧服,哀恸如成人,嗣遭母丧,哭泣呕血,遂成痼疾。事兄极恭,抚犹子逾己出。好读书,务在躬行,以强恕名其斋。道光十五年乙未科(1835)二甲28名进士。改庶吉士,授编修。历侍讲,侍读,庶子,荐升内阁学士,兼礼部侍郎。文笔华赡,轮詹大考,蒙皇帝赏文绮。典云南湖北乡试。督学四川,所拔皆知名士。蜀中文风素盛,然文胜于质,裕承手选先正文俾为楷模。值试期危坐堂皇,终日不倦,场规肃然,弊绝风清。试竣,面谕诸生,谆谆以敦本力行为勖,士风丕变,迄今蜀人称之。丁未汴大饥,里人官京师者议助赈,裕承首捐千金为倡。岁得禄悉赡亲族,故人贫乏者无不周恤,自奉俭约,虽列卿二不异儒素。咸丰辛亥(1851)冬,卒于官。

沈鹏(1793-?),字秋渔,河南省开封府祥符人。生有至性,髫龄失怙,极哀恸,奉母尤孝,聪慧好学。幼为世父鞠养,比长事之如父,抚从子逾所生。豪爽好客,所交皆知名士,遇友过失直言规劝,人有被诬必力为剖白,不避嫌怨。嘉庆癸酉(1813)拔贡。道光十五年乙未科(1835)三甲98名进士。历官兵部员外郎,山东道监察御史。巡视东城,勤听断案,无留牍。在谏垣最敢言,疏数十上,悉关国计。因病乞假,同官高人鉴、骆秉章时咨以疑难事,鹏虽病剧,犹为筹画周备,其尽心职任类如此。

侯亮工(生卒年无考),号南冈,河南省开封府通许人。世居孙营村。性嗜学,不事生产,家仅中皆以故益落,遇岁饥几不举火,常怀干糇以自给,或笑之,则咏菜根吟以解嘲。塾先生嘉其勤苦,免收束修。天资聪敏,遇书必手抄之,所录史记通鉴等其著者也。尝一夜抄同年录一册约五万余言,无遗无误写,字速而密有如此者。嗜葩经及左氏传，于诗则博采群说，折中其义，逐章批释，阐发蕴奥，于左氏详加评点，标例抉摘，殊以颜色，为文词质而义远，不事织丽，于诗义多阐其奥。黄先生百福设帐陈留，执其文谓人曰："侯生乃道学中人，非文学士比也。"道光戊子由选拔举孝廉。道光十八年戊戌科（1838）三甲72名进士。以命适粤，过洞庭，风波大作，船几没者再，或劝返掉，毅然曰："奉命临民，奈何以险废之？"治乳源，未期年而殁。时同年单公懋谦抚粤，悯其孤为酾资还之。待人宽和无疾言遽色，虽奴仆有过，常规以婉言，未尝直斥。殁后善政多端，邑人为立去思碑焉。

吴保泰（？—1876），号南池，河南省光州固始人。歧嶷时，天性孝友，器识远大。应童子试，学博某善风鉴，谓封公曰："此子风度端凝，名臣事业，他日可卜。"道光壬辰举于乡。道光二十年庚子科（1840）二甲27名进士。授编修。屡司文柄。丙午典山东试，实事求是，揭晓后士论翕然。辛亥典试湖南差，旋又有视学粤东之命，值"红巾贼"起，保泰按临潮郡，贼阻蓝关归路，于是檄近属及各乡练勇奋力攻散，粤督服其胆识，欲奏保花翎宠荣之，保泰力辞。未几擢国子监祭酒。调移福建学政任，适南方不靖，闽省军书旁午各郡，蹂躏之余，文庙倾圮，保泰案临裁减支应，劝谕绅衿助修黉宫，各属渐有起色，差竣，陛见，温谕。移时，命稽察左翼觉罗宗学，同列啧啧羡之，而保泰心愈抑志愈谦，常思进忠补过，前后章奏，进即焚草，虽亲戚子弟未尝告以宣室树也。旋擢詹事。授浙江学政，时浙遭兵燹，道路梗塞，衔命直前，行李萧条，见者不知为朝贵，抚军为左文襄，壬辰同年友也，交甚洽，全浙恢复，文襄欲附其功于疏，力谢乃已。次年，文宗显皇帝龙驭上宾，保泰念绝，无夤缘而受非常知遇，痛哭几晕绝，然仕进之心从兹淡矣。未几，丁内艰回籍。保泰雅擅知人，山左所得士马新贻者，往谒时甚浑朴，一见即曰："子局量宏远，他日必至方面。"后果如其言。校湖南试卷已备，最后得一卷，短章寥寥，风骨欹崎，保泰曰："制举文如是，必钜手也，此人必以名节显晓。"后知为邹汉勋，以经学驰名宇内，后果同江忠烈死难。此外，文章政绩卓卓不可校举，内行尤笃，事亲善体志。弟履泰，壬子举于乡，任直隶束鹿县。保泰视学浙江时，太夫人年高，不欲远涉险阻，留养束鹿署，节省学政廉俸，丝毫不私妻子，径呈太夫人。呜呼！闻其风者可以生感矣。

李铭皖（生卒年无考），字薇生，河南省归德府夏邑人。太常寺卿敏第孙，宫保奕畴子。性沉默，读书颖异。道光乙未举于乡。道光二十年庚子科（1840）二甲65名进士。授刑部主事。补江苏松江府知府。值同治壬癸东南多事，襄办军务，抚辑流亡，著贤能称。寻调守苏州。莅任后，首除烦苛，继广招徕，借籽种，垦荒芜以安民，浚河渠，通贸易以惠商，且兵燹之余，哀鸿遍野，推食食之，解衣衣之，全活綦众。又清水潭决口，灾黎就食吴下，据情上陈，均蒙赈恤，水退遣归，人庆更生，一时有仁人之颂。升湖北安襄郧荆兵备道，殁于任所，政绩亦如守苏时。铭皖以贵胄子而安儒素，释褐后尤谨饬，以不善迎合上意，终身未获大用，人甚惜之。

张桐（生卒年无考），字怡琴，河南省开封府祥符人。好学能文，尤工小楷。道光二十一年辛丑恩科（1841）二甲60名进士。选翰林。授编修。历侍讲，侍读，咸安宫汉总裁，上书房行走，日讲起居注。己酉典试山西，士论悦服。咸丰癸丑（1853）、丙辰分校礼闱。戊午顺天乡试再分校。是科有以贿进者，事发考官皆获罪，桐独超然事外，得旨褒奖。性刚介与权要忤。出为惠州府知府，惠旧有丰湖书院，兵燹后遂废，桐捐廉备膏火，延名师主讲，阅三年，风化大行。同治元年，引疾归，惠民感其德政，祀之景贤祠。

李辅（？—1861），字文臣，河南省陈州府商水人。道光二十四年甲辰科（1844）三甲51名进士。授知县分发江西。以母老告近，改安徽署青阳，寻补潜山。实心爱民，循声卓著。丁内艰，服阕，例归原省补用。咸丰元年（1851）委署德化。时"粤匪"窜扰湖南，德化地处冲途，兵差络绎。是年冬，武昌失守，江南震动，巡抚张公督师驻扎九江防堵，供亿浩繁。三年正月，"粤匪"自湖北顺流而下，水陆并至，势焰汹骇，九江防堵，全师惊溃，辅誓与城存亡，贼至，愤激投水，被丁勇拯救，逾时始苏。五月，"粤匪"自金陵回窜江西，围省城九十余日，辅帮同守城兼办支应局，解围后，蒙宪奏免除罪。五年，浙江宁绍台道罗自湖北救援江右，奉委入营投效，随营千里，克复义宁后，蒙罗禀请湖北巡抚胡公奏准开复。七年五月，委署鄱阳，该县密迩皖疆连壤，半属贼垒，烽火相望，刁斗时闻，辅同饶州府倡办团练，筹兵筹饷，心力俱瘁，越年交卸。十年七月，代理新淦。次年二月，不意"粤匪"由抚郡窜县境，辅仓促率勇出城堵御，贼已由间道入城，虽旋即率勇克复，而弹章已挂矣。既卸事，泊舟河干，不料贼由水路突至，抢掠一空，徒步抵省，忧劳成疾，卒于省寓。

郭祥瑞（1812—？），字玉六，号毓麓，河南省卫辉府新乡人。幼失怙恃，贫苦力学，早岁入庠，颇负时望。嗣以屡试秋闱失利，游河朔大梁间，益工举业，受知于学使钱、许两公。以道光癸卯优贡，中式甲辰顺天乡试。道光二十七年丁未科（1847）二甲11名进士。官户曹。乡会试三与分校，均称得人。补监察御史，帮办五城团防。咸丰庚申（1860），京津之变，昼夜巡缉，卓著勤劳，升给事中。在谏垣四年，敷奏事宜，皆持大体，而特参两江总督何桂清一折尤见风节。同治壬戌（1862）典试广东。旋授广东督粮道。升臬司署藩司，其间奖廉惩贪，革除陋规，维持饷糈，煞费苦心，抚军蒋益沣深倚重之。总督瑞常与蒋有隙，摘其擅动库款奏参，蒋革职，藩司例亦降调，遂归里。家居数年，依然寒畯，奖掖后进，娓娓不倦。凡乡里善举如修城垣、培书院、施棺舍药等事皆竭力提倡，人尤德之。著有《拙斋漫谭》《谏垣奏稿》《人鉴》等书藏于家。

白润（1811—？），字赢宾，号星槎，河南省卫辉府新乡人。幼贫苦好学。入泮后以授读为事，蓄资而志趣磊落，虽屡踬秋荐，绝无怨尤。道光甲辰登贤书。道光二十七年丁未科（1847）三甲73名进士。以知县分湖北。历任监利、武昌、大冶、钟祥等县，皆有政声。而恢复武昌尤卓著奇勋，士民至今犹称颂之。尝主讲卜里书院，督课文艺，必根经术，造就人才颇众，每谕诸生云："学必有体有用，方不愧为儒者，不区区在科第间也。"其志业可以想见。

刘郇膏（1818—1866），字松严，河南省陈州府太康人。道光二十七年丁未科（1847）三甲101名进士。以知县分发江苏，历署娄县、嘉定。值洪杨起事，东南震惊，郇膏抚民保土，叠著勋绩。知上海县，以一身关系东南全局，民呼刘青天。累官江苏巡抚。同治五年（1866），丁内艰归，以哀毁卒，赠右都御史，入祀苏州名宦，暨本县乡贤祠前，知洛阳县事路璜传之曰：

同治五年（1866）十二月二十日，前护理江苏巡抚布政使太康刘公卒于家。适江督师驻周口，请于朝，从优恤，特旨追赠右都御史，荫子一官，甚盛典也。余时宰淮宁，与太接壤，夙闻公善政，循献籍甚江南，惜未亲炙为憾。是年公奉母讳归里，走访余，虽一夕之谈，其丰采言论卓然古大臣风，竟以哀毁过促其年，慨哲人之云"亡怅苍生之无福"也。辛巳岁，余息影梁垣公家祠邮寄公行略乞为传记。余在淮闻公耗得异梦，似隐以身后事相属，怅触于中十余年弗敢忘。兹承属虽不文葛辞，按公以科第出为县令，跻监司权节钺其公忠体国学道爱人才，兼常变宏济艰难者已备载，所撰行述中，综举生平大端，其震人耳目以兴水利、搜夷船、扞危城、遏狂寇、减田赋数者为苏民衢歌庵祝青天之称，上达震听。其他崇节俭以挽浮嚣、捐廉俸以倡学校、设养局以恤孤嫠、练团勇严保甲，以内修而外攘，无非洞悉本原综核名实，下以苏民生，上以培国脉，苦心经营，实事求是，能使疲者举、靡者兴、浮者裁、馁者充，吹枯嘘朽，黜华归朴，殆数十年如一日。承贤母程太夫人廉介之训，迎养上海，逆氛四逼，勖以大义有与城存亡之戒，识者谓非此母不生此子，惟此子不愧此母，忠孝一门近今罕觏于署。抚篆时，太夫人弃养，擗踊重胝，冒险扶榇归葬，致敬尽礼方冀，释服入觐，疆寄重膺，康济斯民，为时大用。遽以积劳病故，大星忽陨，云黯芒寒，砥柱既倾，河岳改色，盖不独为江左惜贤良，实为朝廷失重臣也。公以司牧起家，荐陟藩抚，经危疑震撼之交，尝艰难险阻之境，遇合既隆，上下交孚，虽遽损年华未尽发抒，身后膺崇，褒备哀荣，岂不光照史册，馨香百世也哉？呜呼，伟矣！爰撮笔传其崖略，以示观法，至其勋名位望，详诸家乘，载在国史，不烦覼缕云。

高钦中（1816—1864），字敬直，河南省陈州府项城人。弱不好弄，髫龄就外傅，戏题壁间曰："心亘万古始为恒，日月常悬昼夜明。士心自有平生志，江鸟那知得意鸿。"其祖见之曰："此儿稚弱而磊落，非埃塎人也。"初受业袁端敏公，于案上得《朱子全书》，阅之喜，每日课毕，篝灯读达旦，自是一言一动若植规矩。十六入邑庠。十七食廪饩。二十二列道光丁酉拔贡。随父丽水县任。庚子归，应本省乡试，晤邑广文王淡泉先生，鉁先生尝与李文清公倭文端公讲学京师，一见大悦，授宋元明诸儒集，因洒扫一室，静坐读书五阅月。间从淡泉质疑辨难，语详札记中，回浙置一册有所得，书之曰《健复录》、曰《居瓯随录》。寻父殁永嘉任，扶柩北旋，因先后交代，复留杭半载，哀毁之中益刻志读儒先书，每彻夜挑灯坐，忽悟大易生生之旨，欣然曰："天地之大德曰生，与告子主气言者回别在天，曰命在人，曰性在心，曰仁无二物也。"以诗自记，有"从今打破生关去，生意绵绵子细寻"之句。嗣读儒先书，若合符契无阻滞矣。抵家杜门却扫，弥自奋发。每慨淡泉云，亡无可过从者，乃延淡泉侄绍阳。明经课弟及诸子读。己酉领乡荐，谒李文清公于河朔。道光三十年庚戌科（1850）二甲98名进士。观政吏部，分考功司，与李觐庭、杨兰士、陈杏江以道义相切磋，时从倭文端公游，证所学。咸丰改元，诏求海内直言，拟疏陈时事十余条，未及上，会粤逆寇金陵，豫省盗起，念母春秋高，不克迎养，乞假归省，旋以坠马折右臂，益无意出山，惟日侍亲庭承色笑，暇则手周易一卷，课子弟读。袁端敏公招赴临淮军，不应。郑小山方伯邀办豫省捐输，不应。王青崖方伯延主讲西华演畴书院，设帐箕子殿侧，尝谓："商周之际，道在箕子《洪范》一书。"传心之旨若揭，因镌一册，以五事"貌、言、视、听、思"为检身之要，而以三德"沉潜刚克、高明柔充、平康正直"为克治存养之方。居两载，从游日众。以"教匪"王廷桢、"捻匪"陈大喜相继倡乱邑南，辞馆归为守御计，编保甲、联部伍、备军械，卒保危城。同治癸亥"捻匪"蔓延，据城北尚店寨，张公燿师大军来援，刘伯瑗太守合乡团助之，往来商方略两月，余克之，渠魁藏焉。大吏累保，加郎中衔，赏戴花翎。尝以乞师赴汝宋，风雪中驰数百里得肺痈症，濒危，甲子春，视弟钊中于京师，未两月忽犯前症，两日夜遂卒。钦中初与淡泉先生交，务提撕本心，扩清私念，自号曰"爽亭"。后晤倭文端公，严辨明季儒术流弊，谓颖悟不足恃一，以笃实践履为主，改号曰"恒溪"。读其札记中论学语，可以知其所得矣。

薛书常（1815—?），原名书堂，字世香，别字少柳，河南省陕州灵宝县孟村人。咸丰二年壬子恩科（1852）二甲2名进士。选庶吉士。改翰林院编修。历任己未恩科湖北乡试副考官，户科给事中，江苏苏州府知府，江安十府等处粮备道。赏花翎，布政使衔。

卫荣光（1824—1890），字静澜，河南省卫辉府新乡人。母梦大星落于庭，惊寤而生，遂名之曰星。幼聪颖端重，异于常儿，读书明大义。弱冠以冠首入庠，肄业河朔书院，从李文清公讲濂洛之学，深器许之。道光丙午（1846）举于乡。咸丰二年壬子恩科（1852）二甲38名进士。改庶吉士。散馆，授编修。时胡文忠公督师于鄂，奏调襄理军事参戎幕者数年，多所赞画。未与大考特升侍讲，迨江汉肃清，回京供职，荐升侍讲学士，而"东匪"肆扰山左不靖，上拟简知兵大员任监司，特授以济东泰武临道。初至即严备河防，贼果乘夜潜渡，密令燃大炮击之，惊而退。丁卯"捻匪"东窜，巡抚丁文诚出征，委代省防，匪不敢犯。时称文臣之能军者，曾胡而外，曾不多觏。旋补江安粮道。未几擢皖臬。升浙藩。补湘抚。期年之间，遂膺疆寄，亦异数也。嗣后抚晋、抚苏、抚浙，扬历数十年，所至有廉正名，人无敢干以私者。以奉旨渡台查办事件，往返重洋，备历艰险，积劳致疾，请假回籍调养，竟至不起，时年六十有七。

王化堂（1811—?），字莅之，河南省怀庆府孟县人。幼沉敏，清苦自励，读书讲求实用。咸丰二年壬子恩科（1852）二甲86名进士。入词林。寻改兵部主事，供职数年。擢监察御史。同治丁卯（1867），简放东河兵备道。抵任后察阅堤坝，疏瀹培补，运道畅行，又开十字河以避湖险，公私船只，均蒙其利。光绪丁丑（1877），密大饥，为捐千金以惠桑梓，又以村西水道冲激，行旅维艰，大兴版筑，以工代赈，活人无算。后升两浙盐运使，整理盐务，革除积弊，国用以饶。未几，丁内艰回籍，以哀毁成疾而卒。

翟允之（1806－?），字诚斋，河南省开封府密县人。为人谦和有度，好奖励人才。咸丰二年壬子恩科（1852）三甲77名进士。历任湖北节县、湖南黔阳、临武、攸县知县，道州知州。所在锄暴安良，振兴文教，政绩宣著。寻蒙大计卓异，升柳州直隶州。以年老告归，专意成就后学，尝主讲桧阳书院，学者仰之如泰斗。

杜来锡（1818－?），字蓉珊，河南省卫辉府新乡人。廪生。道光甲辰（1844）副榜。咸丰壬子（1852）举人。咸丰三年癸丑科（1853）二甲12名进士。授工部郎中。军机处行走。方略馆纂修。文名藉甚，书法尤工。供职京曹十余年，清苦异常，而萧然自得，和易近人，士林景仰。充辛未会试同考官，称得士。特授朔平府知府。旋丁艰归，服阕，补归绥兵备道。旋卒，均未及赴任。士有得志于时，而卒不得行其志者，此也。使天假之年得以扬历中外，旗常竹帛岂不足为邦家光。

曹炽昌（1817－?），字鹤屿，河南省归德府夏邑人。原籍浙江，祖父继谢，事祖母及母以孝称。嘉庆时，投亲来夏，遂隶籍。性清介，家贫苦学。道光己酉（1849）选贡，咸丰辛亥举人。咸丰三年癸丑科（1853）二甲第20名进士。分工曹，补授虞衡司主事。供职几三十年，清贫如故，不苟干求。毛文达尚书以梓谊寓比邻，公私常聚处，待遇略无优异人，或疑之，毛公曰："曹君操履清谨，与所部习尚未谐，骤以宠任非宜，且污彼素丝转愧负矣。"人以为是曹君真知己。居恒宏奖后进，多所成就。光绪初截取山西直刺，时张文襄抚晋，系属旧识。拔补忻州，莅政率属，务持大题，以病乞归，未许，诣省就医，卒于寓宦。囊如洗，赖赙金得归葬。生平手泽多轶失，所存有

《梯青山馆诗稿》。

李步瀛（1817—?），字登士，号仙洲，一号凌波，河南省陕州阌乡人。咸丰辛亥举人。咸丰三年癸丑科（1853）二甲72名进士。署四川天全州知州，授中江县知县，有善政。解组后寄寓蓉城，讲书论文，剀切详明，呈艺就正者甚多。著有《易经浅说》《八铭加批》《近事录》《训女词》诸书行世。

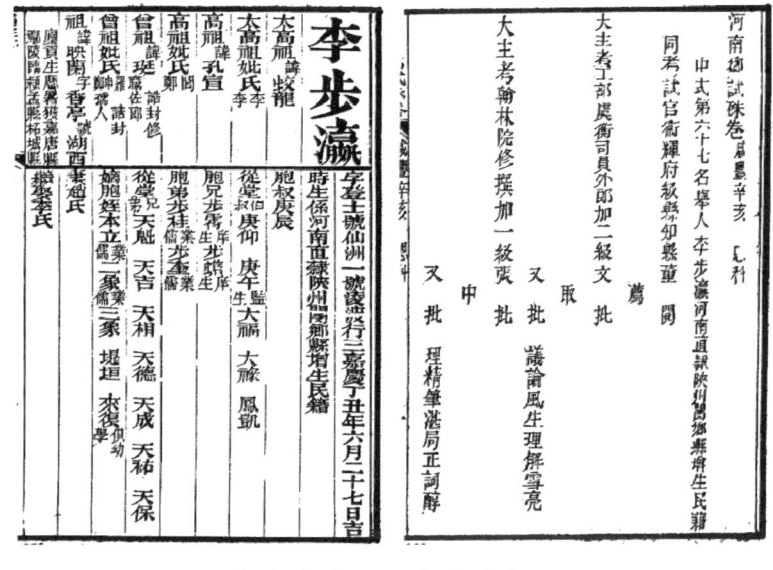

李步瀛履历及乡试硃卷

凌松林（生卒年无考），字仪之，又号晓渠，河南省陈州府西华人。性超悟，笃于先儒言行，为文一本先正，虽名扬屡踬，不降格相求。道光庚子（1840）举乡试第一。咸丰三年癸丑科（1853）三甲55名进士。时年六十有四，以知县签分直隶。初署肥乡，旋授雄县。前后十余年，仁政不可枚举。及其殁也，南北督抚以名宦乡贤入奏，雄邑更为肖像立祀。

贾树勋（生卒年无考），字酉山，河南省彰德府武安县西关人。幼颖异，喜读书。未冠入邑庠，旋食饩。道光甲午（1834）举于乡。咸丰三年癸丑科（1853）三甲66名进士。以知县用，签掣浙江。乙卯科分校浙闱，获士七人，皆名士。时太平军兴，两江鼎沸，树勋奉委筹防局襄办军务。又历摄浦江分水等县篆。旋授余姚知县，有循声。己未徽营督帅袁甲三奏调树勋乡办安徽军务，筹兵筹饷多资擘划。寻告归。树勋淹贯经史，积学能文，未仕时主讲本邑紫金书院，士林悦服。至是复延之掌院，教泽益溥，成就益多，士子匾其门曰"金针再度，鉴空衡平"。卒年八十四。

冯端本（1829—1894），字子立，河南省开封府祥符人。先世居安徽之绩溪，五世始迁祥符。端本天性纯笃，事亲以孝闻，受知于提学俞长赞，手朱子小学，近思录令致力。年未及冠，中道光己酉科（1849）举人。旋丁外艰。咸丰丙辰（1856）补应殿试。得中二甲17名进士。改刑部主事，治爰书详慎，吏不能为奸，数从部使者按狱，若武昌、若易州、若察哈尔、皆傅古亭疑无枉无纵。乙丑分校礼闱，得士十八人。历员外郎、郎中。京察一等，授广东琼州府知府。琼斗绝海中，矫虔难治。端本行县录囚，一绳以法，而出其不辜者。郡有高士，辄就其庐，询利病。又修三贤祠，建苏泉书院，琼始知学。九年正月，陵水黎乱，督乡兵攻之，深入黎穴，以计擒其魁，胁从罔治。八月调守广州，琼人思之，奉生祠苏泉书院。广州首郡，烦剧尤难治，署设谳局、交代局、报销局及善后保甲安良诸局，皆赖以剖决，一一不遗，有狱积二十年众数百人，端本一语立断其事。在广州十年，一署两广盐运使，以筹晋豫秦赈劳，进道员。以籍河南，输白金五千赏三代，本身妻室一品封典。再举卓异，曰识力坚定，勤政爱民。曰明敏干练，为守兼优论者，谓为不愧云。少从李文清棠阶讲宋五子学，日有记录。致仕后，犹手一编不辍。著有《鸣秋集》《读礼摘要》《读汉随笔》藏于家。卒年六十有六。

李宏谟（1829－？），字仲远，河南省开封府祥符人。为诸生即有大志，与里中诸生结茗香社，以文章经济相切劘。咸丰二年登乡荐。咸丰六年丙辰科（1856）二甲59名进士。选庶吉士。九年改主事。历职方司主事。职方司员外郎。武选司郎中。补授浙江道监察御史。转补掌浙江监察御史。历户科礼科工科掌印给事中。补授通政使参议。擢内阁侍读学士。六年再迁顺天府丞。卒年五十三岁。宏谟在谏垣章凡数十上，没后，家人检点遗箧，得历年奏疏稿，皆手自封识，不欲人知，尤有自请留中，俾百姓知恩出自上而知感者，如河南饥特疏请饬，河南抚臣截南漕以备赈恤一稿，恐交部议，略有延迟，及无救死徙，是役全活无算。其请勤召对一疏尤著直声，大旨谓："朝廷之敬怠实天下之治乱所关，方今军务未竣，水旱频仍，矧本日日食至九分有余，天象变异，尤堪悚惕，伏乞皇太后圣体大安，即逐日召见臣工，访求治理庶政事修明，灾祲可化。"疏入，次日传旨，严行申饬，闻者皆咋舌。其余防火灾，杜水患，亲君子，远小人，疏朝上章而夕报可。自是受知遇日深。宏谟长于经略，阅疆臣陈奏有关大局者，多如议咨覆施行。时内地肃清武职人员，因原营凯撤，遣散回籍，呈明地方官详请收标，人数愈多拥挤日甚，即记名提镇已不下千余人，窃虑空予收录而无以资其生，非所以酬庸也，乃酌定收标章程八条，补缺章程十条奏行，武弁得以疏通。江督曾文正公奏请添设长江水师，其事为国家二百余年未有之创举，地兼五省，议綦繁重，宏谟度时势，稽成法，斟酌损益，具稿奏行之，中外翕然。其奉命巡视北城，善政尤多，绝苞苴，清积案，视民事犹己事，唯恐负职云。宏谟性孝友，事母先意承志，待季弟尤厚，喜奖拔后进。某孝廉年将四十，聘刘氏尚未婚，宏谟纠同人助以金促南归，未几资告罄，复醵金，别使人促女家送女来京，遂合卺焉。既而孝廉病没京师，宏谟复经纪其丧，送伊妻扶柩还乡。其待友多类此。在京倡捐，创修祥符会馆一区，于是邑人有公谳所，凡计偕来游者歌乐土焉。

李璋（1827－?），号莪亭，河南省陈州府西华人。父绍曾精岐黄，多隐德，赘于扶之严氏，遂家扶。髫龀就学，落笔即能成文。咸丰辛亥举于乡。咸丰六年丙辰科（1856）二甲94名进士。以知县用。历权直隶香河、衡水、固安，旋补平谷。所至有声。相国祁文端、直督曾文正皆嘉其才，以治行第一保荐，调东安署大成。题补宛平。京师多大族，璋峻其丰采，无敢干以私。升定州知州，属京师孔道，又当唐沙河之冲，民多瘠苦，璋禀邀缓征减徭。光绪三年（1877），岁大祲，复据情吁得恩振，饥民均霑实惠，又捐廉治饼饵，以食流民，境内因有灾无患。在定十年，没于任，民为之罢市。

田依渠（1810－?），字环溪，号梅村，河南省许州长葛人。咸丰六年丙辰科（1856）三甲12名进士。历任山西宁武、洪洞、太原、神池、稷山等县知县。候选清军府知府。著《安雅堂课幼草》《茹古山房课徒赋草》《茹古山房骈体文》《茹古山房读史余吟》等书。

任连升（生卒年无考），字级三，河南省彰德府武安县南田村人。幼颖悟，嗜读，淹通经史，尤邃于易。咸丰壬子举于乡。主讲紫金书院，邑中知名士多出其门。咸丰六年丙辰科（1856）三甲35名进士。以知县分发湖北。历任大冶、巴东，有政声。宽大宁静，雅得民情。卒于巴东任所，士民哀之，年四十六。

马云昭（1828－?），字韶卿，号慰霖，又号墉坛，河南省卫辉府新乡人。博学能文，尤工举业。早岁即有声庠序。咸丰九年己未科（1859）三甲44名进士。签分礼部主事。以寒畯之士，奋起甲科，职在春官，人皆景仰。而落拓不羁，忘情爵禄，在京数年不乐与士大夫交游。未竟其志而殁，至今人犹惜之。

杜世铭（1812—?），字心斋，河南省卫辉府新乡人。廪生，署内黄训导。品端学粹，文名震一时。咸丰戊午举人。咸丰九年己未科（1859）三甲80名进士。即用知县分福建。历署大田、连江、闽县知县。特授南平县知县。升授鹿港同知。署福防台防同知。所至政声卓著。时已保升知府，部吏索贿不之应，竟不果升，仅准加知府衔，当时部吏权重如此，然亦以见居官守正，不屑营谋干进，如俗吏之所为焉。

沈源深（1843—1893），字叔眉，河南省开封府祥符人。大父鹏官监察御史，能举其职。源深幼慧好学，沉默寡言。咸丰己未中顺天乡榜。咸丰十年庚申恩科（1860）二甲41名进士。官至兵部右侍郎，福建学政。以化民成俗为己任，颁行张仪封正谊堂全书，陈榕门豫章学约，训迪多士，奏请先儒酳从祀文庙，位在杨时之次，闽中正学为之振兴。在任弊绝风清，不名一钱。卒于官，至无以为殡殓，濒行，生员白衣冠哭送者数百人。著有文集若干卷待梓。论者谓其品端、其学纯、其居官清而不刻，威而不猛。在闽禁止食鸦片，有犯者士子不准应试，教官不准送考，士习由是一变。昔张清恪伯行抚闽，风裁峻整，教泽在人，源深盖能继其盛云。

张时中（生卒年无考），字道宜，河南省卫辉府新乡人。生而歧嶷，资性刚烈。儿时嬉戏即设公堂，以铁铃作钟鸣聚将。稍长倜傥不群，日诵经籍，夜习武技。应童子试，以首选入庠，旋食饩。中式道光庚子（1840）亚元。咸丰十年庚申恩科（1860）二甲58名进士。以知县分贵州，未赴，随毛昶熙办本省团练，招勇河北，带赴宋营，咸称劲旅。嗣又奉札招勇，未及行，奉文停止而遣散。勇目李占标获嘉人，与获令赵宝仁挟怨藉众殴官，几酿祸变。赵浼君前往解散，辞不获，乃至中和镇，谕李以大义，李要官请诸绅作保，赵不命绅往，而遽禀君为贼首，李不平遂反。时君已间关至省，谒严抚树森白其事，严廉知其诬，仅以办理不善，奏请革职，随营剿贼自赎。及"东匪"平，奉旨开复进士，原资留效陈营，豫境肃清，多所赞画。奏改教职，授彰德学教授。至此而用世之志灰，一以奖掖后进为事，历数年，受其业者多掇青紫以去。当未第时，值连庄会张炳之变，株连累累，各村不宁，君出而维持一切，全活无辜甚众。而在陈营时，调和于严毛两帅之间，尤费尽心力，固不止。主持张巨寨事，能委曲保全，力任捍卫之责也。屡主欧阳书院讲席，著述甚富。惟遭时不偶，具经文纬武之略，以教授终名，虽显而志未酬，君子犹深惜之也。

张绪楷（生卒年无考），号朗山，河南省光州商城人。咸丰壬子举人。咸丰十年庚申恩科（1860）三甲71名进士。官户部。擢御史。同治三年（1864），克复金陵，上疏曰："愿皇上持盈保泰，烛微鉴远，切究夫盛衰之故，治乱之机，则臣民幸甚。"蒙特诏褒嘉，转鸿胪少卿，顺天府府丞，兼学政。请增建京闱号舍二千间，绝苞苴，斥请托，所取多知名士，历谏垣陟卿二凡数十，皆能言人所不言。卒年六十有五。

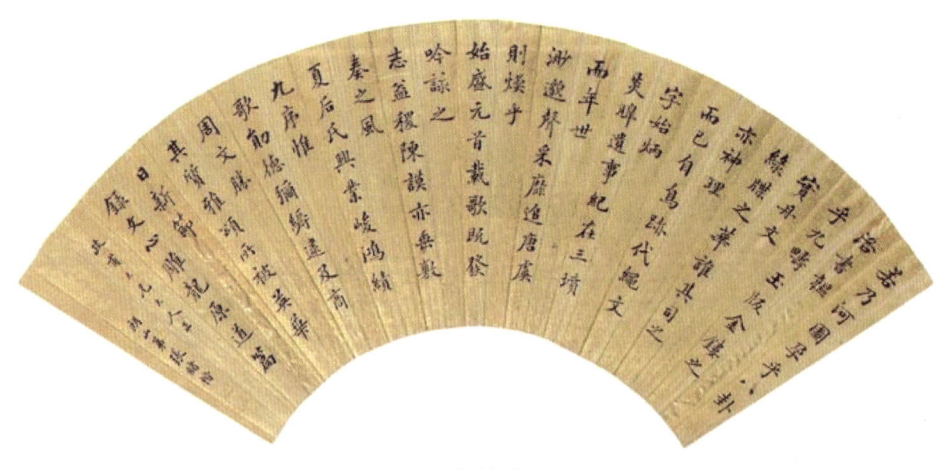

张绪楷书法

李师濂（1827—?），字蓉江，河南省开封府兰阳县铁炉村人。咸丰戊午举人。咸丰十年庚申恩科（1860）三甲36名进士。即用知县分发湖南。以亲老改江苏，权安东，署上元。时兵燹之余，葺莅未靖，能吏竞尚首功，从事锻炼，师濂独持平恕，胁从者均获宥免。王尚元者邑恶绅也，久为闾里害，狡狯挟制，历任惮之。师濂得其罪状，请于上宪置之法，阖邑称颂。补娄县。丁父忧，赴原。签湖南，捐东安。补耒阳，土匪曹得林约期作乱，师濂知会营密捕，匪党骇散。罢官归。优游林下者数年。

吴元炳（?—1886），字子健，河南省光州固始人。其浚子。幼承家学，做秀才时慨然以天下为己任，豫皖接壤，固始为入豫门户，发捻叠围城，佐邑令防守，历保蓝翎知县。咸丰戊午举于乡。咸丰十年庚申恩科（1860）三甲87名进士。入史馆，奉命办理团练，荡平金楼、平舆、张冈诸寨。同治二年（1863），授侍讲学士。出为湖南布政司，平丹江黎，平"苗匪"。升湖北巡抚。调江苏，在吴八年，三署督篆，时海防方亟，元炳据形势筹饷，需简人才，疏称："练兵则募新不如挑旧，简器则购买不如自制。"又言："台湾后山沃壤千里，为洋人垂涎，东西洋诸国不足为患，可虑者俄罗斯耳。"其建议之远大类如此。丁母忧，服阕，入觐，派勘河工海防，上八病八利疏。授漕运总督，议开黄河旧道以兴水利，未果。调安徽巡

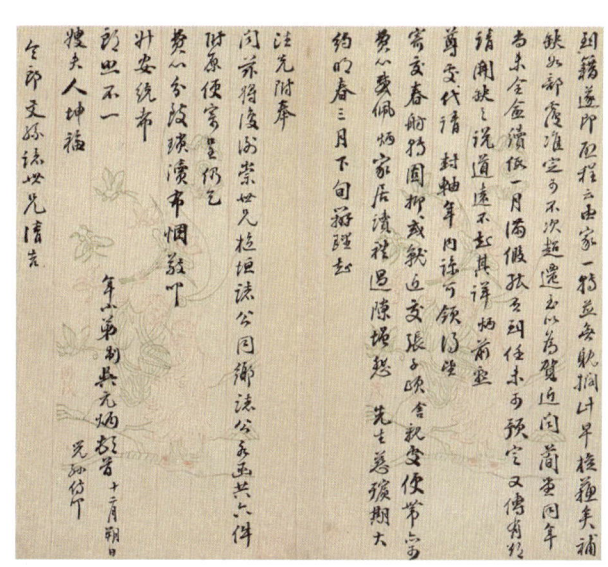

吴元炳手札

抚，兴利除弊，一如在苏时。卒于任，宦橐萧然，几无以殓，奉旨褒加赐葬祭如例。

吕慎修（生卒年无考），字谨斋，河南省开封府兰阳县合涧小屯人。曾祖景云、宗洛均岁贡生，父炳文廪生，三世俱有学行。慎修少孤，事母孝，好学能文，家居教授。中道光己酉（1849）举人。同治元年壬戌科（1862）三甲48名进士。即用知县。以亲老请改教职，选卫辉府教授，卫人慕其学行，受业者黉舍恒满。诸生某为郡富室，以事涉讼，同年某为郡守特送学管押，意其必有馈送，慎修惠教以敦品励学，未尝一言讼事，某生感悟罢讼，郡守询知深嗟异焉。丁卯冬，"捻匪"乘河冰北犯，警至卫，官民骇汗无措，郡两关，商贾繁盛，旧有寨墙舆城为营齿，慎修建议修寨，分段设防，自冬迄春，匪凡三至，卒不得逞。陕甘总督左宗棠闻其才，委监视粮运，事竣，屡书招之，将疏荐，以母老固辞，终汝宁府教授。慎修天性纯笃，学求实践，于程朱陆王无所偏倚，尝曰："学无分门户，顾力行何如耳。"晚尤喜易及史汉老庄，终日抄录无倦容。

宋梦兰（生卒年无考），字畹九，号香谷，河南省怀庆府孟县城南关人。咸丰辛亥（1851）举人。同治元年壬戌科（1862）三甲41名进士。以即用知县分甘肃。同治二年到省，值"回匪"猖獗，与兄东阳同死于乱。陕甘总督熙奏蒙优恤，赠知府衔，入祀忠义祠，并荫一子。

董应遴（生卒年无考），字俊升，河南省开封府兰阳县翟曲村人。束发，受书解悟类成人。咸丰辛亥（1851）举人。同治元年壬戌科（1862）三甲115名进士。署山西岢岚州。不阿权贵，持正敢言。因事改教家居候选，仍设帐授徒，讲论经义，务尽精微。地方善举，竭力赞成。终汝宁教授。

李仲鸾（生卒年无考），字鹏甫，号次坡，河南省彰德府林县人。

伯鸾弟。幼从父兄受书，学应试文字，下笔如名宿。弱冠府试第一，补郡廪生，岁科试四列首选，三举优行。道光甲午（1834）举于乡，家居授徒，不履城市，主讲黄华书院，邑中名士多出其门。同治二年癸亥恩科（1863）三甲115名进士。以知县用。以年老呈请改教，选怀庆府学教授，从学者黉舍尝满，历任太守皆加礼遇，有文字必请评骘。年八十卒于官。仲鸾天性朒挚，不言人臧否，而胸中泾渭分明，厚于宗族贫者，周恤之，幼童可造者，召之署中，亲课之读，为学自少至老无一日作辍，倦则闭目，静坐片刻，未尝倚枕。诗礼春秋皆会萃先儒论说，手自抄录，作周礼序，官赞议论宏通，有裨治道。制艺宗古大家，切实醇正，自择三百篇都为《燕翼堂稿》，古今体诗百余篇都为《燕翼堂诗稿》。民国十一年（1922）入乡贤祠。

孟词宗（1819—？），初名希孟，字礼门，河南省彰德府临漳人。父祖耀，性笃诚，谓明理知命，立品励行，非读书无从取法，故督课子弟甚严。词宗幼颖异，目数行下。道光丙午（1846）举于乡。同治二年癸亥恩科（1863）三甲31名进士。以知县分发山西权岚县。旋丁内艰，甚哀毁。服阕，补介休县知县。乙亥乡试同考官，署静乐。旋调补绛县。历任四邑，清勤自矢，惠政甚多。其最著者，先是赵城有巨案，久弗结，大宪命往，一讯而服。在介休，俗多发冢，贼严治之，遂戢。任绛县时，旱灾，禀请停征，赈济全活无算。匪徒王满泽等乘机窃发，饥民从之，势岌岌，率勇役数百，掩不备急捕之，诛二魁，余解散。时各邑大扰，绛独安堵。余如勤讼牍，革陋规，起废坠，兴利除弊，治于一时称最。及去，民皆立碑志德，祖饯数里。而天性敦笃，淡宦味，呈请改教。及归，清贫如故，主讲本邑书院。旋选归德教授，裁成甚众，邃经学尤嗜易。年七十余犹手不释卷，尝谓："一日不读书，便觉人生无味。"其力学如此。

张元益（生卒年无考），字泉初，河南省光州人。进士榜名张元一。道光庚子副榜。咸丰壬子（1852）举人。同治二年癸亥恩科（1863）三甲117名进士。官礼部主事。素精堪舆，冠盖迎谒者日不暇给。同治二年春，随大学士周祖培相度普祥普陀峪万年吉地。次年，随恭亲王覆勘。先后随京堂官查勘惠陵者三次。七年冬，奉特旨办理惠陵封禁事宜。次年六月，蒇事，龙颜大喜，奉旨嘉奖，补本部仪制司主事。十二年三月，扈从穆宗亲临二峪查看形势，即于山中召见垂问周详。是年八月，随醇亲王前往该处，定为万年吉地，掘地得磁瓶二具，一画卦一龙文，高皆尺，有咫方八寸，赏鉴家以为皆汉以前物，边外荒地而得此真非常嘉瑞也。十月，奉旨："张元益着免补员外郎，以郎中即补。"十三年，补本司郎中。光绪元年（1875），再随醇亲王布置穆宗毅皇帝惠陵，并襄办典礼，奉旨俟知府得缺，后以道员即补。三年六月，钦放广西桂林遗缺，补思恩府知府。三年七月到任，其整顿书院、编联保甲、清理讼狱、诸善政不可殚述。四年冬，宾州八卦村民械斗，杀毙二十八命，是时元益带勇三营，或谓该村素贼区宜剿灭，元益不可，扎营宾州境上，遥作声势，而自单骑亲往，晓以祸福，饬令捆送元凶，胁从罔治，众欣然，当获首要，多人禀请正法，州境乂安。七年，百色土匪滋事，勾结旧城匪首陆三远，窜扰上林等县，人心惶惑，几于朝不保夕，元益扎营防堵，阴遣健卒，直捣贼巢，生擒陆三远枭示，余贼逃散，百姓安堵如故。元益遇事镇静，不动声色，化险为夷多类此。生平工文，善书、堪舆而外兼精岐黄，以医药活人者不可胜数，不具论，论其在官者。

梁俊（？—1898），字彦臣，号灼庵，河南省怀庆府孟县西何庄人。幼不好嬉戏，初入小学，有贵官过塾门，舆马喧阗，群儿争出观，独读不辍，师大奇之。咸丰辛亥（1851）入邑庠，设桐荫轩讲舍，延同邑刘学涵、学瀚昆仲主讲，昼理家务，夜篝灯攻苦。同治壬戌举于乡。同治四年乙丑科（1865）成三甲81名进士。授兵部主事。癸酉补员外郎，兼掌印主稿。严绝苞苴，宿弊一清。戊辰补授山东道监察御史。己卯转掌湖广道。壬午京察一等，转掌京畿道。署吏科掌印给事中。在谏垣五年，遇事直言，弹劾无避忌。时楚督李瀚章势焰煊赫，会提督罗大春与楚督湘抚联衔请添勇营，希图冒饷，致干部议，俊以为联衔会衔均有应得处分，该督抚既联衔于先，复会衔于后，胆大取巧，始终附和，罪固不在提臣下，于是有督抚联衔请一体议处之奏。又有约举时政之要一疏，曰："养圣功曰恤，灾黎曰杜，欺饰曰惩滥保。"疏入，大学士宝鋆手书褒美谓："所陈皆当今切要之图。"而大婚无庸太早一节，尤中皇太后隐衷，可为台谏生色。癸未正月，有密陈新疆机务一折未及上，选授广西梧州府知府。十一月，抵桂林，会法越构衅，巡抚潘鼎新奉旨督师，委督办转运。迨中法议成，以战功不可虚冒，恩典不可滥邀，督办转运祇尽厥职，不敢仰邀奖叙。丁亥河决，郑州以万金助工，又散放避瘟药，全活灾民无算。壬辰选授四川潼州府知府，抵任后综核名实，革除积弊，一如在梧州时。已而以疾乞退，居平治家严肃，而自奉则极俭约，虽历官中外不失书生本色。尤喜培植学校，本县河阳书院经费不足，慨捐银千两为基本金。光绪二十四年（1898）卒，寿六十有九。著有《法越构衅纪事略》《奏疏》《禀牍》各一卷藏于家。子振炎，户部郎中，有父风。

李德溥（生卒年无考），字伯泉，河南省彰德府临漳人。性纯朴廉谨，粹宋学于先正，慕陆清献之为人，植品励行，一式圭臬。咸丰戊午（1858）举于乡。同治四年乙丑科（1865）三甲135名进士。以知县分发江苏。旋补宿迁令，宿俗悍多盗，赴乡勘验，每闹厂殴官，前任戒备，严犹不免，乃与民相见以诚，每遇此轻车减从，除正凶概不问，尝谓："从役多则约束难周，喝骗乡愚需索规费，致尔争闹，民虽悍亦官酿之也。"闻者叹服。又谓："治盗宜清巢穴。"乃仿置铎设鼓法，一村有警，各村皆出，一村有盗，邻族皆坐，擒渠魁数十人，盗敛迹。宿无棉，女不织，设桑棉局，购纺具，招织工教之，利遂兴。书院久废，亲劝奖之，创清节堂，养贫嫠，修邑乘。六塘河久壅塞，督民浚渠培堤，甲戌河果决，上游下游甚畅，皆无恙，薛廉访书常见之叹曰："作州县能惠数郡，我辈愧死矣。"旋调甘泉，民攀辕泣不能行，由间道去。甘号繁剧，不延代审，员亦无废事。明年夏蝗，各属讳之，独设捕蝗局，令民以蝗易值，邻邑献蝗者司事靳之，乃笑曰："捕蝗岂分畛域耶？且使邻无蝗，吾尤快。"命给之，竟不为灾。时有妄传翦发印臂以惑民者，大吏故张之，遣心腹按治，多杀无辜，乃廉其冤者弗捕，曰："凡讹言皆可以镇静持之，则民不惑而煽诱穷矣。官张皇民不滋甚耶？杀人媚人吾弗能为矣！"某闻慭之。因中暑卧数日，遂以平原独无淮阳，卧治免官。贫不能归，有同年董对廷，素以道义相切劘，赠金数百，旋里。屏世务，惟养亲，求道授徒自给，布衣蔬食，见者弗知其为牧令也。著有《蛾术斋诗文集》三卷、《宦海一勺》二卷。

刘学瀚（？—1882），字怡园，一字文波，河南省怀庆府孟县人。学涵之弟。弱冠失怙，事兄如严师，刻志攻苦，旋入邑庠，食廪饩。咸丰元年（1851），闻同郡李文清公主讲河朔书院，倡明道学，往从之游，是年举于乡。同治四年乙丑科（1865）成三甲157名进士。以知县分山东。次年摄邹平县事，兄学涵自太康手书官箴勖之，为清白吏。县有醴泉书院为宋范文正读书处，每课士辄举文正为秀才时相劝勉，又省徭役、清讼牍。十三年，授单县知县。县征漕米，耗逾常额，下车即除之。光绪元年，修筑菏泽决河，檄备薪刍竹木，又檄单民筑长堤，慨然曰："是将何以息吾民？"乃力陈民间荡析离居状，竟得蠲免之。工竣擢同知。明年又以防河出力奏奖，以知府用。后司南运总局（旧例东盐行皖豫岸谓之南运），条制中綮要踵其事者，咸取为法。光绪八年（1882）卒，寿六十有二。

叶荫昉（1820—1890），字升初，河南省汝宁府正阳县固城店人。幼侍父士林庭训，博览群书。同治七年戊辰科（1868）三甲6名进士。以礼科给事中，授湖北荆宜施观察使，多善政。其未达时，尝曰："为士者不为宰辅必为谏官，不为良相必为良医。"后果做监察御史，抗疏直陈，如去关征、复诸生等奏，皆于国家兴利除弊大有裨益。处京师最久，士大夫疾，被诊视者，着手成春。且谙于阴符兵略。清咸同时，河南土寇鸱张，帮办毛文达公团练事宜，迭奏肤功，运筹多出其手。

陈惺驯（生卒年无考），字雅农，河南省归德府睢州人。同治丁卯举于乡，同治七年戊辰科（1868）三甲31名进士。授刑部主事。累迁本部郎中。以刑狱民命所寄，日夕读律，勤恳如诸生，病足数月，不良于行，然勘秋审册，咨题稿件，未尝不力疾赴也。湖北郧西县廪生余琼芳以公事与县役争执，被殴殒命，府县以病报，狱久不决，钦使工部乌拉布奏派随同查办，反复研鞫，竭十数昼夜力，卒得平反。继复查江西安徽等省案件，差竣还京，旋膺察典卓荐得旨，以道府简记，未及除授，卒于官。

许虎变（1834—？），字炳问，河南省归德府考城县许河寨人。同治丁卯举人。同治十年辛未科（1871）三甲80名进士。即用知县签分山东，署宁海县，寻金乡县，卒补招远县。著有《六润斋诗存》。

刘酆田（1813—？），酆一作酂，字乐乡，河南省归德府睢州人。同治十年辛未科（1871）三甲177名进士。改补卫辉府教授。文行交勷，克称厥职，卫人以得师为幸。光绪三年（1877），岁大饥，守令雅重酂田，以赈务商，酂田倾心赞助，深虑资粮不继，若疢在躬，竟以忧疾，卒任所。

樊璟（1826－？），字玉亭，河南省南阳府南阳人。先世山西人。祖官许州州判，流寓南阳，遂占籍焉。璟道光己酉（1849）拔贡生，举同治元年顺天乡试。同治十三年甲戌科（1874）成三甲134名进士。官贵州都匀知县。为政廉简，号安静吏，逾年卒官。璟为人和易，与物无竞，善处人，骨肉间虽遇暴戾恣睢，从未以声色加之，而见者意气自沮。为拔贡时，家苦贫，泊然无营，亲故争馈遗之，然非其人弗受也。廷对时，舞阳前贡士朱光鉴以冒籍为同乡官所持，不得与廷试，璟以淡言排之立解，光鉴由是入翰林，每道及璟，辄欷歔不禁云。著有《紫苓山房集》一卷。

刘执德（生卒年无考），号一齐，河南省开封府陈留人。清高士也。少读书甚聪颖，弱冠入邑庠，食廪膳，科岁试屡列前茅，唯家无恒产，以砚田为生，一时邑中知名士多出其门。然学优遇啬，迟久登贤书，又迟久宴琼林，终未获一展其抱负，而其品行之正，操守之严绝，未尝以命途少易，虽至日不举火，其胸中常洒如也，庶乎屡空斯人有焉。同治十三年甲戌科（1874）三甲136名进士。尝作诗自咏，曰："澹泊能明志，生平一学中。随时安所遇，不病道终穷。"读其诗则其人可知。

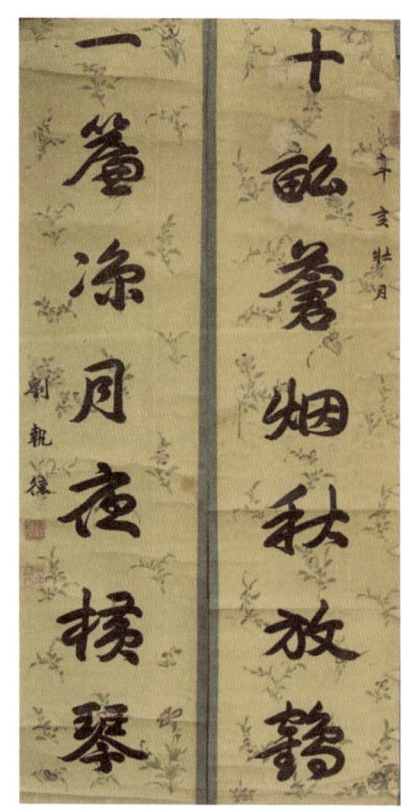

刘执德七言联

高钊中（生卒年无考），字勉之，河南省陈州府项城人。幼恂谨，父崃云卒于永嘉任所，时方十岁，赖母李氏内教之严，兄钦中启迪之笃。年十六，补博士弟子员，为俞子襄学使所推赏。咸丰辛酉（1861）列拔萃科，朝考一等，授户部小京官。时土匪日炽，父墓被掘，与兄奉柩改葬，誓誓必灭贼，同曹君庚五、夏君耀荣徒步至商邱，叩僧王马前请兵，又只身赴汝宁谒张子青中丞请兵。寇平入都供职。谒李文清公、倭文端公及吴竹如、方鲁生、何子永诸先生，相与问学。兄病殁京寓，扶榇归葬。郡守刘伯瑗聘主弦歌书院讲席。同治丁卯（1867）举于乡。光绪二年丙子恩科（1876）二甲15名进士。官庶吉士。散馆，授编修。旋充国史馆协修。壬午视学湖北。谕通省荐朴学笃行之士，减裁新生卷费，有条陈海疆折留中。充功臣馆纂修。入值上书房。值黄河决，与蒋仲仁奏劾河臣成孚溺职辜恩状。太和门灾，与同值八人上修省疏，留中，惟铁路一事交议。视学云南，与谭叙初中丞议刻理学宗传随棚集一二等，生员入场分给宗传一册，俾各抒所见，质疑辩难，随手批答，士心鼓励，择可造者提入省城书院肄业，滇南知有正学自钊中始，先后保荐笃行之士若干人。累升侍讲。转侍读。因患泄泻，呈请开缺。时年六十二。钊中少师王绍阳，淡泉先生从侄也，因得读《淡泉日记》，又得孙夏峰、张仲诚诸书。三先生之学皆宗姚江，因以先入为主，在郡主讲时与罗健、侯志伸反复辩难，在湖北与荆州道于次棠亦多质论，晚岁又与湖南黄恕轩论学甚契，及病中，心课自言，尤于明道先生识仁说，精思熟体，若有独得。虽遭家多故而言温气和，未尝见其有暴戾之容。平生笃于内行，事母和颜悦色，先意承志，敬兄如严师，兄嫂殁，遗幼子弱女，抚如己出，婚嫁皆自任之，赵氏姊早孀，呈请旌表，又请貤封，姊病日夜奉侍不少懈。至其关心民瘼，忧水患，有致袁子久中翰论疏泥河书。

值岁荒，有致黄恕轩山长言饥民作乱状，使转达中丞，即拨款来赈。庚子之变，乡闻汹汹思乱，亲赴抚辕请兵防冬，皆以一言惠及里党。生平不事著述，病中检诗文稿藏于家，其推衍算学曰《消寒游艺》。无子以侄积政为嗣。

孙常春（生卒年无考），字春坡，河南省河南府巩县人。光绪二年丙子恩科（1876）三甲29名进士。授即用知县。拥护洋务运动，屡奏洋务之益。擢两江总督，与湖广总督张之洞同办洋务，深得朝廷赏识。又任户部尚书大学士。光绪二十四年戊戌变法，支持维新，反对对外妥协，终遭排挤。光绪三十四年复重用。病卒于1914年。著有《师夷奏议》《海抚奏议》《巩县古迹祥录》。

白昶（1846－？），字永熙，河南省彰德府武安县北关沙沟人。性慷慨，博学多能。光绪乙亥举人。光绪二年丙子恩科（1876）三甲52名进士。分发山西。历任寿阳、长治、榆次、赵城、洪洞、阳曲等知县。晋升霸州、平定州知州。多惠政，尤能廉洁自持，虽历官繁剧而两袖清风。庚子之役，拳教相仇，山西尤甚。时昶知平定州，迫于义愤，对仇杀教案多搁置，遂为外人所嫉视，和议告成，逼迫清廷惩办仇教官吏，昶弃官潜隐。虽云获罪，而爱国爱民之忱，晋民至今称道之。

杨佩璋（1853－？），字子珍，号筱村，又号啸存，一号湘帆，河南省许州长葛人。少失怙恃，衣履不完，将学商从伯父浚县训导丙昌怜而养之，携之河朔浚县训导任所，衣食教诲悉如己子嗣。以案元入庠，拔萃科元，授工部七品小京官。光绪丙子举人。光绪三年丁丑科（1877）二甲7名进士。改授翰林院编修。杜门读书，不接权贵，落落者几三十年而风骨益峻。戊戌迁国子监司业。历转左春坊，左中允，司经局洗马。庚子补翰林院侍讲，召对称旨。辛丑迁侍读。升侍讲学士。旋补内阁学士，兼礼部侍郎衔。癸卯署兵部右侍郎。钦派江南正考官，校士以清真雅正为宗，时号得人。甲辰署吏部右侍郎。丙午署都察院副都御史，朝旨骎骎大用矣，某执政讽以意，佩璋不肯往，每有大会议，介然独立一处，故虽身列卿二，而门可罗雀。性喜酒，每二三知己，聚饮戬拇则大声疾呼，有陵轹一世之概，微醺偶谈诗事，则扼腕歔欷，胸中若有无限感慨者。辛亥改典礼院学士。公知时不可为，归林下，闭门课子七年，足未及城市。为文戛戛独造，书法颜柳，字字端楷，尤精鉴古书画，京师推为专家。卒年七十。

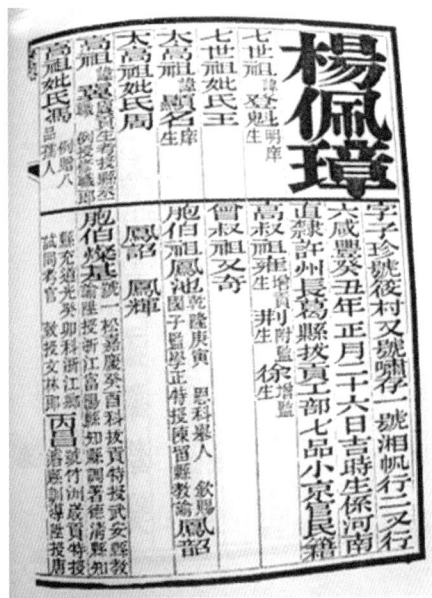

《硃卷》中杨佩璋的履历

李擢英（1852—?），字子襄，河南省陈州府商水人。生而颖异，孝友性成，六岁失怙，哀毁逾成人。时父游学舞阳，闻讣，从兄毓英匍匐往，奉榇归葬，家贫，母雷氏携子女依外祖雷兼山于郾城学署，学日进，与兄毓英同入邑庠，旋食饩。同治癸酉（1873）入拔萃科，登贤书。旋丁内艰。光绪三年丁丑科（1877）二甲84名进士。以主事用分刑部直隶司行走，大司寇潘公器重之。庚寅补直隶司主事。壬辰提员外。旋补直隶司郎中。在部十六年，承审案件片言立断，疑难大狱多赖昭雪，其尤著者如：戊子京师北沿沟奸妇谋害本夫一案，擢英阅案至此曰："是有疑窦。"再三力争，开棺检验，卒为死者伸冤。又承修城工天德木厂殴毙工人一案，当道者一意回护，始以威挟，继以利诱，擢英屹然不为动，卒成信谳，一时京城有李青天、包孝肃之称。庚寅蒙钦差大臣贵沈等奏请，随往福建查办事件。甲午蒙钦差大臣裕廖奏请，随往四川查办事件。先后所至，凡累年要案皆为平反。

乙未考取御史记名。丙申除江南道监察御史。首以河南全省赋税过重请旨，明予限制，剔除中饱，洋洋数千言，疏入，允行。是年回闽，侵扰陕山，势甚猖獗，上方倚重，该省巡抚魏光焘授以剿抚权宜，该抚老师糜饷无敢言者，擢英劾以疆臣拥兵欺饰，难期振作请旨，申斥已往，策励将来，疏入，允行。未几，西陲肃清，又劾河北镇崔廷桂与子道员鸿鼎父子同省枉利，营私诬良为盗，并盗卖武备库铅弹等情。上命河南巡抚刘查办按实褫职。其他财政、水利、学校、矿务等有关国计民生者无不剀切详陈，多蒙采择，见诸施行。丁酉转贵州道监察御史。又命巡视北城事务。北城地当冲要，词讼日数十案，随批随断，毫无留滞，常曰："吾侪听断少事一刻流连，即为小民多留一刻幸福。"识者以为仁人之言。庚子春升刑科给事中。又命巡视西城事务。时"拳匪"恣肆，蔓延数省，举朝多被煽惑，擢英独疏以邪术不足恃，外夷不可欺，乘此各国求和宜许之，以收美满效果，上不能用。至八月，两宫西巡，擢英留守西城与绅董恽毓鼎凭恕等为守御计，后各国联军到京，擢英与美国统带官戴丽生订地方自治章程，凡事据理直争，其将佐时，以枪械相吓，不少退缩，卒如所议，民心始定。该绅董以保全数十万生灵财产拟立生祠以报德，力却曰："天子蒙尘，孤城被陷，徒以一息尚存，为民请命，此守土者分内事，若等祠我，非荣我实辱我也。"事乃寝。辛丑春，以功擢内阁侍读学士。壬寅特赏二品衔。寻迁太常寺少卿。甲辰晋大理寺少卿，奉命稽查右翼宗学。乙巳上方锐意图新，聘日本刑名家改订法律，侍郎沈某董其事，擢英辩难甚力，召对时直斥其非，致以阻挠新政忤上意。丙午秋，命开缺另候简用。丁未春，疏请修墓，期满回京，凡新政之蠹国害民者，仍随时奏陈利害，冀勤上听。戊申冬，慈禧太后暨景皇帝宾天，擢英悲戚逾常，致患目疾。宣统纪元，授礼部参议，嗣以景皇帝梓宫大行钦派西陵奉安大臣。庚戌钦命甘肃新疆考试法官正考官，所取皆学术纯正士，不仅以新学见长。辛亥迁典礼院直学士，兼礼学馆提调。讨论礼制务期精当，因是心力俱瘁，是年七月以衰老乞休。解组归来，与太康王新桢、项城杨凌阁、淮阳周景濂于云楼西华凌甲烺约为宛邱耆英社，讲求实学，暇则饮酒赋诗，以娱晚年。擢英平生受外祖教养之德，尝设位中堂终身奉祀，为请四品封典，处兄弟忍让无争，服官四十年，服御一如寒素，遇戚友以急告者无弗应，虽退居林泉，心在君国，追北阙揖让，流涕竟日，卒以忧国致疾，不克复起，疾革时口喃喃犹念切觚稜也。卒年七十。著有《文集暨骈体文》若干卷、《退思斋诗草》四卷。庚子悉遭兵燹，所存者仅诗草拾遗百余首、《蜀江竹枝词》四十首、《云司慊心要案》一卷、《言责录存》二卷。

高积勋（生卒年无考），字卓如，河南省陈州府项城人。吏部主事钦中仲子，丽水知县崶云孙也。幼读书，文思英发，成童入邑庠，旋食饩。同治初，从张勤果公克复尚店寨，议叙教职。时家道中落，积勋锐意功名，慨然有投笔之志，入袁文诚公西征幕。逾年文诚奉诏，旋京，壮志未遂，念先人皆起家科第，幡然仍理旧业。中光绪丙子乡试。光绪三年丁丑科（1877）三甲109名进士。观政刑部，上游称其才，为同僚冠，复慨然曰："资格限人，欲立事功须二十年后。"改知县，铨授浙江青田县，县在万山之中，素称瘠苦，历任官规避赔累，到任即求调以故案积如山，盗贼猖炽，积勋手批口判月余旧案以清。巨盗邢有保负隅深山，肆掠为害，历任惮其难办，壅遏上闻几至燎原，乃披沥实陈，请兵声讨，上官韪其议，从之。积勋转输供应，悬赏发侦，卒获邢，送以献，百姓鼓舞颂祷，三年政成人和。量移仁和首县五年，以大计卓异保升同知，升用知府。赴部引见，旋格于例仍回任，候升署任。某百计挠之，檄摄镇海篆。到任数月，值中日构兵，县孤悬岛屿，夷船游弋，炮声不绝耳，居民逃匿。积勋处以镇定，人心稍安。期年任满，决计归田。当在仁和时，前任邢为乡世谊中丞卫之挚交也，没后宦囊尚裕，藐孤幼弱，恐不能守属，积勋代为经纪，俟其长，归之。积勋抵家亲诣汴，招其孤悉归之，曰："汝已长成，宜体先人意，善为保守其不负故友也。"生平取与然诺之间类如此。卒年五十有九。

欧阳绣之（1840－?），字宸堂，号蕴璞，河南省陈州府项城人。幼沉重，寡言语，聪颖过人，读书目数行下，淹贯经史。年十六，府试夺冠，补弟子员，旋食饩。邑当兵燹后，村落丘墟，田园荒芜，上禀力陈民间困苦流离状，蒙恩按户发仓赈济，给牛具籽种。年二十九，登同治庚午（1870）贤书。光绪三年丁丑科（1877）三甲118名进士。钦点刑部主事。以亲老告降。有邑人薛凤德考取太医院吏目，病没京寓，为经纪其丧，随榇旋里。辛卯春，授山东高苑县知县。是年淫雨伤稼，详请一律停征，绅耆制联有"德泽旁敷众人母，官方澄叙一条冰"之颂。适大府檄督浚小清河，悉力调护，民不知役。丁内艰，服阕，入都选授兵马司正指挥，差满，授直隶井陉县。甫到省，庚子变作，东西洋联军入都，崇文简公在保定闻变自缢死，绣之乡试座师也，亲视含殓封其柩。时官吏皆望风瓦解，檄署庆云，仍冒险抵任，境内"奉匪"猖獗，绣之督壮勇干役，擒其魁，置诸法，复以计散其胁从，地方渐就安谧。又拿获妖妇红灯照数名，将首恶正法，有良家女被煽惑者，令其亲族保领。署满，饬赴井陉本任，井陉为京师门户，西连秦晋川陇，贡使络绎不绝，又兼洋商在境内，修铁路、开煤矿，交涉繁剧，卒无疏失纪录，嘉奖治行列第一。积劳成痰喘疾，卒于任所，时年六十五。

曹学彬（1828－?），字再华，河南省彰德府安阳人。先世本晋人。父以医名于宛，因家焉，少师事同里乔泰运，讷于口，终日不能成诵，使背录讲贯不遗，且多心解，师以故器之。为文率平易，不矜才气，颇长于名理，学使张之万得其文绝击赏之。同治初，县人即周氏宅为崇正书院，学彬其首倡也。光绪三年丁丑科（1877）成三甲153名进士。签发广东以知县即用。时大饥，艰于资斧，及抵粤，以愆限迟误镌二级。久之始复原官，委解京饷，赴都引见。是时前学使张公已入军机，筋粤抚倪文蔚，学彬与焉，为言其文行而惜其屈。返自京卒于镇江舟次。

高积健（1845－?），字体乾，号毅庵，河南省陈州府项城人。五龄受书，朗诵终日无倦。性沉毅，寡言笑，群儿或言不及义，辄掩耳走。年十四，学为文，理解清晰，不支不蔓，壮年迈往，尤致力于身心性命之学。同治庚午（1870）登贤书。光绪六年庚辰科（1880）三甲157名进士。以知县分发四川，莅大竹、大邑两县，皆有政声。壬午四川乡试同考官，所得多名士。未几以目疾去官，宦橐萧然。归里后仍安贫守约，督饬儿辈读书，无或闲暇则背诵遗经以自遣，或不能记忆，必使儿辈按卷而翻阅之，盖好学纯笃不以盲废而或厌也。居尝教二子曰："我家于明季自山左迁项，世业诗书，家传忠孝，予四龄丧母，抱恨终天，壮岁乡居又罹兵燹，然自问入世以来，处己待人，胥存忠厚，读书稽古，力戒浮靡，虽未能深合古人，或不为古人遐弃，汝辈勉之。"著诗文集数卷、日记百三十卷藏于家。

余连萼（1841－1889），字棣堂，号孚山，河南省陈州府项城人。性至孝，年十四失怙，哀毁如礼。事母色养备至，才思颖异，弱冠即讫郡庠，家贫常就外馆，因念母不忍远离，奉迎馆中，朝夕趋侍，母有疾辄忧形于色，行不能正履，汤药必亲尝，衣不解带，目不交睫，虽久不懈。光绪丙子列经魁，方期得禄养而母殁矣，哀毁骨立，杖而后起，丧葬悉遵古礼，不用乐，不散孝，不作佛事待客，不用酒肉违俗，冒讥不计也。事叔父如父，出入启告必拜，恂恂无违颜，叔父亦极钟爱之，处兄弟怡怡无间，教诸弟侄尤谆恳详勉，无不尽之心。建宗祠，修族谱，定家规，同居数十口，内外大小无不谨守礼法，终年无诟谇声，一方数十里，留心家教者多取法焉。服阕，赴春闱，思母不忘，时形诸梦有《都门梦母诗》六十韵，声与泪下，令人不忍卒读。后以地少齿繁，兄弟共议析居，连萼流涕数日，不得已始从众议，应得地百余亩，以长门人众，且大宗奉祀为要，仅取薄田三十亩，曰："是已足矣。"光绪九年癸未科（1883）三甲78名进士。官比部，供职维勤，部堂多器重之。历得主稿秋审，减等各差，恒念狱者天下之大命，矢公矢慎，丝毫不苟，心力为瘁。时内侍李连英慕其学品，因同乡某属意焉，绝不与通。值铁路议起，欲致书当道，与友人夏耀荣积思累昼夜，务竭诚以动听。丁亥河决郑州，陈当其冲，约同人共勤义捐，日夜奔驰，股为之肿，匝月之间，集巨款十三万金，同官多主用官赈，力争不如用绅赈，实惠及民，卒如所议，全活无算。己丑夏，天坛灾，忧闷数日，竟染暑症，时愈时发，而精神亏损矣。自知不起，门人张镇芳侍侧，勉强起坐索笔大书曰："吾生平事业竟止此哉？"旋殁。知与不知，交称为忠孝完人，僚寀争来吊哭，咸曰："吾侪失一良友，国家失一良臣。"及旅榇还乡，邻里来观，虽妇女未有不流涕者。连萼自少即留心正学，又得同邑曹学礼、师其善、夏耀荣、黄学骞、怀宁曹若栴诸友以道义相切磋，故其成就独大。在家在官公事之暇，仍手一编，于倭文端遗书尤爱重，志在行其所学。著有《孚山诗文稿》藏于家。

赵五星（生卒年无考），字珠轩，河南省开封府汜水人。住赵家村。同治九年庚午科（1870）举人。光绪九年癸未科（1883）三甲134

名进士。签分湖北。监视三关税务。镌廉立书院,时入讲解,造就甚宏。值扩张税额,迟两月始奉行,当道怒诘之,以宽一分民受一分赐对,当道笑其迂,侃然曰:"菲尧舜薄汤武今之谓矣。"当道从容谢。时滨湖民有讼争湖田者,历百余年弗能决,乃委讯以难之,访知为大姓设法侵夺小民,一讯而服,由是知名。署麻城县,以忧归。起知襄阳县。凡服罪输情者,曲加原宥饰词,规避者不少姑息,民不敢欺,当道器重之,委讯疑谳数月,清积案三百余事,平反七十余事,咸称得情。后卒于任。学宗程朱,口不道陆王之言。最工启迪,以多方引起学者兴趣,俾有以自乐,邑名宿多出其门。著《四书说约》。

杨广钦(生卒年无考),字敬符,河南省归德府夏邑人。性孝有雅量。光绪己卯举人。光绪九年癸未科(1883)三甲171名进士。江西知县。充戊子、己丑两科同考官。知兴国县。以清剔吏弊、洁己爱民著称。会因省亲返里,遂告终养,寻卒。

刘果(生卒年无考),字毅夫,河南省陈州府太康人。鄄膏子。幼孤,母杨督家严。果刻苦自励,勤学如寒士。少年及第,中光绪十二年丙戌科(1886)二甲89名进士。授礼部主事。荐升右丞典礼院副掌院。在部恪共职守,与上下无亢无卑,满汉同署咸心折焉。庚子之变扈驾西巡,时曹散档失,果一人总理部务,事无巨细,典章秩然,诸大臣服其才学,推为当时文献。持身廉正,不少染脂韦气,典礼所关必力争,卒以铁路国有事与当道议不合,旋玉步既更,遂挂冠归。

王新祯(1853—?),字楷庭,河南省陈州府太康人。八世祖为湖广学政,辅运父,祖安农。新祯天姿英敏,早年入庠,补廪膳。儒学刘粹夫深器之,遂罗门下,与睢州三白及本邑尚步瀛、朱文麟异年齐名。旋以优廪拔萃科中试第3名举人。主讲项城书院,夏默齐、余棣堂诸名士皆引为知交。项城高剑中视学湖北,延聘襄阅。光绪十二年丙戌科（1886）三甲15名进士。改翰林院庶吉士，散馆，归工部，选授陕西雒南知县。历任月余，丁内艰。陕抚知其学守，延办文案兼教读。起复，委办厘局。又丁嗣母忧，服阕，归原省。历奉差委，循分尽职，虽备极艰辛，处之泰如也。庚子銮舆西狩，鹿尚书传霖随扈，赴陕延课，其子回驭过汴属，随扈办饷差。壬寅十月，署理澄城县，勤抚字，兴文教。癸卯，山陕合闱，充山西同考官，荐拔多名士。闱后，委凤翔厘局。以廉介受知陕抚，升公。旋补吴堡。升陕甘总督。新祯过班，道员相随抵甘，历委巨差。宣统元年（1909），任甘肃提学使。二年，交卸，委陆军学堂通志局各要差。旋考试法官，委法闱提调。时正考官为同乡李御史子襄，关中诗唱和褒印成册。三年冬复，委署提学使。鼎革后，束装归里，时同寅走相语曰："王观察此去人文具传矣。"既归，足迹不出里门，隐居自乐。寿八十二卒。新祯为学恪遵程朱，在甘与秦安、安晓峰、白五斋、赵汝笃交最深。生平慕欧阳文忠为人，故自号"两一子"。乘舆在陕时，曾竭诚抗疏，指陈时事，一无规避见。文稿生平著作甚富，皆未梓。

魏联奎（1850—1926），号星五，河南省开封府汜水人。诚笃，嗜学家贫，弱冠入庠食饩。继从游于邑孝廉牛俊，俊尝语人曰："吾阅人多矣，未见如魏子学之专而守之纯且坚者也。"嗣肄业大梁书院，与邑诸耆宿结社读书，互以身心性命之学相勖勉。光绪壬午举于乡。光绪十二年丙戌科（1886）三甲59名进士。以主事分刑部补陕西司主事。荐升左丞。在部垂三十年，历为各宪所倚重，戴文诚公称其刑名之学根于经史，薛云阶尚书尝曰："魏某谨慎自是本色，其踏实处尤难得也。"治狱精审，一字出入，终夜为之不眠。自奉甚俭，惟耽书史购置不下数十箱，复与伍比部兆鳌、史厅丞绪任订为道义交，阅报遇国事不当意者忧愤时形于色。庚子联军入京，两宫西狩，急出城追赴行在，为溃军阻，乃赴部视事，以守社稷自任。迨德宗、太后相继崩，幼主摄政，曰："国事不可为矣。"清廷逊位之前二日，浩然归里。侨寓郑州时，豫省当道屡以顾问聘，均婉却之。平生见义勇为，于一切公益事业尤具热心，在都时与同乡巨卿创办豫学堂暨开郑新馆，并购郑北地二百亩提倡蚕桑。回籍后兴办水利，谋辑邑乘并与乡人协力建汜水会馆于开封。民国七年（1918），丁漕改折，时年逾古稀，以汜民负担独重，遂联有漕之五十四县，赴汴赴都请愿竭十阅月之力，卒减漕耗二十四万元有奇，其办事毅力热心类如此。尝曰："作人须竖起脊梁，不可阘冗，不可依傍，不可存胜人之见，不可存自恕之心。"厥后避居平陆洗耳河畔岳家庄，书其门曰："不可无泉石。"间意所愿为名教中人。卒年七十有七，易箦之前夕，尚讲孟子义利之辨，盖矻然儒中砥柱焉。

焦锡龄（1861—?），字梦九，号寿岩，河南省彰德府武安县焦家窑人。资禀颖异，才气隽逸，工书法、善诗文。光绪乙酉拔贡，朝考一等，以知县签掣山东，效力于河工三年。己丑登贤书。光绪十六年庚寅恩科（1890）二甲27名进士。授吏部考功主政。供职之暇，辄以笔墨自娱。时国事日非，寇氛日急，其忧时愤世多流露于著述中。终以隐忧成疾，卒年三十六，贤而未能尽其用，士论惜之。著有《小藤花厅笔录》《燕山杂吟》《燕山客

《硃卷》中焦锡龄的履历

话》《寿岩杂志》诸书。

王安澜（1857—1908），字静波，河南省卫辉府新乡人。幼贫苦，日樵采以供炊爨，而嗜学不倦。李缙、赵一鹤两先生皆器之，不令具修脯，屡应童试不售。光绪丁丑大饥，贩书具，继菽水，常不给嗣，复与季弟挽鹿车，辇母渡河，觅食柘城间，每游乡塾，为人书春联写帖式，柘人士以为秀才也，为之延誉，授读于村社中。菽水粗给，而攻苦益力学亦益进。历丙寅丁卯，奉母北归，入邑庠，旋食饩。乙酉举于乡。光绪十六年庚寅恩科（1890）二甲35名进士。壬辰授编修。校书天禄，博览群经，乃毅然思行义以达道焉。适甲午中东之役和议将成，愤集同志京曹连疏争不获。遂乞假终养归，而教授乡里，历主覃怀、瞻韩、鄘南、汤阴各讲席，以培植后进为职，志散义赈于畿南，筹兵备于河北，创立经正书舍，监督省会学堂，又复兴办实业如凭心公司铁路研究会、豫轨公司，皆惨淡经营，不遗余力，积劳致疾。五十有二而卒，其母犹在堂也。士林哀之，以为天之厄其材也甚矣。

李培之（1850—1919），字心泉，河南省开封府汜水人。世居桥沟。光绪十八年壬辰科（1892）三甲138名进士。任顺天宁河知县。庚子"拳匪"之变，守令望风靡，惟培之不扰流议，属耆老子弟诫之曰："执左道以惑众者杀无赦。"故宁河无一人习邪拳者。及外兵犯北塘，距宁河三十里，培之谈笑指挥如平时，比入城，盛服坐堂上，徐起，宾迓则大服曰："君良吏也。"戒樵采而去，计擒海寇刘德霖、草上飞，阎阁平，堵国乱平，量移宛。擢府顺天治中，历署涿州、固安、文安、昌平州南路、西路厅篆，所至有声。培之沉毅木朴，听讼多方盘诘，不假鞭扑，两造自服。孜孜兴革，惠浃肌髓，去文安已久，邑人纪彤庭犹赍"阖族颂德"匾额至汜。服官二十年，蔬布如旧时，恤贫不吝。鼎革后不复仕。

夏奠川（生卒年无考），字子定，河南省卫辉府新乡人。幼倜傥有奇气，读书不求甚解。弱冠入庠，偶阅佛经，心辄向往，毅然有出世志。入西山，栖息古寺中，与老衲谈清静，旨数月，无相契者。忽出山而思以所学者用于世，遂负笈游河朔大梁间。己丑以经魁举于乡。光绪二十年甲午恩科（1894）三甲42名进士。签分浙江即用知县。意谓得所假手一官一邑，亦可以藉资展布，乃抵省，谒层宪，聆其言论，心窃鄙之，又审知不通声气，无差缺望，益不乐，未数月，资斧告罄，遂假旋，拟为地方兴办公益，如振学校、倡农林、讲求实业、汰除一切陋俗，方冀可有成效而又多所阻碍，不得行其志。假满回浙，意新政方兴或旧俗可革，及至，与寮友谈近事，知官多如鲫，其寡廉鲜耻，钻营差缺之风尤甚于前，遂浩然而归，不复作仕宦想矣。时王静波、太史李敏修比部方筹立经正书舍，邀与襄办一切，赞画颇多。初设劝学所，力为主持，不辞劳怨。后奉河北道，檄办理河防于安昌，积劳成疾，遂以不起。噫！士君子怀奇抱异，以不合时宜而卒不获竟其用，道之不幸亦世之不幸也，可胜慨哉！

张淑栋（生卒年无考），字尧松，河南省陈州府项城人。幼聪敏，外和内刚，志期远大，无世俗龌龊态。年十八，入邑庠，旋食饩。家中落，资馆谷以养课徒，寓严于宽，多所成就。登光绪己丑恩科贤书。与同年友杨君凌阁相交甚笃，一日见其与某友戒吸洋烟书，遂痛自悔愤，取烟具悉毁之，禁绝不复入口。光绪二十年甲午恩科（1894）三甲121名进士。观政刑部。刻苦自励，见者谓其平日伉爽之气收敛尽矣。戊戌春，殁于京寓，怀才未展，世多惜之。

张翰光（1867－?），字藻臣，河南省开封府氾水人。住东柏社，迁杞县应试，回复氾籍。光绪二十一年乙未科（1895）三甲78名进士。授兵部主事，遇事机警强干。主讲龙山书院，课士甚勤，在部供

职四载，上峰倚重。

除文进士外，本省地方志上仍载有部分武进士：

刘溥（生卒年无考），字泽公，河南省陕州阌乡人。康熙十五年丙辰科（1676）武进士。任江南仪真卫署印守备，兼管江淮扬州等卫事。升授山西大同镇标中营都司。敕封明威将军。少有胆略，技勇过人。在任惩除土棍，裁革漕运私馈陋规。告归，仗义疏财，好济人之急。

蒋万钦（生卒年无考），河南省人。雍正五年丁未科（1727）武进士。历官江西南赣镇总兵。每调发征剿，旌旗所指，寇氛遽熄，当时竟以福将称之。家世素业儒，族中多由文职显，以故万钦虽习韬钤，雅好诗书，雍雍有儒将风。年既老致仕归，惟以读书为乐，手题其书室一曰"物外怡情"，一曰"坐花醉月"。

王梦麟（生卒年无考），字圣瑞，河南省南阳府南阳县北石桥保人。乾隆四年己未科（1739）武进士。官襄阳中营守备。累迁至漳州游击。初至任，有大猾二岁，以赌为事，诱势家子弟入局为奸利，闻梦麟之至也，各具千金为寿，梦麟却之，因特申厉禁，赌风大息，盗贼亦屏迹。生平疏财重义，人有急难，倾囊助之，不惜所至，有廉惠称，士民咸畏而爱之。梦麟喜为诗，尤长近体，告归家居教子孙，恂恂务为文学，数年卒。

牛凤山（生卒年无考），字梧阶，河南省开封府汜水人。道光十三年癸巳科（1833）一甲1名武状元，授头等侍卫。甘肃梁州镇中营游击，代理梁州镇总兵官，告归。咸丰间，黄河南徙无滩地可耕，贫民犹卖妻鬻子供租税，河南府太守委凤山查明，据情以呈，大吏奏闻于朝，得豁除。时"捻匪"纵横中州，凤山率汜人及河南府十县民众，缮修虎牢及凤翅关，巩关，贼数万抵汜，凤山率乡团抵御不得西。子瑄，同治四年乙丑科（1865）二甲1名传胪。

民国二十七年（1938），河南中学改名为北平市私立嵩云中学，并在中学西北隅、原海棠院增设嵩云小学。1952年嵩云中学男生部与燕冀中学合并为北京市第十四中学，原址建成北京二〇四中学，现为西城区（原宣武区）青少年科技馆。嵩云小学改为上斜街第二小学。经过多年变迁，会馆的建筑大部分已经被拆除，仅南院民居仍留有部分遗存。

会馆现状（一）

河南会馆
达智桥55号

会馆现状（二）

会馆现状（三）

宣南会馆与清代进士

（下）

李金龙 主编

学苑出版社

湖北省

宣南会馆与清代进士

湖广会馆

湖广会馆位于西城区虎坊桥3号，是湖南、湖北两省人士为联络乡谊而创建的同乡试馆。清时地址为骡马市大街254号，民国时为骡马市大街257号。最初，此地相继为清朝京官张惟寅、刘权之、王杰和叶继雯的宅邸。嘉庆十二年（1807），捐建成为会馆。

张惟寅（1707－1761），字子畏，号学山，直隶天津府南皮人。乾隆元年丙辰科（1736）三甲59名进士。生而颖异，稍长，崭然见头角。年十七，补博士弟子。雍正己酉（1729）登贤书，乾隆丙辰成进士。由户部江南司主事迁吏部员外郎。晋考功郎中，掌文选。擢监察御史，掌贵州道。劾闽督诱弁受贿而坐之罪失，为政体，请裁冗员，皆得旨允行。授云南道，改驿盐道。立法剔弊，清出豆盐余银七千两归公。以前官累左迁知府，署鹤庆永北，补临安，调首郡。数值地震，活灾氓数万口。迁督粮道。调浙江驿盐道。寻补福建汀漳龙道。闽俗犷悍，漳尤甚，痛以法刱之，斗狠健讼之风渐息。上杭有假缢丐尸，诬某谋杀者，察其冤，立讯得情，释某，坐诬者罪，闽县人咸颂之神明。卓荐入觐，上奖谕甚。至方向用，回任数月，以治狱卒于省。

刘权之（1739—1818），字云房，湖南省长沙府长沙人。晖潭子。乾隆二十五年庚辰科（1760）二甲4名进士。选庶吉士。授编修。晋中允洗马。擢侍讲庶子。累迁大理寺卿，都察院左副都御史。丁未大挑直省举人。权之条陈积弊，请派出王大臣，于命下之日即赴内阁挑选，各部寺院司员俱回避，不持稿入阁画诺，并请派科道官四人稽查，上嘉纳如所请行。晋礼部右侍郎。嘉庆初，擢左都御史。时湖南采买为民累，权之请赴邻封采买，自是民免派累而胥吏亦无所售奸。寻擢吏部尚书，赐紫禁城骑马。故事部院截取人员祗归单月铨选，权之议增京升一班，庶吉士散馆以知县用者，五缺后选用一人，权之议令到班即选，选毕始及各班大挑举人，除新科不计，仍截止近三科不与挑，权之请合新科并计皆着为令。授军机大臣，管理户部三库事务。出勘河南河工，差还，改礼部尚书，协办大学士，加太子少保。寻因保举军机章京被劾，降编修。复由侍读晋侍读学士，内阁学士，左都御史，兵部尚书复太子少保。拜体仁阁大学士，兼管工部及户部三库事务。驾幸木兰五台，并命司留钥。癸酉以目疾致仕，半俸归里。后犹蒙赐福字、如意。戊寅六月卒，年八十。前一夕，有大星陨于湘江。赐祭葬，谥"文恪"。

王杰（1725—1805），字伟人，一字惺园，陕西省同州府韩城人。先世自洪洞徙韩城。幼沉毅，不苟言笑。长从武功孙景烈游，治濂洛关闽之学。由拔贡生选蓝田教谕。父忧去官。佐桂林陈文恭公幕，理学益邃。乾隆二十五年举于乡。乾隆二十六年辛巳恩科（1761）一甲第1名，状元。授翰林院修撰。是岁西域方平，杰以西人及第，传胪日，上制诗纪事。寻擢侍讲。五迁至内阁学士。历吏礼兵刑工五部侍郎。迁左都御史。以母忧归。逾年授兵部尚书，特许终制。五十二年，授东阁大学士，总理礼部。前后四充乡试考官，三充会试考官，四任学政，值南书房，尚书房，军机处。赐紫禁城骑马、花园住房各一所。台湾廓尔喀平，并图像紫光阁。嘉庆四年（1799），高宗升遐，总理丧仪，充实录馆正总裁。七年，固以疾请退，加太子太傅，予告御制诗，以宠其行。时川楚未靖，杰有所奏陈，必奉朱批慰谕。越二载，杰年八十，恩赐有加，赴阙陈谢。十年正月，薨于赐第，春秋八十有一。杰工书善文，邃四子书，晚嗜易，有《读易札记》及《读论语孟子录》，皆藏于家。平生服官，自翰林跻殿阁，出入禁御，垂五十年，进退以礼，温温有大度，而耿直清介，莫敢干以私。方乾隆中，国家太平之日久，文武将相大臣功名炳烁，先后相望，杰委蛇清班，非有赫赫之誉，惟以棐忱亮节，孚结上意，卒以此受两朝知遇，恩礼始终，所谓主圣臣贤，千载一时者矣。上闻杰薨，震悼，遣荣郡王奠醊，赍陀罗经，被广储司给白金二千两，归葬。谕曰："予告大学士王杰，先朝耆旧，久直内廷，忠清劲直，老成端谨，加恩晋赠太子太师，入祀贤良祠，赐谥'文端'谕祭葬如例。"二十年春，上以滑县知县强克捷死事，于杰为同里，追念旧勋，赐祭一坛。

王杰书法

叶继雯（1757－1832），字桐封，号云素，湖北省汉阳府汉阳人。宋时石林先生其远祖也。考廷芳，继雯生，庭训綦严，年十八补诸生，食饩。乾隆丁酉科选拔贡生，朝考二等一名，补逼山教谕。丁外

艰，匍匐归，入门哭踊气塞，昏绝良久，救之乃苏，蔬食屏盐酪者百日，比葬，攀柩哀号，衰服半渍血痕，庐于墓者三年。大母程太恭人没，哀毁如丧父时，葬地未卜，不寝于内。五十年冬，署蕲水教谕。五十一年，邑大饥，鬻产捐三千金，佐赈施药及椁，邑人绘像祀之。历任江夏等邑教谕，所至皆为士林所矜式。中戊午科乡试举人。乾隆五十五年庚戌恩科（1790）三甲44名进士。授内阁中书舍人。偨值六载，韬晦无知者，会代拟奏草为阿文成所赏。是时诸典礼大文字多继雯撰进，王文端、刘文清咸倚重焉。充文渊阁检阅，署侍读，兼管诰敕房、稽查房、中书科事务。嘉庆戊午（1798）庚申，叠充顺天乡试同考官。六年，京察一等。是秋，充山东副考官。其年冬，议修会典总裁引充纂修，复奏充总纂修官，补军机章京。九年，京察一等，迁宗人府经历司主事。十年，奏充会典馆提调，先后在馆二十余年，为大学士戴文端所专任，发凡起例，皆出其手，遍引知名士分司之，以是二百年朝章国典，纲吕秩然，悉归囊括成书千一百卷，在事晋秩者三百余人，继雯自辞议叙，其不伐若此。又充玉牒馆纂修官。先是撰拟毓庆宫联句序，称旨，上询撰人姓名，朱文正误举其字，上曰："非中书叶某耶？"因奖其学比彭文勤拜文绮之赐。尝拟进敕越南国王文，上曰："此必出叶某。"召见刘太常凤诰，上语之曰："副汝典山东试者叶某也，是好翰林，今始官宗人府主事。"闻者荣之。十三年，母孙太恭人卒，毁几灭性，奉榇南归，行至韩庄，闸溜击舟裂，继雯抱柩号哭，声振河岸，漕督萨公彬图疾呼弁兵护救，登岸，继雯须发尽白。抵里营葬，即庐居墓侧，楚督汪公志伊遣人造庐，手书致唁，继雯素服诣辕谢即返，汪公追就河千吉寺席地对语，观者环数千人，争一识孝子。方居忧园，树经年不华，及释服，枯木重荣，巢燕互乳，天香发于墓垣，汉水澄清弥月，乡人以为孝应。六年，入都，调户部广东司主事。充方略馆纂修官。迁本部云南司员外郎。又迁四川司郎中。

直军机十七年，恪勤周慎。癸酉闻林逆之变，驰入城，东华门已下钥，禁兵屯于外，诧曰："若文官来何为？"夜半大雷雨，八旗诸参领曰："盍且退。"对曰："脱贼至，虽不能武，请以某为墙，多而杀二人。"诸参领啧啧曰"奇男子"。是夕，僵踣颊伤，血被面，凡两昼夜，柴立不知疲。越五日，车驾入城，即襆被宿会典馆。二十四年，补山东道监察御史。二十五年，三上封事皆关国计，温旨褒纳，擢刑科给事中。以事左迁员外郎。秋，仁宗宾天，号恸深切，独居会典馆百日，乃归。道光元年（1821），补礼部铸印局员外郎。旋以原品休致。四年，乡人胪举孝行，闻于朝，得旨如所请。未几卒京邸。继雯治经，尤深三礼，论说必宗紫阳，终日凝然座拥图史，燕居无惰容，视诸伯叔犹父，无后者为抚孤女，亲葬祭。江南原籍近支有孤幼，亦依以存。立江南清节堂义塾，皆为手定规条，至今奉行。友朋风谊尤笃，有友病，挈医策骑，一昼夜走三百里视之。在内阁京察，当迁侍读，请于大学士，以让同舍刘君锡五。著有《读礼杂记》《朱子外纪》《兹林馆集》《四字义试帖》《韦苏州诗校注》《元遗山集》，未及卒业。以孙贵，晋赠光禄大夫，建威将军，体仁阁大学士，两广总督。

道光十年（1830）正月，左副都御史蒋祥墀与工部尚书何凌汉倡议集资扩修该馆，用银5000余两，除升高屋宇外，并兴建戏楼一座。

蒋祥墀（1762—1840），字盈阶，一字长白，号丹林，湖北省安陆府天门人。乾隆五十五年庚戌恩科（1790）二甲5名进士。选庶吉士。授翰林院编修。累官至都察院左副

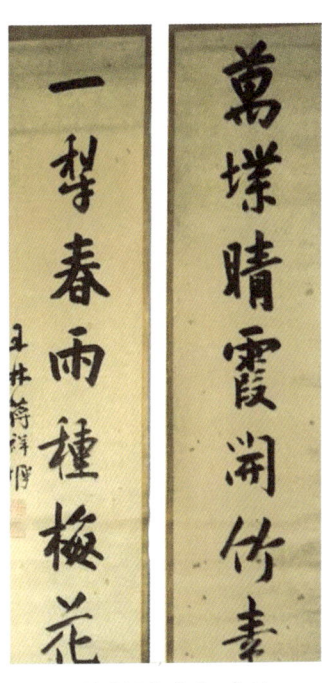

蒋祥墀手书对联

都御史。后官光禄寺卿。嘉庆戊午科浙江乡试副主考。乙丑、己巳会试同考官。兼提督奉天学政。晚年主讲金台书院。乾隆年间蒋祥墀曾住于板章胡同。

何凌汉（1772—1840），字仙槎，湖南省永州府道州人。嘉庆十年乙丑科（1805）一甲第3名，探花。授编修。典试广东，分校顺天乡试。五迁至右庶子。二十四年，典试福建。擢祭酒。道光二年（1822），典试山东，留督学政。转侍讲学士，疏："严场中多一查弊之人，即多一作弊之人，故防弊在挈其要领，无事烦苛。"六年，由通副擢顺天尹，饬属按月结案，无留狱，大要罪疑为轻务归仁厚，而于凶盗则严惩之。故事府属牧令，擢至四路同知，更无升途。因会疏请以西路同知辛文沚补大名知府，遂着为例。迁大理卿，仍署府尹事。旋由左副都御史晋工部右侍郎，典浙江乡试，留督学政，以经术造士，如在山东时。搜访全祖望，增辑梨洲黄氏宋元学案刻行之。十三年，调吏部右侍郎，兼顺天尹。寻调户部，议覆湖广总督所上苗疆屯防变通章程，而归其本于慎选廉能代筹生计。十四年，升总宪，兼尹如故。旋晋工部尚书。十五年，充会试副总裁。十九年，调户部，仍署吏部，典顺天乡试。二十年正月卒，年六十九，赠太子太保，谥"文安"。嘉庆道光年间何凌汉曾住于上斜街。

道光二十九年（1849），湖南湘乡人，礼部侍郎曾国藩等倡议重修。8月兴工，10月完工。

曾国藩（1811—1872），字涤生，湖南省长沙府湘乡人。道光十八年戊戌科（1838）三甲42名进士。官检讨。癸卯典试四川。乙巳分校礼闱。以大考优等累迁礼部右侍郎。咸丰初元（1851）屡陈正议，以憨直称。壬子典试江西，途次闻母讣归。时"粤匪"自长沙渡洞庭，陷武昌，循江而下，土匪亦大肆劫掠，朝命治团练，乃募乡勇束伍号曰"湘军"。三年，遗援江西，解南昌围。时洪秀全已踞金陵，据长江之险，非舟师无以制其命，乃造舟铸炮，创立水师，明年成军。水陆东下，初少挫，继乃大捷于湘潭，复岳州，克武昌，破田家镇，断横江铁锁，乘胜围九江，进规湖口。会水师陷入鄱阳湖，鄂督丧师，武昌再失，乃悉锐师驰援而自督师攻九

曾国藩

江，已而翼王石达开等分道犯江西，连陷八府五十余州县，文报不通。五年，移驻南昌，孤军拒守，会援师大集，分路进兵，并屯军贵溪以护浙东饷道，而湘鄂路通，军威复振。七年，以父忧归。八年，奉命援浙。其时江西九江诸郡县皆经湘军克复，将由建昌入浙。九年，驻抚州，攻克浮梁景德镇。旋奉援川之命，未行，又命援皖，遂驻宿松，克太湖。十年四月，以钦差大臣总督两江，督办军务，遂驻祁门。时值苏浙沦陷，休祁大震，乃调霆字军一战而解围。十一年八月，克安庆，诏加太子少保，并节制江苏安徽江西浙江四省，君物语累疏辞。同治元年（1862）正月元日，拜协办大学士。是年，水陆两军大举东下，湘军抵雨花台攻江宁，楚军达衢州援浙江，淮军出上海规苏常，而水师往来策应为陆军声援。三年，苏浙以次戡定。六月，克复江宁，诏加太子太保，封一等毅勇侯，世袭罔替，赏戴双眼花翎。当是时，江南平而"捻匪"又炽。会科尔沁亲王僧格林沁薨于军，奉命驰剿。四年，赴临淮，驻徐州。五年，驻济宁，又驻周家口，皆扼要截击。十月，命还两江。六年，授体仁阁大学士，以捻逆

平，加一云骑尉世职。七年，授武英殿大学士。七月，移督直隶，陛见赐紫禁城骑马。八年二月，莅任会天津，有民教构衅事，慰解之，事遂息。九年，奉命仍督两江，至则饬吏安民，储将练兵，谋国益勤，而疾作矣。十一年二月，卒于官，年六十有二。遗疏入，上震悼，赠太傅，赐恤典，特谥"文正"，入祀京师贤良祠、昭忠祠，两湖两江及直隶天津府各建专祠。国藩自入翰林时，即与长白倭仁、善化唐鉴、师宗何桂珍、六安吴廷栋讲明正学，灼然于义利公私之辨，而自治甚严，律己律人必先廉洁，取与之间一介不苟。其治军则不分畛域，湘鄂江皖苏浙诸军联为一气，然于节制四省之命则固辞不敢受。其决策进取坚定不移，如东征皖江则建三路进兵之议，北剿"捻匪"则建四面蹙贼之议，其后成功皆如其策。生平留意人才，先后荐达文武皆一时之选。迭奉谕旨令举封疆将帅，奏督抚既握兵柄不可更执朝权，宜防外重内轻之渐，兼杜植党树私之端。其小心寅畏又如此。著有《求阙斋文集》《诗集》《读书录》《日记》《奏议》《家书》《家训》及《经史百家杂钞》《十八家诗钞》等，不下百数十卷，名曰《曾文正公全集》，传于世。另著有《为学之道》《五箴》等。

光绪十八至二十二年（1892－1896），会馆再次大修，最终定型为20世纪90年代以前之格局。会馆坐南朝北，分东、中、西三路。东路为主院，有多座建筑。中路是戏楼、游廊和庭院，院中有著名的"子午井"。西路为楚畹堂等建筑。其中，戏楼为湖广会馆的标志性建筑，据《北京湖广会馆志略》载："前院演戏有戏台一座，后台10间，北东西三面为看楼，上下共40间，中为广场，可容千人，旧式之大戏院也。"自大戏楼建成后，在京的两湖籍官员及各界名士，每年正月都举行团拜，并邀请名伶演剧三天，饮宴酬唱。清末民初，大戏楼中更加活跃，一时名人荟萃，由京剧票友和戏迷组成"赓阳集"票房，经常在大戏楼排练、演出。京剧名伶谭鑫培、田桂凤、陈德霖、时慧宝、余叔岩、名票王君直等都曾在此粉墨登场。观者如云，盛极一时。

湖广会馆在曾国藩的大力支持下，成为湖南、湖北进京应试举人汇集的场所。清末很多重臣名仕都在湖广会馆内留下了足迹。馆内存放着曾国藩、左宗棠等人的大学士匾，曾国荃、胡林翼等人的封爵匾以及刘子庄、黄自元等31人的状元、榜眼、探花、传胪匾。这些炫目的匾额承载了湖广籍官员的荣耀，也见证了湖广会馆的辉煌。曾国藩对湖广会馆十分重视，以至于他的六十大寿就是在湖广会馆中举办的。

湖广会馆现存碑记与楹联：

《重修湖广会馆碑记》

　　嘉庆丁卯岁，刘云房相国，李小松少宰创议公建湖广会馆，所以联南北乡谊，诚善举也。惟时规制未尽崇闳，又经风雨剥蚀，每岁团拜，咸称不便。今春正月，公议重修，升其殿宇，以妥神灵，正建戏楼盖棚，为公宴所。其旧料拆盖于西偏宝善堂之前，以为余屋，费至五千两有奇，料坚工实，焕然一新，甫五月而工竣，爰泐诸石，以志不朽。

　　　　　　　　　　　道光十年岁次庚寅秋八月谷旦

湖广会馆楹联

左宗棠

江山万里横天下；杞梓千章贡上都。

又

魏阙共朝宗,气象万千,宛在洞庭云梦;
康衢偕舞蹈,宫商一片,依然白雪阳春。

又
王少荃
元老善贻谋,共启宏观,嘉惠湖湘弟子;
万方正事多,请从今日,收回百二山河。

又
何绍基
何必开门,明月自然来入室;
不须会友,古人无数是同心。

何绍基（1799—1873），字子贞，湖南省永州府道州人。道光十五年，由优贡领解额。道光十六年丙申恩科（1836）二甲8名进士。选庶吉士。授编修。历充国史馆、武英殿协修、纂修、总纂。教习庶吉士。典福建、贵州、广东乡试，皆称得士。咸丰二年，特简四川学政。奉批谕地方一切情形随时访察具奏，比按部，廉得南江县郑怀江冤狱、河东土司安平康母子争袭各案，并据所闻入告，诏使至，悉如议平反，遂劾免成都将军裕瑞，未几坐言事镌级。归主山东泺源本省城南浙江孝廉堂讲席，其学深于诸经注疏说文考证，旁

何绍基

及金石、图画、篆刻、历算，工诗古文辞，书法探源秦汉，于颜柳大小欧阳外别成一家，负重名。为人真率无城府，而风节特著。为史馆提调时，拟补撰国朝三品以下名臣传，为总裁所格，遂辞免提调。尤笃内行，与仲弟绍业孪生，绍业早卒，遂终身不称寿诞，日饮泣而已。卒年七十有五。道光至同治年间何绍基曾住于下斜街。

在光绪十三年湖南会馆创建之前，湖南湖北两省进士大多活跃于湖广会馆，其中不乏状元、榜眼、探花及其当时贤良名宦。现将其选列如下：

刘子壮（1609－1652），字克犹，清江蛟湖人。隶湖北省黄州府黄冈县籍中。顺治六年己丑科（1649）一甲第1名，状元。授翰林院修撰。子壮学有根据，天文、河渠、礼乐、兵农无不精究，以求实用。至性孝友，德器安舒，厚重制行，不减古人，为海内所推许。卒年四十有四。著有《屺思堂文集》《屺思堂诗集》《刘稚川先生稿》。

刘子壮著《屺思堂文集》

彭浚（1773－？），字宝臣，湖南省衡州府衡山人。嘉庆十年乙丑科（1805）一甲第1名，状元。授修撰。历升左右春坊赞善，中允，翰林院侍讲，咸安宫总裁，教习庶吉士。辛巳充福建正考官。大考改部郎。荐擢内阁侍读学士，太仆寺少卿。迁奉天府丞，兼学政。生平志行过人，屡掌文衡，得人称盛。辛未分校礼闱，前后五鼎甲皆出其门。河南祝庆蕃兄弟三人成进士，同出浚房。己卯恭奉万寿，浚

彭 浚

献诗称旨，赐砚一方，并文绮荷包等件。道光初，大驾东巡，迭次召见，赐银三百两，异数也。视学奉天时，裁革陋规，捐廉添建考棚，进诸生讲解经义，陪都士风为之一变。解组后，广置义田赡宗族，又设成文公所，置田三百六十亩，以助邑中乡会试资。浚内行纯备，见义勇为，尝曰："人不可徒作自了汉。"故于济人利物之事，率慷慨为之，而自奉节俭，服官数十年，仍如寒素。年六十五卒，祀乡贤。

蒋立镛（1786—1847），字序东，号芝山，又号笙陔，湖北省安陆府天门人。立镛出身官宦，都察院左副都御史、鸿胪寺卿祥墀之子。自幼勤奋好学，才思敏捷。嘉庆九年乡试中举。后呈《东巡诗册》引起嘉庆帝青睐。嘉庆十六年辛未科（1811）一甲第1名，状元。殿试对策提出"助淮以敞河""合黄淮以治漕"等治河主张，很有独到见解。且文词优美，书法秀丽，颇得嘉庆帝赏识，授翰林院修撰。历任国史馆协修，纂修，翰林院学士，朝考阅卷官，内阁学士。丙

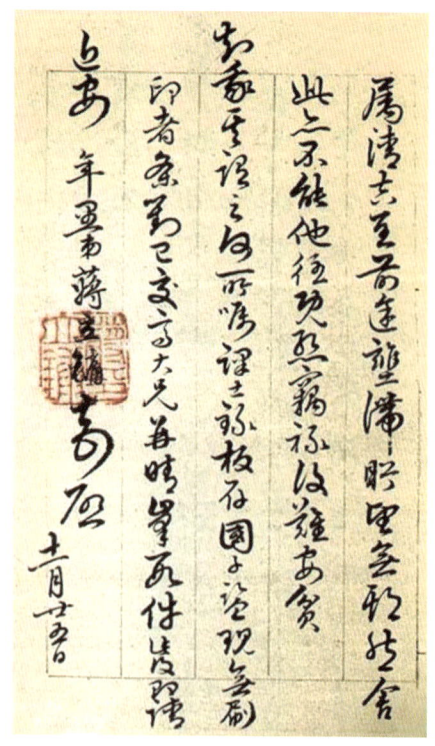

蒋立镛手迹

子科河南副主考。己卯科广西主考官。性耿直，不喜逢迎，故仕不畅。道光间，虽多次蒙道光帝召见，立镛也被考虑委以重任，终因权臣妒嫉者构陷而未得实现。道光八年（1828），仍以修撰衔出任顺天乡试同考官。道光十六年，始由少詹事升为从二品。至权臣曹振镛卒，始得重用。道光二十一年，丁父忧，扶柩归。次年，卒于家中。著有《香案集》。祖上几辈行善，为官廉洁爱民。立镛受家风熏陶，清正仁义，乐善好施，常为人解救危困之急。在京师，依甘于清贫，然友人有难，竭力助之，人称道焉。康熙道光年间蒋立镛曾住于宣武门外大街。

陈沆（1786－1826），原名学濂，字太初，号秋舫，湖北省黄州府蕲水人。性纯孝，其母梦月入怀而生沆。五岁，诵经书过目辄了。八岁，为文出语惊长老。十二岁，黉宫迈众。由是而科岁试而优选，朝考七冠其军。嘉庆癸酉登贤书。嘉庆二十四年己卯恩科（1819）一甲第1名，状元。官修撰。壬午主试广东。癸未同考会试。天下称为文宗。乾嘉时名流辈出，颇立门户，沆则以汉学为体以宋学为归，实事求是，欿然不自足，人亦莫测其涯际。总之天才亮拔是其生质，主敬穷理是其工夫，

陈 沆

体用纯备是其成效。至发为诗文，以名天下者，犹属余事。著有《近思录补注》十四卷、《简学斋诗存》四卷、《简学斋诗删》四卷。此外诗集等其他著作甚富。

萧锦忠（1803－?），初名萧衡，号史楼，湖南省长沙府茶陵州人。生有异禀，家贫力学，经史手抄成帙，日罄数十纸。道光壬辰举

人。客京邸十余年，词翰精妙，名噪一时。道光二十五年乙巳恩科（1845）一甲第1名，状元。官翰林院修撰。性孝友，归省值两弟继逝，以亲老不复仕，闭户著书，寻卒。著有《舆地汇参稿》及《自然斋时文诗赋》待梓。

熊伯龙（1617－1669），字次侯，号钟陵，湖北省汉阳府汉阳人。其先进贤人。祖士章随父任楚府典宝，遂家汉阳，与江夏郭正域、任家相游称名诸生。父鸣盛，天启辛酉（1621）举人。不为仕进，生子三，次仲龙，三叔龙，伯龙即其长也。幼聪明过人，下笔天然风韵。九岁，游泮，庭训严督六经子史及诸大家文，旁搀强记无不遍，课文尤刻。十一岁，命作天下归仁题凡三易稿，达旦始罢，后会再为辄佳，乃啖以枣栗。遇名师宿儒亟令请业，又简江汉之能文者廿有二人，朝夕磨砻称寻社，声噪东南间。顺治戊子贡入成均，试第一。时传其文，陈溧水见之问，知曰："此吾故友也。"盖溧水向游汉上，有文章知契先未谒见，至是始往故云。是科中顺天京举。顺治六年己丑科（1649）一甲第2名，榜眼。授编修。伯龙雅以元自负，其报捷家书有云："会试当一而不一，诎于不知己。殿试当一而不一，诎于知己。"在馆中凡制册诏诰多出其手，乔皇典丽，领袖清班，从无饮食交游征逐之习，惟日以著述为业，砥砺名节为心，以是受眷日隆。岁甲午，典浙江试，其试录叙云："臣不敏，独窥人于笔墨若悬衡，然力倍臣者，臣俯之，数倍

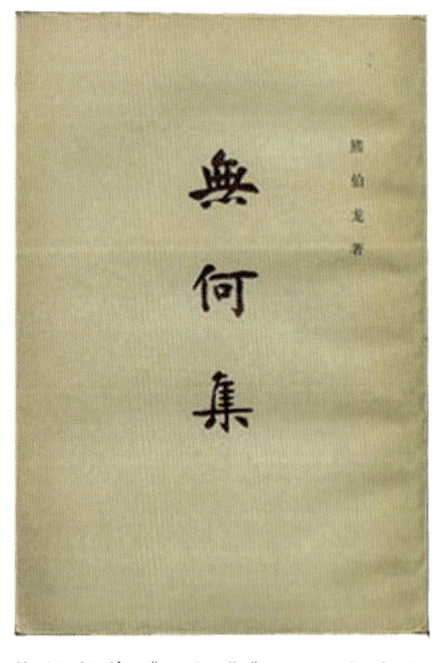

熊伯龙著《无何集》1979年中华书局点校本

臣，则臣俯至地，盖谓以身取人也。"文不拘乎一格，而诸体悉备，为从来抡才之冠，所得士中状元者三，中探花者一，今成浙中诸大家，犹历可指。数提督顺天学政，则虚公明洁，相士如神，得人亦极盛。历迁侍读学士，及官祭酒。识精法，肃六馆，凛凛向风。己酉年五十卒于京邸。入馆阁二十年，中间乞假归三年，生平无他嗜好，自少至老笃学不厌，制艺衣被海内，家纮户诵，奉为矩矱，揣摩获隽者不胜笑裂义山之裳矣。然而光景常新，本朝制科首得熊刘以开风气，垂今百余年，圣天子谕正文体犹为首，称可谓不朽之业矣。诗古文词虽晚出其集，具在世共宝之。伯龙无书不读，尤熟于纪事本末一编。殁时惟以不得泽及生民为恨，顾职在翰苑，制册文章，与夫以人事君，遴拔师济诸事，所谓鸿笔之人，国之风雨不得以为非事业也，故为叙其本末如此。著有《无何集》《熊学士诗文集》。

刘彬士（生卒年无考），字筠圃，湖北省汉阳府黄陂人。嘉庆六年辛酉恩科（1801）一甲第2名，榜眼。授编修。迁监察御史。奏言安徽绞犯缪二、李松，详核案情，系出无心，应依过失杀人律收赎，刑部仍拟绞候缓决，轻重悬殊非可意为出入，遂得改拟。转礼科给事中。荐升礼部侍郎。调刑部，署浙江巡抚。奏审明仁和县闹漕案犯徐凤山等，分别问拟，其余被胁同行之犯，请免查缉就。授浙江巡抚。奏请添建宁、海象山等县营房炮台，以资防守。又借款兴修杭嘉湖三府水利，帮丁应行扣缴银米，请分别展限以纾民力。杭州、湖州各属被灾，请缓征赋。均得行。寻因事以三四品京堂降补。复授刑部侍郎，署尚书。卒。

金国均（生卒年无考），字可亭，湖北省汉阳府黄陂人。光杰长子。道光甲午举人。道光十八年戊戌科（1838）一甲第2名，榜眼。由编修仕至翰林侍读，上书房行走。钦加侍讲学士衔。典文衡者五，所拔多名士。有内跻卿二,外任封疆者。性豁达大度,不慕荣利,不屑奔竞,一时当道多推重之。后以亲老,乞假归,养亲十余年,服未阕,即弃世,年甫五十。

何金寿(?—1882),字铁生,湖北省武昌府江夏人。同治元年壬戌科(1862)一甲第2名,榜眼。授编修。同治九年出督河南学政。官侍御。何金寿为官正直、公正、不偏私,"直声震朝野"。光绪六年(1880),何金寿被任命为扬州知府,在扬州任上,他事必躬亲,勤政爱民,周济旱灾,以身殉职。工诗文,善书画,兰竹师赵子昂,风流潇洒。山水小景师王石谷,颇具清腴之气。《清史稿》云:"何金寿,公余从事笔墨,偶写竹石,豪纵奔放,不可一也。工诗文,善书画。"其撰有一联:"人生自古谁无死,第一功名不爱钱",可为其自身验照。

地方志载:

> 何金寿,字铁生,湖北江夏人。同治元年壬戌科榜眼,授编修。九年,督河南学政。光绪初,山西大饥,疏请简派大臣巡查赈务,并于天津设粜运总局行之。五年,授扬州知府。值岁歉,请枉运库借款赈恤,贷贫民牛种,创为典质之法,收耕牛四百余头,次年听备价赎牛,不取子息,俾及时播种,民以获济。城内质店火,市民大哗,金寿惩其尤滋事者,示令照本赔偿,众立散。八年复旱,徒跣祷雨,中暑疾,卒于官,遗命勿受商人赙赠一钱。丧不能归,遂葬扬州。

龚承钧(1833—?),字湘浦,湖南省长沙府湘潭人。同治二年癸亥恩科(1863)一甲第2名,榜眼。承钧工诗文,励学行,志趣远大。改监察御史,有直声,所建白多关大计。提督山西学政,遴拔孤寒,涤除弊窦。甫受代,卒年四十余,未竟其用。

黄自元(1837—1918),字敬舆,号澹叟,湖南省长沙府安化人。同治七年戊辰科(1868)一甲第2名,榜眼。授翰林院编修。历任顺天乡试同考官，江南乡试副考官。被议镌级。或云可以入资捐复，而卒不为。终被朝廷昭雪，起用检讨。光绪间，历任河南道、陕西道监察御史。简放甘肃宁夏知府。在任期间，常跨马出巡，考察河工，征求民隐。进而精修暗洞，以泄黄河之卤，宁夏人至今利之。因丁忧回籍，不复出仕。主讲湘水校经堂及成得书院，与诸生析疑释难，勤诲不倦。卒于民国七年（1918）。临有《间架结构摘要九十二法》书帖。

黄自元

余联沅（？－1901），字晋珊，湖北省汉阳府孝感人。十八岁中举，赴京会试，不中，留京待试。同治七年（1868），由内阁中书充军机章京。光绪三年丁丑科（1877）一甲第2名，榜眼。授翰林院编修。充国史馆协修，后任军机处校勘，功臣馆纂修又由御史升巡城御史。在京三十年，曾以弹劾某旗籍巡抚及李鸿章等显要而获"铁面御史"之名。光绪十六年，充会试同考官。七月，直隶河决，组织购办南米运京。十八年，巡视北方，时值沙俄侵占新疆一线境西蕃帕米尔，疏请严固东三省边防。二十一年，补福建盐法道。越二年，署福建按察使。九月，掌四川监察御使。二十五年，任福建布政使。后调淞、沪太兵备道。适八

余联沅

国联军入侵，受两江总督刘坤一、湖广总督张之洞之命，与各国驻沪领事会订《东南保护约款》。约成，余积劳成疾，请离职治疗，不允，擢浙江巡抚。衢州教案发生，又奉命调处教案，经八个月结束，即赴沪就医。光绪二十七年卒。次年，帝恩准于上海为余联沅捐建专祠，由史馆为其立传，记录其生平政绩，以表彰其忠心。并恩赏"祭葬恤荫"，按巡抚待遇给予抚恤。

曹诒孙（1827－?），字次谋，湖南省长沙府茶陵州人。光绪六年庚辰科（1880）一甲第2名，榜眼。次年授翰林院编修。后任国史馆协修、武英殿纂修。光绪十五年，掌教翰林院庶吉士，补陕西学政。光绪十七年，任山西乡试副考官，考毕归乡，主讲洣江书院。

尹铭绶（1864－?），字佩芝，湖南省长沙府茶陵州人。光绪二十年甲午恩科（1894）一甲第2名，榜眼。翰林院编修。历任山东学政，礼部侍郎，内阁大学士。民国元年（1912），袁世凯窃取"大总统"后，慕名邀请尹铭绶入"总统府"任机要秘书，有"智囊"之称。铭绶工书，晚年寓居上海，以鬻字为生，不复为官。

夏寿田（1870－1935），字耕父，一字桂父，号午诒，又号天畸，湖南桂阳直隶州人。时之子。光绪十五年中举。十八年会试取誊录。任刑部郎中、山西清吏司行走。光绪二十四年戊戌科（1898）一甲第2名，榜眼。历任翰林院编修，学部图书馆总纂。为父辩诬触怒朝廷遭革职。宣统三年（1911），授朝议大夫。民国元年（1912），任湖北省民政长。二年，任

夏寿田

总统府内史。袁世凯称帝，制诰多出其手，失败后逃匿天津租界，投曹锟，任机要秘书。后定居上海，曾与杨度相助上海地下共产党。逝后葬上海佛会公墓。解放后，周恩来总理专为其拨款修墓。寿田师从王闿运，工诗文书法，亦工篆刻，与齐白石友善。卒年六十六。著有《纽芳移谈艺》《艺林年鉴》，并辑有《桂阳县志》。光绪年间夏寿田曾住于潘家河沿。

杨炳（生卒年无考），字蔚友，号筠谷，湖北省安陆府钟祥人。素力学，善文辞。雍正元年癸卯会试会元，殿试以一甲第3名探花及第。授编修，南书房行走。二年，任会试同考官。七年，出任江西乡试主考官。八年，再任会试同考官。十一年，擢侍读，出任顺天乡试副考官，分校北闱。同年，提督福建学政。乾隆二年（1737），累迁至侍读学士，三任会试同考官。未几，以亲老疏请终养归，家居二十余年，不复出。

这里值得一提的是，清代历史上，有两个探花杨炳：

杨炳（生卒年无考），字虎文，号松岩，直隶大名府内黄人。为康熙五十一年壬辰科（1712）武探花。据史料记载，杨炳"虎项猿臂，技勇绝伦，作文雄壮，下笔立就"，乃文武双全之才。他还是中国历史上最早有文献记载的梅花拳大师。著有《习武序》。其传在此不赘述。

帅承瀛（1767—1840），字士登，号仙舟，湖北省黄州府黄梅人。生而颖异，见者咸目为国器。年十七，举乾隆癸卯（1783）乡试。嘉庆元年丙辰科（1796）一甲第3名，探花。由编修累迁中允、祭酒、太仆寺卿、通政使、左副都御史至侍郎，历吏礼刑工四部。充经筵讲官。风裁整峻，推一时人表。辛酉、戊寅典试广东、江南。癸亥、戊辰督学广西、山东。又迭充钦差，谳案山西、陕甘、河南、山东、江南等省，所至公正廉明，人心帖服。道光元年（1821），巡抚浙江，厘奸剔弊，兴利举废。其大者奏请盐政改归巡抚兼理。停加课银五十万，岁减商捐外款银二十万，库帑无亏，商民称便。杭嘉湖三郡大水，请帑金留漕艘，奏免米贩关税以徕远商，军民无一流亡。又捐费浚西湖，修海盐石塘。凡便于国与民者，靡不悉心力，经画务求妥协完善而后已。成皇帝以一代名臣奖励之，良有以也。甲申丁艰回籍。有应入平余金八万，胥以旧例告辞，曰："携此何用？留半作浚湖资，余以济贫士茕独可矣。"浙人感之，建生祠于西湖，颜曰"帅公祠"。起复奉召陛见，以目疾辞。归家十余年，布衣蔬食，严饬子弟，接乡人以礼，置邑中琼林庄并合族祀产数百亩。庚子卒于家，年七十四。遗疏荐山左杜受田、闽中林则徐，国事外不及私。蒙恩优恤，赐予祭葬，崇祀浙江名宦、本邑乡贤。

石承藻（生卒年无考），字黼庭，湖南省长沙府湘潭人。父养源，官洛川知县，卒于任。母张氏携归，溺苦于学。嘉庆十三年戊辰科（1808）一甲第3名，探花。授编修，充文颖馆协修，治河方略纂修。典山西乡试，得祁寯藻、葛天柱等。改御史，巡视南城。初京师广慧寺僧明心以术交通权要，信从者众，后因犯罪传送回籍，乃蓄发变姓名为王树勋，纳资宦河南补知府，承藻廉得其奸状劾之，并斥尚书某妄为子求寿，树勋削籍遣戍，自是承藻直声震天下。晋兵科给事中。掌刑科掌印给事中。内艰归。

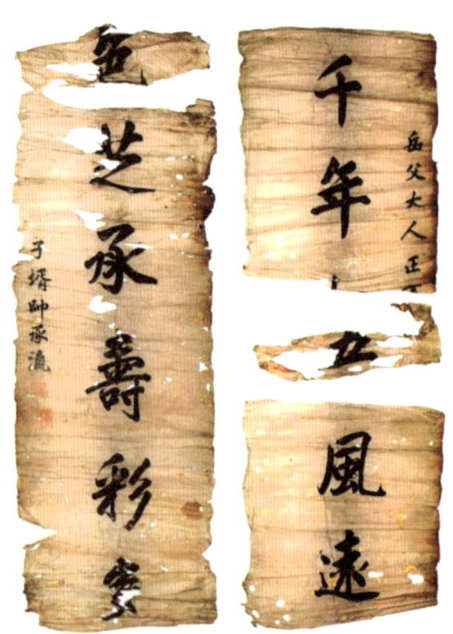

帅承瀛书法

因县民与江西商人械斗，牵连被议，左迁光禄寺署正。承藻貌魁梧，坦率无城府，留心文献，搜采勤至。卒年六十。

胡达源（1778—1841），字云阁，湖南省长沙府益阳人。嘉庆二十四年己卯恩科（1819）一甲第3名，探花。授编修。晋国子监司业。转侍讲、侍读、左庶子。升学士。大考擢少詹事，日讲起居注官，武会试总裁。坐失察降侍讲。达源以文字受知，充实录馆纂修，天子嘉其书有法，特赐召对，命为提调官，尽领馆事。书成典试云南，视学贵州。达源临事善断，当视学贵州时，有大定武举吴甲父子横踞一乡，徒党遍郡县，以攻讦考试至凌辱学官踏之地，大吏莫敢诘。达源至尽发其奸状，奏置于理，一郡称快。任满还朝，值畿辅饥，设粥厂于青白口，达源以学士领厂事，仿富弼青州法，人给五日粮，男女异路，升斗筹票，亲为验发，同官以非成例不便，达源引喻古义，兼察近情奏闻，上嘉纳之。以艰归。年六十四卒。著有《文妙香轩古文集》《弟子箴言》等书，箴言融会先儒诸说，语皆心得，尤有裨于世教。

陈銮（1786—1839），字仲和，亦字玉生、芝楣，湖北省武昌府江夏人。嘉庆二十五年庚辰科（1820）一甲第3名，探花。授编修。道光二年（1822），副主浙江乡试，京官考核为一等。五年，擢松江知府，调署江宁，值水灾，赈恤得宜。调苏松太道，设黄浦江救生船，浚吴淞江口。升苏松粮道。历广东盐运使、浙江按

陈銮

察使，升江苏布政使，又升江西巡抚，再调江苏。在各地修水利，建义仓，禁鸦片，颇有政声。道光十一年，从春至冬，湖北沿江汉各地皆遭大水，捐银数千两为家乡助赈。后升两江总督，兼署江南河道总督。十九年，冒暑行阅，病卒。辑有《先正格言》十卷。著有《耕心书屋诗文集》，《楚名臣言行录》等。

地方志载：

陈銮，字玉生，一字芝楣，湖北江夏人。嘉庆二十五年庚辰科探花，授编修。道光二年，副主浙江乡试，京察一等。五年，擢松江知府。调署江宁。值水灾，赈恤得宜。调补苏州府，署苏松太道。设黄浦江救生船，浚吴淞江口。擢江安粮道，改苏松粮道。历广东盐运使，浙江按察使。旋升江苏布政使。銮以江南农田重柱水利议开太仓、浏河、昭文、白茅河，及各属支河，其后旱涝有备，田亩倍收。宝山海塘坏五十余丈，华亭海塘坏五千九百余丈，筹款兴筑，用核工实。年特授江西巡抚。丰城县雷公脑等处堤溃，请于小港口建石闸以时启闭，东岸建石坝以御流势，后无水患，修先贤澹台子墓，汉太傅陈蕃祠。复调江苏，时旱蝗，秋禾歉收，上请缓征、建义仓及查禁鸦片烟章程，令推行之。署两江总督，兼署江南河道总督，冒暑巡阅，得疾卒。辑《先正格言》十卷、《三楚名贤墨迹摹泐上石为楚帖》十卷。著有《耕心书屋诗文集》。

蒋元溥（生卒年无考），字誉侯，湖北省安陆府天门人。状元立镛子。道光十三年癸巳科（1833）一甲第3名，探花。授编修。十四年，出任顺天乡试同考官。后充国史馆协修。十五年，充文渊阁校理。十六年，充庶吉士教习。十七年，任国史馆纂修。二十年，升国史馆总纂官。再次出任顺天乡试同考官。二十一年，擢国子监司业。二十九年，充司经局洗马，擢翰林院侍讲。三十年，任实录馆提调，累迁为侍讲，出任会试同考官。咸丰元年（1851），历任日讲起居注官，咸安宫总裁，侍读，江西赣州知府。二年，京察一等，记名以道府用。未几，任江西九江知府。后迁任江西盐法道。抵任后，励精图治，积劳成疾，卒于任。元溥善楷书，工诗文，著有《木天清课彤馆赋钞》。

欧阳保极（1832—?），字用甫，号星南、桂生，湖北省武昌府江夏人。咸丰十年庚申恩科(1860)一甲第3名，探花。授翰林院编修。出任顺天乡试同考官、提督河南学政、以翰林院编修出任河南学政、右、左赞善，南书房行走。光绪元年（1875），出任广西学政。光绪二年，官至侍读学士衔，詹事府赞善官职。

地方志载：

  欧阳保极,字用甫,号星南,又号桂生,湖北江夏人。咸丰十年庚申恩科探花,授编修。出任顺天乡试同考官。提督河南学政。右赞善。寻迁左赞善。南书房行走。光绪元年,出任广西学政。二年,授侍读学士衔,升詹事府赞善。善书画。

谭鑫振（1842—1881），字丽生，湖南省衡州府衡山人。由优贡中同治庚午（1870）乡举，署岳州府训导。工诗文书法。为巡抚王文韶所器委。校各书院经课。鑫振亦自励于学，综览百家，留心时事。光绪六年庚辰科（1880）一甲第3名，探花。授编修。假归，明年卒，年三十九，未竟其用。

郑沅（1866—?），字叔进，号习叟，湖南省长沙府长沙人。光绪二十年甲午恩科（1894）一甲第3名，探花。授翰林院编修。以翰林侍讲入值南斋。二十四年，出任会试同考官。二十七年，出任甘肃乡试副考官，南书房行走。二十九年，出任山西乡试主考官。以编修提督四川学政。辛亥后曾为总统府秘书。袁世凯称帝，乃以疾力辞，袁克定百计挽之不起。客上海爱俪园。善书法。

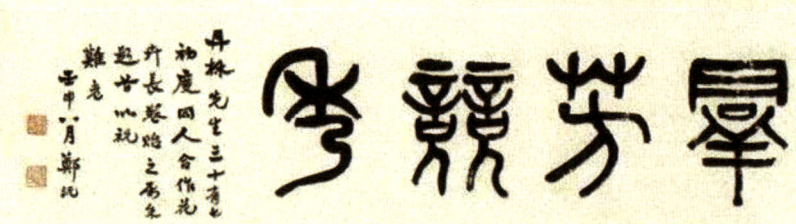

郑沅题"群芳竞秀"

王龙文（1863－1923），派名代仁，字泽寰，号平养居士，又号髯俯，湖南省长沙府湘乡人。光绪二十一年乙未科（1895）一甲第3名，探花。在京时，尝慷慨上书言天下事，颇有长儒之风。庚子之变，附和义和团，力主灭洋。后清廷失败，迫于议和压力，杀戮或革除主战者，遂夺官归里。后掌教于箴言、船山等书院，颇有声誉。又回原籍江西庐陵主修县志。著有《平养堂疏稿》《平养文待》《文待附录》《平养诗存》《平养联存》。

除一甲进士外，其他湖广籍进士贤良名宦者如下所列：

蒋云宽（1765－1822），字锦桥，题名录作蒋云官，湖南省永州府永明人。生有夙慧，读书能提其要。嘉庆四年己未科（1799）二甲18名进士。选庶吉士。改刑部主事。练习名法，所比拟皆当情实。累迁员外郎、郎中，为上官所倚任。迁山西道监察御史，益慷慨言天下事，弹劾不避权要，有直声。擢户科掌印给事中，卒于位。著有《瑞萼堂集》。

陶澍（1779—1839），字云汀，湖南省长沙府安化人。嘉庆七年壬戌科（1802）二甲15名进士。选庶吉士。授编修。典四川乡试。改御史，疏劾部员恋栈忘亲，及吏部重签河工冒滥外省吏治诸积弊，又条陈三急五宜以靖匪徒，均称旨。巡视中城，决滞狱八百有奇。晋给事中，巡视南漕，尽革陋规。会漕艘阻冰高陲，祷于露筋祠，一夕冻解，为奏请封号。寻授川东道。以治行第一擢山西按察使。入觐。时钦交三案，令赴任审办，后遇京控狱多直交臬司，不由巡抚，前此未有也。道光元年（1821），迁安徽布政使。皖省库亏，五次清查未得要领，澍悉心钩考，辇辘一清。三年就迁巡抚。值大水濒江，三十余州县皆淹殁，澍亲勘赈，遣官赴上海买米十万石，劝捐四十万金，民不流亡。明年宿州怀远大蝗，澍祷刘猛将军庙，有青蛙乌雀无数，一日食蝗且尽。乃大兴水利，寿州之芍陂，怀远之郭塘陂，荆山口凤阳之花源湖，凤台之蕉冈湖，及沿江圩垸堤坝次第筹浚。又创设丰备仓，为救荒计略如社仓法而去其弊，后又仿行于江苏。五年，移抚江苏。适河淮交病，漕运中阻，疏请以苏、松、常、镇、太仓之漕百六十万石改归海运，躬赴上海集商船定雇值水程四千里，匝月悉抵津沽，无一漂损者，计节省银米各十余万，优诏褒美，赏戴孔雀翎。吴中自道光三年来连岁水灾，刘河渐淤，由太湖入海水道不畅，澍言治水当先治吴淞，以通海口为要，以海运节省漕项银二十余万两，兴工得旨俞允。工竣，迁两江总督。与巡抚林则徐合疏请浚刘河白茅以全常熟昭文数州县田赋之命，估刘河工值十六万有奇，借帑摊征白茅工十一万，官民捐办挑成清水长河于海口，各建石坝为放水归海之计。十四年，工竣，适太湖水涨，尽启海口各坝，不三日水消。岁大熟，父老懽忭，谓百余年来所未有也。澍尤留心运河利害，曾加浚猪婆滩以除漕艘咽喉之梗，至是于上游复黄金闸为练湖关键，改建丹阳黄泥闸，蓄全湖之水，下游则加浚孟渎及德胜澳港二河，于是运河之上下皆治。时私枭黄玉林伏法，户部尚书王鼎、侍郎宝兴奉命赴两淮筹改盐法为课归场灶之计，澍因条上章程十五则，鼎等遂疏请裁政归总督管理，以一事权，澍乃殚心厘弊，其著有成效者四大端，一曰"裁浮费"，以轻成本计裁盐政陋规十六万有奇，缴还盐政，养廉五千两，凡公费、匪费、岸费窝价悉裁之。一曰"慎出纳"，以重库款凡正项储内库以备部拨杂项，储外库乃革总商，以杜侵渔永禁减帖印本诸名目。一曰"禁粮私"，船私以清纲销。一曰"革五坝"，十楹以清淮北北盐，十年无课，遍地皆私，澍决计改票减税裁费，不数月场盐一空。初淮南以十年行六纲，淮北以十年行三纲，亏帑本七百余万，澍承极弊之后，莅事八年，完正杂银二千六百四十余万，运库常实存银三百余万，又带销辛卯以前残引百三十余万，带征还未销印本积欠蓌价铩引残课三百数十万，以代偿前人之欠，论者谓澍所奏行皆足名世，而海运票盐尤百世之利云。澍受特达之知，述职迭承召对，造膝密陈，言无不尽，御书"印心石屋"四大字以赐之，考绩两蒙优叙，奉手敕有干国良臣之褒。年六十二卒于位，赠太子太保，入祀贤良祠，谥"文毅"，敕淮北板浦场建立专祠，并祀名宦祠。嘉庆道光年间陶澍曾住于上斜街。

贺长龄（1785—1848），字藕耕，湖南省长沙府善化人。嘉庆丁卯领解额。嘉庆十三年戊辰科（1808）二甲9名进士。选庶吉士，授编修。典试广西，提督山西学政。转赞善。充日讲起居注官。道光元年（1821），特简南昌知府。二年，擢充沂曹济

贺长龄

道。四年,权山东按察使。擢广西按察使。调江苏。五年,擢布政使。六年,调山东。旋护巡抚。八年,调江宁布政使。母忧归。起福建布政使。调直隶。擢贵州巡抚。二十五年,总督云贵坐永昌回变,左迁河南布政使。逾年谢病归,仍以回变事夺职。卒年六十四。

陶澍雕像及其陵墓

唐业谦（生卒年无考），字受堂，湖南省长沙府善化人。幼奇颖，甫八岁，毕五经三传，历任学政并爱重之。嘉庆十三年戊辰科（1808）二甲15名进士。选庶吉士。改礼部主事。累迁郎中。出知南阳府。调太平府。再调瑞州。以病归。官礼部时，吏有违法者，廉得其府实置诸法以风厉名。南阳苦北河水患，力陈于上官，筑石坝以遏之，民至今赖焉。郡境多山，"捻匪"出没其间，乃躬督役捕，获渠魁治如法，余党遂解。平生俭素如诸生。卒年八十四。

郑世俊（生卒年无考），字企园，湖南省长沙府长沙人。嘉庆十三年戊辰科（1808）二甲84名进士。知来宾县。调永淳。重葺紫澜书院，士风丕变。迁知西隆州，地广俗悍，辄多拒捕。世俊设法捕治，奸民巢穴一空。调宾州，因治大狱与上官力争，所全活甚众，民感甚，荦重金为寿，却之，惟谕以早完国课，甫五月，而数十年积欠悉偿。迁百色同知，署思恩知府。府辖土司，每承袭官吏多要索，世俊悉除之，曰："安边须借土官力，土官贫非公家利也。"府署多怪，历任官不敢居，世俊率眷属居之独无恙，去任怪如故。以母年八十乞养归。卒年七十六。

彭永思（1771－1842），字两峰，湖南省长沙府长沙人。父胜桂，有学行，乡居好义，寿八十有八，以五世同堂旌。永思登嘉庆十四年己巳恩科（1809）二甲16名进士。以知县发云南。单骑赴滇，署嵩明州事。甫三月，结宿案八百有奇。补楚雄县，状入速讯立判，纸尾无稍羁，出必以笔砚随，每就田陇间决事，一断辄结。凡三署大姚，四署广通，两署南安州、姚州，所至皆得民心。尝至省，适有解饷至者破鞘得一石，失银二百两，属治之，永思量石轻于银，察石微有异，因问赢负银中途曾敲否，卒悟曰："某日出某店而敲。"即载石至某店，果与屋后石类，一讯而服。署嵩明时，巡抚同兴过境，傔仆苛索且肆詈，永思持锁入，将执而笞之，同兴为起谢。迤西道行部至驿从，奴恣肆执而维之于柱。永昌守舆夫殴诸生于境，复怙主势逃，永思驰马追及缚之，论如律判。毁五侯神像以息商，民争祀之。讼岁旱瘗无主数十棺，天大雨，大姚乌龙口奸民啸聚，将为乱，永思以计散其党，亲入盗巢掩捕数十人，杖数人，徒三人，而事定。寻入资为户部员外郎。以乞养归。卒于家。

曹德赞（生卒年无考），字仲襄，湖南省桂阳直隶州人。年十二，以背诵《十三经》为学政张姚成所赏，取入州学。年十九，举于乡。又十五年，得中嘉庆十四年己巳恩科（1809）二甲18名进士。选庶吉士。逾二年，改繁昌知县。繁昌剧县也，前令积牍数百，德赞至不数日，悉决所疑难，名大著。夏旱，出祷雨。邻境蝗起，不入境，德赞反出疆督壮丁代邻县捕蝗，邻县民为作捕蝗图。繁昌通七省大道，窃盗时发，旧不能治，德赞时夜出督役巡缉又严比伍，五载大治，至夜不闭户。两为同考官，得士王广荫、王铸、戴咸宜、柳际清等皆知名士。在官八年，父忧归，士大夫走送数十里。服阕，以母老请终养，家居三十年，母成氏年至耄耋，白发侍养，湖湘衣冠传羡之。德赞为学求实用，自成童至老未尝释卷。主鹿峰书院，州中登科第者皆其弟子，然尤自检饬，不通要贵，陶澍督两江、梁章钜为布政使，皆同年相引重，以德赞故江南吏移书招之，报曰："某家居奉亲，三公不易，能虚枉故人手札，不能以手版向故人也。"澍等高之。年七十八卒。其在家修州城，建义仓，思深虑远，卒未数年，有广西寇乱，犹赖其备焉。

唐鉴（1778—1861），字镜海，湖南省长沙府善化人。嘉庆十四年己巳恩科（1809）三甲35名进士。选庶吉士。授检讨。补浙江道御史。分校甲戌会试及戊寅顺天乡试。坐论淮盐引地，左迁员外郎。道光元年（1821），尚书刘镮之特疏荐，出知平乐府。累歼剧盗，平民猺之狱而解其仇。闻母病即自引疾归，遭内外忧，服阕，再守平乐。楚粤猺变，鉴亲出防边，往来富川、贺县，安抚熟猺，兽扰而儿蓄之。设五原学舍教以读书，群猺大悦。谭于先等倡乱，立斩以徇，而贷胁从千余人，火其名籍，一无所问，士民建生祠祀之。迁徽宁池太广道，江安粮道。擢山西按察使。调贵州，屡平反疑。晋浙江布政使，量移江宁，拯灾修废，百度毕举，言者论其多病废公事，且摭他事

唐 鉴

诬之，诏遣使按验得白。内转太常寺卿。引年致仕，主讲钟山书院。咸丰元年（1851），召赴阙进对十五次，中外利弊无所不罄。进所著《畿辅水利书》。将起用，力辞以老。特旨褒美，赏加二品衔，令回江南，矜式多士。鉴学宗濂洛，坚苦自持，力践斯须必主于敬。服官三十余年而无儋石泊如也。卒年八十四。遗疏上，得旨予谥"确慎"。

黄崇光（生卒年无考），字谦山，湖南省长沙府安化人。生有夙慧。嘉庆辛酉拔贡，举庚午顺天乡试。嘉庆十六年辛未科（1811）二甲2名进士。选庶吉士。散馆，改知县。呈改宝庆府学教授。历主仰高、朗江书院讲席，为后学所宗。著有《春秋纂要》《毛诗抄略》《续子史辑要》等书。

李在青（1764—1813），字柏桥，湖南省长沙府湘潭人。少失怙，母陈督课甚严。嘉庆戊午优贡。庚申举顺天乡试，以教习教谕沅陵。

时大学士同郡刘权之、侍郎英和咸目以国士,诸钜公争欲识其面。在青闭门谢客,曰:"尽其在我,不愿为药笼中物也。"嘉庆十六年辛未科(1811)二甲6名进士。授内阁中书。在青欲改官效一邑,史馆总裁以其学问精博留司校理。未几卒。

易良俶(1777—1847),字屏山,湖南省沅州府黔阳人。嘉庆庚午乡试,领解额。嘉庆十六年辛未科(1811)三甲3名进士。用知县,分发河南。二十五年,授卢氏知县。卢故瘠区,民穷无生业,良俶为购南方桐茶种,令树莳之,民获其利。建书院、义塾、聚诸生,躬亲督诏,三年文教大昌。道光五年,调孟县。孟濒黄河,然高田尝苦旱。良俶令制筒车激水注之,尽成沃壤。又建义仓储社谷,自捐数百金为民倡,自是饥不为害。九年,升邓州知州。邓接壤荆襄,俗犷悍难治,良俶于是稍尚威严,与卢氏孟县异。先是嘉庆间,襄阳"教匪"起,州人有趋从者,事定多逋诛,久复聚众欲为乱,前令率不能制。良俶与守备张某合谋,乘夜以兵役往,贼众拒战,久之皆溃走,追获渠魁数十人,论如律,自是奸民敛迹。良俶幼从溆浦严如熤受经世学,通晓兵法,居官尝简丁壮自训练之,故所在治盗有声。笃于故旧,在京尝脱同年友山舟令于诏狱,至河南又脱其师通山令于亏空案。任邓三年,以养母归。母年九十七终,良俶后母一年卒,年七十一。

贺熙龄(1788—1846),原名永清,字蔗农,湖南省长沙府善化人。出为叔父后。嘉庆十九年甲戌科(1814)二甲31名进士。选庶吉士。授编修。迁河南道御史。提督湖北学政。告养归。尝统请严缉濒湖盗贼,查禁私垞端士习,惩诬控究讼师胥役奸,陈盐务河工积弊,暨条上苗疆九事,皆奉旨报可。视学湖北,作训士文教学者,致谨于伦常日用,刊布《明儒刘宗周人谱》,士风大振。主城南书院,八年,为诸生辨义利诲,以立志穷经,皆本诸身教。晚卜东城隅,布衣蔬食，颜其居曰"菜根香"。卒祀乡贤。

郑敦允（1792—1832），字芝泉，湖南省长沙府长沙人。嘉庆十九年甲戌科（1814）二甲53名进士。选庶吉士。改官刑部。由郎中出知襄阳府。下车观风，集七邑士，周咨利病，及先后所宜书院圮新之，令所属学官各举一二人，优其廪饩自教育。访各属衙蠹讼师及莠民最为患苦者十余人，皆置诸法。襄故多盗，请帑银生息充捕费，擒获百余人。巨盗梅权骁桀为民害，敦允率壮丁驰擒之榻上，其徒追者数百，敦允令曰："欲夺犯者，杀而以其尸畀之。"众不敢逼。宜城南漳之交，港汊纷歧为盗薮，建议两郡各委官，督兵役巡哨河道，以清谷城。陈家河滩险水急，奸民以巨石截流，笼竹取鱼，水沸涌舟近石则糜敢，檄毁之。枣阳土瘠民贫，客商以倍称准其产田入客户者多，敦允饬县查禁。汉水啮樊城，坏民居十四五，乃甃石堤数百余丈，二年而成，未几汉大涨，樊城赖以全，民呼郑公堤。权武昌时，造复底救生船，旁施陋枕，浪皆从枕出，且复底中空，虽覆亦浮，所活人无算。灾民多就食于襄樊，堤有被掣将动者，敦允固请回任，倡捐筹振为蒭庐数千，居老疾妇稚。壮者令修堤自食，增砌子岸，护堤根，工未竟而敦允卒，时道光十二年（1832）正月也。初堤之成，襄人亭其上曰"对岘亭"，敦允为之记，至是皆聚哭于亭。明年入祀名宦。

张延阀（1791—1835），字麓门，湖南省长沙府长沙人。性敏好学，经史外，文选全部背诵精熟，为文下笔立就。甫冠中嘉庆十九年甲戌科（1814）二甲60名进士。授内阁中书。充道光辛卯（1831）顺天乡试同考官，壬辰典山西乡试，所得多知名士。旋补内阁侍读。年未五十卒。

乔用迁（1794—1851），字见斋，湖北省汉阳府孝感人。父远炳官刑部郎中。嘉庆十九年甲戌科（1814）二甲87名进士。授内阁中书。

充军机章京。道光中,历南宁知府,广东按察使。时议严禁鸦片烟,英夷船只潜伺澳门,抗禁牟利,总督林则徐檄用迁督率员弁于穿鼻洋尖沙觜轰击之,驱出外洋。二十年(1840),升山西布政使。二十五年,擢贵州巡抚。贵西苗寨向有客民附居,前抚嵩溥将客民编入保甲,不准积增,每年查核将徙去者按册除,用迁疏言:"客民占籍生齿日繁,今只将徙去之户开除,未将分居户口载明,日久易滋流弊,请一律查载。"二十七年,以湖北本籍水灾捐银助赈。三十年,"苗匪"聚众抢劫,拒捕戕官,积案百余起,用迁令知府胡林翼深入搜捕,擒获巨盗二百余名,论如法。湖南"会匪"李沅发作乱,扰及贵州边境。用迁檄贵东道周作楫、总兵崇福秦定三于交界处堵剿,又进合湖南弁兵追剿至水口,斩馘无算,沅发就擒,黔境肃清。赏太子太傅衔。咸丰元年(1851)卒。

赵先雅(?—1830),字麓潭,湖南省长沙府益阳人。家贫力学,初冠县军。丁母艰,再冠县军。补弟子员。嘉庆二十二年丁丑科(1817)二甲52名进士。选庶吉士。改户部主事。转员外郎。擢福建道监察御史。奏请严禁洋烟。又监赈青白口,散粥施絮,黎明辄至棚,亲董其事,不避饥寒。有同年生张士醇病狂,会议时触犯堂官,盛怒将劾奏,人莫敢言,先雅陈情代恳,事得解。大学士王鼎称其有古人风。居京师十四年,一如为诸生时。公事毕,丹铅不去手。道光十年春,郊祭监礼,夜坠坛下成疾,告归卒。

潘观藻(生卒年无考),字宾石,湖北省武昌府兴国州人。题名录作潘光藻。嘉庆二十二年丁丑科(1817)二甲70名进士。授编修。乙酉督学四川。任满因事左迁,以知府分发浙江,署金华,再署衢州。详裁龙游、开化两县漕规。又署处州,决缙云县郑姓兄弟争产,狱褫劣绅之陵讼者,一县快之。补授台州府,建励节堂,以养节妇之贫苦者。

张士谆（生卒年无考），字醖轩，题名录作张士醇，湖南省岳州府临湘人。有文名。嘉庆中由解元成嘉庆二十二年丁丑科（1817）二甲98名进士。官户部主事。荐升员外郎，郎中。晋监察御史。有直声。以疾卒于官。

龙瑛（生卒年无考），字白华，湖南省长沙府湘潭人。先法子也。嘉庆二十二年丁丑科（1817）二甲99名进士。选庶吉士，年几四十矣。授编修。久不得迁转，怡然安之。台阁钜公罕见其面，朋俦燕集默不发一语，而勤于职司。充史馆纂修提调，辰入酉归。分校乡会试，典试山西，皆得士。高丽使臣重其书，每来京师必乞书。晚转左春坊左赞善，会大考而病不纳卷。被放归，主城南、岳麓、朗江及昭潭诸书院。卒年七十有四。

黄德濂（1787－1849），字惺溪，湖南省长沙府安化人。嘉庆二十二年丁丑科（1817）三甲47名进士。选庶吉士，授检讨。改官御史，劾罢贪劣吏数人。会六陲兵事棘，户部议广捐例，中外官子弟得入资授官。德濂条陈其弊，部议镌级调用，有诏复原官。授朔平府知府。在任兴学劝士，文风丕振。巨猾李朝阳舞文受赇，好持官短长，治其罪如律。严禁民殇弃壑，恶俗为之变。历署汾州、太原知府。值蒲州盐案作，民与吏哄，调德濂往，事立平。改权河东道。以亲老告归。赵城民曹顺不靖，德濂坐权河东道时失察，夺一官。父忧，服阕谒部。上一日询尚书汤金钊曰："故御史黄德濂素能称职，今何官？"金钊具以对，旋改发云南，以同知直隶州用，权知开化府。獚夷肆劫掠，德濂谕结民团御之，格杀勿论，盗浸熄。借补霑益州知州，上官伟其才，凡险恶难治者辄檄之往，岁余五易州郡，所至皆有声。改擢顺宁知府。适永昌"回匪"告变，上官檄德濂权永昌篆，事平回顺宁任，而缅宁州回张富等复叛，势张甚，德濂率兵讨之，富授首，别贼马效青海老陕亦就擒，奉旨赏孔雀翎。旋擢西乾鄜粮储道。以疾卒于官。

刘梦兰（1788—?），字觉香，湖南省常德府武陵人。嘉庆二十四年己卯恩科（1819）二甲23名进士。选庶吉士。改户部主事。累转郎中。迁御史。典河南乡试。出知南宁府。郡处邕南徼，夷獠杂处，健讼好斗，虽罹罪弗悔，梦兰愍之为图，罪人构衅，迄投牒听鞠，入狱伏罪诸苦状，家人涕泣求援状，流离失所状，图皆为之说，沉痛入情，名曰《教民质语》，刊布民间多有感化者。擢福建粮道，寻罢职。初户部银库岁遣御史监视，主藏吏窟其中因缘为奸，而所遣监视者，率岁一再易，莫能得其要领，以是侵盗至九百万，及事觉，部议追谴诸尝监视者，梦兰初被是命时，入库不纳吏勺饮，吏潜属左右密置饼金行囊中，觉即斥去之，又旬日，即外转去，仍坐是免。归主朗江书院六年，卒。

陈道隆（1788—?），字郅堂，湖南省沅州府黔阳人。嘉庆二十四年己卯恩科（1819）三甲114名进士。道光初元举孝廉方正。初授直隶临城知县。寻调大兴县。所在讲求吏治，循誉卓然。以细故被议归籍。性冲和，能下人一伎之长，皆称道不容口。主讲龙标书院，造就甚盛。年八十一，重宴鹿鸣，时人以为荣。

王德宽（生卒年无考），字实樵，湖南省常德府武陵人。嘉庆二十五年庚辰科（1820）二甲3名进士。选庶吉士。改知县，历知德清归安等县。每受讼牒，令讼者立堂下就单词摘发，立决遣之。催科不下文符，但揭逋户姓名于通衢，民争输纳。擢海防同知。忧归，起服署东昌曹州知府。改刑部员外郎。未几卒。在官所得禄赐，半尽之知旧，不能名一钱。

陆建瀛（1792—1853），字立夫，湖北省汉阳府沔阳人。道光二年壬午恩科（1822）二甲7名进士。授编修。历翰林院侍读。出为天津巡道。时英吉利夷船扰浙江，海口戒严，建瀛赴大沽造炮台，修战舰，编保甲，杜奸细，防驭得宜。擢直隶按察使。进布政使。寻授云南巡抚，署云贵总督。清理铜政，事皆办。治察汉回构衅之由，两平

陆建瀛

其争。调江苏巡抚。时漕运颓敝，仓规繁重，建瀛奏行海运，召雇上海沙船及广东蛋船二千余艘，运漕二百万石有奇，经费取之杂项，不费公帑，先后才五月，全漕抵天津，省官民费数百万。二十九年，擢两江总督。时洪泽湖水涨发，险工叠出，偕南河总督杨以增奏请于下河筑堤，束水创立流坝，引使归海。又以江宁、扬州、苏州、常州圩围被冲，粮价昂贵，疏陈招徕商贩，筹办赈恤。淮南盐纲疲滞，官价昂于私价，官本重于私本。建瀛亟议更张，会鸿胪寺少卿刘良驹疏请变通淮南盐务，宜仿淮北改行票法，与建瀛所请略同，议行之。咸丰二年（1852），"粤匪"陷武昌，以建瀛为钦差大臣，总督下游军务，所将才三千六百人。三年正月，遇贼于武穴，先锋总兵恩长迎击失利，赴水死，师遂溃。建瀛退保江宁，自请治罪，革职，籍其家。二月，江宁城陷，建瀛遇贼被害。事闻赏还总督衔，照例议恤，并还其家产。后以御史言复夺恤典。

舒梦龄（1785—1854），字苏桥，湖南省辰州府溆浦人。道光二年壬午恩科（1822）三甲8名进士。选庶吉士。散馆，改知县宰安徽巢县。廉干有治声。升知州，历任亳州、泗州。泗滨太湖故多盗，梦龄

设兵船搜捕，盗几尽。迁知凤阳府，复调太平。太平地卑窪，民田数苦水，梦龄教民修治堤埫，水不为灾。迁登莱青兵备道。修饬海防，盗贼屏迹，漕艘贾舶，通行无阻。历署按察、盐运使。年七十卒，入祀乡贤祠。

常大淳（1793—1853），字南陔，湖南省衡州府衡阳人。道光三年癸未科（1823）二甲9名进士。选庶吉士。授编修。改御史。迁给事中。转吏科掌印给事中。疏言："天下州县仓谷空虚，或折价抵交，非慎重积储之道。"又言："畿辅河东，奸民敛钱，众官不能捕，又五岭南北'会匪'句结，督抚讳盗以无事为福，实为隐忧。"又言："旗营不习骑射，绿旗营粮额多虚，伍通衢驿路，劫盗纵横，江海疏防，盗艇出没，又牧令无兵所设之，民壮复以皂隶用之非所，淳疏劾之。"兼上善后五则，以救积弊曰："兵勇当用土民，饷米不得勒折，屯谷买补当有定价，巡道出巡当报日期，同知升擢无得径迁本道。"疏并下部施行。寻授福建粮道，署按察使。时司狱积囚满，大淳曰："囚不皆死罪，今狱满无隙地，疫作且死，是罪不至死而我悉杀之也。"乃分别遣释，月余囹圄一清。迁两浙盐运使。母忧归，起湖北按察使。迁陕西布政使。调湖北。咸丰元年（1851），擢浙江巡抚。海寇布兴等自广东、山东扰江浙，沿海焚掠，大淳檄黄岩、温州、乍浦三总兵出海捕击，而水师积罢数月不报，乃奏劾之，令戴罪缉拿，仍亲赴宁波与提督会议进剿，遂降其渠，收船炮而还。二年六月，调抚湖北，赴岳州设水陆防。八月，调山西，仍留湖北任。时"粤贼"洪秀全等围长沙两月，遂疏请调兵严守岳州，防下窜亡何，长沙围解，贼由宁乡、益阳出临资口，岳州水陆兵溃，贼船下驶，武昌被围，大淳与提督双福集兵勇守御不满五千人。十二月四日，地雷发城陷，大淳自经死，年六十。妻刘氏、长子都司集松、长子妇马氏、孙女淑英皆死之。诏赠总督,予谥"文节",赐恤荫儒例,湖北敕建专祠以殉难家属祔祀。

汤鹏(1801—1844),字海秋,湖南省长沙府益阳人。生负异质,初为文即汪洋恣肆,有不可一世之概。道光三年癸未科(1823)二甲26名进士。授礼部主事。调户部。转员外郎,兼军机章京。擢山东道监察御史。乙未充会试同考官。己亥充陕甘乡试正考官。其为侍御也,再旬而章三上,有宗室尚书载铨叱辱满司官其人讦之,上置尚书吏议,鹏以为议轻不足示警,援嘉庆中故事争之,上以为不胜言官,改官户部,然直声震一时矣。

汤 鹏

会英夷议抚通市,鹏条陈善后三十则,乞尚书转奏,凡召募练勇、修船、造炮、缉奸、设险诸务,指陈凯切。疏入,留中,未几,上谕:"近来科道建言,凡有裨于实政者,无不立见施行,即如户部郎中汤鹏无言责之人,条陈事件亦未尝不虚怀听纳。"盖上犹向用也,旋记名以知府用。卒年四十有四。鹏才识高远,又博综典籍,足以辅其议论。

丁善庆(1790—1869),字伊辅,湖南省衡州府清泉人。题名录作顺天府宛平县籍。少孤,母刘氏大学士长沙刘权之之女,躬教之严。道光三年癸未科(1823)二甲45名进士。选庶吉士,授编修。戊子、辛卯典贵州、广东乡试。乙未分校会试。复充顺天乡试同考官。丁卯督学广西。旋由左中允荐擢侍讲学士。母老乞养归,侨居长沙。既终丧,受聘为岳麓书院山长。咸丰二年(1852),论城守功,赏加三品卿衔。善庆性端介,非公事不履州府,而民生利病所在悉言无隐,遇捐输则首纳数十金为众倡,家故无中人产,节缩衣食应之,终其身不倦也。主讲岳麓二十余年，念俗方扰敝，比岁益奢丽亡等，不端士习无以率齐民，日申儆诸生，示以修身立命之要，亦颇参阴骘感应之说，下及闾巷咸知改化，弟子著录数十百人。曾国荃、刘长佑其最著也。同治八年（1869）卒，年八十。先一岁以老病力辞山长，时论惜之。

熊光大（1797－1838），字子谦，湖南省永州府零陵人。由廪生中道光辛巳举人。道光三年癸未科（1823）三甲7名进士。官刑部主事。充律例馆提调。总办秋审处，定谳平反无虚日，光大精详善断，定拟后人莫能易其一字，凡能治狱者多刻深，光大独以宽厚称。屡与上官争，出入堂上，官皆心折焉。钦使出治行省狱，屡奏请以光大从，辄为大司寇所留最，后遂奏明刑部需才任事请，毋令熊光大与出京谳狱事，由是上知光大可大用。初补山东司主事。迁广东司员外郎。晋江苏司郎中。京察一等，记名以繁缺道府用。十八年秋，补授兴泉永兵备道。以疾卒于滕县舟次，年四十二。光大幼贫苦，父故，长者居长沙，以不能治生家益落，变产得十余金，令光大与其二兄各自为生计，兄弟相持泣。光大归零陵，遇先达蒋濂方主讲书院，奇其才，资之使学，遂冠郡试补弟子员，得陟科第，同郡何凌汉甚重之，惜未竟其用。

郑敦亮（生卒年无考），字岳心，湖南省长沙府长沙人。道光三年癸未科（1823）三甲50名进士。由庶吉士改宿松县知县。严惩刁唆积棍，以除害为务。有剧盗匿县境严恭山，设方略擒之，匪党敛迹。邑有蝗，斋祷于神，即夕大风雨，蝗尽漂于江。擢同知，去任，士民饯送数百里。

俞东枝（1784－?），字岱青，湖南省长沙府善化人。道光六年丙戌科（1826）二甲18名进士。授编修。辛卯典河南乡试，提学山西。迁监察御史。东枝节操方正，持文柄严剔弊窦，所得多知名士。居谏垣，慷慨敢言。道光中，禁吸食鸦片，月限期戒断，逾者罪至死。广西巡抚某疏请展限，东枝抗章劾之，直声震一时。又奏镇箪兵骄悍，宜急设法控制，以弭后患。先是浙洋不靖，调兵会剿，军所过骚扰，官民并苦之，会班师，东枝奏请饬领兵官严加约束，诏下各直省申禁，骚扰遂息。京师饥，尝监赈粥厂，必亲尝而按给之。致仕归。历主朗江、仰高、昭潭书院，教士严而有法。性孝友，崇节俭，家范整肃。"粤寇"犯长沙，或劝乡居以避，东枝不可曰："吾尝为近臣，桑梓有急与城存亡可也。"卒年七十有一。

方宗钧（生卒年无考），字夔卿，湖南省岳州府巴陵人。道光六年丙戌科（1826）二甲31名进士。历官户部郎中。会口外奸民诡计，攘夺民业，以开垦为名，因势要上其事于部，时相贪其说，将许之，宗钧力言不可乃止。及出守归德，成皇帝召对，面谕曰："开垦一事汝能为国家存大体，行当内用汝矣。"在任五年，调开封，署盐茶道。未半年，大水，米翔贵，大吏令出榜减价平粜，宗钧不可，听商自为价，不十日米船丛集，价顿减。旋以河决被议，归。咸丰中，湖南措军饷，宗钧任办郡属捐输奏请复官，不复出。精颜氏楷法，日有常课。

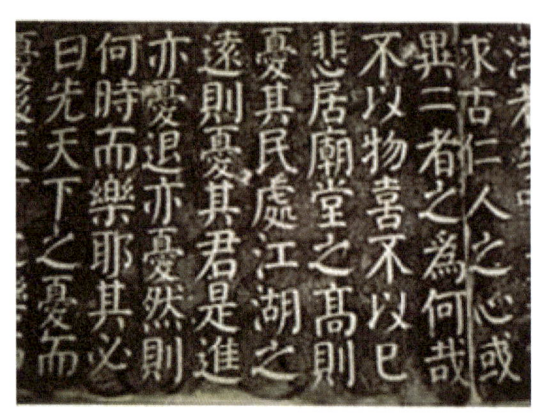

方宗钧颜体楷书

陈光亨（1797－1877），字秋门，湖北省武昌府兴国人。道光六年丙戌科（1826）二甲37名进士。授编修。累迁山东道御史。转掌贵州道，协理京畿道。累转户科掌印给事中。立朝刚方，弹劾无所避，如奏湖北知县楚镛阿附督臣，创造非刑，草菅人命，按问得实，论如律。山西巡抚杨国桢升授闽浙总督，命赴新任，光亨言其衰老请饬陛见察看，以免贻误海疆，国桢因告病归。巡视中城时，不妄押，不轻传妇女，不多送刑部，岁终结五百余案，赏给四品卿衔。二十六年，乞养归里。值军兴办理本邑团练，防御有方，劝集饷捐二十余万。又致书胡文忠，请除漕规积弊。主讲富川书院十余年，卒。著有《养和堂遗集》。

李嗣棠（生卒年无考），字荫南，湖南省宝庆府新化人。嘉庆庚午（1810）举人。道光六年丙戌科（1826）三甲72名进士。选庶吉士。散馆，改广东恩平知县。恩平滨海，潮水泛滥，土田多荒废，坐是额征多逋负。嗣棠至，锄强暴，扶善良，民畏而爱之，至是积年逋欠悉输完。县胥役素强横，多设私卡勒乡民，嗣棠廉知立毁之，置为首者于法。县旧生卒年无考棚，嗣棠乃倡捐创建，规制宏钜，众得所芘。分校广东辛卯乡试，时称得士。

彭舒萼（1799－1853），字棣楼，湖南省长沙府长沙人。道光九年己丑科（1829）二甲28名进士。选庶吉士。由编修授永昌知府。保山吏役以苛敛激变，众盈万。舒萼携数卒往召父老晓之，众立散，乃尽除陋规，而械责其倡众者。事定改思恩府知府，尽除上林田州诸剧盗。晋道员，调知梧州府。时巨寇黄赞聚众劫掠，密侦赞方设博局于戎墟，急遣干役挟重资与博，伏壮士擒斩之。咸丰辛亥（1851）署高廉道，解灵山城围，斩其魁，寻歼其党于合浦，赏戴花翎。悍贼凌十八自郁林犯化州，帅官兵进剿，简壮士夜焚其垒，斩之，尽歼其党。壬子授汉黄道。时寇逼湖南，檄赴韶州路防御。以疾卒。

陈起诗（1795－1842），字筠心，湖南省郴州直隶州人。生有异禀，未冠受知学政徐松，补州学生，松故负才，然特重起诗，赠诗数百言，勖以远大。及长有志经世学，与邵阳魏源、桂阳何庆元、桂东李克佃善，其学自经史及宋元明当代儒先之书，悉究其源流，而务适于用。道光乙酉选拔乡举。道光九年己丑科（1829）二甲32名进士。授吏部主事。时益阳汤鹏、宜黄黄爵滋、道州何绍基并心折起诗，魏源亦游京师相与讲求天下利病，益穷究天文、舆图、礼乐、财赋、兵阵，下逮中西算法，佛老家言。尤以兴水利为急务，谓费无出，则请整饬盐法以供用，而漕运亦可省，然后兵农诸政可次第，议行。又以德州至东昌运河纡折水旱皆足为患，惟于袁家庄取径直下，岁可省大农金钱数万，用以筹改汶泗河口，则南北两运俱济，所擘画具有条理。乙未河上阙员，拟请行，旋知所议不行乃止。江督陶澍改淮北票盐，起诗以书发其端，且为画策。前学政徐松撰《新疆志略》，号杰作，起诗为刊水道之误。武进李兆洛邮寄《天文分野图》，多所订正。在铨曹，因捐赈请奖，部议拟开尽先补用例，起诗谓"有妨正途"，尚书何凌汉韪之，议遂寝。迁员外郎，以御史记名。尚书汤金钊复派仓差，起诗揭其前后反复，金钊镌四级，起诗免归。居数月卒，年四十七。

罗绕典（1793—1854），字苏溪，湖南省长沙府安化人。道光九年己丑科（1829）二甲38名进士。选庶吉士，授编修。典四川乡试。授平阳府知府。平阳故多盗，狱讼繁兴，猾胥舞弄文法，恒私系讼者，绕典一绳以法，弊尽革，并清积案千余起。洪洞巨盗阑入陕豫，计擒其魁敖油、王鳌等数十人斩之。擢陕西粮道。迁山西按察使。平反冤狱二百余案，而杜痣案尤难。初痣与人斗，

罗绕典

夜逃，俄有死尸暴于路，仅一足疣，母控县坐斗者罪，绕典知其冤，遣役缉至山东磨坊获疣，冤乃白。迁贵州布政使。贵州地贫瘠，岁倚外省协济，绕典变通铅厂章程，清库款务，加节裁顿，增库储三十万，复置备荒谷五万石，发饷募民兵，捕诛盗贼，下游苗为敛迹。迁湖北巡抚。却盐商规银数万两，释株连平民二千人，制炮船，设兵巡，缉重湖盗贼。以忧归。服阕，赴都，适"粤寇"事棘，奉旨办理湖南防务，时贼已踞道州，绕典议于省城南门外增筑土城，以陕兵扼守石马铺，会贼突至歼陕兵，绕典遽入城，闭关与城中文武登陴固守，时守城兵少，绕典会同文武拊循激劝，不惜重赏，守者益力，各乡奸民群思劫掠，绕典令乡人练团御匪，格杀勿论，风顿息。贼据天心阁，新宁江忠源率师扼之，贼不能越，则日夜穴城，抵城根，绕典令预修月城，开内壕，缒健卒，凿外壕，破其穴。贼轰城，城凡三圮，皆为我军所堵，城复完，贼计穷，夜火其营遁，长沙围解，绕典居围城八十余日，昼夜亲巡。是月奉总督云贵之命，旋以武昌渝陷遏贼北窜，奉旨防荆襄，遂驻襄阳。土寇郭太安杨连科等窃发，擒二寇及余党千余人斩之，南北驿道通。赴云南，"回逆"马二花煽乱，负嵎死拒，以计夺隘入，回众惧缚献二花，东川平。广西百色土寇犯境，击走之。绕典以滇兵弱，故简标兵四出，令结壮佼厂民暗为防护，回患稍衰。贵州逆民杨隆喜纠众围遵义府城，绕典率练勇，攻破凤凰山、螺蛳山贼垒，斩馘数千，围立解。将督师进攻雷台山老巢，遽中风卒，年六十二。赠太子少保，予祭葬，谥"文慎"，遵义敕建专祠。

易棠（1794—1863），字念园，湖南省长沙府善化县化人。道光九年己丑科（1829）二甲71名进士。授刑部主事。历员外郎，郎中。出知广州府。擢陕西按察使。诏署甘肃按察使。除布政使。晋山西巡抚。未赴，署陕甘总督，赏戴花翎。未几除授。棠性简默而精明，素习名法家言。及官刑部，所谳决独得其平，先后随钦差案疑狱及查办事件。赴江西安徽者三，浙江河南者二，广东河南湖北湖南江南江苏各一，引律平恕，屡邀计荐其守广州也。狱讼繁，民多遮道上，然棠应时裁决剖晰如流，不肯以趋翔应接废民事。郡属黄竹岐民夷互殴，势汹汹，棠闻即会营驰往捕首祸者诛之，事遂寝，民得不扰。岁己酉，闻湘中饥，自广州寄千金归赈，全济者众。咸丰改元，诏廷臣各举所知，侍郎周祖培以棠荐，遂由广州守入觐，再蒙召对，膺殊擢皆异数也。先是道光末，甘肃野番数劫掠，戕总兵庆和，出没雍沙番地，总督琦善遂诬雍沙结野番为乱，发兵屠之，别获雍沙番数百人，搒掠使诬服，拟大辟狱具，伊犁将军萨迎阿奏平反之，抵原讯官吏罪贷系诏狱词多互异，于是上特命棠权臬篆，饬总督舒兴阿、督布政使黄宗汉及棠复讯，棠宗汉会详雍沙番，实无为匪状，于权贵无所瞻徇，人以为难。在陕西时，以通志久未就，手定义例二十七条，下所属征访事实，越二年遂有成书。及督陕甘部，咨令榷商贾厘税左军兴，棠疏言："甘省瘠苦，难奉行。"得旨俞允，乃饬属力行团练法，裁革陋规。又以捐佽军饷奏，广本籍善化文武学领各一名，另广学额一次。以病乞休归。卒年七十，赐祭葬。

陈本钦（生卒年无考），字尧农，湖南省长沙府长沙人。道光十二年壬辰恩科（1832）二甲5名进士。选庶吉士。改工部主事。补军机章京。迁营缮司员外郎。乞养归，主讲城南书院。岁己酉大饥，劝当事分厂赈济，全活无算，遂倡捐义仓积谷七千石，会城言储备，自本钦发其端也。咸丰壬子（1852），"粤逆"犯省城，与官绅协同守御八十一昼夜，未尝休沐。甲寅湘潭陷，长沙戒严，本钦在乡星夜赴城缒而入，协筹兵饷，贼退，筹立船炮局捐造船炮，济东征水师，诏加四品卿衔。先是本钦集湘中耆英会，得欧阳厚均、杨兆、李唐、叶谦、李象溥、余正焕、郑世俊、张学尹、唐鉴、郑世任、唐方煦、李象鹍、俞东枝、贺长龄、郑敦亮、周树槐、贺熙龄、丁善庆等十七人，而本钦为之殿。卒年七十，祀乡贤。

谭显相（生卒年无考），号槐省，湖南省长沙府攸县人。家贫力学，授徒养亲，生平仗义执言，一乡敬服，有王彦方之风。道光辛巳举人。道光十二年壬辰恩科（1832）二甲69名进士。授刑部主事。勤慎明决，为尚书刘彬士所倚重，尝令办理秋审。复改光禄寺署正。寻应聘主讲宿迁书院，成就甚多。无何，卒。丧归，门下送者哭失声。咸谓经师人师，数十年所仅见云。

李星沅（1797－1851），字石梧，湖南省长沙府湘阴人。父畴，字寿田，优贡生，桂东县训导。星沅年十二应童试，有圣童誉。道光十二年壬辰恩科（1832）二甲100名进士。授编修。甲午典四川乡试。乙未分校会试。旋督学广东。戊戌授汉中府知府。抵郡日坐堂皇，受牍立断，甫匝月，颂声大起。擢河南粮储道。庚子授陕西按察使。调四川、江苏。迁江西布政使。仍调江苏，兼权臬篆。壬寅擢陕西巡抚。时朝议下，陕省铸当五、当十钱，星沅疏陈情弊，事中止。不十年，各路改铸重钱，圜法遂梗，既以平反冤狱得优叙。乙巳谓抚江苏，疏陈漕务积弊，革大小户名目，

李星沅

疏出，吴民传诵之。会缅宁"回匪"不靖，擢云贵总督。往督师，首劾腾越镇将某，别檄锐师兜剿，不三月，缅境平，加太子太保，赏戴花翎。移督两江，兼摄河督。两江财赋甲天下，参以盐漕河为民命国帑所系，时部议南漕改折色，星沅力持，事得寝。又整饬水师，清盐课，饬河员各驻工所，不得萃处清江浦，政令一新。星沅起寒素，通籍十年，践封疆，蕲以苏民困，充国用为报称。遇事振迅，夕筹旦发，无所荧缩，刌精鉥虑，不少衰，坐是病强阳。己酉四月乞休。逾年宣宗升遐，舆疾入谒梓宫，恸哭不能起。文宗召询病状，以母衰多疾，仍乞归养，许之。未几，粤西盗起金田，势棘甚，侯官林则徐卒于军，起星沅为钦差大臣，拜疏即就道。浃辰抵桂林，调兵集饷，襄事者意见歧出，累月无功，愤激动宿疾。密疏请易帅，犹强起，刻期将出巡，卒不支，因口授遗疏："于贼不能平，谓之不忠，养不能终，谓之不孝"及"军中宿将惟向荣可倚"等语，言之至再，遂卒，时咸丰元年（1851）四月十二日也，年五十有五，诏优恤，谥"文恭"。

方大淳（1806－1835），字稼轩，湖南省岳州府巴陵人。钰子。好学能文章，年二十乡举，所为文，惊其长老。读书能著其说，集有《近人四书说》《号通义诗》。初用传笺，既而悔之，复从朱传。考取军机章京。道光十三年癸巳科（1833）二甲66名进士。授兵部主事。既通籍，有志天下事。从兵部吏，绘取天下地图行省各一大幅，注其地必详。年三十卒。

萧良城（生卒年无考），字汉溪，湖北省汉阳府黄陂人。道光十三年癸巳科（1833）二甲69名进士。授编修。累迁翰林院侍读。己酉充浙江副考官。旋任湖南学政。激励士风，严于衡取。咸丰初，在籍办理团练，捍卫乡里，邑人赖之。

黎吉云（1795—1854），原名光曙，字月乔，湖南省长沙府湘潭人。道光十三年癸巳科（1833）二甲81名进士。选庶吉士，授编修。充国史馆纂修。庚子分校会试及顺天乡试。改江南道监察御史。稽察颜料库、事务库物，例由内务府官庭领其后，仅持刺送，领状取物，相沿成习，吉云一准旧例，而冒领之弊绝。库匠收蜡延不出结状，吉云取向所收较之无少异，乃革匠而

黎吉云

需索之弊绝。壬寅署兵科、刑科掌印给事中。时海氛棘，要挟无已，吉云封事十数上，语多切直。外艰归。起山东道御史。复沥陈时务，论难侃侃，时有五御史之目，吉云其一也。亡何移病归。咸丰元年（1851），起江南道御史。转四川道。时"粤寇"起，湖广总督程矞采久驻衡州，贼由全州入楚，吉云劾其疏防，复陈兵事八则。又请革步军统领衙门虚伍缺额召募应卯之弊，步甲月支饷银一两五钱，宜并三为二，以期精练。癸丑春，命巡视北城，兼理守城事务。时江宁贼分党北窜，及静海独流，吉云忧甚，或言天津已有贼踪，吉云驱车至广渠门，见守具不备，诘门领达兴阿，门领诉于王大臣，诋其张皇，部议镌五级调用。吉云遂就养，其子福畴槀城县署。明年游保定，无疾卒，年六十一。

叶名琛（1807—1858），字昆臣，湖北省汉阳府汉阳人。志诜子。道光十五年乙未科（1835）二甲21名进士。授编修。京察一等，擢兴安知府。历雁平道，江西盐法道按察使，甘肃布政使。母忧，起补顺

天府尹。出为广东布政使。就擢巡抚。平英德清远二县"教匪"。咸丰三年（1853），英吉利欲入广州城，设立教堂，名琛偕总督徐广缙坚辞拒之，英人受约束退。是年，加太子太保，封一等男爵。授两广总督。时"粤匪"踞长江，湘军甫立，名琛不分畛域，协济饷糈，复制红单，兵艇驶入吴淞，遏贼北渡，两粤边境土匪乘间起，皆次第剿平之。授协办大学士。寻拜体仁阁大学士。逾年，英人败盟，陷广州，名琛入洋舶，说以利害，英人挟之去，浮海至印度，不食而卒。

叶名琛

张敬修（1801－?），字雨农，湖南省长沙府善化人。少时，授徒里塾，岁修十数缗，犹斥以助建义学，乡居出粟赈饥，遇育婴恤嫠事，必倾资以佽。道光十五年乙未科（1835）二甲80名进士。刑部浙江司主事。精于谳决，猾吏莫能欺，引律尤详慎。山东盗发，坐大辟三十余人，披牍至废寝食，凡可贳者皆出之。有妇孙氏谋杀孀姑，狱妇词反复，疑其冤，复案之，果得雪。每退食有喜色，必有所平反，或嗟唶不怡，则必求其生而不得也，然不受请属，或先以狱情告，必白上官，易员以讯。在京师创立洋痘局于保安寺，至今赖之。遭父母丧，哀毁致疾。既归，遂不出。卒年六十三，祀乡贤祠。

黄辅辰（1798－1866），字琴坞，湖南省长沙府浏阳人。世为醴陵人。寄籍贵筑。道光十五年乙未科（1835）三甲3名进士。官吏部主事。迁员外郎郎中。以知府发山西。辅辰在吏部司铨选有年，弊革风清，遇事持大体，论辩侃侃无所阿，同官窦垿镌贻小章曰"硬黄"，昭其直也。甫抵晋，闻黔作乱，遽归贵筑，倡办团练，躬察形势，建碉堡，积谷，治垣堞楼橹，抚辑清水江诸苗，已而贼犯清水，辅辰急驰往平其乱，以功擢道员，旋署山西冀宁道。时户部铸行铁钱，设宝泉分局于平定州，铁钱积滞不行，京师钱法大坏，而平定一州岁销铁钱千余万，当事请通行各属，山西钱法亦坏，辅辰以为利无几而为民害甚大，巡抚英桂用其言，分局遂罢。居久之，川督骆秉章辟佐军务，粤逆犯蜀，窥黎雅，檄总兵黄友耕驰扼大渡河，贼不得进，渠魁石达开由此就擒。刘蓉巡抚陕西，议兴屯田，询利病，辅辰采辑官私书为《营田辑要》，大旨在用民而不用兵，与民兴利而不与民争利。寻奏授凤邠道，遂一以营田自任，正经界，定限制，行之期年，查出叛绝产三十余万亩，认垦者十八万亩有奇，区画未竟，以积劳病卒。奏祀名宦祠，并请以治行编入循良传，得旨褒叙如例。

何庆元（1795—1850），字积之，湖南省郴州直隶州人。道光十五年乙未科（1835）三甲7名进士。选庶吉士。淡于仕进，乞假归，不复出。历主邑朝阳书院，倡捐膏火，培养人才，发名成业者甚众。庆元工为四书文，高浑孤夐，自谓不在明人归有光下，古文追步韩柳，为时所推。笃内行，事祖父及祖母均以孝闻。著有《知新阁文稿》。

王家勋（1798—？），字麓屏，湖南省宝庆府新化人。道光十五年乙未科（1835）三甲108名进士。官吏部文选司主事。居官十三载，趋公无虚日，不以溪刻为能，堂上官甚重之。家勋性慷慨，有求辄应，每春秋两闱，邦人士赴都者，砥砺规劝之，或课以诗文，日久无懈志。寻以母老解组归，左右就养，依依如孺子时。友爱诸兄弟，不忍析箸。待族戚甚厚，乡邻或构衅，力为解纷，疾恶顾甚严。巨痞刘成蛟者聚党劫掠，为一邑患，家勋以计捕之送官，置之法，井里肃然。年五十六卒。

胡林翼（1812—1861），字润芝，湖南省长沙府益阳人。达源子。幼时随父居京师，才气英发。道光十六年丙申恩科（1836）二甲29名进士。选庶吉士，授编修。二十年，典试江南。坐事降调。明年，丁父忧，服阕，援例为内阁中书。旋改知府。发贵州署安顺府。除巨盗三百余人，修义学十数区，清积案三百余牍，搜采节孝八百余人。会黄平苗夷等处苗乱，带兵往剿，平其寨，叙功以知府

胡林翼

遇缺即补，赏戴花翎。于黎平防堵湖南新宁匪，奉旨补缺后以道员用。寻署思南府。咸丰元年（1851），补黎平。二年，奉檄剿办乌沙古州八寨逆苗，平之。四年，补授贵东道。云贵总督吴文镕改督两湖，疏调林翼，遂以黔勇千人行，会贼陷湘潭，湖南巡抚骆秉章调林翼回援省会，适安化土匪黄国旭为乱，计擒之。追剿常德窜贼，擢四川按察使。调湖北按察使。时曾国藩已克复武汉，进攻九江，檄林翼会剿。五年，湖督杨霈师溃黄梅，林翼回援武昌，次沌口，擢湖北布政使，而武昌又陷，退营金口。遂奉命署理湖北巡抚，无何师溃夺山。是年秋，罗泽南自江西来援，会军金口议水陆进攻策，林翼由中路出省城南营堤上，泽南由东路营洪山总督官文以吉林骑兵合众军营北岸，自是饷道日通，势渐振。六月，罗泽南卒于军，李续宾代领其众。七月，大破江宁援贼，追逐百里。襄阳土匪连陷樊城、谷城等县，与"川匪"合陷宜昌，林翼遣将剿平之。十一月，克复武昌，赏头品顶戴，实授巡抚。遂分兵收复武黄各属县，会续宾全军围九江，

林翼自驻武昌调度，慎选贤能，与民苏息。湖北漕务久敝，官民交困，乃裁革上下漕规，连疏入告，酌减定章，于是民乐输将，军饷赖以不匮。八年四月，九江破，歼贼万计，斩逆首林启荣，捷上，加太子少保衔。李续宾由此规复太湖、潜山、桐城，与都兴阿掎角。林翼以母忧归。十月，李续宾师溃三河镇，都兴阿官文具疏力请起复，林翼闻信跃起痛哭启行，过武昌不入，抵黄州，各军闻林翼至，心稍定。九年，石达开犯湖南，围宝庆，林翼遣李续宜击走之。官文疏请林翼与曾国藩并力图皖，乃定四路进攻策，或请林翼驻黄州毋出境，不可曰："某为讨贼出，非守土也，不赴敌，则无名。"十月，移营英山。十年春，大破贼于小池，驿遂复潜山太湖。当是时，曾国藩总督两江，命弟国荃围攻安庆，而将军都兴阿亦奉旨赴援淮阳，兵饷皆于林翼取给。十月，多隆阿李续宜大败贼于挂车河，贼分路西犯，林翼策贼意在解皖围，乃遣续宜以一军回援，而攻皖益急。十一年八月，遂克复安庆诸州县，贼先后殄灭，楚境肃清。曾国藩以力主围皖推功林翼，赏加太子太保衔，并骑都尉世职。林翼积劳呕血，兼闻文宗升遐，太恸病益剧。二十六日，卒于武昌，年五十。上闻震悼，追赠总督衔，照总督例赐恤，入祀贤良祠，谥"文忠"，湖北省城及湖南原籍建立专祠。

唐李杜（1796－1866），字诗甫，湖南省永州府祁阳人。道光十六年丙申恩科（1836）三甲11名进士。吏部稽勋司主事。改知县，补陕西靖边县。于地方利病竭力兴除，葺书院，聘名师，暇即亲诣讲说经史，不二三年，人文蔚起。甲辰、丙午、己酉分校陕甘乡试，所荐多名士。调任咸宁。去靖时，绅民留靴以垂遗爱。莅咸宁，首清积牍八百余件，复上书当路，条陈利弊数事。咸丰元年（1851），升商州知州，加知府衔。明年，卸篆办商州军需局。五年，升即用道，委办商南团练。十年，奏办陕西军需捐局。同治元年（1862），"回匪"乱，奉委协守省城，民避乱奔城，男女万余人，李杜开门纳之，安置贡院中，捐银倡赈，遂无一人失所。围解，以守城功加盐运使衔。五年七月卒，寿七十有一。著有《读我书斋集》行世。

罗源一（生卒年无考），字沁吾，湖南省长沙府长沙人。道光十六年丙申恩科（1836）三甲21名进士。以知县发浙江。乞假省父，父诫之曰："吾幸康强，衣食粗足，若好为官，当恤民隐，勿余辱也。"源一奉命惟谨。丁酉分校浙江乡试，有汇缘一荐，许馈重金者峻拒之。戊戌署临安县事，清积牍三百有奇。庚子补泰顺县。以亲老难迎养，呈请改教，任辰州府学教授。源一内行尤笃，未仕时与两兄析产负债三千余金，请独任之，兄持不可，再三请，卒如其志。

陈源兖（1814－1854），字岱云，湖南省长沙府茶陵州人。道光十八年戊戌科（1838）二甲34名进士。选庶吉士，授编修，纂修国史，性严正。甲辰分校会试，大学士某有子入试，文劣甚，源兖绌不荐，同列以情告加批抹焉。授吉安府知府，修文信公墓祠，治狱多所平反。调广信府弋阳令，讳盗立劾去之。贵溪民以征漕苛索大哄，源兖驰往，革浮费，并治不逞者，事立定。弋阳尤某有孙女，许字嵇氏，索资不遂，图赖婚，源兖廉得其情，庭讯时令交拜堂下，鼓乐送之。归母忧，服阕，补池州府。有母讼其子者，惑于少子之谮也，源兖察其子瘠甚，因问曰："饥乎？"曰："不饱食久矣。"赐以饭，遂反复论母子之天性，子感泣不能下咽，乃牵母衣呜呜不辍，母亦哭，其弟大悔悟，自请罪，遂为母子兄弟如初。石埭民程百子妻被程春苟殴毙，春苟畏罪自缢，土豪沈文蔚反诬百子杀妻，县拟抵，源兖白其诬，论文蔚如律。亡何"粤逆"洪秀全等破武昌，顺流东下，池州无兵无饷，飞骑请援不至，源兖出勘要隘，贼已由水路至，穿城一过，直薄江宁，坐夺官，时行省改庐州，巡抚江忠源檄源兖治营务，贼犯庐州，分守时雍门，目不交睫，坚守四旬余，城圮三次皆力御之，及城陷，亲卒拥以行，不可，单骑入明伦堂自缢于古梅树下。源兖官编修时，遘危疾，妻易氏刲臂疗之，愈，易寻卒，以孝行被旌。源兖授吉安守，召见时，宣宗忆及前事犹动容嘉叹云。

梅钟澍（1798—1841），字霖生，湖南省长沙府宁乡人。弱冠举于乡，补正义堂学正。道光十八年戊戌科（1838）三甲12名进士。选庶吉士。改礼部主事。博学多闻，殚精著述，工诗古文词。奉继母孝，事伯兄谨，凡事咨而后行。卒年四十有四。

邹焌杰（1809—?），原名见龙，题名录作邹正杰，字云阶，湖南省长沙府浏阳人。道光二十年庚子科（1840）二甲11名进士。选庶吉士。授编修。充广西正考官。咸丰元年（1851），"粤贼"犯长沙，邑征义堂，匪将煽乱，焌杰风闻入告巡抚张亮基，亮基据焌杰言星夜驰奏，朝廷遂密饬遣江忠源讨平之。历充国史馆纂修，教习庶吉士，协办院事。改山东道监察御史。掌广东道、京畿道监察御史。方东南用兵，各省州县以捐饷奏加学额、中额，惟湖南久未核奏，焌杰疏请分别议加，许之。附奏某官总理捐输多饱私囊，谕大吏查参大学士某。丁艰特旨给假，扶柩回籍，假满来京。时某未陈请终制，焌杰劾之，上允所奏，某开缺回籍终制，且有该御史持论甚正之谕。又上罢捐以固民心，慎刑以恤民命，两疏皆深切时

《梅礼部家传》中的梅钟澍传

务。后授浔州府知府。以母老乞养归。卒年六十八，祀乡贤。

黄兆麟（1807—1856），字绂卿，湖南省长沙府善化人。祖铃，乾隆己卯（1759）举人。历知寿张、蓬莱、泰安等县。迁青州府同知。廉明勤干，所在著绩。兆麟由拔贡生与弟倬同举道光丁酉乡试。道光二十年庚子科（1840）二甲29名进士。选庶吉士，授编修。为人质实谦谨，为其母舅太常卿唐鉴所深器。及居言职，毅然无所瞻徇。自江南道御史迁刑礼二科给事中。晋光禄寺少卿，数上书言事。咸丰初，粤寇倡乱，督师大臣以失律下诏狱，并邀宽典，出赴军前效力。兆麟抗章论劾大旨谓："偾军之将不宜复用，以弛军律。"疏出，天下想望风采。尝分校顺天乡试，主福建乡试，所得多名宿。以疾假归，寻卒。

曾广渊（生卒年无考），字心斋，湖南省长沙府湘乡人。父大任，诸生，性刚直，教子严课，读无虚日。广渊幼颖异，五岁遍诵六经，年十二入泮，旋食饩。道光乙酉以拔贡入都，考取教习，戊子北闱举人。考授国子监学正，升太常寺典簿。道光二十一年辛丑恩科（1841）二甲10名进士。选庶吉士。散馆，授编修。乞假归。会丁母忧，以哀毁卒。生平尚气节，耻干谒。在京逾十年，旅邸萧然，书籍外无长物，尝断炊数日，唯恐人知，而人亦罕知者。其诗赋文字为名流所推重。

李杭（1821—1848），字梅生，湖南省长沙府湘阴人。生七岁能为五言诗。稍长博通经史，工为文。杭长身玉立，神清气澄，益阳汤鹏、上元梅曾亮、闽陈庆镛、桂林朱琦并以文章气节负重名，见杭倾心，引为小友，监利王柏心尤心佩焉。道光二十四年甲辰科（1844）二甲4名进士。选庶吉士，授编修。年二十八卒。著有《小芋香馆诗文集》。

周玉麒（1804—1875），初名湘溥，字韩臣，湖南省长沙府长沙人。道光二十四年甲辰科（1844）二甲10名。选庶吉士，授编修。改监察御史。迁光禄寺少卿。荐擢内阁学士，兼礼部侍郎，提督浙江学政。以经史课士，有《经史试帖》八卷。乞假归。主讲岳麓书院，训及门为有用之学。卒年七十四。

杜学礼（生卒年无考），字兰谿，湖南省桂阳州临武人。廊章子。道光乙酉选拔，廷试高等，授工部七品小京官。后举顺天乡试。道光二十四年甲辰科（1844）二甲39名进士。以员外郎仍归工部用。寻晋郎中。典山西乡试，得士称盛，寿阳祁世长其最著也。学礼究心经世之学，在部二十余年，练习掌故，为堂上官所倚任。晚援例以道员试用广东，历署高廉惠潮诸道，所至御寇安民，有政绩。以老告归，寻卒。

孙鼎臣（1819—1859），字芝房，湖南省长沙府善化人。年十一，作《西王母赋》，惊其长老。十四补诸生。十七领乡荐。授内阁中书。道光二十五年乙巳恩科（1845）二甲8名进士。选庶吉士，授编修。己酉典贵州乡试。壬子擢侍读，充日讲起居注官。时粤寇肆扰，有诏戒臣下因循，鼎臣疏言："因循之弊，宜用法以治标，用人以治本。"又疏陈："团练筹饷事最悉。"故总督某释自黑龙江，署河南巡抚，鼎臣言其人不足复用。明年贼扰河北，故督师某某并出狱，赴军前自效，又亟言两人失律罪大，复用之无以申军法，并报闻。寻乞假归。奉母读书，益取古今言学

孙鼎臣所著《苍筤集》

术治道诸书，钩抉奥秘，成《畚塘刍论》《河防纪略》。合所著诗文都为《苍筤集》。逾年起补故官，母忧归。寻卒，年四十一。

袁芳瑛（生卒年无考），字漱六，湖南省长沙府湘潭人。早岁能文，卓荦不群。道光二十五年乙巳恩科（1845）二甲20名进士。选庶吉士，授编修。由御史出知松江府。会"粤贼"陷，江宁巡抚吉尔杭阿领兵攻剿，以芳瑛总理营务处，不避艰险。逾年卒。芳瑛好藏书，每购得宋元旧椠珍逾拱璧，从戎江南尝以善本自随，营溃书多残失，又百计购补完之，插架甚富。尤工书楷法，为时所重。

周辑瑞（生卒年无考），字子佩，湖南省长沙府善化人。道光二十五年乙巳恩科（1845）二甲56名进士。吏部主事。母忧归。咸丰元年（1851），在籍会办团练捐输。九年，补考功司主事。迁文选司员外郎。同治三年（1864），出知镇江府。江南自经寇乱，镇江被蹂躏最久，凋敝甚，辑瑞下车极意抚绥，力筹善后策，民得安堵。先是郡中殉难者众，及官军克江宁，积尸蔽江下，辑瑞督役收取朽骨棺瘗之。乃次第修学校，缮城隍，流民争归复业，弦诵声相闻。寻以劳卒，民痛悼之。

夏家泰（生卒年无考），字阶平，湖南省长沙府善化人。道光二十五年乙巳恩科（1845）二甲65名进士。吏部文选司主事。迁员外郎郎中。出为延建邵道，署福建按察使。召入都，道疾而卒。家泰在吏部时慎铨法，吏不能滋弊，以正直称。尝奉诏治昌平团练，备器械，防要隘，清内奸，远近称便。及官福建，值寇扰，仍力行团练，如在昌平时。署臬篆，平恕折狱，民自以不冤。

黄廷瓒（1818—？），字麓溪，湖南省长沙府长沙人。道光二十五年乙巳恩科（1845）三甲56名进士。以知县即用，发江苏。丙午分校乡试，得士钱鼎铭等八人。署娄县事。期年政声卓越。遂署长洲县，寻补授。己酉大水，廷瓒专任赈事，自请帑外，谆劝富民捐助，乃分都图立局，计口授钱领，以士绅之贤能者日具人数揭通衢，复躬自巡历，灾民沾实惠，大吏下其法于各属。明年赈金罄，距麦熟尚半月，上官虑不继，廷瓒曰："无虑也，某所领赈金例价每两准钱千八百文嗣银，值日昂计赢余二万余缗，可取给也。"大吏敬异之。盖首邑繁费重，率以此等赢余为津贴，不意其悉以治公也，于是士民绘《茂苑回春图》征诗纪事。先是戊申秋，江北灾民渡江乞食者近十万，廷瓒倡分县留养之策，其法先于要路遣官点验，分途资送各县，县约二三千人，在城分四门乡分都图，择地安插捐资以赡之，其壮丁仍使佣力以自给，计苏松常镇太属，每县不过二三千金，而十万人得安集矣。粮艘水手多劫盗，官莫能捕，廷瓒募其党十人为民壮，厚廪之。有案辄破，会有索饷辱官狱，漕督不敢治，迫归伍，乃牒巡抚案名捕送，巡抚难之，以属廷瓒，乃令十人者绐之入城游宴，而次第擒之，无脱者。富民胡某子忽患疯癫，刃伤其妻及雇工，又杀二雇媪，胡大恐，勒之死，而以自经报，廷瓒立即往验，谕众曰："疯癫杀人律不抵，况已畏罪自尽。"命具医药埋葬银而事结。咸丰改元，诏举贤能，总督陆建瀛、巡抚传绳勋交荐之。引见交军机处记名简用，其后臬司廉英、粮道倪良耀召对，上犹询及廷瓒云。在京时，大学士祁寯藻方管户部，询海运事宜，廷瓒谓："各州县可赢米三十万石，石折二金，可六十万，以供河工用有余矣。"祁大悦，即奏行之。母忧归。适曾国藩出治团防，疏调廷瓒总查保甲，首捐五千金助饷。诏以知府选用，旋赏花翎。遂躬历衡州、醴陵、湘潭肩筹饷之任，湖南初设盐厘局，益以东征局，督销淮盐局，廷瓒皆力任其难。咸丰十年（1861），特简南宁府知府。时已加道衔，湘抚骆秉章疏请开缺，以道员归广西补用，仍留湖南。旋加盐运使衔，晋按察使衔。初皖抚江忠源、滇抚林鸿年、黔抚张亮基先后奏调廷瓒任军务饷务，皆为湘抚所留。晚患目眚。卒年五十七。

袁希祖(1814—1861)，字筠陔，湖北省汉阳府汉阳人。道光二十七年丁未科(1847)二甲6名进士。授编修。咸丰二年(1852)大考，擢侍讲。荐升内阁学士。九年，典福建乡试。历署户部、工部侍郎。疏陈当十当五大钱之弊，请复旧规。十年，英人犯京师，上狩木兰，希祖屡疏力阻不获。时僧格林沁擒夷酋巴亚里于通州，希祖请诛之，以作士气，并乘胜进至大沽，毁其船只，时论壮之。改署兵部侍郎。以疾卒。

袁希祖

张允熙(生卒年无考)，字尧民，湖南省沣州直隶州人。道光丁酉副榜，丙午举人。道光三十年庚戌科(1850)二甲99名进士。由吏部郎中拣发甘肃，补甘凉道。时"回匪"滋事，亲带勇剿贼，并筹办各路军需，不遗余力，因积劳病卒。同治六年(1867)三月，奉旨交部议恤，加赠光禄寺卿衔，并荫一子入监读书，六年期满以知县注册候铨。

龚显章(1817—?)，字云浦，湖南省岳州府巴陵人。咸丰二年壬子恩科(1852)二甲27名进士。授吏部主事。多艺能，工书善琴，兼明医理算数。时算学方盛，显章公事暇常握算坐思，欲有所论著，未就而卒。

易堂俊(1814—?)，字海青，湖南省长沙府湘阴人。咸丰二年壬子恩科(1852)二甲45名进士。选庶吉士。改内阁中书。自免归。工书能文，性豪迈，不修饬边幅，晚益折节读书。兴贤堂创始堂，俊之力为多。掌教求忠书院，又移掌城南书院，凡二十余年。士论归之。

黎福畴(1825—?)，字寿民，湖南省长沙府湘潭人。道光丙午(1846)举人。咸丰二年壬子恩科(1852)三甲21名进士。以主事签分吏部文选司。父吉云,官御史,福畴以禄不足养,呈改知县,铨藁城,迎养其父。县经寇残毁,福畴修举废失。甫三月,而吉云卒,福畴扶柩自贼中绕道回湘。时"粤逆"自江皖窜扰江西,楚南戒严,福畴庐居感愤,走投曾国藩于江西,承办粮台。咸丰七年,拣发安徽,仍效力国藩太湖营次,司军械,迨大军渡江,驻祁门,复安庆,叙功以直隶州补用。国藩总督江南,承审要案,多所平反,军民争衅,疑难轇轕,剖决悉当。无为州堤积年溃裂,民失生业,福畴募资修复,并察吏弊,福畴巡视堤工,谕绅民分段修葺,阅月而工竣,当事檄福畴代理州事。旋以疾回皖,念母老乞归省视。会军克宁国,皖南渐就肃清,兵燹孑遗,继以病疫,福畴权守宁国,兼摄泾事。同治元年(1862),赴任,括泾城内外得五百户,日赈米二升,未几得七百户。每扁舟单骑巡四境,访游勇乱民为民害者诛之,劣衿借团练设卡敛资者悉驱遣之,循声遍皖南北。视事三月,染疫卒于泾,士民悼痛。奉旨照知府军营病故例赐恤。赠太仆寺卿衔。荫其子景储知县。

涂觉纲(1819—?),字莘畲,湖南省长沙府长沙人。道光己酉(1849)拔贡,朝考甲其曹,授吏部七品小京官。咸丰六年丙辰科(1856)二甲26名进士。补考功司主事。父忧归,服除。迁文选司员外郎。擢郎中。戊午丁卯并分校顺天乡试。戊午科场狱起,在事者多被牵累,惟觉纲夷然事外。俸满记名以繁缺知府用。丁母忧,服阕后,寻卒于家,年五十有八,未竟其用。觉纲在部精于综核,有陕罣议吏持其短则为轻之,上饶有狱苛以迟误,复诘而正之长,二皆倚之为重。

黎培敬(1826—1882),字简堂,湖南省长沙府湘潭人。咸丰十年庚申恩科(1860)二甲1名传胪。选庶吉士,授编修。充国史馆协修、纂修。晋总纂,兼武英殿纂修,实录馆协修,本衙门撰文。同治三年(1864),提督贵州学政。黔中"苗教匪"炽,培敬溯江抵渝,适大定、黔西失守，遵义路久断，乃间道从永宁赴毕节，即由安家寨小路达贵阳，时总督劳崇光驻黔，张亮基署巡抚，各负重望，意见不相协，培敬密奏督抚不和恐误大局，于是朝廷始得实情。六月，试首郡，尽革棚规，补行前任。岁科试初，学政皆困守省城，恐"苗教匪"借试阑入，言及考试皆色阻，培敬不为动，揭示令士子各携食米入城既试，人心大安。

黎培敬

八月，按临安顺贼麇至，提督兵败，培敬与郡守婴城守援，至得解围。遂调考普安厅，捐养廉二百金充赏，将试，都匀贼势炽甚，知府驻独山州，贼又至，中道止其行，培敬叱驭而前，至则贼已退，犹屯三十里内。有自贼中剃发来应试者，培敬曰："黔边不见官吏久，闻学使至，以为复睹承平，此已乱之一道也。"州城卑圮，捐廉二百金为倡，劝捐千金修木城，其后荔波失守，独山复被围，以城故得无恙云。当试黎平、开泰，令言永从苗汉不和，不宜冒险往，巡抚咨称永从贡生王仁统等言，逆苗将阻考，培敬笑曰："此必苗民愿考而仁统等阻之也。"乃出示安苗，间取洞酋子入文武学，学额悉仍旧，苗土大和。按试，铜仁贼适犯城，试院在城外，距贼数里，吟哦声与炮石声相应和，培敬若弗闻也，试毕仍捐廉以助防务。六年，试思南，团首杨德友领五百人护考，团相率御侮计。十二年，校阅之事以三年了之，奉旨仍留学政任，并会同巡抚办理剿抚、屯田事宜，许专折奏事，寻赏四品服，署贵州布政使，异数也。时贼距龙里、贵定距省数十里，库如洗，培敬知青崖大族赵姓有积谷，劝捐军米二千石，别筹饷金二千，请提督进攻龙里，两月不能下，食且尽，论者反咎其轻举。会云南按察使李元度平思石，"教匪"凯撤多战将，令同知叶正固接募二千人，以洋枪开花炮来助攻。五月，克龙里。六月，省城解严。诏补授布政使，即筹葺贵山诸书院，补行己未、辛酉、壬戌三科乡试。前署提督林士清降将也，培敬官学政时，密陈士清不法，督抚优容太过，请敕擒斩之，至是密商川军诛士清，赏戴孔雀翎。十一年，全黔肃清，赏头品顶戴。光绪元年（1875），擢贵州巡抚。二年，永从"苗匪"平，得旨嘉奖。乃疏请裁汰疲军，归并得力将领，前后获平远"会匪"吴玉堂、罗奉茸、刘青山、熊正宇等及威灵"会匪"王沛霖、陈希贤等，就地正法。又拿获潜匿省城"会匪"冯殿邦、吴小山及周岐山等，遣将剿平清江雷公山老巢，剿除大定"扛匪"何定功等，搜擒著名首逆黑大汉等六十七人，并正法枭示。又密陈御夷十策。四年，诛定番逆匪陈乔生，收复都匀府。又以直省因案提省之原告，及干证羁押待讯口食无措，瘐毙者多，奏请设立候审所，各给口粮，许作正开销，奉旨允准，着为例。五年，遵旨陛见，以疏请将前总督贺长龄复官，予谥建祠，被议降三级调用。抵京，不敢复请对，遂南归。寻授四川按察使，陛见召对二次。六年正月，莅川，禁革门包名目，暨各州县所馈桌幕，节礼俗，喜京控藉，持官吏短长，培敬与司谳委员坚明约束，克期讯，诘诬告，论如律，立投到所，以杜差保羁延，总督丁宝桢匙之饬司道，仿行督辕，亦仿设焉。驿传久废弛，详请奏复，所减役食银又设保甲局，诘奸弭盗辑刊。临桂陈宏谋理刑文檄，颁发各属，使有所宗法。居半年，超擢漕运总督。甫至即往礼字河，察勘堵坝事宜，宿工次，寻即合龙。擒巨盗伪定海王朱振冈斩之。设官煤局以便民。仿扬州章程，设借钱局以资惠济。核减堡工浮销,每堡岁馈漕督陋规万两,培敬先以本年所入二万金,拨修清江驿馆及湖堤七庙,造兵堡瓦房三十四所,窝埔瓦房七十余间,余充丽正、崇实、奎文诸书院膏火。又奏浚洪泽湖下游,以杀水患。造战船,以防海口。植堤柳十余万株。六月,调补江苏巡抚,得风疾开缺归。八年七月卒,年五十七,优诏议恤赐祭葬,黔抚林肇元据士绅公呈入告,许贵州建立专祠,予谥"文肃",事迹宣付史馆。

欧寿枟(生卒年无考),原名少修,字健吾,湖南省长沙府长沙人。道光甲辰(1844)举人。挑授临湘学教谕。咸丰十年庚申恩科(1860)二甲33名进士。选庶吉士。散馆,授编修。假归,道出淮南。时曾国藩督两江,重整盐纲淮北亦改用票法,以寿枟洞悉时务,奏令综理扬州盐栈。立法伊始,寿枟厘剔弊端,税课较前数倍,商民安之,有馈重金者却弗受,人尤以为难。入都供职,居数年卒。

谢维藩(1834－1878),字麟伯,湖南省岳州府巴陵人。父继业,侨居于秦。维藩幼敏悟,读书过目不忘,初尚气节,喜任侠,既冠,读宋五子书,悚然曰:"道在是矣。"因折节向学。长安卢桂轮潜心关学,维藩事以师礼,或诽笑之,不顾也。咸丰乙卯(1855)以寄籍皋兰举陕甘乡试。同治元年壬戌科(1862)二甲52名进士。选庶吉士。母忧归。左宗棠督师入关,知其贤,聘入军中,维藩知无不言,多所毗赞,屡欲特疏荐之,皆峻辞,耻以墨绖博进取也,宗棠不能

谢维藩所著《雪青阁诗集》

强。服阕，入都，授编修。改归本籍。尝两上疏言淀园当罢葺，大婚繁费请节用，以赈饥民，语多激切，上优诏答之。庚午充广东副考官，正使王祖培中道卒，维藩独任，鉴衡所取多名宿，既毕事，为祖培谋归榇，并以例照所得分致其家。癸酉提督山西学政，廉隅自饬，宿弊一清，阅文期，拔真才，刊小学数万本，散给诸生，勖以躬行闻。芮城贡生薛于瑛究心理学，辟致省垣，筑讲堂以居之，特疏于朝，得旨赏国子监学正衔，又屡疏言边事，皆留中。维藩亦不以疏稿示人，虽密友不使知，曰："吾不敢以直谏沽名也。"每以时事多艰，外侮逼处为忧，谈次声泪俱下。光绪丙子（1876），任满还京，行囊萧然。越岁畿辅大饥，道殣相望。维藩集同志设粥厂十余所，亲往散赈，日往来冰雪中，徒步数十里，怀胡饼数枚以自啖，积劳遘疾，遂不起，年四十有五。顺天府尹奏其事，诏以生平善行载入本籍志乘，以垂不朽，异数也。维藩天性忠孝，未达时，闻素工诗，由昌黎以入少陵。所著《雪青阁诗集》四卷，其友陆襄钺为裒辑行世。

萧晋蕃（1834－1883），初名晋卿，字游廷，湖南省长沙府长沙人。同治四年乙丑科（1865）二甲26名进士。选庶吉士。授编修。清贫励学，忧归。犹就馆以自给。寻改监察御史。光绪壬午（1882）典广东乡试，号称得士。明年卒于官。

王逢年（1831－?），字耘溪，湖南省长沙府善化人。少孤力学，博览强识，笃孝友。既长，益究心经义，立身制行，必准古人。家贫为塾师几二十年，非义不取。族姻之无告者，辄周恤之。家居未尝有疾言遽色，稠人广众中，率嘿不一语，及与同志论学，则上下古今，娓娓不倦。同治七年戊辰科（1868）三甲134名进士。内阁中书。既通籍，犹以贫故归，复授徒。未几卒。

陈理泰（1844－?），字蕴原，湖南省长沙府长沙人。同治十年辛未科（1871）二甲51名进士。选庶吉士。散馆，授编修。键户读书，留心当世之务，居京师不携眷属，借馆谷以为生。光绪庚辰（1880）分校会试，所取士多隽才。居数年卒，时论惜之。

屠仁守（1829－1900），字敬夫，号梅君，湖北省汉阳府孝感人。之申孙。同治十三年甲戌科（1874）二甲8名进士。授编修。迁江南道御史。时太白昼见，仁守疏请修政治以答天变，其大纲曰："杜诿卸，开壅蔽，慎动作，抑近习，轸民瘼，重国计。"又疏请停止报效银两以存政体，又叠上疏，忤旨革职。光绪二十六年（1900），西幸召见行在，授光禄寺少卿。俄以疾卒，年七十一。

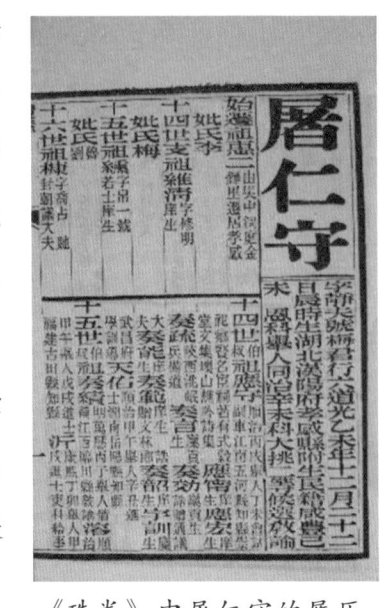

《硃卷》中屠仁守的履历

除文进士外，于地方志中尚有武进士记载：

曾大观（生卒年无考），字静斋，湖北省汉阳府黄陂人。嘉庆四年己未科（1799）一甲2名武榜眼。由侍卫授枫岭游击。擒盗首三人，疆界遂安。荐擢福建陆路提督。道光间，台湾不靖，大观率兵协剿，有千总某在途骚扰，立殴毙之，一军股栗。

谌思棠（生卒年无考），湖南省辰州府溆浦县龙潭人。嘉庆甲子科武举，嘉庆十年乙丑科（1805）武进士。入湖南抚塘务府。

谌万芳（生卒年无考），湖南省辰州府溆浦县龙潭人。嘉庆戊辰科武举，嘉庆十四年己巳科（1809）武进士。钦点御前侍卫。仕至福建汀州协副将。

秦定三（生卒年无考），字竹坡，湖北省武昌府兴国州人。道光六年丙戌科（1826）一甲2名武榜眼。授二等侍卫。年劳选桂林游击。荐擢镇远镇总兵。以平新宁李沅发功赏勇号。咸丰元年（1851），"粤匪"倡乱，定三率滇黔兵会剿，贼窜东乡。定三与副都统乌兰泰伏兵思盘渡败贼数千，贼由金田移屯新墟，定三卷甲潜行渡江，侦知竹园村树林丛莽乃堙塞要隘，伏兵村中，遣兵百人为采樵者，诱贼入，伏起贼仓皇从村后窜逸，后伏又突出合围杀贼几尽，于是一日七胜，追贼永安州，定三手受炮伤里创力战，毁大瓮村平水窦贼垒，遂复永安，擒洪大全，槛送京师，会贼由桂林出湖南，浮江东下陷江宁省城，提督向荣以定三为先锋，军于舒城之三角井，江宁贼数万，四面扑营，定三以兵坚守十余日，阵斩贼首罗大刚，贼退去。以功赏骑都尉世职，授福建陆路提督，帮办南路剿匪事宜。复同总兵和春进攻镇江，军溧水遏援贼，疾卒于军，谥"恭武"。

谌琼林（生卒年无考），湖南省辰州府溆浦县龙潭人。道光丁酉科武举，道光二十七年丁未科（1847）武进士。初任湖北兴国州守备。升任湖南乾州都司。咸丰初，统带兵勇赴鄂，卒于行营。

解放后，湖广会馆的建筑被分割使用，损毁严重。1984年5月，被定为北京市文物保护单位，1991年开始启动对湖广会馆的修复工程，于1996年4月竣工。1997年9月6日，湖广会馆戏楼作为北京市第一百座博物馆"北京戏曲博物馆"宣布成立，并恢复演出功能。现今，会馆兼具戏楼、酒楼、茶楼、博物馆等多项功能，是北京著名的会馆之一，也是按原有格局修复并对外开放的第一所会馆。

会馆现状（一）

会馆现状（二）

会馆现状（三）

江夏会馆

江夏，是武昌府的古称。武昌为武汉三镇之一，位于湖北省东部，长江南岸。汉代置沙羡县，三国吴升至武郡。隋后改为江夏县，明清为武昌府。民国改名武昌县，1949年后与汉口汉阳合并为武汉市。

江夏会馆，为同乡试馆。位于西城区大栅栏排子胡同40号。清代为牌子胡同22号，民国为21号。建筑现为民居，破损。

《宸垣识略》载：

> 西城会馆之著者，西河沿排子胡同曰江夏。

《光绪顺天府志》载：

> 排子胡同，有江夏、凤阳会馆，小庙二。

张用宾（1856－?），湖北省武昌府江夏人。光绪十五年己丑科（1889）进士。任度支部主事。光绪三十二年（1906），任江夏会馆管理人。

江夏会馆，清雍正年间，由河督崔应阶捐出。占地1.31亩，有房19间，后来扩展为三座四合院规模，达80余间。设有乡贤祠和花园。此会馆曾为张裕钊旧居。

张裕钊（1825－1894），字廉卿，湖北省武昌府人。道光二十六年丙午科（1846）举人。授内阁中书。主讲于江宁、湖北、直隶陕西等各处书院。学术专工古文。是著名的书法家，晚清一大书家。

江夏会馆还有一附产，为戴月轩湖笔店，位于琉璃厂东街73号，创立于1919年，创建者浙江人戴斌字月轩，因名。该店经营湖笔闻名于世，乃中华老字号。

江夏在清代出过一名榜眼，两名探花。榜眼为何金寿，探花为陈銮、欧阳保极。

何金寿（？－1882），字铁生，湖北省武昌府江夏人。同治元年壬戌科（1862）一甲第2名，榜眼。（详见湖广会馆第404页）

陈銮（1786－1839），字仲和，亦字玉生、芝楣，湖北省武昌府江夏人。嘉庆二十五年庚辰科（1820）一甲第3名，探花。（详见湖广会馆第409页）

欧阳保极（1832－？），字用甫，号星南，又号桂生，湖北省武昌府江夏人。咸丰十年庚申恩科（1860）一甲第3名，探花。（详见湖广会馆第411页）

自会馆成立以来，涌现出不少江夏籍进士，选列如下：

刘宗贤（生卒年无考），字次颐，湖北省武昌府江夏人。雍正八年庚戌科（1730）二甲88名进士。官知县。

陈正勋（生卒年无考），字书竹，湖北省武昌府江夏人。乾隆四年己未科（1739）三甲7名进士。十三年，任汾州府临县知县。调临晋，擢汾州同知。以艰归，起补重庆同知，摘奸剔弊，川东人号为青天。

危映奎（生卒年无考），字鲁野，号啸竹，湖北省武昌府江夏人。乾隆十九年甲戌科（1754）三甲16名进士。

周兆基（？－1817），字廉堂，湖北省武昌府江夏人。少年随父游于湘楚。乾隆己亥湖北乡试举人。乾隆四十九年甲辰科(1784)二甲18名进士。选庶吉士。习国书。授编修。充山西正考官。五十四年，任陕甘学政。嘉庆二年（1797），升国子监司业。历迁少詹事，视学安徽。由詹事升内阁学士兼礼部侍郎。丙寅调顺天学政，升工部侍郎。丁卯充经筵讲官。是年奏请改归原籍。戊辰充浙江乡试正考官，署刑部侍郎。己巳视学浙江，转吏部侍郎。癸酉升工部尚书，回京充经筵讲官。甲戌充会试正总裁。丙子署兵部尚书，调礼部尚书。卒年六十一。著有《佩文诗韵释要》。

张大维（生卒年无考），字地山，湖北省武昌府江夏人。嘉庆元年丙辰科（1796）三甲87名进士。任户部员外郎。十七年，任天津知府。十九年，捐资重建天津校士馆。

王成璐（生卒年无考），字廉普，湖北省武昌府江夏人。道光三年癸未科（1823）二甲30名进士。由庶吉士授南陵知县。调繁宣城。历署桐城、霍邱，皆有治绩。充戊子、壬辰、甲午、丁酉四科乡试同考，得士为多。二十二年，升宁国知府。郡治敬亭山有七贤祠，祀谢朓、李白、韩愈、晏殊、范仲淹、姜采、张慎言。成璐益以郡人梅尧臣、施闰章、梅文鼎为十贤，并为文记之。丁母忧，起为铜仁知府。调补贵阳。咸丰初，擢云南盐法道。会贵州贼阳舒等作乱，陷仁怀、桐祥据其城。成璐以滇师至，破走之，戮其渠，遂驻遵义留办军务，进克黔西，剿平安底贼巢，黔西人为立纪功碑。累擢贵州布政使。未几以疾解任，卒于黔。

刘裕铎（生卒年无考），湖北省武昌府江夏人。道光三年癸未科（1823）三甲21名进士。咸丰三年（1853），任安徽布政使。时省城侨置庐州，裕铎随巡抚江忠源布置战守。十一月，"粤贼"围城，坚守三十七日，援绝城陷，死之。

彭崧毓（1803－？），字于蕃，一字渔帆，号稚宜，又号餞孙，湖北省武昌府江夏人。道光十五年乙未科（1835）二甲4名进士。历官云南迤西道。著有《求是斋诗存》《追省录》。

彭久余（生卒年无考），字书三，号味之，湖北省武昌府江夏人。道光十六年丙申恩科（1836）二甲19名进士。由吏部员外郎，补授山东道御史。官至吏部侍郎。同治九年（1870），任江西乡试考官。

曹澍钟（生卒年无考），字雨若，号颖生，湖北省武昌府江夏人。道光十八年戊戌科(1838)二甲48名进士。选翰林院庶吉士，散馆，授编修。咸丰年间，历官盐运使、四川按察使、广西布政使。咸丰七年（1857），由四川按察使升任广西布政使。九年，升任广西巡抚。十年，命赴四川专办军务。后来入川抗击太平军石达开部，被胡林翼劾为"不知兵事"，遂开缺回籍。

胡瑞澜（存疑），字观甫，一字筱泉，湖北省武昌府江夏人。道光二十五年乙巳恩科（1845）二甲26名进士。授编修。二十九年，典山西乡试，留学政。咸丰七年（1857），湖南学政缺，往代，仍留一任。时"粤寇"纷扰，按试如常。同治初，累迁侍读。四年（1865），充会试同考。三迁至侍读学士。以光禄寺卿督学广东，力除宿弊，贿谒无所受。在任擢左副都御史。入为礼部侍郎。调兵部，署吏部。十二年，督学浙江。光绪二年（1876），命复审余姚举人杨来五因奸谋杀一案，瑞澜奏谳如抚臣议，坐革职。八年，起太仆寺少卿。历通政司副使，太仆、太常寺卿。十一年，广东学政某以贿败，瑞澜前以清严见称，复授广东学政。转大理寺卿。未几卒于任。

张凯嵩（1820—1886），字云卿，湖北省武昌府江夏人。道光二十五年乙巳恩科（1845）三甲77名进士。广西即用知县。历宣化、怀集、临桂知县。李星沅、劳崇光并荐其能。咸丰五年（1855），擢庆远知府，剿平土匪王得胜等。擢左江道。调署右江道。庆远失守，革职留任。八年，偕按察使蒋益沣破贼，克庆远，复原官，署按察使。寻实授，迁布政使。同治六年（1867），擢云贵总督。称病，三疏请罢，坐规避，褫职。光绪六年（1880），以五品京堂起用，授通政使参议，迁内阁侍读学士，署顺天府尹，授贵州巡抚。十年，调云南。请于省城设开采五金总局，以兴矿利，偕内阁学士周德润勘越南界务。十二年，卒于官，广西巡抚李秉衡疏陈凯嵩政绩，请建专祠，广西京官论其不当，罢之。

汪有恭（1818—?），湖北省武昌府江夏人。道光二十六年丙午科举人。道光二十七年丁未科（1847）三甲28名进士。与沈桂芬、李鸿章、沈葆桢等同年。任直隶即用知县。

朱文江（生卒年无考），字晴洲，湖北省武昌府江夏人。道光三十年庚戌科（1850）二甲24名进士。授编修。迁监察御史。升给事中。于时政多所建白，如减米税，增盐价，裁汰厘金，整顿夷务，立言能持大体。京察一等，擢广西右江道。当兵燹后，一以教士养民为先。再署按察使，剔弊除奸，有神明之称。贵县产银矿，商人请开采，文江独言不可，许后因开办滋事，人服其先识。迭遭内外艰，哀毁致疾，卒于家。著有《留香阁诗文集》。

彭瑞毓（生卒年无考），字子嘉，湖北省武昌府江夏人。咸丰二年壬子恩科（1852）二甲1名传胪。改庶吉士，授编修。历官云南盐法道。有《赐龙堂诗稿》。

曹贻诚（1821—？），字心仪，湖北省武昌府江夏人。咸丰三年癸丑科（1853）二甲78名进士。官礼部郎中。

洪调纬（1829—？），字幼元，号来农。湖北省武昌府江夏人。咸丰六年丙辰科（1856）二甲11名进士。由翰林院编修补授福建道御史。

胡有诚（生卒年无考），湖北省武昌府江夏人。同治二年癸亥恩科（1863）二甲20名进士。光绪二年（1876），任安徽省广德州知州。修《光绪广德直隶州志》六十卷。

胡泰福（1849—？），字岱青，湖北省武昌府江夏人。同治七年戊辰科（1868）二甲54名进士。光绪十二年（1886），由刑部员外郎，补授江西道御史。

胡孚宸（生卒年无考），字公度，湖北省武昌府江夏人。瑞澜子。光绪三年丁丑科（1877）二甲46名进士。授编修。擢福建道御史。转京畿道。迁吏科给事中。侃直敢言，贵势如奕劻、翁同龢、钱应溥、张荫桓、盛宣怀、袁世凯，斜弹无所避。二十六年，授汾州知府。历署太原府，山西按察使。擢归绥兵备道。将军贻谷办垦殃民，列其贪横诸状，贻谷得罪去。在任四年卒。

张仲炘（1857—1913），字慕京，号次珊，又号瞻园，湖北省武昌府江夏人。凯嵩子。光绪三年丁丑科（1877）二甲77名进士。散馆，授编修。七年，与吕调元、刘承恩、杨承禧等一起编纂《湖北通志》。九年，任会试同考官，国史馆编修。十九年，由编修补授江南道御史，稽察禄米仓事务。主战，反对签署《马关条约》。初支持变法，后主保强学会会员。官至江南道监察御史，江苏尊经书院山长。二十年，掌江南道事务监察御史，巡视东城监察御史。在中日甲午战争中，极力主张与日本决战。中日两国在朝鲜惨烈激战时，上疏弹劾李鸿章腐败、通敌，在朝野引起轩然大波。二十四年，授光禄寺少卿，后任通政司参议。戊戌变法失败后，数次上疏，请株连维新党人家属。二十六年，以言事忤太后被放逐。张仲炘利心淡薄，名心甚重，为人好以慷慨之言立名。工词，著有《瞻园词》二卷、《续瞻园词》一卷。

张叔煜（1860－？），湖北省武昌府江夏人。凯嵩子。光绪六年庚辰科（1880）二甲67名进士。同年五月，着分部学习。

王扬滨（1882－？），字小侯，湖北省武昌府江夏人。光绪二十九年癸卯科（1903）三甲10名进士。同年闰五月，以主事分部学习。后入日本明治大学学习法律。历任兵部、民政部主事，内外部警政司长。创办北平警官高等学校，署理校长兼教务长。是清朝和民国著名政治人物。

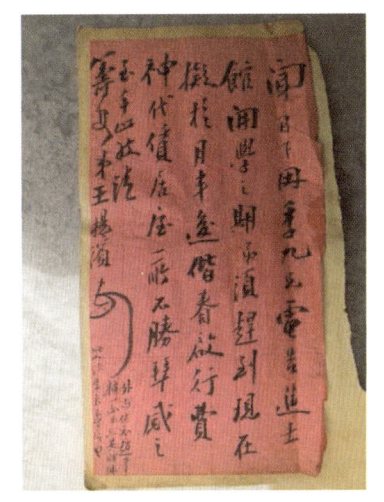

王扬滨信札

杨熊祥（1883－1928），谱名思恭、字子安，号伯鹥，湖北省武昌府江夏人。光绪二十九年癸卯科（1903）三甲29名进士。三十年春，任山西大学堂监督。次年九月，调任江西南康府知府。1917年，任北京政府内务部民治司司长。1922年，署理农商部次长。1926年，任国务院参议。1928年去职。杨熊祥担任山西大学堂监督期间，首先选送两批中斋学生留日，资遣西斋学生四名入京师大学堂师范科深造，选送西斋第一期毕业生高时臻、王录勋等25名留学英国，学习理、工各科，为山西大学堂后来开设理、工、法等科系打下了良好的基础。

夏道辉（生卒年无考），湖北省武昌府江夏人。光绪三十年甲辰恩科（1904）会试第12名，殿试三甲143名。后授官内阁中书。

会馆现状（一）

会馆现状（二）

会馆现状（三）

郢中会馆

郢，为古都邑名。春秋楚文王定都于此地，即古江陵。位于湖北省中部偏南，现被列为全国重点文物保护地域。包括荆门、天门和钟祥三县。

荆门，位于湖北省中部，汉江与漳河之间。唐代置荆门县，元以后为荆门州。后改县，现升为地级市。

天门，位于湖北省中部，汉江北岸。秦代为竟陵县，东晋改霄城。五代后晋改为景陵，直到雍正四年（1726）为避康熙陵寝（景陵）讳而改名为天门县。因县内天门山得名。现为省直辖县级市。

钟祥，位于湖北省中部，汉江中游。南朝宋置为长寿县。明代改为钟祥。为嘉靖皇帝生养之地，御赐县名。现为荆门市下辖县级市。

郢中会馆，是同乡试馆。位于西城区椿树街道红线胡同16、18号。清代为麻线胡同41号，民国为42号。建筑现为民居，破损状态。

《宸垣识略》载：

> 西城会馆之著者，麻线胡同曰郢中。

《光绪顺天府志》载：

麻线胡同，井一。有淮安、安陆、郢中诸会馆。

会馆始建于明天启二年（1622）。系湖北荆门、天门、钟祥三县所公有，由三县公举馆长一人维持馆务，用长班一人，以供差遣。会馆章程中有："以备寒畯之士居住，须品行端方，经二人介绍方司居住。"

郢中，清代共产生一名状元，两名探花。状元与其中一名探花是父子关系。他们是天门县的蒋立镛和蒋元溥父子。

蒋立镛（1786－1847），湖北省安陆府天门人。嘉庆十六年辛未科（1811）一甲第1名，状元。（详见湖广会馆第400页）

自其父蒋祥墀开始，蒋立镛及其儿子、孙子、曾孙五人皆高中进士。其子蒋元溥于道光十三年（1833）中一甲第3名，探花。曾任翰林院编修、侍读、九江知府。其孙蒋启勋于咸丰十年（1860）中进士。授吏部主事、河南道御史、镇江及苏州知府。其曾孙蒋传燮于光绪十二年（1886）中进士。任四川雅安县令。为纪念蒋家祖孙五代进士，两登鼎甲，天门把西湖边的一条街道命名为"状元街"。

蒋祥墀（1762－1840），湖北省安陆府天门人。乾隆五十五年庚戌恩科（1790）二甲5名进士。（详见湖广会馆第393页）

蒋元溥（生卒年无考），字誉侯，湖北省安陆府天门人。状元立镛子。道光十三年癸巳科（1833）一甲第3名，探花。（详见湖广会馆第410页）

蒋启勋（1824－?），字鹤庄，湖北省安陆府天门县，蒋祥墀之曾孙。咸丰十年庚申恩科（1860）三甲70名进士。授吏部主事。旋补稽勋郎中。后升任河南刀御史。出任镇江、苏州知府。后任湖南衡永郴桂兵备道。

蒋传燮（1857—？），字理堂，号和卿，湖北省安陆府天门县，蒋祥墀之玄孙。光绪十二年丙戌科（1886）三甲136名进士。分发四川任蓬溪县篆。后升任四川雅安县令。不久病卒。

另一名探花为钟祥县的杨炳。

杨炳（生卒年无考），字蔚友，号筠谷，湖北省安陆府钟祥人。雍正元年癸卯恩科（1723）一甲第3名，探花。（详见湖广会馆第407页）

其他进士有生平履历可考的记录如下：
荆门县：

贺运清（生卒年无考），字疏林，号有怀，晚号嵩螺，湖北省安陆府荆门人。顺治四年丁亥科（1647）三甲158名进士。顺治五年至九年任江南兴化知县，岁大歉，于冬春设粥。后擢户曹转文选司郎中，仅五月致仕。卒年八十三岁。

杨辉斗（生卒年无考），字闇夫，一字开敷，号润丘，湖北省安陆府荆门人。顺治十四年乡试解元。顺治十六年己亥科（1659）三甲156名进士。康熙初年任河南内黄县知县。著有《润邱集》，入《国朝百名家集》。

杨佐国（1638—1689），字荆湖，湖北省安陆府荆门人。顺治十八年戊戌科（1661）三甲189名进士。康熙初年官咸宁县令。康熙十五年（1676），任商州知州。晋礼部郎中。出为广东盐驿道。后迁按察使。终于太仆少卿。卒官。《楚诗纪》选其诗十首。

胡作梅（生卒年无考），字抑斋，湖北省安陆府荆门人。作梅少负盛名，曾与三位胞弟及钟祥才子李苏、李莲等组织金河诗社，在荆襄一带盛极一时。康熙十七年乡试得中举人。康熙二十一年壬戌科（1682）三甲68名进士。授翰林院检讨。负责国史编修。四十一年，受命出巡陕西督察学政。四十七年，擢国子监祭酒，主管教育和太学进修的监生。次年，升任少詹事，衔四品。五十年正月，出任礼部右侍郎，兼翰林院大学士。后二年，历任浙江、江西等地乡试主考官。五十七年，卒于督粮途中。入祀昭忠祠。胡作梅兄弟四人，依次为胡作梅、胡作相、胡作柄、胡作楫，都以文学闻名，时人称之"荆门四胡"。

江鼎金（1652—?），字紫九，湖北省安陆府荆门人。康熙二十四年乙丑科（1685）三甲62名进士。授高苑知县。调署博兴。两邑素苦丁役不实，鼎金详稽户册，孤寡逃绝必开除之，民有"我公减丁，愿公添丁"之谣。行取刑部主事。晋郎中。寻授直隶口北道，多惠政，民以赖之。康熙四十七年任提学道。

天门县：

唐建中（生卒年无考），字赤子，湖北省安陆府天门人。少力学，工诗文。随兄时模宦游徐州，以借籍不成，受知学使许时庵，名传江左。时林将军女能诗，建中赘居其家，与相唱和。既而学使携之北上，肄业成均，旋归楚乡。试登贤书。康熙癸巳举人。康熙五十二年癸巳恩科（1713）二甲35名进士。选庶吉士。通籍后，摘藻木天，王公大人争购求笔墨。忽弃官，游历燕赵齐鲁间，渡河涉江抵吴，会山川名胜、古今遗迹供其啸咏。有《邓尉山梅花诗》三十首、《牡丹》百韵，大江南北无不传诵。殁之日，白衣会葬者数千人，旅榇未归，全集莫睹。

曾元迈（生卒年无考），字循逸，号严斋，湖北省安陆府天门人。康熙癸巳举人。康熙五十七年戊戌科（1718）二甲25名进士。选庶吉士。三年，授编修。有密友在朱相国轼幕，欲引谒门下，柬招之，固谢弗往。寻充会典馆纂修。丙午典试江南，得士彭启丰，后以会状第一人仕至尚书。元迈秉性刚正，及擢御史，遇事敢言，不避严显。其端士习，振吏治，两疏尤得体要。著有《制义专稿》，卓然名家。

龚学海（？—1774），字务来，号醇斋，一号晴峰，晚号和倪老人。湖北省安陆府天门人。年八岁，塾师讲予欲无言章，学海跃然曰："天是闭口孔子，孔子是开口天。"师奇之。随父健飏入都，以监生中己酉顺天副榜第一，时年十四。乾隆丙辰举本省乡试第四。乾隆二年丁巳恩科（1737）二甲10名进士。入翰林。晋侍读学士。通政司副使，充壬戌会试同考官，会状元金甡出其门。因事降调。久之，补内阁侍读学士，遣祭西岳。旋出为兖沂曹道，兼黄河道。开引河，化险为平。以病归。起补岳常沣道。楚南溺女成风，立法严禁，着婆心苦口劝民歌，俗为之变。旋以罣误补贵州古州同知，兼署丹江。逆苗香要等聚众攻丹江，丹江土城卑薄，恃江水为限，学海闻报查办，先期尽收江船，苗不得渡，会大雨暴涨，苗众星散，香要恃勇匿密箐中，学海设计擒获之，钦使未至而苗已平。云贵督抚吴达善、李湖上其状，上嘉奖之"有实心任事整饬攸资"之谕，即擢贵东道。甲午年六十卒于官。著有《诗文集》各四卷，其刊行者《之官杂记》《湘泛小草》。

刘显恭（生卒年无考），字云峰，号悒斋，湖北省安陆府天门人。乾隆丙子乡试第3名举人。乾隆二十二年丁丑科（1757）联捷进士三甲21名。选庶吉士。未散馆，告归田园。诗酒怡情，无入仕意。居泊江，修水榭，筑花坞。常著文章自娱，高华典雅，后进竞传诵之。

胡必达（生卒年无考），字孚中，号月岩，湖北省安陆府天门人。乾隆己卯举人。乾隆三十一年丙戌科（1766）三甲14名进士。选庶吉士。改兵部武选司主事。分校四库全书，总裁器重之。因疾乞归。杜门读书，不于外事。性孝友，事嗣母及生父母，曲罄孺慕，丧葬尽礼，与弟莹和洽无间。为人简穆大义，所关必侃侃正论，听者折服。历掌兰台、蒲阳、天门书院，造就有方，门下领乡荐捷南宫者多人。喜佳山水，游历遍东南。晚年谢绝人事，吟咏自适。有劝付梓者，笑谢之。警句如《晚眺》云："半潭秋水碧，一树晚烟青。"《示弟》云："道可安心得，事须掉首看。"《秋虫》云："草根庭际露，客馆雨中声。"《秋郊晚步》云："晚烟平断垅，落木瘦空村。"《梅花》云："但是赏音多寂寞，由来风格在高寒。"《客馆》云："月当旅邸偏如水，人到中年易感秋。"《秋柳》云："红雨梦遥沽酒市，青灯人静读书堂。"皆唐音。年六十六卒。

钟祥县：

李兆钰（生卒年无考），字北楼，湖北省安陆府钟祥人。莲子。弱冠补诸生第一。是年雍正乙卯（1735）乡试第一。乾隆元年丙辰科（1736）三甲119名进士。入翰林。为人貌晳躯伟，众望之轩轩霞与，时妇翁涂天相燮庵为工部尚书，力能荐引，谢弗就也。迁湖广道监察御史。因建言落职。寻外补睢州牧，治剧犁然。丁艰去任，服阕，知江南海州。境内蝗生，捕之悉绝。复因公被议，制府尹公保留江苏委用。兆钰性恢扩，目无难事，勇于公义，而丝毫不染。凡历官辄不能自给，而廉明仁恕，所治之地，舆诵归焉。卒年未五十，弗竟其用，当时惜之。

金维岱（生卒年无考），字紫峰，号晓堂，湖北省安陆府钟祥人。乾隆十七年壬申恩科（1752）三甲11名进士。入翰林。为文根柢经术，力矫浮蔓。在翰林时，刘文正公倾注尤深。既而乞归养母，家居孝爱。杨勤恪公督漕淮上，延主淮阴讲席，陶甄士类成名进士者廿余人，登鼎甲者一人。嗣是历主兰台、鹿门、宛南各书院，凡经训提者词章一归于纯雅。年六十九卒于家。著有《慎余斋集》十卷、《诗话》四卷。

李 潢

李潢（？—1811），字云门，湖北省安陆府钟祥人。兆钰子。潢负异禀，读书目十行下。父兆钰官海州牧，被劾落职，卒于苏州。潢年尚少，扶丧归。邑豪利其资，诬陷潢入狱，家人来视，辄令取书一篑，逾数日更取之，以为常，由是学益富。云南李公因培巡视湖北，廉知潢冤，出之。即于是科领解五策，尤详瞻，主司叹赏，梓为多士式闱墨刻五策自潢始。乾隆乙酉解元。乾隆三十六年辛卯恩科（1771）二甲11名进士。由编修累迁兵部左侍郎。以受和珅累，降编修。潢居词垣益究心有用之学，遍通坟籍，博洽为海内冠，当时为之语曰"南齐北纪，不逮钟祥一李"。齐天台齐召南次风，纪河间纪昀晓岚也。时和珅当国，多方罗致，潢不为动，额驸丰绅殷德，珅子也。高宗问延师何人，珅以潢名对，已而使人以上意要，仍却之，潢母冷太夫人谓曰："汝名已上达，庸得辞乎？"潢不敢违，遂勉受珅聘。及珅败，其党皆获罪，潢居宾师之位，于公事绝无所干，当时论劾亦无有及之者，仁庙以是原之，虽降官，而仍以翰林处之，异数也。潢既以博洽著，而于算学用力尤深，所著《九章算术细草图说》十卷、《辑古算经注》三卷。《续畴人传》称其能发古人之真解，与古人息息相通，昌明绝学，厥功甚钜。算术外并精音律之学，当视学江西时，履任之初，闻钟声但有角音，即告当途，饬南新二县晓谕居民，预防火灾，未几，酒店失慎，延烧数百家，一时大吏无不叹服。屡主文衡，所取士如阮文达元等多为名臣。潢卒京师，葬永定门外，其铭墓者为殿撰吴廷琛，亦门下士也。

黄廷珍（1805—1839），字席聘，湖北省安陆府钟祥人。强学通才，尤笃至行。道光十二年壬辰恩科（1832）二甲36名进士。授翰林院编修。乙未顺天乡试、戊戌会试充考官，所录多名士。尤善为奏议，谏臣言事者往往属廷珍为疏稿。后迁江南道监察御史。未一月卒，年甫三十四，人以未竟其用惜之。

刘兆璜（生卒年无考），字幼璠，湖北省安陆府钟祥人。道光二十一年辛丑恩科（1841）三甲6名进士。由工部主事授徽府知府。咸丰庚申（1860），金陵溃，贼越徽图杭，兆璜治器械，缮城郭，所以筹之者甚。至一日贼纠众扑城，兆璜躬自督战，卒以兵单援绝被陷，夫人吕氏抱弱女投井以殉，幼子舟生亦为贼所戕。

黄廷金（1825—？），字品三，湖北省安陆府钟祥人。廷珍弟。咸丰六年丙辰科（1856）二甲93名进士。入庶吉士。散馆，改工部虞衡司主事。简放江西瑞州府知府。政平讼理有汉良二千石之风。生平笃行谊，重交游。诸昆多逝世，四兄廷绶不乐仕进，岁时遣人致金币奉起居。潜江杨明经沄少与廷金共砚席，以道义相切劘，延入幕府待以上宾。著有《瑞州府志》。又尝刻《纯正蒙求》分赠乡里，以端蒙养始基。

黄元善（1826—？），字让卿，湖北省安陆府钟祥人。咸丰九年己未科（1859）二甲41名进士。授户部主事。转御史。简放贵州粮储道，署布政使。官谏垣时，章疏屡上，其论东三省曰："俄罗斯窥伺东边久矣。倭人新起,欲取高丽,以图辽东。二虎斗于中原,三省人民之肉其足食乎?"其后所言皆验。粮道任内,或请丈粮升科,力言不可,有《粮署题壁记略》,记成,潘梓入玉筬堂官课录内,以为同官劝。元善剔中饱,杜侵渔,以裕库款。历官二十余年,黔省得以称治。以病告归。重宴鹿鸣。卒年八十九。著有《仪礼纂要》及《诗文集》。

黄毓恩(1840—?),字泽臣,湖北省安陆府钟祥人。毓恩少孤,其舅氏刘幼磻太守兆璜抚为子,遂从刘姓,年长始归黄氏。同治四年乙丑科(1865)二甲12名进士。授翰林院编修。晋侍讲。充山东乡试主考。外任夔州知府。历官至福建布政使。官夔州时,尝捐宾兴银二千两,为邑人春秋试舟车之资。又捐银二千两同善堂,四民无告者尤赖之。

会馆现状(一)

郢中会馆
红线胡同16、18号

会馆现状（二）

会馆现状（三）

【湖南省】

宣 南 会 馆 与 清 代 进 士

湖南会馆

湖南会馆为湖南乡旅创建的省级同乡试馆,据统计,在京约有8处。

位于西城区烂缦胡同99、101号的湖南会馆建于清光绪十三年(1887),清末登记的地址为烂缦胡同38号,民国时为烂缦胡同41号。据民国十二年编纂的《北京湖南会馆》一书中介绍:"馆共三十六间,内设戏台一座,文昌阁楼一座,东厅署、望衡堂、西厅及中庭均横敞,为平时集会之所。"会馆的朱红大门外蹲石狮一对。南房壁上嵌有光绪十年(1884)长沙徐树均重摹镌刻的苏东坡书《明州阿育王广利寺宸奎阁碑》。另有馆辖公产义园二处、祠堂二处。

湖南会馆现存楹联如下:

玉界琼田三万顷;泥金神篆五千年。

又
曾国藩
海桧屈盘依怪石;寒藤天矫学草书。

又

左宗棠

手障百川回学海；胸陶万类入洪钧。

又

何凌汉

山川出云作霖雨；日月合璧成文章。

又

胡林翼

诡势瑰声模山范水；清谈高论嘘枯吹生。

又

二分明月正当头，幸寰宇澄清，好将金管玉箫吹西江月；
千里暮云同想象，对楼台歌舞，恍见珠帘画栋飞南浦云。

又

左宗棠

江山万里横天下；把梓千程贡上都。

清代湖南籍名士甚多，最著名者当属湘军统领曾国藩及左宗棠（举人）。并有两名状元，五名榜眼，六名探花。此外仍有诸多名士，皆载于地方志中（以上所提及人物皆见湖广会馆）。

湖南会馆成立之后（即光绪十三年），所中诸进士如下列（由于所存地方志年代皆早，故未能有传）（人物目录未收录）：

李登云，湖南省衡州府衡山人。光绪十五年己丑科（1889）二甲113名进士。

吴嘉瑞，湖南省长沙府长沙人。光绪十五年己丑科（1889）二甲115名进士。

唐右桢，湖南省常德府武陵人。光绪十五年己丑科（1889）二甲126名进士。

曾广钧，湖南省长沙府湘乡人。光绪十五年己丑科（1889）二甲12名进士。

陈长橿，湖南省长沙府浏阳人。光绪十五年己丑科（1889）二甲15名进士。

杜本崇，湖南省长沙府善化人。光绪十五年己丑科（1889）二甲1名传胪。

王世琪，湖南省长沙府宁乡人。光绪十五年己丑科（1889）二甲30名进士。

吴獬，湖南省岳州府临湘人。光绪十五年己丑科（1889）二甲38名进士。

夏声乔，湖南省长沙府善化人。光绪十五年己丑科（1889）二甲51名进士。

陈嘉言，湖南省衡州府衡山人。光绪十五年己丑科（1889）二甲9名进士。

夏时泰，湖南省衡州府衡阳人。光绪十五年己丑科（1889）三甲17名进士。

谭汝玉，湖南省长沙府湘潭人。光绪十五年己丑科（1889）三甲41名进士。

黄传祁，湖南省长沙府长沙人。光绪十五年己丑科（1889）三甲4名进士。

陈昌昙，湖南省常德府龙阳人。光绪十五年己丑科（1889）二甲103名进士。

杨觐圭，湖南省长沙府善化人。光绪十六年庚寅恩科（1890）二甲120名进士。

罗维垣，湖南省长沙府善化人。光绪十六年庚寅恩科（1890）二甲123名进士。

李长郁，湖南省衡州府清泉人。光绪十六年庚寅恩科（1890）二甲130名进士。

陆承宗，湖南省长沙府长沙人。光绪十六年庚寅恩科（1890）二甲133名进士。

萧大猷，湖南省长沙府益阳人。光绪十六年庚寅恩科（1890）二甲1名传胪。

陈乃绩，湖南省长沙府长沙人。光绪十六年庚寅恩科（1890）二甲28名进士。

王以慜，湖南省常德府武陵人。光绪十六年庚寅恩科（1890）二甲36名进士。

彭文明，湖南省长沙府湘乡人。光绪十六年庚寅恩科（1890）二甲76名进士。

陈守晟，湖南省长沙府长沙人。光绪十六年庚寅恩科（1890）三甲104名进士。

王耀文，湖南省长沙府宁乡人。光绪十六年庚寅恩科（1890）三甲136名进士。

黄履初，湖南省长沙府善化人。光绪十六年庚寅恩科（1890）三甲30名进士。

萧绥琪，湖南省长沙府益阳人。光绪十六年庚寅恩科（1890）三甲58名进士。

王龙诏，湖南省宝庆府邵阳人。光绪十六年庚寅恩科（1890）三甲75名进士。

俞鸿庆，湖南省长沙府善化人。光绪十八年壬辰科（1892）二甲124名进士。

王良弼，湖南省衡州府常宁人。光绪十八年壬辰科（1892）二甲18名进士。

李希圣，湖南省长沙府湘乡人。光绪十八年壬辰科（1892）二甲22名进士。

刘润珩，湖南省长沙府湘阴人。光绪十八年壬辰科（1892）二甲47名进士。

赵启霖，湖南省长沙府湘潭人。光绪十八年壬辰科（1892）二甲5名进士。

曹广桢，湖南省长沙府长沙人。光绪十八年壬辰科（1892）二甲75名进士。

汪诒书，湖南省长沙府善化人。光绪十八年壬辰科（1892）二甲8名进士。

叶德辉，湖南省长沙府湘潭人。光绪十八年壬辰科（1892）二甲95名进士。

刘铎，湖南省长沙府善化人。光绪十八年壬辰科（1892）三甲72名进士。

夏时济，湖南省衡州府衡阳人。光绪十八年壬辰科（1892）三甲82名进士。

谭绍裘，湖南省长沙府善化人。光绪二十年甲午恩科（1894）二甲124名进士。

胡矩贤，湖南省长沙府长沙人。光绪二十年甲午恩科（1894）二甲43名进士。

熊希龄，湖南省辰州府凤凰厅人。光绪二十年甲午恩科（1894）二甲63名进士。

黎承礼，湖南省长沙府湘潭人。光绪二十年甲午恩科（1894）二甲68名进士。

谭先节，湖南省长沙府宁乡人。光绪二十年甲午恩科（1894）三甲10名进士。

薛炳善，湖南省长沙府益阳人。光绪二十年甲午恩科（1894）三甲160名进士。

萧文昭，湖南省长沙府善化人。光绪二十年甲午恩科（1894）三甲22名进士。

邹铭恩，湖南省长沙府善化人。光绪二十年甲午恩科（1894）三甲33名进士。

黄凤岐，湖南省长沙府安化人。光绪二十年甲午恩科（1894）三甲41名进士。

胡汝霖，湖南省长沙府长沙人。光绪二十年甲午恩科（1894）三甲4名进士。

马瀛焕，湖南省长沙府长沙人。光绪二十年甲午恩科（1894）三甲53名进士。

周懋谦，湖南省长沙府宁乡人。光绪二十年甲午恩科（1894）三甲81名进士。

萧荣爵，湖南省长沙府长沙人。光绪二十一年乙未科（1895）二甲1名传胪。

罗长裿，湖南省长沙府湘乡人。光绪二十一年乙未科（1895）二甲24名进士。

袁绪钦，湖南省长沙府长沙人。光绪二十一年乙未科（1895）二甲31名进士。

李最高，湖南省岳州府临湘人。光绪二十一年乙未科（1895）二甲42名进士。

戴展诚，湖南省常德府武陵人。光绪二十一年乙未科（1895）二甲43名进士。

任锡纯，湖南省长沙府长沙人。光绪二十一年乙未科（1895）二甲89名进士。

黄瑞兰，湖南省岳州府平江人。光绪二十一年乙未科（1895）二甲95名进士。

章华，湖南省长沙府长沙人。光绪二十一年乙未科（1895）二甲98名进士。

刘锽，湖南省长沙府攸县人。光绪二十一年乙未科（1895）三甲166名进士。

方朝治，湖南省岳州府巴陵人。光绪二十一年乙未科（1895）三甲21名进士。

黎敬先，湖南省长沙府湘阴人。光绪二十一年乙未科（1895）三甲24名进士。

萧絜，湖南省宝庆府邵阳人。光绪二十一年乙未科（1895）三甲30名进士。

李发宜，湖南省长沙府醴陵人。光绪二十一年乙未科（1895）三甲80名进士。

许邓起枢，湖南省长沙府湘乡人。光绪二十四年戊戌科（1898）二甲136名进士。

张鸿基，湖南省长沙府长沙人。光绪二十四年戊戌科（1898）二甲33名进士。

伍毓崧，湖南省宝庆府新化人。光绪二十四年戊戌科（1898）二甲34名进士。

张百禔，湖南省长沙府长沙人。光绪二十四年戊戌科（1898）二甲43名进士。

薛俟善，湖南省长沙府益阳人。光绪二十四年戊戌科（1898）二甲46名进士。

周渤，湖南省长沙府长沙人。光绪二十四年戊戌科（1898）二甲65名进士。

周国光，湖南省长沙府湘乡人。光绪二十四年戊戌科（1898）二甲77名进士。

刘重堪，湖南省宝庆府新宁人。光绪二十四年戊戌科（1898）二甲87名进士。

杨咏裳，湖南省长沙府善化人。光绪二十四年戊戌科（1898）二甲91名进士。

冯由，湖南省衡州府衡阳人。光绪二十四年戊戌科（1898）三甲119名进士。

周荣期，湖南省长沙府善化人。光绪二十四年戊戌科（1898）三甲154名进士。

李如松，湖南省衡州府清泉人。光绪二十四年戊戌科（1898）三甲24名进士。

张兴慧，湖南省长沙府宁乡人。光绪二十四年戊戌科（1898）三甲93名进士。

彭绍宗，湖南省长沙府湘阴人。光绪二十九年癸卯科（1903）二甲104名进士。

曾熙，湖南省衡州府衡阳人。光绪二十九年癸卯科（1903）二甲121名进士。

郭宗熙，湖南省长沙府善化人。光绪二十九年癸卯科（1903）二甲13名进士。

郭立山，湖南省长沙府湘阴人。光绪二十九年癸卯科（1903）二甲32名进士。

吴建三，湖南省长沙府长沙人。光绪二十九年癸卯科（1903）二甲37名进士。

郑家溉，湖南省长沙府长沙人。光绪二十九年癸卯科（1903）二甲46名进士。

曹典初，湖南省长沙府长沙人。光绪二十九年癸卯科（1903）二甲6名进士。

黄兆枚，湖南省长沙府长沙人。光绪二十九年癸卯科（1903）二甲92名进士。

周旭，湖南省长沙府湘阴人。光绪二十九年癸卯科（1903）三甲125名进士。

易顺豫，湖南省常德府龙阳人。光绪二十九年癸卯科（1903）三甲13名进士。

黄霶，湖南省永州府祁阳人。光绪二十九年癸卯科（1903）三甲163名进士。

袁大琎，湖南省长沙府长沙人。光绪二十九年癸卯科（1903）三甲173名进士。

张衷沅，湖南省长沙府浏阳人。光绪二十九年癸卯科（1903）三甲31名进士。

黄纯垓，湖南省郴州直隶州人。光绪二十九年癸卯科（1903）三甲68名进士。

王景崶，湖南省长沙府益阳人。光绪二十九年癸卯科（1903）三甲91名进士。

黄瑞麒，湖南省长沙府善化人。光绪三十年甲辰恩科（1904）二甲11名进士。

陈毅，湖南省长沙府湘乡人。光绪三十年甲辰恩科（1904）二甲26名进士。

谭延闿，湖南省长沙府茶陵州人。光绪三十年甲辰恩科（1904）二甲35名进士。

童锡焘，湖南省长沙府宁乡人。光绪三十年甲辰恩科（1904）二甲53名进士。

陈继舜，湖南省长沙府长沙人。光绪三十年甲辰恩科（1904）二甲74名进士。

龚福焘，湖南省长沙府善化人。光绪三十年甲辰恩科（1904）二甲82名进士。

苏舆，湖南省岳州府平江人。光绪三十年甲辰恩科（1904）二甲94名进士。

余维翰，湖南省岳州府平江人。光绪三十年甲辰恩科（1904）三甲126名进士。

张称达，湖南省永绥厅人。光绪三十年甲辰恩科（1904）三甲141名进士。

王景崧，湖南省长沙府益阳人。光绪三十年甲辰恩科（1904）三甲144名进士。

陈兆槐，湖南省宝庆府新化人。光绪三十年甲辰恩科（1904）三甲54名进士。

杨济时，湖南省永州府祁阳人。光绪三十年甲辰恩科（1904）三甲70名进士。

1912年，馆内曾设立以陆海军人组成的团体"武学社"，黎元洪为名誉社长。1920年12月，毛泽东率领湖南驱逐军阀张敬尧团来京时也曾寓居于该馆。1949年后，会馆改建成为幼儿园，原有文昌阁、西楼等建筑被拆除。现为北京市文物保护单位，建筑格局基本完整。

老照片（一）

老照片（二）

会馆现状（一）

会馆现状（二）

会馆现状（三）

浏阳会馆

浏阳古属荆州，地处湘赣边界，湖南东部偏北，因县城位于浏水之阳而得名。浏阳会馆位于西城区北半截胡同41号。原为谭嗣同之父谭继洵的宅邸。清同治九年（1870），浏阳宾兴会将其购买下来设立浏阳会馆。会馆由前后两个相连的跨院及前院南边的侧跨院组成，共有房屋30间，占地约800平方米。占地面积以院墙为界，南北25米，东西58米。清《光绪顺天府志》载："库堆胡同，堆或作骨。浏阳会馆。"清末库堆胡同改称裤腿胡同，民国时称北半截胡同。

谭继洵（1823－1901），字子实，号敬甫，又号剑芙，湖南省长沙府浏阳人。道光二十九年己酉科（1849）举人。咸丰十年庚申恩科（1860）三甲86名进士。同治十三年（1874），官户部员外郎。次年转户部郎中。旋监督坐粮厅，驻通州，主办验收漕粮，催督转运等事务。光绪三年（1877），由谭钟麟荐于左宗棠，得由京官外放，补授甘肃巩秦阶道，加二品衔。后擢甘肃按察使、布政使。十五年升任湖北巡抚，在政期间，人称办事唯谨。中日甲午战争后，维新变法思潮激荡，谭继洵思想偏于保守。湖广总督张之洞每约其联衔陈奏新政，皆谢不敏，与张之洞论事每多相左。其子嗣同，锐意维新，父子间意见

亦不合。谭继洵曾表示："守老氏之宝，不欲为天下先。""百日维新"期间，为山东道监察御史杨深秀所参劾，在所奏不称职官僚折中，指出："即湖北巡抚谭继洵守旧迂拘，虽人尚无他，要非能奉行新政者。此等即不逢裁缺，亦当分别罢斥，或优之听其告休。"戊戌政变发生后，谭嗣同遇害，谭继洵被连坐革职，勒令回籍；光绪二十七年九月十二日忧惧而卒。

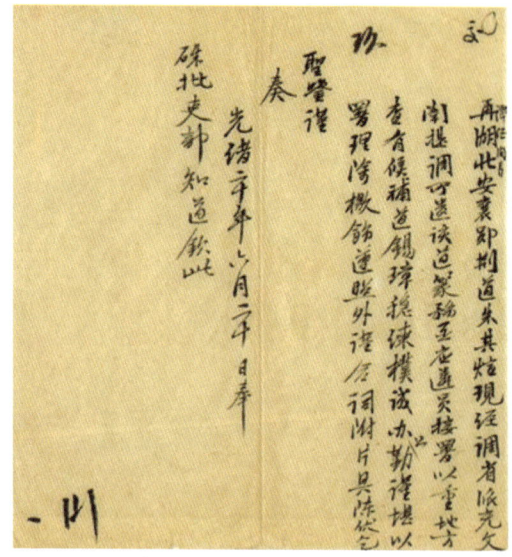
谭继洵奏请以锡璋署理安襄郧荆道掾务

谭嗣同（1865－1898），字复生，号壮飞，湖南省长沙府浏阳人。近代著名政治家、思想家。维新派代表人物。谭嗣同未参加科考，然其所著的《仁学》，是维新派的第一部哲学著作，也是中国近代思想史中的重要著作。戊戌变法期间，谭嗣同曾住在会馆主房的北套间，自题为"莽苍苍斋"。他的许多诗文、信札都在这里写成。"莽苍苍斋"原有一副谭嗣同自书的门联，上联是"家无儋石"，下联是"气

谭嗣同及其诗文

雄万夫"。后改上联为"视尔梦梦，天胡此醉"，改下联为"于时处处，人亦有言"。维新志士们常于会馆里院北屋开会议事。光绪二十四年（1898）变法失败，9月24日，谭嗣同在浏阳会馆被捕。谭嗣同牺牲后，其同乡在浏阳会馆"莽苍苍斋"内设置了悼念谭嗣同的灵堂，供后人拜祭。

清代历史上，浏阳县尚有一些进士记载于地方志中，摘录如下：

蒋载熙（1717—?），字霞亭，湖南省长沙府浏阳人。乾隆二十二年丁丑科（1757）三甲131名进士。乾隆间任宝庆府教授。胸怀坦易，咸称长者，尤勤课士，当道重其品行。尝三聘主讲濂溪书院，教诸生力学敦行，多所成就。以劳瘁卒，士林悼之。

瞿家鏊（生卒年无考），字吾山，湖南省长沙府浏阳县北乡永安市人。家贫，训徒乡里。弱冠应府试，五冠其曹，遂入学，旋食饩。嘉庆庚申举人。嘉庆十三年戊辰科（1808）二甲98名进士。以知县用。改任常德府教授十二年，尝谓："汉儒专门训诂，不若宋儒寻求义理。"故教人尤重躬行。斋夫叶奎刲股疗亲，劝之学书，吏从受读，卒成名。故其诗有"独愧斋夫称孝子，兼收书吏作门生"之句。以丁父艰归。服阕，入都，授江南兴化县知县。辛卯分校秋闱，称得士。时值南北水灾，留办江宁、扬州、泰州，赈政查核户口，事必躬亲，民得实惠。江督陶澍、苏抚程祖洛交章特荐。适母讣至，归络制。起复后授山东馆陶知县，一以亲民正俗为务。邑植木棉花时男妇攫取名曰"哄花"，严禁立止。粮差征赋多挪移，事急复索诸民以抵，重法惩之，弊乃绝。某绅谒见，欲贿以金，拒之，故人无有干以私者。县故有陶山书院，讲席久虚，暇与诸生讲艺，多所成就。后以侃直拂上官意，归，士民作《去思诗》都为一册。年六十九卒。著有

《微雨春草书屋诗抄》四卷刊行，又有《醒心录》《建事录》《春晖堂》古今各体文待梓。

陈信芳（生卒年无考），字玉庄，湖南省长沙府浏阳县西乡人。嘉庆丁卯举人。嘉庆二十二年丁丑科（1817）三甲92名进士。以知县候选，任衡州府教授，十年，多所培植。继选直隶望都知县。裁减赋役，民歌颂之计，莅事五年，无上控，望都士民献"一举万善"额。调大名。告终养归。著有《纫香簃诗草》。

由于现存邑志年代较远，因此内容有限，道光以后本邑进士皆无记载，甚为可惜。

会馆坐西朝东，为二进四合院，占地面积约500平方米。前院有东西房各五间、南北房各二间，另有南跨院。后院有正房三间、南北房各三间。现作民居使用，建筑格局基本完善，被定为西城区文物保护单位。

老照片

会馆现状（一）

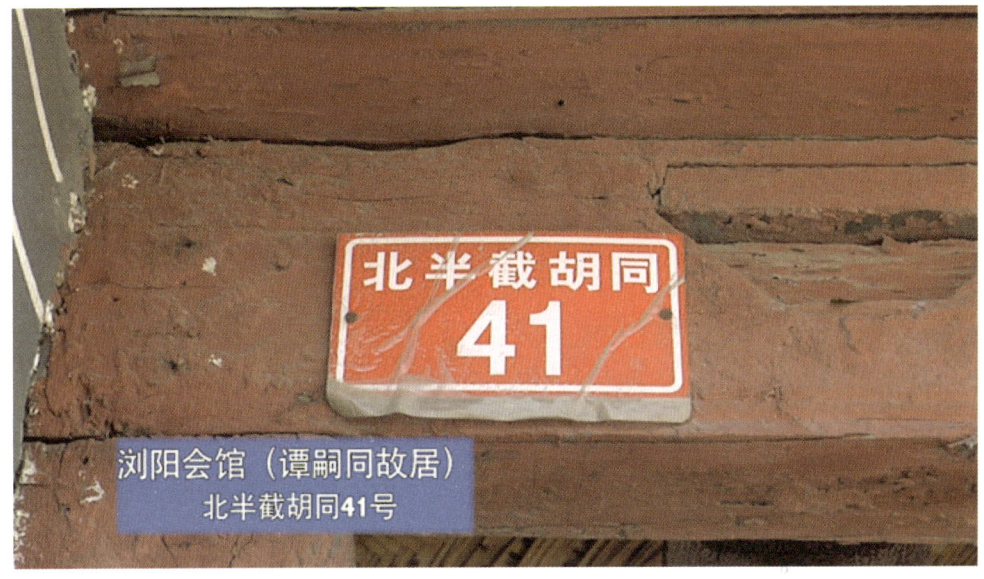

会馆现状（二）

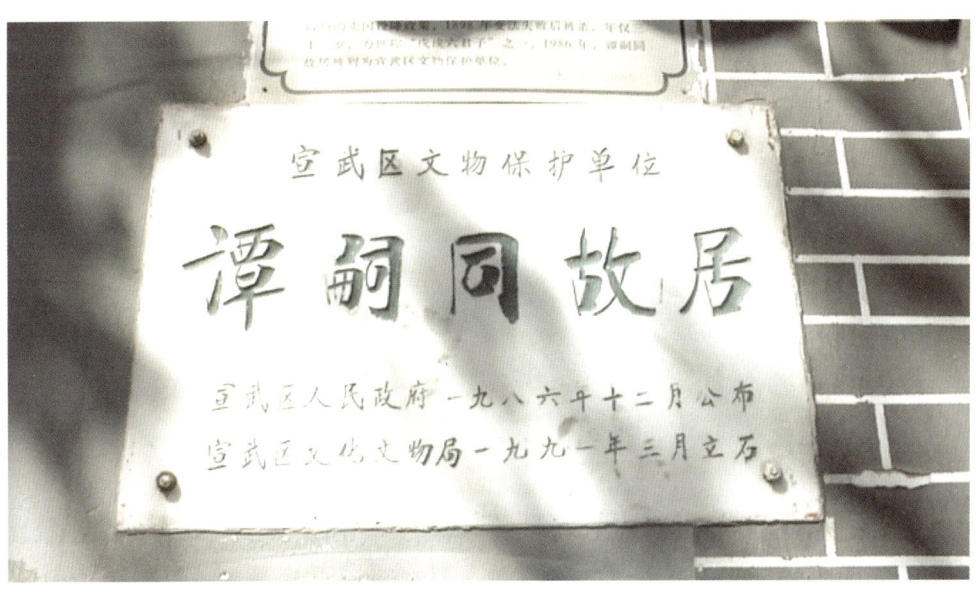

会馆现状（三）

会馆现状（四）

【广东省】

宣 南 会 馆 与 清 代 进 士

仙城会馆

"仙城"为广州的别称，意寓祈求仙人保佑。北京仙城会馆位于西城区大栅栏街道王皮胡同7号，创立于康熙五十一年（1712），由九家商号捐款创立，为商业性会馆，因年久失修延至咸丰十一年（1861）已倾废，仅余馆址。后捐款重修，置产养馆，专为会议商务及奉祀关帝、天后、财神等，以酬谢庇佑航海商业之顺利。此馆纯为私人之会馆，而非公有之产，与各省会馆由公众集款成立及募捐建筑者性质全然不同。

仙城会馆创建之初，由进士张德桂于康熙五十四年（1715）撰写了《创建仙城会馆记》，对该会馆作了很详细的介绍。

《创建仙城会馆记》

称会馆何为也？为里人贸迁有事祠祀燕集之所也。其称仙城何也？昔馆西城士大夫私焉，系之广州也。今馆中城商旅私焉，不系之广州，所以别也。别而又称仙城，犹广州也。始里之辐辏京师者，则有若挟锦绮者、纨纻者、绢谷、哆罗、苎葛者，莫不曰吾侪乃寄动息于牙行，今安得萃处如姑苏也？既而裹珠贝者，玻璃、翡翠、珊瑚诸珍错者，莫不

曰吾济久寄动息于牙行，今安得萃处如湘潭也？既而莘药之若桂、若椒者，果核之若槟、若荔者，香之若沈、若速、若檀、若美人迭，若鹧斑者，莫不曰吾侪终寄动息于牙行，今究安得萃处如吴城也？凡十数年，是图会馆也。康熙五十一年，冯卓吾者，以其所住中城中西坊二铺之居，求售二千金。屋虽不雄丽而坚致过焉。且以近正阳门而密迩诸广行也。里人亟谋敛货头，不及，即相率以义借凑焉。如其值购得之，遂为馆。当黄皮胡同之中，面南，中分二所，东正西偏，东广西狭，各四层。而东则前二层各三楹，后二层各四楹，西则层二楹。合计之屋可三十有半间。其深九丈八尺有奇，而阔则后六丈五尺零，前则杀寻有尺，后俱抵齐家胡同而止。榱楹户牖咸因其旧，以前东一间为馆门，门颜额焉。有室有序有廊，器数齐湢庖库具在。东之前二层为堂，堂之广，楹三之，中设关帝像祠焉。砻石为檐，除四周如矩，虚其中而瞥之，矢直砥平，无兴尘泥，阴雨若霁。里人升堂，奠位凝肃，瞻仰神明，若见若语，桑梓之谊，群聚而笃。咸叹曰："吾徒得有斯馆，不图兴感若是也。"后三年，兆图李子、时伯马子谒余，请记。余问二子厥馆所由。李子曰："由利乡人，同为利，而利不相闻，利不相谋，利不相一，则何利？故会之，会之，则一其利，以谋利也，以是谓由利也。"马子曰："由义，乡人同为利，而至利不相闻，利不相谋，利不相一，则何义？故会之，会之则一其利，以讲义也，以是谓由义也。夫以父母之赀远逐万里，而能一其利以操利，是善谋利也，以为利，子知之，吾取焉，抑以乡里之俦，相逐万里，而能一其利以图利，是善笃也义，以为义，子知之，吾重取焉。然而利与义尝相反，而义与利尝相倚者也。人知利之为利，而不知义之为利。人知利其利，而不知利自有义，而义未尝不利。非斯馆也，为利者方人自争后先，物自征贵贱，而彼幸以为赢，此无所救其绌，而市人因得以行其高下刁难之巧，而牙狯因得以肆其侵凌吞蚀之私。则人人之所谓利，非即人人之不利也耶？亦终于忘桑梓之义而已矣。惟有斯馆，则先一其利而利同，利义洽，义洽然后市人之抑塞吾利者去，牙狯之侵剥吾利者除。是以，是为利而利得也，以是为义而义得也。夫是之谓以义为利，而更无不利也。"二子其即以此书之于石，以诏来者，俾永保之。而义于是乎无涯，而利于是乎无涯。

　　康熙五十四年，岁次乙未，中秋谷旦，赐进士出身中大夫都察院左佥都御史加一级张德桂撰。

　　首事李兆图、马时伯、巫乃熙、伍象始、张德勤、梁秩五、陈燕长、李兴朝同立石。

张德桂（1664—1722），字兼兰，号梅麓，广东省广州府从化人。为唐朝名相张九龄后裔。十三岁得中秀才第一名，二十六岁中举。康熙三十三年甲戌科（1694）三甲13名进士。张德桂在京为官二十三年，深得皇帝赏识，名震士林。著有《天文管见》《玉堂文集》《介节堂草》。

　　仙城会馆内曾有一碑，名为《仙城会馆市地题名记》，为乾隆五十三年（1788）五月一日刻于馆内，由温汝适撰，张锦芳书。

　　温汝适（1755—1821），字步容，号箑坡，别号慵讷居士，广东省广州府顺德人。乾隆三十五年举人。乾隆四十九年甲辰科(1784)二甲21名进士。选为庶吉士,授编修。任上书房行走。国子监祭酒。陕甘提学使。累官至都察院副都御史。兵部右侍郎。博学善诗文。著有《携雪斋诗钞》《携雪斋文钞》《曲江集考证》《张曲江年谱》等。

张锦芳（1747－1792），字粲夫,又字花田,号药房。广东省广州府顺德人。以诗、书、画驰名。乾隆三十三年选为优贡,就读于国子监。乾隆四十五年乡试中解元。乾隆五十四年己酉科(1789)二甲5名进士。选庶吉士,授翰林院编修。在京三年,病归,卒于乡。善诗书画,以诗为最,时有诗界"岭南三子"之一,后称"岭南四家"之一。著有《逃虚阁诗钞》《南雪轩文钞》《南雪轩诗余》。

温汝适

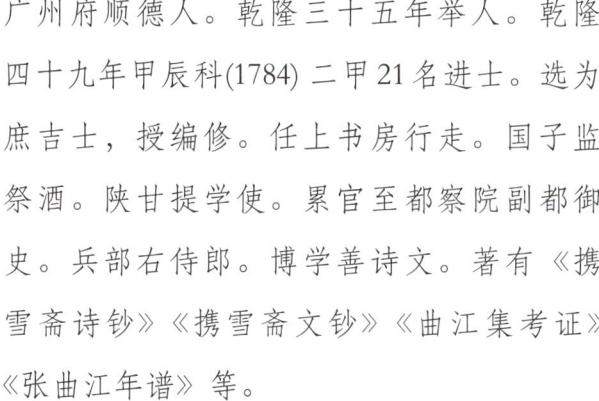

张锦芳隶书作品

《仙城会馆市地题名记》

吾乡业废居游都市者舟车相望，匪直操赢制余转息耗而已。公燕之地，事神必恪，岁时精祷，甄柤瓮簝，鲜槁咸荐，以展虔襟。神既歆飨，退而饮福，相箴以悃诚，相尚以缚纼，让饶取堉，称交庆焉。虑无以待乏也，事之不豫，具将不备。询谋于众，率白金以两计者四百四十有七，益以馆中公费二百三十有三，市宅一区，以楹计者十有三，租钱岁入以千计者一百三十有二。丰而不余，约而不匮也。夫莫勤于前，孰克基之。莫承于后，孰图利之。斯馆之成，有举莫废，今兹之祀，不懈益虔，用答神贶，庶无斁焉，以盍朋簪为可继也。其扩而大之，则俟诸踵至者。

翰林院编修温汝适撰
庚子解元张锦芳书
乾隆五十三年五月初一日记

会馆内还有一碑，为嘉庆十四年（1809）七月刻，由温汝适撰，何惠群正书。

《重修仙城会馆碑记》

吾乡转毂郡国，萃于京师，物产之华，甲于他省。筑馆城南，以时会聚，由来旧矣。吾犹及见老成，其所以能致富饶，享丰厚者，非徒趋时审势，逐什一之利，以获奇赢也。盖必有忠信诚悫之行，淳谨节俭之风，以修于己而孚于人，故能长享其利，阅数十百年不衰。考之史传所载，若鲍叔之分金，弦高之犒师，陶朱之三致千金，白圭之为治生祖，皆卓然有过人之行，而后能拟千户之封，此岂有今古之殊者哉。昔斯馆之设，以为岁时祀神祈报，退而与父兄子弟燕饮谈论，敦乡情，崇信行，而为此也。始于某年，重修于某年某月，前人记之详矣。阅岁已久，兹复从而新之。辟门于南之东，从青鸟家之说仍旧，非创也。凡东西之屋十数楹，靡不修举。复葺西偏之市宅，以为岁修之资。既成，请记于予，予不能辞也。而述昔之所闻见者刻诸石，以告来者。继自今登斯堂者，无忘在昔忠信节俭之风，庶几相引而无替矣，岂不美欤！捐金姓氏并记于左，亦以见众志之相孚，图始乐成之易易云尔。

都察院副都御史前通政使司太仆寺卿国子监祭酒左春坊左庶子充日讲起居注官顺德温汝适撰

翰林院庶吉士甲子科解元顺德何惠群书

嘉庆十四年岁次己巳孟秋中浣谷旦立石

何惠群（生卒年无考），字和先，号介峰，广东省广州府顺德人。嘉庆九年广东乡试解元，嘉庆十四年己巳恩科（1809）二甲79名进士。选为庶吉士。授浙江新昌知县。善象棋，时称"国手"。著有《饮虹阁诗钞》，其代表作品名为《叹五更》。

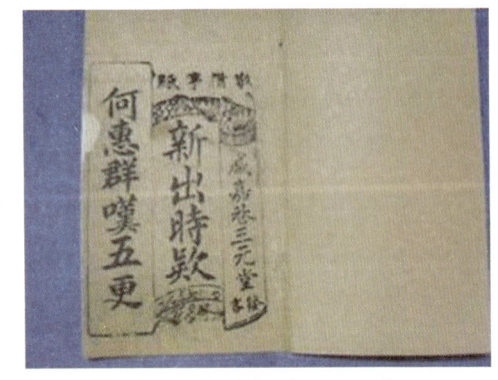

何惠群所著《叹五更》

此外，还有李文田（详见顺德会馆）所撰《重修仙城会馆碑记》一碑，为同治元年（1862）正月一日刻。

《重修仙城会馆碑记》

广州东南负海，北通大庾，西达交桂，货殖之所蕃息，商旅之所合沓，盖甲天下，迁引贾贸，偏极寰海，矧夫京师之地方，辕齐毂又汇聚之所欤。正阳门之南故有仙城会馆，创建于康熙五十一年，嗣是而后，历乾隆、嘉庆间，迭有葺治，相续勿绝，府人操兼赢之业者率骈坒其中，称极盛焉。道光之季，稍逊畴曩，兹馆之设将虑芜圮。咸丰十一年，府人南海麦炘之字慎庭，合诸同人商略改作，佥曰既历年所，更始为宜。于时浙江归安姚承舆字正父，薄游京师，博览坟典，洞于阴阳之奥，为审曲面，势革其旧观，拓号通之，维开背阳之门，截常羊之气，盖若乎衢路既壅，前庐湫隘，乖环拱之义，谋变通之方，非有他也。槐梠之费，柱础之用，胶漆之材，鈌槻之赏，盖准市钱四万贯有奇云。庭构既就，栱枦载饰，神妥其灵，人乐其荫，庶俾来哲，有所踵行。翰林院编修顺德李文田字仲约时官京师，嘉其美举，书之于石，并为其铭辞。其文曰：

域中万川，环于南海。百粤之利，是赖财贿。矧夫神京，百货所达。东通句骊，西渐靺鞨。以兹上都，集此商旅。隧分衢列，烟墥四起。游侠所聚，冠盖所息。各以方物，侈为居积。惟此馆舍，必恭必恪。既习和易，亦励诚懿。曰兹馆舍，肇于康熙。不有君子，孰图利之。前人既勤，后哲用继。修废起坠，厥云能济。汉代艺文，聿传相宅。曹全开阙，见诸金石。形家之言，良非乖异。苟无人和，曷成地利。刻此乐石，铭之座隅。后有千祀，丹青勿渝。

祺祥元年正月甲朔日建

馆中有楹联一副，上曰："佳气近依双凤阙，春光遥接五羊城。"为许溆文所作。

老照片

会馆现状（一）

仙城会馆
王皮胡同7号

会馆现状（二）

会馆现状（三）

番禺会馆

番禺位于广东省中部，清代番禺会馆在北京有两处，其中一处位于西城区上斜街50号，为清代名士龚自珍的故居。他曾于道光八年至道光十年居住于此。

龚自珍（1792－1841），字璱人，号定庵，曾字尔玉，曾更名易简，字伯定，再更名为巩祚，浙江省杭州府仁和人。清代著名的思想家，文学家。他曾多次乡试、会试落榜，终于道光九年己丑科（1829）中进士。却因"楷法不中程"仅列三甲19名，未能入翰林院。曾任内阁中书、宗人府主事、礼部主事等官。然而，由于龚自珍屡屡揭露时弊，不断遭到排挤和打压，因此于道光十九年48岁时辞官南归。道光二十一年初，龚自珍执教于江苏丹阳云阳书院，父亲去世后，又兼任杭州紫阳书院讲席。同年九月，原本准备辞去教职，赴上海参加反抗外国侵略战斗的龚自珍，在丹阳因急病暴卒。著有《定庵

龚自珍

文集》，其留存的文章与诗词皆被今人辑为《龚自珍全集》。最著名的诗作为《己亥杂诗》，其最有名且流传的诗句为：

> 九州生气恃风雷，
>
> 万马齐喑究可哀。
>
> 我劝天公重抖擞，
>
> 不拘一格降人才。

本诗以一种热情洋溢的战斗姿态，对清朝当政者予以讽荐，表达了作者心中对国家未来命运前途的关切，和希望当政者能够广纳人才的渴望，具有很深刻的历史背景和很强的现实意义。

清道光十一年（1831），龚自珍以2200两白银将此宅卖与潘仕成。

潘仕成的《京师番禺会馆碑记》中记载：

> 京师为首善之区，直省会馆无虑数百家，即岭南郡邑亦各有专馆，惟吾番禺屡经以集议未成，邑馆尚阙。道光辛卯余由驾部转秋曹，买宅于宣南坊上斜街，为赵象盦中翰旧居，颇有园亭木石之趣。象盦以艺鞠名都下，余亦艺鞠其间，每当花时宴赏甚盛。洎戊戌南归后，奉襄海疆事宜，未遑北辙，自捐此宅，为公车聚会之所。

《宣南鸿雪图志》记载：

> 故居坐南朝北，两进院落，原分为东、中、西三路，西路及会馆大门因拓展道路已拆除。中路为会馆主轴，东路不规则的分布有一些附属建筑。中路一进院为格局相对规整的四合院落，二进院东、西、南三面现存四幢传统建筑，从形

制及布局位置均难分主次。历史格局已难分辨。

建筑因多年的自然因素侵蚀，且常年作为居住场所，年久失修，文物建筑翻改严重，多数建筑主体结构已经翻建，历史风貌保存很少。整体布局较为杂乱，轴线不清、主次不明，造型手法一般。院落环境较差，后期添建众多，装饰装修基本无存。

番禺会馆作为试馆，同其他会馆一样，成为招待同乡举子进京会试旅居之所。其中不乏中进士者，在地方志中记载甚详。

何肇宗（生卒年无考），广东省广州府番禺人。东莞学。康熙三十九年庚辰科（1700）三甲214名进士。

蔡名载（生卒年无考），广东省广州府番禺人。康熙五十七年戊戌科（1718）三甲37名进士。曾任罗定州学正，仙居知县。

卫廷璞（1687－1758），字岳瞻，号筠园，广东省广州府番禺人。雍正元年癸卯恩科（1723）二甲62名进士。任江南建平知县。政必躬亲，听讼不用刑，廉洁奉公，参与纂修《建平县志》。荐授礼部主事。擢员外郎。历科道。两充会试同考官。两次赐宴瀛台。补太仆寺少卿。降鸿胪寺少卿。著有《窥巢稿妄蛩草》。

黄显祖（1688－?），本姓李，字坦之，广东省广州府番禺县钟村人。雍正元年癸卯科举人。雍正十一年癸丑科（1733）三甲136名进士。授户部主事。外补得四川合江县，在任内著有《祭白沙虾蟆石滩文》。

韩海（1677－1736），字伟五，一字桥村，广东省广州府番禺人。雍正元年中举。雍正十一年癸丑科（1733）三甲233名进士。任龙川教谕。曾被荐举博学鸿词，韩海赋诗"欲待移根归太液，须寻十丈藕如船"婉拒。旋病卒。著有《东皋诗文集》二十卷。

苏兆龙（生卒年无考），字吕载，号见亭，广东省广州府番禺人。十二岁补县学生。雍正十年（1732）中举。乾隆元年丙辰科（1736）三甲71名进士。曾任四川蓬溪知县。好静好学，不善词令，不愿趋附。辞官后侍奉老母，以教书为生。

李肯文（生卒年无考），广东省广州府番禺人。乾隆二年丁巳恩科（1737）三甲79名进士。曾任龙泉、秀水知县。

钟狮（生卒年无考），字作韶，广东省广州府番禺人。丙辰召试博学鸿词。乾隆二年丁巳恩科（1737）三甲124名进士。曾任河南灵宝知县。

卫德应（生卒年无考），字同侣，广东省广州府番禺人。天性伉爽，落落不苟，博闻强记，五官并用。补南海学员。雍正四年丙午科（1726）举人。七年分校西粤乡试，所取多知名士。乾隆二年丁巳恩科（1737）三甲180名进士。未几卒。

谢堌（生卒年无考），广东省广州府番禺人。乾隆二年丁巳恩科（1737）三甲198名进士。曾任北流知县。后改四川府经历。

庄有恭（1713—1767），字容可，号滋圃，广东省广州府番禺人。祖籍福建晋江。生而颖异，十三通五经。旋补诸生以选贡考，授宗人府教习。乾隆四年己未科（1739）一甲第1名，状元。授翰林院修撰，并入值尚书房。次年，充日讲起居注。累迁侍讲学士。乾隆十年，迁光禄寺卿，寻丁忧父丧。乾隆十二

庄有恭

年，特擢内阁学士，迁兵部右侍郎。乾隆十四年，任江苏学政。乾隆十六年正月，授户部侍郎，充江南乡试主考官。而后历任江苏学政，太子太保，协办大学士兼刑部尚书，江苏巡抚，署两江总督，福建巡抚等。活跃政坛三十余年，终卒于福建任上。其任官期间，多次受罚，小到罚俸、革职，大到发配甚至问斩。然而因其早年治水突出功绩，均被乾隆皇帝赦免，可谓功大于过。参与编撰《乾隆温州府志》。善书法，其书法以颜真卿、米芾为楷模，又兼魏晋，后遍临历代法帖，采集众长。乾隆年间庄有恭曾住于后青厂。

黄壮（生卒年无考），字允翀，广东省广州府番禺县沙亭人。乾隆元年丙辰科举人。乾隆七年壬戌科（1742）三甲175名进士。选温县知县。改教授。补琼州府教授，太守闻其贤，延主讲义学。俸满归，授徒自给，不涉外事，从游者日多，讲舍至不能容同时。

卫崇陛（生卒年无考），字擢临，广东省广州府番禺人。生而聪慧，六岁能问奇字，稍长默诵五经。乾隆六年辛酉科举人。乾隆七年壬戌科（1742）三甲192名进士。选直隶新河知县。改江西进贤知县。以母老子殇辞归。

庄有信（生卒年无考），字任可，广东省广州府番禺人。鹤山籍，状元庄有恭之四弟，并称"禺山二庄"。乾隆七年壬戌科（1742）二甲29名进士。选为庶吉士。山西冀宁道署按察使。山西乡试主考官。曾抄有《三余新编》。

凌鱼（生卒年无考），字沧洲，广东省广州府番禺县凌边人。乾隆丁卯科举人。乾隆十三年戊辰科（1748）三甲13名进士。分发湖南。后历任桂阳、昭陵、醴陵诸县知县，署长沙通判。靖州知州。善诗。归养后，于其乡续修县志，考核详明。著有《书耘斋前后集》。

何纮（生卒年无考），广东省广州府番禺人。乾隆十三年戊辰科

(1748）三甲28名进士。曾任惠州府教授。

韩超群（生卒年无考），广东省广州府番禺人。乾隆十三年戊辰科（1748）三甲174名进士。曾任河南知县。

林诞禹（1722－1759），字泽相，广东省广州府番禺县猎德人。读书数行并下，性宽坦，无崖岸，无少长，皆亲敬之。弱冠试县府督学皆第一。乾隆十二年丁卯科举人。乾隆十九年甲戌科（1754）二甲33名进士。选庶吉士，授翰林院编修。四川，广西乡试主考。乞假南归，未一载卒，年三十八。著有《玉堂赋草》《德川文钞》。

黄哲（生卒年无考），广东省广州府番禺人。乾隆十九年甲戌科（1754）三甲140名进士。曾任浏阳、巴陵知县。

谢敦源（生卒年无考），广东省广州府番禺人。乾隆二十五年庚辰科（1760）三甲53名进士。选庶吉士。撰有《宝山公墓志铭》《杨族道南书院序》。

黄永祺（生卒年无考），广东省广州府番禺人。乾隆三十七年壬辰科(1772)三甲17名进士。授户部主事。

区洪湘（生卒年无考），广东省广州府番禺人。乾隆四十年乙未科(1775)三甲76名进士。

邱先德（生卒年无考），字滋畬，广东省广州府番禺人。乾隆丁酉科举人。乾隆五十二年丁未科(1787)二甲28名进士。授刑部主事。因提牢议叙，补贵州督捕司主事，总办秋审。升直隶司员外郎，充律例馆纂修官。升浙江司郎中。乾隆五十六年，出补江西抚州知府。嘉庆十四年（1809），任粤秀书院院长。续又主讲惠州、邵阳、凤山、龙溪、禺山诸书院。年八十二卒。编有《唐人赋钞》，著有《学殖草堂》。

何会祥（生卒年无考），广东省广州府番禺人。乾隆六十年乙卯恩科(1795)三甲13名进士。选庶吉士。改内阁中书。将其田地全部捐于祖祠。

刘彬华（1770—1828），字藻林，一字朴石，广东省广州府番禺县捕属人。幼颖悟好学。乾隆乙巳科举人。嘉庆六年辛酉恩科（1801）二甲68名进士。选庶吉士。散馆，授翰林院编修。性澹泊，不乐仕进，以母老乞假归，不复出。回乡后，先后主端溪、越华书院讲席。善诗画。卒年五十九。著有《玉壶山房诗钞》，并辑《岭南群雅初二集》。

凌旭升（生卒年无考），字昶东，广东省广州府番禺县金鼎人。乾隆六十年乙卯科（1795）举人。嘉庆六年辛酉恩科（1801）三甲16名进士。以知县分发山东安邱县，陋规悉除之，值大旱，亲行烈日中祷雨，雨立沛。善医术，亲为士民诊治施药，妇稺皆呼为"凌阿婆"。晚年主禺山讲学。建彬社书院。

倪孟华（生卒年无考），后改世华，字素之，广东省广州府番禺人。原籍上虞县。嘉庆五年庚申科中顺天乡试举人。嘉庆六年辛酉恩科（1801）三甲141名进士。授内阁中书。以誊录议叙补刑部主事。擢员外郎。丁内艰归，服阕，入都补御史。未几卒，年八十三。性刚，嫉恶不畏，疆御人咸惜其不早为言官云。

金菁莪（生卒年无考），字艺圃，广东省广州府番禺县捕属人。原籍浙江绍兴府山阴县。乾隆六十年乙卯科（1795）举人。嘉庆七年壬戌科（1802）三甲140名进士。即用知县，报捐主事签分兵部。丁忧归。服阕，入都遂卒，年四十四。性耿直，奖善规过，语皆由衷，非近世面谀比也。

黄澜安（生卒年无考），原名燧，广东省广州府番禺人。嘉庆十四年己巳恩科（1809）三甲37名进士。任昌邑知县。

潘正常（生卒年无考），广东省广州府番禺人。嘉庆十四年己巳恩科（1809）三甲39名进士。选为庶吉士。改吏部主事。

汪鸣谦（生卒年无考），字益斋，广东省广州府番禺县捕属人。会魁。嘉庆十六年辛未科（1811）二甲40名进士。选庶吉士。改刑部主事，于刑部藉藉有声。出任山西知府。调太原府。无疾暴卒，人尤惜之。

冯赓飏（生卒年无考），字子杲，号拙园，广东省广州府番禺人。嘉庆二十二年丁丑科（1817）三甲37名进士。选庶吉士。改山东知县。著有《拙园诗选》。

何有书（生卒年无考），广东省广州府番禺人。嘉庆二十二年丁丑科（1817）三甲139名进士。任内阁中书。

刘霈（1785—?），字永溥，广东省广州府番禺县细墟人。性孝友，嗜学能文，归安姚文田督学粤东，击赏其文，拔前列。刘彬华、崔弼诸先辈皆器重之。嘉庆二十一年丙子科举人。嘉庆二十四年己卯恩科（1819）三甲105名进士。归侍老亲，不复出。年三十九卒。所著有《绿荫堂制艺古近体诗》若干卷。

冯询（1796—1871），字子良，广东省广州府番禺人。嘉庆二十四年己卯科举人。嘉庆二十五年庚辰科（1820）三甲140名进士。道光戊戌（1838），选江西永丰知县。乙亥、庚子、癸卯三充同考官。戊申大计卓异。己酉题升南昌府吴城同知。癸丑五月抗贼守城九十三日，有功，加运同衔。丙辰兼署九江郡。以军功复列卓荐，追叙前劳，晋擢郡守。以年老请致仕，未几卒，年七十六。善诗，著有《戊戌三月出都将之永丰赋怀》《招游西湖》《车夫谣》等。

吴家懋（生卒年无考），广东省广州府番禺人。嘉庆二十五年庚辰科（1820）二甲36名进士。选庶吉士。改知县。著有《欣所遇斋诗存》。

周日新（1786—?），字辉谷，广东省广州府番禺县南冈乡人。嘉庆二十一年丙子科举人。道光二年壬午恩科（1822）二甲64名进士。

任湘县知县。到任遣人迎母，母以道远不赴，日新慨然曰："吾母以青年苦节抚予成立，予可以升斗禄远离吾母乎？"即辞官归，授徒养母数十年如一日。

张维屏（1780—1859），字子树，号南山，又号松心子，晚年自署珠海老渔、唱霞渔者，广东省广州府番禺县捕属人。嘉庆九年甲子科（1804）举人。道光二年壬午恩科（1822）二甲90名进士。曾任湖北黄梅、长阳、松滋、广济等知县，襄阳府同知。丁父忧，服阕，捐升同知分发江西，署袁州府同知，泰和县知县，吉安府通判，南康知府。年五十七假归，不复出。咸丰九年（1859），以疾卒，年八十。爱国诗人，名篇如《三元里》。著有《张南山全集》，纂有《国朝诗人征略》。

陈其锟（1792—1861），字吾山，号棠溪，广东省广州府番禺县捕属人。嘉庆二十三年戊寅科（1818）举人。道光六年丙戌科（1826）二甲9名进士。即用知县签分贵州。八年，捐主事，观政礼部，派仪制司行走。充则例馆协修官。十四年，丁艰回籍。十七年，大府聘主羊城讲席，遂不出。二十一年，劝捐出力，以员外郎用。二十四年，接办恤嫠局事。卒年七十，主羊城书院二十六年。工翰墨，善书诗文，尤善行草，有家法。著有骈体文稿《含香循陔载酒》等诗集，《月波楼琴言》词集。

庄心省（生卒年无考），字西樵，广东省广州府番禺人。道光十二年壬辰恩科（1832）二甲28名进士。任户部主事。入值。官至户部郎中。

许祥光（1799—1854），字宾衢，广东省广州府番禺人。祖籍福建。嘉庆二十四年己卯科（1819）举人。道光十二年壬辰恩科（1832）二甲48名进士。用主事。加捐员外郎。二十一年，广东洋务起，祥光丁母忧，家居以绅士经理投效局，先后捐军需银六万余两，复与众绅劝捐银百四十余万，大府奏赏花翎。二十二年，复捐银万两,建九龙城寨,议叙以道员即选。二十九年,洋人申入城之约,祥光与南海绅士伍崇曜奉命联集居民广张声势,绝其互市,并以书谕其酋总督,复亲赴洋船晓以利害,遂罢入城,嘉奖三品顶戴,通省士民亦荷匾额之赏焉。咸丰元年(1851)五月,选授广西桂平梧盐法道,攻永安,追贼有功。署按察使,办善后,随擢按察使。三年,功上加布政使衔。四年,主议税盐,兼剿办江面诸盗,昼夜防堵,以劳疾卒,年五十六。著有《选楼集句》二卷。

梁同新(1800—1860),原名纶机,号矩亭,广东省广州府番禺县黄埔人。幼聪颖。嘉庆二十三年戊寅科(1818)举人。道光十六年丙申恩科(1836)二甲11名进士。选庶吉士。授翰林院编修。道光二十六年,任湖南学政。三十年,补山东道御史。咸丰二年(1852),擢礼科给事中。充陕甘副考官。晋通政司参议。四年,擢内阁侍读学士。七年,擢通政司副使。晋顺天府尹。八月,监临顺天乡试提调官。撤职后,任以四品京堂候补。十年,卒,年六十一。

黄玉阶(1805—1845),字季升,广东省广州府番禺县捕属人。少温雅有声,庠序尝读邝露赤雅,作诗三十三首,为时传诵。工骈体,尝以南城曾燠所选骈体正宗多遗略,乃广搜博采,撷其精者为续编,又以粤东词学颇少专家,约诸词人于学海堂创为词社,选题校艺排月举行。道光十二年壬辰举人。道光十六年丙申恩科(1836)二甲54名进士。官刑部主事。以母老乞养,南归。尝议重修城南大忠祠,明南园前后十先生旧社也,未果而卒,年四十一。著有《韵陀山房诗文集》八卷、《宣苏室词钞》一卷、《游仙唱和词》一卷。

黎崇基(生卒年无考),广东省广州府番禺人。道光十八年戊戌科(1838)二甲39名进士。任知县。

梁国琮(生卒年无考),广东省广州府番禺人。道光十八年戊戌科（1838）二甲46名进士。庶吉士。

史淳（1814－?），改名澄，字穆堂，广东省广州府番禺人。会稽籍。道光二十年庚子科（1840）二甲14名进士。选庶吉士，授翰林院编修。历任国史馆纂修、詹事府中允等职。后回广东掌教丰湖、端溪、粤秀书院。纂有《广州府志》，著有《安和堂示范》《鉴古迩言》等书。

洪国治（生卒年无考），广东省广州府番禺人。道光二十年庚子科（1840）二甲75名进士。任户部主事。

梁国珍（生卒年无考），广东省广州府番禺人。道光二十年庚子科（1840）三甲20名进士。任知县，奏留内阁中书。

何若瑶（1798－1857），字石卿，广东省广州府番禺县大石人。少颖悟，读书日数十行，十三经皆能成诵，十一岁居母丧，哀毁如成人。道光七年戊子科举人。二十年，大挑二等选海康训导。道光二十一年辛丑恩科（1841）二甲1名传胪。选庶吉士。散馆，授翰林院编修。二十八年，大考记名以赞善用。咸丰三年（1853），丁继母忧归，遂不出。四年，遇"红贼"乱，于乡拟团练，几被害，乃微服走会城，筹饷募勇，以图剿贼。五年正月，遂同官军进攻，直入大箍围之市头，扼其中枢，各乡义民群起相应，神头猛涌新造诸贼一鼓荡平，并清余党。大吏嘉之，拟奖叙，若瑶辞，悉以让诸同事。六年，延主禺山讲席，并总纂《番禺县志（同治）》，发凡起例，未成书而卒，年六十。为人静默恬淡，遇事镇定，有执事成而己若无所与，未获大用于世，识者惜之。生平勤学嗜古，所著有《公羊注疏质疑》《两汉考证》《海陀华诗集》《海陀华文集》等。

梁国瑚（生卒年无考），广东省广州府番禺人。道光二十一年辛丑恩科（1841）二甲74名进士。选庶吉士。授翰林院编修。

陈泰初（生卒年无考），字健之，号见田，广东省广州府番禺人。题名录记为顺天府大兴人。道光二十三年癸卯科举人。道光二十五年乙巳恩科（1845）二甲45名进士。授翰林院编修。例选广西平乐府知府，屡有战功。病卒于任，大吏惜之，以军营立功病故，请赠太仆寺卿衔，荫一子知县。著有《问月楼诗文稿》，存于家。

庄心庠（1806－?），广东省广州府番禺人。道光二十七年丁未科（1847）二甲94名进士。任湘阴知县。

许其光

许其光（1827－?），字懋昭，又字耀斗，号叔文，又号浤文。广东省广州府番禺人。祖籍浙江仁和县。道光三十年庚戌科（1850）一甲第2名，榜眼。授翰林院编修。咸丰二年（1852），出任湖北乡试副考官，次年第二次出任。同治元年（1862），累迁为御史。出任顺天乡试同考官。同治五年，擢升翰林院侍讲，又升补编纂。因《文宗显皇帝圣训实录》告成，加四品衔。改御史。累官清河道。《皇清奏议》告成，赏三品顶戴。补授翰林院侍讲。京察一等，以道府记名。补授广西桂林遗缺知府，又补思恩府知府。署左江兵备道。授福建道监察御史。掌四川京畿道。署工科给事中。广西后补道。改授官直隶候补道。因病告假。期满回任，病卒于天津任上。其性格耿直，遇事敢言，不避权贵。而待人接物，知道谦退，又能虚心处事，受人尊敬。

姚诗彦（生卒年无考），广东省广州府番禺人。道光三十年庚戌科（1850）二甲74名进士。选庶吉士。善词。

沈史云（生卒年无考），广东省广州府番禺人。道光三十年庚戌科

（1850）二甲75名进士。选庶吉士，授翰林院编修。加侍读。后任越华书院、应元书院院长。

许应骙（1832—1903），字德昌，号筠庵，广东省广州府番禺人。道光三十年庚戌科（1850）三甲5名进士。选庶吉士。散馆，授翰林院检讨。迭任翰林院侍读，侍讲学士，詹事府左右庶事，国子监祭酒。充福建乡试考官。授甘肃学政。升内阁学士。兵部左侍郎。任会试副总裁。后历任户部左侍郎，吏部右侍郎，吏部左侍郎。任左都御史。擢工部尚书。充殿试读卷，阅卷官。充总理各国事务衙门大臣。调礼部尚书。因反对维新变法而革职，政变后擢闽浙总督。参加"东南互保"，破坏义和团运动，被弹劾，罢归。翌年病卒。参与撰修《文宗显皇帝实录》，著有《谕折汇存》等。

许应骙

李光廷（1812—1880），字著道，号恢垣，广东省广州府番禺人。咸丰二年壬子恩科（1852）二甲72名进士。任吏部封验司主事。主讲禺山书院。补学海堂学长。嗣执掌端溪书院以终。工诗及骈散文，精研史学地理，抄有《守约篇丛书》一百六十卷。另著有《汉西域图考》《广元遗山年谱》《北程考实》《宛湄书屋文钞》等。

张文泗（1826—？），广东省广州府番禺人。原籍会稽县。咸丰二年壬子恩科（1852）二甲94名进士。任刑部主事。江西知州。

许应鑅（1827—？），字昌言，号星台，广东省广州府番禺人。府学生。道光二十三年（1843）举人。咸丰三年癸丑科（1853）二甲23名进士。任郎中。曾出任江西临江府知府、南昌府知府、广饶九南兵备道、吉南赣宁兵备道、河南按察使、江苏按察使、署江苏布政使、浙江布政使、护理浙江巡抚，颇有政绩。

杨荣（1809－1874），字黼香，改名荣绪，广东省广州府番禺县捕属人。少通经学，精究说文，尤工骈俪语，年十六受知学使白镕，补弟子员。元和陈钟麟主讲粤秀，赏其文，与顺德卢同伯、南海桂文耀、同邑陈沣有四俊之目。道光十五年乙未科（1835）举人。充学海堂学长，屡困公车，归而授徒，岁常过百人，榜眼许其光、探花李文田、状元梁耀枢皆出其门，一时传为盛事。咸丰三年癸丑科（1853）二甲31名进士。选庶吉士。散馆，授翰林院编修。九年，考取御史。大考翰詹二等第九名，记名遇缺题奏。十年，补河南道御史。十一年，转掌四川道，调掌河南道，帮办五城团防事。在词馆屡充国史馆协修，武英殿总纂。己未、辛酉充顺天乡试同考官。在谏垣历署京畿道广西道。擢刑科给事中，礼科掌印给事中。同治二年（1863），擢浙江湖州知府，在任十年，多有政绩。尝膺卓异荐，报捐军饷，复以道员在任候选，然终不迁也。甲戌年卒，年六十七，士民受其惠而来哭者不绝，树碑于岘山之麓，题曰："使君活我"，又胪其宦迹，请祀名宦。著有《十三经音义考》《左传博引》，莅郡后精研律例，凡案皆亲批发，又仿唐律疏义例，详注律例，与未编之诗文集并藏于家。后人编有《杨黼香先生遗稿》。

梁肇煌（1827－1887），字振侯，另字檀浦，广东省广州府番禺人。咸丰三年癸丑科（1853）二甲47名进士。选庶吉士。散馆，授翰林院编修。充顺天府乡试同考官。大考翰詹，钦取二等第六名。授侍讲。补侍读，充讲起居注。充湖北正考官。补翰林院侍讲侍读。补詹事府詹事。调补顺天府尹。补福建布政使。署两江总督。光绪十二年（1886）五月，陈请入京，奉旨留京候简。积劳成疾，请假归养，寻病卒。

薛德恩（生卒年无考），广东省广州府番禺人。同治四年乙丑科（1865）二甲49名进士。任刑部主事。

廖鹤年（1846—1901），广东省广州府番禺人。会元，同治四年乙丑科（1865）三甲143名进士。任兵部主事。

张清华（1841—1873），字伯湛，号兰轩，广东省广州府番禺人。咸丰五年乙卯科（1855）顺天乡试第86名举人。同治四年乙丑科（1865）二甲6名进士。选庶吉士。

曹秉哲（1841—1891），字吉三，广东省广州府番禺人。同治四年乙丑科（1865）二甲25名进士。选庶吉士，授翰林院编修。历任山东按察使。有《紫荆吟馆诗集》。

陆芝祥（1845—？），广东省广州府番禺人。同治七年戊辰科（1868）二甲69名进士。选庶吉士。

冯国桢（生卒年无考），广东省广州府番禺人。同治十年辛未科（1871）三甲156名进士。任知县。

姚礼泰（1848—？），广东省广州府番禺人。同治十三年甲戌科（1874）二甲14名进士。选庶吉士，授翰林院编修。

沈锡晋（1836—1892），字笔香，广东省广州府番禺人。同治十三年甲戌科（1874）二甲18名进士。选庶吉士。散馆，改吏部主事。升郎中。出任江苏扬州知府。同治光绪年间沈锡晋曾住于韩家潭。

梁肇晋（1843—1882），字振廉，号少亭，广东省广州府番禺人。同治十三年甲戌科（1874）二甲57名进士。任礼部主事。

番禺会馆所藏楹联共有两副：

云路九秋高，驱毂振缨，桂子香时来日下；
客怀三月远，停杯剪烛，木棉红处话菠萝。

敢夸广厦属吾庐，资平生好为人谋，但期穗石名流，同题雁塔；偶赋闲居归故里，叹终岁劳于王事，愿作菊花旧主，重聚燕台。

科举废除后番禺会馆改为同乡仕宦眷属旅居之所，1912年又改为办理同乡公益事务之处，以利便同乡中之无房产而又无力租赁房屋者，得有所寄托，其有患难者得同馆团体之助。会馆现为民居。

会馆现状（一）

会馆现状（二）

会馆现状（三）

东莞会馆

东莞位于广东省东南部。清代北京的东莞会馆有两处，位于西城区上斜街56号的东莞会馆，又称东莞新馆，传说为年羹尧的故居，清末成为了日本东文学堂校址，为陈伯陶等人于1910年购得并于次年改建。

年羹尧（1679－1726），字亮工，号双峰，汉军镶黄旗人。康熙三十九年庚辰科（1700）三甲218名进士。授检讨。迁内阁学士。其间他办理松潘事务，作为后勤补给配合入藏各军平定乱事。后历任四川巡抚、总督。为康熙皇帝所嘉奖，并升为川陕总督。其间，他以"以番攻番"之策平定青海罗克地方叛乱。康熙六十一年，掌管抚远大将军印信，从而执掌军务。雍正继位之初，年羹尧更是倍

年羹尧

受重用，总揽了西陲前线一切事务。雍正元年（1723），发生罗卜藏丹津叛乱，年羹尧被正式任命为抚远大将军，驻西宁平叛，并于次年"分道深入，捣其巢穴"，一举横扫敌军，威震西陲，享誉朝野，并加封一等公，太傅。然而，此时位极人臣、志得意满的年羹尧却犯了一个十分严重的错误："功高盖主"，他做了许多超越本分的事情。以第二次进京陛见为导火索，雍正皇帝逐渐对年羹尧越来越不满，此后年羹尧的处境便急转直下。从雍正三年开始，雍正皇帝对年羹尧的所作所为愈发不满，并抓住年羹尧一个疏忽，借题发挥，将其调职。年羹尧被调职后，朝廷议政大臣抓准时机，给年羹尧共开列了92款罪状。最终，年羹尧于雍正四年在狱中被赐死，家产被抄，其族中任官者俱被革职发配。

陈伯陶

陈伯陶（1855－1930），一字子砺，晚年更名永焘，号象华，又号"九龙真逸"，广东省广州府东莞县中堂凤涌人。光绪十八年壬辰科（1892）一甲第3名，探花。授翰林院编修。文渊阁校理。武英殿协修。后又任国史馆协修。于光绪二十一年，出任云南、贵州、山东乡试副考官。庚子之役之后，历任南书房行走、江宁提学使等职。光绪三十二年，被派往日本考察教育，回国后于南京创办方言学堂和暨南学堂。光绪三十四年，任江宁布政使。宣统三年

陈伯陶书法作品

(1911)，被任命为广东省教育总会长。后因民国革命，晚年避居九龙，以"九龙真逸"为号。陈伯陶好收藏，善书法，尤善楷书。著有《瓜庐文乘》《瓜庐诗乘》《元朝东莞遗民录》《明朝广东遗民录》《明东莞三忠传》《孝经说》《吴梅村诗发微》《袁督师遗稿》等。

《宣南鸿雪图志》记载：

院落坐南朝北，大致分为东、中、西三路，东路因拓展道路拆除。中路现仅有中方厅保留原状，大门为后期翻建传统建筑，其余均为后期拆改翻建建筑。西路保存相对较为完整，两进院落，布局随意散乱，为后期逐渐增建而成。过半房屋主体结构已经翻改，多数建筑墙体、屋面已非原形制，外檐装修改动较明显。中方厅坐东朝西，为歇山过垄脊，筒瓦屋面，面阔三间，进深五檩，周围廊。东接三间，五檩前后廊与其组成"T"字形厅堂。

会馆中所存楹联如下：

禺山莞水，邻结两家，花间问斜街，到此应思前世事；
辽蓟增城，烈传千古，芳徽贻后代，可能还忆故乡人。

（张伯桢）

已费中人十家产；
此为广厦万间心。（尹庆举）

兴祥溯东汉之年，文范炳千秋，仰征士风高，郡贤星聚；
启宇在南天而外，秀灵钟百粤，看石门返照，珠海回澜。

（作者不详）

同希湛露阳，恩华复相继；

且继邦亲洁，宴艳良有兹。（陈伯陶）

服官记二十年前，把酒论文，旧梦勿忘燕地雪；

聚首在七千里外，乘风破浪，壮怀应话虎门潮。（陈伯陶）

孤忠曾督蓟辽师，问前朝，柱石何人，赫赫大将军，足显山川聚灵秀；

伟烈犹思东莞伯，愿后辈，风霜炼骨，茫茫新世界，好凭时势造英雄。（张其淦）

尹庆举（1862－1915），字策延，号墀翔。广东省广州府东莞人。年十六为诸生。光绪十七年中举人。光绪二十一年乙未科（1895）中二甲39名进士。选庶吉士，授翰林院编修。后因不肯受贿于太监，南归故里，聘为宝安书院主讲官。光绪三十一年，充国史馆编修。宣统元年（1909），充实录馆纂修。宣统三年，出为成都知府，未赴任，归养。尹庆举善作诗，其作散录于《天南送别录》《东莞诗录》中。

张其淦（1859－1946），字豫泉，广东省广州府东莞人。光绪二十年甲午恩科（1894）二甲29名进士。改庶吉士。散馆。任知县。改山西黎城知县。光绪二十六年，任山西巡抚府文案，因事革职。后又任安徽省候补道。宣统二年

张其淦

（1910），授荣禄大夫，赏戴花翎。后任安徽提学使。辛亥革命后，弃官隐居于上海。著有《邵村史论》《邵村易说》《张氏家传》《张其淦诗稿》《寓园丛书》《洪范微》《左传礼说》《邵村咏史诗钞》《松柏山房骈体文钞》等。

在地方志《广东通志》中，有清代本县同乡进士的记载，摘录如下：

尹源进（1628—1686），字振民，号澜柱，广东省广州府东莞县万家租人。顺治十二年乙未科（1655）二甲21名进士。授吏部主事。擢考功郎，长内外计察。顺治十七年，任广西乡试主考官。康熙十八年（1679），补验封。晋太常寺少卿。卒于官。擅长写兰花。著有《爱日堂集》《平南王元功垂范》。曾对尚可喜有如下评价："王生而权奇骁果，有识量，甫成童，善弓马，结纳豪杰，以侠烈见称。"

祁文友（1633—？），号珊洲。广东省广州府东莞人。顺治十五年戊戌科（1658）三甲47名进士。顺治十八年任庐江知县。后任工部主事。清代诗人。著名诗人王渔洋（王士禛）的门生，因有"一夜东风吹雨过，满江新水长鱼虾"诗句而被其戏称为"祁鱼虾"。

陈应乾（1626—？），字履吉，广东省广州府东莞县城西人。明崇祯乡荐。顺治十五年戊戌科（1658）三甲230名进士。除湖广宜章知县。礼士爱人，革除宿弊。善诗词，尤善五言律诗。

李作楫（1632—1697），字济巨，广东省广州府东莞人。顺治十八年辛丑科（1661）三甲8名进士。授推官。改溧阳知县。迁汾州同知。升鹤庆知府。丁艰起补大理知府。著有《藏公堂集》《中山治略》。卒祀乡贤。为富绅，曾于东莞（今东正路横巷）一夜兴建十八栋同一式样规格的房屋，形成十九条小巷，故得名十九巷。进士陈伯陶曾出生于此。

莫梦吕（生卒年无考），字日载，广东省广州府东莞人。顺治十八年辛丑科（1661）三甲135名进士。未出仕。善词，被称为"词坛宿素"之首。

张朝绅（生卒年无考），字伟行，广东省广州府东莞人。康熙三年甲辰科（1664）三甲149名进士。任高密知县。廉介清白，爱民如子，兴学校，悠刑狱，循声甚著。年八十四卒。著有《醉古洞诗文》。

钱光晋（生卒年无考），字尔嘉，广东省广州府东莞人。永安籍，本姓祁。康熙九年庚戌科（1670）三甲33名进士。曾任宝丰知县，咸阳知县。

文超灵（1634—?），字捷叔，又字挺和，号诚斋，广东省广州府东莞县涌头人。后隶新安。康熙二年举人。康熙十五年丙辰科（1676）三甲56名进士。授宜兴知县。为官清廉。曾参与纂修《大一统全书》。

陈似源（生卒年无考），字昆霞，广东省广州府东莞县北栅人。题名碑作顺德人。康熙四十七年戊子科乡试中举。康熙四十八年己丑科（1709）二甲30名进士。选为庶吉士。授编修，参与编纂《一统志》。陈似源学识广泛，博览宏通，礼贤下士，得康熙皇帝御赐《佩文韵府》《康熙字典》等书。于康熙五十四年告归，安贫养志，克勤克俭，积蓄几乎全部济于族中贫家，并资助公业，造福后人。曾被聘为粤秀书院主讲，因在乡教化弟子而推辞未就。卒于雍正年间，年七十三岁。著有《敬业堂集》等。

麦琏（1687—?），本姓谭，字作兼，号榕川，广东省广州府东莞人。后为新安。生于康熙初年间。康熙五十二年中举。康熙五十四年乙未科（1715）三甲98名进士。授四川灌县知县，治水有大功。因丧归。后补三台知县，有政声。卒于官，士民祀之于名宦祠。

张极（生卒年无考），本姓翟，广东省广州府东莞人。题名碑作新会人。康熙五十七年戊戌科（1718）三甲57名进士。曾任来宾知县。

徐元鳌（生卒年无考），广东省广州府东莞人。康熙五十七年戊戌科（1718）三甲98名进士。

陈之遇（1695—?），字聘莘，号静轩。广东省广州府东莞县北栅人。后为新安。十六岁为诸生。康熙五十年辛卯科举人。康熙五十七年戊戌科（1718）三甲115名进士。授江南来安知县，任期中整顿税务，杜绝流弊，颇有政声。雍正五年（1727），调含山，赈济灾民。因牵连降级，遂退职归里。雍正八年，参与编修《东莞县志》。雍正十一年，因荐，起补琼州教授，督学有方，诸生日进。终病卒于琼州，时年四十五。

姚梦鲤（1668—1743），字锦江，号侣石，广东省广州府东莞人。雍正二年甲辰科（1724）三甲127名进士。雍正八年，任浙江淳安知县。告归后被聘为宝安书院山长，肇庆端溪书院，惠阳讲学。现家乡存其书房"御书楼"木匾一块。

林蒲封（?—1750），字鳌洲，又字桓次，广东省广州府东莞人。雍正八年庚戌科（1730）二甲18名进士。为翰林院庶吉士。散馆，授编修。历翰林院侍读。右春坊右庶子。晋学士。官侍从。充顺天乡试同考官。升侍讲学士。奉命提督江西学政。卒于任。纂修国史及《皇朝文颖》，著有《鳌洲诗文集》《读史录》。

陈绍学（生卒年无考），广东省广州府东莞人。乾隆元年丙辰科（1736）三甲78名进士。

陈士琰（生卒年无考），广东省广州府东莞人。广西平乐籍。乾隆四年己未科（1739）三甲6名进士。授翰林院检讨。

郑修（生卒年无考），字在湄，号十洲，广东省广州府东莞人。

乾隆十七年壬申科举人。乾隆十九年甲戌科（1754）三甲36名进士。历任江西建昌知县，直隶肃宁知县。生性好学，行为磊落，放荡不羁。著有《红雨楼诗草》。

莫普济（1720—？），字圣阶，广东省广州府东莞人。乾隆二十二年丁丑科（1757）三甲154名进士。曾任襄陵知县。后改韶州教授。

王文冕（生卒年无考），字饬端，号象坡，广东省广州府东莞人。乾隆二十五年庚辰科（1760）三甲5名进士。任湖北黄梅知县。调崇阳竹山知县。升襄阳郡丞。任期内多有惠政。著有《承轩诗草》《宦游小草》《北行草》《旅中间翰》等诗文集。

谭纮（生卒年无考），字树五，号云台，广东省广州府东莞人。性聪慧，为文雄深浑灏，纯以根柢之学阐发性灵，于兄纶同学，声振一时。乾隆二十五年庚辰科（1760）三甲7名进士。选授甘肃镇原知县。寻以疾告归，家居嗜学不倦。广授生徒，前后得其裁成者甚众。年七十四卒。

邓大林（1728—1798），字震东，广东省广州府东莞人。年十三失怙，哀毁几绝。母病医罔效，吁天减算，以延母寿，母病旋愈。雍正己酉（1729）乡荐。乾隆二十六年辛巳恩科（1761）三甲61名进士。选庶吉士。改户部主事，擢员外郎。迁礼部郎中，寻除广西道御史。以母老乞归。卒年七十一。著有《三余斋集》四卷。

袁秀峦（生卒年无考），广东省广州府东莞人。乾隆二十六年辛巳恩科（1761）三甲79名进士。

冯麟（生卒年无考），广东省广州府东莞人。乾隆二十八年癸未科（1763）三甲59名进士。曾任江西高安知县。

卢圣存（生卒年无考），字方维，广东省广州府东莞县增步人。乾隆二十四年己卯科乡试第一，解元。乾隆二十八年癸未科（1763）三甲 115 名进士。授山东肥城知县。居官八年，不携家，累以廉介著声。善诗词。

邓大经（生卒年无考），字敬敷，广东省广州府东莞人。乾隆二十七年壬午科举人。乾隆二十八年癸未科(1763) 三甲 128 名进士。授河南内乡知县。莅官三载，引疾归，士民走送数百里。居家教授，奖诱不倦。卒年七十五。著有《倚云楼集》四卷。

卢应（生卒年无考），广东省广州府东莞人。乾隆三十一年丙戌科(1766) 三甲 10 名进士。授翰林院检讨。

卢鉴（生卒年无考），广东省广州府东莞人。乾隆三十一年丙戌科(1766) 三甲 73 名进士。曾任雷州教授。

李镜（生卒年无考），广东省广州府东莞人。乾隆三十一年丙戌科(1766) 三甲 76 名进士。曾任贵州平越知县。

吴濂（1741－1806），广东省广州府东莞人。乾隆三十一年丙戌科(1766) 三甲 93 名进士。曾任监射。吏部验封司主事。吏部、兵部则例纂修。考功司员外郎。江南道御史，署户科给事中。会试磨勘官。乡试、会试、殿试监试官。吏科掌印给事中。太子少傅。为人清正勤慎。

王应遇（1737－1782），字际升，号璜洲，广东省广州府东莞人。乾隆三十三年戊子科中解元。三十四年己丑科(1769) 三甲 57 名进士。历任礼部清膳司主事。主客司主事。直隶州知州。奉政大夫。善对对联。著有《易说约》《绿香吟草》等。

黎溢海（生卒年无考），广东省广州府东莞人。乾隆三十七年壬辰科(1772) 三甲 44 名进士。选庶吉士。四库全书馆纂修。敕封文林郎。授翰林院检讨。

赵骧（1746－1771），广东省广州府东莞人。乾隆三十七年壬辰科(1772) 三甲 49 名进士。

谢斯熊（1758—?），广东省广州府东莞人。乾隆四十六年辛丑科(1781)二甲40名进士。曾任户部主事。

刘连魁（生卒年无考），字翰光，广东省广州府东莞人。乾隆四十九年甲辰科(1784)三甲27名进士。年仅十八岁，任福建平和知县，有惠政。

莫凌（生卒年无考），字接孔，号元锋，广东省广州府东莞人。乾隆四十八年癸卯科（1668）举人。嘉庆六年辛酉恩科（1801）二甲52名进士。任兵部主事。

邓应熊（生卒年无考），字叶乾，号芝圃，广东省广州府东莞人。嘉庆五年举人。嘉庆十年乙丑科（1805）二甲65名进士。任河南罗山知县。后两次调孝感知县。

陈凤池（1779—?），广东省广州府东莞人。嘉庆十九年甲戌科（1814）三甲63名进士。

叶梦芝（生卒年无考），改名荫芝，广东省广州府东莞人。嘉庆二十二年丁丑科（1817）二甲56名进士。授户部主事。

黎攀镠（生卒年无考），原名攀銮，号半樵，广东省广州府东莞县黄㳇人。嘉庆二十三年戊寅科（1818）举人。道光三年癸未科（1823）二甲97名进士。观政户部。充正稿兼本衙门则例馆总纂官。十四年，补主事。升员外郎。派管捐纳房事务。十六年，除湖广道御史。擢礼科给事中。十七年，稽查北新仓事务，擢福建兴泉兵备道。十八年，调补江南河库道。二十一年，以父母年老告归，家居二十余年，优游奉侍不出。年七十四卒。

王选（生卒年无考），广东省广州府东莞人。道光九年己丑科（1829）二甲89名进士。授吏部主事。

张金鉴（生卒年无考），字卓英，号子铭，广东省广州府东莞县城内人。少聪慧，工文。道光十九年己亥科举人。道光二十四年甲辰科（1844）二甲71名进士。任礼部主事。军机章京。捐资重修宝安书院。咸丰四年（1854），率乡勇抗击天地会有功，保奏为郎中，家居主讲宝安书院。未几卒，年四十六。善于作文、书法。

卢日新（1820—?），字敬修，号小铭，广东省广州府东莞人。自幼静慧，其家赤贫却勤学不辍，与同乡张金鉴友善。道光二十七年丁未科（1847）三甲116名进士。任工部主事。性格清高，为人至孝。双亲离世后，悲痛欲绝，不久亦卒。

蒋理祥（1829—?），字汝宸，号吉云，广东省广州府东莞人。咸丰二年壬子科举人。咸丰三年癸丑科（1853）二甲91名进士。选庶吉士。于乡里组织团练对抗红巾军有功。奉旨特授翰林院编修。主持龙溪书院讲席，清正廉洁。于乡中多有义举。辑有《海山仙馆丛书》。

邓佐槐（1836—1893），字振勋，号砺侯，广东省广州府东莞人。同治六年丁卯科广东乡试解元。同治七年戊辰科（1868）三甲33名进士。任礼部主事。

黄家驹（生卒年无考），广东省广州府东莞人。同治十年辛未科（1871）二甲61名进士。任刑部主事。

邓蓉镜

邓蓉镜（1833—1901），字上选，号莲裳，广东省广州府东莞人。同治十年辛未科（1871）二甲96名进士。选庶吉士，授翰林院编修。充国史馆纂修。出任江西督粮道。丁母忧而回乡，后主持广雅书院。奉李鸿章命，总办全省团练，病卒于任。著有《续国朝先正事略》《知止堂随笔》《诵芬堂诗文稿》《东莞志稿》等。

老照片（一）

老照片（二）

会馆现状（一）

会馆现状（二）

会馆现状（三）

中山会馆

中山会馆原名"香山会馆",位于西城区珠朝街5号。香山县主要包含今广东省中山市、珠海市、澳门等地。清初为刘云汉购置,作为义地,嘉庆年间迁至左安门内龙潭湖一带,原址则由广东香山县乡人筹建为香山会馆。

刘云汉(生卒年无考),广东省广州府顺德县逢简人。康熙三十六年丁丑科(1697)三甲49名进士。授翰林院编修,兼侍读学士。在京任官时,曾于御花园中见到金鳌桥而欣赏不已,当时康熙皇帝十分欣赏他的才华,得知此事后,钦允其在家乡建桥。最终,刘云汉告归后于家乡逢简果然模仿金鳌桥修建了同名桥,此桥至今尚存。

光绪五年(1879),香山会馆扩修,购得附近部分房屋及空地。光绪二十一年(1895),唐绍仪寓居此处,筹资再次进行了扩建,历时三年。

《宣南鸿雪图志》记载:

会馆坐西朝东,全馆分为前、中、后三座庭院,大院的周围建有跨院。馆内原建有戏台、假山、亭榭、水池等,现均不存。

正门位于会馆的中部，东临珠朝街。广亮大门，五檩硬山顶，合瓦屋面，清水脊，檐柱间有雀替，门鼓石上雕石狮。正对大门为花厅，东西面阔三间，南北进深八檩，卷棚顶，北、南、西三面加回廊一步，西面做歇山顶。东面前廊面阔三间，四檩卷棚歇山顶，与主厅翼角连成一体。当心间正接游廊三间，四檩卷棚，通至大门。此花厅造型活泼，绘苏氏彩画，装修细致，尤其是东面回廊柱间设有花罩，这些都是受到会馆当地风格的影响。花厅的北侧建有北房三间，八檩前出廊，勾连搭硬山顶，装修少部分保存有步步锦棂格。北房西侧及后面建有配房，均为五檩硬山式，规模较小。

会馆中路依南北轴线布置建筑。其中部建有二座尺度较大的南房和北房。南房面阔七间，五檩进深，加前廊一步，清水脊，装修已被改。南房的后面有游廊数间，与后面建筑有机地连接为一个整体。北房面阔五间，七檩硬山顶，墀头雕有精美的图案。南面正中接抱厦三间，悬山顶，步步锦装修。北房后面为后照房七间，东西配房各二间，均为进深五檩的硬山式形制。

中路的西部有照房十间，也是会馆西部尽端的建筑，五檩前出廊，硬山顶，合瓦屋面，还保存有部分较好的步步锦装修。此照房之东有南北房二座。北房面阔五间，带回廊，歇山顶，步步锦装修。南房面阔三间，周围廊。两房之间为四方亭，四角攒尖，方宝顶，灰筒瓦。这里原是会馆花园的一部分。

会馆的南部并排建有西房四座，均为面阔三间旁加半间，进深五檩加前廊一步，硬山顶，步步锦装修。其东还有南北房各五间，五檩前出廊，两房间有单间配房。

据《清末北京外城巡警右厅会馆调查表》（1906年）记载，清末官员何作猷曾任香山会馆管理员，并住于此。

何作猷（1862－？），字仲秩，广东省广州府香山县榄镇人。光绪十四年戊子科举人。光绪二十四年戊戌科（1898）会试第215名，殿试二甲10名进士。授翰林院编修。历任国史馆纂修，编书处协修，乡试十八省磨勘官。光绪三十年，任会试同考官。次年，任国史馆总纂官。光绪三十二年，任起居注协修。次年，补知府缺，后以道员在任候补。宣统元年（1909），任实录馆协修。宣统三年，任武英殿纂修。后任甘肃甘州府知府。

在地方志《广东通志》《香山县乡土志》中，有清代本县同乡进士的记载，摘录如下：

何云扶（1613－1659），广东省广州府香山人。本姓梁。明崇祯乡荐，顺治九年壬辰科（1652）三甲228名进士。任吏部主事。

梁景程（生卒年无考），广东省广州府香山人。雍正十一年癸丑科（1733）三甲69名进士。曾任河南宁陵知县。

卢文起（生卒年无考），字深潮，广东省广州府香山县上栅人。乾隆三年戊午科第76名举人。乾隆十三年戊辰科（1748）三甲123名进士。授湖南临湘知县。调贵州仁怀知县，山僻民贫，往往鬻子女偿征税，犹迫追呼。文起至，宽贷之，立除其害。人苦不知书，文起颁刻诗文数种以为程式，文教以兴。时有某妇与奸夫谋杀其夫者，投山穴中，访数月，得尸不变，吏白当拆验，文起曰："伤痕故在，而必拆其尸，伊何罪也？"因请于抚军，谓贵州山高土厚，凡尸不变而可验者，概勿拆。抚军嘉纳，方拟登荐剡，病假归，旋改教授，仁怀民为建遗爱祠。

刘上台（生卒年无考），广东省广州府香山人。乾隆十六年辛未科（1751）三甲86名进士。

严天召（生卒年无考），广东省广州府香山人。乾隆十九年甲戌科（1754）三甲43名进士。

麦佑（生卒年无考），字启正，号咸斋，广东省广州府香山人。少有异质，读书过目不忘，人以神童目之。乾隆三十四年己丑科(1769)三甲26名进士。授刑部主事。升山西司郎中。四十四年，俸满记名以繁缺知府用。积劳卒。著有《漾波楼稿》一卷、《惠游诗草》一卷、《咸斋文集》一卷。

郑应元（1759－？），字文川，广东省广州府香山人。乾隆四十六年辛丑科(1781)三甲38名进士。由庶吉士任内阁中书。充《通典》《通志》《文献通考》三通馆纂修官兼总校官。引病归。病卒。

杨汝任（生卒年无考），广东省广州府香山人。乾隆五十八年癸丑科参加会试，乾隆六十年乙卯恩科(1795)二甲17名进士。任内阁中书。

伍彭年（生卒年无考），字锡铃，广东省广州府香山人。嘉庆五年庚申科举人。嘉庆六年辛酉恩科（1801）三甲133名进士。任江西兴国知县。回乡后，任石岐丰山书院主讲。

曾望颜（1790－1870），字瞻孔，号卓如，广东省广州府香山人。嘉庆二十四年己卯科（1819）举人。道光二年壬午恩科（1822）二甲10名进士。选庶吉士。散馆，授翰林院编修。迁御史。又迁给事中。再迁光禄寺少卿。调太常寺少卿。升顺天府尹。出任福建布政使。护理巡抚代办闽浙总督。授通政司参议。再迁顺天府尹，陕西巡抚。调署四川总督，以陕西参劾属员翻案解任。同治四年，起授内阁侍读学士。回籍卒。一生刚果严毅，知无不为。

鲍俊（1797—1851），字宗垣，号逸卿，自号石溪生，广东省广州府香山人。道光三年癸未科（1823）二甲2名进士。选庶吉士。授刑部山西司主事。候选员外郎。即用知县。晚年回乡后讲学于凤山、丰湖书院。工诗词、书画。晚清岭南著名书画家之一。遗著有《榕塘吟馆诗钞》《倚霞阁词钞》《罗浮游草》《鲍逸卿草法》等。

何守谧（生卒年无考），广东省广州府香山人。道光六年丙戌科（1826）三甲12名进士。任知县。

郑应仁（生卒年无考），广东省广州府香山人。道光六年丙戌科（1826）三甲92名进士。任知县。

何瑞榴（生卒年无考），字霞晖，广东省广州府香山人。道光九年己丑科（1829）二甲12名进士。任浙江嵊县知县。著有《青棠山馆文集》四卷，《青棠山馆诗集》二卷。

黄朝辅（生卒年无考），字赓畅，广东省广州府香山人。廪生。道光八年戊子科举人。道光九年己丑科（1829）三甲10名进士。以即用知县签发湖南，任灵县知县。调平江知县。卒于官。

陈其晟（生卒年无考），广东省广州府香山人。道光二十五年乙巳恩科（1845）三甲45名进士。任知县。

何璟（1827—1898），字伯玉，号小宋，又号筱宋，广东省广州府香山人。道光二十七年丁未科（1847）二甲53名进士。选庶吉士，授翰林院编修。充顺天乡试同考官。以记名御史授江南道监察御史。升户科给事中。转工部掌印给事中。以道员出任安徽庐凤道，署安徽按察使，加布政使衔。授安徽按察使，兼署布政使。授湖北布政使。护理湖北巡抚，赏戴花翎。调山西布政使。迭任福建巡抚、山西巡抚。调任江苏巡抚，署两广总督，兼署办理通商事务大臣。丁父忧后，即任闽浙总督，赐紫禁城骑马，兼署福州将军，筹办海防，并治水有功。兼署巡抚，署台湾镇总兵。后因对法国战败而革职。回乡后，受聘于粤应元书院讲学。病卒。著有《春秋大义录》《通鉴大战录》《奏议十五卷》《事余轩诗》。

何瑞丹（1816—?），广东省广州府香山人。咸丰二年壬子恩科（1852）二甲80名进士。选庶吉士。

吴应扬（1835—?），广东省广州府香山人。同治七年戊辰科（1868）三甲12名进士。任主事。

黎淞庆（1822—?），原名章，广东省广州府香山人。同治七年戊辰科（1868）三甲81名进士。任主事。

民国元年（1912）夏，孙中山来京时，曾在会馆花厅会客。十四年三月孙中山病逝后，经唐绍仪提议，香山县为纪念之更名为中山县，"香山会馆"随之改为"中山会馆"。会馆花厅被用来陈列《总理遗嘱》等纪念物。二十二年，时任中山县县长的唐绍仪再次筹资，对中山会馆进行维修。1951年，会馆由"北京广东省会馆财产管理委员会"接管，作为公房供居民使用，逐渐成为大杂院。最多时居住有近400户人家。70年代末，会馆曾一度面临被拆的命运，在中山会馆末任会长何源盛之子何威廉的奔走呼吁下才得以保存。后被定为市级文物保护单位。

2006年起，院内居民逐步迁出，建筑逐渐获得修复，直到2014年腾退完毕。现今，已被建设成为电力博物馆的一部分。

老照片（一）

老照片（二）

会馆现状（一）

会馆现状（二）

会馆现状（三）

新会会馆

新会位于广东省珠江三角洲西部。清代的新会会馆在北京有两处，位于西城区粉房琉璃街115号的一处，又称"新会邑馆"或"新会老馆"，始建于清咸丰三年（1853）。

《宣南鸿雪图志》记载：

> 会馆坐西向东，分为前半部和后半部。前半部建筑多为坐北朝南方向，大致可分为东、西两路。东路二进院落，北房均为三间，进深五檩加前廊。正房的东侧还有五檩东房九间，进深五檩加前廊。第三进正房面阔五间，进深五檩。后半部建筑规格很小，由五檩前出廊的三间北房和四间西房组成，另有朝东北房二间。房屋均为硬山合瓦顶，主房过垄脊。整个庭院层次分明，虽已有百余年的历史，但原有格局仍旧保存较好，尚能看出原有建筑的风貌。

会馆创建之初，由李星辉撰写了《新会邑馆记》，并由顺德进士李文田书写。

《新会邑馆记》（1853年）

> 岭南去京师七千余里。士之试京兆及与计偕者，赍粮就道，犹历舟车跋涉之劳几三阅月乃至，则为马瘏仆痡，征尘

未拂，又皇皇然惟舍馆是图。昔人称，长安居大不易，信矣。都中旧有广州馆，邑人北上者率寓焉。但诸县颁试，常苦湫隘，若后至而资斧垂磬者，往往有变服赁春之势，而吾邑公车颇众，尤以为虑。诸君聚首都门，兴言及此，每欲为本邑营一行窝，而工程浩大，倡议为难，亦徒抱少陵广厦之思而已。今咸丰改元之三年，余再赴春官试，抵都则见已建有新会邑馆，俨然轮奂宏构也。知为今观察陈君伟南焯之所特建，费至数千金云。嗟乎世之履丰席厚，鼎食钟鸣，其甲第园林之壮丽，大抵期于自奉已耳。问有荫及暍人如郤成子之割宅，范文正公之置义庄者，岂易得哉。岂易得哉。今伟南观察独慨然为此豪举，使吾邑蹑履担簦之士，尽歌适馆于数千里之外，而宾至如归，非古之仁人君子其能如是乎？观察喜吟咏，敦气谊，以工部郎中供职京邸，一时贤士，夫乐与互唱酬数晨夕，目为北道主人。其谋建斯馆也，卜地鸠工，经营累月，于今春落成时，观察已束装南返。公车诸子未获同堂把酒，为前席一谢高谊，且叙乡里故旧之欢也。相与南望而低徊者久之。吾闻观察生平好行其德，更仆难数，尝虑粤中古籍未备，因购二十二史善本校刊流布，以惠儒林，费累万而不惜。又倡首捐万金，谋修邑学，后以形家言未果。此皆其荦荦大者。趋义若渴，固不仅郑庄之一驿也。而此举特先睹成效，后之北游者赋夏屋而观光上国，岂不快哉。佥曰此盛德，事不可不表彰以示后，因谋勒石，同人嘱余为文以记之，略述其缘起如此。

咸丰三年孟夏李星辉撰，赐进士及第，翰林院编修，武英殿协修，顺德李文田书。

新会会馆因著名学者广东新会人梁启超来京参加会试在此居住而著称。光绪十六年（1890）、二十一年，梁启超两次进京参加会试，光绪十七年入京完婚，二十四年回京参加"戊戌变法"时均在此馆居住。其住所为会馆中路的三间北房，因梁启超自号"饮冰室主人"，所著文集名《饮冰室文集》，故有后人将该屋称作"饮冰室"。

很可惜的是，梁启超两次赴京会试均未得中进士，究其原因，还有一段传说：据当代诸多文献记载，光绪二十一年（1895），梁启超同老师康有为，一同赴京参加会试。当时会试主考官为徐桐，他与其他考官都是清廷"保守派"的重要人物，他们对当时康有为维新思想持极度反对意见，因此欲极力压制他。当时所有考试试卷姓名均为密封，因此当时阅卷大臣认为，广东试卷中有才气的定是康有为之作。结果却出乎意料之外，梁启超的试卷被最先看到，其文通篇都是肆意发挥的今文经学的微言大义，因此被误认为是康有为之作，梁启超名落孙山，而康有为却安全过关，得中进士。

同其他试馆性质的会馆一样，新会会馆长年来都是同乡应试举子们异乡的避风港，也是同乡官僚们的停留之所，其中不乏中进士者。在地方志《广东通志》中，有清代本县同乡进士的记载，摘录如下：

黄楫汝（生卒年无考），即苏楫汝，字用济，又字延孙，广东省广州府新会人。顺治十八年戊戌科（1661）三甲49名进士。授太康知县。擢内阁中书舍人，太康士民感其德，建祠祀之。著有《梅冈集》。参与纂有《新会县志（康熙）》。善诗词。

黎翼之（生卒年无考），广东省广州府新会人。顺治十八年戊戌科（1661）三甲299名进士。未出仕。

殷章（1639－?），广东省广州府新会人。番禺学。康熙十二年癸丑科（1673）三甲57名进士。曾任内阁中书。康熙十八年曾书有《鼎建海幢寺碑记》。

任清涟（1647－？），字秋浦，广东省广州府新会县紫霞人。南海学。康熙八年己酉乡荐。康熙十二年癸丑科（1673）三甲96名进士。授任江南清河知县。卒年四十八。

李朝鼎（生卒年无考），广东省广州府新会人。东安学。康熙二十四年乙丑科（1685）三甲32名进士。曾任翰林院检讨。入直，拟"恭读御制咏史诗应制"七律，韵限十灰。为《新会县志（康熙）》作序。

胡一麟（生卒年无考），广东省广州府新会人。今鹤山。本姓刘。康熙三十年辛未科（1691）三甲27名进士。

梁贻燕（生卒年无考），广东省广州府新会人。康熙三十年辛未科（1691）三甲108名进士。曾任中书舍人。梁姓先祖叔鱼公梁鳣是孔子弟子七十二贤之一，宋朝时被追封为千乘侯。康熙三十八年，梁贻燕、梁学源等人曾集合族人建千乘侯祠，后又在祠中改建了青云书院，此处既可供奉先祖，又能宏扬孔

梁贻燕参与建造的青云书院

孟之道，书院主要是为了梁氏宗族子弟到广州考举时准备功课和住宿之用。

陈一蜚（生卒年无考），广东省广州府新会人。康熙三十六年丁丑科（1697）三甲48名进士。曾任布政司都事。

张成遇（生卒年无考），广东省广州府新会县双水东凌人。番禺籍。康熙三十九年庚辰科（1700）二甲1名传胪。选为庶吉士。

梁迪（生卒年无考），字道始，一字茂山，广东省广州府新会县江门人。合浦学。康熙四十七年（1708）戊子科举人。康熙四十八年己丑科（1709）三甲196名进士。授内阁中书。后任山西平陵知县。著有《茂山堂集》。清代诗人。代表作有《马山钟楼》。

伍元辅（生卒年无考），本姓钟，广东省广州府新会人。康熙六十年辛丑科（1721）三甲70名进士。授礼部郎中。善诗词。

陈鹏翼（生卒年无考），本姓张，广东省广州府新会人。左州学。雍正八年庚戌科（1730）三甲162名进士。

张月甫（生卒年无考），广东省广州府新会人。雍正八年庚戌科（1730）三甲226名进士。曾任荔浦、思恩知县。

谭肇基（1704－?），广东省广州府新会人。雍正十年壬子科举人。雍正十一年癸丑科（1733）三甲188名进士。历任浙江龙泉、长兴、慈溪、江西遂昌知县，在任期间颇有政声。升工部都水司主事。

陈景芳（生卒年无考），广东省广州府新会人。乾隆十三年戊辰科（1748）三甲159名进士。

李夔班（生卒年无考），字栗斋，号足一，广东省广州府新会人。乾隆十九年甲戌科（1754）三甲15名进士。曾任信阳知州。著有《课庐堂诗钞》。

陈其煁（生卒年无考），字介炎，号琬同，广东省广州府新会人。乾隆二十八年癸未科（1763）二甲54名进士。曾任给事中，粤秀书院山长。

谭大经（1751－1816），字敷五，广东省广州府新会人。乾隆四十年乙未科（1775）三甲92名进士。曾任奉贤县知县，嘉兴府通判。

梁雕龙（?－1778），广东省广州府新会人。乾隆四十三年戊戌科（1778）三甲92名进士。

伍有庸（生卒年无考），广东省广州府新会人。乾隆五十二年丁未科(1787)二甲31名进士。曾任知县。改盐大使。善诗书。著有《闻香馆学吟》《东狱行宫记》等。

李实（生卒年无考），字世名，号充之，广东省广州府新会人。乾隆六十年乙卯恩科(1795)三甲75名进士。曾任惠州府教授。著有《锄月轩诗钞》。

黄显章（生卒年无考），广东省广州府新会人。嘉庆元年丙辰科（1796）三甲79名进士。任潮州府教授。

何朝快（生卒年无考），改名朝彦，广东省广州府新会人。嘉庆四年己未科（1799）二甲39名进士。任礼部员外郎。

冯辅（生卒年无考），广东省广州府新会人。嘉庆六年辛酉恩科（1801）二甲57名进士。选庶吉士。改博白知县。

张衍基（生卒年无考），广东省广州府新会人。嘉庆十三年戊辰科（1808）三甲68名进士。任天河知县。

陈燮元（生卒年无考），字美林，号槐墀，广东省广州府新会人。嘉庆十六年辛未科（1811）三甲18名进士。早殁。

罗天池（1805—1866），字六湖，一字洼湖，广东省广州府新会县良溪人。清代画家，工书善画，精鉴赏。道光六年丙戌科（1826）二甲87名进士。授刑部江苏司主事。历升郎中。调福建、浙江钦差。擢云南迤西兵备道，兼署按察使司。道光甲辰，任云南乡试监试官。

黄大阜（生卒年无考），广东省广州府新会人。广西籍。道光十二年壬辰恩科（1832）二甲53名进士。授刑部主事。

唐金钊（生卒年无考），后改名金鉴，字时鸣，号二罗，广东省广州府新会县白石人。道光十三年癸巳科（1833）三甲75名进士。授四川遂宁县知县。历署南川、仪陇县知县，拉里台、察木多台军粮府。道光甲午，任四川乡试内帘同考官。卒年七十六。著有《罗汉洞琴理山房入蜀西藏诸集诗文》廿二卷。

李瑾辉（1817—?），广东省广州府新会县荷塘人。同治元年壬戌科（1862）三甲63名进士。任工部都水司主事。

李辰辉（生卒年无考），广东省广州府新会县荷塘人。同治二年癸亥恩科（1863）三甲38名进士。任知县候选。至六部郎中。

区云汉（生卒年无考），广东省广州府新会人。同治十年辛未科（1871）二甲74名进士。任礼部主事。

陈华褧（1850—?），字子裳，广东省广州府新会人。同治十三年甲戌科（1874）二甲10名进士。选庶吉士。授翰林院编修。

陈启辉（1872—?），字晋伟，号笃初，广东省广州府新会人。光绪三十年甲辰恩科（1904）二甲93名进士。授翰林院编修。曾任新会会馆管理人。

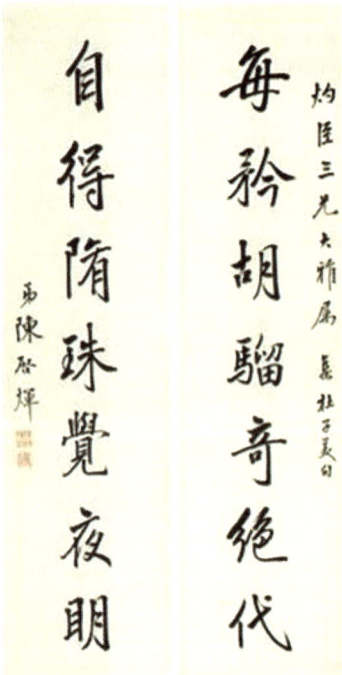

陈启辉书法

新会会馆中，存有楹联两副，均为明朝进士陈献章之作：

紫水黄山，五百年必生名士；
橙香葵绿，八千里共话乡风。

新诗日下推时彦；
会客花间话早朝。

2011年北京旧城区改造，新会老馆亦曾被列入拆迁范围，后经考证是梁启超暂居地而得以保存。

会馆现状（一）

会馆现状（二）

会馆现状（三）

南海会馆

南海地处广东省珠江三角洲北部。清代在北京的南海会馆共有三处，其中位于西城区米市胡同43号的南海会馆，清道光三年（1823），以吴荣光为首的广东南海籍京官捐资在米市胡同现址购置房舍，建立南海会馆，以应进京举子之需。道光五年春，整修完毕。

据吴荣光所撰的《新建广东省广州府南海县会馆碑记》记载（节选）：

国朝制科，广东九郡举人中额七十有二名，每科广州郡几居其半，广州十四属南海又几居其半。新旧科来京会试者不下百十人，迨会试后留京过夏者，谒选知县者，赴试京兆者，又若而人郡属统一会馆，限于地而不能遍客。……道光癸未，余陈枲浙江同里廖水部垤，手贻一缄曰，南海议建会馆，垤寒士也，倡捐百金，同人踊跃襄助，已得千金有奇，余喜前志之竟成也。亟分养廉五百金复之。由是而李都转可琼、邓视察士宪各捐五百金，合之同邑官京师及公车候选所捐，及廖明府翱、劳明府光泰先后劝捐，在籍友人共得一万三千两有奇，购宣武门外米市胡同董文恪公邦达故第。

吴荣光（1773—1843），原名燎光，字殿垣，一字伯荣，号荷屋、可庵，晚号"白云山人"，别署"拜经老人"，广东省广州府南海人。

嘉庆四年己未科（1799）二甲20名进士。改庶吉士，授编修。迁监察御史。授刑部员外郎、郎中。历陕西陕安道、福建盐法道，福建、浙江、湖北按察使，贵州、福建、湖南布政使。官至湖南巡抚兼湖光总督。后因事降为福建布政使。善鉴藏，工书善画，精诗词。著有《历代名人年谱》《筠清馆金石录》《筠清馆帖》《辛丑销夏记》《帖镜》《石云山人文集》《绿枷楠馆录》《吾学录》等。

吴荣光

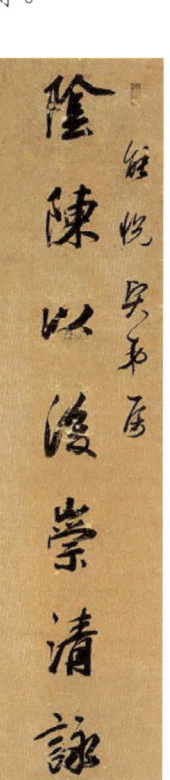

吴荣光书法与其名作《百雀图》

廖甡（生卒年无考），字鹿侪，广东省广州府南海县龙津堡良圃人。嘉庆二十二年丁丑科（1817）三甲49名进士。任工部都水司郎中。京察，授四川夔州知府。补河南汝宁府知府，署南汝光兵备道，平贼有功。然自觉年老气衰，遂引疾归。拟修《黉宫辑志乘》，未就而卒，年八十二。

李可琼（？—1846），字佩修，号石泉，广东省广州府南海人。嘉庆三年戊午科举人。嘉庆十年乙丑科（1805）二甲29名进士。选庶吉士。戊辰散馆，诗复三字再留学习。己巳授翰林院编修。庚午山东副考官。己卯会试同考官。己卯擢思恩府知府。擢福建延建邵道，未赴。调浙江宁绍台道，所辖三府。道光五年乙酉（1825）入闱提调。八年兼署按察使。以卓荐擢山东盐运使。丁生母忧解任，年六十余矣，不复出。临终自知时日，先时拜谢君亲别戚友，而后正衣冠，卒年八十一。与兄弟可端、可蕃三人有"同胞三翰林"之称。

邓士宪（1771—1839），字临智，号鉴堂，广东省广州府南海县沙头堡大坑村人。嘉庆四年，考充左翼宗学教习，授内阁中书。嘉庆七年中壬戌科（1802）二甲23名进士。选庶吉士。补兵部职方司主事、员外郎。升武选司郎中。授云南安府知府。调云南大定府知府，任内改俗悍民蛮，倡修学宫，振兴义学。又调云南普洱府知府，裁减井盐陋税。道光九年（1829），署粮储道。告归后聘为羊城、越华书院主讲。纂有《南海县志》，著有《慎诚堂集》。

廖翱（1785—1836），字羽皋，广东省广州府南海县龙津堡良圃人。嘉庆二十四年己卯科（1819）举人。道光六年丙戌科（1826）二甲74名进士。筮仕山西定襄县，廉洁爱民，谳狱明慎。岁荒，亟请开仓赈济，又捐米为富民倡，民赖以活。在任八年，民依若父母。每下乡，见者皆舍业趋路旁，叩头而退，盖八年如一日。邑患狼，至入城攫小儿，翱为文，责城隍，狼遂绝，文多传诵。所著书绎传于世。

劳光泰（生卒年无考），字静荪，广东省广州府南海人。嘉庆二十五年庚辰科（1820）三甲74名进士。历任监利、嘉鱼、通城知县，荆州、随州知州等职。纂有《蒲圻县志》。

董邦达（1696－1769），字孚闻，一字非闻，号东山，浙江富阳人。工书善画。雍正十一年癸丑科（1733）二甲20名进士。改庶吉士，授编修。典试陕西。充顺天乡试同考官。授中允，充日讲起居注官。又晋为侍讲，侍读学士，入值南书房。授内阁学士，兼礼部侍郎。迁礼部右侍郎，调工部，又调吏部，充经筵讲官。主持江西乡试。后历充殿试读卷，经筵讲授，武会试总裁等。补授都察院左都御史，署翰林院掌院学士。迁工部尚书，转礼部，复转工部。赐紫禁城骑马。卒谥"文恪"。

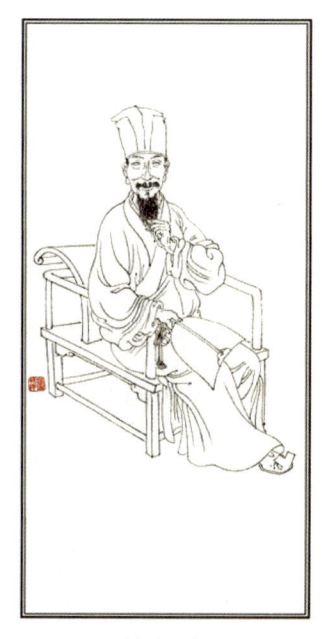

董邦达

清光绪六年（1880），由于南海赴京应试举人越来越多，原有房屋不敷使用，便在会馆南面另购一处房舍，使其和原有宅院连接起来，形成一个大院。南海会馆遂具规模。

《宣南鸿雪图志》记载：

> 会馆坐西朝东，并列四组院落。其北面三组是典型的清代"三轴四部分"官宅格局。中轴主院为礼仪部分，大门五间临街，当心间为广亮大门，七檩后廊硬山合瓦顶。一进院主堂七间，七檩进深加前廊一步，东西配房各三间五檩。二

进院主房五间，露明三间，七檩前出廊，东西配房各五间五檩。南轴偏院为居住部分，共三进院，倒座房及正房共四座，均为面阔三间进深五檩。配房前院各三间，后院二间进深五檩，建筑紧凑实用。北偏轴院为休闲游憩部分，布局灵活，现有三个独立小院。其中南院正房三间，七檩前出廊，宽敞实用，原院内北、东二面有游廊、小轩，现已改建，院中假山高树，也已无存。此院正房处即是康有为所居的"七树堂"，北面小轩全装玻璃窗，形似画舫，故名"汗漫舫"。康在此处办《中外纪闻》报，并领导了戊戌变法，因而名声大振。三轴以外的第四部分即服务工役部分，是位于北轴前和主轴后的两三处小院。在这三组之南为光绪时添加的三进四合院。一进院正房三间，进深七檩加前廊一步，两耳房各一间，倒座五间五檩带前廊，两厢房各三间五檩。二进院正房五间，进深五檩加前廊一步，厢房各三间五檩。后院正房三间，五檩加前廊，北厢房二间。

康有为（1858－1927），原名祖诒，字广厦，号长素，又号明夷、更甡、西樵山人、游存叟、天游化人。广东省广州府南海人。人称康南海。近代著名政治家、教育家和文学家，资产阶级改良主义的代表。光绪二十一年乙未科（1895）二甲46名进士。曾任工部主事。

康有为

康有为的住所在南海会馆的北跨院，院中有北房三间，西房三间，东房三间，占地面积约200平方米。因植有七棵古槐，又名"七树堂"。西边为卧室，北房为书房，因似船形，康将其命名为"汗漫舫"。康有为每次来京应试和向皇帝上书，都住在"汗漫舫"中，先后长达十六年。

据文献记载：

光绪八年，康有为进京参加会试，住在南海会馆，因落第返乡。十四年，第二次进京参加会试，仍住在南海会馆。在这期间第一次向光绪皇帝上书，请求改良政治，以挽救国家危亡，提出"变成法，通下情，慎左右"。其在汗漫舫"日以读碑为事，尽观京师藏家之金石凡数千种"，写成《广艺舟双楫》。十七年，康有为在广州设立"万木草堂"学馆，从事维新变法理论的宣传和著述，并撰写了《新学伪经考》《孔子改制考》等书。二十年，康有为第三次进京参加会试，又未中。次年，第四次参加会试，依然住在南海会馆汗漫舫。从此这里成为了维新派活动中心，一时群英荟萃，门庭若市。康有为联络各省应试举子1300多人，在松筠庵发动了"公车上书"，提出"下诏鼓天下之气"、"迁都定天下之本"、"练兵强天下之势"、"变法成天下之治"等改良主义救国纲领。得中进士后，康有为又连续两次上书，同时在北京组织"强学会"，创办《万国公报》《中外纪闻》，并著有《汗漫舫诗集》等。二十三年冬，康有为第五次进京，再次入住南海会馆，除续写了《上清帝五书》《上清帝六书》外，并于次年一月，率先在会馆内成立"粤学会"。三月，又在粤东新馆召开"保国会"成立大会。在《上清帝七书》呈上后，光绪帝采纳了其建议，下定国是诏，宣布变法。

康有为之弟康广仁在会馆中间第二进院的耳房居住。变法失败后，康广仁于馆中被捕，并作为"戊戌六君子"被斩于菜市口。而康有为事前收到光绪皇帝"密诏"，于前一天夜里出京，几经辗转逃往海外，于光绪二十五年（1899）在加拿大成立"保皇会"。二十六年，清廷严命将康有为、梁启超在广东本籍的祖上坟墓尽皆铲平，以儆凶邪。并悬赏10万两白银，缉拿康梁。辛亥革命后，康有为于民国二年（1913）回国，宣扬尊孔复辟，反对共和制。民国六年，康有为配合张勋拥护溥仪复辟，公开发表《共和平议》，失败后再次逃离北京。此后康有为过上了落魄隐居的生活，并于民国十六年，因食物中毒死于青岛家中。

在地方志《广东通志（道光）》中，有清代本县同乡进士的记载，摘录如下：

陈显忠（1605－?），广东省广州府南海人。明崇祯乡荐。顺治十五年戊戌科（1658）三甲96名进士。曾为知县。

黄士贵（1620－?），字璧仲，广东省广州府南海人。明崇祯乡荐，壬午科举人。顺治十五年戊戌科（1658）三甲103名进士。授深泽知县。卒于官。

崔梦吉（生卒年无考），广东省广州府南海人。顺治十八年戊戌科（1661）三甲194名进士。为会魁。

冼国干（生卒年无考），广东省广州府南海人。康熙二十一年壬戌科（1682）三甲27名进士。曾任武强知县。

梁佩兰

梁佩兰（1629－1705），字芝五，号药亭、柴翁、"二楞居士"，晚号郁洲，广东省广州府南海人。顺治十四年（1657）中解元。康熙二十七年戊辰科（1688）二甲37名进士。会魁。选为庶吉士。授知县，因年老而不赴任。康熙四十一年，奉召进京参加翰林院散馆考试，因不习满文而革去庶吉士。卒私谥"文介"。清初诗人，善诗词、书画，被尊为"岭南三大家"与"岭南七子"之一。著有《六莹堂前后集》等，参与纂修《阳春县志》，为康熙三十年（1691）《南海县志》作序。康熙年间梁佩兰曾住于永光寺中街。

关陝（生卒年无考），广东省广州府南海人。题名碑作关陈，东莞人。康熙五十四年乙未科（1715）三甲25名进士。授翰林院检讨。后任唐县知县。遭到隆科多参奏行贿革职并充军，此事后于雍正五年（1727），成为隆科多罪案中"欺罔之罪"之罪三。

吴传龇（生卒年无考），广东省广州府南海人。康熙五十四年乙未科（1715）三甲39名进士。历任翰林院检讨，刑部郎中，庚子顺天乡试同考官。

万上达（生卒年无考），广东省广州府南海人。番禺学。《番禺县志》上作潘上达。康熙五十七年戊戌科（1718）三甲49名进士。曾任知县。

关上进（生卒年无考），广东省广州府南海人。新宁学。康熙六十年辛丑科（1721）三甲87名进士。授翰林院检讨。

卢杰（1673—?），广东省广州府南海人。番禺学。雍正元年癸卯恩科（1723）三甲127名进士。曾任知县。

林丛光（1682—?），广东省广州府南海人。雍正二年甲辰科（1724）三甲165名进士。曾任知县。

谭会海（生卒年无考），广东省广州府南海人。雍正五年丁未科（1727）三甲109名进士。

何梦瑶（1693—1764），字报之，号西池，晚年字号研农，广东省广州府南海县云津堡人。年二十九受知学使惠士奇，称"惠门四俊"。雍正己酉科拔贡，领乡荐。雍正八年庚戌科（1730）三甲117名进士。分发广西大府，令修省志。历任义宁、阳朔、岑溪、思恩等县知县，曾荐以鸿博，辞不赴。擢奉天辽阳知州，治狱明慎。乾隆十五年（1750），引疾归。后主持广州粤秀书院与越华书院。为清代名医，著有《医碥》《伤寒论近言》《幼科良方》《妇科良方》《医方全书》《算迪》等。

何如漋（1698—?），字建则，广东省广州府南海县镇涌堡人。题名碑作顺德人。雍正十一年癸丑科（1733）三甲26名进士。初任山东冠氏知县。调长清。后任河南新郑知县。各地皆有政声。辞官归后，开门教授，负笈之士，骈肩接踵。撰有《庄子未定稿》，著有《自得录》十卷、《续录》一卷、《读易日钞》十二卷诗一卷。

孔传大（生卒年无考），广东省广州府南海人。乾隆元年丙辰科（1736）三甲106名进士。

冯成修（1703—1797），字达夫，号潜斋，广东省广州府南海县磻溪堡人。乾隆丙辰科举人。乾隆四年己未科（1739）二甲53名进士。选为庶吉士。散馆，授翰林院编修。改吏部主事。迁文选司员外郎。乾隆十五年，充庚午福建乡试副考官。升礼部祠祭司郎中。乾隆十八

年,癸酉典试四川乡试。乾隆二十四年,己卯任贵州学政。揭条约十四则以训士,巡试所至谆谆讲实学,正文风,复陈奏学政事宜五条,其禁止命题割截、免勘童生试卷二事,上采用之。旋召回京。年六十一假归,遂不出。掌教广州粤秀、越华书院,世称"潜斋先生"。乾隆六十年,赴京参加"鹿鸣宴"。翌年卒,崇祀乡贤。著有《养正要规》《学庸集要》《人生必读书纂要》《文基文式》等。

庞遥(生卒年无考),广东省广州府南海人。乾隆四年己未科(1739)三甲60名进士。

陈炎宗(生卒年无考),字文樵,广东省广州府南海县佛山人。乾隆辛酉领乡荐。乾隆十三年戊辰科(1748)三甲45名进士。馆选后告归,居家三十年,主讲岭南义学。性孤介恬淡,非公事无一刺及长吏。尝搜罗佛山文献辑为乡志,识者称其简而有章。生平为诗文,未尝属稿,挥成辄为人持去,故多散佚。

冯慈(生卒年无考),字子持,广东省广州府南海县简村堡人。乾隆甲子举人。乾隆十六年辛未科(1751)三甲68名进士。出宰浙江缙云,下车谒学官,悯殿庑剥落,捐俸倡修。奉旨留浙效力,癸未权判温州。甲申复办大差。乙酉权台州同知。丙戌摄归安。以疾谢事,卒于浙,年四十八。著有《大野集》。

林绍唐(生卒年无考),广东省广州府南海人。乾隆十七年壬申恩科(1752)二甲68名进士。

伦显圣(生卒年无考),广东省广州府南海人。乾隆二十二年丁丑科(1757)三甲49名进士。

张大鲲(生卒年无考),广东省广州府南海人。乾隆二十二年丁丑科(1757)三甲58名进士。

张成宾(生卒年无考),广东省广州府南海人。乾隆二十二年丁丑科（1757）三甲79名进士。

梁昌圣（生卒年无考），广东省广州府南海人。乾隆二十六年辛巳恩科（1761）二甲10名进士。曾任官江南。著有《碧霞书屋诗钞》。

关廷牧（生卒年无考），字丛桂，号西园，广东省广州府南海县九江堡人。省志及题名碑作陈廷牧。年十三失怙，家甚贫，母家资给之，益力学。乾隆壬午乡荐。乾隆二十八年癸未科(1763)三甲111名进士。铨顺天宁河知县。乙巳升北通州，委兼理顺天东路同知事。丙午升天津府同知。戊申改授广西武缘县，勤于吏治。以不服水土病殁，年五十二。

苏青鳌（生卒年无考），广东省广州府南海人。乾隆三十七年壬辰科(1772)二甲32名进士。授翰林院编修。

黄贤（生卒年无考），字毓豪，广东省广州府南海县兴贤堡人。乾隆三十六年辛卯科贡士。乾隆四十三年戊戌科(1778)三甲7名进士。铨湖南桂阳知县，有政声。在职数年，桂人歌颂之。旋为忌者所中以罣误改教职，桂人饯送不绝。卒年五十五。

颜惇恪（？—1807），原名斯绂，字诒兼，广东省广州府南海县捕属绣衣坊人。少孤，事嫡母以孝谨闻。乾隆四十八年癸卯科举人。乾隆五十五年庚戌恩科(1790)三甲33名进士。官刑曹。告假省生母，终养乃赴部。丙寅补福建司主事。喜藏书画名迹，尤喜吟咏，余即拈韵自娱，每日趋直往返车中，手未尝释卷也。丁卯卒于官。

陈鸿宾（？—1798），字渐逵，广东省广州府南海县金利都人。通五经三礼，尤深于易。自以八龄失怙，事继母惟谨，父暮年善疾，侍汤药勿离于寝，父殁三年不入内籍，记遗命，晨夕省诵，诵已辄泣。抚弱弟怡怡如也。自父殁，家益落，授徒自给，修内行弥力，置日省录，日有所为，夜必书之。时粤督大兴相国朱珪悉其品学，将举为孝廉方正，鸿宾力辞不就，议遂寝。举乾隆五十三年戊申乡荐。乾隆五十五年庚戌恩科(1790)三甲59名进士。戊午卒，年四十，识者以未试其学为憾。著有《尚友堂诗集》。

林绍光（生卒年无考），字延宗，广东省广州府南海县大江堡人。生七十日而孤，事节母以孝闻，年十五补诸生，五经史传通，有神童之目。举乾隆六十年乙卯（1795）乡贡。嘉庆元年丙辰科（1796）二甲25名进士。观政户部，办理军需局钱法堂。派管工部宝源局。监督兢慎供职。出守湖北安陆属邑，捐廉倡修兰台书院。以讹误左迁去，士民焚香送者载途。卒年六十三。

李可端（生卒年无考），广东省广州府南海人。嘉庆元年丙辰科（1796）三甲33名进士。授翰林院检讨。与兄弟可琼、可蕃三人有"同胞三翰林"之称。

张业南（生卒年无考），广东省广州府南海人。嘉庆四年己未科（1799）三甲15名进士。历任户部郎中。知府。

关仕龙（生卒年无考），广东省广州府南海人。嘉庆六年辛酉恩科（1801）三甲116名进士。曾任知县。

谢兰生（1760－1831），字佩士，号澧浦，又号里甫，别号理道人，广东省广州府南海县麻奢堡人。侨居捕属素波巷。乾隆壬子科举人。嘉庆七年壬戌科（1802）二甲28名进士。选为庶吉士。请假省亲，以父年老未散馆。丙寅父殁，遂绝意仕宦。迭主粤秀、越华、端溪三书院讲席。

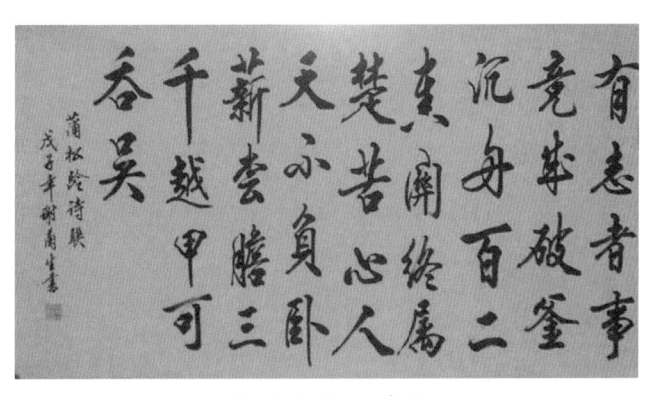

谢兰生书法作品

后为羊城书院掌教。诗书画皆善。著有《常惺惺斋文集》四卷、《常惺惺斋诗集》四卷、《北游纪略》二卷。

李可蕃（？—1818），字衍修，广东省广州府南海县丰华堡人。侨居佛山。乾隆六十年乙卯（1795）乡荐。嘉庆七年壬戌科（1802）二甲42名进士。选为庶吉士，授翰林院编修。戊辰分校礼闱。癸酉顺天乡试并充同考官。擢山西道御史。升兵科掌印给事中。二十一年八月，补湖南粮道。二十三年十月卒于官，年四十八。与兄弟可端、可琼三人有"同胞三翰林"之称。

冯本泰（生卒年无考），以字行，别字尧阶，广东省广州府南海县沙头堡人。少倜傥不羁。嘉庆六年辛酉科举人。嘉庆十年乙丑科（1805）三甲127名进士。乡居需次选保正，丰裁凛然，远近惮服，凡兴利除害，本泰决而行者，辄有效。丙子选湖北南漳知县。年四十四，因疾告假，卒于汉口。

区玉麟（生卒年无考），改名玉章，号仁圃，广东省广州府南海县上金瓯堡区村人。嘉庆十三年戊辰科（1808）二甲37名进士。选为庶吉士。散馆，改吏部主事。性公，遇事有执，因忤上官遂引疾归。

崔槐（生卒年无考），字植庭，广东省广州府南海县沙头堡人。为诸生，试辄冠其曹偶。嘉庆五年庚申科举人。嘉庆十四年己巳恩科（1809）三甲39名进士。授内阁中书。充文渊阁检校。母忧去职，授徒羊城，从游者数百人。丙子起复供职。戊寅分校顺天乡闱。疾作未揭晓，卒年五十五。槐孝友笃实，教人以立诚为宗。酷嗜书画，蓄唐宋元明人真迹甚富，居恒无事，展玩至夜分不辍。在都时，高简沉默，公余闭门著述，客至寒暄外常移时不交一语，至论文及辨证书画，则亹亹终日。

潘光岳（生卒年无考），号石闾，广东省广州府南海县鳌头堡人。

迁佛山。嘉庆癸酉科举人。嘉庆二十二年丁丑科（1817）二甲34名进士。选庶吉士。散馆，改刑部主事。治狱以明慎为主。在部十二载，卒于官。性宽厚，有友负千金不问也。

倪济远（1795—？），字秋查，广东省广州府南海县捕属人。嘉庆二十一年丙子科举人。嘉庆二十二年丁丑科（1817）三甲22名进士。即用知县。历恭城、荔浦、贺县知县。性伉直，嗜读书，善诗。著有《味辛堂诗存》四卷、《茶嵋舍词稿》一卷。

梁序镛（1765—1845），字云门，广东省广州府南海县盐步堡人。嘉庆二十二年丁丑科（1817）三甲94名进士。授韶州府教授，离任后诸生聚百金为其立长生位于相江书院。告归后奉母极孝。卒年八十。工诗赋，性明敏，涉书甚广。

何文绮（1779—1855），号朴园，广东省广州府南海县镇涌堡燕桥乡人。嘉庆十五年庚午科举人。嘉庆二十五年庚辰科（1820）二甲20名进士。授兵部主事，有功，加员外郎衔。归乡后，受聘粤秀书院主讲。著有《课余汇钞》《四书讲义》和《周易从善录补注》。

罗文俊（1789—1850），字泰瞻，号萝村，广东省广州府南海县绿潭堡人。嘉庆二十四年己卯科举人。道光二年壬午恩科（1822）一甲第3名，探花。选庶吉士，授翰林院编修。记名御史。升左春坊左庶子，补翰林院侍讲学士，转侍读学士。十九年，再以大考优等授通政司副使。詹事府詹事。累迁工部左侍郎，派查东陵工程，冒寒得病引疾归。后多次充任各馆纂修、协修官，咸安宫总裁，教习庶吉士，内阁批本和日讲起居注官等。曾任顺天乡试同考官，山东乡试正考官，顺天乡试副考官，山西学政，陕甘学政，山东学政和浙江学政等。著有《绿萝书屋文集》。

方翀亮（生卒年无考），字懋仁，广东省广州府南海县伏隆堡人。性狂介，取与不苟，守清贫。受聘于鹤山令主义学，然以为苦，一年辞归，阅文以自给。道光二年壬午科乡荐。道光三年癸未科（1823）三甲110名进士。年四十五卒。

桂文耀（？—1854），字星垣，广东省广州府南海人。道光八年戊子科举人。道光九年己丑科（1829）二甲79名进士。选庶吉士，授翰林院编修。道光十九年，为湖南乡试副考官。充国史馆撰修、总撰。湖广道监察御史。常州府，苏州府知府。淮海河防兵备道。善词，誉为"四俊"之一。著有《群经补正》《席月山房词》《清芬小草》等。

冯锡镛（1798—1867），字鸣虞，号侣笙，广东省广州府南海人。道光八年戊子科举人。道光九年己丑科（1829）三甲42名进士。选授浙江太平知县。道光二十年，洋务起，调锡镛至军营差遣，派管火药局、粮台支应局、定海善后工程局，事平加知州衔。调黄岩县，以外艰归。善诗。

黄其表（？—1872），号云峰，广东省广州府南海县泮塘人。道光十一年辛卯科举人。道光十二年壬辰恩科（1832）二甲76名进士。以知县发湖南。补保靖知县，选民壮以自守，遇水灾开仓赈恤，存活无算。咸丰元年（1851），以卓异久任，擢靖州知州。四年，署永顺知府，击溃所属桑植县山贼，以少胜多。以年老引疾归，家无儋石。南海令聘其于三湖书院训士。

孔继勋（1792—1842），原名继光，字开文，号炽亭，广东省广州府南海县罗格围人。嘉庆二十三年戊寅科（1818）举人。授化州学正。道光十三年癸巳科（1833）二甲38名进士。选庶吉士。散馆，授翰林院编修。充国史馆协修。道光十七年，顺天乡试同考官。教习庶吉士。卒赠荣禄大夫，钦加布政使衔。善书法，有诗名，"云泉七子"之一。著有《岳雪楼诗存》《馆课诗赋抄》《云泉题唱》《岳雪楼骈文集》《北游日记》等。

吴林光（生卒年无考），字佩芳，一字叔壬，号香冷，一作芗冷，广东省广州府南海县佛山人。举道光二年壬午科顺天乡试。道光十三年癸巳科（1833）三甲58名进士。出宰江西，历署吉水、南康县事。授铅山知县。皆有政声，以卓异荐。著有《饮兰露馆词钞》。

陆敦庸（生卒年无考），原名沾荣，广东省广州府南海人。道光十五年乙未科（1835）三甲77名进士。

陈信民（？—1837），字任甫，广东省广州府南海县九江堡人。道光十六年丙申恩科（1836）三甲24名进士。湖南即用知县。在任期间县多有灾，劝有力者出资助赈，存活无算。并治赌风，有效。十八年腊月将赴任，抱病遽卒。

招镜蓉（生卒年无考），改名敬常，字心台，广东省广州府南海县溶洲堡人。道光十五年乙未科举人。道光十八年戊戌科（1838）三甲25名进士。授陕西兴平知县。丁忧归，授北城兵马司正指挥。荐擢同知分发广西，剿匪多年，有功。赏戴花翎，补庆远同知，署柳州知府，乃留办县事，平贼有功。加知府衔，署平乐府事。出调桂林府知府，治平有绩。补思恩知府，仍留署。病卒于任，年五十六。

梁启文（生卒年无考），广东省广州府南海人。道光十八年戊戌科（1838）三甲31名进士。授户部主事。

莫以枋（生卒年无考），广东省广州府南海人。道光二十年庚子科（1840）二甲7名进士。选庶吉士。

吴祖昌（1814—1875），原名启清，字澄甫，广东省广州府南海人。广西桂平城厢籍。道光二十一年辛丑恩科（1841）二甲24名进士。历任兵部主事、郎中，山西、四川道监察御史，江西抚州知府、南昌知府等职。著有《三树堂诗文集》。

梁绍献(1805—1865),字国乐,号槐轩,原名献忠,广东省广州府南海县澜石人。道光十二年壬辰科举人。二十年考取内阁中书。道光二十一年辛丑恩科(1841)二甲50名进士。选庶吉士。散馆,授翰林院编修。国史馆协修纂修官。丁未会试同考官。三十年,改江南道御史,在任期间,严查国外走私。因母老而归。于同治三年(1864),受聘主羊城讲席,馆谷所入,先营家庙,五年而卒。著有《四书集解》《怡云山房诗文集》,并主纂续修《南海县志》二十六卷。

徐台英(?—1862),字佩章,号佩韦,广东省广州府南海县登云堡河村人。道光十二年壬辰科举人。道光二十一年辛丑恩科(1841)二甲53名进士。授湖南华容知县。调耒阳知县。同治元年(1862),奉旨进京,诏分发浙江,交闽浙总督左宗棠差遣。捐同知委署台州府知府,未任,卒。左宗棠奏请以立循吏传。

冼倬邦(1819—?),改名斌,广东省广州府南海人。道光二十一年辛丑恩科(1841)二甲86名进士。任主事。

容文明(生卒年无考),广东省广州府南海人。道光二十五年乙巳恩科(1845)二甲81名进士。任刑部主事。

莫廷蕃(生卒年无考),广东省广州府南海人。道光二十五年乙巳恩科(1845)三甲34名进士。任知县。

潘斯濂(1823—1881),字兆瑞,别字莲舫,广东省广州府南海人。道光二十七年丁未科(1847)二甲30名进士。选庶吉士。散馆,授翰林院编修。同治三年(1864),任江南道监察御史。六年,充丁卯恩科顺天乡试同考官。后历任光禄寺少卿,山东学政。光绪元年(1875),典乙亥恩科四川乡试。次年典丙子恩科浙江乡试。五年,任奉天府府丞,兼奉天学政。卒于任。

刘廷鉴(1820—?),广东省广州府南海人。道光二十七年丁未科(1847)二甲34名进士。任知县。陕西榆林府知府。

朱次琦（1807－1882），字稚圭，号子襄，世称九江先生，广东省广州府南海人。道光二十七年丁未科（1847）三甲114名进士。取为即用知县分发山西。后出任襄陵知县，政绩突出，深受百姓爱戴，期满离任，士

朱次琦

民为其立生祠。辞官回乡后，于礼山下收徒讲学，康有为、简朝亮、梁耀枢等名人皆出其门下。其生平著述甚丰，主要有《国朝名臣言行录》《国朝逸民传》《性学源流》《五史实征录》《晋乘》《蒙古见闻》等，诗集有《是汝师斋遗诗》，然临终时皆被自己焚去。其诗文被后人编有《朱九江先生集》。

叶炳华（生卒年无考），广东省广州府南海人。道光三十年庚戌科（1850）二甲46名进士。选庶吉士。

游显廷（1825－?），字蓉裳，广东省广州府南海人。咸丰二年壬子恩科（1852）二甲71名进士。选庶吉士。工书法。

明之纲（1815－?），广东省广州府南海人。广西籍。咸丰二年壬子恩科（1852）三甲74名进士。任知县。

潘衍鎏（1838—1883），原名汝楠，广东省广州府南海人。同治四年乙丑科（1865）二甲68名进士。选庶吉士。授翰林院编修。陕西潼商道。

冯栻宗（?－1885），字越生，广东省广州府南海人。同治四年乙丑科（1865）二甲71名进士。任刑部贵州司主事。后主讲西湖书院。编有《九江乡志》《桑园围志》，著有《海日庐诗钞》。

李仕良（生卒年无考），广东省广州府南海人。广西籍。同治四年乙丑科（1865）三甲38名进士。任主事。

潘汝桐（1841-1899），改名衍桐，字莘廷，号峄琴，广东省广州府南海人。同治七年戊辰科（1868）二甲53名进士。选庶吉士。历任国史馆纂修、越华书院主讲、陕西副考官、国字监司业、文渊阁校理、翰林院侍讲学士、侍读学士、浙江督学等职。著有《两浙轩续录》《朱子论语集注训诂话》《拙余堂诗文集》。

张乔芬（1840-？），广东省广州府南海人。同治七年戊辰科（1868）二甲66名进士。任刑部主事。

李应鸿（1831-？），广东省广州府南海人。同治七年戊辰科（1868）三甲11名进士。曾任江西建昌、山西安康、榆林等知县。著有《读史随笔》《读律拟草》等。

冯锡纶（1844-？），广东省广州府南海人。同治七年戊辰科（1868）三甲66名进士。任户部员外郎。

郭乃心（1841-？），广东省广州府南海人。同治七年戊辰科（1868）三甲92名进士。任吏部主事。四品顶戴员外郎衔。

吕绍端（生卒年无考），广东省广州府南海人。同治十年辛未科（1871）二甲13名进士。选庶吉士。

陈序球（1845-1890），字天如，广东省广州府南海人。同治十年辛未科（1871）二甲79名进士。选庶吉士。授翰林院编修。充国史馆协修。顺天乡试同考官。丁父忧而弃官回乡。后聘为西湖书院院长。

区谔良（生卒年无考），字海峰，广东省广州府南海人。同治十年辛未科（1871）二甲108名进士。选庶吉士。授工部候补主事。得慈禧太后恩宠，却为明哲保身而弃官回乡。

黄嘉端（1841-1880），广东省广州府南海人。同治十年辛未科

(1871）三甲35名进士。任刑部主事。

崔佐（1826－1880），广东省广州府南海人。同治十年辛未科（1871）三甲38名进士。任知县。

梁融（生卒年无考），广东省广州府南海人。同治十年辛未科（1871）三甲45名进士。任知县。

潘仕钊（1835－1895），广东省广州府南海人。同治十年辛未科（1871）三甲85名进士。选庶吉士。授翰林院检讨。记名道府。

谭宗浚（1846－1888），原名懋安，字叔裕，广东省广州府南海人。同治十三年甲戌科（1874）一甲第2名，榜眼。选庶吉士，授翰林院编修。国史馆协修、撰修。方略馆协修。督学四川。江南乡试副考官。出任云南粮储道，按察使。卒于广西隆安道任上。工诗文，熟于掌故。著有《希古堂文集》（甲、乙集）、《辽史纪事本末》《芳村草堂诗抄》《于滇集》《希古堂文集》《两汉印经考》《荔村随笔》等。

刘廷镜（1840－1901），字梅荪，广东省广州府南海人。同治十三年甲戌科（1874）二甲104名进士。选庶吉士。散馆，改江苏如皋知县。调扬州甘泉知县。为官清廉，正直无私，深受士民爱戴。卒于光绪二十九年。

麦宝常（1838－1905），广东省广州府南海人。同治十三年甲戌科（1874）三甲21名进士。任吏部主事。

现今，会馆被列为北京市文物保护单位，院内居住着百余户人家，假山、凉亭、走廊等早已随着时间的洗礼荡然无存，而"七树堂"的七株古槐如今也仅剩一个枯桩。

老照片（一）

老照片（二）

会馆现状（一）

会馆现状（二）

会馆现状（三）

顺德会馆（天景胡同）

顺德位于广东省南部，清代顺德会馆在京有6处，分别位于西城区的海柏胡同16号、前青厂胡同39号、椿树园小区、菜市口大街北段、宣武门外大街8号庄胜崇光商场南座之南和天景胡同9号。位于西城区牛街街道天景胡同9号的顺德会馆，又称"顺德新馆"，为清光绪十六年（1890）成立。

据《清末北京外城巡警右厅会馆调查表》（1906）记载，清末同乡进士欧家廉作为管理员，居住于本馆内。

欧家廉（1869－1925），广东省广州府顺德人。光绪十九年癸巳中举。光绪二十一年乙未科（1895）二甲60名进士。选为庶吉士。光绪二十四年，散馆，授翰林院编修。光绪三十年，任编书处协修、详校，武英殿协修，国史馆协修。光绪三十四年，任国史馆纂修。宣统元年（1909），任功臣馆纂修，实录馆协修。次年，任协理辽沈道监察御史，掌湖南道监察御史。

会馆现为民居。

会馆现状（一）

会馆现状（二）

会馆现状（三）

顺德会馆（海柏胡同）

顺德会馆以海柏胡同16号之馆最为著名。会馆在胡同路南，正门朝北，分为东、中、西三跨，西轴应为主要轴线，正房五间，进深五檩加前廊。倒座为三间七檩前后廊厅堂，据说为朱彝尊所居"古藤书屋"。东西厢房各三间五檩。后罩房七间五檩。过厅以南的建筑已毁，推测为曝书亭。中轴布局改动较大，尚存正房、倒座房数间。东侧轴线有三组完全相同的四合院，正、厢、倒座均为三间五檩，房小院窄，应是后来添加的会馆客房。现为北京市文物保护单位。目前因拆迁改造，大部分建筑已被拆除，仅剩门楼及个别房屋的结构部分。此馆原为清初名士朱彝尊的故居。

朱彝尊（1629－1709），字锡鬯，号竹垞，又号醧舫，晚号小长芦钓鱼师，又号金风亭长，浙江省嘉兴府秀水人。康熙己未年（1679），举博学鸿词，授检讨。寻入值南书房。出典江南省试。善诗词，与王士禛并列为南北二大宗。作

朱彝尊

词风格清丽，为"浙西词派"的创始人。与陈维崧并称"朱陈"。又精金石文史，为清初著名藏书家之一。著有《日下旧闻》《经义考》《曝书亭诗文集》等书。朱彝尊曾入翰林编修《明史》，后遭弹劾，谪居于此，《日下旧闻》即在此撰写。

除朱彝尊外，同治年间，此馆还曾住过状元梁耀枢。

梁耀枢（1832—1888），字冠祺，号斗南，晚年号叔简。广东省广州府顺德人。同治元年壬戌科举人。同治十年辛未科（1871）一甲第1名，状元。授翰林院修撰。历任侍读学士，参事府詹事，日讲起居注官。多次出任乡试、会试主考官。后升为翰林院侍讲，又改任侍读。湖北、山东学政。卒于山东。梁耀枢不但文采出众，且相貌英俊，被称为"金玉状元"，是广东历史上三大状元之一。其作收录在《续编清代稿钞本》的《律赋精选》中。

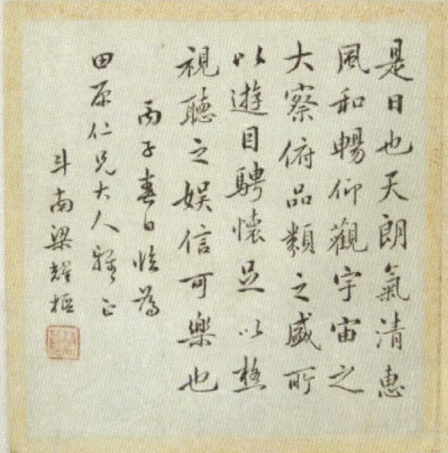

梁耀枢及其书法作品

朱彝尊搬走后，清嘉庆十九年（1814），由同乡官员温汝适（详见"仙城会馆"）等人集资购买，改建为顺德会馆，并于道光、咸丰年间多次修缮重建。

据郑子卿撰的《重修顺德邑馆碑记》（1859）记载：

我邑馆创始于嘉庆甲戌，重修于道光丁酉，至咸丰丁巳越二十余年矣。青云堂等处渐多废圮，且旧所规画或尚议其于形家未合，番禺梁君同新时官通政司，故精形家言，余因请为厘定之。邑人翕然称善，竞捐金一千九百有奇。余董其事，鸠工庀材，始丁巳三月，凡八阅月而后成。里人咸以为余力。顾余则何力哉。方落成之次年，邑人梁君思问以南元联捷进士。李君文田以第三人及第，皆梁君规画时所豫决也。然而神矣，吾邑人文素称蔚起，及兹其庸有艾乎。因落成而为之记。并勒诸捐金者于左方。

咸丰九年己未九月朔日，光禄寺署正邑人郑子卿撰。

翰林院编修邑人李文田书。

梁思问（生卒年无考），字伯乞，号寒白退士，广东省广州府顺德人。后改名僧宝。咸丰九年己未科（1859）二甲22名进士。授礼部主事。升任礼部员外郎、郎中，兼军机处行走。后升监察御史，鸿胪寺少卿。著有《切韵求蒙》。

李文田（1834－1895），字畲光，一字仲约，号芍农，又号若农。广东省广州府顺德人。咸丰九年己未科（1859）一甲第3名，探花。授翰林院编修。武英殿协修。官至礼部侍郎。卒

李文田

后谥"文诚"。著有《元秘史注》《元史地名考》《西游录注》《塞北路程考》《和林金石录》《双溪醉隐集笺》等。勤于治学,工书善画,是清代著名的蒙古史研究专家和碑学名家。

李文田书法作品

在地方志《广东通志(道光)》中,有清代本县同乡进士的记载,摘录如下:

陈彩(生卒年无考),字美公,广东省广州府顺德县平步人。南海学。顺治九年壬辰科(1652)二甲57名进士。选宏文院庶吉士。转秘书院编修。乙未分校礼闱。外转江右宪副政,声藉甚寻。补湖北盐道。迁苏松常三郡参政。后以失察诖议罢归,经部驳正,而彩已先卒。著有《鸣笑轩集》,撰有《重修紫微山开福寺碑记》。

胡景曾(1636—?),广东省广州府顺德人。顺治十二年乙未科(1655)三甲44名进士。曾任湖南长沙府推官,武昌知县。

罗孙燿(1632—?),字乃远,号淡峰,别号三松处士,广东省广州府顺德县大良人。顺治辛丑乡荐,任曲江教谕。顺治十五年戊戌科

(1658) 二甲38名进士。除贵州都匀推官。著有《石湖集》。善诗词，石湖诗社创始人之一。

何际泰(1630—?)，广东省广州府顺德人。番禺学。明崇祯乡荐，顺治十五年戊戌科（1658）三甲49名进士。曾任山东栖霞知县。

萧以逢（生卒年无考），广东省广州府顺德人。从化籍。顺治十六年己亥科（1659）三甲189名进士。

胡光瑗（生卒年无考），字琚叔，号竹滩，广东省广州府顺德人。顺治十八年戊戌科（1661）三甲16名进士。曾任丹阳知县，绩溪知县。

佘象斗（生卒年无考），字公辅，号斋枢，广东省广州府顺德人。顺治十八年戊戌科（1661）三甲187名进士。授刑部主事。著有《韵府群玉》《啸国诗稿》等。善书法。

佘鸿升（生卒年无考），广东省广州府顺德人。象斗之兄。顺治十八年戊戌科（1661）三甲208名进士。

赵鸣玉（生卒年无考），广东省广州府顺德人。顺治十八年戊戌科（1661）三甲279名进士。曾任知县。

劳温良（生卒年无考），广东省广州府顺德县小劳村人。顺治十七年庚子科（1660）举人。康熙九年庚戌科（1670）三甲121名进士。康熙十九年，任邻水知县，湛深经术，治先教化，士民歌颂不置。卒后囊无以殓，以同官赙赠乃归。

苏万楚（生卒年无考），广东省广州府顺德人。康熙九年庚戌科（1670）三甲149名进士。曾任隆昌知县。《顺德县志》中作廖万楚。

佘云祚（生卒年无考），广东省广州府顺德人。康熙九年庚戌科（1670）三甲203名进士。曾任蓝山知县。著有《鼎刻柱史阁佘仑山先生惧史大书增补经书阐义》六卷。

郑际泰(1656—?)，字德道，号珠江，广东省广州府顺德县林头人。番禺籍。康熙十四年乙卯科举人。康熙十五年丙辰科（1676）三甲6名进士。授翰林院检讨。供职纂修三朝实录。甲戌分校礼闱。擢吏科给事中。参与编纂《大清一统志》，以病告归。善书法。

谢士梗（生卒年无考），广东省广州府顺德人。普宁学。本姓彭。康熙二十一年壬戌科（1682）三甲117名进士。

李文高（生卒年无考），广东省广州府顺德人。东莞籍。康熙三十三年甲戌科（1694）三甲66名进士。

赵起蛟（生卒年无考），广东省广州府顺德人。南海学。康熙三十三年甲戌科（1694）三甲104名进士。撰有《孝经集解》。

何斌临（生卒年无考），广东省广州府顺德人。番禺籍。康熙三十六年丁丑科（1697）二甲18名进士。曾任休宁知县。

梁学源（生卒年无考），字克祖，号壶洲，广东省广州府顺德县大墩人。弱冠补清远生员，旋食饩。康熙三十二年癸酉科举人。康熙三十六年丁丑科（1697）三甲44名进士。曾任安顺知县，安福知县，太和知县，广州粤秀书院主讲。同梁贻煮等人一起倡建千乘侯祠。梁学源有着传奇身世："初学源贫，从世父业木工于梧州。值学使者按临，以制卷箧未就，吏挞之三。学源以为大辱，持斧临江大呼祝神曰："天果令吾以此贱工终也，则沉吾斧，不然宜浮。"祝已，掷斧适中江千木栰，见者骇之。自是决志向学，不十年，得第。尝假是以劝学，至今两粤人能道其事者。"著述颇富，所存有《宦游囊腾》《入燕吟》《一路笔谈》《金陵草》等。

赖辉（生卒年无考），广东省广州府顺德人。三水籍。康熙三十九年庚辰科（1700）三甲104名进士。授内阁中书。

黎益进（生卒年无考），广东省广州府顺德人。三水籍。康熙四十八年己丑科（1709）三甲152名进士。曾任惠州教授。

何士达（生卒年无考），广东省广州府顺德人。德庆籍。少有文名。康熙戊子乡荐，康熙四十八年己丑科（1709）三甲189名进士。曾任廉州府教授，廉人称曰"明悟先生"。

梁汉鼎（1675－?），广东省广州府顺德人。定安籍。雍正二年甲辰科（1724）三甲162名进士。曾任沁源知县。

严蔚（生卒年无考），广东省广州府顺德人。题名碑作龙门人。雍正五年丁未科（1727）三甲79名进士。著有《石墨考异》二卷。

陈振桂（生卒年无考），广东省广州府顺德人。会同籍。雍正八年庚戌科（1730）三甲138名进士。曾任雷州府教授。

李大忠（生卒年无考），本姓苏，广东省广州府顺德人。东莞籍。雍正八年庚戌科（1730）三甲146名进士。

简天章（生卒年无考），广东省广州府顺德人。雍正八年庚戌科（1730）三甲237名进士。曾任高州府教授。

戴连元（生卒年无考），本姓梁，广东省广州府顺德人。雍正八年庚戌科（1730）三甲260名进士。

刘昌五（生卒年无考），本姓辛，广东省广州府顺德人。雍正十一年癸丑科（1733）三甲181名进士。授翰林院检讨。

胡杰（1713－?），广东省广州府顺德人。题名碑作南海人。乾隆元年丙辰科（1736）三甲76名进士。任吏部员外郎。乾隆十二年，因得罪权贵被黜，乃回乡，任丽泽书院主讲。著有《槐园集》。

谭玉（1714－?），广东省广州府顺德人。乾隆二年丁巳恩科（1737）三甲98名进士。曾任阳武知县。

游法珠（生卒年无考），广东省广州府顺德人。乾隆二年丁巳恩科（1737）三甲185名进士。曾任信丰知，在任期间参与纂修《信丰县志（乾隆）》。

胡斯盛（生卒年无考），广东省广州府顺德人。南海学。乾隆四年己未科（1739）三甲136名进士。曾任高州府教授。

梁善长（1706－?），字崇一，号燮安，广东省广州府顺德县伦教人。乾隆三年戊午乡荐。乾隆四年己未科（1739）三甲108名进士。曾任白水知县。在任期间，启迪士民求学，每月两次亲自考核就学诸生，辑有《彭衙文稿编》。逢旱灾，为避免贪官污吏徇私舞弊，亲自下乡赈济，并用己俸买米施粥，活者不计其数。参与编纂《白水县志（乾隆）》。乾隆二十年，调任郃阳知县，白水士民挽留者甚众，致道路拥塞，无法通行。后途径白水，迎送之民仍有千数。

吴文正（生卒年无考），广东省广州府顺德人。乾隆四年己未科（1739）三甲109名进士。曾任怀来知县。

赵林临（生卒年无考），广东省广州府顺德人。乾隆七年壬戌科（1742）三甲123名进士。曾为何梦瑶的《医碥》作序。

劳通（生卒年无考），广东省广州府顺德人。乾隆七年壬戌科（1742）三甲170名进士。选为庶吉士。

梁景璋（生卒年无考），广东省广州府顺德人。乾隆十年乙丑科（1745）三甲25名进士。曾任户部主事。曾为广东才女李晚芳作墓志铭。

何毅夫（生卒年无考），名懋士，字毅夫，号介园，以字行，广东省广州府顺德人。乾隆元年丙辰科同父亲为同榜举人。乾隆十年乙丑科（1745）三甲45名进士。授广西平乐府昭平知县。升永安州知州。入广西名宦祠。

梁翰（生卒年无考），字遇屏，又字少周，号戬庵，广东省广州府顺德县麦村人。侨寓佛山。乾隆九年甲子科举人。乾隆十三年戊辰科（1748）三甲77名进士。官历罗源知县，龙川教谕，邵武府同知。善诗画。

梁兆榜（生卒年无考），字尺波，广东省广州府顺德县黄连人。鹤山籍。乾隆十二年丁卯科举人。乾隆十六年辛未科（1751）三甲8名进士。选庶吉士。散馆，改盐山知县。礼部主事。至湖南驿盐长宝道。因过被贬至云南，染病卒。为人正直忠厚，为官敢作敢为。善诗文。

龙应时（1716－1800），字懋之，号云麓，广东省广州府顺德县大良人。乾隆九年甲子科举人。乾隆十六年辛未科（1751）三甲63名进士。曾任山西平阳府灵石县知县。善书法诗歌。著有《天章阁诗钞》五卷、《驿传要规》二卷、《赈恤纪略》二卷。

简瑞（生卒年无考），广东省广州府顺德人。乾隆十七年壬申恩科（1752）三甲58名进士。

张孔绍（生卒年无考），广东省广州府顺德人。乾隆十七年壬申恩科（1752）三甲105名进士。

梁尚秉（1724－?），字文言，广东省广州府顺德县林头人。乾隆丙子贤书第一。乾隆二十二年丁丑科（1757）三甲104名进士。曾任石门知县。

何谦泰（1713－?），广东省广州府顺德人。乾隆二十二年丁丑科（1757）三甲120名进士。

翁张宪（生卒年无考），广东省广州府顺德人。乾隆二十五年庚辰科（1760）三甲79名进士。编有《广东顺德翁氏族谱》十六卷。

梁钧池（生卒年无考），广东省广州府顺德人。乾隆四十三年戊戌科(1778)三甲91名进士。

温闻源（生卒年无考），广东省广州府顺德人。乾隆四十五年庚子恩科(1780)三甲77名进士。授翰林院庶吉士。

陈锡熙（1746－?），广东省广州府顺德人。乾隆四十六年辛丑科(1781)三甲51名进士。曾任山东博平知县。

杨统（1741－?），广东省广州府顺德人。乾隆四十六年辛丑科(1781)三甲65名进士。

龙廷槐（1749－1827），字春岩，号亦谷居士，又号荫田居士，广东省广州府顺德县大良人。乾隆己亥，以廪生领乡举。乾隆五十二年丁未科(1787)二甲16名进士。授翰林院编修。转赞善。大考三等左迁。旋记名御史。入直上书房。丁外艰归，筑园奉母，谢绝应酬，出主越华书院讲。未几辞去，日手一编，萧然儒素。著有《敬学轩集》《碧虹书屋制艺》。善书法。顺德清晖园的始建人。与父亲、儿子三人有"一门三进士"之称。

李麟征（生卒年无考），广东省广州府顺德人。乾隆五十八年癸丑科(1793)参加会试。嘉庆元年丙辰科（1796）三甲36名进士。任知县。

胡鸣鸾（生卒年无考），广东省广州府顺德人。嘉庆六年辛酉恩科（1801）三甲64名进士。任知县。倡建"容桂公约"。

蔡超群（生卒年无考），广东省广州府顺德人。嘉庆六年辛酉恩科（1801）三甲142名进士。任知县。

苏献琛（生卒年无考），字琦修，号韫石，广东省广州府顺德人。嘉庆三年戊午科举人。嘉庆十三年戊辰科（1808）二甲80名进士。任娄县知县。

何太青（1773－?），字乐俞，号藜阁，广东省广州府顺德县羊阁人。嘉庆九年甲子科举人。嘉庆十四年己巳恩科（1809）三甲32名进士。选为庶吉士。散馆，出任于潜知县。调德清知县。再调仁和知县，皆有政声。擢嘉兴海防同知，承修驻防战舰。丁外艰归。善诗文。著有《潜川集》《钱江集》等。

黄迪光（生卒年无考），字斐亭，广东省广州府顺德县吉祐人。嘉庆十三年戊戌科举人。嘉庆十四年己巳恩科（1809）三甲60名进

士。就教职。铨高州府教授，士慕实学，上官延主高文书院讲，生徒接踵，多成名，又倡建育婴堂。巡抚朱桂桢闻其贤，调粤秀监院。道光十三年（1833），西潦浸淹村落，迪光复捐俸为乡族倡，以吉祐数受水患，建议筑围八百余丈，役作而迪光病，以版筑付同乡麦时泰、麦耀祥，遂卒。后二人卒完其役，乡里赖焉。

黄玉衡（1777—1820），广东省广州府顺德人。嘉庆十六年辛未科（1811）二甲12名进士。授翰林院编修。浙江道御史。

梁蔼如（1769—1840），字远文，号青崖，广东省广州府顺德人。嘉庆十九年甲戌科（1814）二甲86名进士。官至内阁中书。文渊检阅兼方略馆分校。精书法，善诗画。著有《无怠懈斋诗集》。

冯奉初（1779—？），字默斋，广东省广州府顺德人。嘉庆十九年甲戌科（1814）三甲110名进士。任潮州教授。曾为《谢御史文集》题跋。著有《潮州耆旧集》。

龙元任（1779—？），字仰衡，号莘田，广东省广州府顺德人。嘉庆二十二年丁丑科（1817）二甲21名进士。授翰林院编修。山西学政。钦事府庶子。大考左迁中允。居北京二十年，卒于官。

冯奉初

能文章，工诗，又善书画，摹仿元贤皆逼肖。著有《春华诗集》。

吴绳显（1772—？），广东省广州府顺德人。祖籍广西思恩府迁江县。嘉庆二十四年己卯恩科（1819）三甲28名进士。任国子监学正。

蔡如衡（生卒年无考），广东省广州府顺德人。嘉庆二十四年己卯恩科（1819）三甲117名进士。授翰林院检讨。

黄昆（生卒年无考），号仑山，广东省广州府顺德县陈村人。嘉庆二十一年丙子科举人。嘉庆二十五年庚辰科（1820）二甲65名进士。选应城知县。调浦江。以亏额落职，邑人思之，祀之于六侯祠，遂更名七侯。未几卒于浦。

刘万程（生卒年无考），号星韶，广东省广州府顺德县龙山人。嘉庆十三年戊辰乡荐。嘉庆二十五年庚辰科（1820）三甲44名进士。选庶吉士。散馆，签分刑部主事。道光九年（1829），派办秋审。补安徽司主事。擢本司员外郎。迁河南道御史。充顺天武乡试内监试官。旋署长芦盐运使。十六年补两淮盐运使。染病卒。

邱梦旗（生卒年无考），广东省广州府顺德人。嘉庆二十五年庚辰科（1820）三甲139名进士。

陈同（生卒年无考），广东省广州府顺德人。道光六年丙戌科（1826）二甲25名进士。任知县。

潘楷（1793—1861），号小裴，广东省广州府顺德县冲鹤人。弱冠以案元进庠。嘉庆二十三年戊寅科（1818）举人。道光九年己丑科（1829）二甲46名进士。签分刑部主事。升员外郎。充坐办减等处。升郎中。京察一等，擢云南迤东道。捐输军饷，赏戴花翎。咸丰三年（1853）七月，加按察使衔。五年，擢贵州按察使。特奏留办军务，署滇藩。以足疾休致，归主讲凤山书院。逾年卒。

马福安（？—1847），字止斋，广东省广州府顺德人。嘉庆二十四年己卯科（1819）举人。道光九年己丑科（1829）二甲54名进士。选庶吉士。散馆。后任四川犍为、福建顺昌、诏安、漳浦等县知县。累官至安徽省六安州知州。撰有《鉴古经世编》十六卷、《明代名臣传赞》十二卷、《止斋文钞》二卷和《贞冬诗存》一卷。

罗传球（生卒年无考），字鸣庵，广东省广州府顺德人。道光十二年壬辰恩科（1832）二甲34名进士。选庶吉士，授翰林院编修。分校顺天乡试。能诗文，工书法。

蔡锦泉（1809－1859），字文渊，号春帆，广东省广州府顺德县龙江人。道光十一年辛卯科解元。道光十二年壬辰恩科（1832）二甲43名进士。选庶吉士。散馆，授翰林院编修。甲午充顺天乡试同考官。本衙门撰文。入值上书房。丙申提学湖南，选拔得人。秩满以事被劾落职，捐内阁中书。归，主讲端溪书院。偶宴客畅谈，客散遽卒。通经史，工诗文，能山水。著有《听松山馆集》《春帆诗钞》。

张邦佺（1807－?），字全之，一字尧仙，广东省广州府顺德人。道光十三年癸巳科（1833）二甲29名进士。选庶吉士。散馆，任湖南知县。

卢同伯（生卒年无考），广东省广州府顺德人。道光十三年癸巳科（1833）三甲11名进士。任刑部主事。

龙元僖（1810－?），字兰簃，广东省广州府顺德人。道光十五年乙未科（1835）二甲6名进士。选庶吉士。历任侍讲，国子监祭酒，太常寺卿、会试副总裁等。一方面残酷镇压农民起义，一方面对抗英法帝国主义侵略。

罗惇衍（1814－1874），字兆蕃，号椒生，广东省广州府顺德人。道光十四年甲午科举人。道光十五年乙未科（1835）二甲62名进士。选庶吉士。散馆，授翰林院编修。十七年，视学四川。二十年，充四川乡试副考官。历充国史馆协修，纂修文渊阁校理，教习庶吉士，本衙门撰文。二十三年，御试一等，擢侍讲，充日讲起居注官。七月充山东乡试正考官。转侍读。二十四年，擢侍讲学士，充咸安宫总裁。二十五年，恩科会试同考官。五月，擢通政使司副使。九月，擢太仆寺卿。二十六年，督学安徽。二十九年九月，升通政使。咸丰元年

(1851），充福建乡试正考官。二年，充会试知贡举。八月，署吏部右侍郎。十月，充武乡试正考官。擢都察院左副都御史。三年正月，稽查左翼宗学。二月，擢刑部左侍郎，兼署吏部右侍郎。十一月，调户部左侍郎，兼管三库事务，仍兼署吏部右侍郎。十二月，充实录馆服总裁。五年九月，丁父忧。八年，服阕，擢都察院左都御史。同治元年（1862）七月，抵京擢户部尚书。充顺天乡试副考官。十月，赐紫禁城内骑马。十二月，充经筵讲官。二年三月，署都察院左都御史。再充顺天乡试副考官。四年，管理户部三库事务，署翰林院掌院学士。六年八月，署工部尚书，再署翰林院掌院学士。七年正月，充武英殿总裁。八年五月，丁母忧回籍。十三年四月，遘疾口授遗疏，遂卒，年六十一。著有《集义编》《庸言》等。

胡超龙（1806－?），字云谷，广东省广州府顺德人。广西马平籍改复原籍。道光十四年甲午科举人。道光十五年乙未科（1835）三甲39名进士。任刑部主事。

黄经（生卒年无考），广东省广州府顺德人。道光二十四年甲辰科（1844）二甲2名进士。选庶吉士。

冯誉骥（1822－?），字仲良，号展云、崧湖，晚年号卓如、钝叟，斋名为绿伽楠馆，广东省广州府顺德人。高要籍。肄业于两广总督阮元创立的学海堂书院。道光二十年庚子科举人。道光二十四年甲辰科（1844）二甲7名进士。选庶吉士，授翰林院编修。累督山东、湖北学政。回乡后受聘主讲广州应元书院。后又擢陕西巡抚。光绪九年（1883），受弹劾被革职，遂致仕。著有《绿伽楠馆诗存》。

周寅清（生卒年无考），原名以清，号秩卿，广东省广州府顺德县旧寨乡人。少好学，年十六游庠，应学海堂课，屡列前茅，藉膏火以养母，屡试不售，乃入都。道光十五年乙未科举人。道光二十四年甲辰科（1844）三甲47名进士。签掣山东。历任宁海州、城武、高密、临淄、昌乐等县知县。丁母忧去官，主讲凤山书院，充学海堂学长。分纂《广州府志》，仅就绪而卒。著有《典三賸稿》《耀廊经义》《月课文存》藏于家。

龙元俨（1812—?），字望如，广东省广州府顺德人。道光十一年辛卯科举人。道光二十七年丁未科（1847）二甲52名进士。取即用知县。改捐郎中，户部河南司行走。工诗词，尤善五言古风。

林泽芳（生卒年无考），字芝园，广东省广州府顺德人。道光二十五年乙巳恩科（1845）三甲89名进士。任内阁中书。参与修撰《顺德县志》。

罗家颐（生卒年无考），广东省广州府顺德人。道光二十七年丁未科（1847）三甲105名进士。任知县。

黄统（生卒年无考），广东省广州府顺德人。道光三十年庚戌科（1850）二甲1名传胪。选庶吉士。善诗文、书法。

罗家勤（?—1891），广东省广州府顺德人。道光三十年庚戌科（1850）二甲21名进士。任刑部主事。善书法。

陈元楷（1816—1868），字玉珊，广东省广州府顺德人。道光三十年庚戌科（1850）二甲35名进士。选庶吉士。吏部郎中。补御史。入值。

赖子猷（生卒年无考），广东省广州府顺德人。道光三十年庚戌科（1850）二甲60名进士。任内阁中书。

李应田（1826—?），字研卿，广东省广州府顺德县陈村人。道光二十三年癸卯科（1843）举人。咸丰二年壬子恩科（1852）三甲8名进士。选庶吉士。散馆，授翰林院编修。丁巳，分发东河学习以堵御。功加侍读衔。次年丁母艰，奏留办军务。奖叙以道员用。卒于杭州差次，年四十。

黎兆棠（1827—1894），字召民，广东省广州府顺德人。地方志作咸丰三年癸丑科（1853）进士。题名录作咸丰六年丙辰科（1856）三甲22名进士。历任礼部主事、总理衙门章京、江西粮台、台湾道台、天津海关道台、直隶按察使、布政使、福建船政大臣、光禄寺卿。性格廉悍，治事干练，以爱国御侮著称于时。深得同治、光绪两朝皇帝器重，并得慈禧太后恩宠。辞官回家后，慈禧太后特赐牌匾"忠孝堂"。光绪皇帝赐匾"御书亭"，此亭建于黎氏家庙中，开创我国建筑史上祠堂家庙内建亭的先河，至今国内尚未发现第二例。

罗家劭（生卒年无考），字峰农，广东省广州府顺德人。道光二十九年己酉科（1849）举人。授南雄州学正。同治四年乙丑科（1865）二甲2名进士。选庶吉士。授翰林院编修。

何寿增（生卒年无考），号省庵，广东省广州府顺德人。同治四年乙丑科（1865）二甲18名进士。任知县。

邓翰屏（生卒年无考），广东省广州府顺德人。同治四年乙丑科（1865）三甲54名进士。任知县。

黄桂镳（生卒年无考），广东省广州府顺德人。同治四年乙丑科（1865）二甲56名进士。任主事。

苏冕（1833—?），广东省广州府顺德人。同治七年戊辰科（1868）三甲46名进士。选庶吉士。

温黻廷（1832—1889），广东省广州府顺德人。同治七年戊辰科（1868）三甲57名进士。任户部主事。撰有《温藻裳先生制艺》。

何崇光（1863—?），广东省广州府顺德人。同治十三年甲戌科（1874）二甲7名进士。选庶吉士。

黄玉堂（1852—?），广东省广州府顺德人。同治十三年甲戌科（1874）二甲44名进士。选庶吉士。

何其敬（1847—?），广东省广州府顺德人。同治十三年甲戌科（1874）二甲77名进士。任刑部主事。

杨凝钟（生卒年无考），广东省广州府顺德人。同治十三年甲戌科（1874）二甲95名进士。任吏部主事。

会馆内曾有楹联两副，为：

一庭芳草围新绿；十亩藤花落古香。

万菊充庭秋富贵；双藤蔓地古烟霞。

老照片

会馆现状（一）

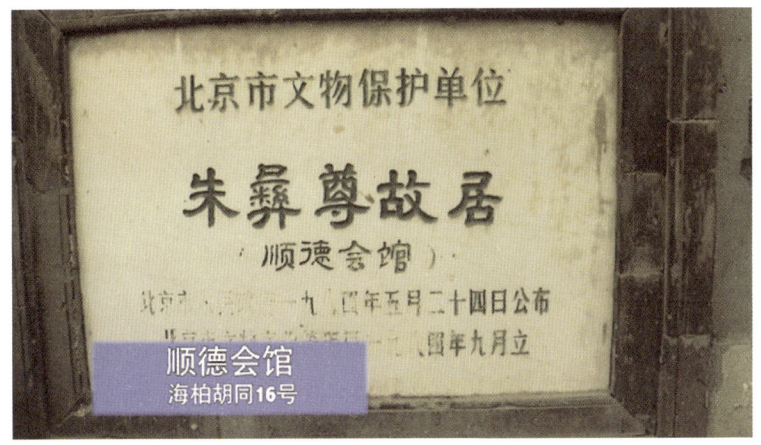

会馆现状（二）

会馆现状（三）

肇庆会馆

肇庆地处广东省中部偏西。清代肇庆会馆在京会馆有两处，处于今址西城区大栅栏街道铁树斜街100、102号的肇庆会馆为肇庆西馆，建立于清乾隆五十六年（1791），是肇庆在京所设会馆的主馆。会馆坐南朝北，洋式大门，规模较大，占地面积约有1000平方米。有八座院落，每院均有正房。西侧每院正房五间，东侧每院正房三间。

肇庆清代历史文化名人苏廷魁、吴桂丹、陈焕章等都曾在肇庆会馆长住过。其中肇庆高要人苏廷魁自清道光十四年（1834）秋进京师参加会试，直至道光二十二年被任命为都察院右副都御史一直住在肇庆会馆，前后有七年之久。

苏廷魁（1800－1878），字德辅，一字赓堂，广东省肇庆府高要人。工书法，善诗文。道光元年辛巳科举人。道光十五年乙未科（1835）二甲76名进

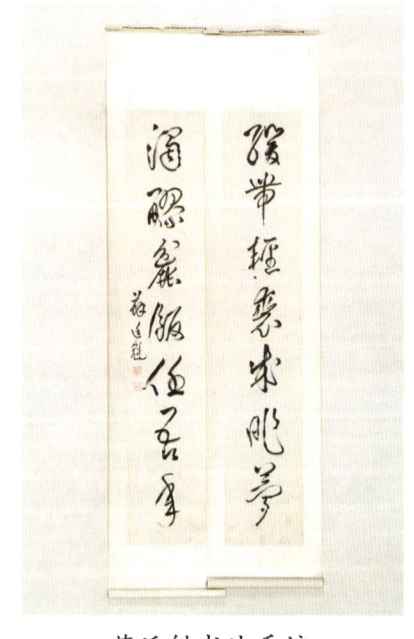

苏廷魁书法手迹

士。选庶吉士，授翰林院编修。道光二十二年，任御史，弹劾恩师，耿直无私。咸丰元年（1851），任工科给事中。咸丰八年，在顺德积极成立团练，招募乡勇，反抗英军侵略。次年，清廷与侵略者求和，苏廷魁愤然回乡，任端溪书院山长。同治元年（1862），任河南布政使。后擢东河河道总督。同治九年，称病告归。光绪四年（1878），病卒。著有《守柔斋行河集》《守柔斋诗钞》《诗钞续集》。

吴桂丹

吴桂丹（1855－1902），字万程，广东省肇庆府高要人。八岁失孤，随叔父至广州读书。光绪二年，应考邑庠生第一。光绪五年己卯科举人。光绪十五年己丑科（1889）二甲17名进士。选庶吉士。十八年，散馆，授编修。二十年，中日甲午战争事发，在籍倡办团练，大量购置军械，声势大振。其时广州发生瘟疫，开办"衷圣医局"，赠医施药，并赠棺木给穷人。二十二年，赴京任国史馆协修，功臣馆纂修等职。二十四年，戊戌变法，拒绝与康有为见面，认为变法有害于国家。这期间，李鸿章署理两广总督，广东赌风甚炽。赌商谋开白鸽票之禁，桂丹联合在京粤籍官员阻止，禁得不解。二十六年，八国联军攻陷北京，桂丹流落京郊，卖字糊口。二十八年，桂丹病殁于京师寓中，卒年四十八岁。其子吴远基、吴国基扶榇回籍，葬于白土坑申村边虎山，人称为"翰林墓"。

陈焕章（1880－1933），字重远，广东省肇庆府高要人。十五岁入广州万木草堂，师从康有为。光绪二十九年癸卯科举人。光绪三十年甲辰恩科（1904）三甲131名进士。三十一年，赴美留学。宣统三年

(1911)，获哥伦比亚大学哲学博士学位。1912年归国，模仿基督教建制，在上海创"孔教会"，任总干事，康有为任会长。二年，被聘为袁世凯总统府顾问，入京，与严复、梁启超等联名致书参众两院，请定孔教为国教。四年，反对袁世凯称帝，离京返乡。十九年，在香港设"孔教学院"，自任院长。著有《孔门理财学》《孔教论》等。

陈焕章

在地方志《广东通志（道光）》中，有清代本县同乡进士的记载，摘录如下：

区简臣（生卒年无考），字卜征，广东省肇庆府高明人。顺治十八年戊戌科（1661）三甲253名进士。任湖广江华知县，有政声。顺治十八年，捐资重建龙母庙。康熙十二年（1673），参与纂修《肇庆府志》。

苏成进（生卒年无考），广东省肇庆府高要人。题名碑作苏成俊。康熙三十年辛未科（1691）三甲62名进士。

何成波（生卒年无考），广东省肇庆府开平人。康熙三十九年庚辰科（1700）三甲224名进士。曾任知县。官至吏部主事。

陆逢宠（生卒年无考），广东省肇庆府高要人。康熙四十五年丙戌科（1706）三甲57名进士。曾任定南知县。

林闻誉（1696—?），字体仁，号静山，广东省肇庆府阳春人。祖籍福建闽县。康熙五十九年庚子科举人。康熙六十年辛丑科（1721）三甲50名进士。雍正元年（1723），任保定知县。因功升霸州知州。

乾隆十一年（1746），参与纂修《阳江县志》。著有《唐人试帖注》《花笑轩诗文集》《排律杂著》等。

梁学新（生卒年无考），广东省肇庆府高要人。雍正八年庚戌科（1730）三甲256名进士。曾任遵义知县，知府。

梁达才（1694—?），广东省肇庆府恩平人。雍正十一年癸丑科（1733）三甲108名进士。任候补知县，签掣四川汶川县。

莫世忠（生卒年无考），字健辉，后奉旨赐名莫如忠，广东省肇庆府高明人。雍正十三年乙卯科（1735）举人。乾隆二年丁巳恩科（1737）三甲101名进士。选庶吉士。改甘肃成县知县，振兴礼教，大金川用兵时作为后勤供应，有功。升洮州抚番同知，不畏权贵，秉公持正。调顺天南路同知，再升郎中。著有《见性诗集》《端溪书院课艺》。

陈材（生卒年无考），广东省肇庆府新兴人。乾隆四年己未科（1739）三甲139名进士。曾任嘉定知县。

叶会时（生卒年无考），广东省肇庆府封川人。乾隆七年壬戌科（1742）三甲173名进士。

李凌云（生卒年无考），广东省肇庆府四会人。乾隆十三年戊辰科（1748）三甲22名进士。曾任庐山知县。

陈子桧（生卒年无考），广东省肇庆府新兴人。乾隆十三年戊辰科（1748）二甲67名进士。曾任鄢陵知县。

李华钟（生卒年无考），广东省肇庆府新兴人。乾隆十六年辛未科（1751）三甲138名进士。

潘宗岐（生卒年无考），广东省肇庆府新兴人。乾隆十六年辛未科（1751）三甲155名进士。

龚骖文（1730—1803），广东省肇庆府高要人。乾隆二十八年癸未科(1763)三甲51名进士。曾任光禄寺卿，宗人府丞，御史，刑部贵州司主事，加一级奉义大夫。

伍士超（生卒年无考），广东省肇庆府新兴人。嘉庆四年己未科（1799）三甲45名进士。曾任来安知县。任期内重修来安东璧楼，并著有《东璧楼记》。

李炳文（生卒年无考），广东省肇庆府阳春人。嘉庆七年壬戌科（1802）三甲24名进士。

刘荣玠（1773—1836），字介佩，又字锡亭，号南屏，广东省肇庆府阳春人。嘉庆十二年丁卯科举人。嘉庆十六年辛未科（1811）二甲64名进士。授浙江孝丰县知县。调乐清知县，加通判衔。升任乍浦同知。继任温台、玉环同知。后历任嘉兴、严州、虔州等府知府。为官二十余年，革除社会陋习，树正气，整治白沙河，筑堤堰，灌田千顷，声誉传遍浙江。政绩卓著，皇帝诏见，赠奉政大夫，朝议大夫。晚年著有《以约堂文稿》，重订《左传记事本末》。

谭敬昭（1774—1830），字子晋，一字康侯，号选楼，广东省肇庆府阳春人。嘉庆二十二年丁丑科（1817）二甲61名进士。任户部主事。工文辞，甚称于时。与张维屏、王培芳齐名，并称"粤中三子"。又与林联桂、黄玉衡、黄培芳、张维屏、吴梯、黄钊等合称"粤东七子"。著有《听云楼诗钞》《词钞》。

谭敬昭

罗升梧（1793—?），广东省肇庆府阳春人。嘉庆二十五年庚辰科（1820）二甲78名进士。任浙江常山知县，赈济饥荒，存活灾民甚众，被人呼为"罗青天"。升甘肃庆阳府同知，有功。升四川梓潼、成都、重庆、夔州知府。

区拔熹（1789－?），又名区拔熙，广东省肇庆府高明人。嘉庆二十五年庚辰科（1820）三甲5名进士。补任梁山知县。后任山东东昌府知府。

黄德峻（1796－?），广东省肇庆府高要人。道光二年壬午恩科（1822）二甲58名进士。任主事。

会馆现状（一）

肇庆会馆
铁树斜街100、102号

会馆现状（二）

会馆现状（三）

【四川省】

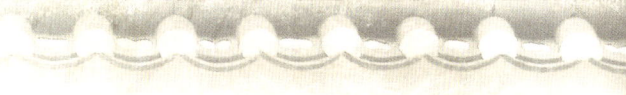

宣南会馆与清代进士

四川会馆（四川西馆）

四川省，简称"川"或"蜀"，位于我国西南部，长江上游。分别与贵州、云南、青海、西藏、甘肃、陕西、重庆等地接壤。明清时，四川在京城建立的省级试馆颇多，据统计约有8处，分别位于西城区棉花上七条1号、储库营17号、广安门内大街2号、山西街、陕西巷35号、前青厂胡同内、庄胜城、校场小七条13号。

储库营（旧称皮库营）17号，又称"四川西馆"，清雍正年间设立。民国时登记的地址为储库营5号。清光绪末年，曾为四川公立中学堂。会馆坐北朝南，占地面积约300平方米。原大门已改住房，门前有上马石一对。西路一进院、二进院均有北房5间。东西厢房各有房3间。原有清乾隆四十九年（1784）《四川会馆重修碑记》，现藏于北京石刻艺术博物馆。现为民居。

老照片

会馆现状（一）

会馆现状（二）

会馆现状（三）

四川会馆（四川老馆）

西城区棉花上七条1号，又称"四川老馆"，始建于明朝末年。相传明末著名女将领秦良玉进京后曾驻兵在此，之后建立了石芝庵。内有专为秦良玉设立的祠堂，外门上悬"蜀女界伟人秦少保驻兵遗址"。后将庵改建成了四川会馆。清光绪十三年（1906）此处设有公办四川女子学堂，不久停办。清戊戌六君子之一的杨锐进京后一直寓居于此，并在此创办蜀学会。清光绪二十四年八月初九清晨，杨锐在馆中被捕，"当未起床，单衣就缚"。会馆坐北朝南，二进院落，占地面积约1200平方米。现为民居，西城区文物保护单位，大部分建筑已拆改，原貌多不存。

四川籍进士名人选列如下：

骆成骧（1865－1926），字公骕，四川省资州直隶州资中县舒家乡人。其先明季始迁蜀。光绪二十一年乙未科（1895）一甲第1名，状元。成骧九龄即随父读锦江，得尊经父执诲，学益富。十四为文即奇迈，归应州试，同郭灿、周如汉，皆为州牧贵，筑高怡楼，聘衡文、杨锐、胡延、范溶等所隽拔，成骧尤奇特，试终置首选，遂入泮食饩。后岁试以第一调入尊经。癸巳举于乡，甲午春闱踬留京师，大困。父廷焕来瞻，尤勖苦学，旋得友荐教八旗，窘稍杀。光绪二十一年乙未科（1895）一甲第1名，状元。时值新政初颁，殿试日，廷焕谕以直对，庶不负我所教，即卒殿，亦无悔，乃入。景帝临轩，策问成骧，对曰：

"臣闻殷忧所以启圣，故盛世不妨有水旱之灾，直言所以竭忠，故诤臣必不避斧钺之罪，传曰禹汤罪己，其兴也勃焉。贾谊曰：'遇祸而惧，祸反成福，遇福而喜，福反成祸，此殷忧启圣之说也。'臣观满廷对策，如贾谊、董仲舒、谷永杜、郑申、屠刚、李寻辈类，能破除忌讳，指斥得失，上及宫禁，下及草野，内及权要，外及四夷，见闻所及，靡敢隐节以偷为苟合，此直言竭忠之夸也。历观自古凡转祸而为福，因败而为功者，恒由此道，不可不察也。钦惟皇帝陛下凤承大业，日慎一日，近以时事多艰，人才孔亟，诏书勤勤恳恳，举治兵会计，节俭农事诸大政，期与臣等图之，又复诏以直言无隐，传曰：主忧臣辱，主辱臣死，此即臣发愤忘死之日也，何敢拘牵常格而不为我陛下陈之，伏读制策有曰：兵以威天下，亦以安天下，然并非勤加训练则无以制胜，因举古之善言兵者，以为法，此诚佳兵之至计也。臣案兵法莫详于问自司马专书，散失而搜苗猎狩遗意，尚见于周官司马之职，而汉之郃肆、唐之讲武、宋之大阅，名异而实同。然汉唐宋三朝其开国之初，兵额少而愈强，承平之后，兵额多而愈弱，虽有训练之名，而无训练之实，此将帅奉行不力之罪也，自古善将兵者，莫如战国之孙子、吴子，唐之李靖，明之王骥、戚继光，要不过实力奉行而已。观孙子之斩队长，则兵以明赏罚为主，观吴子之对山河，则国亦以得人心为主。臣观自古为国之道，未有不能自胜而能胜人者也，故十三篇之法，一言以蔽之曰：能为不可胜，不能使敌必可胜。盖惟在己者，足恃也，至淮南杜牧、苏轼所论，大旨略同兵略所谓，示之以弱，而乘之以强，亦孙子奇正相生之法也，大抵艰难之君，事必躬亲，故将帅不敢欺。承平之后，君委之将帅，将帅委之偏裨，上下以虚文相应，一旦缓急有事，无可恃者，此非择法之难，而实力行法之难也。昔我太祖高皇帝，太宗文皇帝，以辽阳一隅之众，无敌天下，汤文之盛何以异此，世祖章皇帝、圣祖仁皇帝俱以冲龄践祚削平祸乱，驯致太平，臣愿陛下思昔之所以强，今之所以弱，昔之兵额何其少而无敌，今之兵额何其多而无用，知必由奉行之不力，而非法之不善，然后亲临大阅，取其不力者正以军法，则将士咸思自奋，而自强之计得矣，此臣所谓殷忧启圣者一也。制策又以国用必有会计，因备举历代财赋之法，此诚足兵先足食之至意也。臣案会稽之与会计，实以一声相转，至周礼言财多用会计，不徒见于小宰司会也。自汉以后历唐宋明，会计操于京师，其非法不详尽然，开创之初，财赋少而愈富，承平之后，财赋多而愈贫，非会计之不精而出之多于入也，昔在雍正、乾隆之际，世宗宪皇帝、高宗纯皇帝屡次缓征免赋而财用充足，兵饷不乏，四征弗庭，转输相继，臣愿陛下思昔之所以富，今之所以贫，昔之财赋非不少，今之财赋非不多，而贫富悬绝者，知必由兵额太广，糜费太多，侵渔太众，上下相蒙，隐忍不言，而非会计之不能工也，然后亲核名实，取其虚费者而裁之，取其贪婪者而黜之，则官吏咸思自勉，而自强之计得矣，此臣所谓殷忧启圣者二也。制策又以自古求治之主，每以躬行节俭为天下先，因考其心迹之诚伪，而下及于士庶，此诚以节俭足用之至意也，臣案尧之土阶，舜之土簋，禹之恶衣，文之卑服，固由盛德节俭不尚奢侈，若汉文帝衣绨履革蒲席韦带,观其罢露台之言,恐费中人十家之产,此诚忧民之心积于平日,故能屏雕文之饰,成富庶之业而非务其名也,自晋代以后之君非不焚翟裘,毁筒布,却珠贡,一冠三载,一衣屡浣,而治功不能比于隆古者,务其名而不务其实也,至于闾阎之困由制度不明,富者欲过贫者欲,及其源,由于人君奢侈,大臣效之,大臣奢侈,士庶效之,转相摹效,以至于此也,故贾谊之策,斤斤于明法制,诚有见于其源也。臣观今之民物,生齿日繁,地力以竭,即使力俭,犹孔不足,况于奢侈,后将何以为继。臣愿陛下念民生之日,懃思物力之有限,躬行节俭为天下先,而大臣之服物,宫室严为定制,有敢越度,罪之无赦,则士庶自相习而成风,民知陛下之为民也,则捐输不以为苦,陛下之民之忠上也,则度支不忍或过,而自强之计得矣,此臣所谓殷忧启圣者三也。制策又以民生以农事为本,因详求水利之法,此诚重农之至意也,臣案周命遂人喜立水官,秦治泾水,汉穿渭渠,俱因地势高下,故能经书详至自后,或修荷陂茹陂,或开利民湿润,或决三输,或引潞沱,均能因利乘便,以济民生,至虞集、托克托、徐有贞、左光斗、申用懋等所陈,皆在畿辅之内,言皆切要可行。臣观冀州之境,漳卫、滹潞、潭沱、桑乾之水皆可导引而督臣,河臣每以畏难而止,臣愿陛下思根本之宜,固念转运之维艰,诏于内地,节次开办,则内地足食而自强之计得矣,此臣所谓殷忧启圣者四也。凡此皆自强之至计,人所共知,特误于群臣奉行之不力,而非其理之深远难稽也,又非其事之迂阔难行也,断而行之,惟在陛下怀必行之志,操必行之法,悬必行之赏,则转祸为福,转败为功之机,实将于是乎在矣,臣末学新进,周识忌讳,干冒宸严,不胜战栗,陨越之至。"

策入，李若农、汪柳门两侍郎争置第一，徐荫轩相国以第三进景帝，睿赏钦定一名，徐战栗也，泪入馆后，衣锦返梓，遇故人不择地，权谦如畴，昔不喜与程郑巩往还，故贵显后家犹訾入京，后二年乃得春闱，房官校阅无遗材，试竣，提调大学堂，与司乡京员创组司学，任事皆殚精力为之不辞劳瘁。慈禧复听政，人以为成骧悉景帝所特拔，劝之退，不听，卒无患。庚子简贵册，秋闱主试，甫抵湘，两宫西巡，适丁母艰，遂告归。家乃四壁课徒，于重龙山以自给，虽居城不易与人晋接，生性然也。服阕后返京，复简放广西正主考，所取中皆桂地知名士。复命值新政变，更得官费咨遣东洋习法政，毕业返国。庚戌成骧节放山西提学。甲

骆成骧书法

寅王壬秋以修清史，挽入京，张金波适督东省，请主民政，婉辞之。回川过鄂，黎得袁电，命主川政，亦辞。丙辰袁欲窃国，思得海内名人劝进成都，令希旨来请，骧瞋目叱之，令悚惧退。川督陈宦，成骧弟子也，来谒，屏人请曰："宦左右皆袁腹心，袁欲帝，从之害名，不从害身，奈何？"成骧为尽三策命，以次电袁，而袁方倚宦为西南屏翰，遇有反动，川军顺流而下，可奠中原，得宦反侧，电至大愤，以盛怒气梗卒。成骧闻袁死大喜，曰："吾得为景帝杀一贼于此，可以觇成骧之志矣。"侨居上莲池，食者众，族戚贫乏，犹时来求给，不惮负累，以应居恒，与一二旧友诗酒，外辄咄咄书空。以隐忧卒，年六十有二。

李仙根（1621－1690），字子静，四川省潼川州遂宁人。父实，长洲令，母吕氏。顺治十八年戊戌科（1661）一甲第2名，榜眼。公八岁善属文，工书，补博士弟子，从外祖少司马东川吕公，尝曰："子静气甚别，终成吾家宅相浚器之。"甲午登贤书。辛丑成进士。殿试一甲第二，授弘文院编修。甲辰分考得士十有一。丙午地震，求言疏五事条，书蜀情形甚悉，旋擢司业，晋秘书院侍读。戊申充正使，赐正一品麟蟒服。己酉正月抵安南，遂交南大定，归途纂使事纪略疏，进召问慰劳命内院翻译留览，旋迁侍读学士，充日讲官，公体臞而修干，吐音如警鹤，善敷讲，尝讲毕传。翼日入禁庭，公撰圣学颂并跋，书绫以进跋，尾言古有起居注，记言记事而礼科，因请设左右史官得俞旨，此起居注所由昉也，公首充职。庚戌总裁武会试。癸丑充世祖实录副总裁，旋协理翰林院事，京察详允，擢内阁学士。甲寅差协理大兵粮饷，兼驿传抚民事务，驻荆州，昕夕擘书，经费充用，以缘镌调。己未补鸿胪卿，逾月擢左副都御史，言事率持大体，朝审覆奏，堂议参遗漏。庚申擢户部侍郎，督理钱法，仍充经筵讲官，部例擢关苤任。壬戌以议钱法投劾去。戊辰补光禄寺少卿。庚午春正月九日，病胃腕弱，捧槃少卑以失仪镌级，宴如也，日书径二尺字，观者惊为神。三月二日卒，年七十。著有《游野浮生集》。

江国霖（1811－？），字雨农，号晓帆，四川省绥定府大竹县童家场盐井沟人。祖镇岐岁贡生，父溶庠生，治经有法，从游者众，有东汉独行风。国霖生而端颖，读书十行俱下，少严庭训，年十六补博士弟子，旋列优等，食廪饩。孙东屺益廷以山左耆儒守绥郡，深器异之，召至郡斋，给膏火，肄业授以经术渊源，学益日进。辛卯举于乡。道光十八年戊戌科（1838）一甲第3名，探花。授翰林院编修。己亥典试粤西。父艰，服阕，充顺天乡试同考官。甲辰散馆一等第一，充本衙门撰文。典江南恩科乡试。充国史馆协修。乙巳教习庶吉士。丙午简放湖南学政，回避祖籍，改授湖北学政。丁未冬简授广东惠州府知府。己酉简放雷琼兵备道。癸丑举行计典，以卓异荐。甲寅授两淮运使调两广运使。是冬授广东按察使。乙卯升授广东布政使。国霖自以受两朝特达之知。咸丰八年（1858）正月，奉上谕署理广东巡抚。卒年五十。著有《梦甦斋诗集》《随月山房诗集》等。

李调元（1734—1803），字羹堂，号雨村，四川省绵州罗江人。化楠长子，及从弟李鼎元、李骥元号称"绵州三李"。好读书，博学多闻，以文章著名当世。幼随父秀水任大司寇，钱香树先生见而奇之，命作春蚕作茧诗，诗成先生阅之至"不梭还自织，非弹却成圆"一联，大喜曰："此名句也。"从此文名大震。乾隆二十八年癸未科（1763）二甲11名进士。历官直隶通永道。官京都时，日与诸名公唱和往来，甫脱稿，人即传诵。后视学广东，分巡直隶。公余之暇，犹手不释卷，所得俸悉以购书。家有万卷楼，为西川藏书第一家。归田后，啸傲山水，以著述自娱，与钱塘袁简斋、阳湖赵云松、丹徒王梦楼诸先生齐名，人称为林下四老。有别墅曰囤园，每四时花发，常招诸及门赋诗其中。所著有《函海》《续函海》《童山诗集》《童山文集》等书行于世。袁简斋赠诗云：童山集著山中业，函海书为海内宗。盖纪实也，其为文喜大苏，诗宗王孟，而著述则接踵升庵，晚岁号童山老人云。乾隆二十四年李调元曾住于梁家园胡同的看云楼。

四川会馆内曾有其撰楹联二副：

一：我从巴蜀而来，回首剑阁夔门，山川形势甲天下；
　　书读汉唐以上，抗怀张仲吉甫，孝友文章启后人。

二：此地可停骖，剪烛西窗，偶话故乡风景，剑阁雄，峨眉秀，巴江曲，锦水清涟，不尽名山大川，都来眼底；
　　入京思献策，扬鞭北道，难忘先哲典型，相如赋，太白诗，东坡文，升庵科第，行见佳人才子，又到长安。

李鼎元（1750—1815），字和叔，号墨庄，四川省绵州直隶州人。生而颖异，好读书，淹贯经史，旁通诸子百家，尤工诗、古文。乾隆四十三年戊戌科（1778）三甲1名进士。授检讨。兵部车驾司主事。马馆监督。己未由中书奉旨册封琉球副使，钦赐正一品麟蟒服。所著有《使琉球记》《师竹斋诗集》《师竹斋文集》等书行于世。

李骥元（1756—1798），字其德，号凫塘，四川省绵州直隶州人。鼎元弟也。性诚笃，幼随父兄课读，足迹不出里门。乾隆四十九年甲辰科（1784）二甲35名进士。授编修。与兄齐名一时，有双翰林之称。入词林后，犹手不释卷，其书法以赵子昂为宗，作文简古似韩柳，尤工于诗，为少司寇王兰泉先生所赏。卒年四十五。所著有《凫塘诗集》《凫塘文集》行于世。

张问陶（1764—1814），字仲冶，四川省潼川府遂宁人。相国文端公鹏翮元孙也。生于山东之馆陶，幼有异禀，工诗，有青莲再世之目，其存诗自十五岁始。乾隆五十五年庚戌恩科（1790）三甲55名进士。寻授检讨。诏选翰詹三十人，各书扇五柄，又选十二人分书养心殿屏幅，先生皆与焉。庚申秋分校顺天乡试。明年教习庶吉士。乙丑改御史，巡视南城。己巳分校会试，未几改吏部郎中。明年七月授莱州知府，与上官龃龉，郁郁不自得。逾年病，免归，时年四十九。罢官后侨寓吴门颜所，居曰：乐天天随临屋。时往来大江南北，未几卒于客舍。先生状似猿，自号蜀山老猿，亦称老船。其诗生气涌出，沉郁空灵，于从前诸名家外又辟一境。其《宝鸡题壁十八首》指陈军事，得老杜诸将之遗，传诵殆遍。书法险劲，画近徐青藤，不经意处皆有天趣。其妇亦能诗，有句云：

张问陶

"修到人间才子妇，不辞清瘦似梅花"。先生和之有"夜窗同梦笔生花"句，佳话也。著有《船山诗草》。存诗3500余首，清代"蜀中诗人之冠"，也是元明清巴蜀第一大诗人。乾隆年间张问陶曾住于官菜园上街。

张鹏翮（1649—1725），字运青，号宽宇，四川省潼川州遂宁人。其先楚之麻城人。明洪武初迁遂邑。三世祖赞中，景泰五年甲戌科（1454）进士。父烺，乐善好施，邑称长者。公三岁授大学，能成诵。九岁能文。康熙八年，公年二十一举于乡。康熙九年庚戌科（1670）三甲122名进士。授庶吉士。时公年最少，立志远大，宿馆读书绝奔竟，抑浮薄，气度端凝，同馆人敬之。十二年，改刑部福建司主事，转山西司员外郎，尝辨冤狱，不避权贵。寻迁礼部祠祭司郎中。十九年，出守苏州，公以苏郡赋重且频年荒旱，命下即奏请缓积欠，宽考成，官民戴德。莅任六日，丁母艰，服阕，补充州守。未二年，进河东转运使兼理盐法道事。二十四年，进通政使右参议，转兵部右理事，同列有推公清廉者，公曰："人臣之当清，犹命妇之当节，曷足为异？"人服其守。二十七年，奉使倭罗斯国，还转左理事，升大理少卿。二十八年，扈驾南巡，还至吴门，擢浙江巡抚。三十四年，擢兵部尚书，至东阿，命提督江南学政。圣祖尝曰："从前清官惟宋文运一人，近日张鹏翮堪与匹。"任满回京，圣祖见之喜曰："卿非常清操，朕甚敬重。"授都察院左都御史。五旬入充讲官。寻诏赴陕审，事方定，爰书报转刑部尚书。次潼关，复转两江总督。抵任三月，又往陕复审前案，三十九年复旨。时淮黄泛滥，遂特授公总河。四十二年，圣祖南巡至河，见清水畅流，黄河浚通，曰："异哉，此二十年所仅见者也。"赐御制诗并公父匾额，寻加太子太保。四十七年，仍转刑部尚书。明春还京，转户部，度支出入惟谨。五十二年，主顺天乡试。寻升吏部尚书。明年闻父讣，时审事江南还，屡请回籍守制，而圣祖以吏部无人未俞允，且促入署办事。戊戌、辛丑两充会试正考官，复又两命勘河。雍正元年（1723）正月，授文华殿大学士，仍兼吏部尚书。七月，又命往河南查议冲决马营口工程，回京奏准回籍省墓。明年正月抵邑，留两月还朝。又明年二月，卒于官，年七十有七，赐银千两，恤典外加祭一次，赠少保，谥"文端"，崇祀贤良。公性孝友，持躬一循礼法，平居衣冠必整，盛暑未尝跣足露体，终身一茧衾，食无兼味，亦无田庐，御书楼数间，荒田数亩而已。

彭肇洙（生卒年无考），字仲尹，四川省眉州丹棱人。少有大志，秉性刚方。雍正十一年癸丑科（1733）三甲67名进士。任刑部主政，多所平反。擢升河南道监察御史，遇事敢言，名著一时。有以汉员御史过多请裁者，因致仕以归。掌教锦江，经其造就者皆显名于时。年七十余卒。著有《白鹤堂抚松亭诗文集》行世。

彭端淑（1797—?），字仪一，号乐斋，四川省眉州丹棱县。十岁能文。雍正十一年癸丑科（1733）三甲168名进士。授吏部。深于经学，与弟肇洙、遵泗俱以文章名于时，称三彭。蔡寅斗、胡天游、窦光鼐等皆推重之。由郎中授肇罗道。清慎自矢，所至减趋从，禁州县迎送。察吏胥积弊，除民间不便事。省中积案三千余件，制府委之审理，开诚布公，不逾月而结。修省城书院。替

彭端淑

粤西运米，舟行海隅，失足堕水，如有物负之起。归里，年八十一卒。著有《白鹤堂诗文稿》四卷、《粤西纪行草》一卷、《雪夜诗谈》二卷、《曹植以下八家诗选》若干卷、《蜀名家诗抄》二卷。

彭遵泗（生卒年无考），字磬泉，四川省眉州丹棱人。肇洙弟。领雍正十三年乙卯（1735）乡荐。乾隆二年丁巳恩科（1737）三甲237名进士。由庶吉士改兵部。出为江防同知。著有《蜀碧》《丹溪遗稿》二卷，乾隆时续修《丹棱志》。

会馆现状（一）

会馆现状（二）

会馆现状（三）

【云南省】

宣南会馆与清代进士

云南会馆

云南省位于我国西南，与四川、贵州、广西、西藏、缅甸、老挝、越南等地接壤。古称滇国。西汉元封二年（前109）武帝开西南夷，滇王降，设益州郡。三国分云南郡。唐为南诏。光化四年（901）郑买嗣夺位自立，改国号大长和。927年杨干贞建大义宁。937年段思平建大理国。宋景炎元年（1276）忽必烈选派色目人赛典赤·赡思丁到云南建立云南行省。明朝设云南布政使司。民国前，试馆性质的省级云南会馆在京约有9处，分别位于东城区朝阳门内北小街、西城区校场头条7号、西城区法源寺前街11号、西城区迎新街67号、西城区珠朝街4号、西城区铁门胡同53号、西城区南新华街49号、西城区门楼巷5号、西城区米市胡同61号。

云南会馆又称"云南北馆"，位于校场头条7号（清时为教场头条4号，民国时为校场头条3号）。建于清顺治十六年（1659）。清乾隆年间，昆明人熊郘宣、建水人蒋文祚扩建。民国期间，会馆改建为云南学生宿舍，并成立云南旅京学会。1925年馆内曾有进步青年组织——新滇社，并出版刊物《铁花》，其重要负责人为王复生。1932年8月，音乐家聂耳曾在这里居住。会馆坐西朝东，占地面积约500平方米，有房 45 间。有金柱大门 1 间，倒座房南 5 间、北 7 间，西房（正房）6 间，南北厢房各 3 间。现存大门，为民居，建筑多改动。

熊郶宣（生卒年无考），云南省云南府昆明人。乾隆元年丙辰科（1736）三甲 130 名进士。翰林院侍读学士。

蒋文祚（生卒年无考），云南省临安府建水州人。乾隆二年丁巳恩科（1737）三甲 29 名进士。会理州知州。

《云南通志（光绪）》中记载云南籍进士及名人选列如下：

赵士英（生卒年无考），字鼎望，云南省云南府昆明人。康熙四十五年丙戌科（1706）二甲 9 名进士。选庶吉士。事亲以纯孝闻。季父无子，士英侍之极尽诚敬。其师唐质生死亦无子，士英葬之。故人史纂之失其子，士英求得之，舍之于家，教其成人。凡迁学校、立书院诸善举率为倡。居家庭户萧然不干津要。

许希孔（生卒年无考），字集成，云南省云南府昆明人。雍正八年庚戌科（1730）三甲 93 名进士。历官工部右侍郎。事祖母及继母皆孝。虽处贵显不异寒素。告归省墓，甫展家庙，一恸不能起，竟以疾卒。希孔立朝恭谨，遇事独持大体，明而能断，惟章疏概不存稾，有古大臣风。

傅为𪫧（1701—1770），字嘉言，云南省临安府建水人。题名碑作云南省元江府人。雍正十一年癸丑科（1733）三甲 155 名进士。选庶吉士。散馆，授检讨。擢贵州道监察御史，奉天府丞。缘事降调。旋以母老请终养。母丧，服阕，补光禄寺少卿。累官都察院左副都御使。为𪫧性至孝，母有疾，汤药必亲尝，拜祷于神，祈以身代，及母卒，哀毁骨立，待诸吊客不具酒肉，不设古乐，既殡庐墓，朝夕哭奠。念祖籍本高安也，遇道过之，展拜祠墓，祠前有菱湖，水久涸，为竑即以族人所贮金浚而广之。其为御史也，疏请赠明死节臣赵譔谥，又请去奸民、端风化、清狱讼、祛冗蠹、申法禁，洋洋万余言，又请令在廷诸臣如翰林曹司均得矢谟入告，论者以为有古大臣风。后居宪所，佐持风纪，以整肃台纲为己任，谓："御史为朝廷耳目，不宜兼曹郎乖体制。"疏请停罢以符名实，得旨允行，着为令。为竑平居耻事干谒，惟与编修雷铉、蔡新游，月为数会，考镜古今，治乱得失。居家以礼自闲，虽然居衣冠必整肃，尝教子弟曰："诗书中自有乐趣，何用外求耶？"其训及门，先行后文，语及忠孝大节、廉耻大防，尤再三告戒，俾相砥砺。著有《明儒四家纂》《斯文易简录》《读礼偶存》《藏密斋诗文钞》藏于家。雍正、乾隆年间曾住于青厂胡同的方壶斋。

陈世烈（1707－1789），字允文，云南省临安府建水州人。乾隆二年丁巳恩科（1737）三甲58名进士。授翰林院检讨。擢国子监司业。又擢大理寺少卿。充中岳、南岳及古帝王陵祭告使。迁内阁学士，兼礼部侍郎。坐误封发票本为同官受过，遂镌二级。以内艰归。掌五华书院六年，尝训及门曰："程子言向乡村里坐不觉，坏多少后生，我则疾，今日后生喜游达者之门十九为虚声耳，汝曹戒之。"其所守如此。

李因培（1717－1767），字其材，云南省云南府晋宁州人。乾隆十年乙丑科（1745）二甲9名进士。选庶吉士。散馆，授编修。大考翰詹，钦取一等，荐擢内阁学士，兼礼部侍郎。典试浙江提督，江苏、山东、浙江学政。历官户、礼、兵、刑四部侍郎，湖南、湖北、福建三省巡抚。左迁四川按察使。为人所构，逮问，赐自尽。上恒惋惜之。因培居官数十年，以清节著。

钱士云（？－1786），字沛先，云南省云南府昆明人。乾隆十年乙丑科（1745）二甲38名进士。由编修积官至兵部左侍郎。屡充乡会同考官，会试总裁官，所得皆知名士。位跻通显而家无余积，以疾卒于都，不能归。士云以制艺名一时。

赵瑗（1728－?），字蘧叔，云南省云南府昆阳州人。乾隆十七年壬申恩科（1752）二甲55名进士。由庶吉士改工部主事。擢员外郎、郎中。己卯典试湖北。辛巳为会试同考官。出守卫辉、归德、开封知府。迁河南陕汝道。清廉敬慎，所至有声。丁艰归里，遂不复出。著有《庚山诗集》。

施培应（1729－?），字芳谷，云南省云南府昆明人。乾隆二十二年丁丑科（1757）二甲64名进士。选庶吉士。散馆，授编修。岁壬午典试山西，称得士。使旋，请终养，两遭父母丧。服阕，起原官。寻以御试不入格致仕。培应居家以孝弟著闻，未第时家故贫，授徒自给。兄厚培服贾于外，已娶妻生子矣，培应分其馆谷之半寄之，且劝之作归计，兄不从，遽卒，培应恐伤父母心，戒家人勿言，而潜迎其榇及嫂归，别置他所，教其孤成立。虽已贵，父或宴客，培应未尝不在侧执事如仆隶。归后历主五华、育材、曲阳、九峰诸讲席，及门之盛多所成就。为人乐易无疾言，遽色而不谒官府，不预政事，乡党皆严惮之，有不肖者辄避匿曰："不可令施翰林见也。"其盛德所感如此。

钱沣（1740－1795），字东注，号南园，云南省云南府昆明人。乾隆三十六年辛卯恩科(1771)三甲11名进士。选庶吉士。授检讨。岁庚子典试广西。历御史，通政司参议，太常寺少卿，通政司副使，提督湖南学政。缘事降补户部主事。寻擢本部员外郎。再擢湖广道监察御史，军机处行走。扈跸热河，回京以疾卒。沣生而颖悟，自幼即乐闻古贤人君子遗事，家贫不能购书，于废纸中拾残编读之。肄业书院所得膏火悉以归养，授徒获修脯弟妹借以婚嫁。居言路有直声，时甘肃冒赈事发，诛窜者数十人，独不及陕西巡抚毕沅，沣疏言："沅曾两署陕甘总督，明知王亶望骪法不举奏，失大臣体。"上为镌沅爵三级。又言："山东巡抚国泰借纳贡名，苛敛于下，仓库空虚，官民侧目，请自今毋受贡而按国泰罪。"上命偕大臣等往讯，尽得其实，国泰尽诛死。最后言："军机大臣不于军机处治事，或止右内门内，直庐司员亦随之入，右内门切近禁地，恐启交通内监之渐。"上是之。任督学时，革陋规，绝请托，一以厘正文体为己任，楚士称颂。禄入稍丰，悉予故人父老子弟及滇人之困，于京师者不足鬻衣，继之无所吝惜。忱归里，偕诸乡宦置田为公车费。邑大水，徒步河干，讨论源委，为《六河说》以献当事，且捐资修复为众倡，河卒无患。所著诗文皆有师法。卒时年仅五十余，未竟其用，海内惜之。乾隆年间钱沣曾住于龙泉寺，并于乾隆三十七年住于南半截胡同的听雨楼。

杨昭（生卒年无考），字德明，号碧泉，云南省云南府安宁州人。乾隆间以举人。大挑二等，借补寻甸训导。州学卑隘，昭倡捐修，规制始备。乾隆五十四年己酉科(1789)三甲46名进士。选庶吉士。散馆，授户部主事。累官户部员外郎，陕西、山西道监察御史，兵科给事中，工科掌印给事中。昭为人笃实不喜虚誉，读书以不能躬行为耻。丁父忧，哀毁过甚，母亦恸，昭恐母伤，乃潜哭于墓侧。会试不第，有同里举人李存直没于京，昭为募金殡之，且护其榇归，口不言劳。既通籍，为部曹，勤于识业，悉吏不能欺。会议营中公费久未定，昭督部吏二人阅五昼夜，列上二百余款，皆有条理。及官侍御，条奏仓厫钱粮事，部议从之。巡视中城，请修正阳门大路，亦得旨允行。巡视丰益仓，办理八旗现审，处事皆治，人莫能干以私。事继母孝，请养归里，日侍左右，亲浣厕腧，终身无间，人以为有万石君之风。时滇中大吏慕其名，欲延主五华讲席，昭以养母固辞，强之再三，卒不往。官京师时，有异味，虽数千里必致诸母。生平不轻著作，曰："圣贤教人悉备于六经四子，书其奥义，汉唐宋诸儒阐发已尽，奚用管窥蠡测也。"禄入所余，为置义田以赡族。居家十余年卒。

杨本昌（生卒年无考），字寿尔，云南省曲靖府南宁州人。嘉庆四年己未科（1799）三甲53名进士。授刑部主事。转郎中。林清案起，补被宿郎署，寒暑不间。简山东两淮盐运使，历官皆有政声。而在知府任内，清理积牍，尽结京控各案，尤得民心。任运使时，常言："商侈则用不足，私多则引必滞，盐笑之坏由斯二者。"于是躬先节俭，严惩贩私。归里后，出资赡宗族、赈贫乏、设卷金，里人德之。道光十六年（1836）公举入祀。

李煌（1792—1848），云南省云南府昆明人。嘉庆二十二年丁丑科（1817）二甲30名进士。改庶吉士。二十四年，授编修。道光元年（1821），典试陕甘。六年，分校会试。七年，督学山西。历迁左右春坊赞善，中允，司经局洗马，翰林院侍讲，左右春坊庶子，翰林院侍讲学士。十三年正月，充日讲起居注官。七月，大考三等，降右庶子。十四年二月，复擢翰林院侍讲学士。十五年三月，分校会试。六月，典试福建。十六年，转侍读学士。十七年八月，稽查右翼宗学。二十年十月，升詹事府少詹事。二十一年四月，迁内阁学士，兼礼部侍郎衔。八月，稽察中书科事务。二十二年八月，署吏部右侍郎。二十五年，服阕，入都，署吏部左侍郎。二十六年八月，督学江苏。十二月，补户部右侍郎，兼管钱法堂事务。二十七年，转左侍郎管理三库事务。二十八年，卒于学政任。

朱嶟（1791—1862），云南省临安府通海人。嘉庆二十四年己卯恩科（1819）三甲10名进士。改庶吉士。散馆，授检讨。道光十二年（1832）八月，分校顺天乡试。九月，补江南道监察御史。十三年，转湖广道监察御史。十一月，升礼科给事中。十二月，转工科掌印给事中。十四年，擢鸿胪寺卿，旋迁大理寺少卿，典试山东，寻擢詹事。

十五年，升内阁学士，兼礼部侍郎衔。十七年，补兵部右侍郎。二十一年，充会试知贡举。二十四年二月，兼署吏部左侍郎。三月，兼管理户部三库事务。六月，典试浙江。二十五年五月，兵部休致员外郎伊琳，呈控候补主事恩麟，坐失察且办理不当，降五级调用。二十六年三月，授内阁侍读学士。七月，典试山东。十二月，督学顺天。二十七年，升通政使司副使。二十八年，复授内阁学士，兼礼部侍郎，留学政任。二十九年，授仓场侍郎。咸丰元年（1851）二月，命赴天津验收海运米石。四年四月，因病奏请开缺。十二月，病痊。五年七月，署吏部右侍郎。十月，补户部左侍郎，管理三库事务。十一月，赐紫禁城骑马。六年十一月，擢都察院左都御史。八年八月，署兵部尚书。十一月，授礼部尚书。十二月，充经筵讲官。九年八月至十年二月，复两署兵部尚书。三月，充会试副总裁。十一年十一月，因病请假复请开缺，允之。同治元年（1862）卒，命优予恤典，寻赐祭葬，谥"文端"。

赵光（1797—1865），云南省云南府昆明人。嘉庆二十五年庚辰科（1820）二甲32名进士。选庶吉士。散馆，授编修。道光十二年（1832）三月，分校会试。是秋典试陕西。十一月，授江南道监察御史。十四年三月，迁户科给事中。八月典试江南。十月督学河南。十七年，迁光禄寺少卿。十八年七月，转大理寺少卿。十二月，迁光禄寺卿。十九年三月，稽察右翼宗学。十月，转太常寺卿。二十年三月，充会试知贡举，累迁大理寺卿，通政使司通政使，典试江西。二十二年八月，擢都察院左副都御史。十二月，以续纂一统志成，下部议叙。二十三年，升内阁学士，兼礼部侍郎衔，稽察中书科事务。二十四年六月，署兵部左侍郎。十二月，直文渊阁事。二十五年，授兵部右侍郎。二十六年二月，署刑部左侍郎。八月，督学浙江。二十七年，转左侍郎。二十八年，调户部左侍郎，兼管三库事务，视学如故。二十九年，调兵部右侍郎。三十年三月，奏陈时务四条，上忧诏纳之。咸丰元年（1851）正月，偕都统明训督修。八月，转左侍郎。二年六月，署吏部右侍郎。八月，署户部右侍郎，历派顺天及直省举人覆试阅卷大臣、知武贡举。三年正月，命往吉林，会同署将军恩华讯佐领依禄等营私纳贿各案。四月，命赴顺天府各属，查勘矿山，旋拟开采章程，奏闻下所司议行。十一月，充实录馆副总裁。十二月，擢工部尚书以捐资助饷下部议叙。四年正月，充经筵讲官。二月，充实录馆总裁，寻管理三库事务。五月，调刑部尚书。十月，赐紫禁城骑马。六年十月，以宣宗实录告成，加三级。八年四月，命偕吏部尚书周祖培等办理五城团防事宜。九月，署工部尚书。九年三月，总裁会试。五月，教习庶吉士。九月，充大考翰詹阅卷大臣。十三年正月，以办秋审有误及京察荐举不当镌级留任。三月，署兵部尚书。十一年九月，偕大学士贾祯、周祖培、户部尚书沈兆霖奏言皇上冲龄践祚钦奉先帝遗名。十月，主武会试，兼署户部尚书。同治三年（1864），署吏部尚书。四年卒，赐恤如例，谥"文恪"。光历官数十年，迭司文衡，以清勤受主知，至今滇人士称之。

郭锡恩（生卒年无考），云南省澄江府河阳人。际清子。赋性敦笃，寡言笑，慎交游。以贡生任安宁训导，教士有方，尤加意寒畯。道光十二年壬辰恩科（1832）二甲95名进士。授户部主事。父任广东同知，年老多疾，乞假往省奉之归，甫登程，父即婴疾，沿途奉侍，日不交睫者三月，抵黔父卒，徒跣扶柩归，以耳病遂不出。居乡引，掖后进，贫而废读者助之膏火，使入乡塾。里党有急叩之，间不应时。知府李熙龄纂修郡志聘入，参互考订，不惮周详。生平好学，至老不倦。里居数十年，一切善举皆倡首为之。咸丰三年（1853）公举入祀。

马恩溥（1820—1874），字雨农，云南省大理府太和人。咸丰三年癸丑科（1853）二甲103名进士。选庶吉士。散馆，授编修。累官至内阁学士，兼礼部侍郎。历充己未顺天乡试同考官，庚申会试同考官，辛酉提督安徽学政。同治六年丁卯（1867），主试广东。戊辰典武会试。癸酉主试福建提督、江苏学政。恩溥生而颖异，器识宏远，经史舆地兵家之学无所不通，尤嗜程朱性理。著有《慎怡堂集》《制艺约编》《滇南事略》等书，惜未梓行，稿多散失。

老照片

会馆现状（一）

会馆现状（二）

会馆现状（三）

【陕西省】

宣南会馆与清代进士

朝邑会馆

朝邑，位于陕西省东部，1958年并入大荔，今属渭南市。汉为临晋县地，后魏置南五泉县，西魏改称朝邑。

北京的朝邑会馆原有两处。一处位于西城区椿树街道前孙公园胡同9号（旧为前孙公园路北5号），建于清代。会馆坐北朝南，原有四进，共有房67.5间。蛮子大门，北房三间带耳房，后院北房五间。过道墙上嵌刻石五方。现作民居使用，建筑多有破损。另外一处位于西城区臧家桥胡同（旧称章家桥）1号，建于清乾隆五十五年（1790）。清《宸垣识略》载："西城会馆之著者，章家桥曰渭南、朝邑。"会馆建筑已拆除，现为密闭式垃圾楼。

据《清朝进士题名录》载，清代朝邑县共有进士43名。

会馆内存碑文拓片如下：

（下图左）清嘉庆七年（1802）七月一日刻。拓片连额通高115厘米，宽45厘米。正书。

（下图右）清嘉庆八年（1803）七月刻。拓片连额通高92厘米，宽39厘米。王栋撰并正书。

清嘉庆十六年（1811）三月一日刻。拓片高38厘米，宽50厘米。正书。

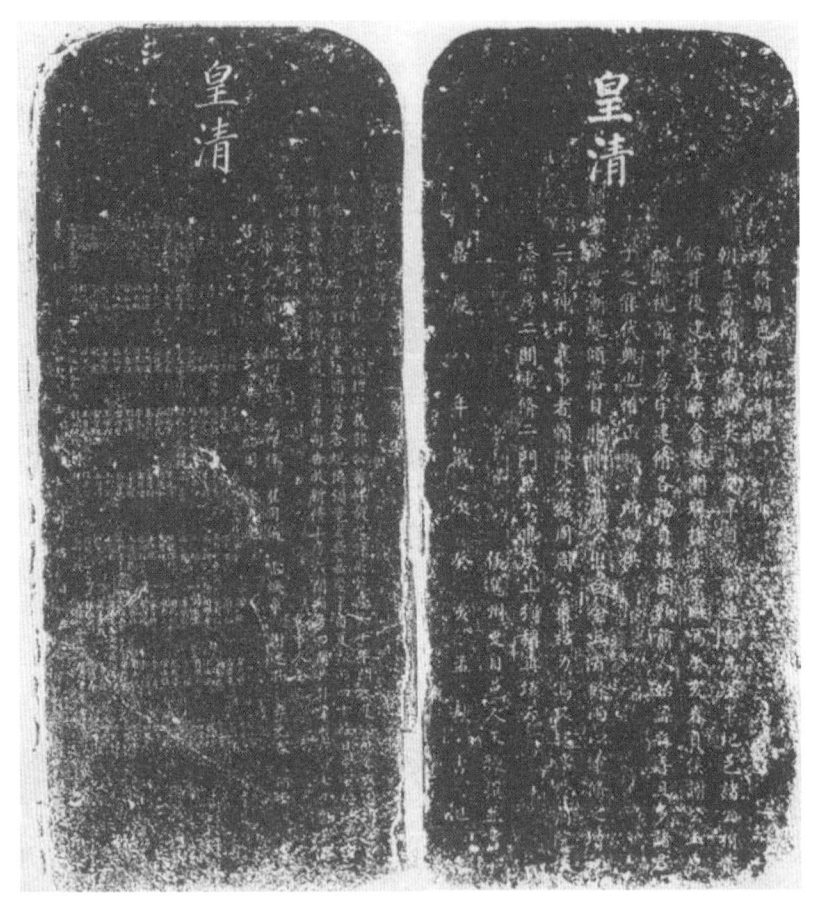

清道光三十年（1850）十二月书。帖式刻，分刻二石，拓石片均高33厘米，一宽96厘米，一宽67厘米。李元春撰，阎敬铭正书。

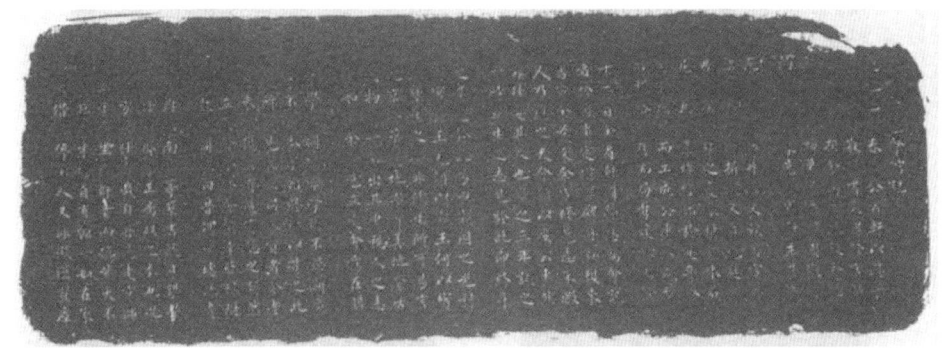

阎敬铭（1817—1892），字丹初，陕西省同州府朝邑人。道光二十五年乙巳恩科（1845）二甲12名进士。为官清廉耿介，善于理财，有"救时宰相"之称。其相貌不扬，参加大挑时，曾因"状貌短小，二目一高一低，恂恂如乡老"而未能入选。历任户部主事、湖北按察使，署布政使、山东盐运使、山东巡抚等。光绪八年（1882），调任户部尚书，裁撤冗员，主审"云南报销案"。次年，充军机大臣，总理各国事务衙门大臣，晋协办大学士。十一年，授东阁大学士。十二年，奏请免去军机大臣职。十四年，因反对重修颐和园被革职留任，后辞官回乡，建"天下第一仓"——丰图义仓。十八年卒，追赠太子少保，谥"文介"。"中兴四大名臣"胡林翼曾向朝廷夸赞他"阎敬铭气貌不扬，而心雄万夫"。

清道光三十年（1850）刻。拓片高34厘米，宽77厘米。正书。

老照片

会馆现状（一）

会馆现状（二）

会馆现状（三）

蒲城会馆

蒲城，位于陕西省渭河平原东北部。秦代置重泉县，北魏改南白水县，西魏改蒲城，今属渭南市。

北京的蒲城会馆原有3处。一处在西城区虎坊路北口路东，又称"蒲城老馆"，建于明天启年间。清《京师坊巷志稿》载："东砖胡同，旧有蒲城会馆，今废。"

另有一处，位于西城区广内街道校场五条20号（清末为教场五条36号，民国时为校场五条路东39号），又称"蒲城新馆"，建于清咸丰十一年（1862）。清《光绪顺天府志》载："教场五条胡同，井二。有仙游、蒲城、泾阳、温州诸会馆。"现为北京市宏业工商联合总公司办公地点。

本处会馆位于西城区铁鸟胡同30号（旧为铁老鹳庙路东8号），建于清康熙十年（1671）。会馆坐北朝南，五进院落，有房28.5间，占地0.94亩。清《宸垣识略》载："西城会馆之著者，铁老鹳庙曰大荔、蒲城。"清《光绪顺天府志》亦载："铁老鹳庙，庙祀关帝，鸱吻上安铁鹳，随风旋转以驱鸟雀，故名，有大荔、蒲城会馆。"现为民居，建筑多破损。

据《清朝进士题名录》载,清代蒲城县共有进士60名,选录如下。

常若柱(生卒年无考),字擎宇,陕西省西安府蒲城人。顺治四年丁亥科(1647)三甲22名进士。选庶吉士。散馆,改户科给事中。

米襄(1619—1690),字辅之,别号宏心,陕西省西安府蒲城县城北关人。顺治四年丁亥科(1647)三甲203名进士。初授邢台令,邢故水泉漫溢为民害,襄至,即度地开渠以滋灌溉,百姓勒碑记名"米公泉"。西山袤延数百里,群盗盘踞,四出剽掠,襄训练乡勇,亲剿贼巢,渠魁授首,民患以息。内擢台员。旋出按江西,甫入境,有郡守暮夜馈金,不受即廉,得其贪污实迹,劾罢之。在官兴屯政,设江防,奏豁荒欠,审结历年谳案,严禁开采,皆有裨实政。亲事一年,外艰归。服阕,檄取补官。以母老乞终养,遂不复起。

原衷戴(1692—?),字简斋,陕西省西安府蒲城人。雍正五年丁未科(1727)二甲6名进士。选庶吉士,旋授编修。历任浙江盐驿道。岁收课税百万,羡余数千金,分毫不取。又念商力疲敝,一切陋规,革除殆尽。卸任后资斧缺如,临别时众商赠送千金,亦不受,当时有"到宝山空回"之誉。

王鼎(1768—1842),字定九,号省厓,陕西省西安府蒲城县人。嘉庆元年丙辰科(1796)二甲3名进士。选庶吉士。散馆,授编修。迁至内阁学士。历工、吏、户、礼、刑五部侍郎。管顺天府尹事。充经筵讲官。道光二年(1822),迁都察院左都御史,署河南巡抚。旋丁外艰,服除,以户

王 鼎

部侍郎充军机大臣,赐紫禁城骑马。六年,授户部尚书,加太子少保,紫光阁图像。十一年,署直隶总督,还管刑部事。十八年,授东阁大学士。二十年,晋太子太保。二十一年,署河东河道总督,以功晋太子太师。公为人谦退,而临事侃侃,无少瞻徇,历事两朝,端方正直。一视学江西,一分校会试,再主浙江乡试,四主顺天乡试,三主会试,所得多杰士。在户部十余年,综核出入,吏莫能欺。总刑曹最久,巨细躬亲,多所平反,尝奉命查办事件,先后历九省大小四十余案,判断明允,关防严密,大端不外肃官方,正名教,端风化,安民心,斟情酌理各成信谳。二十一年秋,河南开封黄河决口,奉命治理黄河水患,佥谓财用之节、成功之速,前所未有。二十二年三月,还朝时,反对道光皇帝与英国议和投降,割让香港。同年六月,怀揣"条约不可轻许,恶例不可轻开,穆不可任,林不可弃也"的遗疏,缢于圆明园寓邸,效古人尸谏,年七十五。上念公忠赠太保,谥"文恪",入祀贤良祠。

崔问余(生卒年无考),又名启藻、李芳,号少山,陕西省西安府蒲城人。崔希驷之子。嘉庆三年戊午科举人。嘉庆六年辛酉恩科(1801)二甲2名进士。由庶吉士授编修。记名御史。工书能文,著有戏曲《碧玉钿传奇》一部。

王溥(生卒年无考),字博之,陕西省西安府蒲城人。道光十八年戊戌科(1838)二甲26名进士。家贫力学,初官工部都水司主事,尝兼修工程。故事工人有以陋规托名羡余,公独严斥之。嗣迁员外郎郎中,以俸满出知山西宁武府,旋调平阳。兵燹后,垦荒浚洺流亡复业。有属令诬良为盗,毙杖下,其父控诸府,鞫得实,某惧,啖以重金,却不受,谳既定,臬司以私欲宽之,力持不变,时称"三不允太守"。调太原,期年清积案数百。擢冀宁道,"陕回之乱",奉檄防河，贼不得渡，加布政使衔，寻调署河东道。洁己杜私，课充而商裕，先后权藩篆者三，权臬篆者四。光绪丁丑（1877），岁大祲，朝廷发粟赈饥，公力疾从事，捨奸选贤，必务实惠及民。事竣，晋抚以劳绩，上擢两淮盐运使，淮纲窳而商侈，兵后又设养贤馆、刊书局，日久弊生，侵及正款，公塞幸门，核漏卮，大拂众意，方请开缺，遽以病卒。平生清廉寡欲，一毫不妄取，而周恤亲友累数千金无吝色。书法秀挺，为时所重。

王沆（1809－1862），陕西省西安府蒲城人。王鼎之子。道光二十年庚子科（1840）二甲20名进士。翰林院编修。王鼎缢于圆明园寓邸尸谏后，他因不能成父志，而为王鼎门生及陕甘同乡所鄙弃，自感愧恨，终生不出。

张瀛（生卒年无考），字十洲，陕西省西安府蒲城人。道光三十年庚戌科（1850）二甲第83名进士。由刑部主事历升员外郎郎中，派充秋审处坐办，决疑狱，号明允。改官御史，出知河南开封府，累迁河道、广东按察使、山西布政使，宽严并用，吏治肃然，请疾归适。丁丑大荒，邻匪乘隙入城，戕官焚署，居民逐之出，官军至，众惧玉石不分，公函当道，洞陈良莠，逆匪伏诛，余无一株累。旋办全省赈务，以劳瘁卒，赠内阁学士。

周爰诹（1854－？）字政伯，号帜山，晚号逸叟，又号漫上逸叟，陕西省西安府蒲城人。光绪十二年丙戌科（1886）二甲4名进士。改庶吉士。授编修。历任翰林院撰文、侍讲学士、日讲起居注官、国史馆提调、武英殿提调、功臣馆编书处纂修、讲习馆总办等。宣统元年（1909），加七级。三年，辛亥革命后即归故里，杜门谢客，仍穿清朝冠服。民国十三年（1924），自撰墓志铭，记述平生官历，不书民国名号。次年，担任蒲城孔教会会长。他仕途畅达，推及旁亲，曾、祖、父赠资政大夫，曾、祖、母赠夫人，妻诰封夫人。著有《蒲城文献征录》《毛诗义平》《正俗编》《五代史论》等。

王廷鈊（1864－?），字仲度，号金如，陕西省西安府蒲城人。光绪二十年甲午恩科（1894）二甲30名进士。改庶吉士。散馆，授编修。光绪二十三年，充甘肃副考官。二十九年，充顺天同考官。

仵墉（1870－1947），字崇如，陕西省西安府蒲城人。光绪二十年甲午科举人。光绪二十九年癸卯科（1903）三甲142名进士。清末及民国年间，历任直隶省乐亭、祁州、安州、沧州、滦州、临榆、长垣、昌黎、饶阳、赵县、霸县等县知县（知州）、知事、县长达28年。常着布衣下乡私访，为官清正，抚民赈灾，深受拥戴。张学良曾推荐其为察哈尔省民政厅厅长。民国二十二年（1933）四月十二日，宋哲元令仵墉暂行代理察哈尔省主席。后任北平市政府参事。民国二十六年，卢沟桥事变后辞职，闭门不出，恪守民族气节，教育子女不给日本人做事，不入日本人办的学校读书。晚年贫病交加，因老年丧子，以至悲痛失明。三十五年冬，回到蒲城贤坡村，仅携有"万民衣"、"万民伞"各一件。次年夏病殁。

会馆现状（一）

会馆现状（二）

会馆现状（三）

商州会馆

商州，位于陕西省东南部，汉代置上洛县，北周升商州，明洪武时降为县，成化复之。清雍正升为直隶州。1913年废州改商县，现为商洛地级市。

北京的商州会馆原有两处。本处位于西城区老墙根街41号（旧为老墙根路北8号），也称商山五邑馆、商山会馆，是商州（今商洛）、雒南（今洛南）、商南、镇安、山阳五邑在京创建的同乡试馆，会馆以商州境内的商山命名。建于清光绪二十三年（1897），由乡贤晏安澜服官户部酿金购得官方一所，随又出资3200两白银加修后，捐为会馆。会馆坐北朝南，占地2.25亩，有房46间。建筑有金柱大门一座，倒座房东一间、西三间，内为两进四合院，第一进为正房五间带前廊、东西厢房各三间，第二进仍为正房五间、东西厢房各三间。现为民居，建筑多破损。

另有一处，位于较场小七条北口路西15号（旧为较场小六条），建于清光绪年间，两进院落。建馆时有一名叫南溪的举子曾住此处，其称"雪园"。

清光绪二十三年（1897），晏安澜与吴怀清筹划设立商山会馆，二人合捐3000金，又托商州知州李素在地方募捐6000金（其中李素捐500金），于老墙根炭机库购买官房一座（清末及民国时为8号，现为41号），作为陕西商县、雒南、镇安、山阳、商南五县公产，便于旅京学子、商人聚会，官员住宿办事。

晏安澜（1851—1919），本名文采，字海澄，号丹右，别号虚舟，陕西省商州府镇安人。自幼从名师程西园、潘家亭学习。光绪元年入三原宏道书院读书，同年乡试中举人。光绪三年丁丑科（1877）三甲34名进士。历任户部山东司主事、员外郎、度支部管榷司郎中兼司长、佑参议丞、盐务处提调、盐政院院丞。民国四川盐运使等职。甲午战争后曾居住于商州会馆，并成书《虚舟东行录》。民国八年（1919）二月二十六日因盐政劳累去世后，又被供奉于此。晏一生清廉勤政，兴利除弊，生活朴素，以"甲午参战"、"海川治盐"闻名于世。著有《两淮盐法要录》《盐政官制》《沿海产盐州地理志》等著作。

吴怀清（1864—1928），字廉期，号莲溪，陕西省商州山阳人。原籍湖北省通山县，清乾隆中迁至山阳县董家沟。自号"哑道人"，并以"朱耷第二"自诩。擅长书画，有"庶吉士吴"之称，名噪一时。又以收藏《永乐大典》知名。光绪十六年庚寅科（1890）二甲30名进士。选庶吉士，授编修。二十九年，奉旨典试山东，任山东乡试副考官。后丁忧返乡。宣统二年（1910）起复，任翰林院秘书郎、资政院议员等，赏戴花翎，加头品顶戴，诰授光禄大夫。民国后，任《清史稿》协修官，撰《地理志·陕西》一卷、《食货志·征榷卷》，编撰有《关中三李年谱》《二曲李先生年谱》等。商州会馆是吴怀清长期居住并管理三十年的地方。民国十六年（1927）秋撰写的《创建商山会馆记》即为吴怀清代表作，全篇1100多字，以馆阁体小楷书写，字体工整，尽显其严谨、沉稳之风。拓片高43厘米，宽119厘米。

《创建商山会馆记》

京师为海内人文仕宦所萃,各直省及郡邑多建会馆,以栖行李、联梓谊,其来旧矣。即以吾秦论,为省馆二,曰关中,曰关中南。郡馆七,曰汉中,曰延安,曰榆林,若凤翔、若兴安各有二,兴安近鬻其一。州县馆十有九,曰华,曰富平,曰大荔,曰郃阳,若咸长、若朝邑、若蒲城、若韩城各有二,若三原、若渭南各有三,渭南则一毁一鬻,今仅存一矣,若泾阳,则典偿夙负矣。一会馆之微,其兴废靡常若此,讵不在人哉。吾商于旧制为直隶州,辖雒南、镇安、山阳、商南四邑,地非甚僻瘠,第以无久宦京朝及贤牧令,相与主持筹措其间,故自北京建都五百余年,会馆尚阙如,凡计偕入都,率寓省馆,否则赁舍居于寒酸,殊不便。光绪甲午,合属公车上春官者九。至稍后两省馆无容足地,时晏海澄院丞久官农曹,余亦厕词垣五载,相与咨嗟太息,愧弗若人。爰公函致告州直牧保山李少白先生,乞筹三千金为建设资,先生贤有司也,以经始,故亦未敢多请。余于先生居弟子列,特上十笺陈乞如前,五阅月复书偕三千金至。盖先生首输五百金,以为绅民倡,遂得六千金,而留其半,建两省试馆于贡院之东西,并亲为篆额,亦何嘉惠商人士,周至若此,伊可感也。值中日战起,院丞参戎幕出关,都下汹汹,因不暇及买宅事。明年,院丞还,余又乞假归觐。迨丁酉入都,乃购得老屋一区于宣南老墙根炭机库之右,直罄所筹之数,而以修葺之役畀余。秋九月始克鸠工,迫寒冬,费又绌,仅改作前七楹,余略事补苴兼备器用,已耗六七百金,而设法弥其不足,劳无可言。独以拙直,视公犹己,不少假,几与售主构讼,工头又被唆使,肆刁难,送城坊惩创乃已,及今回忆,殊滋渐悔。次年春闱,陈筱坞大令寓此获寯,是为有商山馆之始。嗣礼闱借汴,旋停科举,公车不复至。甲辰院丞及余先后忧去。比院丞服阕来寓，其间复以己资二千数百金，改作中后各六楹，前院东西各四楹，馆前隙地增厩室五。宣统庚戌，余至都，又增后院平房四，遂改前观。辛亥武昌变起，都中秩序乱，凡会馆基金多为乡人攫去，甚且鬻而分其直，吁可慨已，而商山馆如故，固由无积金，抑非属人士念前徽重公益不至此？保山先生即世，在丁酉八月，惜不及见此馆之成，今院丞云亡又将十稔，余亦衰落，大惧昔贤勇义之盛美弗彰，缕述缘起，勒诸贞珉，庶来□有考焉。抑又闻之有功德于民则祀，保山先生遗爱在商，固已家家户祝，政绩今列清史循吏传，无俟赘述。惟筹建会馆一端，其大庇旅京人士者，功亦不可没，前已建龛设主馆前院，于每岁六月十九先生诞日，集而致祭，兹复采众议，以院丞并祀，盖前劳不可忘兼为后起劝也，虑始难图，终亦不易。自丁酉迄今，瞬历三十载，馆事悉付余经理，及时修缮，先后筹垫亦逾千金，幸未倾圮。今老矣，无能为役。有举莫废，是所望后来诸君子。时襄同立石者杨诗淅、马骧、晏树昌、刘佩瑢、阮太振、刘汉文、阎应奎、强玉杰、王维乾、陈柏顺，皆商人，例得备书。丁卯秋九月山阳吴怀清撰并书，年六十有七。

大兴陈云亭双钩刻石。

会馆现状（一）

会馆现状（二）

会馆现状（三）

【其他】

宣南会馆与清代进士

梨园公会

位于西城区樱桃斜街65号，南北34米，东西16米。西城区文物保护单位。

梨园公会即戏曲界行业会馆，原设于天坛旁精忠庙内，称梨园弟子公所，或梨园会馆。现址原为私宅，20世纪30年代由当时梨园公会主持人尚小云集资购得，并加以整修。现正门门簪上仍雕有"梨园永固"字样。

院落坐北朝南，一进院正房五间，进深七檩，前出廊，东梢间隔为门道通后院。两厢房各二间，进深五檩。倒座五间，进深五檩加前廊，东梢间隔出门道为临街大门。二进正房五间，进深五檩加前廊，两厢各一间，进深五檩。院落格局完整，基本保存完整，现为民居。

《梨园会馆碑》（原碑在前门外东珠市口精忠庙内）

古者伶官，代坐其制，然音律则无不同。自十字谱行，而院本于作，于是聚昆山之剧，弋阳之歌，竞奏于通都大邑间。大要借因果为劝惩，即咏歌为讽喻，而感人之道寓焉矣。胜国时设教坊，司殿中韶乐，其词出于俳优，多乖雅道。十二月乐歌，按月律以奏。及进膳、迎膳等曲，皆用杂剧为娱戏，流俗諠譊，淫哇不逞。正德时，臧贤以伶人进，与诸佞倖角宠，窍权教坊，取隶益猥，杂筋斗、百戏之类，日盛于禁廷。而豪族富民，效尤于下，选色品声，靡靡之音，充于京师。御史汪珊有屏绝玩好之请，然未能尽革其风也。国朝乾隆初，命张文敏制院本进呈，各依节令奏演，如屈子竞渡、子安题阁之属，谓之月令，承应其于内廷诸庆事。奏演祥征瑞应者谓之法宫雅奏。其于万寿令节奏演群仙、诸佛，添筹锡禧，以及黄童、白叟含脯鼓腹者，谓之九九大庆。又演目莲救母事，析为十本，谓之劝善金科，于岁暮奏之，以代古人儺祓之意。演唐玄奘西域事，谓之升平宝筏，上元前后数日奏之。嘉庆癸酉军兴，特命罢诸连台，上元日惟以月令承应代之，放除声色之意，远超于胜国。故梨园供奉内廷者，率法惟谨，亦无敢以新声巧伎进。又恐无以束脩其俦侣也，特立庙于崇文门外西偏，有事则聚议之，岁时伏腊，以相休息。举年资深者一人统司之，隶于内务府。典至钜，意至善也。今将复新其庙貌，思得文言以水于石。因述缘起，并系以铭：

大雅之音，式和且平。萃处既协，咏歌以兴。聿修丹臒，胥调筦笙。吉日令辰，明祀攸行。神具醉止，喜气充庭。既匡既敕，福禄来成。于万斯年，鸣此和声。

赐进士出身诰授奉直大夫兵部主事北平孙汝梅撰文

赐进士及第诰授光禄大夫协办大学士刑部尚书军机大臣南皮张之万书丹

大清光绪十三年岁次丁亥季秋谷旦

孙汝梅（1836—?），字问羹，号春山，会稽人。寄籍顺天府大兴县。斋堂为读雪斋。光绪六年庚辰科（1880）三甲12名进士。官兵部主事。嗜古善隶，能鉴别金石。与张仰山合称"二山"。尤精歌曲，当时名伶多师之。著有《读雪斋金文目手稿》《六朝碑目考》等。

张之万（1811—1897），字子青，直隶天津府南皮人。道光二十七年丁未科（1847）一甲第1名，状元。授翰林院修撰。二十九年，充湖北副考官。咸丰元年（1851），充河南正考官。二年，大考二等，充河南学政。六年，充日讲起居注官。七年，命在上书房行走。八年，诏授钟郡王读。九年三月，升侍读充会试同考官。十年，擢翰林院侍讲学士，充会试同考官。十一年，擢詹事府詹事。十二月，擢内阁学士，兼礼部侍郎衔。同治元年（1862），升礼部右侍郎，仍兼署工部。先是太后命南书房上书房翰林，编辑历代帝王政治及前世垂帘事迹。三月，转吏部左侍郎。九月，署理

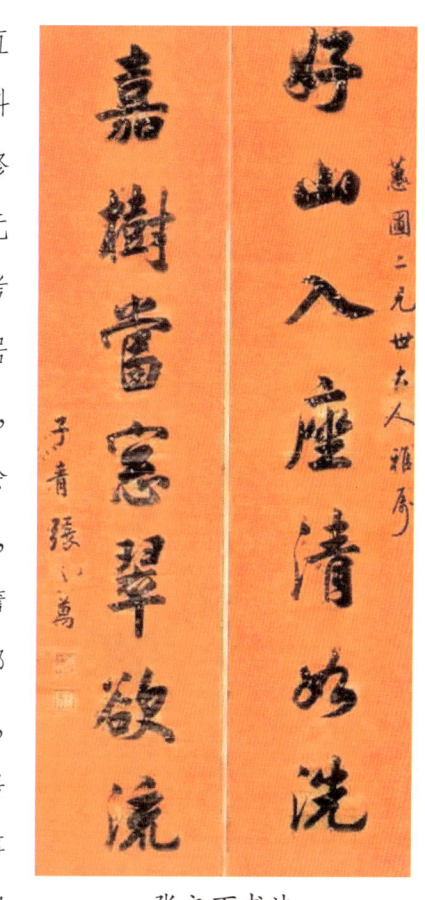
张之万书法

河南巡抚。二年，补授河南巡抚。四年四月，署河东河道总督。五月，僧格林沁战殁，曹州督兵大臣皆获罪，之万降革暂留署任。九月，赏还二品顶戴补授河道总督。十二月，入赏头品顶戴赐花翎。九年，调补江苏巡抚。十年九月，补授闽浙总督。十月，以母年逾八旬请致仕回籍养亲。光绪八年（1882）正月，召来京授兵部尚书，赐紫禁城内骑马，充经筵讲官。九年，调补刑部尚书。三月，充会试副考

官。十年三月，命入军机，兼署吏部尚书，充尚书房总师傅。十一年十一月，以刑部尚书协办大学士赏穿黄马褂。十二年，充教习庶吉士、会典馆正总裁。十四年，充方略馆总裁。十五年，补授大学士，管理户部。德宗大婚礼成，加太子太保衔，授体仁阁大学士，赐西苑门内乘坐肩舆。十八年，命管理吏部事，授东阁大学士。二十年，以总办太后六旬万寿庆典赏双眼花翎，并赐用紫缰。二十二年，以病致仕，赏食全俸。二十三年五月卒，年八十有七，遗疏入，天子震悼，册赠太保，赗赠有加，予谥"文达"，入祀贤良祠。

老照片

会馆现状（一）

梨园公会
樱桃斜街65号

会馆现状（二）

会馆现状（三）

梅兰芳出生地

位于西城区铁树斜街101号、樱桃斜街62号,东西13米,南北38米,为西城区文物普查登记项目。

梅兰芳(1894—1961),我国著名戏曲艺术大师,"四大名旦"之首。祖父梅巧玲为"同光十三绝"之一。此处为梅巧玲故居,也是梅兰芳出生地。

宅院共为二进院落。均由正房及配房组成,基本保存完整。大门位于宅院东南部,五檩进深,硬山顶,合瓦屋面,清水脊,木板门。门左侧为门房,右侧为倒座房,形制相同。第一进正房面阔五间,五檩进深,加前廊一步,硬山顶,合瓦屋面,清水脊。此房原为一明二暗的过厅,明间可通往后院。正房的两侧建有东西配房,面阔各二间,五檩硬山顶,合瓦屋面,过垄脊。东配房贴南山墙建有砖影壁。第二进院建筑格局形制与第一进基本相同。北房四间,五檩进深加前廊一步。西次间为大门,其西梢间位置为邻院所据。两厢房各二间,进深五檩。后期此宅分为两组院落,后院西次间宅门为樱桃斜街62号。

老照片

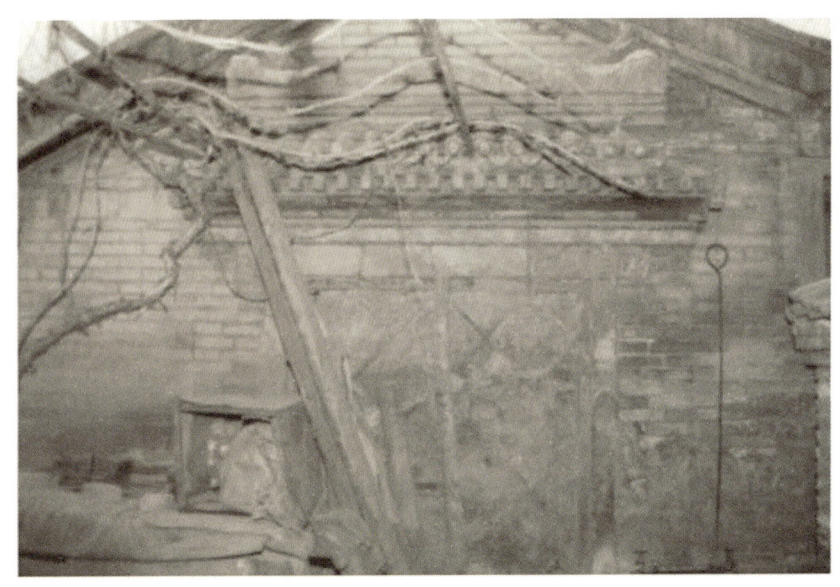

会馆现状（一）

会馆现状（二）

会馆现状（三）

米面业公会

位于西城区培智胡同27号（旧址为前门外小马神庙10号）。原为同业交流、联络的一般集会。民国二年（1913）在原有会员基础上，改称米面商会，原事务所位于东珠市口路南。民国六年，经改组，附属于京师总商会，会场迁至西湖营路西。民国十八年秋，集资购得内务府梁文璧的煤市街小马神庙十号房屋一所，计十六间半，后整修改造，辟为米面业公会会场。共花费大洋4129元。民国二十年，又经改组，改名为北平米面同业公会。现为民居。

《北平米面同业公会成立暨公廨告成始末记碑》（原碑在前门外小马神庙十号米面同业公会）

易曰：乾道变化，各尽性命。又曰：变动不居，周流六虚。盖穷则变，变则通，亦社会中结合团体之缩影矣。于本会之缘起，实滥觞于马王会。惟时胜清末叶，政体专制，因查验骡票，横被苛吏之纷扰。为共同利害计，势不得不联合同业起谋反抗。奈集会结社，格于成例。事既结束，乃籍祀神名义，举会首十四家，输流司事。既乏确定会场，更无固定职务，不过岁时报飨，演剧酬神，循例开会，作集众合群，联络感情之举已耳。迨民国纪元之二年，铺捐议起。群感于同业团结之必要，兼喻此会之组织不合法程，遂就前会员为基础，改称为米面商会。设事务所于东珠市口路南，举正副董各二名，以执行会务。是表面上已具有公会之雏形矣。洎民国六年，按照部章改定会长制，庸附属于京师总商会。票选会长、副会长各一名，会董二十名，会场亦迁于西湖营路西，如是者有年。至十八年秋，醵资购得内务府梁文璧之煤市街小马神庙门牌十号房屋一所，计十六间半。鸠工庀材，筑葺聿新，示朴素而垂久远，公廨宏基于兹奠定。近以政府南迁，北平称市，照新商会法之委员制，遵章改组，而各分会亦联带改名为同业公会。序宸等滥竽其间，谬承同业之付托，所冀交相提携，增其式廓而光大之，以与陆陈、米庄各公会分道扬镳。增进夫公共之利益，亦我同人之□志也。上下只廿余年耳，潮流支配转移，几类弈棋，一变再变，演成今日之世局，后顾茫茫，罔知所届。幸值会场告成，爰摭拾本会经历始末，勒诸贞珉，昭兹来许云。

中华民国二十年岁在辛未八月谷旦

今将本会公廨房屋间数，地基尺寸，购买及添修价款，暨经办委员姓氏、会首、铺号，分晰镌列于后，庸资信守而垂久焉。

计开

房屋间数：原有房屋十六间半，后院拆去两间，新添游廊四小间，又添买东北角小屋一间。计共现存房十五间半，游廊四小间。

地基尺寸：西界线南北直径长九丈一尺六寸，北端面积宽三丈七尺二寸。东界线南北通长共九丈一尺五寸，计由北端起码，量至六丈六尺五寸处，面积缩进九寸至一丈一尺二寸处，再缩进三尺七寸，又长一丈四尺七寸，南端面积宽三丈一尺四寸。

购买、添修价款：房价大洋三千一百五十元。添修及杂费，共洋九百七十九元。通共用洋四千一百二十九元。

经办委员会主席

（略）

会首

（略）

会馆现状（一）

会馆现状（二）

会馆现状（三）

谭鑫培故居

位于西城区铁树斜街大外廊营胡同1号及旁门，东西34—40米，南北21米，为西城区文物保护单位。

谭鑫培（1847—1917），清同治、光绪间著名文武老生，嗓音高亢，号称"叫天"，"同光十三绝"之一，京剧谭派创始人。

故居坐西朝东，呈不规则矩形。前半部为平房四合院，后半部为楼房。前半部为二进院，第一进由大门、正房、配房组成，大门已拆，院内仅存三间半北房。第二进为一套完整四合院，南北房均面阔三间，旁跨半间，院内露明一间，五檩进深，前出廊，硬山顶，灯笼框装修。东西配房各二间，西房进深仅三檩。后半部分由南北房及二座二层楼组成。南北房各三间，旁跨半间为门道，进深五檩。院内南北楼房各三间，砖木结构，硬山顶，合瓦屋面，封护檐。两楼间连以宽大游廊，与楼前敞廊连成一体，均为平顶。南楼进深大于北楼，为二卷勾连搭。楼房约建于民国初年，拱券门窗、山花檐口、木挂檐、楣子、栏杆、铁制栅栏为洋式风格，门窗拱心、拱脚有传统砖雕装饰。谭家四代都曾居住此处，直到20世纪60年代后移居他处，现为民居。

老照片

会馆现状（一）

会馆现状（二）

会馆现状（三）

谢枋得祠

位于西城区法源寺后街1、3、5号，原为南宋谢枋得殉难处。现为西城区文物普查登记项目。

谢枋得（1226—1289），字君直，号叠山，别号依斋，江西省弋阳人。南宋宝祐四年进士。曾任六部侍郎。南宋灭亡后，被强行送至大都，在悯忠寺（今法源寺）绝食而亡。明朝景泰年间，在谢枋得殉难处建谢枋得祠。原属江西会馆。

原建筑保存较好，格局未变。由坐北朝南的三个院落组成，各房均为大式硬山顶。西院临街为广亮大门，正房为坐北朝南，面阔三间带前廊的二层楼。中院较大，正房坐北朝南，面阔五间，进深七檩，带前廊。倒座六间带一门道。正房东侧有一小跨院，跨院正房三间七檩带前廊，倒座三间五檩。东院正房三间七檩带前廊，两厢各两间，倒座三间五檩带前廊，旁出半间门道，据传此院原为祠堂。1990年被列为西城区文物保护单位。2004年降为西城区文物暂保单位。2008年谢枋得祠的二层小楼被开发商北京天叶信恒房地产开发有限公司拆除大部分，之后未按要求修复。2014年继续进行修缮。

老照片

会馆现状（一）

谢枋得祠
法源寺后街3、5、7号

会馆现状（二）

会馆现状（三）

学业公会及当铺

位于西城区珠市口西大街88号。院内有二层小楼，最西面靠留学路口的原属于当业公会，其余原为当铺所有。

民国二十九年（1940）由中国联合准备银行调查室编纂的《北京典当业之概况》记载：

"北京当业同业公会，创于逊清嘉庆八年九月，初名为公合堂，后改为当商会馆。光绪三十一年，曾一度改组，鼎革后，改名为当业商会。现遵政府颁布之工商业同业公会法则，改称北京当业同业公会。"

当业会馆，"为面北神殿三间，殿旁东西耳房二间，东西厢房各三间，殿后厨房五间，临街罩房七，殿前大罩棚一座。棚内台址巍然，为岁时祈报演剧之所也。" 馆中建有火神殿、财神殿。每年祀财神、火神及关帝之日演戏酬神。有资料讲，商馆的神殿及其附属建筑，均处于中轴线上的显赫地带，成为商馆中最主要的部分。

会馆现状（一）

会馆现状（二）

会馆现状（三）

杨椒山祠

位于西城较场口三条2号（即宣武门外大街达智桥胡同12号），又名松筠庵，是杨椒山在北京时的住宅。1984年列为北京市文物保护单位。

杨继盛（1516—1555），字仲芳，号椒山，直隶保定府容城人。明嘉靖二十六年丁未科（1547）进士。任兵部员外郎时，因写了《请罢马市疏》，受贬职处分，复用不足一月，又写成《请诛贼臣疏》，历数了严嵩五奸十大罪。后被投入刑部大狱，卒年四十。临刑前，留下名句"浩气还太虚，丹心照千古。生平未报国，留作忠魂补。"十二年后穆宗登基，补赠太常寺少卿，谥号"忠愍"。清乾隆年间将其故居松筠庵改为祠堂。正门原有石刻匾额"杨椒山先生故居"，正堂内有杨继盛的塑像，他起草疏稿的书房被称为"谏草堂"，其奏疏由张受之刻石，嵌于谏草堂壁上。清道光年间在祠之西南隅建"谏草亭"。亭内有椒山手植榆树一株及石碑一块。戊戌变法时，康有为、谭嗣同等1300多名举子在这里聚会，起草上皇帝书，史称公车上书。

松筠庵总体布局大致可分为北部庵祠和西南部谏草堂两大组。庵祠主体偏东，大门临街，坐南朝北，三间五檩，硬山过垄脊，临街开券门券窗，门上有匾，刻"杨椒山先生故居"。一进大殿面阔三间，五檩硬山加前廊一步。后接四檩卷棚悬山勾连搭顶。二进殿三间五檩加前廊一步。三进殿三间五檩。再往后建筑不甚规整，似已经过改建。主体之西为并列两院，院北倒座房八间，原有大门已拆改。两院正房均为三间九檩硬山勾连搭式，南面加前廊一步，另有配房、倒座房。西南部谏草堂面阔南五间北七间，由两个五檩进深的硬山勾连搭组成，其南又接四檩抱厦五间，北接游廊五间，实际形成四个勾连搭顶。堂北又由游廊组成小院。堂西为八角谏草亭，通过游廊与最南面花厅相连。花厅五间，六檩卷棚硬山顶，前出三间四檩悬山式抱厦。东廊又接小厅堂三间，形制与南面花厅相同。整组建筑较破败，但原有格局及主要建筑仍为原状。

会馆现状（一）

杨椒山祠
校场三条2号

会馆现状（二）

会馆现状（三）

会馆现状（四）

会馆现状（五）

会馆现状（六）

银号会馆

位于西城区前门西河沿220号（旧址为前门外西河沿189号）。明代时曾为寺庙，清康熙六年（1667），由浙江来京经营银号的商人懋迁重建，改为银号会馆，"以奉神明，立商约，联乡谊，助游燕也"，供奉正乙玄坛老祖，即财神赵公明，改名正乙祠，并增建了戏楼。程长庚、梅巧玲、卢胜奎、杨小楼、梅兰芳等京剧名家，都曾在戏楼内登台献艺。

正乙祠内同时建有"银号会馆"（或称"浙江钱业会馆"）。清康熙五十一年（1712）、清同治四年（1865）均有大修，碑刻存于正乙祠前院。现保存完好。建筑坐南朝北，临街为九间倒座北房，进深五檩加前廊。正中一间辟为广亮式大门。院内偏东有南房三间，五檩加前廊硬山式，西部为戏楼。戏楼正中罩棚（即池座），东西面阔三间，南北进深十二檩，卷棚悬山顶。北、东、西三面设楼座，进深一间三檩，二层，上加披檐。舞台在南面，台顶设木雕花罩，侧面有架空木梯通二层楼座。室内梁架露明，原有彩画。楼座设"万"字花板栏杆，雕花木挂檐板。楼座向外满开槛窗。舞台后（南）部扮戏房六间。戏楼前（北）部接正厅五间，正中三间为厅，两稍间为戏楼入口。馆内有楹联一副："进退汉魏一儒者，上下春秋几丈夫"。中华人民共和国成立后，正乙祠改为北京市教育局招待所。20世纪90年代租给私企老板，1995年10月开始演戏，开幕式由梅葆玖、梅葆玥等名家演出传统剧目《大登殿》等。1998年下半年，出租方与承租方因经济纠纷走上法庭。2005年重新装修。2010年10月重张。2001年列入第六批北京市文物保护单位。

《重修正乙祠碑记》

　　正乙祠在正阳门外护城河之西偏，其始于康熙六年，浙人懋迁于京者创祀之。以奉神明，立商约，联乡谊，助游燕也。每至春秋假日，祀神饮福，冠裳毕集，献酬□错，相与为欢。其能敦桑梓之谊者，犹莫如建立义园一事。盖当时世会隆盛，乡先生贾于都者，率有士大夫风，每于店业之盈余，腋集而公存之，创义冢于永定门外，立土地祠旁有隙地为义冢，乡人殁而无归者，皆殡焉。其后愈恢愈广，凡二郎庙、回香亭、葛家庙皆是，前后相承已二百年。本年又在二郎庙西，置地三十亩，名为新□。五处义冢，以千万计。每岁又有祭孤、修茔诸善举，莫不井井有条，而经理商酌□是祠为众善公议之所。其积德愈久，其店业愈隆，而神之福之者亦愈厚。然则神□□福愈厚，店之业愈隆，而诸君子之德之积，亦将愈久而无穷也。是正乙祠者，顾同□发源之始，造福之基也，乌可任其湮废哉。今将倾圮，诸君子捐金而修之，落成□□，余为之记。余浙人也，赴春明寄都，闻其风而善之，又冀其永相于靡涯也。于是乎记。

　　　　清同治四年岁次乙丑十月谷旦
　　　　今将乾隆五十七年兴修监修各号姓氏列后
　　　　（略）
　　　　今将同治四年重修监修各号姓氏附后
　　　　（略）

《正乙祠碑记》

邦畿肇域四海，五方杂居，虽蛮貊荒徼，焉（鸟）言卉服之民，无不骈肩接踵，而况中国之壤，去京□数千里而遥者哉。吾越介居浙东，山深土瘠。其民淳朴无文，然安力作而务居业，不肯少休，以自窘其中，盖其俗使然也。其世家巨族，读书而务实学。而其次者，则商贾江湖，以阜其财。而其又次者则操奇赢，权子母，以博三倍之利。逐所便易，则不惮涉山川、背乡井，往远至数十年而不返。京师正阳左右列肆而居，强半吾乡之人居多焉。向之居于是者，未尝有集会之所，饮食燕乐之地。岁庚寅之夏，乡人同志而谋曰："吾越之在版图中，犹太仓一粟，沧海一苇也。然来于是者，垒垒若若，实繁有徒。不创造一公所，则吾乡之人，其何以敦洽比，通情愫，且疾痛疴痒，其何以相顾而相恤。"于是闻者咸以为然，遂各出所有，量力资助，乃购地于西河之通衢，鸠工庀材为堂三楹，后室称之，以妥神像。周其廊庑，辟其户牖，期年而落成。既而恐其始末之不彰，经界工费之弗详而悉，或至欠而不问可也。乃来请于余曰："愿有志。"余曰："凡天地间，事之有成有败，有兴有丧，自有物焉以主之。岂人所得为力也。当是祠之未立也，固不料其有是也。及其既有而忽无也，亦乌能料其必不复有是哉。子何眷眷于是也。"然而吾乡之人，去其族里而居于是者，有岁时，有伏腊。少者、壮者、老者，怅怅然失所依附。而苟得一地焉，酾酒酹神，敦枌榆之好，而因以追溯其宗党里族。曰，某山某水，某之所居与游也。某甲某里，某之所生与长也。因而屈指其人，孰在孰亡，孰得孰失，岂不眈眈乎生故旧之恩而动其怀土恋本之情也哉。庄子云："故国故都，望之畅然。"而况见见闻者乎。余是以重乡人请，而为之以记之，以见吾乡人之所以为此者，非徒为客居之□美，亦见居于是者之不可忘所自来也。诗曰："维桑与梓，必恭敬止。"余于斯祠见之矣。

时

赐进士出身翰林院检讨浙江诸起新撰，康熙五十一年岁次壬辰三月谷旦。

诸起新（生卒年无考），浙江省绍兴府余姚人。康熙四十五年丙戌科（1706）三甲45名进士。翰林院检讨。

《重修正乙祠整饬义园记》（原碑在前门西河沿一八九号正乙祠，又名银号会馆）

正乙祠创建自国朝康熙庚寅，贾人所以答神庥，笃乡谊，萃善举也。时际盛隆，市无重征，车牛毕至，既富既教。虽阛阓中人，亦蠲除鄙吝，彬彬然有士君子风。于是浙人之贾于京者，恐乡人越数千里来，无以联之。或渔沉若路人，不相顾问。联之或慢易，甚且积渐至为不义。以谓人无论智愚，未有对明神而敢厥志者。爰鸠资为宅神，别构楹为之宴所。岁时赛祀，集同人其中，秩秩然，老者拱，少者伛，以飨以饮，肃肃然，雍雍然。自是善过相规劝，患难疾病相维持。生者安矣，又恐没者无以瘗。乃捐金购地，以厝同人之没而无所归者，使不暴露。初有地一区，曰土地祠义园，广六十亩有奇。雍正间，于祠旁增之二：北曰二郎庙，广百亩。南曰回香亭，广四十亩。道光中，别增地曰葛家庙，广七十亩。继复于二郎庙西南购地三十余亩，曰东庄，则尚未翦茨建宇者。年值暮春，集同人遍察一周，孟秋祭之以楮皮及食，使无鬼馁。岁签制同人执其事，立规甚严。同治乙丑，执岁事者，以正乙祠渐圮，商诸同人而新之。又虑义园日廓，岁久弊滋，乃议增新规，泐石于祠，以防废弛。既成，介其乡人徐君，嘱记于巴郡南宾徐子。徐子曰：国家盛时，贾者尚敦于义，士大夫可知矣。迄今垂二百年，后之人且恪守前模而益之，良法以期于不敝。不知今世士大夫亦有勿替旧典者否。因谐始末为之记。

　　赐进士出身诰授奉直大夫赏戴花翎加侍讲学士衔翰林院编修加四级徐昌绪撰并书

　　同治四年岁次乙丑孟秋月上立石

徐昌绪（1829－？），四川省忠州酆都人。咸丰二年壬子科举人。咸丰六年丙辰科（1856）二甲4名进士。选翰林院庶吉士，授编修。擢侍讲学士。同治间以肃顺案被累，下刑部狱，后免议，遂以终养乞归。主讲东川书院。卒年六十八。与田秀栗、徐浚镛合修《丰都县志（同治）》四卷。

会馆现状（一）

银号会馆（正乙祠）
西河沿220号

会馆现状（二）

会馆现状（三）

钱业公会

位于西城区前门外西河沿186号（原前门外西河沿202号）。原名北京钱业同业公会，创建于民国十七年（1928）秋，原名银钱号公会。民国二十二年改组为银钱业同业公会。民国二十四年炉房公会并，易为钱业同业公会。早期一直没有固定场所，会址几经变迁。至民国三十年二月购置前门外西河沿202号，经修缮，5月竣工落成，才有固定会址。建筑共有楼房四十栋，平房十一栋。

《北京市钱业同业公会建筑会址记》（原碑在前门外西河沿二〇二号钱业公会）

慨自海运大开，商业论战，纵横驰逐，经济实为中心。年来有识之士，鉴于潮流趋势，多起而经营钱业，以谋社会金融之圆活，促进各业之发展。国家政府又为之厘定章则，监督管理。于是各大商埠，有钱业同业公会之设立焉。北京钱业同业公会，创自民国十七年秋，原名银钱号公会。二十二年改组为银钱业同业公会。二十四年炉房公会并入本会，始易为钱业同业公会。初以前门外北孝顺胡同十三号为会址，二十五年迁移东珠市口五十七号，二十七年又迁移廊坊头条劝业场内。凡此播迁，多缘赁屋而居，以致转徙靡定。至二十七八年间，都市商业愈趋繁荣，经营钱业者日益多，申请入会者亦日盛众。而会址湫隘，每届召开会议，济济多士，苦不能容。泽生忝为会长，睹斯现象，于是有购置会址之提议。询谋佥同，当成立购置会址委员会，推朱仙洲、贾子青、李芗坡、田汉章、王万青、魏瀛洲、王弼华、马朴存八人为委员，专司购置事宜。惟时值乱离，四方多故，人民趋避，麇集京师，庐舍供不应求，物价续涨无已，一椽难假，尺土寸金，欲于此求得广厦崇楼，堪为会址者，良非易事。然卒以各委员之努力，购得前门外西河沿二百零二号住房一所，计楼房四十栋，平房十一栋，用作会址，尚觉适宜。惟栋梁倾斜，装修剥落，假此集会，仍不免有风雨侵袭之虞。而重修改建之议，遂因之而起，仍以各委员董其事。初议就原有房屋略加改造，油饰见新，乃泽生暨朱委员仙洲，为彻底改观，一劳永逸计，重为计划。议将后院楼房全部拆卸，南面改建大会场五间，北面改建客厅五间。东西平房各三间，前院各屋及临街五间，就原有基址，修饰见新，改换外貌。并添筑屏门一道、厨房一间、厕所一间。计议既定，提会通过，遂招工勘估，绘图建筑，即由各委员轮流监工。经始于三十年二月，至五月而落成。凡此构造经营，虽未极堂皇之能事，然值此时艰，亦煞费心力。使多年移徙靡定之会址，一旦奠其永久之基，亦不可谓非一时之盛举也。第人世变迁，光阴荏苒，尚希后之贤者，随时修葺，永葆厥观，更于会务前途发挥光大，实吾钱业之荣焉。斯役用款，皆由各会员银号平均摊集。工竣嘱记于余，爰叙颠末如右，并列各会员字号如左。后之览斯文者，其以为信史也乎。

卢龙姚泽生谨撰

卢龙温鹏年敬书

中华民国三十一年 月 日立

北京市钱业同业公会建筑会址摊款各会员字号列后

（略）

会馆现状（一）

会馆现状（二）

会馆现状（三）

银钱业公会

西城区杨梅竹斜街在明朝时称为斜街,后来胡同里有一个杨姓的媒婆,在清朝时便改称为杨媒斜街,光绪年间谐音雅化为杨梅竹斜街。杨梅竹斜街96号,为银钱业公会旧址。

会馆现状(一)

会馆现状（二）

会馆现状（三）

【附录】

宣南会馆与清代进士

北京各省会馆及其房地产数量表

类别 省别	会馆级别				房产 （处）	义园	房产 （间）	义园 （亩）	备注
	省	府	县	合计					
河北	4	4	4	12	15	1	576.5	22	
河南	7	9	2	18	25	1	870.5	9	
山东	2	1	3	7		423.5			
山西	4	13	21	38	50	14	2067.6	126.77	
陕西	2	7	15	24	30	935			
甘肃	5			5	10		119		
湖南	1	9	11	21	46	3	1213	14.8	
湖北	1	9	26	36	40	8	1071	5.14	
江苏	1	12	12	25	54	9	1829.5	120.84	
安徽	1	9	19	29	89	20	2278.5	209.078	
浙江	3	11	10	24	77	14	2468	132.89	
福建	1	9	12	22	38	3	1014	8	
四川	7	4	1	12	25	2	804		
广东	2	11	23	36	74	4	2479.5		
广西	3	4	7	12	1	354.5	18.702		
云南	3			3	13		409.5		
贵州	7			7	2	8		177.5	
奉天	1			1	6	1	395.5	27	
吉林	2			2	3		171		
绥远	2			2	2		68		
台湾	1			1	1		23		
新疆	1			1	1		27		
湖广	1			1	1		134		湖北湖南联建
总计	63	112	171	344	593	1920	17918.8	853.018	

清代进士的地理分布

年份 省别	1644–1661	1662–1722	1723–1735	1736–1795	1796–1820	1821–1850	1851–1861	1862–1874	1875–1904	总人数	排名
江苏	439	665	167	649	235	264	69	125	318	2931	1
浙江	300	566	183	694	262	299	87	108	303	2802	2
河北	432	502	161	491	275	311	91	135	307	2705	3
山东	417	427	102	359	209	268	79	118	274	2253	4
江西	81	200	111	536	223	266	74	122	272	1885	5
河南	303	309	82	283	133	169	95	108	219	1701	6
山西	251	266	81	314	141	143	47	58	133	1434	7
福建	118	178	102	300	156	150	46	82	269	1401	8
陕西甘肃	169	190	61	227	121	137	94	94	289	1382	9
旗籍	57	121	92	179	179	275	61	97	240	1301	10
湖北	196	195	73	213	125	136	43	72	183	1236	11
安徽	126	143	39	213	164	166	39	76	215	1181	12
广东	34	91	69	258	106	139	36	79	205	1017	13
四川	15	61	31	159	88	108	49	71	181	763	14
湖南	21	41	40	127	101	106	31	68	176	711	15
云南	0	46	48	129	117	119	36	42	157	694	16
贵州	1	31	31	129	98	95	29	44	143	601	17
广西	2	28	17	96	67	91	27	72	166	566	18
辽宁	3	28	8	28	20	27	13	17	40	184	19
总数	2965	4088	1498	5384	2820	3269	1046	1588	4090	26748	

（进士中不含策试满洲进士，翻译进士，经济特科）

后　记

在西城区委、区政府，西城区文化委的全力支持和大家的共同努力下，《宣南会馆与清代进士》课题终于完成了。回顾课题的研究，我们经历了课题提出、前期策划，成立课题组，提出总体大纲，而后全力以赴搜集、整理、考据、审校相关资料过程的努力和辛苦，我们感觉到课题的意义已经超过了其本身。这使我回想起最初接到区委领导的批示，看到原西城区政协副主席徐伟老师对深入研究宣南会馆与清代进士课题的提出。

这是一个非常值得研究与考据的课题，在清朝浩瀚的历史长河当中，会馆和进士作为研究主体，应该说是一篇大文章，深藏于北京宣南，大大小小的会馆在我们曾经做过的《北京会馆资料集成》当中，大约有400多座，这些会馆所承受的历史使命是将各省优中选优的举子集合在一起，在会考到来之际，走进紫禁城，走进保和殿，去参加那一次决定他们前途和命运的大考殿试。于是，状元、榜眼、探花涌现出来了，在进士的群体里，又成为了翘楚和佼佼者。他们所居住过的会馆就会增加一块又一块象征着荣耀和辉煌的匾额。这不仅仅是会馆的荣耀，更是家乡的荣耀，同时也象征着他们即将成为国家的栋梁之才。所以，从宣南会馆走进保和殿的人们，在那个时代便是英雄一

般的偶像，苦读寒窗的榜样。也正是在这样的情况下，我们所熟知的这些作为国家栋梁的进士们，在参与朝政，共商国家大事，治理各方水土，为官一任的过程中创造了成就，留下了故事。这对于我们课题组来说，的确是一种难得的学习机会。这里不仅仅有会馆文化的深刻内涵，还涵盖了千年科举在历史上的重要作用。

《宣南会馆与清代进士》课题的提出，为我们研究宣南历史文化，打开了广阔的思维空间，当我们审视那一段段历史上的精彩，我们想到了如果只用一个课题来表述这一段历史稍有欠缺，于是我们在宣南文化研究专家许立仁老师的策划带动下，筹备了一部可以说史无前例的专题片《北京会馆揭秘》，这部专题片得到了首都图书馆的大力支持，被确立为文化部共享工程专题项目。于是，我们在各位专家学者的支持下，成立了摄制组。对整个专题片的体例、内容以及所表述的资料，进行了全方位的搜集和筛选。摄制组的足迹走过了20多个省市，访问了近千人次，留下了会馆采访记录影像资料约10T的内存，时长100多个小时，在纪清远、何贤景、赵大年、于德祥、关仁杰、姚振声、李新勇、王世仁、刘铁梁等专家学者们的支持下，在黄国军导演的敬业努力下，我们终于完成了6集电视专题片《北京会馆揭秘》。在首都图书馆各位领导和专家的大力帮助下，顺利通过评审，并通过文化部共享工程平台向全国推广。

应该说，这是一次严格的检验，一个课题衍生出两个成果，是需要勇气、知识积累和时间的，更需要担当与面对，是对课题组每个专家学者的考验。

在编撰、审校《宣南会馆与清代》进士资料的过程中，国家图书馆古籍部及文津书店的专家和老师们做了很多具体的工作和指导，特别是何贤景老师、董光和老师、王哲老师和齐希老师，他们兢兢业业，不辞辛苦，从课题资料的收集到审校完成付出了大量的心血和无私的劳动。

在这里要特别感谢原西城区政协副主席许伟老师对课题的提出、确立与进展的关心。

在整个课题工作当中，西城区第二图书馆的同志们做出了非凡的努力，特别是林凤兰老师、孙程老师付出了许多艰苦的劳动，既要做好日常的服务工作，又要加班加点做编辑、做校对、参加拍摄等工作。但是，他们从不计较个人得失，在没有任何报酬的情况下，任劳任怨，表现出图书馆工作者优秀的职业素质，为图书馆的课题工作增添了荣誉，做出了贡献。

学苑出版社的领导和责任编辑对课题的出版给予了大力支持，在此深表感谢。

我们还要衷心感谢中共西城区委宣传部、西城区文化委员会、北京市档案馆、首都图书馆领导和地方文献部、全国文化共享工程北京市分中心、北京师范大学、西城区档案馆、东城区图书馆、北京湖广会馆、北京纪晓岚故居、宣南文化研究会、北京法源寺、西城区非遗保护中心、北京星烁影视文化传播公司、西城区第二图书馆各部门同志们给予的理解支持和帮助，还要感谢河北、山东、广东、安徽、江苏、浙江、湖南、湖北、河南、山西等各省、市博物馆、纪念馆等单位给予的无私帮助。

由于时间仓促，且水平有限，书中谬误之处在所难免，敬请各界专家学者和读者批评指正。

编者 2017 年 5 月 30 日

人物索引

B

白　昶	372
白荣西	344
白　润	352
白士宏	319
白云龙	335
鲍桂星	098
鲍　俊	538
鲍　珊	108
毕道远	249

C

蔡超群	583
蔡　琛	151
蔡　淮	234
蔡锦泉	586
蔡名载	506
蔡如衡	584
蔡善述	235
蔡　新	233
蔡元培	077
仓圣脉	328
曹秉哲	518
曹炽昌	356
曹德赞	417
曹鸿勋	251
曹　榕	011
曹澍钟	458
曹文埴	102
曹学彬	376
曹诒孙	406
曹贻诚	460
曹振镛	103
柴友芝	018
常大淳	425
常若柱	635

畅泰兆	276	陈懋鼎	152
畅于熊	305	陈鹏翼	546
车克慎	244	陈其煋	546
陈本钦	432	陈其锟	512
陈　璧	147	陈其润	319
陈伯陶	522	陈其晟	538
陈　材	595	陈启辉	548
陈　彩	577	陈起诗	429
陈道隆	423	陈棨仁	192
陈定国	079	陈庆镛	190
陈凤池	530	陈绍学	527
陈官俊	254	陈士琰	527
陈光亨	428	陈世烈	619
陈光绪	076	陈似源	526
陈　沆	401	陈泰初	515
陈　浩	220	陈　同	585
陈鸿宾	560	陈万策	187
陈华棐	548	陈锡熙	582
陈焕章	593	陈显忠	556
陈景芳	546	陈燮元	547
陈浚芝	214	陈信芳	490
陈科捷	211	陈信民	565
陈理泰	451	陈惺驯	369
陈　銮	409	陈序球	568
陈履亨	011	陈炎宗	559

陈一蜚	545	崔梦吉	556
陈应乾	525	崔问余	636
陈元楷	588	崔锡荣	025
陈元锡	213	崔 瀛	016
陈源兖	440	崔 佐	569
陈兆仑	221		
陈振桂	580	**D**	
陈正勋	457	戴连元	580
陈之遇	527	戴 震	105
陈子桧	595	邓大经	529
陈宗达	212	邓大林	528
谌琼林	453	邓翰屏	589
谌思棠	452	邓蓉镜	531
谌万芳	452	邓士宪	552
程昌期	107	邓应熊	530
程恩泽	099	邓佐槐	531
程国仁	334	丁善庆	426
程甲化	177	丁彦俦	346
程景伊	097	丁 易	277
程式金	111	董邦达	553
程元章	269	董桂敷	137
程祖洛	107	董桂新	138
出科联	200	董应遴	364
褚有声	277	窦光鼐	248
崔 槐	562	窦克勤	281

窦容恂	291	冯　麟	528
杜　㮤	243	冯栻宗	567
杜来锡	356	冯锡纶	568
杜世铭	361	冯锡镛	564
杜受田	243	冯　询	511
杜学礼	443	冯誉骥	587
段　舒	287	傅百揆	305
		傅尔杰	299
		傅王露	073
		傅为竤	618

F

樊　璟	370
樊执中	323
范三纲	020
方翀亮	563
方大淳	434
方宗钧	428
冯本泰	562
冯成修	558
冯春晖	336
冯　慈	559
冯端本	358
冯尔昌	245
冯奉初	584
冯　辅	547
冯赓飏	511
冯国桢	518

G

盖天佑	025
盖运长	021
高　玢	282
高　拱	259
高积健	377
高积勋	375
高崃云	340
高钦中	353
高　曦	016
高钊中	371
高　晫	016
耿　惇	275
耿绣彝	290

耿之昌	299
龚骖文	595
龚承钧	404
龚维琳	190
龚显曾	193
龚显章	446
龚学海	467
龚自珍	504
顾　皋	031
顾绍成	036
关陈蕃	181
关上进	557
关仕龙	561
关廷牧	560
关　琇	278
关　橛	557
官献瑶	210
管廷献	242
桂文耀	564
郭曾程	152
郭曾炘	150
郭曾准	151
郭传昌	150
郭晋熙	288
郭乃心	568

郭尚先	178
郭锡恩	624
郭祥瑞	351
郭乙山	323
郭遇熙	277
郭则沄	155

H

韩超群	509
韩　海	506
何斌临	579
何朝快	547
何朝宗	280
何成波	594
何崇光	589
何达善	316
何刚德	156
何　纮	508
何会祥	509
何惠群	500
何际泰	578
何金寿	404
何　璟	538
何凌汉	394
何梦瑶	558

何其敬	590	洪本仁	096
何谦泰	582	洪国治	514
何庆元	437	洪　朴	107
何如滽	558	洪调纬	460
何瑞丹	539	洪　莹	106
何瑞榴	538	侯宝三	275
何若瑶	514	侯亮工	348
何绍基	398	侯廷琳	298
何士达	580	侯　瑜	295
何士祁	074	侯振世	119
何守谧	538	侯周臣	016
何寿增	589	胡必达	468
何太青	583	胡超龙	587
何天培	079	胡承墼	125
何文绮	563	胡承珙	123
何毅夫	581	胡承璘	124
何有书	511	胡承谋	124
何　昱	329	胡达源	409
何裕承	348	胡德璜	342
何云扶	536	胡孚宸	460
何肇宗	506	胡光瑗	578
何作猷	536	胡蛟龄	124
贺熙龄	419	胡　杰	580
贺运清	465	胡景曾	577
贺长龄	414	胡林翼	438

胡鸣鸾	583	黄辅辰	436
胡瑞澜	458	黄桂镳	589
胡尚衡	124	黄焕彰	188
胡世科	125	黄楫汝	544
胡世琦	126	黄家驹	531
胡世铨	330	黄嘉端	568
胡世墉	126	黄 经	587
胡斯盛	581	黄 昆	585
胡泰福	460	黄澜安	510
胡希圣	011	黄谋烈	186
胡 煦	297	黄培松	213
胡一麟	545	黄其表	564
胡永焕	138	黄士贵	556
胡有诚	460	黄廷金	470
胡燏芬	087	黄廷瓒	444
胡正仁	108	黄廷珍	470
胡作梅	466	黄 统	588
华亦祥	031	黄抟扶	193
黄曾源	151	黄 贤	560
黄朝辅	538	黄显章	547
黄崇光	418	黄显祖	506
黄大阜	547	黄彦标	198
黄德峻	597	黄贻楫	185
黄德濂	422	黄永祺	509
黄迪光	583	黄玉衡	584

黄玉阶	513	江国霖	609
黄玉堂	589	江　权	097
黄毓恩	471	江绍杰	132
黄元善	470	江泰来	131
黄岳牧	188	姜　橚	004
黄云鹤	120	姜宗吕	004
黄云蒸	197	蒋传燮	465
黄兆麟	442	蒋理祥	531
黄　哲	509	蒋立镛	400
黄正元	187	蒋启勋	464
黄　壮	508	蒋万钦	384
黄自元	404	蒋　蔚	301
黄宗汉	185	蒋文祚	618
		蒋祥墀	393
J		蒋予蒲	332
		蒋元溥	410
嵇　璜	247	蒋曰纶	324
纪　昀	104	蒋云宽	412
纪　晫	312	蒋载熙	489
贾　牲	300	焦锡龄	381
贾树勋	357	较　孝	319
贾　桢	253	金　榜	106
简　瑞	582	金抱一	078
简天章	580	金国均	403
江春霖	170	金菁莪	510
江鼎金	466		

金维岱	468	黎崇基	513
金云槐	107	黎福畴	446
靳　让	274	黎吉云	435
景考祥	299	黎攀镠	530
景日昣	282	黎培敬	447
		黎淞庆	539
		黎益进	579

K

康有为	554	黎溢海	529
柯可栋	189	黎翼之	544
柯乔年	290	黎兆棠	589
柯劭忞	255	李炳文	596
孔传大	558	李步瀛	357
孔继勋	564	李朝鼎	545
蒯光典	088	李辰辉	548
匡　源	254	李承端	137
		李慈铭	077
		李大忠	580

L

赖　辉	579	李德溥	367
赖子猷	588	李鼎元	611
蓝应元	235	李端遇	245
郎天祚	079	李发英	021
劳崇光	075	李孚青	274
劳光泰	553	李　绂	095
劳　通	581	李　辅	351
劳温良	578	李瑾辉	548

李光地	203	李铭皖	350
李光廷	516	李培之	382
李光墺	206	李清芳	208
李　杭	442	李清时	210
李宏谟	359	李清载	208
李鸿章	085	李清植	207
李华钟	595	李汝霖	296
李　焕	119	李师濂	363
李　煌	622	李　实	547
李　潢	469	李实蕡	233
李　徽	005	李仕良	568
李骥元	611	李嗣棠	429
李　镜	529	李调元	610
李科捷	200	李文高	579
李可端	561	李文田	576
李可蕃	562	李仙根	609
李可琼	552	李星沅	433
李肯文	507	李　薛	288
李夔班	546	李学裕	306
李麟征	583	李因培	619
李凌云	595	李应鸿	568
李　嫩	287	李应田	588
李敏第	309	李玉鸣	208
李敏行	322	李元振	268
李名扬	327	李在青	418

李 璋	360	梁佩兰	557
李长庚	221	梁启文	565
李昭炜	139	梁 融	569
李兆钰	468	梁善长	581
李钟俾	208	梁尚秉	582
李仲鸾	364	梁绍献	566
李擢英	373	梁思问	576
李宗文	211	梁同新	513
李作楫	525	梁序镛	563
梁蔼如	584	梁学新	595
梁昌圣	560	梁学源	579
梁达才	595	梁耀枢	575
梁 迪	546	梁贻燾	545
梁雕龙	546	梁章钜	161
梁 巩	341	梁兆榜	582
梁国琮	513	梁肇煌	517
梁国瑚	514	梁肇晋	518
梁国珍	514	廖 翱	552
梁国治	070	廖鹤年	518
梁汉鼎	580	廖 甡	552
梁 翰	581	林步随	159
梁景程	536	林丛光	558
梁景璋	581	林诞禹	509
梁钧池	582	林鹗腾	230
梁 俊	366	林洪烈	187

林蒲封	527	刘方霭	121
林绍光	561	刘 果	379
林绍唐	559	刘镮之	243
林绍年	158	刘翙羽	321
林闻誉	594	刘 坤	278
林扬祖	179	刘连魁	530
林 怡	152	刘凌汉	347
林 铖	152	刘梦兰	423
林则徐	145	刘 霈	511
林泽芳	588	刘 溥	384
林兆鲲	180	刘青藜	291
林之浚	199	刘青芝	306
林钟岱	254	刘权之	390
林 竹	289	刘荣玠	596
凌如焕	095	刘上台	537
凌松林	357	刘士聪	276
凌旭升	510	刘世熯	276
凌 鱼	508	刘廷鉴	566
刘彬华	510	刘廷镜	569
刘彬士	403	刘万程	585
刘昌五	580	刘显恭	467
刘成万	131	刘学瀚	368
刘大镛	131	刘郁膏	352
刘敦纪	132	刘 炎	079
刘 羲	017	刘 墉	239

刘裕鉁	458	陆逢宠	594
刘云汉	534	陆建瀛	423
刘巘田	369	陆士奎	036
刘兆璜	470	陆芝祥	518
刘执德	370	伦显圣	559
刘子壮	399	罗传球	585
刘宗贤	456	罗惇衍	586
刘遵海	341	罗家勤	588
龙廷槐	583	罗家劭	589
龙瑛	422	罗家颐	588
龙应时	582	罗琪	079
龙元任	584	罗绕典	430
龙元僖	586	罗升梧	596
龙元俨	588	罗孙燿	577
卢秉纯	017	罗天池	547
卢鉴	529	罗文俊	563
卢杰	558	罗源一	440
卢日新	531	骆成骧	604
卢圣存	528	骆大俊	121
卢同伯	586	雒伦	285
卢文起	536	吕朝瑞	131
卢易	197	吕崇谧	320
卢荫溥	248	吕鼎祚	303
卢应	529	吕锦文	131
陆敦庸	565	吕履恒	284

吕谦恒	293	梅兰芳	652
吕绍端	568	梅立本	121
吕慎修	364	梅予援	121
吕贤基	131	梅钟澍	441
吕耀曾	292	孟词宗	365
吕云栋	130	米　襄	635
吕志元	119	明之纲	567
吕祖翼	132	莫　晋	072
		莫　凌	530
		莫梦吕	526

M

		莫普济	528
马恩溥	625	莫世忠	595
马福安	585	莫廷蕃	566
马上襄	311	莫以枋	565
马新贻	244		
马云昭	360		
麦宝常	569	## N	
麦　琎	526	倪济远	563
麦　佑	537	倪孟华	510
毛昶煦	264	年羹尧	521
毛汝诜	299	牛凤山	384
毛式郇	249		
毛树棠	264	## O	
茆荐馨	120	区拔熹	597
梅谷成	120	区谔良	568
梅　鋗	120	区洪湘	509

区简臣	594	彭　浚	399
区玉麟	562	彭瑞毓	459
区云汉	548	彭舒萼	429
欧家廉	572	彭树葵	317
欧寿枟	450	彭崧毓	458
欧阳保极	411	彭永思	416
欧阳绣之	376	彭　钰	331
		彭肇洙	613
		彭遵泗	613
P		祁文友	525
潘观藻	421		
潘光岳	562	**Q**	
潘　浩	046		
潘　楷	585	千　耀	298
潘汝桐	568	千　兆	298
潘仕钊	569	千　殊	298
潘思光	211	钱　沣	620
潘斯濂	566	钱光晋	526
潘锡恩	126	钱士云	619
潘衍鋆	567	乔邦宪	006
潘正常	510	乔履信	310
潘宗岐	595	乔松年	006
庞　遥	559	乔用迁	420
彭端淑	613	秦定三	452
彭家屏	302	秦蕙田	032
彭久余	458	秦　鈜	031

秦勇均	033
邱梦旗	585
邱先德	509
屈　宽	307
渠本翘	006
瞿家鏊	489

R

任伯寅	016
任承沆	045
任连升	360
任清涟	545
任树森	339
任为琦	346
任　璿	277
任元勋	301
任泽和	334
任兆坚	255
任中柱	300
荣光世	036
容文明	566
茹　棻	070
茹　罴	079
阮尔询	120

S

桑春荣	075
佘鸿升	578
佘象斗	578
佘云祚	578
沈丙莹	065
沈秉成	066
沈　涵	062
沈家本	055
沈恺曾	063
沈　鹏	348
沈庆曾	063
沈荣昌	064
沈荣嘉	065
沈荣仁	064
沈三曾	062
沈史云	515
沈树本	060
沈锡晋	518
沈咸熙	065
沈源深	361
施培应	620
施闰章	117
施云翔	120
施　彰	138

石承藻	408
石拱极	290
石文秀	324
史　淳	514
史士僎	110
史致光	071
舒梦龄	424
帅承瀛	407
宋　锦	316
宋　筠	295
宋梦兰	364
苏成进	594
苏敬衡	242
苏　冕	589
苏青鳌	560
苏廷魁	592
苏廷玉	228
苏　浙	296
苏万楚	578
苏献琛	583
苏兆登	241
苏兆龙	507
孙常春	372
孙辰东	061
孙成基	017

孙鼎臣	443
孙鼎烈	036
孙家鼐	087
孙嘉淦	005
孙念祖	073
孙鹏仪	111
孙如仅	241
孙汝梅	649
孙瑞珍	244
孙星衍	084
孙巽章	321
孙毓溎	241
孙毓汶	241
孙元珝	121

T

谭大经	546
谭　纮	528
谭会海	558
谭继洵	487
谭敬昭	596
谭嗣同	488
谭显相	433
谭鑫培	659
谭鑫振	411

谭 玉	580	汪 锟	318
谭肇基	546	汪 淦	111
谭宗浚	569	汪 桂	138
汤 斌	260	汪 鑑	132
汤 鹏	426	汪开铨	304
汤豫城	295	汪鸣谦	511
汤之旭	291	汪如龙	120
唐桂生	208	汪汝弼	335
唐 稷	119	汪时渭	131
唐建中	466	汪 镛	248
唐 鉴	417	汪由敦	101
唐金钊	547	汪有恭	459
唐李杜	439	汪正元	139
唐业谦	416	王安澜	382
陶世凤	036	王成璐	457
陶 澍	413	王澄慧	289
田依渠	360	王 旦	275
涂觉纲	447	王德宽	423
涂廉锷	036	王 鼎	635
涂庆澜	166	王逢年	451
屠仁守	452	王 桴	300
		王耿言	286
W		王贯三	273
万上达	557	王 沆	637
万正色	182	王化鹤	273

王化堂	355	王扬滨	461
王继香	076	王乙鳌	333
王家勋	437	王以衔	057
王 杰	390	王以铻	065
王敬之	334	王懿德	343
王可大	274	王懿修	113
王龙文	412	王应遇	529
王 露	269	王永祚	288
王茂荫	100	王玉烟	078
王梦麟	384	王云锦	029
王鸣球	272	王 縡	035
王培佑	255	王 增	072
王 溥	636	王兆琛	254
王其华	200	王 辙	304
王士鳌	200	王者栋	307
王士禛	118	王 鼐	127
王式谷	282	王宗诚	114
王寿彭	253	王作梅	294
王廷鈘	638	危映奎	457
王 珽	280	卫崇陞	508
王玮庆	243	卫德应	507
王文冕	528	卫荣光	355
王锡璋	312	卫廷璞	506
王新祯	379	魏联奎	380
王 选	530	魏秀琦	152

温黻廷	589	吴 濂	529
温汝适	497	吴林光	565
温闻源	582	吴六一	119
温忠翰	004	吴 鲁	183
文超灵	526	吴其泰	338
翁方纲	083	吴其濬	270
翁张宪	582	吴荣光	550
倭 仁	344	吴汝纶	088
吴邦治	332	吴善宝	127
吴保泰	349	吴绳显	584
吴传觐	557	吴士功	313
吴 椿	108	吴式芬	244
吴 惇	328	吴绥诏	097
吴 鹗	110	吴 炜	096, 097
吴恩诏	098	吴文正	581
吴芳培	125	吴 襄	114
吴 光	061	吴 烜	333
吴桂丹	593	吴延瑞	327
吴华孙	096	吴应扬	539
吴怀清	641	吴 墉	127
吴家懋	511	吴元炳	363
吴 讲	076	吴 苑	107
吴 杰	074	吴兆雯	115
吴克元	017	吴钟善	194
吴 宽	097	吴祖昌	565

伍彭年	537
伍士超	596
伍有庸	547
伍元辅	546
仵 墉	638
武承谟	004

X

席教事	011
夏道辉	461
夏奠川	383
夏家泰	444
夏寿田	406
冼国干	556
冼倬邦	566
萧锦忠	401
萧晋蕃	451
萧良城	434
萧以逢	578
谢敦源	509
谢枋得	662
谢 堈	507
谢兰生	561
谢士槚	579
谢淑元	189

谢斯熊	530
谢维藩	450
谢重灿	200
熊伯龙	402
熊传栗	340
熊光大	427
熊维祝	284
熊郅宣	618
徐昌绪	675
徐诚身	297
徐光文	098
徐 焕	097
徐会沣	245
徐 琪	156
徐启瑞	079
徐上镛	108
徐士业	097
徐台英	566
徐文炟	114
徐元鳌	527
许邦光	189
许虎变	369
许克猷	016
许其光	515
许 球	108

许希孔	618	杨　鼎	331
许祥光	512	杨笃生	280
许应鑅	516	杨广钦	379
许应骙	516	杨辉斗	465
许元善	320	杨继盛	667
薛德恩	518	杨捷三	261
薛书常	355	杨　锦	302
薛兆麒	016	杨　楷	036
		杨克缉	323
		杨凝钟	590

Y

		杨佩璋	372
严　暻	064	杨　荣	517
严民法	064	杨汝任	537
严天召	537	杨廷栋	121
严　蔚	580	杨廷玑	193
严我斯	057	杨　统	583
严源焘	064	杨熊祥	461
严肇埔	065	杨续时	331
阎曾履	332	杨询朋	188
阎敬铭	631	杨　昭	621
阎　咏	005	杨兆锓	301
颜惇恪	560	杨佐国	465
晏安澜	641	姚礼泰	518
杨本昌	622	姚梦鲤	527
杨炳（文）	407	姚诗彦	515
杨炳（武）	407		

姚士勷	130	游法珠	580
姚文田	058	游显廷	567
姚肇仁	131	余　鉴	139
叶炳华	567	余连萼	377
叶大年	230	余联沅	405
叶大遒	148	余毓祥	111
叶桂芬	115	俞大猷	074
叶会时	595	俞东枝	427
叶继雯	391	俞诵芬	139
叶嘉征	119	郁　崑	052
叶居仁	124	袁保恒	266
叶梦芝	530	袁芳瑛	444
叶名琛	435	袁　拱	278
叶荫昉	369	袁甲三	265
叶朹林	333	袁希祖	446
叶在琦	148	袁秀峦	528
叶在藻	154	原衷戴	635
易良俶	419		
易堂俊	446	**Z**	
易　棠	431	曾大观	452
殷元福	286	曾广渊	442
殷　章	544	曾国藩	394
尹铭绶	406	曾望颜	537
尹庆举	524	曾元迈	467
尹源进	525	曾宗彦	149

查炳华	127	张凯嵩	459
翟发宗	127	张孔绍	582
翟　槐	125	张六行	326
翟奎光	127	张名时	189
翟绳祖	125	张鹏翮	612
翟允之	356	张其淦	524
张百揆	052	张乔芬	568
张邦佺	586	张清华	518
张宾贤	321	张仁黼	271
张伯行	279	张　瑢	327
张步瀛	284	张绍衣	337
张朝绅	526	张慎和	189
张成宾	559	张师赤	320
张成遇	545	张时中	361
张大鲲	559	张士谆	422
张大维	457	张仕骧	120
张德桂	497	张叔焕	461
张对墀	188	张淑栋	383
张孚至	305	张　澈	307
张光宪	189	张松龄	177
张翰光	383	张素履	289
张　极	527	张素志	311
张金鉴	530	张　焘	121
张锦芳	498	张廷煌	188
张敬修	436	张　桐	350

张惟寅	389	张仲炘	460
张维屏	512	张宗说	312
张文龄	309	张　缵	017
张文泗	516	招镜蓉	565
张问陶	611	赵　光	623
张先跻	233	赵林临	581
张祥云	189	赵鸣玉	578
张绪楷	362	赵起蛟	579
张延阀	420	赵青藜	124
张延福	306	赵三元	333
张衍基	547	赵时可	124
张业南	561	赵士骥	278
张荫圻	303	赵士英	618
张　瀛	637	赵五星	378
张永鉴	024	赵先雅	421
张用宾	455	赵　骥	529
张裕钊	456	赵　渨	323
张元奇	157	赵　瑗	620
张元益	366	赵在田	159
张月甫	546	郑敦亮	427
张允熙	446	郑敦允	420
张运遑	328	郑际泰	578
张　翿	248	郑继宽	079
张之万	649	郑世俊	416
张衷恪	289	郑叔忱	152

郑　修	527	朱福基	035
郑应仁	538	朱　桓	096
郑应元	537	朱　珨	126
郑　沅	411	朱鉴章	035
郑志鲸	319	朱　理	125
钟　狮	507	朱梦元	127
周大律	304	朱文江	459
周　宏	032	朱彝尊	574
周辑瑞	444	朱永年	017
周家楣	039	朱振瀛	046
周景涛	163	朱　噂	622
周　锜	339	朱佐汤	011
周日新	511	诸起新	674
周　相	304	祝庆蕃	270
周寅清	587	祝元仁	308
周玉麒	443	庄俊元	191
周爱诹	637	庄心省	512
周兆基	457	庄心庠	515
周之琦	336	庄有恭	507
周祖培	337	庄有信	508
周祖植	337	庄志谦	201
周作哲	318	邹焌杰	441
朱次琦	567	邹奕孝	034
朱德芬	131	邹忠倚	029
朱凤标	051		

参考书目

赵尔巽.清史稿，1914—1927.

（清）永瑢，（清）纪昀等编纂．四库总目提要，1773—1789.

（清）曾国荃等修，（清）王轩等纂．山西通志（光绪），1892.

（清）裴大中等修，（清）秦缃业纂．无锡金匮县志（光绪），1881.

（清）施惠等修，（清）吴景墙纂．宜兴荆溪县新志（光绪），1882.

（清）李昱修，（清）陆心源等纂．归安县志（光绪），1882.

（清）王藩，（清）沈元泰纂修．道光会稽县志稿（道光），1936.

（清）华椿等修，（清）周赟纂．青阳县志（光绪），1891.

（清）李应泰等修，（清）章绶纂．宣城县志（光绪），1888.

（清）阮文藻修，（清）赵懋曜等纂．泾县续志（道光），1914.

（清）王椿林修，（清）胡承珙纂．旌德县续志（道光），1925.

（清）怀荫布修，（清）黄任等纂．泉州府志（乾隆），1882.

（清）黄锡蕃著．闽中书画录，1807.

（清）彭蕴璨著．历代画史汇传．

（清）吴鹗修，（清）汪正元纂．婺源县志（光绪），1883.

（清）杨士骧等修，（清）孙葆田等纂．山东通志（宣统），1915.

（清）刘光斗修，（清）朱学海纂．诸城县续志（道光），1834.

（清）王赠芳等修，（清）成瓘等纂．济南府志（道光），1840.

（清）阿思哈纂修．续河南通志（乾隆）．

（清）沈传义等修，（清）黄舒昺纂．祥符县志（光绪），1898.

（清）王荣陛修，（清）方履籛纂．武陟县志（道光），1829．

（清）李藩等修，（清）元淮等纂．柘城县志（光绪），1896．

（清）德昌修，（清）王增纂．汝宁府志（嘉庆），1796．

（清）杨修田修，（清）马佩玖纂．光州志（光绪），1887．

（清）沈湛修，（清）王观潮纂．尉氏县志（道光），1831．

（清）张钺修，（清）毛如诜纂．郑州志（乾隆），1748．

（清）陈锡辂等修，（清）查岐昌纂．归德府志（乾隆），1754．

（清）王枚纂修．续修睢州志（光绪）．

（清）毕沅，（清）刘种之修，（清）德昌纂．卫辉府志（乾隆），1788．

（清）魏襄修，（清）陆继辂纂．洛阳县志（嘉庆）．

（清）施诚修，（清）童钰等纂．河南府志（乾隆），1867．

（清）崔应阶修，（清）姚之琅纂．陈州府志（乾隆），1747．

徐家璘等修，杨凌阁纂．商水县志，1918．

（清）萧元吉纂修．许州志（道光），1838．

（清）汪运正纂修．襄城县志（乾隆），1746．

武从超修，赵文琳等纂．陈留县志（宣统），1910．

（清）袁通修，（清）方履籛，（清）吴育纂．河内县志（道光），1825．

（清）萧应植纂修．济源县志（乾隆），1761．

（清）涂光范修，（清）王壬等纂．兰阳县续志（乾隆）．

（清）周秉彝修，（清）周寿梓纂．临漳县志（光绪），1904．

（清）赵希曾纂修．陕州直隶州志（光绪），1891．

（清）郭光澍修，（清）李旭春纂．重修卢氏县志（光绪），1892．

（清）白明义修，（清）赵林成纂．汝州全志（道光），1840．

（清）赵擢彤修，（清）宋缙纂．孟津县志（嘉庆），1816．

阮藩侪修，宋立梧等纂．孟县志，1933．

汪忠修，吕林钟，阎凤舞．密县志，1924．

（清）贵泰修，（清）武穆淳纂．安阳县志（嘉庆）．

（清）潘守廉修，（清）张嘉谋等纂．南阳县志（光绪），1904．

萧济南修，吕敬直，史冠军纂．宁陵县志（宣统），1911．

（清）戚学标纂修．涉县志（嘉庆），1799．

（清）康基渊纂修．嵩县志（乾隆），1767．

（清）何文明纂修．洧川县志（嘉庆），1818.

（清）王其华修，（清）苗于京纂．温县志（乾隆），1759.

（清）莫玺章修，（清）王增纂．新蔡县志（乾隆）．

（清）赵开元修，（清）畅俊纂．新乡县志（乾隆）．

（清）黄本诚纂修．新郑县志（乾隆），1776.

（清）汤毓倬修，（清）孙星衍纂．偃师县志（乾隆），1789.

（清）欧阳霖，（清）杜鹤慈修，（清）仓景恬，（清）胡廷桢纂．叶县志（同治）．

（清）张道超修，（清）马九功纂．重修伊阳县志（道光），1838.

（清）纪黄中，（清）王绩修，（清）宋宣纂．仪封县志（乾隆）．

（清）岳廷楷修，（清）胡赞采，（清）吕永辉纂．永城县志（光绪），1903.

（清）李淇，（清）爱仁修，（清）席庆云纂．虞城县志（光绪），1895.

（清）彭良弼修，（清）吕元灏纂，（清）杨德容续纂修．正阳县志（嘉庆），1796.

（清）吴若烺修，（清）路春林，（清）邢为翰纂．中牟县志（同治），1870.

（清）殷树森修，（清）汪宝树，（清）傅金鑅纂．南皮县志（光绪），1888.

（清）李瀚章等修，（清）曾国荃等纂．湖南通志（光绪），1885.

（清）王庭桢修，（清）彭崧毓纂．江夏县志（同治），1869.

（清）王希琮修，（清）张锡谷等纂．天门县志（道光），1821.

（清）王汝惺等修，（清）邹焌杰等纂．浏阳县志（同治），1873.

（清）郭遇熙纂修，（清）蔡廷镳续修，（清）张经纶续纂．从化县新志（雍正）．

（清）陈璚修，（清）王棻纂，屈映光续修，陆懋勋续纂，齐耀珊重修，吴庆坻重纂．杭州府志，1922.

（清）阮元等修，（清）陈昌齐等纂．广东通志（道光）．

（清）田明曜等修，（清）陈澧等纂．香山县志（光绪），1879.

（清）彭君谷修，（清）钟应元，（清）李星辉纂．新会县续志（同治），1870.

张凤喈等修，桂坫等纂．南海县志（宣统），1911.

（清）常明等修，（清）杨芳灿，谭光祜等纂．四川通志（嘉庆），1816.

（清）刘炯等纂修，（清）罗廷权，（清）黄加焜续修，（清）何衮等续纂．清资州直隶州志（光绪），1876.

（清）李桂林等纂修．罗江县志（嘉庆），1865.

（清）文棨，（清）董贻清修，（清）伍肇龄，（清）何天祥纂．直隶绵州志（同治），1873.

（清）涂长发修，（清）王昌年等纂．眉州属志（嘉庆），1812．

（清）岑毓英修，（清）陈灿纂．云南通志（光绪），1894．

（清）饶应祺修，（清）马先登等纂．同州府续志（光绪），1881．

（清）李体仁修，（清）王学礼纂．蒲城县新志（光绪）．

（清）李鸿章，（清）万青黎修，（清）张之洞，缪荃孙纂．顺天府志（光绪），1884－1886．

（清）田秀栗，（清）徐浚镛修，（清）徐昌绪纂，（清）蒋履泰续纂．鄠都县志（光绪），1893．

江庆柏编著．清朝进士题名录．中华书局，2007．

李金龙，孙兴亚主编．北京会馆资料集成．学苑出版社，2007．

江庆柏编著．清代人物生卒年表．人民文学出版社，2005．

王世仁主编．增订宣南鸿雪图志．中国建筑工业出版社，2015．

北京市宣武区档案馆编，王灿炽纂．北京安徽会馆志稿．北京燕山出版社，2001年．

白继增著．北京宣南会馆拾遗．中国档案出版社，2011．

白继增，白杰著．北京会馆基础信息研究．中国商业出版社，2014．

北京湖南会馆编辑．北京湖南会馆志略．中国印书局，1924．

师毅，王文慧，包纪波等编著．北京科举地理．世界知识出版社，2015．

李玉安，黄正雨主编．中国藏书家通典．中国国际文化出版社，2005．

中国联合准备银行调查室编纂．北京典当业之概况，1940．

彭延庆修，姚莹俊纂，张宗海续修，杨士龙续纂．萧山县志稿，1935．

安徽通志馆纂修．安徽通志稿，1934．

石国柱，楼文钊修，许承尧纂．歙县志，1937．

吴克俊等修，程寿保、舒斯笏纂．黟县四志，1923．

李景铭编．闽中会馆志，1943．

李厚基等修，沈瑜庆，陈衍纂．福建通志，1938．

（清）娄云纂修．惠安县续志（道光），1936．

张镇芳修，施景舜纂．项城县志，1914．

李庚白修，李希白纂．新安县志，1939．

陈鸿畴修，刘盼遂纂．长葛县志，1931．

杨保东，王国璋修，刘莲青、张仲友纂．巩县志，1937．

赵华亭修，李盛谟纂．考城县志，1941.

张之清修，田春同纂．考城县志，1924.

王泽溥等修，李见荃纂．林县志，1932.

田金祺修，赵东阶纂．汜水县志，1928.

杜鸿宾等修，刘盼遂纂．太康县志，1933.

郭成章修，谢延祉纂．太康县志，1942.

张士杰，侯昆禾纂修．通许县新志，1934.

杜济美修，郜济川纂．武安县志，1940.

凌甲烺等修，张嘉谋等纂．西华县续志，1938.

韩世勋，金钟麟修，黎德芬纂．夏邑县志，1920.

韩邦孚等修，田芸生纂．新乡县续志，1923.

萧国桢，李礼耕修，焦封桐、孙尚仁纂．修武县志，1931.

靳蓉镜修，王介等纂．鄢陵县志，1936.

窦经魁修，耿愔纂．阳武县志，1936.

赵本荫修，程仲昭纂．韩城县续志，1925.

吕调元，刘承恩修，张仲炘、杨承禧纂．湖北通志，1921.

赵鹏飞修，李权纂．钟祥县志，1937.

周之贞等修，周朝槐等纂．顺德县志，1929.

梁鼎芬修，丁仁长等纂．番禺县续志（宣统），1931.

陈伯陶等纂修．东莞县志（宣统），1927.

吴鸿仁等修，黄清亮等纂．资中县续修资州志，1929.

甘焘等修，王懋昭等纂．遂宁县志，1929.

郑国翰，曾瀛藻修，陈步武、江三乘纂．大竹县志．，1928.

滕仲黄纂修．镇安县志，1926.

王莲堂修，白葆端纂．容城县志，1920.

会馆分布图（一）

出自《北京宣南历史地图集》